Schweizerisches Obligationenrecht Besonderer Teil

von

Jörg Schmid

Dr. iur., ordentlicher Professor an der Universität Luzern

und

Hubert Stöckli

Dr. iur., M.C.L., ordentlicher Professor an der Universität Freiburg (Schweiz)

Schulthess § 2010

Stand: 1. Mai 2010; BGE 136 III 64

Zitierweise: SCHMID / STÖCKLI, OR BT

Bibliografische Information der Deutschen Nationalbibliothek
Die Deutsche Nationalbibliothek verzeichnet diese Publikation in der Deutschen National-
bibliografie; detaillierte bibliografische Daten sind im Internet über http://dnb.d-nb.de abrufbar.

© Schulthess Juristische Medien AG, Zürich · Basel · Genf 2010
  ISBN 978-3-7255-6081-3

www.schulthess.com

Vorwort

Dieses Lehrbuch ist im Rahmen unserer Lehrveranstaltungen zum Besonderen Teil des schweizerischen Obligationenrechts an den Universitäten Luzern und Freiburg (Schweiz) entstanden. Es stellt die einzelnen Vertragstypen (des Gesetzes und der Verkehrsübung) und weitere Institute (wie die Geschäftsführung ohne Auftrag und die Anweisung) eingehend dar. Besonderes Gewicht legen wir dabei auf die zentralen Verträge Kauf, Miete, Arbeitsvertrag, Werkvertrag und einfacher Auftrag. Zur Sprache kommt aber auch das mitunter komplexe Zusammenspiel zwischen dem Besonderen und dem Allgemeinen Teil des Obligationenrechts. Bei alledem ziehen wir die bundesgerichtliche Rechtsprechung heran und setzen uns mit Kontroversen in der Lehre auseinander. Was das Prozessrecht anbelangt, greifen wir der Realität bei Manuskriptabschluss (1. Mai 2010) insofern vor, als wir von der Rechtslage ausgehen, die mit dem Inkrafttreten der Schweizerischen Zivilprozessordnung (1. Januar 2011) geschaffen wird.

Der generelle Ratschlag an die Studierenden, bei der Lektüre eines Lehrmittels die behandelte Materie stets im Gesetz selber nachzuschlagen, gilt auch – und ganz speziell – für den Besonderen Teil des Obligationenrechts. Zunächst ist hier der Gesetzestext (verhältnismässig) ausführlich und aussagekräftig. Weiter erschliesst der stete Rückgriff auf das Gesetz die primäre Rechtsquelle und den Zugang zu den Wertungsentscheiden, auf denen es beruht. Und schliesslich schafft er Struktur im Dickicht der mannigfachen Rechtsfragen und schärft den Blick für die systematischen Zusammenhänge.

Einzelne Passagen des Einleitungskapitels und des Kapitels über die Innominatverträge fussen auf Arbeitsblättern und Skripten, die Professor Dr. Dr. h.c. Peter Gauch für seinen Unterricht an der Universität Freiburg (Schweiz) erarbeitet hatte. Bei der Materialsuche und den Korrekturarbeiten halfen unsere heutigen und ehemaligen Assistentinnen und Assistenten mit, in Luzern vor allem Dr. iur. Raphaël Haas, Rechtsanwalt und Notar (Luzern), Dr. iur. Simon Wolfer (Weinfelden), Dr. iur. Stefan Weiss, MLaw (Luzern), Rechtsanwältin Diel Tatjana Schmid Meyer, MLaw (Luzern), Pascal Nosetti, MLaw (Luzern), und Rechtsanwalt Jonas Rüegg, MLaw (Kriens), in Freiburg Lucie Mazenauer, MLaw (Freiburg), Olivia Schmid, BLaw (Freiburg), Mirco Anderegg, MLaw (Freiburg), und Rechtsanwalt Christof Bergamin, MLaw (Freiburg). Die Verzeichnisse erstellten Lucie Mazenauer, Olivia Schmid, Mirco Anderegg und Christof Bergamin. Einen wesentlichen Teil der Schlusskorrekturen besorgte lic. phil. Ursula Schmid-Richmond (Luzern). Zu erwähnen sind aber auch die Studierenden in Luzern und Freiburg, die uns kritische Rückmeldungen zu den polykopierten Vorversionen dieses Lehrmittels zukommen liessen. Und schliesslich kümmerten sich die Mitarbeiterinnen und Mitarbeiter des Verlags, namentlich Ulrich Gaebler und Patricia Krapf, mit grosser Umsicht um unser Manuskript. Ihnen allen gilt unser herzlicher Dank.

Luzern und Freiburg, im Juli 2010   Jörg Schmid und Hubert Stöckli

Inhaltsübersicht

Inhaltsverzeichnis

3. Kapitel: Verträge auf Arbeitsleistung

Abkürzungen

a.a.O.	am angeführten Ort
ABGB	Allgemeines Bürgerliches Gesetzbuch (Österreich)
ABlEG	Amtsblatt der Europäischen Gemeinschaften
AB NR	Amtliches Bulletin des Nationalrats
Abs.	Absatz
AcP	Archiv für die civilistische Praxis (Tübingen)
AG	Aktiengesellschaft
AGB	Allgemeine Geschäftsbedingungen
AGVS/UPSA	Autogewerbe-Verband Schweiz
AISUF	Arbeiten aus dem Iuristischen Seminar der Universität Freiburg (Freiburg)
AJP	Aktuelle Juristische Praxis (Lachen)
allg.	Allgemein
alt	frühere Fassung des betreffenden Gesetzes
a.M.	andere(r) Meinung
aOR	BG über das Obligationenrecht vom 14. Juni 1881 (nicht mehr in Kraft; abgedruckt in AS, 5. Band/Neue Folge, 1882, S. 635 ff.)
ArbR	Mitteilungen des Instituts für schweizerisches Arbeitsrecht (Zürich)
ArG	BG über die Arbeit in Industrie, Gewerbe und Handel vom 13. März 1964 (Arbeitsgesetz; SR 822.11)
ARGE	Arbeitsgemeinschaft
Art.	Artikel
AS	Amtliche Sammlung des Bundesrechts
ASR	Abhandlungen zum schweizerischen Recht (Bern)
AT	Allgemeiner Teil
Aufl.	Auflage
AVEG	BG über die Allgemeinverbindlicherklärung von Gesamtarbeitsverträgen vom 28. September 1956 (SR 221.215.311)
AVG	BG über die Arbeitsvermittlung und den Personalverleih vom 6. Oktober 1989 (Arbeitsvermittlungsgesetz; SR 823.11)
AVO	V über die Beaufsichtigung von privaten Versicherungsunternehmen vom 9. November 2005 (Aufsichtsverordnung; SR 961.011)
BankG	BG über die Banken und Sparkassen vom 8. November 1934 (Bankengesetz; SR 952.0)
BBG	BG über die Berufsbildung vom 13. Dezember 2002 (Berufsbildungsgesetz; SR 412.10)

BBl	Bundesblatt der Schweizerischen Eidgenossenschaft
BBT	Berner Bankrechtstag (Bern), heute: Schweizerische Bankrechtstagung (Bern)
Bd.	Band
BEG	BG über Bucheffekten vom 3. Oktober 2008 (Bucheffektengesetz; SR 957.1)
BEHG	BG über die Börsen und den Effektenhandel vom 24. März 1995 (Börsengesetz; SR 954.1)
BewG	BG über den Erwerb von Grundstücken durch Personen im Ausland vom 16. Dezember 1983 (SR 211.412.41)
BG	Bundesgesetz
BGB	Bürgerliches Gesetzbuch (Deutschland)
BGBB	BG über das bäuerliche Bodenrecht vom 4. Oktober 1991 (SR 211.412.11)
BGE	Bundesgerichtsentscheid (ohne weitere Angabe: Entscheidungen des Schweizerischen Bundesgerichts, amtliche Sammlung)
BGer.	Schweizerisches Bundesgericht
BGFA	BG über die Freizügigkeit der Anwältinnen und Anwälte vom 23. Juni 2000 (Anwaltsgesetz; SR 935.61)
BGG	BG über das Bundesgericht vom 17. Juni 2005 (Bundesgerichtsgesetz; SR 173.110)
BGH	Deutscher Bundesgerichtshof
BGHZ	Entscheidungen des deutschen Bundesgerichtshofes in Zivilsachen (Köln)
BGSA	BG über Massnahmen zur Bekämpfung der Schwarzarbeit vom 17. Juni 2005 (Bundesgesetz gegen die Schwarzarbeit; SR 822.41)
BJM	Basler Juristische Mitteilungen (Basel)
BlSchK	Blätter für Schuldbetreibung und Konkurs (Wädenswil)
BN	Der Bernische Notar (Bern)
BöB	BG über das öffentliche Beschaffungswesen vom 16. Dezember 1994 (SR 172.056.1)
BPG	Bundespersonalgesetz vom 24. März 2000 (SR 172.220.1)
BR	Baurecht/Droit de la Construction, herausgegeben vom Institut für Schweizerisches und Internationales Baurecht (Freiburg)
BRT	Schweizerische Baurechtstagung (Freiburg)
BT	Besonderer Teil
BV	Bundesverfassung der Schweizerischen Eidgenossenschaft vom 18. April 1999 (SR 101)
BVG	BG über die berufliche Alters-, Hinterlassenen- und Invalidenvorsorge vom 25. Juni 1982 (SR 831.40)
bzw.	beziehungsweise

CCfr.	Code civil (Frankreich)
CISG	United Nations Convention on Contracts for the International Sale of Goods (= WKR; SR 0.221.211.1)
CO	Loi fédérale complétant le code civil suisse (Livre cinquième: Droit des obligations) du 30 mars 1911
ComRom	Commentaire Romand
DesG	BG über den Schutz von Design vom 5. Oktober 2001 (Designgesetz; SR 232.12)
d.h.	das heisst
Diss.	Dissertation
DJZ	JuristenZeitung (Tübingen)
DSG	BG über den Datenschutz vom 19. Juni 1992 (SR 235.1)
dt.	deutsch
E.	Erwägung(en)
EDV	elektronische Datenverarbeitung
EG	Europäische Gemeinschaft(en)
EigVV	V betreffend die Eintragung der Eigentumsvorbehalte vom 19. Dezember 1910 (SR 211.413.1)
Einl.	Einleitung
EJPD	Eidgenössisches Justiz- und Polizeidepartement
et al.	et alii = und weitere
etc.	et cetera
EU	Europäische Union
EuZP	Europäische Zeitschrift für Privatrecht (Dordrecht)
EuZW	Europäische Zeitschrift für Wirtschaftsrecht (München/Frankfurt a.M.)
EVD	Eidgenössisches Volkswirtschaftsdepartement
EWG	Europäische Wirtschaftsgemeinschaft
EWIG	Europäische wirtschaftliche Interessenvereinigung
f./ff.	und folgende (Seite/Seiten)
FINMA	Eidgenössische Finanzmarktaufsicht
Fn.	Fussnote
Fr.	Schweizer Franken
FusG	BG über Fusion, Spaltung, Umwandlung und Vermögensübertragung vom 3. Oktober 2003 (Fusionsgesetz; SR 221.301)
FZR	Freiburger Zeitschrift für Rechtsprechung (Freiburg)
GAV	Gesamtarbeitsvertrag

GBV	Verordnung des Bundesrates betreffend das Grundbuch vom 22. Februar 1910 (SR 211.432.1)
GestG	BG über den Gerichtsstand in Zivilsachen vom 24. März 2000 (Gerichtsstandsgesetz; AS 2000, S. 2355 ff.)
GlG	BG über die Gleichstellung von Frau und Mann vom 24. März 1995 (Gleichstellungsgesetz; SR 151.1)
gl.M.	gleiche(r) Meinung
GmbH	Gesellschaft mit beschränkter Haftung
GU	Generalunternehmer
GUMG	BG über genetische Untersuchungen beim Menschen vom 8. Oktober 2004 (SR 810.12)
Habil.	Habilitationsschrift
HGB	Handelsgesetzbuch (Deutschland)
HRegV	Handelsregisterverordnung vom 17. Oktober 2007 (SR 221.411)
Hrsg.	Herausgeber
IKO	Informationsstelle für Konsumkredit
IPRax	Praxis des Internationalen Privat- und Verfahrensrechts (Bielefeld)
IPRG	BG über das Internationale Privatrecht vom 18. Dezember 1987 (SR 291)
i.V.m.	in Verbindung mit
JBl	Juristische Blätter (Wien)
JKR	Jahrbuch des Schweizerischen Konsumentenrechts (Bern)
Jura	Jura, Juristische Ausbildung (Berlin)
JuS	Juristische Schulung (München)
KAG	BG über die kollektiven Kapitalanlagen vom 23. Juni 2006 (Kollektivanlagengesetz; SR 951.31)
KG	BG über Kartelle und andere Wettbewerbsbeschränkungen vom 6. Oktober 1995 (Kartellgesetz; SR 251)
KGTG	BG über den internationalen Kulturgütertransfer vom 20. Juni 2003 (Kulturgütertransfergesetz; SR 444.1)
KIG	BG über die Information der Konsumentinnen und Konsumenten vom 5. Oktober 1990 (Konsumenteninformationsgesetz; SR 944.0)
KKG	BG über den Konsumkredit vom 23. März 2001 (SR 221.214.1)
KMU	Kleine und mittlere Unternehmen
Komm.	Kommentar
Kt.	Kanton
LBG	BG über das Luftfahrzeugbuch vom 7. Oktober 1959 (SR 748.217.1)
LBR	Luzerner Beiträge zur Rechtswissenschaft (Luzern)

LCC	Loi fédérale sur le crédit à la consommation (= KKG; SR 221.214.1)
LGVE	Luzerner Gerichts- und Verwaltungsentscheide, I. Teil, Obergericht (Luzern; bis 1974: Max)
lit.	litera = Buchstabe
LPG	BG über die landwirtschaftliche Pacht vom 4. Oktober 1985 (SR 221.213.2)
LugÜ	Übereinkommen über die gerichtliche Zuständigkeit und die Anerkennung und Vollstreckung von Entscheidungen in Zivil- und Handelssachen vom 30. Oktober 2007 (Lugano-Übereinkommen; SR 0.275.11)
Max	Entscheidungen des Obergerichtes des Kantons Luzern und der Anwaltskammer (Maximen; Luzern; ab 1974: LGVE)
MDR	Monatsschrift für Deutsches Recht (Köln/Hamburg)
mp	mietrechtspraxis, Zeitschrift für Schweizerisches Mietrecht (Zürich)
MSchG	BG über den Schutz von Marken und Herkunftsangaben vom 28. August 1992 (Markenschutzgesetz; SR 232.11)
N	Note, Randnote
n.F.	neue Fassung
NF	Neue Folge
NJW	Neue Juristische Wochenschrift (München/Frankfurt a.M.)
Nr.	Nummer
NZZ	Neue Zürcher Zeitung (Zürich)
ÖJZ	Österreichische Juristen-Zeitung (Wien)
OR	BG betreffend die Ergänzung des Schweizerischen Zivilgesetzbuches (Fünfter Teil: Obligationenrecht) vom 30. März 1911/18. Dezember 1936 (SR 220)
PartG	BG über die eingetragene Partnerschaft gleichgeschlechtlicher Paare vom 18. Juni 2004 (Partnerschaftsgesetz; SR 211.231)
PatG	BG über die Erfindungspatente vom 25. Juni 1954 (Patentgesetz; SR 232.14)
PBG	BG über die Personenbeförderung vom 20. März 2009 (Personenbeförderungsgesetz; SR 745.1)
plädoyer	plädoyer, Magazin für Recht und Politik (Zürich)
Pra	Die Praxis des Schweizerischen Bundesgerichts (Basel)
PRG	BG über Pauschalreisen vom 18. Juni 1993 (SR 944.3)
PrHG	BG über die Produktehaftpflicht vom 18. Juni 1993 (Produktehaftpflichtgesetz; SR 221.122.944)
PüG	Preisüberwachungsgesetz vom 20. Dezember 1985 (SR 942.20)
RabelsZ	Rabels Zeitschrift für ausländisches und internationales Privatrecht (Tübingen)

recht	recht, Zeitschrift für juristische Ausbildung und Praxis (Bern)
RIDC	Revue internationale de droit comparé (Paris)
RIW	Recht der Internationalen Wirtschaft, Betriebs-Berater International (Heidelberg)
RJJ	Revue jurassienne de jurisprudence (Porrentruy)
RJN	Recueil de jurisprudence neuchâteloise (Neuenburg)
RL	Richtlinie
s.	siehe
S.	Seite(n)
SAV	Schweizerischer Anwaltsverband
SBG	BG über Glücksspiele und Spielbanken vom 18. Dezember 1998 (Spielbankengesetz; SR 935.52)
SBT	Schweizerische Bankrechtstagung (Bern)
SchKG	BG über Schuldbetreibung und Konkurs vom 11. April 1889 (SR 281.1)
SchlT	Schlusstitel
Semjud	La Semaine Judiciaire (Genf)
SIA	Schweizerischer Ingenieur- und Architekten-Verein
SIA-Norm 118	Allgemeine Bedingungen für Bauarbeiten, herausgegeben vom SIA (Ausgabe 1977/1991)
sic!	Zeitschrift für Immaterialgüter-, Informations- und Wettbewerbsrecht (Zürich)
SJZ	Schweizerische Juristen-Zeitung (Zürich)
SPR	Schweizerisches Privatrecht (Basel/Frankfurt a.M.)
SR	Systematische Sammlung des Bundesrechts
SRL	Systematische Rechtssammlung des Kantons Luzern
SSG	BG über die Seeschifffahrt unter der Schweizer Flagge vom 23. September 1953 (Seeschifffahrtsgesetz; SR 747.30)
StGB	Schweizerisches Strafgesetzbuch vom 21. Dezember 1937 (SR 311.0)
SVIT	Schweizerischer Verband der Immobilien-Treuhänder
SZIER	Schweizerische Zeitschrift für internationales und europäisches Recht (Zürich)
SZW	Schweizerische Zeitschrift für Wirtschaftsrecht (Zürich)
TU	Totalunternehmer
u.a.	und andere(s); unter anderem (anderen)
UeStG LU	Übertretungsstrafgesetz vom 14. September 1976 (Kt. Luzern; SRL Nr. 300)
UGB	Unternehmensgesetzbuch (Österreich)
UN	United Nations = Vereinte Nationen

UNESCO	United Nations Educational, Scientific and Cultural Organization = Organisation der Vereinten Nationen für Erziehung, Wissenschaft und Kultur
UNESCO-Konvention	Übereinkommen über die Massnahmen zum Verbot und zur Verhütung der rechtswidrigen Einfuhr, Ausfuhr und Übereignung von Kulturgut vom 14. November 1970 (SR 0.444.1)
Unidroit	Institut international pour l'unification du droit privé (Rom)
Unidroit Principles	Unidroit-Grundregeln für Internationale Handelsverträge (siehe http://www.unilex.info [zuletzt besucht am 27. Juni 2010])
UNKR	UN-Kaufrecht (= WKR; SR 0.221.211.1)
URG	BG über das Urheberrecht und verwandte Schutzrechte vom 9. Oktober 1992 (Urheberrechtsgesetz; SR 231.1)
URV	V über das Urheberrecht und verwandte Schutzrechte vom 26. April 1993 (Urheberrechtsverordnung; SR 231.11)
usw.	und so weiter
UWG	BG gegen den unlauteren Wettbewerb vom 19. Dezember 1986 (SR 241)
V	Verordnung
VAG	BG betreffend die Aufsicht über Versicherungsunternehmen vom 17. Dezember 2004 (Versicherungsaufsichtsgesetz; SR 961.01)
VAV	V über die amtliche Vermessung vom 18. November 1992 (SR 211.432.2)
vgl.	vergleiche
VKKG	V zum Konsumkreditgesetz vom 6. November 2002 (SR 221.214.11)
VMWG	V über die Miete und Pacht von Wohn- und Geschäftsräumen vom 9. Mai 1990 (SR 221.213.11)
Vorbem.	Vorbemerkung(en)
VSGU	Verband Schweizerischer Generalunternehmer
VVG	BG über den Versicherungsvertrag vom 2. April 1908 (Versicherungsvertragsgesetz; SR 221.229.1)
WCT	WIPO-Urheberrechtsvertrag vom 20. Dezember 1996 (SR 0.231.151)
WIPO	World Intellectual Property Organization
WKR	«Wiener Kaufrecht»: Übereinkommen der Vereinten Nationen über Verträge über den internationalen Warenkauf vom 11. April 1980 (= CISG; SR 0.221.211.1)
z.B.	zum Beispiel
ZBGR	Schweizerische Zeitschrift für Beurkundungs- und Grundbuchrecht (Wädenswil)
ZBJV	Zeitschrift des Bernischen Juristenvereins (Bern)
ZEuP	Zeitschrift für Europäisches Privatrecht (München)
ZGB	Schweizerisches Zivilgesetzbuch vom 10. Dezember 1907 (SR 210)

Ziff.	Ziffer
ZPO	Schweizerische Zivilprozessordnung vom 19. Dezember 2008 (Zivilprozessordnung; AS 2010, S. 1739 ff.; SR 272)
ZR	Blätter für Zürcherische Rechtsprechung (Zürich)
ZSR	Zeitschrift für Schweizerisches Recht (Basel)
ZVglRWiss	Zeitschrift für Vergleichende Rechtswissenschaft (Heidelberg)
ZWR	Zeitschrift für Walliser Rechtsprechung (Sitten)

Literatur

Dieses allgemeine Literaturverzeichnis, das eine Auswahl in- und ausländischer Werke enthält, wird ergänzt durch die Hinweise auf weiterführende Sonderliteratur, die sich jeweils zu Beginn der einzelnen Paragrafen finden.

BUCHER EUGEN, Obligationenrecht, Besonderer Teil, 3. Aufl., Zürich 1988 (zitiert: Bucher, OR BT).

BYDLINSKI FRANZ, System und Prinzipien des Privatrechts, Wien/New York 1996.

DASSER FELIX, Vertragstypenrecht im Wandel, Konsequenzen mangelnder Abgrenzbarkeit der Typen, Habil. Zürich, Zürich/Baden-Baden 2000.

ENGEL PIERRE, Contrats de droit suisse, Traité des contrats de la partie spéciale du Code des obligations, de la vente au contrat de société simple, articles 183 à 551 CO, ainsi que quelques contrats innommés, 2. Aufl., Bern 2000.

ESSER JOSEF/WEYERS HANS-LEO, Schuldrecht, Band 2: Besonderer Teil,
– Teilband 1: Verträge, 8. Aufl., Heidelberg 1998;
– Teilband 2: Gesetzliche Schuldverhältnisse, 8. Aufl., Heidelberg 2000.

FASEL URS, Handels- und obligationenrechtliche Materialien, Bern/Stuttgart/Wien 2000.

FICK F., Das schweizerische Obligationenrecht, Zürich 1911.

FIKENTSCHER WOLFGANG/HEINEMANN ANDREAS, Schuldrecht, 10. Aufl., Berlin 2006.

GAUCH PETER, System der Beendigung von Dauerverträgen, Diss. Freiburg 1968 (AISUF Band 34).

GAUCH PETER/AEPLI VIKTOR/STÖCKLI HUBERT, Präjudizienbuch zum OR, Rechtsprechung des Bundesgerichts, 7. Aufl., Zürich 2009.

GAUCH PETER/SCHLUEP WALTER R./SCHMID JÖRG/EMMENEGGER SUSAN, Schweizerisches Obligationenrecht Allgemeiner Teil (ohne ausservertragliches Haftpflichtrecht), 2 Bände, 9. Aufl., Zürich 2008 (Band I = Gauch/Schluep/Schmid; Band II = Gauch/Schluep/Emmenegger).

GORDLEY JAMES, The Philosophical Origins of Modern Contract Doctrine, Oxford 1991.

GUHL THEO/KOLLER ALFRED/SCHNYDER ANTON K./DRUEY JEAN NICOLAS, Das Schweizerische Obligationenrecht mit Einschluss des Handels- und Wertpapierrechts, 9. Aufl., Zürich 2000 (zitiert: Guhl/Bearbeiter).

HAAS LOTHAR/MEDICUS DIETER/ROLLAND WALTER/SCHÄFER CARSTEN/WENDTLAND HOLGER, Das neue Schuldrecht, München 2002.

HARRER FRIEDRICH/PORTMANN WOLFGANG/ZÄCH ROGER (Hrsg.), Besonderes Vertragsrecht – aktuelle Probleme, Festschrift für Heinrich Honsell zum 60. Geburtstag, Zürich 2002 (mit Aufsätzen zu zahlreichen Einzelthemen des Besonderen Teils).

HONSELL HEINRICH, Schweizerisches Obligationenrecht, Besonderer Teil, 8. Aufl., Bern 2006.

DERS., Fälle mit Lösungen zum Obligationenrecht, 3. Aufl., Zürich 2005.

Honsell Heinrich/Vogt Nedim Peter/Wiegand Wolfgang (Hrsg.), Basler Kommentar zum Schweizerischen Privatrecht, Obligationenrecht I, Art. 1-529 OR, 4. Aufl., Basel/Genf/ München 2007.

Huguenin Claire, Obligationenrecht, Besonderer Teil, 3. Aufl., Zürich 2008.

Kaser Max/Knütel Rolf, Römisches Privatrecht, 19. Aufl., München 2008.

Koziol Helmut/Welser Rudolf, Grundriss des bürgerlichen Rechts,
- Band I: Allgemeiner Teil, Sachenrecht, Familienrecht, 13. Aufl. (auf Grundlage der von Koziol und Welser gemeinsam herausgegebenen 1.–10. Auflage, 11. und 12. Auflage bearbeitet von Koziol, 13. Auflage bearbeitet von Kletečka), Wien 2006;
- Band II: Schuldrecht Allgemeiner Teil, Schuldrecht Besonderer Teil, Erbrecht, 13. Aufl. (auf Grundlage der von Koziol und Welser gemeinsam herausgegebenen 1.–10. Auflage bearbeitet von Welser), Wien 2006.

Medicus Dieter, Schuldrecht II, Besonderer Teil, Ein Studienbuch, 14. Aufl., München 2007.

Pichonnaz Pascal, Les fondements romains du droit privé, Zürich 2008.

Reithmann Christoph/Martiny Dieter (Hrsg.), Internationales Vertragsrecht – Das internationale Privatrecht der Schuldverträge, 7. Aufl., Köln 2010.

Schmid Jörg, Die öffentliche Beurkundung von Schuldverträgen, Ausgewählte bundesrechtliche Probleme, Diss. Freiburg 1988, unveränderte 2. Aufl. 1989 (AISUF Band 83).

Schmid Jörg/Hürlimann-Kaup Bettina, Sachenrecht, 3. Aufl., Zürich 2009.

Stöckli Hubert, Das Synallagma im Vertragsrecht: Begründung, Abwicklung, Störungen, Habil. Freiburg, Zürich 2008 (AISUF Band 271).

Tercier Pierre/Favre Pascal G., Les contrats spéciaux, 4. Aufl., Zürich 2009.

Thévenoz Luc/Werro Franz (Hrsg.), Commentaire romand, Code des obligations I (Code des obligations art. 1–529, Loi sur le crédit à la consommation, Loi sur les voyages à forfait), Commentaire, Genf/Basel/München 2003.

Vischer Frank et al. (Hrsg.), Schweizerisches Privatrecht, Siebenter Band: Obligationenrecht – Besondere Vertragsverhältnisse, 1. Halbband, Basel/Stuttgart 1977.

von Büren Bruno, Schweizerisches Obligationenrecht Besonderer Teil (Art. 184–551), Zürich 1972.

Zimmermann Reinhard, The Law of Obligations – Roman Foundations of the Civilian Tradition, Oxford 1996.

§ 1   Einleitung

Sonderliteratur (Auswahl):   1

BÜHLER THEODOR, Eine Lanze für die gesetzlichen Vertragstypen, in: Tercier Pierre/Amstutz Marc/Koller Alfred/Schmid Jörg/Stöckli Hubert (Hrsg.), Gauchs Welt – Recht, Vertragsrecht und Baurecht, Festschrift für Peter Gauch zum 65. Geburtstag, Zürich 2004, S. 371 ff.

DASSER FELIX, Vertragstypenrecht im Wandel, Konsequenzen mangelnder Abgrenzbarkeit der Typen, Habil. Zürich, Zürich/Baden-Baden 2000.

GAUCH PETER, Das gesetzliche Vertragstypenrecht der Schuldverträge, in: Harrer Friedrich/Portmann Wolfgang/Zäch Roger (Hrsg.), Besonderes Vertragsrecht – aktuelle Probleme, Festschrift für Heinrich Honsell zum 60. Geburtstag, Zürich 2002, S. 3 ff.

KLETT KATHRIN, Vertragsrecht und dispositives Gesetzesrecht, in: Tercier Pierre/Amstutz Marc/Koller Alfred/Schmid Jörg/Stöckli Hubert (Hrsg.), Gauchs Welt – Recht, Vertragsrecht und Baurecht, Festschrift für Peter Gauch zum 65. Geburtstag, Zürich 2004, S. 459 ff.

PROBST THOMAS, Dogmatische und praktische Probleme an der Schnittstelle zwischen Allgemeinem und Besonderem Teil des Obligationenrechts – Integration oder Desintegration des schweizerischen Privatrechts?, in: Riemer-Kafka Gabriela/Rumo-Jungo Alexandra (Hrsg.), Soziale Sicherheit – Soziale Unsicherheit, Festschrift für Erwin Murer zum 65. Geburtstag, Bern 2010, S. 893 ff.

I.   Der «Besondere Teil» des Obligationenrechts

1.   Die zweite Abteilung des OR

1. Als «Besonderer Teil» des OR («la partie spéciale du CO») wird üblicherweise die *zweite*   2
Abteilung (Art. 184–551 OR) bezeichnet. Der Gesetzgeber hat sie mit dem Titel «**Die einzelnen Vertragsverhältnisse**» («Des diverses espèces de contrats») versehen. Tatsächlich regelt das Gesetz in den Art. 184 ff. OR eine ganze Reihe von Vertragstypen (Nr. 30 ff.). Doch ist die genannte Überschrift des Gesetzes ungenau. Folgendes muss beachtet werden:

– Die zweite Abteilung enthält zwar vorwiegend Vertragstypen, aber auch *andere Rechtsfi-*   3
guren als Verträge: nämlich die Geschäftsführung ohne Auftrag, die Prokura und andere Handelsvollmachten sowie die Anweisung (Nr. 1985 ff.).

  Demgegenüber ist im schweizerischen Schuldrecht – anders als im BGB und im ABGB – das Recht der   4
  unerlaubten Handlungen (Art. 41 ff. OR) und der ungerechtfertigten Bereicherung (Art. 62 ff. OR) im
  Allgemeinen Teil geregelt.

– Die zweite Abteilung regelt nur *einzelne* Vertragsverhältnisse, aber keineswegs *alle*   5
(«Die ...»). Zu beachten sind zunächst die privatrechtliche Nebengesetzgebung – z.B. das Pauschalreisegesetz, das Konsumkreditgesetz (Nr. 1333 ff.), das Personenbeförderungsgesetz und das besonders bedeutsame Versicherungsvertragsgesetz (Nr. 2450) – sowie das Staatsvertragsrecht (z.B. Wiener Kaufrecht; Nr. 704 ff.), dann aber auch die gesetzlich nicht besonders geregelten Verträge (Innominatkontrakte; Nr. 2444 ff.).[1]

---

[1]   Zu den anwendbaren nationalen und internationalen Normen vgl. ausführlich TERCIER/FAVRE, Nr. 84 ff.

Dazu kommen die Verträge, die schon im Allgemeinen Teil besonders (also nicht nur allgemein) normiert werden (vor allem die Verträge, die im Zusammenhang mit der Forderungsabtretung und der Schuldübernahme stehen).

6   2. Die Regeln des Besonderen Teils sind zum allergrössten Teil **Bundesprivatrecht**. Doch müssen folgende Einschränkungen beachtet werden:

7   – Einerseits bestehen vereinzelte Vorbehalte zu Gunsten der *Kantone,* z.B. Art. 186, 236, 257e Abs. 4 und 270 Abs. 2 OR.

8   – An verschiedenen Stellen – und immer mehr – wirkt sodann *öffentliches Recht* des Bundes und der Kantone in das Privatrecht hinein (vgl. Art. 6 ZGB; von den Bundeserlassen vgl. z.B. BewG, BGBB und GlG).

9   – Zu beachten sind weiter auch *prozessrechtliche* Bestimmungen, da sie unmittelbar die Durchsetzung des Bundesprivatrechts betreffen (vgl. die ZPO).

2.   Warum gibt es einen Besonderen Teil?

10   Der Allgemeine Teil des OR enthält Normen, welche auf alle Vertragsverhältnisse Anwendung finden (können). Überdies steht das Gesetz auf dem Grundsatz der Vertragsfreiheit, zu der namentlich die Inhaltsfreiheit und damit die Freiheit gehört, Verträge nach eigenem Gutdünken auszugestalten (dazu Art. 19 OR).[2] So stellt sich die **Frage, weshalb es überhaupt einen Besonderen Teil gibt und braucht!** Darauf lassen sich mindestens drei Antworten finden:

A.   Tradition

11   1. Die Auffassung, dass jedes ernst gemeinte Versprechen dem Grundsatz nach bindet («pacta sunt servanda»,[3] was im Allgemeinen Teil des OR sinngemäss zum Ausdruck kommt), stammt von den spätmittelalterlichen Juristen und ist damit relativ «jung». Das Gedankengut des Besonderen Teils ist demgegenüber wesentlich älter. Es geht nämlich – jedenfalls teilweise – auf das *römische Kontraktsystem* zurück, das nur aus bestimmten Vertragstypen klagbare Forderungen entstehen liess.[4] Insofern schreibt der Besondere Teil «2000 Jahre Lebenserfahrung» fest,[5] vor allem mit Bezug auf den Kaufvertrag und den einfachen Auftrag. Die **historische Entwicklung** verlief somit vom Besonderen (Römisches Recht) zum Allgemeinen (Spätmittelalter, Aufklärung).

12   Der Grundsatz «pacta sunt servanda» (das Prinzip der allgemeinen Vertragstreue) stammt also gerade *nicht* aus dem römischen Recht.[6] Dort hing bei Konsensualverträgen die Klagbarkeit vielmehr davon ab,

---

2   GAUCH/SCHLUEP/SCHMID, Nr. 624 ff.

3   Diese Parömie ist Ausdruck einer umfassenden Anerkennung des Konsensprinzips, das dem römischen Recht noch fremd war; z.B. ZIMMERMANN, The Law of Obligations, S. 508 und 537 ff.

4   Vgl. KASER/KNÜTEL, S. 176 und 211; PICHONNAZ, Nr. 1592.

5   BUCHER, OR BT, S. 16; vgl. auch KRAMER, Berner Komm., N 21 zu Art. 19–20 OR.

6   GORDLEY, The Philosophical Origins, S. 11 f., 41 ff. und 71 ff., schreibt die Entstehung dieses Grundsatzes den Spätscholastikern zu, die einerseits (und hauptsächlich) römische Texte auslegten und verallgemeinerten, andererseits aber auch durch die moralphilosophischen Ideen von Aristoteles und Thomas von Aquin beeinflusst waren. Vgl. ferner WIEACKER, Privatrechtsgeschichte der Neuzeit, 2. Aufl., Göttingen 1967, S. 287 ff. (zu Hugo Grotius); ZIMMERMANN, The Law of Obligations, S. 537 ff.; zu den kanonistischen Quellen etwa LANDAU, Pacta sunt servanda – Zu den kanonischen Grundlagen der Privatautono-

ob ein konkreter Vertrag sich in die Kategorien des Kontraktsystems einordnen liess («emptio/venditio» = Kauf; «locatio/conductio» = Miete/Arbeitsvertrag/Werkvertrag; «mandatum» = Auftrag; «societas» = Gesellschaft). Traf dies nicht zu, so galt die Regel, dass die betreffende Abrede («pactum») nicht klagbar war: «ex nudo pacto non oritur actio» oder «nuda pactio obligationem non parit».[7]

2. Erster und wichtiger Grund für das Bestehen des Besonderen Teils ist mit anderen Worten   13
die *Tradition*: Vertragstypen wie Kauf, Auftrag oder Gesellschaft haben eine *jahrhunderte-
alte Geschichte*. In Anlehnung an das aOR von 1881 nahmen die Art. 184–551 OR zahlreiche römischrechtliche Ideen auf – Bewährtes und Problematisches. Sie enthalten jene Vertragstypen, die vom **historischen Gesetzgeber** als besonders wichtig angesehen wurden.
Diese legislatorische Wertung, die grösstenteils auf den wirtschaftlich-sozialen Realien des
19. Jahrhunderts fusst, bedarf heute – und auch inskünftig – der kritischen Überprüfung,
die vor allem eine Aufgabe des Gesetzgebers, aber auch der Gerichte ist, die dabei allerdings den Grundsatz der Gesetzesbindung zu beachten haben (Art. 1 Abs. 1 ZGB).

Zu mehreren Vertragstypen des Besonderen Teils sind denn auch die gesetzlichen Regeln seit Erlass des   14
OR (1911) geändert oder neu eingefügt worden. So wurden etwa das Arbeitsvertragsrecht im Jahr 1971
und das Miet- und Pachtrecht im Jahr 1985 grundlegend revidiert. 1998 wurden die Bestimmungen über
den Auftrag zur Ehe- und zur Partnerschaftsvermittlung (Art. 406a ff. OR) geschaffen. In anderen Be-
langen hat der Gesetzgeber bis jetzt die Regelungen von 1881/1911 unverändert gelassen, obwohl – wie
etwa im Sachgewährleistungsrecht beim Kauf – eine Revision aus Gründen der Vertragsgerechtigkeit
dringend geboten wäre (Nr. 444 ff.).

Eine eher neuere Entwicklung ist die Schaffung von Nebengesetzen, in denen der Gesetzgeber vertrags-   15
rechtliche Regeln verankert hat (im Bereich des Konsumentenschutzes, aber auch etwa im neuen Personenbeförderungsgesetz), um gleichzeitig darauf zu verzichten, diese Regeln dem Besonderen Teil des
OR anzufügen. Diese Entwicklung eines Sonderprivatrechts führt zu einer formellen Zersplitterung des
Vertragsrechts, was den Überblick erschwert, vor allem aber (in der Tendenz) seiner Kohärenz abträglich
ist.[8] Älter noch als das geltende Obligationenrecht aber ist das Versicherungsvertragsgesetz (VVG), das
zwei Jahre früher in Kraft getreten ist: Während das private Versicherungsrecht der Sache nach zum Obligationenrecht gehört, hat der Gesetzgeber für diese praktisch besonders wichtige Materie dieses (um-
fangreiche) Nebengesetz geschaffen.

3. Dieser kurze Blick in die Entstehungsgeschichte macht deutlich, dass die Regelungen, die   16
den einzelnen Vertragstypen eigen sind, historisch gewachsen sind. Der Gesetzgeber hatte
sich nicht von der Idee eines in sich geschlossenen, rechtsdogmatisch kohärenten Systems
leiten lassen, sondern wesentlich die Tradition (wenn auch zum Teil korrigierend) kodi-
fiziert. Das erklärt auch, warum der Besondere Teil (selbst ohne Nebengesetze) zum Teil
Wertungswidersprüche aufweist. In der Rechtsanwendung führt dies zuweilen zu Resul-
taten, die aus dogmatisch-systematischer Sicht nicht zu befriedigen vermögen, die aber als
Folge dieses Regelungsansatzes im Grundsatz hinzunehmen sind.

B.   Lückenfüllung

1. Nicht zu allen Rechtsfragen finden sich die Antworten im Allgemeinen Teil des OR. Inso-   17
weit kann man auch von einem Normenmangel sprechen, der dort herrscht. Für gewisse

---

mie, in: Ascheri u.a. (Hrsg.), Festschrift Knut W. Nörr, Köln/Weimar/Wien 2003, S. 457 ff.

7   ZIMMERMANN, The Law of Obligations, S. 508 ff., 537 ff. und 576 f.; KRAMER, Berner Komm., N 21 zu
Art. 19–20 OR. Vgl. auch KASER/KNÜTEL, S. 210.

8   Vgl. die Kritik bei BYDLINSKI, S. 708 ff.

Vertragstypen werden entsprechende **Lücken** im Besonderen Teil **gefüllt**. Für die Rechtsanwendung liegt darin eine zentrale Funktion des Besonderen Teils, da Vertragsparteien damit nicht gehalten sind, sämtliche Rechtsfragen, die sich mit Bezug auf ihren Vertrag stellen könnten, zu regeln und die mit diesem Aufwand verbundenen Transaktionskosten auf sich zu nehmen; alsdann kann bei Lücken, die in der Praxis sehr häufig sind (ja, den Normalfall bilden!), für die Vertragsergänzung auf den Besonderen Teil zurückgegriffen werden.

18   2. Die Ergänzungsfunktion des Besonderen Teils lässt sich anhand folgender **Beispiele** illustrieren:

19   – Im Allgemeinen Teil des OR finden sich keine allgemeinen Normen zu den *Dauerverträgen* und insbesondere zu deren Beendigung. Der Besondere Teil regelt diese Fragen bei einzelnen Dauerschuldverhältnissen (z.B. Art. 266 ff. für die Miete, Art. 295 ff. für die Pacht, Art. 334 ff. für den Einzelarbeitsvertrag und Art. 545 ff. für die einfache Gesellschaft).

20   – Im Allgemeinen Teil sind wohl Normen zur Nichterfüllung und nicht richtigen Erfüllung (Art. 97 ff. OR), aber keine allgemeinen *Gewährleistungsnormen* vorgesehen; der Besondere Teil enthält solche Vorschriften bei mehreren Vertragstypen (z.B. Art. 192 ff. und 197 ff. OR für den Kaufvertrag, Art. 259a ff. für den Mietvertrag und Art. 367 ff. OR für den Werkvertrag).

21   – Der Allgemeine Teil enthält nur ausnahmsweise (Art. 99 Abs. 2 OR) Aussagen zu *unentgeltlichen Rechtsgeschäften*. Die Schenkung – als Prototyp des unentgeltlichen Rechtsgeschäfts – wird im Besonderen Teil speziell geregelt (Art. 239 ff. OR); diese Normen lassen auch Rückschlüsse auf andere unentgeltliche Geschäfte zu.

22   Der Besondere Teil regelt sodann weitere unentgeltliche Geschäfte, etwa die Gebrauchsleihe (Art. 305 ff. OR), das unentgeltliche Darlehen (Art. 313 Abs. 1 OR), den unentgeltlichen Auftrag (Art. 394 Abs. 3 OR) oder die unentgeltliche Hinterlegung (Art. 472 Abs. 2 OR). Vgl. dazu Nr. 140 ff.

23   – Schliesslich enthält der Allgemeine Teil des OR lediglich vereinzelte Normen zum Schutz der (zuweilen nur formal) *schwächeren Vertragspartei* (z.B. Art. 21, 22 Abs. 2 und 100 OR; ferner Art. 40a ff. OR). Ausgebaut wird der Schutz vor allem im Besonderen Teil, wie sich z.B. für das Mietrecht oder das Recht der Einzelarbeitsverträge nachweisen lässt. Dazu kommen die Normen und Erlasse mit konsumentenrechtlichem Einschlag; auch sie sind (typischerweise) auf den Schutz der schwächeren Partei ausgerichtet (z.B. Art. 406a ff. OR; KKG; PRG; Nr. 159 ff.). Das leitet über zu einem weiteren Grund für das Bestehen des Besonderen Teils:

C.   Wertvorstellungen

24   1. Der Allgemeine Teil des OR ist – notgedrungen – sehr generell und abstrakt gefasst;[9] er nimmt auf (soziale und andere) **Besonderheiten** der einzelnen Vertragstypen praktisch keine Rücksicht. Hier kommt der Besondere Teil zum Tragen, indem er *(speziellere) Wertvorstellungen* des Gesetzgebers enthält, die auf die einzelnen Vertragstypen[10] (und ihre Un-

---

[9]   Z.B. Amstutz/Schluep, Basler Komm., N 2 zu Einl. vor Art. 184 ff. OR.
[10]   Bucher, OR AT, S. 88.

tertypen) sowie die spezifische Interessenlage der Parteien bezogen sind. Diese Normen sind teils zwingender, teils dispositiver Natur.[11]

Die *zwingenden* Normen verschaffen diesen Wertvorstellungen besonders starke Nachachtung; sie sind «unabänderlich» im Sinn von Art. 19 Abs. 2 OR, weshalb eine abweichende Parteivereinbarung nicht wirksam getroffen werden kann.[12] Aber auch die *dispositiven* Gesetzesregeln enthalten gesetzgeberische Wertungen über das für den betreffenden Vertragstyp Ausgewogene und Angemessene; auch sie sollen der Durchsetzung einer sachlich richtigen Lösung dienen.[13] Daraus folgt unter anderem, dass die Partei, die vom dispositiven Gesetzesrecht abweichen will, dies deutlich zum Ausdruck bringen muss.[14]   25

Die soeben angedeutete Gerechtigkeitsfunktion des dispositiven Rechts wird durch Allgemeine Geschäftsbedingungen unterlaufen, soweit solche Bedingungen darauf angelegt sind, die eine Vertragspartei (z.B. durch weitgehende Haftungsausschlüsse) auf Kosten der anderen Partei zu begünstigen (Nr. 176). Der schlichte Verweis auf den Grundsatz der Vertragsinhaltsfreiheit vermag diese Praxis nicht zu legitimieren, da sie in Tat und Wahrheit darauf baut, dass diese Inhaltsfreiheit für die eine Seite faktisch gerade nicht besteht. Dies ist ein Argument für die Einführung einer wirksamen Inhaltskontrolle Allgemeiner Geschäftsbedingungen durch die Gerichte. Gegenwärtig steht hinsichtlich der Allgemeinen Geschäftsbedingungen noch die Ungewöhnlichkeitsregel im Vordergrund. Auch diese Regel macht sich das Vertragstypenrecht zunutze, indem eine Klausel unter anderem als ungewöhnlich gelten kann, wenn sie «in erheblichem Masse aus dem gesetzlichen Rahmen des Vertragstypus» fällt.[15]   26

2. Besonders **häufig** stellt das Gesetz spezielle (meist zwingende) Schutznormen zu Gunsten der Mieter, Arbeitnehmer oder anderer Personen (etwa Agenten, Bürgen) auf, oder es schreibt spezielle (meist nicht zwingende) Rechtsfolgen zwischen Kaufleuten vor.   27

Zwingende Normen haben regelmässig eine spezifisch sozialpolitische Schutzfunktion: Sie sollen jene Vertragspartei schützen, die typischerweise als die «schwächere» im betreffenden Verhältnis angesehen wird (vgl. zum Beispiel Art. 256 Abs. 2, 362 und 492 Abs. 4 OR). Indessen existieren zwingende Bestimmungen auch aus anderen Gründen. So will Art. 404 Abs. 1 OR (nach bundesgerichtlicher Praxis eine zwingende Bestimmung, Nr. 1966 f.) das Vertrauensverhältnis zwischen den Parteien eines Auftrags und die daraus fliessende Handlungsfreiheit der Beteiligten (das Recht zur jederzeitigen Auflösung des Auftrags) schützen.   28

3. Der Gesetzgeber hat (verstärkt in neuerer Zeit) verschiedene **Nebengesetze** geschaffen, die zumindest einen vertragsrechtlichen Einschlag haben und die darauf angelegt sind, bestimmten Wertvorstellungen zum Durchbruch zu verhelfen. Die entsprechenden Regeln betreffen vor allem (aber nicht ausschliesslich) die schon erwähnten Konsumentenverträge. Zu denken ist hier etwa an KKG und PRG, aber auch an das GlG.   29

3. Die Typenordnung des Besonderen Teils

1. Inhaltlich knüpft der Besondere Teil an «**Vertragstypen**» an («Schubladensystem»), die er   30
nach den charakteristischen Leistungspflichten der Parteien zu Beginn jeder Regelung «defi-

---

[11] Vgl. ausführlich TERCIER/FAVRE, Nr. 72 ff.

[12] GAUCH/SCHLUEP/SCHMID, Nr. 646.

[13] Dazu BGE 113 II 49 ff. (51), E. 1b; GUHL/KOLLER, S. 338 (§ 40, N 31); KLETT, Vertragsrecht und dispositives Gesetzesrecht, S. 466 f. mit Hinweisen.

[14] BGE 113 II 49 ff. (51), E. 1b; JÄGGI/GAUCH, Zürcher Komm., N 447 zu Art. 18 OR; KRAMER, Berner Komm., N 48 zu Art. 18 OR. Zur «gesetzeskonformen» Vertragsauslegung vgl. GAUCH/SCHLUEP/SCHMID, Nr. 1230. Zur Inhaltskontrolle Allgemeiner Geschäftsbedingungen nach Art. 8 lit. a UWG vgl. etwa GAUCH/SCHLUEP/SCHMID, Nr. 1152a mit Hinweisen.

[15] BGE 135 III 1 ff. (7), E. 2.1.

niert» (Art. 184, 253, 319, 363 OR usw.). Die Einordnung eines konkreten Vertrags unter einen bestimmten Typus wird als (materiell-rechtliche) «Qualifikation» bezeichnet.[16] In der Sache geht es darum, die auf einen konkreten Einzelvertrag anzuwendenden Rechtsregeln zu bestimmen; anzusetzen ist dabei beim Vertragsinhalt, der durch Auslegung der Vereinbarung zu ermitteln ist. Beizufügen bleibt Folgendes:

31   – Passt ein konkreter Vertrag unter die Typenumschreibung («Definition» oder auch «Qualifikationsmerkmale») des Gesetzes, so folgt daraus lediglich, dass die gesetzlichen Regeln des betreffenden Vertragstyps grundsätzlich Anwendung finden. Entspricht demgegenüber ein konkreter Einzelvertrag nicht oder nur zum Teil einer gesetzlichen Begriffsumschreibung, die sich auch in einem Nebengesetz finden kann, so hat dies auf die *Gültigkeit* des Vertrags grundsätzlich keinen Einfluss, da Vertragsinhaltsfreiheit (Art. 19 OR) gilt. Das Typensystem des Besonderen Teils hat gemäss heutigem Recht demnach nicht die Bedeutung eines «numerus clausus» der zulässigen Vertragsarten: es besteht hier (anders als im Ehegüter-, im Sachen- und im Gesellschaftsrecht) kein Typenzwang, was Raum lässt für Innominatkontrakte, auf welche die besonderen gesetzlichen Regeln jedenfalls nicht unmittelbar (unter Umständen aber analog) anwendbar sind (Nr. 2477).

32   – Auch bezüglich des für die Vertragsentstehung erforderlichen *Konsenses* sagen die Typenumschreibungen im Besonderen Teil nichts aus: Ob im konkreten Fall ein Konsens vorhanden (und der Vertrag demnach zustande gekommen) ist, beurteilt sich nicht nach der Erfüllung dieser Definitionsmerkmale; massgebend ist vielmehr, ob – wiederum unabhängig vom System der gesetzlichen Vertragstypen – die von den Parteien ausgetauschten Willenserklärungen ausreichen, um eine sinnvolle, in sich geschlossene Änderung im Lebensbereich der Parteien zu bewirken.[17] Ein Konsens kann also auch dann vorliegen, wenn die erzielte Einigung die gesetzlichen Typenmerkmale gänzlich oder teilweise verfehlt. Umgekehrt fehlt es am für die Vertragsentstehung notwendigen Konsens, wenn die Parteien Vertragspunkte offen gelassen haben, die sich als subjektiv wesentlich (im Sinne einer condicio sine qua non für den Vertragsschluss) oder als objektiv wesentlich erweisen. Damit ist klar, dass es bei der Qualifikation um den Entscheid geht, ob ein konkreter Einzelvertrag unter die Regeln eines bestimmten Nominatvertrages falle, während sich der Konsensstreit um die (vorgelagerte) Frage dreht, ob überhaupt ein Vertrag vorliege.

33   Innerhalb der beschriebenen Vertragstypen (Kauf, Tausch, Schenkung usw.) enthält das Gesetz sodann häufig *weitere Differenzierungen,* die man als «**Untertypen**» bezeichnen kann.[18]

34   So enthält beispielsweise das Kaufvertragsrecht einerseits «Allgemeine Bestimmungen» (Art. 184 ff. OR), andererseits spezielle Regeln über den Fahrniskauf (Art. 187 ff. OR), den Grundstückkauf (Art. 216 ff. OR) und besondere Arten des Kaufes (Art. 222 ff. OR). Das Mietrecht enthält Sonderregeln über die Miete von Wohn- und Geschäftsräumen (z.B. Art. 253a f., 256 Abs. 2 lit. b, 266*l* ff., 268 ff., 269 ff.). Die Differenzierung geht aber noch weiter: Die Regeln über den Fahrniskauf (Art. 187 ff. OR) enthalten ihrerseits Sondervorschriften über den Gattungskauf (Art. 206 OR; vgl. auch Art. 185 Abs. 2 OR), den Viehkauf (Art. 198 und 202 OR) und den kaufmännischen Verkehr (Art. 190 f. und 215 OR).

---

[16] Jäggi/Gauch, Zürcher Komm., N 214 ff. zu Art. 18 OR; Tercier/Favre, Nr. 262 f.; zum Ganzen auch Gauch, Vertragstypenrecht, S. 5 ff.

[17] Schmid, Die öffentliche Beurkundung, Nr. 561.

[18] Gauch, Vertragstypenrecht, S. 10 ff.

2. Thematisch sind im Besonderen Teil des Obligationenrechts nach dem bereits Gesagten   35
(Nr. 13) jene Vertragstypen geordnet, die bei der Entstehung des Gesetzes – also in der
zweiten Hälfte des 19. Jahrhunderts – von besonderer wirtschaftlicher und sozialer Bedeutung waren. Nach der **wirtschaftlichen Zweckrichtung** des jeweiligen Vertrags lassen
sich folgende Kategorien bilden:

– Veräusserungsverträge (Kauf, Tausch, Schenkung);   36

Wirtschaftlicher Zweck ist die (gewöhnlich entgeltliche, bei der Schenkung unentgeltliche) Übertra-   37
gung des Eigentums an Gütern. Beim wichtigsten Vertragstyp dieser Gruppe, dem Kaufvertrag, geht
es zunächst um den Erwerb von Konsum- oder von Investitionsgütern.[19] Zu beachten ist aber, dass
über den Wortlaut des Art. 184 Abs. 1 OR hinaus auch etwa die entgeltliche Veräusserung eines Im-
materialgutes als Kauf gilt, obschon an einem Immaterialgut kein Eigentum im Sinne von Art. 641
ZGB erworben werden kann.

– Verträge auf Gebrauchsüberlassung (Miete, Pacht, Gebrauchsleihe, Darlehen);   38

Wirtschaftlicher Zweck ist hier, Güter zum Gebrauch – gegen Entgelt oder unentgeltlich – zu über-   39
lassen. Sozial wichtigste Vertragstypen sind einerseits die Miete (insbesondere die Wohnungs- und
die Geschäftsraummiete), andererseits das Darlehen (Gebrauchsüberlassung vor allem an Geldmit-
teln; «Wertgebrauchsüberlassung»).

– Verträge auf Arbeitsleistung (Einzelarbeitsvertrag und zugehörige Sonderarten; Werk-   40
vertrag, Verlagsvertrag, einfacher Auftrag und Sonderarten des Auftrags);

Auch unsere heutige Dienstleistungsgesellschaft steht auf der Grundlage dieser klassischen, tradier-   41
ten Vertragstypen. Zu beachten ist dabei, dass sich die Interessenlagen, denen das Gesetz gerecht zu
werden hat, von Vertragstyp zu Vertragstyp erheblich unterscheiden. Dies zeigt sich schon daran, dass
Arbeit in abhängiger Stellung (Einzelarbeitsvertrag) oder in unabhängiger Stellung (z.B. Werkvertrag
oder einfacher Auftrag) geleistet werden kann. Was im Besonderen die Entgeltlichkeit angeht, ist zu
vermerken, dass diese Vertragstypen mehrheitlich die Entgeltlichkeit voraussetzen; lediglich der Verlagsvertrag und der einfache Auftrag können ihrer gesetzlichen Ausgestaltung nach auch unentgeltlich sein. Schliesslich ist darauf hinzuweisen, dass die Vertragspraxis von diesen Vertragstypen zwar
durchaus Gebrauch macht, die einschlägigen Regeln aber auch in mannigfacher Weise modifiziert.

– Hinterlegungs- und Sicherungsverträge (Hinterlegungsvertrag, Bürgschaft);   42

Einerseits betrifft diese Gruppe die sichere Hinterlegung und Aufbewahrung von Sachen (Hinterle-   43
gungsvertrag; Lagergeschäft). Andererseits geht es bei der Bürgschaft um einen wichtigen Fall der
Personalsicherheit (Sicherung von Forderungen). Zu den Sicherungsverträgen gehört auch der praktisch bedeutsame Garantievertrag; dieser Sicherungsvertrag, der vom Bürgschaftsvertrag zu unterscheiden ist,[20] wird gemeinhin unter Art. 111 OR und damit unter eine Regel des Allgemeinen Teils
subsumiert, dort allerdings nicht einmal in Ansätzen normiert (Nr. 2281 ff.).

– Unterhalts-, Spiel- und Wettverträge (Leibrenten- und Verpfründungsvertrag; Spiel und   44
Wette);

Diese Verträge, die keine homogene Gruppe bilden, tragen als gemeinsames Kennzeichen das alea-   45
torische (zufällige) Moment in sich, lassen also eine Gestaltung der Rechtslage im Hinblick auf bestimmte ungewisse Ereignisse (Chancen und Risiken) zu.

– die einfache Gesellschaft.   46

---

[19]   Für diese Unterscheidung vgl. Urteil des BGer. vom 18. Dezember 2008, Nr. 4A_404/2008, E. 4.1.1.
[20]   Vgl. z.B. BGE 125 III 305 ff. (308).

47   Wirtschaftliches Ziel aller Gesellschaftsverträge ist, mit gemeinsamen Mitteln einen bestimmten
        Zweck zu erreichen. Die einfache Gesellschaft, die im Besonderen Teil geregelt ist, bildet einerseits
        die Grundlage für handelsrechtliche Spielarten der Gesellschaft und fungiert andererseits als Auf-
        fangordnung (Art. 530 Abs. 2 OR).

48   3. Innerhalb der einzelnen Typen (und Untertypen) hat der Gesetzgeber – je nach «Bedürf-
        nis» – die **unterschiedlichsten Sachfragen** geregelt, zum Beispiel:

49   – Regeln zum Vertragsabschluss (z.B. Art. 184 Abs. 3 OR);

50   – Regeln zur Stellvertretung (z.B. Art. 348b Abs. 1; 396 Abs. 2 und 3 OR);

51   – Regeln zur richtigen und zur nicht richtigen Erfüllung (Art. 476 Abs. 1; 190 f. OR) oder
           zur Gewährleistung (z.B. Art. 197 ff. und 368 OR);

52   – Regeln zur Verjährung (z.B. Art. 210; 315; 371 OR);

53   – Regeln zur Beendigung einfacher Schuldverträge (z.B. Art. 377 und 404 OR) und von
           Dauerverträgen (z.B. Art. 266 ff.; 334 ff.; 545 ff. OR).

54   4. Wenn (wie im Besonderen Teil) unterschiedliche entstehungsgeschichtliche Rahmenbe-
        dingungen und verschiedene sozialpolitische Wertungen zusammenkommen, wenn über-
        dies Teile des Gesetzes gleich bleiben (z.B. Fahrniskauf, Werkvertrag) und andere Teile
        revidiert werden (z.B. Miete/Pacht, Arbeitsvertrag, Bürgschaft), so sind **Widersprüche**
        unvermeidlich. Auf das Zusammenspiel zwischen Allgemeinem und Besonderem Teil wird
        separat einzugehen sein (Nr. 56 ff.). Aber auch *in sich selbst* ist der Besondere Teil teilweise
        wertungswidersprüchlich, was etwa dann zum Ausdruck kommt, wenn man die Sachge-
        währleistungsregeln des Kaufvertrags-, des Mietvertrags- und des Werkvertragsrechts
        miteinander vergleicht; es fehlt an einer «wertemässigen Harmonisierung».[21] Hier haben
        Rechtsprechung und Lehre die Aufgabe, bei Wertungswidersprüchen sachgerechte Lösun-
        gen de lege lata zu suchen und – de lege ferenda – den Gesetzgeber auf reformbedürftige
        Punkte hinzuweisen.

55   Trotz dieser Widersprüche und trotz Kritikpunkten in Einzelbereichen lässt sich festhalten, dass «das ge-
        setzliche Vertragstypenrecht ein zweckmässiges Instrument ist, um praktisch wichtige Schuldverträge
        differenziert zu regeln».[22]

II. Das Verhältnis des Allgemeinen Teils
zum Besonderen Teil

56   Soweit ein konkret zu beurteilender Vertrag unter einen gesetzlichen «Typ» des Besonderen
        Teils fällt, stellt sich die Frage nach dem **Zusammenspiel** von Allgemeinem und Besonderem
        Teil des OR.[23] Diese heikle Frage, die den Ausgangspunkt für zahlreiche Kontroversen bildet,
        lässt sich nicht in allgemeiner Weise beantworten. Vielmehr müssen zum einzelnen Sachpro-

---

[21] GAUCH, Vertragstypenrecht, S. 4.

[22] So GAUCH, Vertragstypenrecht, S. 24, mit Hinweisen auf reformwürdige Punkte; vgl. zum Ganzen
      auch DASSER, Vertragstypenrecht im Wandel, Nr. 545 ff., und dazu die Rezension von KRAMER, in: SJZ
      98/2002, S. 26 f.

[23] Die gleiche Frage stellt sich auch dann, wenn der konkrete Vertrag einem Typus entspricht, der aus einem
      Nebengesetz stammt. Auch in diesem Fall ist zu ermitteln, wie sich die Regeln des Nebengesetzes zu jenen
      des Allgemeinen Teils verhalten.

blem die in Betracht kommenden Regeln wertend ausgelegt werden. Grundsätzlich bestehen folgende Möglichkeiten:[24]

1. **Kumulation:** Die Normen des Allgemeinen und des Besonderen Teils können kumulativ anwendbar sein.   57

   Beispiele: Die Verschuldensvermutung von Art. 97 Abs. 1 OR gilt auch im Werkvertrag für den Schadenersatzanspruch des Bestellers wegen Mängeln des Werks (Art. 368 OR).[25] In Art. 184 Abs. 2 OR wird wiederholt, was sich schon aus Art. 82 OR ergibt.   58

2. **Ausschliesslichkeit des Besonderen Teils:** Die Normen des Besonderen Teils können als «leges speciales» ausschliesslich anwendbar sein, indem sie die Regeln des Allgemeinen Teils verdrängen. Häufig ist aber auch, dass die sich stellende Streitfrage lediglich im Besonderen Teil geregelt ist, sich im Allgemeinen Teil also überhaupt keine einschlägige Norm findet.   59

   Beispiel: Die Gefahrtragung im Kaufvertragsrecht richtet sich ausschliesslich nach Art. 185 OR, was die Anwendung von Art. 119 Abs. 2 OR ausschliesst (vgl. auch Art. 119 Abs. 3 OR). Das Minderungsrecht des Bestellers im Werkvertrag ist einzig in Art. 368 Abs. 2 OR geregelt.   60

3. **Ausschliesslichkeit des Allgemeinen Teils:** Der Besondere Teil enthält überhaupt keine Norm zur Streitfrage, weshalb der Allgemeine Teil ausschliesslich zur Anwendung kommt.   61

   Beispiel: Die Verjährung von Ansprüchen aus einem einfachen Auftrag ist im Besonderen Teil nicht geregelt. Anwendbar sind damit die verjährungsrechtlichen Regeln des Allgemeinen Teils, wobei diese Regeln ihrerseits teilweise nach Vertragstypen differenzieren (für die Ansprüche gewisser Auftragnehmer siehe Art. 128 Ziff. 3 OR).   62

4. **Alternativität:** Eine Vertragspartei kann sich entweder auf die Normen des Allgemeinen Teils oder auf jene des Besonderen Teils berufen.   63

   Beispiel: Ist die gekaufte Sache mangelhaft, so kann sich der Käufer nach der (nicht unbestrittenen) bundesgerichtlichen Rechtsprechung entweder auf die Vorschriften über die Sachgewährleistung (Art. 197 ff. OR) oder auf die Regeln über den Grundlagenirrtum berufen (Nr. 435 ff.).[26]   64

III. Nominatverträge und Innominatverträge

1. Als **Nominatverträge** bezeichnet man jene Verträge, welche gesetzlich besonders geregelt sind. Damit von einer «besonderen» («spezifischen») gesetzlichen Regelung gesprochen werden kann, ist die Normierung in einer gewissen Ausführlichkeit erforderlich. Die besondere Regelung kann enthalten sein: 65

   – entweder im Besonderen Teil des OR (Kauf, Tausch, Schenkung usw.);   66

   – oder an einem andern Ort, etwa   67

     • im ZGB (z.B. güterrechtlicher Vertrag, Erbvertrag);[27]   68

---

[24] Vgl. TERCIER/FAVRE, Nr. 271 ff.

[25] GAUCH, Werkvertrag, Nr. 1891.

[26] BGE 114 II 131 ff. (134), E. 1a (Picasso-Fall).

[27] Dazu kommen in Zukunft – mit dem Inkrafttreten des neuen Erwachsenenschutzrechts – der Vorsorgeauftrag und der Betreuungsvertrag; vgl. die Änderung des Schweizerischen Zivilgesetzbuchs vom 19. Dezember 2008, Referendumsvorlage in BBl 2009, S. 141 ff.

69 • in der privatrechtlichen Nebengesetzgebung (z.B. Pauschalreisevertrag, Personenbeförderungsvertrag);

70 • in einem Staatsvertrag, der Einheitsrecht enthält (z.B. Wiener Kaufrecht).

71 **2. Innominatverträge** (gleichbedeutend: Innominatkontrakte) sind – als Gegenbegriff – gesetzlich nicht besonders geregelte Verträge.[28] Zu dieser Kategorie gehören zum Beispiel das Factoring, das Franchising, der Alleinvertriebsvertrag, der Kreditkartenvertrag, der aussergerichtliche Vergleich und nach verbreiteter Auffassung auch der Leasingvertrag (Nr. 2517 ff.). Die Zahl der Innominatverträge ist offen. Immer wieder bringt die Vertragspraxis neue Arten hervor, wobei sich bestimmte Innominatverträge im Lauf der Zeit und durch häufigen Gebrauch zu Verkehrstypen «verdichten» können. Darauf wird zurückzukommen sein (Nr. 2479 ff.).

72 Hinweis zur Terminologie: Was in der schweizerischen Rechtssprache «Innominatvertrag» heisst, bezeichnet die deutsche Lehre bisweilen als «atypischen» Vertrag.[29]

IV. Die Anwendung des speziellen Vertragsrechts

73 1. Bei der Anwendung des speziellen Vertragsrechts auf einen konkreten Einzelvertrag stellt sich zunächst die Frage nach dessen **materiell-rechtlicher Qualifikation**.[30] Zu prüfen ist mit anderen Worten, ob der zur Diskussion stehende Einzelvertrag die charakteristischen Begriffsmerkmale («Qualifikationsmerkmale») eines der im Besonderen Teil des OR geregelten Nominatvertrags erfüllt (z.B. Kauf, Miete, Einzelarbeitsvertrag, Werkvertrag, Auftrag), ob ein in der Nebengesetzgebung geregelter Nominatvertrag (z.B. Pauschalreisevertrag, Personenbeförderungsvertrag) gegeben ist oder ob man es mit einem Vertrag zu tun hat, der im Allgemeinen Teil speziell geregelt wird (Forderungsabtretung und Schuldübernahme). Zu diesem Zweck muss der konkrete Einzelvertrag *ausgelegt* werden; es sind mit anderen Worten der vereinbarte Inhalt und insbesondere die vereinbarten Leistungspflichten zu ermitteln.

74 Ein Indiz für die Qualifikation stellt die von den Parteien gewählte Bezeichnung dar; auch sie ist jedoch für sich allein nicht massgebend und hat gegenüber dem vereinbarten Vertragsinhalt zurückzutreten.[31]

75 2. Steht auf Grund der Qualifikation fest, dass der konkrete Einzelvertrag die Merkmale eines **Nominatvertrags** aufweist, fragt sich weiter, ob die gesetzlichen Regeln, die für diesen Vertragstyp gelten, zur Anwendung kommen. Folgendes ist zu beachten:

76 – Stets anzuwenden sind die **zwingenden Regeln** des Gesetzes. Das folgt einerseits aus der Bindung des Gerichts an das Gesetz (Art. 1 Abs. 1 ZGB), anderseits aus der «Rechtsnatur» des zwingenden Gesetzesrechts: Bei ihm handelt es sich definitionsgemäss um Regeln, deren Geltung der Gesetzgeber unter allen Umständen durchsetzen will, die also durch Parteiabrede nicht geändert werden können (vgl. auch Art. 19 f. OR).

---

[28] GAUCH/SCHLUEP/SCHMID, Nr. 252.

[29] Z.B. FIKENTSCHER/HEINEMANN, Nr. 792 f.

[30] Vgl. dazu GAUCH, Vertragstypenrecht, S. 5 ff.

[31] BGE 99 II 313 ff. (313), bestätigt unter anderem in BGE 131 III 217 ff. (219), E. 3 = Pra 2006, Nr. 6, S. 43 ff.; GAUCH, Vertragstypenrecht, S. 5 mit weiteren Hinweisen.

Da die Parteien hinsichtlich der vom Gesetz zwingend geregelten Punkte gar keine Parteiautonomie haben, kann sich diesbezüglich auch keine Vertragslücke auftun; die zwingenden Gesetzesregeln sind stets anzuwenden.[32]

77

– Soweit es (wie es häufig der Fall ist) an zwingenden Regeln fehlt, bestimmt sich der Inhalt des konkreten Einzelvertrags nach dem von den Parteien **vereinbarten Vertragsinhalt**. Der genaue Inhalt ist im Streitfall durch Auslegung zu ermitteln.[33] Diesbezüglich hat – in den Schranken des Gesetzes – die Parteiautonomie Vorrang: Die Parteien sind frei, welchen Inhalt sie ihrem Einzelvertrag geben wollen (Art. 19 Abs. 1 OR).

78

– Fehlt eine (auf tatsächlichem oder normativem Konsens beruhende) Parteiabrede, nach der sich die zwischen den Parteien streitige Frage lösen liesse, hat man es mit einer Vertragslücke zu tun. Lässt sich – was meist zutrifft – kein einschlägiges Gewohnheitsrecht (Art. 1 Abs. 2 ZGB) ausmachen, sind grundsätzlich die **dispositiven Gesetzesregeln** anwendbar.[34]

79

Diese Regeln kennzeichnen sich dadurch, dass sie gerade eine Bestimmung enthalten für den Fall, dass der konkrete Einzelvertrag die betreffende Rechtsfrage nicht selber regelt, sondern diesbezüglich eine Lücke aufweist.

80

– Enthält das Gesetz zur streitigen Frage auch keine Dispositivnormen, so hat das **Gericht** die Vertragslücke durch eine von ihm **selber geschaffene Regel** zu ergänzen (gerichtliche Lückenfüllung); dies geschieht grundsätzlich durch die Ermittlung des «hypothetischen Willens» der Parteien.[35]

81

3. Die Aussagen zu den beiden letztgenannten Punkten bedürfen der **Präzisierung**. Sie betrifft die Frage, ob bei Fehlen zwingender Regeln und beim Vorhandensein einer Vertragslücke stets die *dispositiven Gesetzesregeln* Anwendung finden *oder* ob das Gericht direkt zur *gerichtlichen Lückenfüllung* schreiten darf. Dazu ist Folgendes zu bemerken:

82

– Nach der hier vertretenen Auffassung ist grundsätzlich das dispositive Gesetzesrecht das primäre (vorrangige) Mittel zur Lückenfüllung. Das ergibt sich aus dem Grundsatz der Bindung des Gerichts an das Gesetz (Art. 1 Abs. 1 ZGB). Damit legen die dispositiven Regeln für das Gericht in generell-abstrakter Weise fest, was bei einer bestimmten Vertragslücke als «hypothetischer Parteiwille» zu gelten hat und der «Natur des Geschäfts» entspricht.[36] Insoweit sich die dispositiven Gesetzesregeln auch an Gerechtigkeitsüberlegungen orientieren, lässt sich sagen, dass das dispositive Recht «in der Regel die Interessen der Parteien genügend wahrt».[37] Einschränkend ist Folgendes beizufügen:

83

– Das Gericht muss im Einzelfall stets prüfen, ob eine an sich (d.h. ihrem Wortlaut nach) einschlägige Norm des dispositiven Gesetzesrechts mit dem vereinbarten (konkreten) Vertragsinhalt «harmoniert», also zu einem widerspruchslosen Gesamtergebnis führt.[38] Passt die dispositive Norm nicht zum übrigen Vertragsinhalt, so zeigt dies, dass das dis-

84

---

[32] Jäggi/Gauch, Zürcher Komm., N 488 zu Art. 18 OR; Gauch, Vertragstypenrecht, S. 15.
[33] Dazu im Einzelnen Gauch/Schluep/Schmid, Nr. 1195a ff.
[34] Gauch/Schluep/Schmid, Nr. 1247a ff.; Gauch, Vertragstypenrecht, S. 11; Tercier/Favre, Nr. 289.
[35] Im Einzelnen vgl. Gauch/Schluep/Schmid, Nr. 1256 ff. Als Beispiel aus der Rechtsprechung vgl. BGE 132 V 278 ff. (282), E. 4.3.
[36] Jäggi/Gauch, Zürcher Komm., N 509 zu Art. 18 OR.
[37] BGE 113 II 49 ff. (51), E. 1b; Gauch/Schluep/Schmid, Nr. 1254.
[38] Jäggi/Gauch, Zürcher Komm., N 514 zu Art. 18 OR; Gauch/Schluep/Schmid, Nr. 1255; Gauch, Vertragstypenrecht, S. 12; Tercier/Favre, Nr. 289.

positive Gesetzesrecht auf den konkret zu beurteilenden Einzelfall nicht zugeschnitten ist und somit kein taugliches Ergänzungsmittel für diesen konkreten Vertrag bildet.[39] Ihre Anwendung liefe dem «hypothetischen» Parteiwillen zuwider. Alsdann hat das Gericht durch eigene Lückenfüllung den Vertrag zu ergänzen; hierbei lässt es sich wiederum vom «hypothetischen Parteiwillen» leiten.[40]

85   Beim dispositiven Gesetzesrecht bleibt es allerdings dann, wenn diese Normen verstärkte Geltungskraft haben, weil z.B. abweichende Abreden schriftlich (z.B. Art. 198, 324a Abs. 4 OR), ausdrücklich (z.B. Art. 214 Abs. 3 OR) oder durch individuelle Abrede (z.B. Art. 256 Abs. 2 lit. a OR) getroffen werden müssen[41] und diese Voraussetzungen von den Parteien nicht eingehalten worden sind.

86   4. Ergibt die Qualifikation des konkreten Einzelvertrags, dass **kein Nominatvertrag,** sondern ein gesetzlich nicht besonders geregelter Vertrag vorliegt, so ist nach den Regeln zur Rechtsanwendung bei Innominatverträgen zu verfahren (Nr. 2471 ff.).[42]

87   5. Ein Hinweis zur **Rechtsanwendung im internationalen Verhältnis:** Auch sie bedingt eine Qualifikation, die allerdings anders gelagert ist als die rechtliche Qualifikation, von der vorstehend die Rede war. Bei der internationalprivatrechtlichen (kollisionsrechtlichen) Qualifikation geht es darum zu ermitteln, nach welcher Rechtsordnung der konkrete Streit zu beurteilen ist. Steht dann aber fest, dass schweizerisches Recht anwendbar ist, ist ein Vertrag auf sein Verhältnis zu den Normen des Besonderen Teils (oder allenfalls einschlägiger Nebengesetze) zu prüfen.

V.   Besondere Kategorien von Verträgen

1.   Die Kategorie der Dauerverträge

88   *Sonderliteratur (Auswahl):*

CHERPILLOD IVAN, La fin des contrats de durée, Lausanne 1988.

GAUCH PETER, System der Beendigung von Dauerverträgen, Diss. Freiburg 1968 (AISUF Band 34).

MIDDENDORF PATRICK, Nachwirkende Vertragspflichten, Diss. Freiburg 2002 (AISUF Band 209).

POLYDOR-WERNER SUSANNE, Rückabwicklung und Aufrechterhaltung fehlerhafter Dauerschuldverträge, Diss. Genf, Zürich 1988.

RUMPF STEFANIE, Das Synallagma im Dauerschuldverhältnis – Über die Relevanz von Einzelleistung und Gesamtleistung im Dauerschuldverhältnis, Diss. Konstanz 2003 (Konstanzer Schriften zur Rechtswissenschaft Band 206).

VENTURI-ZEN-RUFFINEN MARIE-NOËLLE, La résiliation pour justes motifs des contrats de durée, Diss. Freiburg, Zürich 2007 (AISUF Band 264).

---

[39]   GAUCH/SCHLUEP/SCHMID, Nr. 1255.

[40]   Im Einzelnen: GAUCH/SCHLUEP/SCHMID, Nr. 1256 ff.; JÄGGI/GAUCH, Zürcher Komm., N 517 zu Art. 18 OR; KLETT, Vertragsrecht und dispositives Gesetzesrecht, S. 462 f.

[41]   Vgl. JÄGGI/GAUCH, Zürcher Komm., N 519 zu Art. 18 OR.

[42]   Vgl. z.B. GAUCH/SCHLUEP/SCHMID, Nr. 1248 und 1262.

A. Begriff und Rechtsgrundlagen

1. Während eine einfache Schuld («Zielschuld») eine einmalige oder eine zwar mehrmalige, 89
dabei aber gezählte Leistung zum Gegenstand hat und mit ihrer Erfüllung erlischt, verlangt die **Dauerschuld** ein fortdauerndes oder wiederholtes Leistungsverhalten, mit dem
der Schuldner so lange fortzufahren hat, bis die Schuld durch Zeitablauf oder aus einem
anderen Grund als der Erfüllung (z.B. infolge einer Kündigung) untergeht.[43]

2. Ein **Dauervertrag** (Dauerschuldvertrag) ist ein Vertrag (Schuldvertrag), bei dem mindes- 90
tens die charakteristische Leistungspflicht eine Dauerschuld ist.[44] Die Rechtslage, die als
Folge des Vertragsabschlusses eintritt, wird als *Dauerschuldverhältnis* oder Dauerverhältnis
bezeichnet.

Beispiele: Miete, Pacht, Gebrauchsleihe, Darlehen, Einzelarbeitsvertrag, Agenturvertrag, Hinterlegungs- 91
vertrag, Leibrentenvertrag, Verpfründungsvertrag, einfache Gesellschaft. – Daneben gibt es dauer-
vertragsähnliche Verträge, die zwar grundsätzlich als charakteristische Leistung eine einfache Schuld
(Zielschuld) zum Gegenstand haben, jedoch darüber hinaus ein Dauer-Element beinhalten, z.B. Abzahlungskauf, Schenkung wiederkehrender Leistungen (Art. 252 OR), Werkvertrag, Verlagsvertrag, einfacher Auftrag und Bürgschaft. Zu beachten ist, dass sich auch ein Dauerschuldvertrag als Innominatvertrag erweisen kann, indem er seinem Inhalt nach so ausgestaltet ist, dass er sich keinem der Vertragstypen
zuordnen lässt, z.B. der Franchisingvertrag.

3. Der Allgemeine Teil des Obligationenrechts ist zwar auch auf Dauerschuldverträge an- 92
wendbar, enthält dazu aber keine spezifischen Regeln. Umso bedeutsamer sind die *einschlägigen Bestimmungen des Besonderen Teils.* Sie enthalten teilweise auch allgemeine
Grundgedanken, die auf gesetzlich nicht geregelte Dauerverträge Anwendung finden können (z.B. Factoringvertrag, Franchisingvertrag, Alleinvertriebsvertrag, Kreditvertrag, Kreditkartenvertrag).

Als **allgemeiner Rechtsgrundsatz bei Dauerschuldverhältnissen** anerkannt ist die 93
von Lehre und Rechtsprechung entwickelte Regel, wonach die Auflösung eines Dauervertrags mit Wirkung ex tunc ausgeschlossen ist, sobald mit der charakteristischen Dauerleis-
tung begonnen wurde, sobald also das Dauerschuldverhältnis «in Vollzug» gesetzt worden
ist.[45] Ein «Rücktritt» (mit Wirkung «ex tunc») wird in diesen Fällen durch eine «Kündigung»
(mit Wirkung ex nunc) ersetzt.[46] Im Ergebnis geht es darum, dass die Rückabwicklung des
schon Geleisteten unterbleiben kann.

Diese Regelung ist vom Gesetzgeber etwa im Mietrecht übernommen worden: Bei Mängeln der Mietsache 94
unterscheidet das Gesetz danach, ob die Leistungsstörung bei Übergabe des Mietobjekts besteht (dann ist
ein Rücktritt nach Art. 258 Abs. 1 OR möglich) oder ob die Leistungsstörung erst während der Mietdauer,
also nach Beginn der charakteristischen Hauptleistung eintritt (sodass nach Art. 259b lit. a OR kein Rücktritt, sondern nur noch eine Kündigung möglich ist). Der gleiche Gedanke spielt im Einzelarbeitsvertrags-
recht bei der nachträglichen Feststellung von Vertragsmängeln (Art. 320 Abs. 3 OR; Nr. 1427).[47]

---

[43] GAUCH/SCHLUEP/SCHMID, Nr. 94.
[44] GAUCH/SCHLUEP/SCHMID, Nr. 263.
[45] GAUCH/SCHLUEP/EMMENEGGER, Nr. 2798 und 2815; GAUCH, Beendigung von Dauerverträgen, S. 210 f.
[46] BGE 123 III 124 ff. (127), E. 3b; GAUCH, Beendigung von Dauerverträgen, S. 212.
[47] BGE 132 III 242 ff. (245), E. 4.2.

B.   Die Auflösung von Dauerverträgen

a.   Allgemeines

95   1. Während eine einfache Schuld durch Erfüllung erlischt, erlischt eine Dauerschuld «nicht durch Erfüllung, sondern muss erfüllt werden, bis sie durch Zeitablauf oder aus einem anderen Grund untergeht».[48] Entsprechend ist die Auflösung eines Dauervertrages keine Folge der Vertragserfüllung, sondern setzt einen äusseren **Auflösungsgrund** voraus.

96   Die Auflösung des Dauervertrags *bewirkt,* dass die charakteristische Hauptleistungspflicht und eine allfällige Gegenleistungspflicht für die Zukunft erlöschen.

97   Wurde mit der charakteristischen Leistung schon begonnen, so ist nach dem Gesagten eine Vertragsauflösung ex tunc (durch Rücktritt) ausgeschlossen. Der Rücktritt wird durch eine Kündigung (mit Wirkung ex nunc) ersetzt (Nr. 93). Dieser Rechtsgrundsatz gilt selbst dann, wenn ein Dauervertrag dahinfällt, weil sich eine Partei (wirksam) auf einen Irrtum berufen hat (Nr. 1427).[49] Keine Anwendung findet er, wenn das Gesetz selber eine andere Lösung vorsieht; zu denken ist hier an die Widerrufsrechte bei Konsumentenverträgen, die als Rücktrittsrechte ausgestaltet sind und einen Dauervertrag selbst dann mit Wirkung ex tunc beseitigen, wenn der Vertrag bereits «in Vollzug» gesetzt worden ist (vgl. Art. 40f Abs. 1 OR und Art. 16 Abs. 3 KKG).

98   2. Die Auflösung kann eine **ordentliche** oder eine **ausserordentliche** sein:

99   –   Die ordentliche Auflösung erfolgt entweder durch Zeitablauf bei befristeten oder durch ordentliche Kündigung bei unbefristeten Dauerverhältnissen. Die ordentliche Kündigung kann voraussetzungslos ausgesprochen werden; sie ist jedoch allenfalls auf Verlangen zu begründen (für die Miete von Wohn- und Geschäftsräumen: Art. 271 Abs. 2 OR; für den Einzelarbeitsvertrag: Art. 335 Abs. 2 OR).

100   –   Die ausserordentliche Auflösung erfolgt vorzeitig (ausserhalb der Regeln zur ordentlichen Auflösung) und ist an besondere Voraussetzungen (das Vorliegen eines ausserordentlichen Auflösungsgrunds) gebunden.

b.   Die ordentliche Auflösung

101   1. Die ordentliche Auflösung erfolgt entweder durch **Zeitablauf** oder durch **ordentliche Kündigung**:

102   –   Durch Zeitablauf enden Dauerverträge, die auf eine vertraglich festgelegte Dauer eingegangen worden sind (sogenannt befristete Vertragsverhältnisse). Mit dem Ablauf der Zeitdauer endet das Dauerverhältnis ohne Weiteres («automatisch»).

103   Beispiele: Art. 266 Abs. 1, 334 und 545 Abs. 1 Ziff. 5 OR.

104   –   Bei Verträgen auf unbestimmte Dauer (sogenannten unbefristeten Vertragsverhältnissen) endet das Vertragsverhältnis durch ordentliche (voraussetzungslose) Kündigung.

105   Beispiele: Art. 266a und 335 OR.

106   2. Zur ordentlichen Kündigung sind folgende **Einzelpunkte** nachzutragen:

107   –   Für die Kündigung gelten gesetzliche und allenfalls vertragliche Fristen und Termine (Beispiele: Art. 266a ff. und Art. 335a ff. OR).

---

[48]   Gauch/Schluep/Schmid, Nr. 94.
[49]   BGE 129 III 320 ff. (328), E. 7.1.2.

Kündigung*termin* ist der Zeitpunkt, auf den hin die Kündigung (Vertragsauflösung) 108
wirksam werden soll. Kündigung*frist* ist die Zeitdauer, die zwischen dem Zugang der
Kündigungserklärung (Zugangsprinzip) und dem Kündigungstermin liegen muss, damit die Kündigung auf den beabsichtigten Termin hin Wirksamkeit entfaltet.

Einzelne der Kündigungsfristen oder -termine sind (als Minimalfristen) vom Gesetz zwingend ausge- 109
staltet (vgl. z.B. Art. 266a Abs. 1 OR).

– In einzelnen Fällen erlaubt das Gesetz eine (ordentliche) Kündigung, obwohl vertrag- 110
lich eine bestimmte Zeitdauer festgelegt worden ist.

Beispiele: Art. 334 Abs. 3 und 475 Abs. 1 OR. 111

– Die ordentlichen Kündigungsregeln werden ergänzt durch einen besonderen Kündi- 112
gungsschutz bei gewissen Vertragsverhältnissen, vor allem bei Miete oder Pacht von
Wohn- und Geschäftsräumen (Art. 271 ff. OR) und im Arbeitsrecht (Art. 336 ff. OR;
Art. 10 GlG).

c. *Die ausserordentliche Auflösung*

1. Ausserordentlich ist die Auflösung des Dauervertrags, wenn die Kündigungsfrist und/oder 113
der Kündigungstermin nicht eingehalten werden (müssen). Auch die ausserordentliche
(«vorzeitige») Auflösung eines Dauerverhältnisses kann auf **Vereinbarung** oder auf **Gesetz** beruhen:

– Die ausserordentliche Auflösung ist stets möglich durch eine entsprechende Verein- 114
barung der Parteien (Aufhebungsvertrag; contrarius actus). Das ergibt sich aus der
Vertragsfreiheit (Art. 19 OR), die auch die Auflösungsfreiheit beinhaltet.[50] In Betracht
kommen aber auch Vertragsabreden, welche die ausserordentliche Auflösung des Dauervertrags vorsehen und etwa Ereignisse festlegen, die zur ausserordentlichen Auflösung berechtigen.

– Fehlt es an einem vereinbarten Grund für eine ausserordentliche Vertragsauflösung, so 115
kommt eine solche nur bei Eintritt eines besonderen gesetzlichen (ausserordentlichen)
Auflösungsgrundes in Betracht. Alsdann ergibt sich die Berechtigung einer Partei zur
ausserordentlichen Auflösung aus Gesetz.

2. Für einzelne Vertragsverhältnisse enthält das Gesetz konkrete Umschreibungen **ausseror-** 116
dentlicher Auflösungsgründe, z.B.:

– der Tod einer Vertragspartei (etwa Art. 266i OR); 117

– der Eintritt der Handlungsunfähigkeit einer Partei (Art. 418s Abs. 1 OR); 118

– Zahlungsunfähigkeit, Konkurs oder Pfändung einer Partei (etwa Art. 266h, 316, 418s 119
Abs. 1 OR);

– bestimmte Vertragsverletzungen, wie etwa mangelhafte Leistung (etwa Art. 258 Abs. 1 120
OR), nicht rechtzeitige Erfüllung (Art. 257d und 258 Abs. 1 OR) oder Verletzung einer
Sorgfaltspflicht (z.B. Art. 257f und 309 Abs. 2 OR).

3. Im Übrigen enthält das Gesetz an zahlreichen Orten Bestimmungen über die Auflösung 121
eines Dauerschuldverhältnisses **aus wichtigem Grund** (z.B. Art. 266g, 337/337a und

---

[50] Gauch/Schluep/Schmid, Nr. 616.

418r Abs. 1 OR). Im Sinn eines *allgemeinen Grundsatzes* gehen Lehre und Rechtsprechung davon aus, dass bei Vorliegen eines wichtigen Grundes (und unter Vorbehalt besonderer Gesetzesbestimmungen) jedes Dauerschuldverhältnis vorzeitig aufgelöst werden kann.[51] Folgendes ist beizufügen:

122 – Beim wichtigen Grund geht es nach der Rechtsprechung um die «Frage, ob das Gebundensein an den Vertrag für die Partei wegen veränderter Umstände ganz allgemein unzumutbar geworden ist, also nicht nur unter wirtschaftlichen, sondern auch unter anderen die Persönlichkeit berührenden Gesichtspunkten».[52] Bei dieser Umschreibung hat das Gericht in Abwägung der Interessen nach Recht und Billigkeit (Art. 4 ZGB) zu entscheiden. Generalisierende Aussagen sind denn auch schwierig; behelfen kann man sich aber mit der reichhaltigen Gerichtspraxis (z.B. zu Art. 337 OR), die zum Teil die Bildung von Fallgruppen zulässt.

123 – Liegt ein wichtiger Grund vor, so steht der betreffenden Partei ein Kündigungsrecht zu, mit dessen wirksamer Ausübung der Dauervertrag grundsätzlich sofort und mit Wirkung ex nunc aufgelöst wird. Dieses Kündigungsrecht ist unabdingbar, was sich daraus ergibt, dass es dabei um den Schutz der Persönlichkeit im Sinne des Art. 27 ZGB geht.[53]

124   Ausnahmsweise ist auch bei Vorliegen eines wichtigen Grundes eine Kündigungsfrist einzuhalten (z.B. Art. 266g OR).

125 – Bei der Kündigung aus wichtigem Grund ist die eine Partei der anderen unter Umständen zu Schadenersatz verpflichtet. Diese Ersatzpflicht kann die kündigende, aber auch die andere Partei treffen, wenn diese durch vertragswidriges Verhalten den wichtigen Grund überhaupt erst gesetzt hat.

126   Beispiele: Art. 266g Abs. 2 und Art. 337b–d OR.

127 – Die ausserordentlichen Auflösungsgründe können schliesslich auch besondere Schutzvorschriften beeinflussen, etwa im Mietrecht jene über die Zulässigkeit einer Erstreckung (Art. 272a OR).

d.   Der aufgelöste Dauervertrag

128 1. Mit Auflösung des Dauervertrags sind zwar die charakteristische Hauptleistungspflicht und eine allfällige Gegenleistungspflicht **für die Zukunft erloschen**. Die Parteien bleiben jedoch häufig durch Pflichten verbunden, die sich direkt oder indirekt aus dem Vertrag herleiten (fortdauernde Vertragspflichten).

129   Die Erfüllung solcher fortdauernder Vertragspflichten kann durch Retentionsrechte gesichert sein (Art. 268 ff. OR).

130 2. Als **fortdauernde Pflichten** kommen namentlich in Betracht:[54]

---

[51] Vgl. auch GAUCH, Beendigung von Dauerverträgen, S. 173 ff.; KRAMER, Berner Komm., N 163 zu Allg. Einleitung (vor Art. 1 OR). Aus der Rechtsprechung vgl. BGE 122 III 262 ff. (265), E. 2a/aa; 128 III 428 ff. (429), E. 3.
[52] BGE 128 III 428 (432).
[53] BGE 128 III 428 (431), E. 3c.
[54] GAUCH, Beendigung von Dauerverträgen, S. 202 ff.; MIDDENDORF, S. 57 ff.

– *Abwicklungspflichten* (Liquidationspflichten), also Pflichten, die gerade im Hinblick auf   131
die Vertragsauflösung bestehen und zum Zweck haben, die Lage herzustellen, wie sie
zwischen den Parteien wegen der Vertragsauflösung eintreten soll;

Beispiele: Rückgabepflichten, allenfalls Schadenersatzpflichten und allfällige weitere Ausgleichs-   132
pflichten.

– *vertragliche Restanzpflichten,* also Pflichten, die auch bestänen, wenn der Vertrag nicht   133
aufgelöst worden wäre;

Beispiel: Pflicht des Mieters zur Zahlung rückständiger Mietzinsen.   134

– *nachvertragliche Pflichten,* also Pflichten, die sich zwar aus dem Vertragsverhältnis her-   135
leiten, die aber auch für die Zeit nach der Vertragsauflösung selbständig bestehen können.

Beispiele: Pflicht zur Einhaltung eines Konkurrenzverbots (Art. 340 ff. OR);[55] Pflicht zur Wahrung von   136
Geschäftsgeheimnissen (Art. 321a Abs. 4 OR).

C.   Einzelfragen

1. Für eine **Kündigung** sind bei gewissen Vertragstypen bestimmte formelle Regeln zu be-   137
rücksichtigen, namentlich *besondere Formen.*

Vermieter und Mieter von Wohn- und Geschäftsräumen müssen schriftlich kündigen (Art. 266l Abs. 1   138
OR). Der Vermieter muss überdies ein besonderes Formular verwenden (Art. 266l Abs. 2 OR). Besondere
Regeln gelten für die Kündigung der Familienwohnung (Art. 266m–n OR). Entspricht die Kündigungser-
klärung diesen formellen Vorgaben nicht, ist sie nichtig (Art. 266o OR).

2. **Ausserordentliche Auflösungsgründe** ergeben sich nicht nur aus dem Besonderen, son-   139
dern auch aus dem Allgemeinen Teil des OR. In Betracht kommen: die nachträgliche Unmöglichkeit nach Art. 97/119 OR, der Schuldnerverzug (Art. 102 ff. OR), der Gläubigerverzug (Art. 91 ff. OR) und die wesentliche Änderung von Verhältnissen («clausula rebus
sic stantibus»).[56]

2.   Die Kategorie der unentgeltlichen Verträge

Sonderliteratur (Auswahl):   140

Grundmann Stefan, Zur Dogmatik der unentgeltlichen Rechtsgeschäfte, AcP 198/1998,
S. 457 ff.

Maissen Sandra, Der Schenkungsvertrag im schweizerischen Recht, Diss. Freiburg 1996
(AISUF Band 152).

1. **Unentgeltlich** sind Verträge, bei denen die eine Partei zu einer Leistung (z.B. einer Sach-   141
leistung, Gebrauchsüberlassung, Arbeitsleistung) verpflichtet ist, während die andere

---

[55]   Vgl. BGE 130 III 353 ff. (354 f.), E. 2.
[56]   Zur «clausula rebus sic stantibus» vgl. Gauch/Schluep/Schmid, Nr. 1279a ff.; BGE 127 III 300 ff.
(302 ff.), E. 5.

Partei allenfalls Rückleistungen oder Ersatz von Aufwendungen, jedoch **keine Gegenleistung** (im Austausch zur Hauptleistung) schuldet. Unentgeltliche Verträge sind also gerade nicht von einem wechselseitigen Vergütungsinteresse getragen und damit nie synallagmatisch.[57] Bei ihnen handelt es sich entweder um einseitige oder um unvollkommen zweiseitige Schuldverträge, wobei sich typisierend die folgenden Grundformen unterscheiden lassen:[58]

142 – In einer ersten Grundform hat der Gläubiger der unentgeltlichen Zuwendung dem Schuldner *Auslagenersatz* zu leisten und so dafür zu sorgen, dass der Schuldner nicht auch noch die Begleitkosten seiner Leistung zu tragen hat.

143 Beispiel: Auch beim unentgeltlichen Auftrag hat der Auftraggeber dem Auftragnehmer die «Auslagen und Verwendungen» zu ersetzen (Art. 402 Abs. 1 OR).

144 – In einer zweiten Grundform beschränkt sich die Leistungspflicht des Zuwendungs-Gläubigers auf die *Wiederherstellung der ursprünglichen Güterlage.*

145 Beispiel: Auch beim unverzinslichen Darlehen ist der Borger verpflichtet, dem Darleiher bei Vertragsende die Darlehenssumme zurückzugeben.

146 – In einer dritten Grundform trifft den Gläubiger *keinerlei Leistungspflicht.*

147 Beispiel: Vorab der Schenkungsvertrag (Art. 239 ff. OR) erzeugt meist diese Rechtslage. Auch beim unentgeltlichen «Werkleistungsvertrag» (ein Innominatvertrag) kann es sein, dass den Gläubiger der Werkleistung keinerlei Leistungspflicht trifft, sofern man sich hier nicht auf die analoge Anwendung des Art. 402 Abs. 1 OR besinnen will.

148 – In einer vierten Grundform schliesslich erfolgt die Zuwendung *unter Auflage,* auf deren Vollzug zwar ein klagbarer Anspruch besteht, ohne dass der Vollzug in einem Austauschverhältnis mit der Zuwendung steht.

149 Beispiel: Schenkung unter Auflage (Art. 245 f. OR).

150 2. Zu den unentgeltlichen Nominatverträgen des **Besonderen Teils** gehören die Schenkung (Art. 239 ff. OR), die Gebrauchsleihe (Art. 305 ff. OR), das unentgeltliche Darlehen (Art. 313 Abs. 1 OR), der unentgeltliche Auftrag (Art. 394 Abs. 3 OR), die unentgeltliche Hinterlegung (Art. 472 Abs. 2 OR) und der unentgeltliche Leibrentenvertrag (Art. 516 ff. OR).

151 Die (hier gerade fehlende) Gegenleistung wird vom Gesetz an mehreren Orten als «Vergütung» bezeichnet (Art. 394 Abs. 3 und 472 Abs. 2 OR). Von dieser Vergütung (Gegenleistung im strikten Sinn) sind andere Ersatzleistungen zu unterscheiden, namentlich der sogenannte Auslagenersatz (Art. 402 Abs. 1 und 473 Abs. 1 OR).

152 3. Da in diesen Fällen die charakteristische Hauptleistung ohne synallagmatisch mit ihr verknüpfte Gegenleistung geschuldet ist, wird die eine Partei (der Beschenkte, der Entlehner, der Borger, der Auftraggeber und der Hinterleger) wirtschaftlich begünstigt. Diese **«Einseitigkeit»** darf vom Gesetz bei der Normierung der Rechtsfolgen aus Gerechtigkeitsüberlegungen nicht vernachlässigt werden. Entsprechend sind in der Anlage der gesetzlichen Regelung Ansätze einer **Kompensationsordnung** erkennbar, die vor allem auf einer Rela-

---

[57] Vgl. Stöckli, Synallagma, Nr. 45.
[58] Stöckli, Synallagma, Nr. 96 ff.

tivierung der Rechtsbindung und auf gesetzlichen Haftungsbeschränkungen beruht.[59] Was Letztere anbelangt, ordnet schon Art. 99 Abs. 2 OR an, dass die Haftung milder zu beurteilen ist, wenn das Geschäft für den Schuldner keinerlei Vorteile bezweckt.

Aber auch im Besonderen Teil kommen *Sonderregeln für unentgeltliche Verträge* vor, z.B. über folgende Punkte: 153

– über die gemilderte Haftung: Art. 248 Abs. 1 und 2 OR (ähnlich schon Art. 99 Abs. 2 OR);   154

– über besondere vorzeitige Rückforderungs- oder Widerrufsrechte: Art. 249 und 250,   155
  309 Abs. 2, 476 Abs. 1 OR;

– durch die Möglichkeit der jederzeitigen Vertragsauflösung: Art. 310, 404 Abs. 1 und 476   156
  Abs. 2 OR.

Die Beendigung des Auftrags und des Hinterlegungsvertrags ist allerdings auch bei der entgeltlichen   157
Ausgestaltung jederzeit möglich (Art. 404 Abs. 1 und 476 Abs. 2 OR). Doch darf im Auftragsrecht
die Auflösung durch den Beauftragten zur Unzeit, die Schadenersatzfolgen auslösen kann (Art. 404
Abs. 2 OR; Nr. 1968 ff.), bei Unentgeltlichkeit nur mit grosser Zurückhaltung angenommen werden.

– Weitere Regeln sind von der Rechtsprechung entwickelt worden. Dies gilt namentlich   158
  für die Haftung des Auftraggebers beim unentgeltlichen Auftrag. Hier folgt die Praxis
  nicht der Bestimmung von Art. 402 Abs. 2 OR (Verschuldenshaftung des Auftraggebers), sondern wendet Art. 422 Abs. 1 OR analog an: Der Auftraggeber des unentgeltlich Beauftragten haftet bei dessen Schädigung also nach gerichtlichem Ermessen, mit
  andern Worten gemäss Billigkeit.[60] Will man diese Wertung im Schuldrecht konsequent
  durchhalten, so muss eine Billigkeitshaftung der einen (die Leistung empfangenden)
  Vertragspartei überall dort geprüft werden, wo der Erbringer der unentgeltlichen Leistung einen Schaden erleidet.

3. Die Kategorie der Konsumentenverträge

Sonderliteratur (Auswahl):   159

HARTMANN STEPHAN, Die vorvertragliche Informationspflichten und ihre Verletzung – Klas-
sisches Vertragsrecht und modernes Konsumentenschutzrecht, Diss. Freiburg 2001 (AISUF
Band 201).

KOLLER-TUMLER MARLIS, Der Konsumentenvertrag im schweizerischen Recht, Diss. Bern 1995.

DIESELBE, Einführung in die Grundlagen des privatrechtlichen Konsumentenschutzes, in:
Kramer Ernst A. (Hrsg.), Konsumentenschutz im Privatrecht, Schweizerisches Privatrecht,
Bd. 10, Basel 2008, S. 1 ff.

KRAMER ERNST A. (Hrsg.), Konsumentenschutz im Privatrecht, Schweizerisches Privatrecht,
Bd. 10, Basel 2008.

PICHONNAZ PASCAL, La protection du consommateur en droit des contrats: le difficile équilibre
entre cohérence du système contractuel et régime particulier, in: Thévenoz Luc/Reich Norbert
(Hrsg.), Droit de la consommation, Zürich 2006, S. 323 ff.

WEBER-STECHER URS, Internationales Konsumvertragsrecht, Diss. Zürich 1997.

---

[59] STÖCKLI, Synallagma, Nr. 105 ff.
[60] BGE 48 II 487 ff. (490 ff.), E. 3; 61 II 95 ff. (98), E. 3; 129 III 181 ff. (183 f.), E. 3.3; SCHMID, Zürcher
      Komm., N 53 zu Art. 422 OR.

160   1. Im Laufe der Zeit hat sich ein *Sonderprivatrecht* für einen Teil jener Verträge herausgebildet,[61] die zwischen gewerbsmässigen Anbietern und Konsumenten (Endverbrauchern) abgeschlossen werden. Rechtsgrundlage dieser Entwicklung ist der **Verfassungsauftrag,** nach dem der Bund «Massnahmen zum Schutz der Konsumentinnen und Konsumenten» zu treffen hat (Art. 97 BV).[62] Dieses Sondervertragsrecht wird auch als Konsumentenschutzrecht bezeichnet, da es darauf abzielt, die Rechtsstellung der Konsumenten zu stärken. Seiner Zielrichtung nach wird es dem «sozialen Privatrecht» zugerechnet, zu dem auch das Arbeits- und Teile des Mietrechts gehören. Zu bemerken ist, dass es daneben Schutzbestimmungen gibt, die zwar keinen Konsumentenvertrag voraussetzen, aber auch auf Konsumentenverträge anwendbar sind. Zu denken ist hier beispielsweise an die (halb-) zwingenden Bestimmungen des Versicherungsvertragsgesetzes.

161   Besonders eindrücklich wird die Zielrichtung des Konsumentenschutzrechts in einer Botschaft des Bundesrates umschrieben, die schon 1904 veröffentlicht wurde. Der Auszug stammt aus der Botschaft zu einem Versicherungsvertragsgesetz. Mit seinem Gesetzesentwurf legte der Bundesrat es (unter anderem) darauf an, die «zwischen Versicherer und Versichertem gegenwärtig gegebene Rechtslage in dem Sinne zu verrücken, dass er dem Versicherten zu denjenigen Rechten verhilft, welche aus dem Wesen und der Zweckbestimmung der Versicherung resultieren und die der Berechtigte, unter der Herrschaft einer schrankenlosen Vertragsfreiheit, heute vielfach unbesehen preisgeben muß. Im Versicherungsverkehre ist die Vertragsfreiheit in Tat und Wahrheit ‚Freiheit' nur für den Versicherer».[63]

162   2. Eine einheitliche, stringente Konzeption hat sich indes (noch) nicht ergeben.[64] Überhaupt ist das schweizerische Konsumentenschutzrecht nicht aus einem rechtsdogmatischen Guss. Das geht so weit, dass bislang nicht einmal der **Begriff der Konsumentin / des Konsumenten** einheitlich normiert worden ist.

163   In Deutschland ist nicht von Konsumenten und Konsumentenverträgen, sondern von Verbrauchern und Verbraucherverträgen die Rede.[65] Die in Deutschland gebräuchliche Terminologie entspricht jener, die auch in der europäischen Verbrauchsgüterkauf-Richtlinie (RL 1999/44/EG) verwendet wird.

164   Üblich geworden ist eine Umschreibung von der Art, wie sie sich in der Zivilprozessordnung findet. Nach deren Art. 32, der für «Streitigkeiten aus Konsumentenverträgen» spezielle (teilzwingende) Gerichtsstände vorsieht, geht es bei «Konsumentenverträgen» um Verträge «über Leistungen des üblichen Verbrauchs, die für die persönlichen oder familiären Bedürfnisse der Konsumentin oder des Konsumenten bestimmt sind und von der anderen Partei im Rahmen ihrer beruflichen oder gewerblichen Tätigkeit angeboten werden».[66] Nach der Definition, der sich die ZPO bedient, müssen drei Elemente kumulativ vorliegen, damit ein konkreter Vertrag als Konsumentenvertrag gilt:

165   – Es muss um eine Leistung des üblichen Verbrauchs gehen; die

166   – für die persönlichen oder familiären Bedürfnisse der Konsumentin bzw. des Konsumenten bestimmt ist; und die

---

[61]   Kritisch zu dieser Entwicklung BYDLINSKI, S. 708 ff.
[62]   Zur Entwicklung des Konsumentenrechts in der Schweiz KOLLER-TUMLER, S. 32 ff.
[63]   Botschaft des Bundesrates an die Bundesversammlung zu dem Entwurfe eines Bundesgesetzes über den Versicherungsvertrag, in: BBl 1904 I, S. 250.
[64]   BYDLINSKI, S. 727 ff.
[65]   Zum Teil bedient man sich auch in der Schweiz dieser Terminologie, z.B. in BGE 132 III 268 ff. (272).
[66]   Zu Art. 22 Abs. 2 GestG, der praktisch gleichlautend in die ZPO übernommen wurde, BGE 132 III 268 ff. (271 f.), E. 2.2.2.

– von einer Gegenpartei angeboten wird, die dies im Rahmen ihrer beruflichen oder ge-   167
  werblichen Tätigkeit tut.

Diese «positive Legaldefinition», die dem Prozessrecht entstammt, ist vor allem dadurch   168
verhältnismässig *eng* geraten, da sie eine «Leistung des üblichen Verbrauchs» voraussetzt.
Zudem stellt sie klar, dass nur Leistungen an Privathaushalte erfasst sind. Klarzustellen ist,
dass Art. 32 ZPO auf *alle obligationenrechtlichen Verträge* anwendbar ist, die diese Merkmale aufweisen, ganz unabhängig davon, ob man es mit einem bestimmten Nominat- oder
einem Innominatvertrag zu tun hat; erfasst werden unter Umständen auch Versicherungsverträge und Verträge über Finanzdienstleistungen,[67] die von Privaten abgeschlossen werden. Anders verhält es sich bei den einschlägigen gesetzlichen Bestimmungen (vgl. Art. 40a
OR, Art. 3 KKG),[68] die mithilfe einer entsprechenden Legaldefinition ihren Geltungsbereich
umreissen und ihn darob beschränken.

Nach einer «negativen Legaldefinition» setzt ein Konsumentenvertrag begrifflich voraus, dass der Zweck   169
des Vertrages, den die Konsumentin abgeschlossen hat, «nicht ihrer beruflichen oder gewerblichen Tätigkeit zugerechnet werden kann» (so Art. 3 KKG). Übrig bleibt nach zutreffender Auslegung der «private,
persönliche Verbrauch»,[69] was einer Ausweitung auf «Kleinkaufleute» entgegensteht.[70]

3. Beim **Versuch einer Systematisierung** lassen sich in den verschiedenen Vorschriften, die   170
    dem Konsumentenschutz dienen, *einzelne Instrumente* erkennen, die für dieses Sonderver-
    tragsrecht kennzeichnend sind. Sie sind allesamt zwingend, lassen also keinen Raum für
    rechtsgeschäftliche Abweichungen. Zu nennen sind vor allem:

    – Bestimmungen, die sich auf die *Anbahnung* und den *Abschluss* von Konsumentenverträ-   171
      gen beziehen. Hier ist etwa an die vorvertraglichen Informationspflichten zu denken,
      die einem Informationsgefälle zwischen Anbieter und Konsumenten entgegenwirken
      sollen. Sie beruhen auf der Idee, dass der informierte Konsument ein klares Bild über
      den in Aussicht genommenen Vertrag und seine Folgen hat (z.B. Art. 3 VVG). Unter den
      Bestimmungen zum Vertragsschluss finden sich sodann Formvorschriften (z.B. Art. 9
      KKG), aber auch Vorschriften, die dem Konsumenten ein (befristetes) Widerrufsrecht
      zugestehen (Art. 40b OR), sodass die Bindungswirkung des Vertragsschlusses unter
      dem Vorbehalt steht, dass das Widerrufsrecht nicht genutzt wird.

    – Bestimmungen, die den *Inhalt* von Konsumentenverträgen beschlagen. Typisch ist die   172
      Höchstzinsvorschrift im KKG. Wichtig ist die Feststellung, dass diese Bestimmungen
      (halb)zwingender Natur sind, ein Verstoss aber nicht immer zu jener Nichtigkeit führt,
      wie Art. 20 OR sie vorsieht. Vielmehr sind auch die Rechtsfolgen zum Teil spezialgesetz-
      lich geregelt, und zwar in dem Sinne, dass der Konsument im Vergleich zum Anbieter
      begünstigt wird (vgl. Art. 15 KKG).

    – Bestimmungen, die der *Auflösung* von Konsumentenverträgen gelten. Auch Konsumen-   173
      tenverträge können aus wichtigem Grund vorzeitig aufgelöst werden. Zum Teil ist indes
      vorgesehen, dass ein solcher Vertrag auch ohne entsprechenden Grund vorzeitig gekün-
      digt werden kann, was den Konsumenten jedenfalls insoweit begünstigt, als er nicht
      länger an den Vertrag gebunden ist.

---

[67]   BGE 132 III 268 ff. (273).
[68]   Zudem Art. 266k OR, Art. 120 IPRG und Art. 2 lit. a WKR.
[69]   BGE 121 III 336 ff. (339), E. 5d.
[70]   So aber Brunner, in: Spühler Karl/Tenchio Luca/Infanger Dominik (Hrsg.), Kommentar GestG, Basel
       2001, N 9 zu Art. 22 GestG.

174   Nicht immer ist diese Auflösung (ohne Grund) entschädigungsfrei; das KKG lässt es zu, dass der An-
         bieter vom Konsumenten eine Entschädigung fordert (Art. 17 Abs. 3 KKG).

175   – Bestimmungen, die sich mit der *prozessualen Durchsetzung* von Ansprüchen aus Kon-
         sumentenverträgen befassen. Sie betreffen vor allem den Gerichtsstand (Art. 32 ZPO),
         der am Wohnsitz des Konsumenten besteht und überdies teilzwingend ist, für abwei-
         chende Gerichtsstandsvereinbarungen vor Entstehen der Streitigkeit oder die Begrün-
         dung der Zuständigkeit durch konsumentenseitige Einlassung also keinen Raum lässt
         (Art. 35 ZPO). Viele Auseinandersetzungen, die sich um Konsumentenverträge drehen,
         fallen ihrem Streitwert zufolge in den Geltungsbereich des vereinfachten Verfahrens
         (Art. 243 Abs. 1 ZPO), für das namentlich eine verstärkte richterliche Fragepflicht be-
         steht (Art. 247 Abs. 1 ZPO). Zu denken ist aber auch an eigentliche Beweiserleichterun-
         gen, mit denen die Konsumentenseite begünstigt wird (z.B. Art. 40e Abs. 3 OR),[71] und
         in diesem Zusammenhang auch an die Untersuchungsmaxime, der etwa für Streitigkei-
         ten aus Mietvertrag, aber auch aus Zusatzversicherungen zur sozialen Krankenversiche-
         rung zu folgen ist (Art. 247 Abs. 2 lit. a i.V.m. Art. 243 Abs. 2 ZPO).

176   4. Wer sich mit dem Konsumentenvertragsrecht auseinandersetzt, hat auch an den Umgang
         mit **Allgemeinen Geschäftsbedingungen** zu denken, die das dispositive Recht für einen
         grossen Teil der Vertragswirklichkeit verdrängen. Diese Möglichkeit, rechtsgeschäftlich
         von den gesetzlichen Bestimmungen abweichen zu können, liegt zwar in der Natur des
         dispositiven Rechts. Indes dürfte es kaum mit den Grundgedanken der Gesetzgebung zu
         vereinbaren sein, dass die demokratisch erlassenen Normen des Gesetzes flächendeckend
         durch Vertragsnormen substituiert wird, die von einer Seite gesetzt und inhaltlich in un-
         ausgewogener Weise ausgestaltet wurden. Erkennbar ist gegenwärtig vor allem eine Re-
         aktion: die vermehrte Schaffung zwingenden Rechts, die alsdann das Konsumentenver-
         tragsrecht ausmacht. In Ergänzung dazu bedarf es indes auch der Möglichkeit, Allgemeine
         Geschäftsbedingungen ihrer inhaltlichen Unausgewogenheit wegen gerichtlich anzugrei-
         fen, und dies auch auf dem Weg einer Verbandsklage. Die entsprechenden Möglichkeiten
         sind in der Schweiz nicht ausreichend entwickelt, was ein Mangel der Rechtsordnung ist.[72]

177   5. Der Schutz der Konsumenten läuft nicht nur über entsprechende vertragsrechtliche Son-
         derbestimmungen, sondern auch über das **Aufsichtsrecht,** das etwa im Bereich der Pri-
         vatversicherungen bestimmt, dass die Aufsichtsbehörde (die FINMA) die «Versicherten
         gegen Missbräuche der Versicherungsunternehmen und der Versicherungsvermittler und
         -vermittlerinnen» zu schützen und «gegen Missstände [...], welche die Interessen der
         Versicherten gefährden» einzuschreiten hat (Art. 46 Abs. 1 VAG). Zu merken ist, dass für
         «privatrechtliche Streitigkeiten zwischen Versicherungsunternehmen oder zwischen Versi-
         cherungsunternehmen und Versicherten» die Zivilgerichte zuständig bleiben, wie Art. 85
         Abs. 1 VAG ausdrücklich festhält.

---

[71] KOLLER-TUMLER, S. 87.
[72] GAUCH/SCHLUEP/SCHMID, Nr. 1157b.

1. Kapitel: Veräusserungsverträge

§ 2 Übersicht

1. Veräusserungsverträge sind darauf gerichtet, das **Eigentum an einer Sache (dauernd) an** 178
eine andere Person zu übertragen – sei es entgeltlich oder unentgeltlich. Zu unterscheiden sind:

- der Kauf (mit seinen Unterarten): «Ware gegen Geld»; 179

- der Tausch: «Ware gegen Ware»; 180

- die Schenkung als Vertrag auf unentgeltliche Veräusserung. 181

Veräussert werden soll in aller Regel eine *Sache* (der französische Gesetzeswortlaut von Art. 184 Abs. 1 182
OR spricht ausdrücklich von «chose vendue»); wirtschaftliches Endziel der Transaktion ist also regelmässig der Eigentumsübergang. In Betracht kommt aber auch die Verpflichtung zur Veräusserung eines *Rechts,* zum Beispiel einer Forderung; diesfalls soll am Ende der Erwerber Berechtigter (bei Forderungen: Gläubiger) sein.

2. Diese Verträge sind **Schuldverträge (Verpflichtungsgeschäfte).** Sie begründen also nur 183
(aber immerhin) die *Verpflichtung zur Eigentumsübertragung,* bewirken aber für sich allein noch keine Änderung der sachenrechtlichen Lage.[1] *Das bedeutet:*

- Das Eigentumsrecht an der verkauften Sache verbleibt beim Abschluss des Veräusse- 184
rungsvertrags (unter Vorbehalt der Handgeschäfte[2]) noch beim Veräusserer. Der Vertrag verpflichtet ihn jedoch, dem Erwerber das Eigentum zu verschaffen (Art. 184 Abs. 1 OR), mit anderen Worten das Verfügungsgeschäft vorzunehmen.

- Die Eigentumsübertragung geschieht (in Erfüllung des Verpflichtungsgeschäfts) durch 185
das Verfügungsgeschäft, also durch Vornahme der Handlungen, die nach den sachenrechtlichen Regeln (Art. 714 ff., 656 Abs. 1 und Art. 963 ff. ZGB) den Rechtsübergang bewirken (Besitzübertragung bei Mobilien, Grundbuchanmeldung mit anschliessender Grundbucheintragung bei Grundstücken).[3]

Bis zur Vornahme des Verfügungsgeschäfts stehen die eigentumsrechtlichen Schutzbehelfe somit dem 186
Veräusserer (Verkäufer) zu; erst mit der vollendeten Verfügung gehen sie auf den Erwerber über.[4]

- Eine Besonderheit gilt immerhin für die Versteigerung von Fahrnis (im Rahmen einer 187
öffentlichen Versteigerung): Hier ordnet Art. 235 Abs. 1 OR an, dass der Ersteigerer das Eigentum an der ersteigerten Fahrnis schon mit deren Zuschlag (also bereits *vor* der Besitzübertragung) erwirbt.

- Gegenstand des Veräusserungsvertrags können nach dem Gesagten nicht nur Sachen 188
sein, sondern auch Rechte, insbesondere Forderungsrechte. Beim Forderungskauf – dessen Erfüllung in der Übertragung der Gläubigerstellung besteht – geschieht die Verfügung durch schriftliche Abtretung (Art. 165 Abs. 1 OR).

---

[1] Vgl. zum Verhältnis von Verpflichtungs- und Verfügungsgeschäft allgemein GAUCH/SCHLUEP/SCHMID, Nr. 136 ff.; ferner SCHÖNLE, Zürcher Komm., N 24 ff. zu Art. 184 OR.
[2] Zum Handgeschäft vgl. GAUCH/SCHLUEP/SCHMID, Nr. 265 ff.
[3] Vgl. zu diesen sachenrechtlichen Vorgängen SCHMID/HÜRLIMANN-KAUP, Nr. 1090 ff. (Übertragung von Fahrniseigentum) und Nr. 840 ff. (Übertragung von Grundeigentum).
[4] ESSER/WEYERS II/1, S. 1.

189 **3. Eigentumsübergänge an Sachen** kommen auch bei gewissen anderen Vertragstypen vor, sind dort aber nicht auf Dauer (nicht auf dauernde Übereignung als Selbstzweck) angelegt, sondern stellen besondere Aspekte der Gebrauchsüberlassung oder Hinterlegung dar.

190 Beispiele: Bezug der Früchte bei der Pacht nach Art. 275 OR; Eigentumsübertragung an Geld oder anderen vertretbaren Sachen beim Darlehen nach Art. 312 OR; irreguläre Hinterlegung nach Art. 481 OR.

§ 3 Der Fahrniskauf

Sonderliteratur (Auswahl):   191

AKIKOL DIANA, Die Voraussetzungen der Sachmängelhaftung beim Warenkauf – Obligationenrecht und UN-Kaufrecht (CISG), Diss. Luzern, Zürich 2008.

BÄHLER KATJA, Das Verhältnis von Sachgewährleistungs- und allgemeinem Leistungsstörungsrecht, Diss. Basel 2005.

BAUDENBACHER CARL/SPIEGEL NICO, Die Rechtsprechung des schweizerischen Bundesgerichts zum Verhältnis von Sachmängelgewährleistung und allgemeinen Rechtsbehelfen des Käufers – Ein Musterbeispiel angewandter Rechtsvergleichung?, in: Festschrift für Mario M. Pedrazzini, Bern 1990, S. 229 ff.

BIEGER ALAIN, Die Mängelrüge im Vertragsrecht, Diss. Freiburg, Zürich 2009.

BUCHER EUGEN, Notizen zu Art. 185 OR (Gefahrtragung durch den Käufer), ZSR 89/1970 I, S. 281 ff.

DERSELBE, Der benachteiligte Käufer – Kritische Bemerkungen zu zwei Besonderheiten des schweizerischen Kaufrechts: Prüfungs- und Rügepflicht (OR 201), Kostenfolgen bei Erkennung auf Preisminderung statt auf Wandelung gemäss OR 205/II, SJZ 67/1971, S. 1 ff. und 17 ff.

CAVIN PIERRE, Kauf, Tausch und Schenkung, in: Schweizerisches Privatrecht, Band VI/1: Obligationenrecht – Besondere Vertragsverhältnisse, Basel/Stuttgart 1977, S. 1 ff.

COENDET THOMAS, Schadenszurechnung im Kaufrecht, recht 2008, S. 15 ff.

CORTESI ORESTE, Die Kaufpreisgefahr – Eine dogmatische Analyse des Schweizerischen Rechts aus rechtshistorischer und rechtsvergleichender Sicht unter besonderer Berücksichtigung des Doppelverkaufs, Diss. Zürich 1996.

ERNST WOLFGANG, Haftung und Gefahrentragung beim Aktienkauf – Der Konkurs der Aktiengesellschaft als Leistungsstörung – Eine zivilistische Skizze aus Anlass von BGE 128 III 370, in: Koller Thomas/Walter Hans Peter/Wiegand Wolfgang (Hrsg.), Tradition mit Weitsicht, Festschrift für Eugen Bucher, Bern 2009, S. 89 ff.

DERSELBE, Die kaufrechtliche Gewährleistung nach der Teilrevision des Obligationenrechts, in: Bucher Eugen/Canaris Claus-Wilhelm/Honsell Heinrich/Koller Thomas (Hrsg.), Norm und Wirkung, Beiträge zum Privat- und Wirtschaftsrecht aus heutiger und historischer Perspektive, Festschrift für Wolfgang Wiegand, Bern/München 2005, S. 255 ff.

FISCHER WILLI, Der unmittelbare und der mittelbare Schaden im Kaufrecht – Eine dogmatische Untersuchung unter besonderer Berücksichtigung der Entstehungsgeschichte sowie der Funktion der Gewährleistungsinstitute, Diss. Zürich 1985.

FURRER ROLF, Beitrag zur Lehre der Gewährleistung im Vertragsrecht, Diss. Zürich 1973.

GELZER PHILIPP, Bemerkungen zur Unterscheidung zwischen aliud und peius beim Gattungskauf, AJP 1997, S. 703 ff.

DERSELBE, Zur Wünschbarkeit der Anpassung des schweizerischen Kaufrechts an die EU-Richtlinie zum Verbrauchsgüterkauf und das UN-Kaufrecht, Diss. Basel 2003.

GIGER HANS, Berner Kommentar, Kommentar zum Schweizerischen Privatrecht, Band VI: Das Obligationenrecht, 2. Abteilung: Die einzelnen Vertragsverhältnisse, 1. Teilband: Kauf und

Tausch – Die Schenkung; 1. Abschnitt: Allgemeine Bestimmungen – Der Fahrniskauf (Artikel 184–215 OR), 2. Aufl., Bern 1980.

Ginter Petra, Verhältnis der Sachgewährleistung nach Art. 197 ff. OR zu den Rechtsbehelfen in Art. 97 ff. OR, Lösungsvorschlag für die geltende Rechtslage und kritische Würdigung, Diss. St. Gallen, Zürich 2005.

Hehli Christoph, Die alternativen Rechtsbehelfe des Käufers – Unter besonderer Berücksichtigung der Haftung aus culpa in contrahendo, Diss. Luzern, Zürich 2008.

Honsell Heinrich, Der Mangelfolgeschaden beim Kauf – Der Papageienfall des Bundesgerichts, recht 2007, S. 154 ff.

Derselbe, Die Konkurrenz von Sachmängelhaftung und Irrtumsanfechtung – Irrungen und Wirrungen, SJZ 103/2007, S. 137 ff.

Jung Peter, Gefahrentragung beim Mehrfachkauf, in: Koller Thomas/Walter Hans Peter/ Wiegand Wolfgang (Hrsg.), Tradition mit Weitsicht, Festschrift für Eugen Bucher, Bern 2009, S. 333 ff.

Kaufmann-Mohi Emese, La responsabilité du vendeur pour le défaut de conformité des biens mobiliers aux informations publicitaires – Étude comparative de la directive européenne 1999/44/CE sur certains aspects de la vente et des garanties des biens de consommation et des art. 197 ss CO, Diss. Freiburg, Zürich 2007.

Keller Max/Siehr Kurt, Kaufrecht, Kaufrecht des OR und Wiener UN-Kaufrecht, 3. Aufl., Zürich 1995.

Keller Stefan, Die Gefahrtragungsregeln im Obligationenrecht, AJP 2003, S. 1152 ff.

Koller Alfred, Bemerkungen zur Haftung nach Art. 208 Abs. 2 OR, in: Koller Thomas/ Walter Hans Peter/Wiegand Wolfgang (Hrsg.), Tradition mit Weitsicht, Festschrift für Eugen Bucher, Bern 2009, S. 375 ff.

Derselbe, Der Papageien-Fall – Ein alternativer Lösungsvorschlag zu BGE 133 III 257, in: Koller Alfred (Hrsg.), Leistungsstörungen – Nicht- und Schlechterfüllung von Verträgen, St. Gallen 2008, S. 1 ff.

Kramer Ernst A., Abschied von der aliud-Lieferung?, in: Harrer Friedrich/Portmann Wolfgang/Zäch Roger (Hrsg.), Besonderes Vertragsrecht – aktuelle Probleme, Festschrift für Heinrich Honsell, Zürich 2002, S. 247 ff.

Derselbe, Noch einmal zur aliud-Lieferung beim Gattungskauf (BGE 121 III 453 ff.), recht 1997, S. 78 ff.

Derselbe, Probleme der kaufvertraglichen Sachmängelhaftung im schweizerischen, österreichischen (liechtensteinischen) und deutschen Recht, Liechtensteinische Juristen-Zeitung 9/1988, S. 1 ff.

Liechti Karl, Rechtsgewährleistung und Entwehrung im schweizerischen Obligationenrecht, Diss. Bern 1927.

Lips Michael, Die kaufrechtliche Garantie, Unter besonderer Berücksichtigung der Pflicht zum Bezug von Original-Ersatzteilen und der Wiederverwertung von Ersatzteilen, Diss. Zürich 2002.

Lörtscher Thomas, Sachgewährleistung beim Unternehmenskauf im schweizerischen und deutschen Recht, ZVglRWiss 83/1984, S. 51 ff.

DERSELBE, Vertragliche Haftungsbeschränkungen im schweizerischen Kaufrecht – Unter besonderer Darstellung von Haftungsbeschränkungsklauseln in Allgemeinen Geschäftsbedingungen, Diss. Zürich 1977.

LUGINBÜHL JÜRG, Leistungsstörungen beim Unternehmens- und Beteiligungskauf, Diss. Zürich 1993.

MAISSEN LUIS, Sachgewährleistungsprobleme beim Kauf von Auto-Occasionen, Diss. Zürich 1999.

MERZ THOMAS, Der Zahlungsverzug des Käufers (ohne besondere Arten des Kaufs), St. Galler Diss., Zürich 2003.

PETITPIERRE GILLES, L'acheteur-revendeur et la responsabilité de l'article 208/II du Code des obligations, in: Festschrift für Henri Deschenaux, Freiburg 1977, S. 329 ff.

PFEIFER GUIDO, «Periculum est emptoris» – Gefahrtragung bei Sukzessivlieferung von Aktien, Entscheidung der Schweizerischen Ire Cour Civile vom 12. März 2002, ZEuP 2003, S. 884 ff.

RABEL ERNST, Das Recht des Warenkaufs – Eine rechtsvergleichende Darstellung, Band I, Berlin/Leipzig 1936; Band II, Berlin/Tübingen 1958 (Sonderveröffentlichung der Zeitschrift für ausländisches und internationales Privatrecht).

RÜETSCHI DAVID, Substanziierung der Mängelrüge, Bundesgericht, I. Zivilabteilung, Urteil 4C.395/2001 vom 28. Mai 2002, recht 2003, S. 115 ff.

SCHMID JÖRG/HÜRLIMANN-KAUP BETTINA, Sachenrecht, 3. Aufl., Zürich 2009.

SCHNYDER ANTON K., Folgeschäden von Sachmängeln im deutschen und im schweizerischen Kaufrecht, ZVglRWiss 83/1984, S. 84 ff.

SCHÖNENBERGER BEAT, Sach- und Rechtsgewährleistung – eine zeitgemässe Unterscheidung?, BJM 2009, S. 173 ff.

SCHÖNLE HERBERT, Kommentar zum Schweizerischen Zivilgesetzbuch, V. Band: Obligationenrecht, Teilband V 2a: Kauf und Schenkung, erste Lieferung: Art. 184–191 OR, 3. Aufl., Zürich 1993.

DERSELBE, Remarques sur la responsabilité causale du vendeur selon les art. 195 al. 1 et 208 al. 2 C.O., Semjud 99/1977, S. 465 ff.

SCHÖNLE HERBERT/HIGI PETER, Kommentar zum Schweizerischen Zivilgesetzbuch, V. Band: Obligationenrecht, Teilband V 2a: Kauf und Schenkung, zweite Lieferung: Art. 192–204 OR, 3. Aufl., Zürich 2005.

SCHUBIGER ALFRED, Verhältnis der Sachgewährleistung zu den Folgen der Nichterfüllung oder nicht gehörigen Erfüllung (OR 197 ff. – OR 97 ff.), Diss. Bern 1957 (ASR NF Heft 325).

SIEBER LILIANE, Gefahrtragung im Kaufrecht, Diss. Zürich 1993.

STÖCKLI HUBERT, Verträge und AGB beim Autokauf, in: Stöckli Hubert/Werro Franz (Hrsg.), Strassenverkehrsrechts-Tagung 16.–17. März 2006, Bern 2006, S. 1 ff.

STRAUB RALF MICHAEL, Fehlende und fehlerhafte Produktinformationen als Sachmangel im neuen europäischen und schweizerischen Warenkaufrecht, in: Berti Stephen V./Girsberger Daniel (Hrsg.), «nur, aber immerhin», Beiträge zum nationalen und internationalen Wirtschaftsrecht, Festgabe für Anton K. Schnyder, Zürich 2002, S. 167 ff.

Tannò Patrick, Die Berechnung der Rügefrist im schweizerischen, deutschen und UN-Kaufrecht, Diss. St. Gallen 1993.

Venturi Silvio, La réduction du prix de vente en cas de défaut ou de non-conformité de la chose – Le Code suisse des obligations et la Convention des Nations Unies sur les contrats de vente international de marchandises, Diss. Freiburg 1994.

Vischer Markus, Schaden und Minderwert im Gewährleistungsrecht beim Unternehmenskauf, SJZ 106/2010, S. 129 ff.

Derselbe, Die Rolle des Verschuldens im Gewährleistungsrecht beim Unternehmenskauf, SJZ 105/2009, S. 129 ff.

Derselbe, Rechtsgewährleistung beim Unternehmenskauf, SJZ 101/2005, S. 233 ff.

Derselbe, Sachgewährleistung bei Unternehmenskäufen, SJZ 97/2001, S. 361 ff.

Walter Hans Peter, Doppelverkauf und Preisgefahr im schweizerischen Recht, in: Bucher Eugen/Canaris Claus-Wilhelm/Honsell Heinrich/Koller Thomas (Hrsg.), Norm und Wirkung, Beiträge zum Privat- und Wirtschaftsrecht aus heutiger und historischer Perspektive, Festschrift für Wolfgang Wiegand, Bern/München 2005, S. 633 ff.

Weber Marc, Der internationale Kauf gefälschter Kunstwerke, AJP 2004, S. 947 ff.

Zehnder Hannes, Die Mängelrüge im Kauf-, Werkvertrags- und Mietrecht, SJZ 96/2000, S. 545 ff.

Zellweger-Gutknecht Corinne, Die Gewähr: Risikoverantwortlichkeit – als Anspruchsgrundlage zwischen Verschuldenshaftung und Gefahrtragung, Diss. Bern 2007.

I. Allgemeines

1. Die Rechtsquellen

192   1. Der Fahrniskauf («la vente mobilière») wird in verschiedenen Bestimmungen geregelt:

193   – In den Allgemeinen Bestimmungen zum Kaufrecht: **Art. 184–186 OR;**

194   – in den spezifischen Normen zum Fahrniskauf: **Art. 187–215 OR;**

195   – in **Art. 715–716 ZGB** (sowie in den einschlägigen Verordnungen), soweit es um den Fahrniskauf unter Eigentumsvorbehalt geht;

196   Diese ZGB-Vorschriften regeln jedoch vor allem Fragen des Eigentumsübergangs (nicht des Verpflichtungsgeschäfts).

197   – in den **Art. 1 ff. KKG,** soweit der Kaufvertrag die Merkmale eines Konsumkreditvertrags erfüllt, was beim Abzahlungskauf zutreffen kann (Nr. 1332 ff.);

198   – schliesslich auch im kantonalen Recht, soweit **Art. 186 OR** den Kantonen Kompetenzen zur privatrechtlichen Legiferierung vorbehält (Klagbarkeit von Forderungen aus dem Kleinvertrieb geistiger Getränke, einschliesslich der Forderung für Wirtszeche).

199   2. Mit dem Fahrniskauf befasst sich auch das Übereinkommen der Vereinten Nationen über Verträge über den internationalen Warenkauf (**«Wiener Kaufrecht»; WKR; CISG**). Es umschreibt seinen Anwendungsbereich in den Art. 1–6 WKR und sieht in Art. 2 Ausnahmebe-

stimmungen vor (z.B. für den Konsumentenkauf, lit. a, sowie für den Kauf von elektrischer Energie, lit. f.; zum Kauf nach WKR vgl. Nr. 704 ff.).

3. Besondere Normen gelten schliesslich für den Kauf solcher Sachen, die zwar als beweglich (Mobilien) angesehen werden, jedoch in sachenrechtlicher Hinsicht besonderen Regeln unterstehen, wie **Seeschiffe oder Luftfahrzeuge**.[1]   200

4. Für **Kulturgüter** zu beachten ist das Kulturgütertransfergesetz,[2] das gestützt auf die einschlägige UNESCO-Konvention von 1970 erlassen wurde.[3]   201

Als Kulturgut gilt ein aus religiösen oder weltlichen Gründen für Archäologie, Vorgeschichte, Geschichte, Literatur, Kunst oder Wissenschaft bedeutungsvolles Gut, das einer der Kategorien nach Art. 1 der UNESCO-Konvention 1970 angehört (Art. 2 Abs. 1 KGTG).   202

5. Keine Geltung für die Schweiz hat die **EU-Richtlinie 1999/44/EG zu bestimmten Aspekten des Verbrauchsgüterkaufs und der Garantien für Verbrauchsgüter**.[4] Allerdings können Erkenntnisse aus dieser Richtlinie im Rahmen der Rechtsvergleichung mitberücksichtigt werden – etwa bei der Frage, ob eine nach schweizerischem Recht zu beurteilende «Garantieerklärung» in Allgemeinen Geschäftsbedingungen unlauter im Sinn von Art. 8 UWG ist.   203

Sonderliteratur zur EU-Richtlinie: Brüggemeier Gert, Zur Reform des deutschen Kaufrechts – Herausforderungen durch die EG-Verbrauchsgüterkaufrichtlinie, DJZ 55/2000, S. 529 ff.; Ehmann Horst/ Rust Ulrich, Die Verbrauchsgüterkaufrichtlinie – Umsetzungsvorschläge unter Berücksichtigung des Reformentwurfs der deutschen Schuldrechtskommission, DJZ 54/1999, S. 853 ff.; Faber Wolfgang, Zur Richtlinie bezüglich Verbrauchsgüterkauf und Garantien für Verbrauchsgüter, JBl 121/1999, S. 413 ff.; Grundmann Stefan, European sales law – reform and adoption of international models in German sales law, EuZP 2001, S. 239 ff.; Gsell Beate, Die zeitlichen Grenzen der Gewährleistungsrechte des Verbrauchers nach der EU-Richtlinie zum Verbrauchsgüterkauf, EuZP 7/1999, S. 151 ff.; Jud Brigitta, Zum Händlerregress im Gewährleistungsrecht, ÖJZ 55/2000, S. 661 ff.; Kaufmann-Mohi, Nr. 244 ff. und passim; Magnus Ulrich, Der Regressanspruch des Letztverkäufers nach der Richtlinie über den Verbrauchsgüterkauf, in: Festschrift für Kurt Siehr, Zürich 2000, S. 429 ff.; Micklitz Hans-W., Die Verbrauchsgüterkauf-Richtlinie, EuZW 10/1999, S. 485 ff.; Reich Norbert, Die Umsetzung der Richtlinie 1999/44/EG in das Deutsche Recht, NJW 52/1999, S. 397 ff.; Schmidt-Kessel Martin, Der Rückgriff des Letztverkäufers, ÖJZ 55/2000, S. 668 ff.; Schwartze Andreas, Die zukünftige Sachmängelgewährleistung in Europa – Die Verbrauchsgüterkauf-Richtlinie vor ihrer Umsetzung, ZEuP 8/2000, S. 544 ff.; Staudenmayer Dirk, Die EG-Richtlinie über den Verbrauchsgüterkauf, NJW 52/1999, S. 2393 ff.; Stauder Bernd, Die Gewährleistung bei Konsumentenkaufverträgen nach OR im Lichte des EU-Rechts, EuZP 9/2001, S. 269 ff.; derselbe, Die Gewährleistung nach OR und EU-Recht, Plädoyer 2000, Heft 3, S. 32 ff.; Thorn Karsten, Verbraucherschutz bei Verträgen im Fernabsatz, IPRax 19/1999, S. 1 ff.; Welser Rudolf/Jud Brigitta, Zur Reform des Gewährleistungsrechts – Die Europäische Richtlinie über den Verbrauchsgüterkauf und ihre Bedeutung für ein neues Gewährleistungsrecht, Gutachten in: Verhandlungen des 14. österreichischen Juristentages, Band II/1, Wien 2000.   204

---

[1]   BG vom 23. September 1953 über die Seeschifffahrt unter Schweizer Flagge (Seeschifffahrtsgesetz; SSG, SR 747.30), und BG vom 7. Oktober 1959 über das Luftfahrzeugbuch (LBG, SR 748.217.1).

[2]   Bundesgesetz vom 20. Juni 2003 über den internationalen Kulturgütertransfer (Kulturgütertransfergesetz, KGTG, SR 444.1).

[3]   Übereinkommen vom 14. November 1970 über die Massnahmen zum Verbot und zur Verhütung der unzulässigen Einfuhr, Ausfuhr und Übereignung von Kulturgut (UNESCO-Konvention 1970, SR 0.444.1).

[4]   ABlEG Nr. L 171 vom 7. Juli 1999, S. 12 ff.; auch abgedruckt in NJW 52/1999, S. 2421 ff.; EuZW 10/1999, S. 498 ff.

2.   Die Qualifikationsmerkmale

205   1. Typisch für den **Kaufvertrag im Allgemeinen** ist die Verpflichtung zum **Austausch von Ware und Geld**. Der Verkäufer verpflichtet sich gemäss Art. 184 Abs. 1 OR, «dem Käufer den Kaufgegenstand zu übergeben und ihm das Eigentum daran zu verschaffen, und der Käufer, dem Verkäufer den Kaufpreis zu bezahlen» («… le vendeur s'oblige à livrer la chose vendue à l'acheteur et à lui en transmettre la propriété, moyennant un prix que l'acheteur s'engage à lui payer»). Das bedeutet:

206   – Beim Kauf handelt es sich um ein *Verpflichtungsgeschäft* (Schuldvertrag), denn es entstehen Obligationen.[5] Durch den Vertragsabschluss werden für beide Vertragsparteien – Verkäufer und Käufer – Verpflichtungen begründet (zweiseitig verpflichtender Vertrag). Die geschuldeten Leistungen stehen im Austauschverhältnis: Die Leistung des Verkäufers ist Gegenleistung der Leistung des Käufers; es liegt mit anderen Worten ein *vollkommen zweiseitiger Vertrag* (synallagmatischer Vertrag) vor,[6] ja der Kauf wird gar als Schulbeispiel eines synallagmatischen Vertrags bezeichnet.[7]

207   – Das Schwergewicht der Transaktion ist die Verpflichtung zur *Eigentumsverschaffung* an einer Sache, nicht etwa die Verpflichtung zur Herstellung einer Sache (Werkvertrag). Die Herstellungspflicht dient auch dann als Abgrenzungskriterium, wenn es um den Erwerb einer künftigen Sache geht: Der Verkäufer ist nur zur Übereignung der künftigen Sache verpflichtet und hat keinen Einfluss auf den Herstellungsprozess, der Unternehmer im Werkvertrag dagegen ist zur Herstellung verpflichtet.[8]

208   – Die *Entgeltlichkeit* – verstanden als Pflicht zur Leistung des Kaufpreises – unterscheidet den Kauf von der Schenkung (zur gemischten Schenkung s. Nr. 855 ff.).

209   2. Als **Fahrniskauf** ist gemäss **Art. 187 Abs. 1 OR** jeder Kauf anzusehen, der nicht eine Liegenschaft oder ein in das Grundbuch als Grundstück aufgenommenes Recht zum Gegenstand hat (vgl. Art. 655 ZGB, der den sachenrechtlichen Grundstückbegriff umschreibt). Auch Bestandteile eines Grundstücks, wie Früchte oder Material auf Abbruch oder aus Steinbrüchen, können Gegenstand eines Fahrniskaufs sein, wenn sie nach ihrer Lostrennung als bewegliche Sachen auf den Erwerber übergehen sollen (Art. 187 Abs. 2 OR).[9]

210   Als Kaufobjekt kommen auch nicht körperliche «Sachen» in Frage, z.B. Forderungen, Immaterialgüterrechte oder andere Vorteile wie die Kundschaft eines Unternehmens.[10] Die Verkäuferverpflichtung richtet sich alsdann auf die Verschaffung der «Berechtigtenstellung», beim praktisch wichtigen Fall des Forderungskaufs als Verpflichtung zur Verschaffung der Gläubigerstellung («pactum de cedendo» im Sinn von Art. 165 Abs. 2 OR).

---

[5]   Zum Begriff des Schuldvertrags vgl. im Einzelnen GAUCH/SCHLUEP/SCHMID, Nr. 245 ff.

[6]   Vgl. dazu GAUCH/SCHLUEP/SCHMID, Nr. 257 und 259.

[7]   CAVIN, SPR VII/1, S. 17. Zum Begriff des Synallagmas vgl. ausführlich STÖCKLI, Synallagma, Nr. 42 ff.

[8]   Urteil des BGer. vom 22. Januar 2003, Nr. 4C.301/2002, E. 2.1. – Zur Qualifikation eines EDV-Vertrags (Lieferung eines aus Standardsoftware und Hardware bestehenden EDV-Systems) vgl. BGE 124 III 456 ff. Danach bezweckt der Kauf (im Unterschied zum Werkvertrag) «die Übereignung einer in der Regel bereits bestehenden, jedenfalls nicht speziell für die individuellen Bedürfnisse des Käufers fabrizierten Sache» (a.a.O., S. 459, E. 4b/aa).

[9]   Vgl. auch BGE 131 III 217 ff. (221), E. 4.2: Verkauf einer künftigen Maisernte.

[10]   BGE 129 III 18 ff. (21), E. 2.2.

Gekauft werden kann namentlich auch ein ganzes Unternehmen. Geschieht dies auf dem Weg des Kaufs   211
aller Aktien einer Aktiengesellschaft, so bilden allerdings die Aktien bzw. die in ihnen verkörperten
Rechte den Gegenstand des Kaufs, nicht das von der Aktiengesellschaft betriebene Unternehmen.[11]

3. Was die Verpflichtung des Käufers zur **Zahlung des Kaufpreises** angeht, so kann diese   212
Leistung Zug um Zug, pränumerando (vor Erhalt der Kaufsache) oder postnumerando
(nach Erhalt der Kaufsache; Kreditkauf) vorgesehen werden. Werden die besonderen Voraussetzungen eines Konsumkredits erfüllt, so sind die Sonderbestimmungen von Art. 1 ff.
KKG anwendbar.

Der Klarheit halber sei darauf hingewiesen, dass die vereinbarte Art über die zeitliche Abfolge von Ver-   213
käufer- und Käuferleistung an der synallagmatischen Struktur des Vertrags nichts ändert. Die geschuldeten Leistungen stehen so oder so in einem Austauschverhältnis.[12]

3. Die Entstehung des Vertrags

1. Der Fahrniskauf entsteht nach den allgemeinen Regeln des Vertragsschlusses. Erforderlich   214
ist also der **Austausch übereinstimmender Willenserklärungen** im Sinn von Art. 1 Abs. 1
OR. Die Parteien müssen sich (im Sinn der objektiv wesentlichen Punkte) über den Kaufgegenstand und über die Entgeltlichkeit einigen. Der *Preis* ist genügend bestimmt, wenn er
nach den Umständen bestimmbar ist (Art. 184 Abs. 3 OR).

Selbst der Umstand, dass die Sache, welche der Verkäufer zu übereignen verspricht, ihm noch nicht ge-   215
hört, steht der Gültigkeit des Kaufvertrags nicht entgegen.[13] Kann der Verkäufer in der Folge die Sache
nicht übereignen (etwa weil der Dritteigentümer sie ihm oder dem Käufer nicht übergeben will), betrifft
dies Fragen der Erfüllung des Kaufvertrags (Art. 97 Abs. 1 OR).[14]

2. Einer gesetzlichen **Formvorschrift** ist der Fahrniskauf im Allgemeinen nicht unterstellt.   216

Doch gelten besondere Regeln, soweit es sich um einen Kreditkauf handelt, welcher die Merkmale eines   217
Konsumkredits erfüllt (Art. 1 ff. KKG).

3. Der Fahrniskauf ist auch als **Handgeschäft** denkbar, bei welchem Verpflichtung und Erfül-   218
lung zeitlich zusammenfallen.[15] Dies trifft namentlich für Bargeschäfte des täglichen Be-
darfs zu, die sofort abgewickelt werden (Kauf im Warenhaus oder auf dem Markt).

II. Die Pflichten des Verkäufers

1. Im Allgemeinen

Nach der allgemeinen Bestimmung von **Art. 184 Abs. 1 OR** ist der Verkäufer verpflichtet, dem   219
Käufer den Kaufgegenstand zu übergeben und ihm das Eigentum daran zu verschaffen («... le

---

[11] ZWR 33/1999, S. 292 ff. (294 f.), E. 4a (Kantonsgericht Wallis). Zu besonderen Problemen vgl. MAR-
KUS VISCHER, Due diligence bei Unternehmenskäufen, SJZ 96/2000, S. 229 ff. Zur Qualifikation des Ge-
schäftsübertragungsvertrags als Vertrag sui generis vgl. BGE 129 III 18 ff. (21), E. 2.1.

[12] Vgl. auch STÖCKLI, Synallagma, Nr. 24 und 226.

[13] BGE 96 II 18 ff. (21), E. 2a; 82 IV 182 ff. (185), E. 2; SCHÖNLE, Zürcher Komm., N 35 und 59 zu Art. 184
OR.

[14] BGE 96 II 18 ff. (21), E. 2a; TERCIER/FAVRE/ZEN-RUFFINEN, Nr. 505.

[15] GAUCH/SCHLUEP/SCHMID, Nr. 267.

vendeur s'oblige à livrer la chose vendue à l'acheteur et à lui en transférer la propriété»). Diese Verpflichtung hat der Verkäufer nach Inhalt, Qualität und Zeit richtig zu erfüllen. Im Einzelnen:

220 1. **Was (welche Kaufsache)** geschuldet ist, ergibt sich aus dem Vertrag.[16]

221 – Die Einigung der Parteien kann auf eine ganz bestimmte – also schon im Vertrag individualisierte[17] – Sache gehen *(Spezieskauf)*. Alsdann ist *diese* Sache geschuldet (und keine andere).

222 – Die Willensmeinung der Parteien kann sich aber auch darauf richten, dass die zu liefernde Sache nur gattungsmässig bestimmt ist *(Gattungskauf)*.[18] Diesfalls muss die Sache, welche effektiv geliefert werden soll, noch näher bestimmt (nämlich aus der Gattung ausgeschieden) werden. Die Auswahl steht unter Vorbehalt einer besonderen Vereinbarung dem Verkäufer (als Schuldner der typischen Leistung) zu (Art. 71 Abs. 1 OR); er darf jedoch nicht eine Sache unter mittlerer Qualität anbieten (Art. 71 Abs. 2 OR).

223 Zu berücksichtigen ist namentlich, dass den Verkäufer beim Gattungskauf eine Beschaffungsobligation trifft: Solange die Gattung noch nicht vollständig untergegangen ist, hat er sich grundsätzlich solche Sachen zu beschaffen und sie zu liefern.[19]

224 2. Die typwesentliche **Verpflichtung des Verkäufers** ist alsdann eine doppelte:[20]

225 – Einerseits muss der Verkäufer dem Käufer den Kaufgegenstand übergeben (Art. 184 Abs. 1 OR). Damit ist die *Besitzverschaffungspflicht* angesprochen, deren Erfüllung sich nach den Art. 922 ff. ZGB richtet.

226 – Andererseits trifft den Verkäufer – darüber hinaus – die Pflicht, dem Käufer am Kaufgegenstand auch das *Eigentum zu verschaffen* (Art. 184 Abs. 1 OR), den Käufer also zum unbeschwerten sachenrechtlichen Vollberechtigten zu machen. Dies setzt neben der Besitzübertragung (Art. 714 Abs. 1 ZGB)[21] grundsätzlich voraus, dass der Veräusserer selber im Zeitpunkt des Verfügungsgeschäfts Eigentümer der Sache ist (und damit die Verfügungsmacht hat; Art. 641 Abs. 1 ZGB). Mit anderen Worten hat der Verkäufer dem Käufer grundsätzlich zu «garantieren», dass dieser Letztere das Eigentum erwirbt, und der Verkäufer hat für den Entwehrungsfall (Art. 192 ff. OR) Gewähr zu leisten (Nr. 269 ff.).

227 Die Formulierung von Art. 184 Abs. 1 OR ist nach dem bereits Gesagten (Nr. 209 ff.) auf den Verkauf von Sachen zugeschnitten. Wird eine (unverbriefte) Forderung verkauft, muss der Verkäufer dem Käufer die Gläubigerstellung verschaffen, was durch Zession geschieht (Art. 164 ff. OR und insbesondere Art. 165 Abs. 1 OR).[22]

---

16 Vgl. zum Folgenden Schönle, Zürcher Komm., N 44 ff. zu Art. 184 OR.
17 BGE 121 III 453 ff. (455 unten), E. 4a.
18 Zur Gattungsschuld ausführlich Schraner, Zürcher Komm., N 12 ff. zu Art. 71 ff. OR; dort insbesondere N 20 zum Unterschied zwischen Stückschuld und Gattungsschuld; ferner Merz, SPR VI/1, S. 141 ff.
19 Merz, SPR VI/1, S. 142 f.; Schraner, Zürcher Komm., N 24 und 45 zu Art. 71 ff. OR; Schwenzer, OR AT, Nr. 8.09.
20 Zum Folgenden vgl. etwa Schönle, Zürcher Komm., N 69 ff. zu Art. 184 OR.
21 Vgl. dazu aus sachenrechtlicher Sicht Schmid/Hürlimann-Kaup, Nr. 1090 ff.
22 Schönle, Zürcher Komm., N 72 zu Art. 184 OR.

Der Erfüllungsanspruch ist nach den allgemeinen Regeln *klagbar:* Der Käufer hat einen **Anspruch auf Realerfüllung** (solange diese noch möglich ist), den er gerichtlich einklagen und nach den anwendbaren Zwangsvollstreckungsregeln mit staatlicher Hilfe durchsetzen kann.[23] Beim Grundstückkauf gibt das Verpflichtungsgeschäft dem Käufer nach Art. 665 Abs. 1 ZGB ein Recht auf unmittelbare gerichtliche Zusprechung (Gestaltungsklagerecht).[24]   228

3. Die Besitz- und Eigentumsverschaffung muss **am richtigen Ort** erfolgen, der sich aus Vertrag oder Gesetz ergibt (Art. 74 OR). Nach der dispositiven Regelung von Art. 74 Abs. 2 Ziff. 2 OR sind Sachleistungsschulden *Holschulden.* Der Verkäufer kann vertraglich jedoch eine selbständige Versendungspflicht übernehmen, also die Besitz- und Eigentumsverschaffungspflicht als *Schickschuld* (Versendung von einem bestimmten Erfüllungsort aus) oder als *Bringschuld* (Versendung zu einem bestimmten Erfüllungsort) vereinbaren.[25]   229

Zur Tragung der Übergabe- und Transportkosten enthält das Gesetz dispositive Normen (Art. 188 f. OR).   230

4. Die Kaufsache muss **qualitativ** den vertraglich vereinbarten Anforderungen genügen. Weicht die gelieferte Sache von der versprochenen Sache qualitativ ab, so liegt ein Sachmangel vor, für den der Verkäufer grundsätzlich Gewähr leisten muss (Art. 197 ff. OR und Nr. 307 ff.). Die Abgrenzung zwischen mangelhafter Sache und «anderer» (als vertraglich vereinbarter) Sache («aliud») kann schwierig sein.[26]   231

5. Schliesslich muss der Verkäufer auch **in zeitlicher Hinsicht** seine Sachleistungspflicht richtig erfüllen. Darauf ist ausführlicher einzugehen: 232

2.   Die Erfüllung in zeitlicher Hinsicht insbesondere

1. Für die Erfüllung der Sachleistungspflicht des Verkäufers gelten zunächst die **allgemeinen Regeln von Art. 75 ff. OR.** Falls nicht Vereinbarung oder Übung eine andere Rechtslage begründen, gilt sodann nach **Art. 184 Abs. 2 OR** die *Zug um Zug-Regel,* wonach Verkäufer und Käufer ihre Leistungen gleichzeitig zu erfüllen haben.   233

Will der Käufer also vom Verkäufer die Erfüllung verlangen, muss er (Käufer) nach Art. 82 OR «entweder bereits erfüllt haben oder die Erfüllung anbieten», sofern er nach dem Vertrag nicht nachleistungspflichtig ist.   234

2. Gerät der Verkäufer in **Verzug** (was nach Art. 102 OR eine Mahnung der Käuferin oder den Ablauf eines vertraglich vereinbarten Verfalltags voraussetzt), so gelten für den *gewöhnlichen (bürgerlichen, also nicht kaufmännischen) Fahrniskauf* die allgemeinen Regeln von Art. 102 ff. OR.   235

Der Verkäufer schuldet dem Käufer demnach nach Massgabe von Art. 103 OR Schadenersatz für das Verspätungsinteresse und haftet auch für den Zufall. Der Kaufvertrag bleibt einstweilen bestehen, doch kann der Käufer nach Art. 107–109 OR eine Nachfrist ansetzen und nach deren unbenütztem Ablauf seine Wahlrechte ausüben, zu denen auch der Rücktritt vom Vertrag gehört.[27]   236

---

[23]   SCHÖNLE, Zürcher Komm., N 156 zu Art. 184 OR; SCHÖNLE/HIGI, Zürcher Komm., N 6 zu Art. 192 OR. Zum Erfüllungsanspruch allgemein auch GAUCH/SCHLUEP/EMMENEGGER, Nr. 2487 ff.; SCHMID, Vertragsrecht und Realerfüllung, Festschrift für Peter Gauch, Zürich 2004, S. 589 ff.

[24]   BGE 85 II 474 ff. (487), E. 5; SCHMID/HÜRLIMANN-KAUP, Nr. 849a ff. mit Hinweisen.

[25]   SCHÖNLE, Zürcher Komm., N 76 zu Art. 184 OR; GAUCH/SCHLUEP/EMMENEGGER, Nr. 2117 ff.

[26]   Vgl. BGE 121 III 453 ff. (455 ff.), E. 4.

[27]   Ausführlich zu den Wahlrechten GAUCH/SCHLUEP/EMMENEGGER, Nr. 2729 ff.

237   3. Befindet sich der Verkäufer **im kaufmännischen Verkehr** («en matière de commerce») mit
      seiner Lieferung im Verzug (Handelskauf, verstanden als Kauf zum Zweck des Weiterver-
      kaufs mit Gewinn[28]), sind die *Sonderregeln von Art. 190 und 191 OR* anwendbar:

238   — Art. 190 OR betrifft die *Wahlrechte des Käufers:* Ist im kaufmännischen Verkehr ein be-
           stimmter Lieferungstermin verabredet worden und kommt der Verkäufer in Verzug, so
           wird gemäss Art. 190 Abs. 1 OR vermutet, dass der Käufer auf die Lieferung in natura
           verzichte und Schadenersatz wegen Nichterfüllung beanspruche. Die Vereinbarung des
           Lieferungstermins wird demnach als «Fixgeschäft» angesehen:[29] Nach dessen Ablauf
           kann der Verkäufer ohne Zustimmung des Käufers nicht mehr wirksam erfüllen. Aus-
           serdem schuldet er dem Käufer — ohne dass dieser hierzu eine Gestaltungserklärung
           abgeben muss — «Schadenersatz wegen Nichterfüllung», also Ersatz im Umfang des po-
           sitiven Interesses.[30]

239   Der durch Art. 190 Abs. 1 OR vermutete Verzicht auf die nachträgliche Leistung lässt nach überwie-
            gender Auffassung überdies für den Käufer sofort (ohne zusätzliche Nachfristansetzung) das Gestal-
            tungsrecht entstehen, nach Art. 107 Abs. 2 OR den Rücktritt vom Vertrag zu erklären.[31] Diese Lösung
            wird durch den (freilich unpräzisen) Randtitel des deutschen und italienischen Gesetzestextes sowie
            durch den rechtsvergleichenden Blick auf § 376 Abs. 1 dt. HGB bestätigt. Sie ist sachgerecht, da der
            Verkäufer die Schadenersatzpflicht wegen Nichterfüllung (positives Interesse) abwehren kann, wenn
            er beweist, dass er ohne Verschulden in Verzug geraten ist (Art. 103 Abs. 2 OR).[32]

240   Zieht der Käufer es vor, die Lieferung zu verlangen, so hat er dies dem Verkäufer nach
            Ablauf des Lieferungstermins unverzüglich anzuzeigen (Art. 190 Abs. 2 OR). Durch
            diese unverzügliche Erklärung wird das «Fixgeschäft» in ein «Mahngeschäft» umgestal-
            tet und den allgemeinen Regeln der Art. 107–109 OR unterstellt.[33]

241   Leistet diesfalls der Verkäufer noch immer nicht, muss der Käufer nach Massgabe von Art. 107 f. OR
            eine Nachfrist ansetzen und unmittelbar nach deren unbenütztem Ablauf seine Wahlrechte ausüben.[34]

242   — Art. 191 OR betrifft den *Schadenersatz* und wiederholt zunächst in Abs. 1 die allgemeine
           Regel (Art. 107 Abs. 2 OR), wonach der Verkäufer dem Käufer im Verzugsfall schaden-
           ersatzpflichtig wird.[35] Art. 191 Abs. 2 und 3 OR enthalten sodann Präzisierungen für die
           Schadensberechnung im kaufmännischen Verkehr, welche die beweismässige Stellung
           des Käufers verbessern sollen:[36]

---

28   BGE 120 II 296 ff. (299), E. 3b; Tercier/Favre/Zen-Ruffinen, Nr. 523; ausführlich Schönle, Zürcher
     Komm., N 19 ff. zu Art. 190 OR.
29   BGE 116 II 436 ff. (438), E. 1a; Tercier/Favre/Zen-Ruffinen, Nr. 618. Zum Begriff des Fixgeschäfts vgl.
     auch Gauch/Schluep/Emmenegger, Nr. 2746 ff.
30   Schönle, Zürcher Komm., N 10 f. zu Art. 190 OR.
31   BGE 41 II 672 ff. (679), E. 6; Schönle, Zürcher Komm., N 12 und 14 zu Art. 190 OR; A. Koller, Basler
     Komm., N 17 zu Art. 190 OR; Tercier/Favre/Zen-Ruffinen, Nr. 619.
32   Schönle, Zürcher Komm., N 12 zu Art. 190 OR.
33   BGE 116 II 436 ff. (438 unten), E. 1a; Schönle, Zürcher Komm., N 46 zu Art. 190 OR; Tercier/Favre/
     Zen-Ruffinen, Nr. 620.
34   BGE 116 II 436 ff. (438 f.), E. 1a; Schönle, Zürcher Komm., N 46 zu Art. 190 OR; Tercier/Favre/Zen-
     Ruffinen, Nr. 620.
35   Ähnlich BGE 120 II 296 ff. (299 oben), E. 3b, unter Bezugnahme auf Art. 97 ff. OR. Ausführlich Schönle,
     Zürcher Komm., N 3 ff. zu Art. 191 OR.
36   BGE 105 II 87 ff. (88 unten), E. 2; 120 II 296 ff. (299 Mitte), E. 3b. – Zur Entstehungsgeschichte dieser
     Normen vgl. Botschaft in BBl 1905, S. 24 (zu Art. 1223 und 1256 des Entwurfs), sowie Giger, Berner
     Komm., N 6 zu Art. 191 OR. Zu den Ähnlichkeiten und Unterschieden der Art. 191 Abs. 2 und 3 OR mit

- Im kaufmännischen Verkehr kann der Käufer zunächst als Schaden «die Differenz 243
zwischen dem Kaufpreis und dem Preise, um den er sich einen Ersatz für die nicht gelieferte Sache in guten Treuen erworben hat, geltend machen» (Art. 191 Abs. 2 OR).

Der Gesetzgeber geht mit dieser Regelung davon aus, dass beim Handelskauf der Käufer, dessen 244
Verkäufer sich im Verzug befindet, sich die gewünschte Ware (deren Weiterverkauf er allenfalls
bereits versprochen hat) bei Dritten beschafft, also einen Deckungskauf abschliesst.[37] Die entsprechende Kaufpreisdifferenz wird von Art. 191 Abs. 2 OR als Schaden anerkannt, was die Stellung des Käufers verbessert. Doch steht es diesem − in den Schranken der Schadensminderungs-
pflicht − frei («Der Käufer kann ...»), nach den allgemeinen Regeln (Art. 191 Abs. 1 OR) einen
höheren Schaden nachzuweisen.[38] So oder so bleibt die Schadensberechnung hier *konkret*.[39]

- Hat die Ware einen Markt- oder Börsenpreis, so kann der Käufer nach Art. 191 Abs. 3 245
OR, «ohne sich den Ersatz anzuschaffen, die Differenz zwischen dem Vertragspreise
und dem [Markt- oder Börsen-]Preise zur Erfüllungszeit als Schadenersatz verlangen».

Beim Handelskauf von Waren mit einem Markt- oder Börsenpreis lässt das Gesetz mit anderen 246
Worten im Verzugsfall des Verkäufers eine *abstrakte* Schadensberechnung zu, indem es keinen effektiven Deckungskauf durch den Käufer verlangt.[40] Auch diese Regelung verwehrt es jedoch dem
Käufer nicht, nach den allgemeinen Regeln (Art. 191 Abs. 1 OR) vorzugehen und auf diesem Weg
einen höheren Schaden nachzuweisen.[41]

Beizufügen bleibt schliesslich, dass die Tragweite der Art. 190 und 191 OR umstritten 247
ist. So hat das Bundesgericht die Frage, ob diese Regeln auch ausserhalb des kaufmännischen Verkehrs und allenfalls auch beim Grundstückkauf Anwendung finden, bisher
offengelassen.[42]

Nach der Rechtsprechung ist es jedenfalls unter dem Gesichtspunkt von Art. 42 Abs. 2 OR (in Verbin- 248
dung mit Art. 99 Abs. 3 OR) zulässig, dass sich das Gericht auch ausserhalb des Handelskaufes bei
der Schadensberechnung auf Kriterien stützt, die jenen der Art. 191 Abs. 2 und 3 OR ähnlich sind.[43]

III. Die Pflichten des Käufers

1. Im Allgemeinen

Nach **Art. 184 Abs. 1 OR** ist der Käufer verpflichtet, dem Verkäufer den Kaufpreis zu bezah- 249
len. **Art. 211 Abs. 1 OR** ergänzt dazu, dass nicht nur der Preis bezahlt werden muss, sondern

---

Art. 75 und 76 WKR vgl. Schönle, Zürcher Komm., N 48 zu Art. 191 OR; Venturi, ComRom, N 19 ff. zu
Art. 191 OR.

[37] Zum Deckungskauf vgl. Schönle, Zürcher Komm., N 17 ff. zu Art. 191 OR.

[38] Schönle, Zürcher Komm., N 12 ff. zu Art. 191 OR; Tercier/Favre/Zen-Ruffinen, Nr. 629.

[39] BGE 120 II 296 ff. (299 Mitte), E. 3b; Tercier/Favre/Zen-Ruffinen, Nr. 629.

[40] BGE 120 II 296 ff. (299 Mitte), E. 3b; Schönle, Zürcher Komm., N 23 zu Art. 191 OR; Tercier/Favre/
Zen-Ruffinen, Nr. 631.

[41] BGE 105 II 87 ff. (88 f.), E. 2; Urteil des BGer. vom 8. November 2007, Nr. 4A_257/2007, E. 3; Schönle,
Zürcher Komm., N 31 ff. zu Art. 191 OR.

[42] BGE 104 II 198 ff. (200), E. b; 120 II 296 ff. (299 f.), E. 3b−c. Aus der Lehre befürwortend zum Beispiel
Giger, Berner Komm., N 31 und 43 zu Art. 191 OR; Tercier/Favre/Zen-Ruffinen, Nr. 627; Venturi,
ComRom, N 3 zu Art. 191 OR.

[43] BGE 105 II 87 ff. (89 f.), E. 3; 120 II 296 ff. (299 f.), E. 3b.

die gekaufte Sache auch anzunehmen ist, sofern sie vom Verkäufer vertragsgemäss angeboten wird. Im Einzelnen:

250 1. Die **Höhe des Kaufpreises** bestimmt sich grundsätzlich nach dem Vertrag. Hat der Käufer ohne Preisangabe fest bestellt, vermutet Art. 212 Abs. 1 OR, «es sei der mittlere Marktpreis gemeint, der zur Zeit und an dem Ort der Erfüllung gilt».

251 Kann der Verkäufer im Fall von Art. 212 Abs. 1 OR den mittleren Marktpreis zur Erfüllungszeit, dessen Bezahlung er verlangt, nicht beweisen, muss die Klage abgewiesen werden.[44]

252 2. Der Käufer muss seine Geldleistungspflicht auch **in zeitlicher Hinsicht** richtig erfüllen, was separat zu behandeln ist (Nr. 256 ff.).

253 3. Für den **Ort der Erfüllung** der Geldleistungsobligation gelten die allgemeinen Regeln von Art. 74 OR. Mangels anderer Abrede sind Geldschulden Bringschulden (Art. 74 Abs. 2 Ziff. 1 OR).

254 4. Gemäss Randtitel und Text von Art. 211 (Abs. 1 und 2) OR trifft den Käufer auch die **Pflicht, die Kaufsache anzunehmen**, sofern sie vom Verkäufer vertragsgemäss angeboten wird; diese Annahme muss grundsätzlich sofort geschehen (Art. 211 Abs. 2 OR und allgemein Art. 75 OR).

255 Ob den Käufer indessen eine generelle Annahmepflicht trifft, ist freilich umstritten.[45] Man wird diese Pflicht jedenfalls dann bejahen können, wenn der Verkäufer ein besonderes (schützenswertes) Interesse an der Abnahme der Ware hat.

2. Die Erfüllung in zeitlicher Hinsicht insbesondere

256 1. Von der **Fälligkeit** der Kaufpreisforderung spricht zunächst Art. 213 Abs. 1 OR: Ist kein anderer Zeitpunkt vertraglich bestimmt, so wird nach dieser Vorschrift der Kaufpreis mit dem Übergang des Kaufgegenstands in den Besitz des Käufers fällig.

257 Ohne Mahnung des Verkäufers wird die Kaufpreisforderung einerseits mit dem Ablauf des vereinbarten Verfalltags verzinslich (Art. 102 Abs. 2 und Art. 104 OR), andererseits aber auch dann, wenn es der Übung entspricht oder wenn der Käufer Früchte oder sonstige Erträgnisse der Kaufsache beziehen kann (Art. 213 Abs. 2 OR).

258 Die Fälligkeitsregel von Art. 213 Abs. 1 OR überrascht auf den ersten Blick: Gemäss **Art. 184 Abs. 2 OR** haben nämlich Verkäufer und Käufer grundsätzlich die Pflicht, ihre Leistungen gleichzeitig – *Zug um Zug* – zu erfüllen. Richtig ausgelegt, bestätigt Art. 213 Abs. 1 OR allerdings den Grundsatz von Art. 184 Abs. 2 OR. Der Verkäufer ist nämlich nicht zur Vorleistung verpflichtet, um die Fälligkeit des Kaufpreises zu bewirken; es genügt vielmehr, wenn er seine Leistung anbietet.[46]

259 2. Leistet der Käufer den Kaufpreis mit pflichtwidriger Verspätung, so gerät er nach Massgabe von Art. 102 OR in **Verzug**. Auch die Verzugsfolgen bestimmen sich primär nach dem Allgemeinen Teil (Art. 103–106 OR). Kaufrechtliche Besonderheiten gelten aber – von der Verzinsungspflicht nach Art. 213 Abs. 2 OR abgesehen – für die Wahlrechte des Gläubigers bei zweiseitigen Verträgen sowie für die Schadenersatzberechnung (Art. 214 f. OR):

---

44 SJZ 97/2001, S. 326 (Kantonsgericht Waadt).
45 Zum Beispiel GIGER, Berner Komm., N 21 ff. zu Art. 211 OR.
46 BGE 129 III 535 ff. (541), E. 3.2.1.

– Beim *Pränumerando-* (Kaufpreiszahlung vor Lieferung der Sache) und beim *Barkauf* (Leistung Zug um Zug) ist gemäss Art. 214 Abs. 1 OR eine besondere Nachfristansetzung im Sinn von Art. 107 Abs. 1 OR nicht erforderlich. Der Verkäufer hat bei Zahlungsverzug des Käufers das Recht, «ohne weiteres [ohne Nachfrist[47]] vom Vertrage zurückzutreten», er muss den Rücktritt jedoch dem Käufer sofort anzeigen (Art. 214 Abs. 2 OR).[48]   260

Obwohl das Gesetz (nur) von Rücktrittsrecht spricht, stehen sämtliche Wahlrechte im Sinn von Art. 107 Abs. 2 OR offen, und zwar ohne Nachfristansetzung.[49] Der Verkäufer kann also namentlich (wie Art. 215 OR stillschweigend voraussetzt) im Sinn von Art. 107 Abs. 2 OR – unter Aufrechterhaltung des Vertrags – auf die Leistung des Käufers «in natura» (verstanden als Kaufpreiszahlung) verzichten und eine Schadenersatzleistung im Umfang des positiven Interesses fordern.[50]   261

– Für den *Kreditkauf* (bei dem der Kaufgegenstand also schon vor Zahlung des Preises in den Besitz des Käufers übergegangen ist) kann der Verkäufer gemäss Art. 214 Abs. 3 OR bei Verzug des Käufers nur dann «von dem Vertrage zurücktreten und die übergebene Sache zurückfordern, wenn er sich dieses Recht ausdrücklich vorbehalten hat». Anders als in Art. 214 Abs. 1 OR verwendet das Gesetz in Absatz 3 die Formulierung «ohne weiteres» nicht, sodass nach den allgemeinen Regeln von Art. 107 ff. OR grundsätzlich eine Nachfristansetzung erforderlich ist.[51]   262

Nach der in Art. 214 Abs. 3 OR enthaltenen Wertung des Gesetzgebers soll der Käufer davor bewahrt werden, eine bereits übertragen erhaltene Sache – die in sein Eigentum übergegangen ist (Art. 714 Abs. 1 ZGB) und die er allenfalls bereits verbraucht, weiterveräussert oder verarbeitet hat – infolge Vertragsrücktritts des Verkäufers zurückgeben zu müssen.[52] Deshalb steht dem Verkäufer in solchen Fällen nur die Klage auf Erfüllung (Zahlung des Kaufpreises nebst Verzugszinsen) offen.[53] Ein Rücktrittsrecht hat der Verkäufer nach Art. 214 Abs. 3 OR jedoch dann, wenn er sich dieses ausdrücklich vorbehalten (und damit das Vertrauen des Käufers auf das Behaltendürfen der Sache verhindert) hat.   263

Als Rücktrittsvorbehalt in diesem Sinn gilt auch die Vereinbarung eines Eigentumsvorbehalts, und zwar selbst dann, wenn der Eigentumsvorbehalt zwar vereinbart, aber nicht im Register (Art. 715 Abs. 1 ZGB) eingetragen wurde und aus diesem Grund das Eigentum an der Sache auf den Käufer   264

---

[47] Französischer Gesetzeswortlaut: «le vendeur peut se départir du contrat sans autre formalité».

[48] Vgl. dazu BGE 96 II 47 ff. (50 f.), E. 2.

[49] BGE vom 10. April 1987 in Semjud 109/1987, S. 604 ff. (607 f.), E. 1b; Giger, Berner Komm., N 42 zu Art. 214 OR; Keller/Siehr, S. 41; Gauch/Schluep/Emmenegger, Nr. 2757; ausführlich T. Merz, S. 71 und 95 ff.

[50] BGE vom 10. April 1987 in Semjud 109/1987, S. 604 ff. (607 f.), E. 1b; Cavin, SPR VII/1, S. 53 f.; Giger, Berner Komm., N 42 zu Art. 214 OR; Keller/Siehr, S. 41; Tercier/Favre/Zen-Ruffinen, Nr. 982; zum Vorgehen des Verkäufers bei der Wahrnehmung seiner Wahlrechte vgl. ausführlich Gauch/Schluep/Emmenegger, Nr. 2758 ff.

[51] BGE 90 II 285 ff. (293 Mitte), E. 2b (Rücktrittserklärung «unverzüglich nach Ablauf der Nachfrist»); 73 III 165 ff. (171 f.), E. 4; ZR 54/1955, Nr. 178, S. 357 f. (Zürcher Obergericht); von Büren, OR BT, S. 57; Cavin, SPR VII/1, S. 56; Giger, Berner Komm., N 40 zu Art. 214 OR; Keller/Siehr, S. 43; A. Koller, Basler Komm., N 4 zu Art. 214 OR; T. Merz, S. 68. A.M. nur Venturi, ComRom, N 15 zu Art. 214 OR.

[52] Giger, Berner Komm., N 44 zu Art. 214 OR mit Hinweisen auf die Entstehungsgeschichte.

[53] Tercier/Favre/Zen-Ruffinen, Nr. 988.

übergegangen ist.[54] Das vereinbarte Rücktrittsrecht ist allerdings ohne wirksamen Eigentumsvorbehalt wirtschaftlich wertlos, wenn der Käufer in Konkurs fällt (Art. 212 SchKG).[55]

265   – Für die *Schadensberechnung* beim *Verzug des Käufers im kaufmännischen Verkehr* enthält Art. 215 OR eine spezielle Regelung, welche sich spiegelbildlich zu Art. 191 Abs. 2 und 3 OR (Nr. 242 ff.) verhält: Nach Art. 215 Abs. 1 OR hat der Verkäufer «das Recht, seinen Schaden nach der Differenz zwischen dem Kaufpreis und dem Preise zu berechnen, um den er die Sache in guten Treuen weiter verkauft hat». Diese Spezialregel erlaubt es dem Verkäufer, das positive Interesse als Schadenersatz vom säumigen Käufer zu fordern, ohne diesem die Sache zur Verfügung halten zu müssen.[56]

266   Diese Vorschrift, die eine konkrete Schadensberechnung (Differenzmethode nach einem effektiv vorgenommenen Deckungsverkauf/Selbsthilfeverkauf) vorsieht,[57] will den Verkäufer im Vergleich zu den gewöhnlichen Regeln beweismässig besser stellen, verwehrt es ihm aber nicht, nach den allgemeinen Normen vorzugehen und so einen höheren Schaden nachzuweisen.[58]

267   Bei Waren mit Markt- oder Börsenwert kann der Verkäufer nach Art. 215 Abs. 2 OR ohne Deckungsverkauf «die Differenz zwischen dem Vertragspreis und dem Markt- und Börsenpreis zur Erfüllungszeit als Schadenersatz verlangen». Damit wird dem Verkäufer eine abstrakte Schadensberechnung (Differenzmethode mit Blick auf einen hypothetischen Deckungsverkauf/Selbsthilfeverkauf) erlaubt.[59]

268   Auch mit Bezug auf Art. 215 OR ist umstritten, ob diese Regelung auch für den bürgerlichen (nichtkaufmännischen) Kauf gelten soll.[60]

IV. Die Rechtsgewährleistung insbesondere

1.   Das Problem

269   1. Im Kaufvertragsrecht hat der Verkäufer gemäss Art. 184 Abs. 1 OR nicht nur die Pflicht, dem Käufer den Kaufgegenstand zu übergeben (Besitzverschaffungspflicht), sondern er muss dem Käufer auch **das Eigentum daran verschaffen** (Rechtsverschaffungspflicht). Der Kaufvertrag als Veräusserungsvertrag zielt nämlich darauf ab, durch seine Erfüllung das Eigentum an der Kaufsache auf den Käufer (Erwerber) übergehen zu lassen. Das gilt sowohl für den Fahrnis- als auch für den Grundstückkauf.

270   2. Das Ziel der Eigentumsverschaffung wird vereitelt, wenn ein **Dritter** aus rechtlichen Gründen (gestützt auf ein «besseres Recht» an der Sache, vor allem Eigentum) **dem Käufer den Kaufgegenstand ganz oder teilweise entzieht** (Entwehrung; Eviktion). Auch das vertragliche Äquivalenzverhältnis der Kaufvertragsleistungen (Sache gegen Geld) ist in

---

[54]   BGE 90 II 285 ff. (292), E. 2a; T. Merz, S. 109 mit zahlreichen Hinweisen. Zum Eigentumsvorbehalt vgl. auch Nr. 466 ff. und allgemein Schmid/Hürlimann-Kaup, Nr. 1095 ff.

[55]   BGE 90 II 285 ff. (292), E. 2a; Giger, Berner Komm., N 47 zu Art. 214 OR.

[56]   Venturi, ComRom, N 1 zu Art. 215 OR; Tercier/Favre/Zen-Ruffinen, Nr. 995.

[57]   A. Koller, Basler Komm., N 8 zu Art. 215 OR.

[58]   BGE 65 II 171 ff. (173), E. 2; Tercier/Favre/Zen-Ruffinen, Nr. 996.

[59]   A. Koller, Basler Komm., N 18 zu Art. 215 OR; Tercier/Favre/Zen-Ruffinen, Nr. 998.

[60]   Befürwortend zum Beispiel Giger, Berner Komm., N 41 und 55 zu Art. 215 OR; Tercier/Favre/Zen-Ruffinen, Nr. 995; A. Koller, Basler Komm., N 13 und 18 zu Art. 215 OR; Venturi, ComRom, N 2 zu Art. 215 OR.

einem solchen Fall gestört. In **Art. 192 ff. OR** sieht deshalb das Gesetz unter den Verkäuferpflichten die *Verpflichtung zur Gewährleistung des veräusserten Rechtes* vor (Randtitel; französisch: «Garantie en cas d'éviction»): Den Verkäufer trifft eine besondere, grundsätzlich verschuldensunabhängige «Garantie» (Einstandspflicht); anders ausgedrückt hat der Käufer im Fall einer Entwehrung bestimmte Rechte (Art. 195 f. OR).

3. Allerdings sind diese Rechtsgewährleistungsregeln im System des schweizerischen Privatrechts **nur selten aktuell**. Sie setzen voraus, dass der Verkäufer nicht (unbeschwerter) Eigentümer war und es auch nicht aus anderen Gründen — namentlich nicht wegen des Schutzes des gutgläubigen Erwerbers — zu einem unbeschwerten Eigentumserwerb des Käufers kommt. Überall dort, wo das Gesetz den gutgläubigen Erwerber in seinem Eigentumserwerb schützt, spielt die Rechtsgewährleistung mit anderen Worten keine Rolle. Das bedeutet: 271

–   Bei **Mobilien** (Fahrnis, beweglichen Sachen) wird der gutgläubige Erwerber nach Massgabe von *Art. 933 ZGB (in Verbindung mit Art. 714 Abs. 2 ZGB)* auch dann im Erwerb geschützt, wenn die Sache dem Veräusserer ohne jede Ermächtigung zur Übertragung anvertraut worden ist.[61] Ein Dritter kann daher einem solchen Käufer die Sache nicht mit Erfolg abfordern, und für die Rechtsgewährleistung des Verkäufers bleibt kein Raum. Vorbehalten bleiben freilich die Ansprüche des früheren Berechtigten gegen den Verkäufer, was den (in seinem guten Glauben geschützten) Käufer jedoch nicht betrifft.   272

    Indessen spielt der Gutglaubensschutz dann nicht, wenn der Erwerber nach den Umständen sich nicht auf den guten Glauben berufen darf (Art. 3 Abs. 2 ZGB) oder wenn es um eine dem Berechtigten wider seinen Willen abhandengekommene Sache, namentlich um eine gestohlene Sache geht (Art. 934 ZGB).[62] In diesen Fällen bleibt die Rechtsgewährleistungspflicht des Verkäufers aktuell, ja der Verkauf einer gestohlenen Sache stellt geradezu ihren Hauptanwendungsfall dar.[63]   273

–   Bei **Immobilien** (Grundstücken) ist der gutgläubige Erwerber nach Massgabe von *Art. 973 Abs. 1 ZGB* in seinem dinglichen Recht ebenfalls geschützt;[64] für die Anwendung der Rechtsgewährleistungsregeln bleibt in diesem Fall kein Raum.   274

    Anders verhält es sich jedoch, soweit der Erwerber nach den Umständen sich nicht auf den guten Glauben berufen darf (Art. 3 Abs. 2 ZGB), und überdies generell für Grundstücke in den Gemeinden der Schweiz, in welchen Art. 973 Abs. 1 ZGB noch keine Anwendung findet, weil das eidgenössische Grundbuch noch nicht eingeführt und ihm auch keine andere kantonale Registereinrichtung gleichgestellt ist (Art. 48 Abs. 3 SchlT ZGB).[65]   275

Ein Fall von Rechtsgewährleistung tritt auch dann ein, wenn der Verkäufer eines Grundstücks dieses ganz oder teilweise vermietet hat und der Erwerber (der vom Vorhandensein von Mietverträgen nichts weiss) an diese Mietverträge nach Massgabe von Art. 261 OR gebunden ist (Nr. 1199).[66]   276

---

[61]   Schmid/Hürlimann-Kaup, Nr. 287 ff.
[62]   Schmid/Hürlimann-Kaup, Nr. 303 ff.
[63]   Vgl. zum Beispiel Schönle/Higi, Zürcher Komm., N 2a f. zu Art. 192 OR.
[64]   Schmid/Hürlimann-Kaup, Nr. 579 ff.
[65]   Schmid/Hürlimann-Kaup, Nr. 408 und 581; Schönle/Higi, Zürcher Komm., N 2a zu Art. 192 OR.
[66]   Schönle/Higi, Zürcher Komm., N 2a und 37 zu Art. 192 OR.

2. Die Voraussetzungen der Gewährspflicht des Verkäufers

277 Damit die Rechtsgewährleistungspflicht des Verkäufers zum Tragen kommt, ist eine Mehr-zahl – positiver und negativer – Voraussetzungen erforderlich, inhaltlich (materiell) wie auch verfahrensrechtlich (formell):

278 1. **Grundvoraussetzung** ist eine **Entwehrung** (Eviktion): Ein Dritter entzieht dem Käufer aus Rechtsgründen, die schon zur Zeit des Vertragsabschlusses bestanden haben, den Kaufgegenstand, und zwar ganz oder teilweise (Art. 192 Abs. 1 OR). Dazu bleibt Folgendes zu ergänzen:

279 – Die Eviktion kann eine *gänzliche* (vollständige) sein. Das bedeutet, dass das bessere Recht des Dritten die Nutzungsmöglichkeit des Käufers völlig ausschliesst (Beispiel: Eigentumsrechte eines Dritten, weil die bewegliche Sache gestohlen worden ist und der Dritte sie nach Art. 934 Abs. 1 ZGB mit Erfolg zurückverlangt).

280 Bei Kulturgütern im Sinn von Art. 2 Abs. 1 KGTG, die dem Eigentümer gegen seinen Willen abhanden-gekommen sind, ist eine Eviktion unter Umständen noch lange Zeit nach dem Verkauf möglich, denn gemäss Art. 934 Abs. 1bis ZGB beträgt die absolute Verjährungsfrist des Rückforderungsrechts 30 Jahre seit dem Abhandenkommen.[67]

281 – Die Eviktion kann auch bloss eine *teilweise* sein. Das bedeutet, dass der Kaufgegenstand dem Käufer nur teilweise entzogen wird oder die verkaufte Sache mit einer dinglichen Last beschwert ist (Art. 196 Abs. 1 OR). In Betracht kommt etwa eine Nutzniessung oder ein Pfandrecht eines besser Berechtigten, dem die Sache vom Eigentümer weggenom-men wurde, oder die Gebundenheit eines Grundstückerwerbers an einen vorbestehen-den Mietvertrag nach Massgabe von Art. 261 OR (Nr. 1199).

282 – Stets muss jedoch die Entwehrung *nach Übergabe der Kaufsache* stattfinden. Findet sie schon vor der Übergabe statt (wird der Kaufgegenstand also nie in den Besitz des Käu-fers übertragen), so gelten die allgemeinen Regeln von Art. 97 ff. OR, allenfalls in Ver-bindung mit den besonderen Verzugsregeln von Art. 190 f. OR (Nr. 237 ff.).

283 2. Der Käufer darf zum Zeitpunkt des Vertragsabschlusses die Entwehrungsgefahr grundsätz-lich **nicht gekannt** haben (Art. 192 Abs. 2 OR). Kannte er diese Gefahr, so hat der Verkäu-fer nur insofern Gewähr zu leisten, als er sich ausdrücklich dazu verpflichtet hat.

284 3. Der Käufer darf auf seine Ansprüche **nicht** (wirksam) **verzichtet** haben, und es darf keine (gültige) Vereinbarung zur Aufhebung oder Beschränkung der Gewährspflicht bestehen.

285 Eine solche Abrede ist als teilweise Freizeichnungsklausel des Verkäufers zunächst dem Allgemeinen Teil (Art. 100 OR) unterstellt. Die Vereinbarung über die Aufhebung oder Beschränkung der Gewährspflicht ist überdies ungültig, wenn der Verkäufer das Recht des Dritten absichtlich verschwiegen hat (Art. 192 Abs. 3 OR).

286 4. Das **Recht des Dritten und seine Vorrangigkeit** vor den Rechten des Käufers müssen **si-cher feststehen**, der Käufer muss also zur Herausgabe der Sache oder zur Duldung des Rechts des Dritten verpflichtet sein (vgl. Art. 194 Abs. 2 OR). Normalerweise wird diese Rechtssicherheit durch eine *Streitverkündung* und ein *gerichtliches Verfahren* erzielt. Dieses Vorgehen ist jedoch nicht unabdingbar:

---

67 Ausführlich STARK/ERNST, Basler Komm., N 17b ff. zu Art. 934 ZGB.

– Grundsätzlich verbessert der Käufer seine Stellung gegenüber dem Verkäufer, wenn er   287
diesem rechtzeitig den Streit verkündet (Art. 193 Abs. 1 OR).

Die Streitverkündung ist ein bundesrechtliches Institut; ihre konkrete Durchführung wird jedoch –   288
bis zum Inkrafttreten der Schweizerischen Zivilprozessordnung – durch kantonales Prozessrecht
geregelt (Art. 193 Abs. 1 OR). Ist die Streitverkündung rechtzeitig erfolgt, so wirkt ein ungünstiges
Ergebnis des Prozesses – die Gutheissung der Herausgabeklage des Dritten gegen den Käufer – auch
gegen den Verkäufer, sofern dieser nicht beweist, dass das Prozessergebnis durch böse Absicht oder
durch grobe Fahrlässigkeit des Käufers verschuldet worden ist (Art. 193 Abs. 2 OR). Ist die Streitverkündung ohne Veranlassung des Verkäufers unterblieben, so wird dieser von der Gewährspflicht insoweit befreit, als er nachweist, dass bei rechtzeitiger Streitverkündung ein günstigeres Prozessergebnis
zu erlangen gewesen wäre (Art. 193 Abs. 3 OR).[68]

Mit dem *Inkrafttreten der Schweizerischen Zivilprozessordnung* wird Art. 193 OR eine neue Fassung   289
erhalten:[69] Gemäss Art. 193 Abs. 1 OR n.F. richten sich die Voraussetzungen und Wirkungen der
Streitverkündung nach der Zivilprozessordnung, also nach den Art. 78 ff. ZPO.[70] So wirkt namentlich ein ungünstiges Prozessergebnis – die Gutheissung der Herausgabeklage des Dritten gegen
den Käufer – grundsätzlich auch gegen den streitberufenen Verkäufer (Art. 80 i.V.m. Art. 77 ZPO);
diese Rechtslage entspricht dem bisherigen Art. 193 Abs. 2 OR, der aufgehoben wird.[71] Der bisherige
Art. 193 Abs. 3 OR wird zu Art. 193 Abs. 2 OR n.F.

– Eine gerichtliche Entscheidung zu Lasten des Käufers und zu Gunsten des Dritten ist je-   290
doch nicht in jedem Fall erforderlich. Die Rechtsgewährleistungspflicht des Verkäufers
besteht auch dann, wenn der Käufer das Recht des Dritten in guten Treuen anerkannt
oder sich einem Schiedsgericht unterworfen hat, sofern er dies dem Verkäufer rechtzeitig angedroht und ihm die Führung des Prozesses erfolglos angeboten hat (Art. 194
Abs. 1 OR).

– Schliesslich ist die Rechtsgewährleistungspflicht des Verkäufers zu bejahen, wenn der   291
Käufer beweist, dass er zur Herausgabe der Sache verpflichtet war (Art. 194 Abs. 2 OR).

5. Der Vollständigkeit halber sei angemerkt, dass eine **Rüge** bei der Rechtsgewährleistung   292
(anders als bei der Sachgewährleistung; Art. 201 OR) zur Wahrung der Rechte des Käufers
nicht erforderlich ist.

Anders verhält es sich jedoch im internationalen Warenkauf nach Art. 43 WKR, wo die entsprechende   293
«Anzeige» vom Käufer auch für Eviktionsfälle (Art. 41 WKR) verlangt wird.

3. Die Rechtsfolgen: Gewährleistungsansprüche des Käufers

Sind die Gewährleistungsvoraussetzungen gegeben, so stehen dem Käufer **mehrere Rechte**   294
(Rechtsgewährleistungsansprüche) zu. Grundsätzlich ist davon auszugehen, dass der Ver-
trag – bei vollständiger Eviktion – aufgelöst wird und der Verkäufer dem Käufer überdies
Schadenersatz schuldet. Im Einzelnen:

1. Bei **vollständiger Entwehrung** ist «der Kaufvertrag als aufgehoben zu betrachten»   295
(Art. 195 Abs. 1 OR Ingress; «la vente est réputée résiliée»). Der Käufer hat alsdann Anspruch auf Rückerstattung des bezahlten Preises nebst Zinsen, auf Ersatz für Aufwendungen und für alle durch den Prozess veranlassten gerichtlichen und aussergerichtlichen

---

[68]   Vgl. BGE 90 II 404 ff. (407 ff.), E. 1b.
[69]   AS 2010, S. 1739 ff., besonders S. 1840.
[70]   Vgl. dazu auch die Botschaft zur ZPO, BBl 2006, S. 7283 ff.
[71]   Botschaft zur ZPO, BBl 2006, S. 7283 oben.

Kosten sowie auf Ersatz des sonstigen durch die Entwehrung unmittelbar verursachten Schadens. Für diesen unmittelbar verursachten Schaden haftet der Verkäufer auch ohne Verschulden (kausal; Art. 195 Abs. 1 Ziff. 4 OR). Für den weiteren Schaden haftet er, sofern er nicht beweist, dass ihm keinerlei Verschulden zur Last fällt (Art. 195 Abs. 2 OR).

296 Der in Art. 195 Abs. 1 Ziff. 4 OR verwendete Begriff des «unmittelbar verursachten Schadens» («dommages-intérêts résultant directement de l'éviction») ist freilich unklar und seine Abgrenzung vom «weiteren Schaden» («tout autre préjudice»; Art. 195 Abs. 2 OR) heikel.[72] Das gleiche Abgrenzungsproblem besteht bei der – praktisch viel bedeutsameren – Sachgewährleistungsnorm von Art. 208 OR (Nr. 408 ff.).

297 2. Bei **teilweiser Entwehrung** gilt nach Art. 196 OR folgende Rechtslage:

298 – Grundsätzlich kann der Käufer nicht die Aufhebung des Vertrags, sondern nur Ersatz des Schadens verlangen, der ihm durch die Entwehrung verursacht worden ist (Art. 196 Abs. 1 OR).

299 – Ist jedoch nach den Umständen anzunehmen, dass der Käufer bei Voraussicht der teilweisen Entwehrung den Vertrag überhaupt nicht geschlossen hätte, so kann er die Aufhebung verlangen (Art. 196 Abs. 2 OR). In diesem Fall muss er den Kaufgegenstand, soweit er nicht entwehrt worden ist, nebst dem inzwischen bezogenen Nutzen dem Verkäufer zurückgeben (Rückabwicklung; Art. 196 Abs. 3 OR).

4. Einzelfragen

300 1. Streitig ist das **Verhältnis der Rechtsgewährleistungsregeln zu den Behelfen aus Willensmängeln**. Das Bundesgericht lässt eine Berufung auf Art. 23 ff. OR und namentlich auf den Grundlagenirrtum zu.[73]

301 2. Das Bundesgericht wendet die Rechtsgewährleistungsregeln auch auf den **Patentlizenzvertrag** an, wenn das Patent in der Folge *nichtig* erklärt wird.[74]

302 3. Für die **Rechtsgewährleistung beim Forderungskauf** gelten nicht die Art. 192 ff. OR, sondern die besonderen Gewährleistungsregeln des Abtretungsrechts (Art. 171 ff. OR).

303 4. Die **Verjährung** der Ansprüche aus Rechtsgewährleistung richtet sich grundsätzlich nach den allgemeinen Regeln von Art. 127 ff. OR. Eine Ausnahme gilt bei Kulturgütern (Art. 2 Abs. 1 KGTG): Hier verjährt die Klage auf Gewährleistung des Rechts ein Jahr, nachdem der Käufer vom Mangel Kenntnis erlangt hat, spätestens aber 30 Jahre nach dem Vertragsschluss (Art. 196a OR).

304 Die besondere Verjährungsregel des Sachgewährleistungsrechts (Art. 210 OR bzw. Art. 219 Abs. 3 OR) ist nicht anwendbar.

305 5. Bei der Übertragung von **Kulturgütern** (Art. 2 Abs. 1 KGTG) sind im Kunsthandel und im Auktionswesen spezielle Sorgfaltspflichten zu beachten: So darf das Kulturgut nur übertragen werden, wenn die übertragende Person nach den Umständen annehmen darf, dass es nicht gestohlen worden, nicht gegen den Willen der Eigentümerin abhandengekommen, nicht rechtswidrig ausgegraben und auch nicht rechtswidrig eingeführt worden ist (Art. 16

---

[72] SCHÖNLE/HIGI, Zürcher Komm., N 67 ff. zu Art. 195 OR.
[73] BGE 109 II 319 ff. (322), E. 2; vgl. auch BGE 114 II 131 ff. (133 ff.), E. 1; GAUCH/SCHLUEP/SCHMID, Nr. 807; SCHÖNLE/HIGI, Zürcher Komm., N 7 ff. zu Art. 195 OR; kritisch BUCHER, OR BT, S. 110 f.
[74] BGE 111 II 455 ff. (456), E. 2; 110 II 239 ff. (242 ff.), E. 1d.

Abs. 1 KGTG). Den im Kunsthandel und im Auktionswesen tätigen Personen obliegen ausserdem besondere Frage- und Aufklärungspflichten (Art. 16 Abs. 2 und 3 KGTG).

Sie sind beispielsweise verpflichtet, die Identität der einliefernden Personen oder der Verkäuferin festzustellen und von diesen eine schriftliche Erklärung über deren Verfügungsberechtigung zu verlangen; sie haben ihre Kunden über Ein- und Ausfuhrregelungen von Vertragsstaaten zu unterrichten; sie müssen Buch führen über die Beschaffung von Kulturgut, über genaue Angaben zum Kulturgut und zur einliefernden Person, zum Verkäufer oder zur Verkäuferin (Art. 16 Abs. 2 KGTG).   306

V. Die Sachgewährleistung insbesondere

1. Übersicht

1. In den **Art. 197–210 OR** regelt das Gesetz die Gewährleistung des Verkäufers wegen Mängel der Kaufsache («Garantie en raison des défauts de la chose»). Diese Regelung, die hier zum Recht der Leistungsstörungen im weitesten Sinn gezählt wird, ist *in der Praxis von ausserordentlich grosser Bedeutung* – wesentlich wichtiger als die Rechtsgewährleistung.   307

Ob beim Spezieskauf der Verkäufer durch die Lieferung einer mangelhaften Sache überhaupt seine Leistungpflichten verletzt, ob also die Eigenschaften der Kaufsache zu den Leistungspflichten gehören, ist eine durchaus kontroverse Frage.[75] Nach klassischer Auffassung liegt beim Spezieskauf durch die Lieferung der mangelhaften Sache keine Vertragsverletzung vor – zumal die Speziessache nur so geliefert werden kann, wie sie eben «ist».[76] Nach moderner Auffassung, die Zustimmung verdient, kann bei Lieferung einer mangelhaften Sache demgegenüber nicht von richtiger Erfüllung des Verkäufers gesprochen werden.[77] Mit dieser Bejahung der Leistungspflichtverletzung ist freilich noch nichts darüber ausgesagt, ob und inwieweit neben den Art. 197 ff. OR gegebenenfalls auch die Art. 97 ff. OR Anwendung finden (Nr. 434).   308

2. Das System der Gewährleistung beruht auf einer besonderen, grundsätzlich **verschuldensunabhängigen Einstandspflicht des Verkäufers** (Art. 197 Abs. 2 OR), die auf das römische Recht zurückgeht:[78] Dem Käufer stehen auf Grund des Mangels besondere Rechte zu, namentlich die Rechte auf Wandelung, Minderung und Ersatz des Mangelfolgeschadens. Diese Rechtsbehelfe stellen den Käufer – verglichen mit den Behelfen des Allgemeinen Teils – an sich relativ gut; sie sind jedoch ihrerseits an *äusserst strenge Voraussetzungen* gebunden, namentlich an eine rechtzeitige Mängelrüge (Art. 201 OR), und es finden kurze Verjährungsfristen Anwendung (Art. 210 OR).   309

Von ERNST RABEL stammt die Aussage, «dass die Unregelmässigkeiten und Unklarheiten dieser Lehre [der Lehre von der Sachgewährleistung an Speziessachen] wesentlich durch das irrationale Überleben einer altertümlich verwurzelten Doktrin verursacht sind».[79] Weiter gibt er zu bedenken, «dass die ganze Dok-   310

---

[75] Vgl. RABEL, Bd. II, S. 104 ff.; TERCIER/FAVRE/ZEN-RUFFINEN, Nr. 692 ff.; AKIKOL, Nr. 57 ff.

[76] Zum Beispiel BUCHER, OR BT, S. 68 f., 83 und passim.

[77] Zum Beispiel TERCIER/FAVRE/ZEN-RUFFINEN, Nr. 695; SCHÖNLE/HIGI, Zürcher Komm., N 3 zu Art. 197 OR; AKIKOL, Nr. 78 ff.; GINTER, S. 75; BÄHLER, S. 34 ff.; so schon RABEL, Bd. II, S. 107.

[78] ZIMMERMANN, The Law of Obligations, S. 305 und 327 f. (bezogen auf die Regeln des BGB zur Sachgewährleistung [vor der Schuldrechtsreform]). Die Ausführungen treffen auf das schweizerische Obligationenrecht heute noch zu; spezifisch für das schweizerische Recht CAVIN, SPR VII/1, S. 71 f.; HONSELL, Basler Komm., Vorbem. zu Art. 197–210 OR, N 1 und 15; SCHÖNLE/HIGI, Zürcher Komm., N 3a zu Art. 197 OR.

[79] RABEL, Bd. II, S. 101 (publiziert im Jahr 1958 und bezogen auf das deutsche Recht); auch aufgenommen

trin des Kaufs ... in Rom am Kauf bestimmter Sachen entstand und wahrscheinlich auf ihn beschränkt blieb, und dass – verblüffenderweise – alle älteren und die meisten gegenwärtigen Zivilgesetzbücher die gleiche Orientierung aufweisen».[80] Die römisch-rechtlichen Sachgewährsregeln, die dem Käufer eine besondere Wachsamkeit abverlangen («caveat emptor»; «Augen auf, Kauf ist Kauf»[81]) und auf welche die Art. 197 ff. OR zurückgehen, stammen nämlich von den Verantwortlichen der römischen Marktpolizei («aediles curules») und waren auf den Marktkauf zugeschnitten; die wirtschaftlich wichtigsten «Güter», die auf den römischen Märkten verkauft wurden, waren Sklaven und Vieh.[82] Ausserdem war der Ruf der Sklavenhändler bekanntermassen sehr schlecht: «Slave-traders (mangones) were notoriously ill-reputed people, and thus one had to be particularly careful in one's dealings with them.»[83]

311   Die Voraussetzungen der Mängelhaftung (namentlich die Obliegenheit zur Mängelrüge) sowie die besondere (kurze) Verjährung sind vom schweizerischen Gesetzgeber auch in das Werkvertragsrecht übernommen worden (Art. 367–371 OR). De lege ferenda betrachtet ist dies problematisch, weil eine Regelung, die den Durchschnittskäufer überfordert und in der Praxis oft zu Rechtsverlusten führt (Nr. 444 ff.), nun auch für den Besteller im Werkvertrag gilt. Bei der Rechtsanwendung de lege lata empfiehlt es sich, zu diesen Fragen jeweils die Rechtsprechung zu beiden Vertragstypen zu konsultieren.

312   3. Die gesetzliche Regelung ist grundsätzlich **dispositiver Natur**: Die Parteien können durch Vereinbarung die Sachgewährleistungspflicht des Verkäufers ändern, sei es zu Gunsten oder zu Ungunsten des Käufers. In der Praxis geschieht diese Abänderung regelmässig zu Lasten des Käufers («Freizeichnung»; Nr. 370 ff.) und häufig auf dem Weg Allgemeiner Geschäftsbedingungen.

313   4. **Besondere Gewährleistungspflichten** des Verkäufers bestehen in Sondergebieten, nämlich:

314   – beim Viehhandel (Art. 198 und 202 OR sowie die zugehörige Verordnung[84]);

315   – beim Forderungskauf (Art. 171 ff. OR);

316   – beim Kauf eines Grundstücks (vgl. Art. 219 OR; Nr. 643 ff.);

317   Das Recht des Grundstückkaufs enthält zwar in Art. 219 OR eine Sonderregel für die Gewährleistung, die namentlich für die Verjährung eine spezielle Anordnung trifft (Art. 219 Abs. 3 OR). Im Übrigen gelten jedoch auf Grund der Verweisung in Art. 221 OR die Vorschriften von Art. 197 ff. OR auch für die Sachgewährleistung beim Grundstückkauf.[85]

318   – beim Kauf, der unter das Wiener Kaufrecht fällt (Art. 30 ff. WKR).

319   Keine Geltung hat im schweizerischen Recht nach dem Gesagten (Nr. 203) die *EU-Richtlinie 1999/44/EG* zu bestimmten Aspekten des Verbrauchsgüterkaufs und der Garantien für Verbrauchsgüter.

---

von MünchK/Kramer (3. Aufl. 1994), Einleitung vor § 241 BGB, N 102 (in der 4. Aufl. nicht mehr abgedruckt).
[80] Rabel, Bd. II, S. 103.
[81] Zimmermann, The Law of Obligations, S. 307.
[82] Zimmermann, The Law of Obligations, S. 311 ff.
[83] Zimmermann, The Law of Obligations, S. 311.
[84] Verordnung vom 14. November 1911 betreffend das Verfahren bei der Gewährleistung im Viehhandel (SR 221.211.22).
[85] BGE 131 III 145 ff. (147), E. 3 = Pra 2005, Nr. 50, S. 389 ff. = ZBGR 88/2007, S. 289 ff.; Urteil des BGer. vom 6. Dezember 2006, Nr. 4C.273/2006, E. 3.1; Bieger, Nr. 58.

5. Von der Mängelhaftung des Verkäufers zu **unterscheiden** ist die **Haftung der Herstellerin**   320
eines Produkts gegenüber dem Abnehmer (ohne vorbestehende vertragliche Beziehung).
Massgebend hierfür ist das Produktehaftpflichtgesetz.[86]

Die Produktehaftung nach Massgabe dieses Gesetzes ist indessen eine Haftung (nur) für Mangelfolge-   321
schaden, nicht auch für den Schaden (für die Wertverminderung) am fehlerhaften Produkt selber (Art. 1
Abs. 2 PrHG).

2.   Die Voraussetzungen der Sachgewährleistungspflicht des Verkäufers

Die wichtigste Voraussetzung ist das Vorhandensein eines Mangels der Kaufsache. Weitere   322
Voraussetzungen (positiver und negativer Art) müssen hinzutreten. Sie werden nachfolgend
im Einzelnen behandelt.[87]

Nicht näher wird auf die Sonderregeln der Sachgewährleistung beim Viehhandel (Art. 198 und 202 OR nebst   323
zugehöriger Verordnung) eingegangen.

A.   Der Mangel der Kaufsache

1. Grundvoraussetzung der Sachgewährleistung (Mängelhaftung) bildet das Vorhandensein   324
eines Mangels (Sachmangels). Wann ein solcher vorliegt, bestimmt sich nach dem konkreten Kaufvertrag.[88] Ein Mangel lässt sich demnach umschreiben als **Abweichung der
(gelieferten) Kaufsache vom Vertrag**: Die Beschaffenheit der effektiv gelieferten Sache
weicht zum Nachteil des Käufers von der vertraglich versprochenen Beschaffenheit ab[89]
(sogenannter «subjektiver» Mangelbegriff).

Illustrativ hält MEDICUS dazu Folgendes fest: «Kaum eine Sache ist so gut, dass sie nicht noch besser sein   325
könnte. Gemessen am Massstab des Besten ist also fast jede Sache mangelhaft. Daher bedarf es eines anderen, realistischen Massstabs. Dieser muss wenigstens in erster Linie aus dem Kaufvertrag kommen.»[90]

Auf den konkreten Kaufvertrag, der die geschuldete Qualität der Kaufsache umschreibt,   326
nimmt denn auch **Art. 197 OR** Bezug: Nach Art. 197 Abs. 1 OR haftet der Verkäufer dem
Käufer sowohl für die zugesicherten Eigenschaften als auch dafür, dass die Sache nicht
körperliche oder rechtliche Mängel hat, die ihren Wert oder ihre Tauglichkeit zu dem vorausgesetzten Gebrauch aufheben oder erheblich mindern. Damit sind zwei Fälle angesprochen, in welchen der Verkäufer dem Käufer wegen Fehlens der vertraglich versprochenen
Beschaffenheit der Kaufsache haftet:

– Einerseits geht es um die *Zusicherung von Eigenschaften des Kaufobjekts* durch den Ver-   327
käufer, deren Fehlen einen Mangel begründet: Der Verkäufer kann bestimmte Eigenschaften des verkauften Objektes zusichern, also deren Vorhandensein versprechen
(«des qualités promises»). Eine ausdrückliche Zusicherung («Garantie») ist nicht erfor-

---

[86]   Bundesgesetz über die Produktehaftpflicht (Produktehaftpflichtgesetz, PrHG) vom 18. Juni 1993 (SR
221.112.944).

[87]   Zum Folgenden ausführlich AKIKOL, Nr. 135 ff.

[88]   BGE 114 II 239 ff. (244), E. 5a/aa.

[89]   Zum Beispiel BGE 114 II 239 ff. (244), E. 5a/aa; Urteil des BGer. vom 6. Dezember 2002, Nr. 4C.201/2002,
E. 2.1.

[90]   MEDICUS, Schuldrecht II, Nr. 43.

derlich; nach der Rechtsprechung genügt vielmehr jede Erklärung, nach welcher die Kaufsache eine bestimmte, objektiv feststellbare Eigenschaft aufweist, sofern der Käufer nach Treu und Glauben auf diese Angabe vertrauen darf.[91] Das setzt immerhin voraus, dass es um Sacheigenschaften geht, welche im Zeitpunkt des Übergangs von Nutzen und Gefahr oder in einem früheren Zeitpunkt vorhanden sein müssen.[92] Nach der Praxis genügt jede ernst gemeinte Erklärung des Verkäufers, soweit sie nach Treu und Glauben für den Entschluss des Käufers bestimmend war, die Kaufsache zu den vereinbarten Bedingungen zu erwerben. Einer ausdrücklichen Willenserklärung des Verkäufers zur «Haftungsübernahme» bedarf es nicht. Ist die Zusicherung nicht eingehalten (trifft also die versprochene Sacheigenschaft nicht zu), liegt stets ein Mangel vor.

328 Die Zusicherung, ein Fahrzeug sei fabrikneu, wird nur dann erfüllt, wenn das Fahrzeug zehn bis zwölf Monate vor dem Verkauf hergestellt worden ist, ausser bei der Überführungsfahrt nicht benutzt wurde, wenn es weiterhin hergestellt wird und auch sonst keine Mängel, z.B. Standschäden, aufweist.[93]

329 Von der Zusicherung ist die blosse *Anpreisung* zu unterscheiden. Hier muss der Käufer nach Treu und Glauben erkennen, dass keine Eigenschaften zugesichert werden, sondern bloss eine reklamehafte Beschreibung des Kaufgegenstandes erfolgt.[94]

330 *Beispiel* für eine Anpreisung: «An dieser Vase werden Sie ein Leben lang Freude haben.» – Demgegenüber wurde die Formulierung «Sie kaufen eine ausgezeichnete Immobilie mit einem sehr guten Baustandard» als Zusicherung gewertet.[95] Insgesamt ist also auch bei Werbeaussagen des Verkäufers (und allenfalls sogar eines Dritten) im Einzelfall zu prüfen, ob eine zugesicherte oder vom Käufer nach Treu und Glauben vorausgesetzte Eigenschaft (und damit bei deren Fehlen ein Sachmangel) vorliegt.[96] Angesichts des Vertrauens, das Kaufsinteressenten im Alltag mit Werbeaussagen verbinden, ist eine blosse Anpreisung freilich nur mit Zurückhaltung anzunehmen – nämlich nur dann, wenn nach Treu und Glauben für den Käufer offensichtlich war, dass der Verkäufer keine Aussage über objektiv feststellbare Eigenschaften der Kaufsache machen wollte.

331 – Andererseits kann die Kaufsache – auch wenn keine Zusicherung vorliegt – dennoch mangelhaft sein. Das trifft dann zu, wenn *nach Treu und Glauben gewisse Eigenschaften* vom Käufer *vorausgesetzt* werden dürfen (sodass diese Eigenschaften auch ohne Zusicherung als vertraglich versprochen gelten). Wird diese Käufererwartung getäuscht, so liegt ein Mangel vor, sofern die Abweichung vom erwarteten Zustand den Wert oder die Tauglichkeit der Kaufsache zum vorausgesetzten Gebrauch aufhebt oder erheblich mindert (Art. 197 Abs. 1 OR, 2. Teil).

332 In Kaufverträgen wird im vorliegenden Zusammenhang häufig das Wort «Garantie» verwendet. Es kann ein Mehrfaches bedeuten, weshalb der Sinn der betreffenden Klausel im Einzelfall durch Auslegung ermittelt werden muss. In Betracht kommt namentlich eine

---

[91] BGE 88 II 410 ff. (416), E. 3c; Urteil des BGer. vom 27. Mai 2007, Nr. 4A_480/2007, E. 3.1 = ZBGR 91/2010, S. 114 ff.; Urteil des BGer. vom 26. Oktober 2009, Nr. 4A_237/2009, E. 5.1. Zum Begriff der Zusicherung ausführlich RÜEGG, S. 178 ff.

[92] BGE 122 III 426 ff. (430), E. 5c; Urteil des BGer. vom 27. Mai 2008, Nr. 4A_480/2007, E. 3.1 = ZBGR 91/2010, S. 114 ff.: Zinsertrag einer Liegenschaft oder bisheriger Umsatz einer Gastwirtschaft.

[93] BGE 116 II 431 ff. (435 f.), E. 3b; vgl. Urteil des BGH vom 22. März 2000, NJW 53/2000, S. 2018 ff., und Urteil des BGH vom 15. Oktober 2003, NJW 57/2004, S. 160 ff.

[94] Urteil des BGer. vom 27. Mai 2008, Nr. 4A_480/2007, E. 3.1 = ZBGR 91/2010, S. 114 ff.

[95] Urteil des BGer. vom 23. November 2004, Nr. 4C.267/2004, E. 2.2 = ZBGR 86/2005, S. 329 ff.; vorinstanzlicher Entscheid in LGVE 2004 I Nr. 18, S. 43 (Luzerner Obergericht).

[96] Zum Ganzen KAUFMANN-MOHI, Nr. 470 ff.; RÜEGG, S. 185 ff.

gewährleistungsrechtliche Eigenschaftszusicherung (Zusicherung im hier verstandenen Sinn), eine Anerkennung der Verpflichtung des Verkäufers, Sachmängel nachzubessern, oder ein selbständiger Garantievertrag.[97] Die Abgrenzung zwischen Zusicherung im Sinn von Art. 197 Abs. 1 OR und selbständiger Garantie ist danach vorzunehmen, ob der Verkäufer eine gegenwärtig bestehende Eigenschaft der Kaufsache oder einen zukünftigen Erfolg verspricht, der über die vertragsgemässe Beschaffenheit der Kaufsache hinausgeht.[98]

Die Einordnung als selbständiger Garantievertrag hat namentlich zur Folge, dass eine Mängelrüge (Art. 201 OR) entbehrlich und nicht die Verjährungsfrist von Art. 210 und 219 Abs. 3 OR massgebend ist, sondern dass die entsprechende Verpflichtung der zehnjährigen Verjährungsfrist von Art. 127 OR untersteht.[99]   333

2. Folgende **Arten von Sachmängeln** lassen sich auseinanderhalten: 334

– *Körperliche Mängel:* Die Kaufsache funktioniert nicht, ist schadhaft. Das Kunstwerk ist nicht echt. Das verkaufte Grundstück weist nicht die vertraglich festgelegte Fläche auf (Art. 219 Abs. 1 und 2 OR; Nr. 653 ff.).   335

– *Rechtliche Mängel:* Die Kaufsache kann aus Gründen der Rechtsordnung (nämlich des öffentlichen Rechts) vom Käufer nicht so gebraucht werden, wie er es auf Grund des Vertrags erwarten durfte. Ein Grundstück wird beispielsweise als Bauland verkauft, obwohl es mit einem Bauverbot belegt ist; ein Auto wird verkauft, für welches der Käufer in der Schweiz keine Strassenzulassung erhalten kann; ein Grundstück enthält Altlasten, ist also nach der Umweltschutzgesetzgebung sanierungsbedürftig.   336

Die Sachmängelhaftung des Verkäufers aus rechtlichen Gründen (rechtliche Mängel) ist zu unterscheiden von der Rechtsgewährleistung, bei welcher ein (privater) Dritter, der eine privatrechtlich stärkere Rechtsstellung hat, dem Käufer die Kaufsache entwehrt (Art. 192 ff. OR; Nr. 269 ff.).   337

3. **Massgebender Zeitpunkt** für die Beurteilung der Frage, ob ein Mangel vorliegt, ist der *Gefahrübergang* (Art. 185 und 220 OR; Nr. 452 ff. und 659 ff.), was § 434 Abs. 1 BGB für das deutsche Recht ausdrücklich festschreibt. Demnach haftet der Verkäufer gemäss Art. 197 ff. OR für Mängel, welche vor dem oder beim Gefahrübergang vorhanden sind,[100] allerdings mit Einschluss jener Mängel, die in diesem Zeitpunkt «bereits im Keime angelegt sind» und erst später zu Tage treten.[101]   338

Für später entstehende Mängel haftet der Verkäufer grundsätzlich nicht – es sei denn, er habe sich gegenüber dem Käufer vertraglich verpflichtet, die Sache über den Zeitpunkt des Gefahrübergangs hinaus im versprochenen Zustand zu halten,[102] oder er habe die nachträgliche Verschlechterung schuldhaft oder wegen des Verhaltens einer Hilfsperson zu vertreten; eine solche Haftung richtet sich indessen nicht   339

---

[97]   BGE 122 III 426 ff. (428), E. 4. Zum Ganzen auch Lips, S. 4 ff. und 62 ff.

[98]   BGE 122 III 426 ff. (428), E. 4, wo die Garantie bezüglich der Überbaubarkeit von Grundstücken als selbständiges Garantieversprechen verstanden wurde; vgl. auch Urteil des BGer. vom 4. Januar 2002, Nr. 4C.260/2001, E. 3a = Pra 2002, Nr. 71, S. 405 ff.; Rüegg, S. 181 ff.

[99]   BGE 122 III 426 ff. (431), E. 5c; vgl. auch Urteil des BGer. vom 4. Januar 2002, Nr. 4C.260/2001, E. 3a = Pra 2002, Nr. 71, S. 405 ff.

[100] BGE 122 III 426 ff. (430), E. 5c; Urteil des BGer. vom 8. Februar 2010, Nr. 4A_601/2009, E. 3.2.3; Honsell, Basler Komm., N 11 zu Art. 197 OR; Schönle/Higi, Zürcher Komm., N 113 ff. zu Art. 197 OR; Schönle, Zürcher Komm., N 126 zu Art. 185 OR; Koller, Basler Komm., N 6 zu Art. 185 OR; Akikol, Nr. 488 ff.

[101] Urteil des BGer. vom 8. Februar 2010, Nr. 4A_601/2009, E. 3.2.3; Honsell, Basler Komm., N 11 zu Art. 197 OR.

[102] Urteil des BGer. vom 8. Februar 2010, Nr. 4A_601/2009, E. 3.2.3.

nach den Art. 197 ff. OR (Sachgewährleistungsregeln), sondern nach den allgemeinen Regeln von Art. 97 Abs. 1 und Art. 101 OR.[103]

340 4. Dass den Verkäufer am Mangel ein **Verschulden** trifft, ist **nicht Voraussetzung** für seine Mängelhaftung. Vielmehr haftet er grundsätzlich auch dann, wenn er die Mängel nicht gekannt hat (Art. 197 Abs. 2 OR; vgl. aber auch Art. 208 Abs. 2 und 3 OR, Nr. 408 ff.).

341 5. Die **Beweislast** für das Vorliegen eines Mangels richtet sich primär nach der Frage, wer aus der behaupteten Mangelhaftigkeit bzw. Mangelfreiheit der gelieferten Sache Rechte ableitet (Art. 8 ZGB):[104]

342 — Leitet der Käufer aus dem Mangel Rechte ab (Wandelung, Minderung oder Schadenersatz) und hat er die Sache angenommen, so trägt er nach herrschender Auffassung für den Mangel (und dessen Vorhandensein schon im Zeitpunkt des Gefahrenübergangs) die Beweislast, zumal auf Grund der vorbehaltlosen Annahme der Kaufsache deren Mangelfreiheit aus Billigkeitsgründen zu vermuten ist (§ 363 BGB analog).[105] Verweigert jedoch der Käufer die Abnahme unter Hinweis auf Mängel, oder bringt er bei der Entgegennahme einen sofortigen Vorbehalt an, spielt diese Vermutung nicht.[106]

343 — Analoges gilt, wenn der Verkäufer aus der (vorgenommenen oder versuchten) Erfüllung Rechte ableitet, insbesondere wenn er die Kaufpreiszahlung verlangt: Generell trifft den Verkäufer die Beweislast für die Vertragskonformität seiner Lieferung, solange der Käufer die Sache noch nicht in Empfang genommen hat.[107] Hat der Käufer die Sache jedoch vorbehaltlos entgegengenommen, trifft diesen die Beweislast für die Mangelhaftigkeit; hat er sich hingegen (unter Hinweis auf Mängel) geweigert, die Sache als gehörige Erfüllung des Kaufvertrags anzunehmen, oder hat er einen entsprechenden Vorbehalt angebracht, so trägt nach wie vor der Verkäufer die Beweislast für deren Mangelfreiheit.[108]

344 — Beanstandet der Käufer eine Sache, die ihm von einem anderen Ort übersandt worden ist (Distanzkauf), und hat der Verkäufer am Empfangsort keinen Stellvertreter, so muss der Käufer nach Art. 204 Abs. 2 OR «den Tatbestand ohne Verzug gehörig feststellen lassen»; unterlässt er dies, so erlegt das Gesetz ihm (trotz Beanstandung) den Nachweis auf, dass der behauptete Mangel schon zur Zeit der Entgegennahme vorhanden gewesen ist.[109]

345 6. Die mangelhafte Lieferung (Schlechtlieferung) erfüllt nach den Kriterien des Allgemeinen Teils des OR den Begriff der **positiven Vertragsverletzung**, da sie weder zu den Un-

---

[103] HONSELL, Basler Komm., N 11 zu Art. 197 OR; wohl auch SCHÖNLE/HIGI, Zürcher Komm., N 120 zu Art. 197 OR.

[104] Für das schweizerische Obligationenrecht etwa GIGER, Berner Komm., N 92 zu Art. 197 OR und N 73 zu Art. 211 OR; SCHÖNLE/HIGI, Zürcher Komm., N 22 zu Art. 204 OR. – Illustrativ für das WKR (und damit ausserhalb von Art. 8 ZGB) BGE 130 III 258 ff. (265), E. 5.3; Urteil des BGer. vom 7. Juli 2004, Nr. 4C.144/2004, E. 3.3; ausführlich und differenzierend zu OR und WKR AKIKOL, Nr. 521 ff.

[105] VON TUHR/ESCHER, OR AT, S. 32; KUMMER, Berner Komm., N 276 f. zu Art. 8 ZGB; GIGER, Berner Komm., N 93 ff. zu Art. 197 OR und N 75 ff. zu Art. 211 OR; BUCHER, OR BT, S. 93; HONSELL, OR BT, S. 81 f., u.a. mit Hinweis auf BGE 23, S. 1817 ff. (1823), E. 4, und BGE 26 II 798 ff. (806), E. 3c (beide Entscheide zum aOR). Im Ergebnis gleicher Meinung wohl auch SCHÖNLE/HIGI, Zürcher Komm., N 22 zu Art. 204 OR.

[106] BUCHER, OR BT, S. 93; vgl. auch Urteil des BGer. vom 28. September 2000, Nr. 4P.153/2000, E. 2b.

[107] KUMMER, Berner Komm., N 275 ff. zu Art. 8 ZGB; GIGER, Berner Komm., N 92 zu Art. 197 OR und N 74 zu Art. 211 OR; SCHÖNLE/HIGI, Zürcher Komm., N 22 zu Art. 204 OR.

[108] Urteil des BGer. vom 28. September 2000, Nr. 4P.153/2000, E. 2b; HONSELL, OR BT, S. 81 f.

[109] BGE 45 II 336 ff. (341 und 343), E. 1 und 3; 52 II 362 ff. (366 f.), E. 2.

möglichkeits- noch zu den Verzugsfällen gehört.[110] Das wirft die (später zu behandelnde; Nr. 417 und 434) Frage auf, ob der Käufer sich nicht nur auf die Art. 197 ff. OR stützen, sondern auch nach Art. 97 Abs. 1 OR Schadenersatz verlangen kann.

Andererseits ist die Schlechtlieferung abzugrenzen von der **Lieferung einer ande-**   346
ren Sache (Aliud-Lieferung). Diese fällt nicht unter die Art. 197 ff. OR, sondern unter
Art. 97 ff. oder 102 ff. OR.[111]

Weiter fragt sich, ob von einem Sachmangel auch dann gesprochen werden kann, wenn die gelieferte   347
Sache für sich allein zwar «fehlerfrei» ist, jedoch die ihr beiliegende Gebrauchsanweisung sich als ungenügend oder fehlerhaft erweist. Nach der hier vertretenen Auffassung sind solche Fälle indessen nicht
über die Mängelhaftung des Verkäufers zu lösen; durch die ungenügende Gebrauchsanweisung verletzt
der Verkäufer vielmehr eine Nebenpflicht, was zu seiner Haftung nach Massgabe der Art. 97 ff. OR führt,
also namentlich vom Käufer, der Schadenersatz geltend machen will, keine Mängelrüge voraussetzt.[112]

B.   Weitere Voraussetzungen

a.   Übersicht

Dass die Sache mangelhaft ist, reicht für die Gewährspflicht des Verkäufers noch nicht aus.   348
Vielmehr müssen weitere Voraussetzungen erfüllt sein, nämlich die Folgenden:

1. Der Käufer darf vom Mangel **keine Kenntnis** gehabt haben; hatte er im Zeitpunkt des Kauf-   349
   vertragsabschlusses[113] davon Kenntnis, so haftet der Verkäufer nicht (Art. 200 Abs. 1 OR).

   Für Mängel, die der Käufer bei Anwendung gewöhnlicher Aufmerksamkeit hätte kennen sollen, haftet der   350
   Verkäufer nur, wenn er deren Nichtvorhandensein zugesichert hat (Art. 200 Abs. 2 OR).

2. Die Mängelhaftung des Verkäufers darf **nicht wegbedungen** worden sein. Damit ist die   351
   praktisch bedeutsame Frage der sogenannten *Freizeichnungsklauseln* angesprochen, auf
   die separat eingegangen werden soll (Nr. 370 ff.).

3. Der Käufer darf den Mangel **nicht genehmigt** haben (Art. 370 OR analog).[114] Eine solche   352
   Genehmigung der mangelhaften Kaufsache wird vom Gesetz in gewissen Fällen fingiert,
   wie sogleich zu zeigen ist (Nr. 355 ff.).

   Der Weiterverkauf einer mit einem unbekannten, versteckten Mangel behafteten Sache gilt nicht als   353
   (konkludente) Genehmigung.[115]

4. Der Käufer muss den Mangel rechtzeitig dem Verkäufer anzeigen (**Mängelrüge**; Art. 201   354
   OR), was praktisch höchst bedeutsam und daher ausführlicher zu erläutern ist.

b.   Die Mängelrüge insbesondere

1. Den Käufer trifft die **Obliegenheit**, die Kaufsache, «sobald es nach dem üblichen Geschäfts-   355
   gange tunlich ist», zu prüfen und, falls sich Mängel ergeben, für die der Verkäufer Gewähr

---

[110]   GAUCH/SCHLUEP/EMMENEGGER, Nr. 2616.
[111]   BGE 121 III 453 ff. (458), E. 4a; GAUCH/SCHLUEP/EMMENEGGER, Nr. 2634.
[112]   Zum Ganzen vgl. auch PETER LUTZ, Haftung für Gebrauchsanleitungen – ein Sonderfall der Produktehaf-
        tung, SJZ 89/1993, S. 1 ff. (besonders S. 2).
[113]   BGE 131 III 145 ff. (148), E. 6.1 = Pra 2005, Nr. 50, S. 389 ff. = ZBGR 88/2007, S. 289 ff.
[114]   TERCIER/FAVRE/ZEN-RUFFINEN, Nr. 768 ff.
[115]   Urteil des BGer. vom 29. August 2003, Nr. 4C.152/2003, E. 3.1.

zu leisten hat, diesem sofort Anzeige zu machen (**Mängelrüge**; Art. 201 OR; französisch: «l'avis des défauts»).[116] Wird diese Mängelrüge versäumt, so gilt die verkaufte Sache grundsätzlich als genehmigt («Genehmigungsfiktion»),[117] soweit es sich nicht um Mängel handelt, die bei der übungsgemässen Untersuchung nicht erkennbar waren (Art. 201 Abs. 2 OR).

356 Die vom Gesetz in Art. 201 Abs. 1 OR genannte Prüfungsobliegenheit hat freilich neben der Rügeobliegenheit keine selbständige Bedeutung: Rügt der Käufer rechtzeitig, so bleiben seine Rechte selbst dann gewahrt, wenn er die sofortige Prüfung unterlassen hat.[118]

357 Die gesetzliche Regelung über die Prüfungs- und Rügeobliegenheit des Käufers bezweckt nach der bundesgerichtlichen Auffassung den *Schutz des Verkäufers*: «Dieser soll von Mängeln möglichst bald in Kenntnis gesetzt werden, damit er sich selber darüber Rechenschaft geben und die ihm dienenden Vorkehren, wie z.B. die Wahrung seiner Rechte gegenüber seinem Rechtsvorgänger, rechtzeitig treffen kann. Überdies soll verhindert werden, dass der Käufer durch willkürliches Zuwarten die Veränderung der wirtschaftlichen Konjunktur zum Nachteil des Verkäufers ausnütze …».[119]

358 2. Zur Rügeobliegenheit sind die folgenden **wichtigen Einzelpunkte** zu beachten:

359 – Das Gesetz unterscheidet einerseits *offene Mängel,* die nach Art. 201 Abs. 1 und 2 OR bei der übungsgemässen Untersuchung sofort erkennbar sind. Diese sind sofort zu rügen. Andererseits sind *geheime* (verborgene, verdeckte, versteckte) *Mängel* denkbar; sie sind gemäss Art. 201 Abs. 3 OR sofort nach ihrer Entdeckung zu rügen, widrigenfalls die Sache auch hinsichtlich dieser Mängel als genehmigt gilt.

360 Entdeckt ist ein Mangel mit dessen zweifelsfreier Feststellung. Ausschlaggebend für die Entdeckung sind die Umstände des Einzelfalls. Der Käufer muss vom Mangel solche Kenntnis erlangt haben, dass er eine substanzierte Rüge erheben kann (Nr. 363). Bei Mängeln, die nach und nach zum Vorschein kommen, weil sie in ihrer Intensität oder Ausdehnung zunehmen, genügt weder die objektive Erkennbarkeit des Mangels noch die Feststellung der ersten Mängelspuren, sofern der Käufer nach Treu und Glauben davon ausgehen darf, es handle sich bloss um übliche Erscheinungen, die keine Abweichung vom Vertrag darstellen.[120]

361 – Die Rüge muss *rechtzeitig* erfolgen. Bei der Beurteilung dieser Frage (im Kauf- und im Werkvertragsrecht) muss nach ständiger Praxis auf die konkreten Umstände des Einzelfalls, insbesondere auf die Natur des Kaufgegenstandes und die Art des Mangels abgestellt werden.[121] Das Bundesgericht betont diese Massgeblichkeit der Umstände; es hat immerhin − bezüglich der gleichen Frage im Werkvertragsrecht[122] − für gewöhnliche

---

[116] Ausführlich Bieger, Nr. 189 ff.; Akikol, Nr. 601 ff.; Schmid, Gewährleistung, S. 77 ff.

[117] BGE 133 III 335 ff. (342), E. 2.4.4.

[118] An Stelle vieler Schönle/Higi, Zürcher Komm., N 12 zu Art. 201 OR.

[119] BGE 81 II 56 ff. (57), E. 2b; ähnlich BGE 88 II 364 ff. (365), E. 2, wonach diese Vorschriften «im Interesse der Verkehrssicherheit beim Kaufgeschäft aufgestellt» sind und «eine rasche Klarstellung der tatsächlichen und rechtlichen Verhältnisse» bezwecken. Kritisch dazu Bucher, Der benachteiligte Käufer, S. 3 f.; differenzierend Akikol, Nr. 618 ff.

[120] Zum Beispiel bei wachsenden Mauerrissen; BGE 131 III 145 ff. (150), E. 7.2 = Pra 2005, Nr. 50, S. 389 ff. = ZBGR 88/2007, S. 289 ff.; BGE 118 II 142 ff. (149 f.), E. 3b; 117 II 425 ff. (427), E. 2. Vgl. auch Urteil des BGer. vom 28. Juli 2000, Nr. 4C.159/1999, E. 1b/aa, betreffend die Rüge im Werkvertragsrecht.

[121] BGE 81 II 56 ff. (59 f.), E. 3b; 131 III 145 ff. (150), E. 7.2 = Pra 2005, Nr. 50, S. 389 ff. = ZBGR 88/2007, S. 289 ff.

[122] Zur Vergleichbarkeit der von der Rechtsprechung erarbeiteten Kriterien bezüglich der Mängelrüge beim Kauf und beim Werkvertrag vgl. BGE 131 III 145 ff. (150), E. 7.2 = Pra 2005, Nr. 50, S. 389 ff. = ZBGR 88/2007, S. 289 ff.

Verhältnisse eine siebentägige Rügefrist (7 Kalendertage bzw. 5 Werktage) für angemessen gehalten, wenn ein Zuwarten mit der Rüge zu keiner Vergrösserung des Schadens führt.[123] Diese Praxis verdient jedenfalls für den nichtkaufmännischen Käufer Zustimmung.[124]

Die Behauptungs- und Beweislast bezüglich der Rechtzeitigkeit der Mängelrüge ist in Lehre und   362
Rechtsprechung umstritten.[125] Das Bundesgericht betrachtet die Rechtzeitigkeit der Mängelrüge als
rechtsbegründende Tatsache, weshalb der Käufer dafür die Beweislast trage.[126]

– Die Mängelrüge muss *hinreichend substantiiert* sein.[127] Die Beanstandung des Käufers   363
   muss dem Verkäufer zeigen, weshalb der Käufer die gelieferte Ware nicht als vertragskonform anerkennt. Der allgemeine Hinweis, die Ware befriedige nicht, gilt nicht als
   Mängelrüge im Sinn von Art. 201 OR.[128] Die Rüge «soll dem Verkäufer die Art, den Umfang und die Gründe der Beanstandung zur Kenntnis bringen, damit er entscheiden
   kann, wie er sich im Hinblick auf die in Aussicht stehende Haftung verhalten will. Welche Angaben zu diesem Zweck erforderlich sind, hängt von den Umständen ab …»[129]

– Keine Genehmigung infolge unterlassener oder nicht rechtzeitiger Mängelrüge nimmt   364
   das Gesetz dort an, wo der Verkäufer den Käufer *absichtlich* über die Mängel *getäuscht*
   hat (Art. 203 OR).[130]

Eine solche Täuschung ist nicht nur bei betrügerischen Machenschaften gegeben, sondern schon   365
dann, wenn der Verkäufer – im Wissen, dass es sich um einen wichtigen Umstand handelt – es unterlässt, dem Käufer einen Mangel mitzuteilen, den dieser nicht kannte und wegen der verborgenen
Natur auch nicht erkennen konnte.[131] Absichtliches Verschweigen ist mit anderen Worten zu bejahen,
wenn der Verkäufer dem Käufer Informationen über das Fehlen einer vorausgesetzten Eigenschaft
der Kaufsache vorenthalten hat, obwohl eine Aufklärungspflicht bestand.[132] Geltung und Ausmass
einer solchen Pflicht sind von den Umständen des Einzelfalls abhängig, namentlich von der Natur
des Vertrags, von der Art, wie sich die Vertragsverhandlungen abwickeln, sowie von den Absichten
und Kenntnissen der Beteiligten; grundsätzlich ist eine Aufklärungspflicht zu bejahen, «wenn der Verkäufer annehmen muss, ein ihm bekannter Mangel könne den vom Käufer vorausgesetzten Verwendungszweck vereiteln oder erheblich beeinträchtigen».[133] Die deutsche Rechtsprechung hat sodann

---

[123] Zum Werkvertragsrecht: Urteil des BGer. vom 28. Juli 2000, Nr. 4C.159/1999, E. 1b/aa und 2; Urteil des
       BGer. vom 3. Mai 2004, Nr. 4C.82/2004, E. 2.3 = Pra 2004, Nr. 146, S. 827; Urteil des BGer. vom 11. Sep-
       tember 2007, Nr. 4A_51/2007, E. 4.5; Urteil des BGer. vom 31. Oktober 2007, Nr. 4A_336/2007, E. 4.4.
[124] Gleicher Meinung Akikol, Nr. 871, die unter den gegebenen Umständen sogar 7–10 Tage zulässt.
[125] Vgl. BGE 118 II 142 ff.; 107 II 172 ff.; Gauch, Werkvertrag, Nr. 1561 ff. und 1581; Akikol, Nr. 1075 ff.
[126] BGE 118 II 142 ff. (147), E. 3a zur analogen Frage beim Werkvertrag (Beweislast des Bestellers); für den
       Kaufvertrag Urteil des BGer. vom 19. April 2002, Nr. 4C.313/2001, E. 3a; Urteil des BGer. vom 6. Dezember
       2006, Nr. 4C.273/2006, E. 3.1.
[127] Vgl. Tercier/Favre/Zen-Ruffinen, Nr. 790 f.; Akikol, Nr. 791 ff.
[128] Vgl. Urteil des BGer. vom 28. Mai 2002, Nr. 4C.395/2001, E. 2.1.1 = Pra 2003, Nr. 107, S. 578 ff.
[129] Urteil des BGer. vom 28. Mai 2002, Nr. 4C.395/2001, E. 2.1.1 = Pra 2003, Nr. 107, S. 578 ff.
[130] Urteil des BGer. vom 30. Januar 2006, Nr. 4C.387/2005, E. 4.1; BGE 131 III 145 ff. (151 f.), E. 8 = Pra
       2005, Nr. 50, S. 389 ff. = ZBGR 88/2007, S. 289 ff.
[131] BGE 131 III 145 ff. (151), E. 8.1 = Pra 2005, Nr. 50, S. 389 ff. = ZBGR 88/2007, S. 289 ff.; ähnlich schon
       BGE 66 II 132 ff. (139), E. 6.
[132] Urteil des BGer. vom 13. Juli 2005, Nr. 4C.16/2005, E. 1.5 = ZBGR 88/2007, S. 281 ff., unter Hinweis auf
       BGE 116 II 431 ff. (434), E. 3a.
[133] Urteil des BGer. vom 13. Juli 2005, Nr. 4C.16/2005, E. 1.5 = ZBGR 88/2007, S. 281 ff.; als Illustration vgl.
       auch Urteil des BGer. vom 30. Juni 2005, Nr. 4C.11/2005, E. 2.3 und 3.1.

für den Autokauf entschieden, dass der Verkäufer einen Unfall, den das Fahrzeug erlitten hat, dem Kaufinteressenten grundsätzlich ungefragt offenbaren muss.[134]

366   – Nach deutschem Recht, welches die Obliegenheit zur Mängelrüge nicht für den bürgerlichen Kauf, sondern nur für den Handelskauf kennt (§ 377 HGB), genügt die *rechtzeitige Absendung* der Mängelrüge zur Wahrung der Käuferrechte (§ 377 Abs. 3 HGB; ebenso § 377 Abs. 4 österreichisches UGB). Die Erklärung «reist» also auf Gefahr des Verkäufers; er muss auch eine Rüge als rechtzeitig gelten lassen, die (trotz rechtzeitiger Absendung durch den Käufer) verspätet bei ihm eingetroffen ist. Diese Regelung, die sich auch in Art. 27 WKR findet, rechtfertigt sich – im Blick auf die überaus harten Folgen der verspäteten Rüge – auch für das schweizerische Obligationenrecht.[135]

367   – Auch hinsichtlich der Rügeobliegenheit ist die gesetzliche Regelung dispositiv. Der Verkäufer kann also wirksam auf das Rügeerfordernis verzichten oder dem Käufer eine längere Frist einräumen. Ein Verzicht auf eine sofortige Rüge kann namentlich darin liegen, dass der Verkäufer eine besondere «Garantie» abgegeben hat.[136]

368   – Besondere Vorschriften gelten für den Viehhandel (Art. 198 und 202 OR) und für das Verfahren bei Übersendung der Kaufsache von einem anderen Ort (Art. 204 OR; dazu Nr. 344).

369   3. Der Verkäufer haftet in zeitlicher Hinsicht längstens für Mängel, die **innerhalb eines Jahres seit Ablieferung** der Kaufsache sichtbar werden (und die der Käufer sofort nach Entdeckung rügt); später zum Vorschein kommende Mängel gehen zu Lasten des Käufers als des neuen Eigentümers.[137] Diese Rechtslage ergibt sich aus Art. 210 Abs. 2 OR, der nicht nur einen Aspekt der Verjährung regelt (Nr. 421 ff.), sondern auch die Verkäuferhaftung selber zeitlich begrenzt. Die Jahresfrist von Art. 210 Abs. 2 OR ist eine *absolute Rügefrist* in dem Sinn, dass Mängelrechte aus Mängeln, die nicht vor deren Ablauf gerügt wurden, verwirkt sind.[138] Die Frist wird daher gelegentlich als Verwirkungsfrist bezeichnet.[139]

C.   Zum Problem der Freizeichnungsklauseln insbesondere

370   1. Nach dem Gesagten greift die Mängelhaftung des Verkäufers dann nicht Platz, wenn sie wegbedungen worden ist. Eine solche «Freizeichnung» – verstanden als ganze oder teilweise Wegbedingung der Verkäuferhaftung – ist **grundsätzlich möglich** (dispositive Natur der gesetzlichen Vorschriften über die Mängelhaftung) und kommt in der Praxis denn auch häufig vor. Oft geschieht die Freizeichnung in Allgemeinen Geschäftsbedingungen.

371   Die Wegbedingung der Verkäuferhaftung kann eine vollständige oder teilweise sein und setzt eine entsprechende Abrede der Parteien (Konsens) voraus. Im Streitfall muss die Bedeutung (Tragweite) der Freizeichnungsklausel durch Auslegung bestimmt werden.

---

[134] MEDICUS, Schuldrecht II, Nr. 92 mit Hinweis auf die Rechtsprechung.

[135] Ebenso VON TUHR/PETER, S. 172; GIGER, Berner Komm., N 91 zu Art. 201 OR; SCHÖNLE/HIGI, Zürcher Komm., N 12 zu Art. 201 OR; AKIKOL, Nr. 964; weitere Hinweise bei GAUCH/SCHLUEP/SCHMID, Nr. 196c; a.M. z.B. OSER/SCHÖNENBERGER, Zürcher Komm., N 40 zu Art. 201 OR.

[136] Vgl. auch AKIKOL, Nr. 1069.

[137] BUCHER, OR BT, S. 94.

[138] GAUCH, Werkvertrag, Nr. 2295; ihm folgend ZR 78/1979, Nr. 61, S. 126 ff. (128), E. 5 (Zürcher Obergericht).

[139] BGE 104 II 357 f. (357 f.), E. 4a; GIGER, Berner Komm., N 67 zu Art. 210 OR.

In der Praxis werden Freizeichnungsklauseln *restriktiv* ausgelegt; der Wille der Parteien, von der gesetzlichen Haftungsregelung abzuweichen, muss klar und deutlich ausgedrückt werden, um Bestand haben zu können.[140] Ausserdem fällt ein Mangel nach der bundesgerichtlichen Rechtsprechung dann nicht mehr unter die Ausschlussklausel, wenn er gänzlich ausserhalb dessen liegt, womit ein Käufer vernünftigerweise rechnen musste.[141] Weiter ist relevant, zu welchem erkennbaren Zweck der Käufer den Gegenstand gekauft hat und ob der eingetretene Mangel die Kaufsache für den vorgesehenen Gebrauch weitgehend untauglich macht[142] bzw. «den wirtschaftlichen Zweck des Geschäfts erheblich beeinträchtigt»[143]. Hierzu ist laut Bundesgericht eine «einheitliche gesamthafte Beurteilung» erforderlich, die auch das Verhältnis zwischen Kaufpreis der mangelfreien Sache und allfälligen Mängelbehebungskosten berücksichtigt.[144] Diese Rechtsprechung verdient wertungsmässig Zustimmung, auch wenn sie zu einer (verdeckten) Inhaltskontrolle überleitet.   372

2. Freizeichnungsklauseln sind im Weiteren den **gesetzlichen Schranken** unterworfen. Zu beachten sind hauptsächlich die folgenden Bestimmungen:[145]   373

— Nach *Art. 199 OR* ist die Freizeichnung ungültig, wenn der Verkäufer dem Käufer «die Gewährsmängel arglistig verschwiegen hat». Ein *arglistiges Verschweigen* («dissimulation frauduleuse») ist zu bejahen, wenn der Verkäufer den Mangel kennt (oder kennen muss)[146] und er den Käufer nicht über das Fehlen einer vorausgesetzten Eigenschaft der Kaufsache informiert, obwohl eine Aufklärungspflicht besteht.[147]   374

Das Mass der Aufklärungspflicht beurteilt sich nach den Umständen des Einzelfalls und hängt unter anderem von den Kenntnissen der Beteiligten ab. Grundsätzlich bejaht werden muss die Aufklärungspflicht, wenn der Verkäufer annehmen muss, ein ihm bekannter Mangel könne den vom Käufer vorausgesetzten Verwendungszweck vereiteln oder erheblich beeinträchtigen.[148]   375

— Anwendbar ist aber auch *Art. 100 OR*.[149] Insbesondere erklärt Abs. 1 eine Wegbedingung der Haftung für rechtswidrige Absicht oder grobe Fahrlässigkeit für nichtig.   376

---

[140] BGE 126 III 59 ff. (67), E. 5a; Urteil des BGer. vom 25. Februar 2002, Nr. 4C.351/2002, E. 2.2; Urteil des BGer. vom 6. Dezember 2006, Nr. 4C.273/2006, E. 2.1 in fine. Zum Ganzen vgl. etwa Schmid, Gewährleistung, S. 90 f.

[141] BGE 130 III 686 ff. (689), E. 4.3.1; 126 III 59 ff. (67), E. 4a; 107 II 161 ff. (164), E. 6c in fine; Urteil des BGer. vom 16. März 2000, Nr. 4C.456/1999, E. 4b; Urteil des BGer. vom 9. Dezember 2004, Nr. 4C.297/2004, E. 4.2; Urteil des BGer. vom 20. August 2009, Nr. 4A_226/2009, E. 3.2.2.

[142] BGE vom 1. November 1995, in ZBGR 77/1996, S. 330 ff. (332 f.), E. 4a; ZR 90/1991, Nr. 69, S. 229 ff. (231), E. 2 (Zürcher Obergericht).

[143] BGE 130 III 686 ff. (690), E. 4.3.1; vgl. auch Urteil des BGer. vom 9. Dezember 2004, Nr. 4C.297/2004, E. 4.2.

[144] BGE 130 III 686 ff. (690 f.), E. 4.3.1, für einen Grundstückkauf, bei dem schwere Schimmelpilzbildungen und Feuchtigkeitserscheinungen aufgetreten waren, deren Behebung (nach klägerischer Darstellung) einen Drittel des Kaufpreises betragen hätte; Urteil des BGer. vom 20. August 2009, Nr. 4A_226/2009, E. 3.2.2.

[145] Vgl. zum Folgenden etwa Schmid, Gewährleistung, S. 89 ff.; Rüegg, S. 188 ff.

[146] Vgl. dazu Urteil des BGer. vom 6. Oktober 2004, Nr. 4C.242/2004, E. 2 («... die Mängel kannte oder jedenfalls kennen musste»), mit Hinweis auf Giger, Berner Komm., N 34 zu Art. 199 OR.

[147] Urteil des BGer. vom 13. Juli 2005, Nr. 4C.16/2005, E. 1.5 = ZBGR 88/2007, S. 281 ff., mit Hinweis auf BGE 116 II 431 ff. (434), E. 3a (wo es um eine Täuschung nach Art. 28 OR geht).

[148] Urteil des BGer. vom 13. Juli 2005, Nr. 4C.16/2005, E. 1.5 = ZBGR 88/2007, S. 281 ff.; Urteil des BGer. vom 20. August 2009, Nr. 4A_226/2009, E. 3.2.3.

[149] Gleicher Meinung Gauch/Schluep/Emmenegger, Nr. 3086; Tercier/Favre/Zen-Ruffinen, Nr. 905; Giger, Berner Komm., N 6 zu Art. 199 OR; Pedrazzini, Nr. 852 ff.; Rüegg, S. 189 ff.; a.M. Bucher, OR BT, S. 84.

377   Ob bei Kaufverträgen Art. 100 OR neben Art. 199 OR anwendbar ist, hat das Bundesgericht bisher offengelassen.[150]

378   – Bei *formularmässiger Freizeichnung* sind überdies die Regeln zur AGB-Kontrolle (mit Einschluss von Art. 8 UWG) anwendbar.[151]

379   3. Nach der bundesgerichtlichen Praxis können eine **Zusicherung von Eigenschaften** und eine Haftungsfreizeichnung nebeneinander bestehen. In diesem Fall ist durch Auslegung zu ermitteln, welche Eigenschaften zugesichert und für welche Mängel die Haftung wegbedungen wurde.[152] Eine allgemeine Freizeichnungsklausel schliesst nach der Rechtsprechung die Haftung des Verkäufers für zugesicherte Eigenschaften nicht aus; der Käufer darf vielmehr trotz der Freizeichnungsklausel auf die Zusicherungen vertrauen, «soweit im Vertrag nicht unmissverständlich zum Ausdruck kommt, dass sich der Verkäufer bei seinen Angaben nicht behaften lassen möchte».[153]

380   Doch ist der *gänzliche* Ausschluss der Haftung – beispielsweise in den Allgemeinen Geschäftsbedingungen – mit einer vom Verkäufer abgegebenen Zusicherung unvereinbar. Die Zusicherung hat in diesem Fall (für die zugesicherten Eigenschaften) wegen des dadurch beim Käufer begründeten Vertrauens den Vorrang.[154]

3.   Die Rechtsfolgen: Gewährleistungsansprüche des Käufers

A.   Übersicht

381   1. Ist die Kaufsache mangelhaft und sind auch die übrigen Voraussetzungen der Gewährspflicht des Verkäufers erfüllt, so steht dem Käufer ein **Bündel von Rechten (Gewährleistungsansprüchen)** zu, nämlich:

382   – das Recht auf Wandelung (Art. 205 und 207 ff. OR);

383   – das Recht auf Minderung (Art. 205 OR);

384   – das Recht auf Schadenersatz, nämlich auf Ersatz des sogenannten Mangelfolgeschadens (Art. 208 Abs. 2 und 3 OR).

385   2. Demgegenüber steht dem Käufer von Gesetzes wegen **kein Recht auf Nachbesserung** zu, wie es im Werkvertragsrecht (Art. 368 Abs. 2 OR) vorgesehen ist. Über einen solchen Nachbesserungsanspruch verfügt der Käufer einer Sache nur dann, wenn es mit dem Verkäufer vereinbart ist.[155]

---

[150] Vgl. BGE 126 III 59 ff. (67), E. 4a; Urteil des BGer. vom 6. Oktober 2004, Nr. 4C.242/2004, E. 2; Urteil des BGer. vom 12. November 2004, Nr. 4C.295/2004, E. 5.2.

[151] Vgl. Gauch/Schluep/Schmid, Nr. 1127 ff.

[152] BGE 109 II 24 f. (24), E. 4.

[153] Urteil des BGer. vom 25. August 2005, Nr. 4C.119/2005, E. 2.3; Urteil des BGer. vom 26. Oktober 2009, Nr. 4A_237/2009, E. 5.1, jeweils mit Hinweis auf BGE 109 II 24.

[154] ZBJV 143/2007, S. 361 ff. (361), E. 3a/aa (Kantonsgericht Wallis); im Ergebnis gleich, jedoch unter Hinweis auf das Rechtsmissbrauchsverbot: ZR 98/1999, Nr. 36, S. 139 ff. (140), E. 1b des 1. Urteils (Bezirksgericht Meilen).

[155] Schönle/Higi, Zürcher Komm., N 359 ff. zu Art. 201 OR; teilweise abweichend Bähler, S. 99 ff. (unter analoger Anwendung von Art. 368 Abs. 2 OR). De lege ferenda Pichonnaz Pascal, La protection du consommateur en droit des contrats …, in: Thévenoz/Reich (Hrsg.), Droit de la consommation/Konsumentenrecht, Liber amicorum Bernd Stauder, Baden-Baden/Zürich 2006, S. 323 ff., insbesondere S. 336 ff.

Geht allerdings der Kauf auf die Lieferung einer bestimmten Menge vertretbarer Sachen (Gattungskauf), so kann der Käufer statt der Wandelung oder Minderung «andere währhafte Ware derselben Gattung» fordern (Art. 206 Abs. 1 OR); ebenso ist unter gewissen Voraussetzungen der Verkäufer berechtigt, sich durch sofortige Lieferung währhafter Ware derselben Gattung und Ersatz allen Schadens von jedem weiteren Anspruch des Käufers zu befreien (Art. 206 Abs. 2 OR).   386

3. Die beschriebenen Gewährleistungsansprüche des Käufers sind grundsätzlich von einem **Verschulden** des Verkäufers **unabhängig**. Dies gilt uneingeschränkt für die Ansprüche auf Wandelung und Minderung (vgl. auch Art. 197 Abs. 2 OR). Hingegen ist der Schadenersatzanspruch des Käufers teilweise abhängig von einem Verkäuferverschulden (Art. 208 Abs. 2 und 3 OR).   387

4. Die Gewährleistungsansprüche des Käufers unterliegen einer gesetzlich besonders geregelten **Verjährung** (Art. 210 OR; Nr. 421 ff.). Sind sie verjährt, so können sie gegen den Willen des Verkäufers (auf dessen Einrede hin; Art. 142 OR) nicht durchgesetzt werden.   388

B.   Das Recht auf Wandelung

1. Der Käufer hat zunächst das Recht, «mit der Wandelungsklage den Kauf rückgängig zu machen» (Art. 205 Abs. 1 OR). Wandelung im Sinn von «Rückgängigmachung» des Kaufs heisst also: **Auflösung des Kaufvertrags samt Rückabwicklung**.[156] Sie setzt nach herrschender Auffassung entgegen dem Gesetzeswortlaut keine Klage voraus, sondern kann durch blosse *Wandelungserklärung* – also durch Ausübung eines Gestaltungsrechts – wirksam ausgeübt werden. Im Streitfall entscheidet das Gericht ex post, ob der Käufer die Wandelung zu Recht erklärt hat (wozu regelmässig auch die Frage gehört, ob rechtzeitig Mängelrüge erhoben wurde).   389

Auch bei Klage auf Wandelung (allgemeiner: wenn in einem Zivilprozess das Wandelungsrecht des Käufers streitig ist) steht es dem Gericht frei, bloss Ersatz des Minderwerts zuzusprechen (die Wandelung also nicht zuzulassen), sofern die Umstände die Rückgängigmachung des Kaufvertrags nicht rechtfertigen (Art. 205 Abs. 2 OR).[157] Diese Regelung macht deutlich, dass nur ein *Mangel von einer gewissen Schwere* die Vertragsauflösung erlaubt.   390

Statt Wandelung kann der Käufer auch bloss die Minderung (bei Aufrechterhaltung des Kaufvertrags) geltend machen. Erreicht indessen der geforderte Minderbetrag den Betrag des Kaufpreises, so kann der Käufer nur die Wandelung verlangen (Art. 205 Abs. 3 OR).   391

2. Ist die Wandelung vom Käufer (wirksam) erklärt worden, so erfolgt eine **Rückabwicklung des Kaufvertrags** nach Massgabe von Art. 208 OR: 392

– Der Käufer muss die Sache nebst dem inzwischen bezogenen Nutzen an den Verkäufer zurückgeben (Art. 208 Abs. 1 OR).[158] Da die Wandelung den bereits erfüllten Kaufvertrag zu einem Rückabwicklungsverhältnis umgestaltet, ist der Rückgabeanspruch des Verkäufers nach der hier vertretenen Meinung ein obligatorisches Recht, kein Vindikationsanspruch.   393

---

[156]   Vgl. auch GAUCH, Werkvertrag, Nr. 1531 ff. für die Wandelung beim Werkvertrag.
[157]   BGE 124 III 456 ff. (461 f.), E. 4c/aa.
[158]   Urteil des BGer. vom 4. Oktober 1996, Nr. 4C.227/1996, in: NZZ vom 29./30. März 1997, S. 16.

394   Nach der hier vertretenen Auffassung liegt demnach ein *vertragliches Rückabwick-lungsverhältnis* vor.[159] Ein solches hat das Bundesgericht in jüngerer Zeit für die Wandelung zumindest angedeutet.[160] Diese Qualifikation der Rückabwicklung erweist sich auch aus systematischen Gründen als sachgerecht: Ein vertragliches Rückabwicklungs-verhältnis bejaht die Rechtsprechung ausdrücklich für den Rücktritt infolge Schuldner-verzugs (Art. 109 Abs. 1 OR).[161] Diesem Rücktritt steht nun aber die Wandelung hin-sichtlich der Wirkungen sehr nahe:[162] Sie führt zur Auflösung und Rückabwicklung des Kaufvertrags – und zwar kraft Ausübung eines Gestaltungsrechts durch jene Partei, deren Gegenpartei eine Vertragsverletzung begangen hat.

395   – Der Verkäufer hat dem Käufer den von diesem gezahlten Verkaufspreis samt Zinsen zurückzuerstatten (Art. 208 Abs. 2 OR); Schadenersatzansprüche bleiben vorbehalten (Nr. 408 ff.).

396   – Die Rückerstattung der Leistungen hat Zug um Zug zu erfolgen; die Regelung von Art. 82 OR ist analog anwendbar.[163]

397   – Sonderregeln gelten für den Fall des Untergangs der Sache (Art. 207 OR) und bei einer Mehrheit von Kaufsachen, wenn bloss einzelne Stücke fehlerhaft sind (Art. 209 OR).[164]

398   Ist die Sache durch Verschulden des Käufers untergegangen oder von diesem weiterveräussert oder umgestaltet worden, so kann er nur Minderung verlangen (Art. 207 Abs. 3 OR). Die Wandelung steht ihm indessen auch dann offen, wenn die Sache ohne sein Verschulden, also infolge ihrer Mängel oder durch Zufall, untergegangen ist (Art. 207 Abs. 1 OR); der Käufer hat in diesem Fall eben noch das zurückzugeben, was ihm von der Sache verblieben ist (Art. 207 Abs. 2 OR).

C. Das Recht auf Minderung

399   1. Statt der Wandelungsklage kann der Käufer auch «mit der Minderungsklage Ersatz des Minderwertes der Sache» fordern (**Art. 205 Abs. 1 OR**). Obwohl das Gesetz wiederum von der «Minderungsklage» spricht, steht dem Käufer dieses Recht nach herrschender Auffassung schon als *Gestaltungsrecht* zu, es kann also durch blosse Minderungserklärung wirksam ausgeübt werden. Vorausgesetzt ist jedoch stets das *Vorhandensein eines Minderwerts* wegen des Mangels.

400   Nach dem Gesagten kann das Gericht auf Minderung auch dann erkennen, wenn auf Wandelung geklagt, eine Wandelung aber nach den Umständen nicht gerechtfertigt ist (Art. 205 Abs. 2 OR). Hingegen ist eine Minderung ausgeschlossen (und nur Wandelung möglich), wenn der geforderte Minderwert den Betrag des Kaufpreises erreicht (Art. 205 Abs. 3 OR).

---

[159] TERCIER/FAVRE/ZEN-RUFFINEN, Nr. 847. Für den Werkvertrag GAUCH, Werkvertrag, Nr. 1535 und 1538 ff.
[160] Vgl. das Obiter dictum zur «Umwandlungstheorie» im Urteil des BGer. vom 16. Mai 2002, Nr. 4C.60/2002, E. 1.3; anders noch BGE 109 II 26 ff. (30), E. 3a, wo ein Vindikationsanspruch bejaht wurde.
[161] Grundlegend BGE 114 II 152 ff. (155 und 158), E. 2.
[162] Aus der Lehre vgl. etwa OSER/SCHÖNENBERGER, Zürcher Komm., N 30 zu Art. 107 OR; TERCIER/FAVRE/ ZEN-RUFFINEN, Nr. 847; WIEGAND, Basler Komm., N 58 (Beginn von Absatz 2) zu Art. 97 OR; SCHUBIGER, S. 63 f.; FURRER, S. 68. Aus der Rechtsprechung vgl. auch BGE 60 II 27 ff. (29), E. 6, wo die Rückforde-rung aus Entwehrung (Art. 195 OR) und aus Wandelung (Art. 208 OR) der Rückforderung aus Art. 109 OR gleichgestellt wird. Für den Werkvertrag vgl. GAUCH, Werkvertrag, Nr. 1531 («Rücktrittsrecht im ju-ristisch-technischen Sinne»), 1538 ff. und 1875.
[163] BGE 109 II 26 ff. (29), E. 3a.
[164] Vgl. Urteil des BGer. vom 29. August 2003, Nr. 4C.152/2003, E. 2.2.

2. Ist wirksam Minderung erklärt worden, so hat der Käufer gemäss Art. 205 Abs. 1 OR ein   401
Recht auf «Ersatz des Minderwertes des Sache». Nach herrschender Auffassung geht es
um die **Herabsetzung der Kaufpreisforderung**; soweit der Käufer bereits mehr als den
geminderten Kaufpreis geleistet hat, steht ihm eine (vertragliche) Rückforderung zu.

Für die Berechnung der Kaufpreisminderung folgt die herrschende Praxis und Lehre der sogenannten   402
«relativen Methode»,[165] wie sie auch in § 441 Abs. 3 Satz 1 BGB geregelt ist: «Bei der Minderung ist der
Kaufpreis in dem Verhältnis herabzusetzen, in welchem zur Zeit des Vertragsabschlusses der Wert der
Sache in mangelfreiem Zustand zu dem wirklichen Wert gestanden haben würde.» Diese relative Methode erlaubt es, das im konkreten Fall vereinbarte Verhältnis von Leistung und Gegenleistung zu wahren
und damit allfällige Vorteile eines «guten Geschäfts» der betreffenden Vertragspartei zu belassen; sie ist
jedoch in der Lehre nicht völlig unbestritten.[166] Als Alternative zur relativen Methode lässt das Bundesgericht ein Abstellen auf die (tatsächlichen oder geschätzten) Kosten für die Verbesserung des Mangels zu,
«wenn die Umstände des Einzelfalles eine entsprechende tatsächliche Vermutung zulassen».[167]

3. Von **Schadenersatzansprüchen** des Käufers bei Minderung ist in den gewährleistungs-   403
rechtlichen Vorschriften nicht die Rede. Dennoch sind solche Ansprüche nicht nur bei
Wandelung, sondern auch bei Minderung möglich (Nr. 417 ff.).

D.   Das Recht auf Ersatz des Mangelfolgeschadens

a.   *Allgemeines*

Neben den Rechten auf Wandelung oder Minderung steht dem Käufer ein Schadenersatzan-   404
spruch zu. Er richtet sich auf den **Ersatz des Mangelfolgeschadens** und ist für verschiedene
Fälle unterschiedlich geregelt. Vorweg bleibt Folgendes zu betonen:

1. Mit dem **Mangelfolgeschaden** ist jener Schaden gemeint, der über die mangelbedingte   405
Beschädigung (den Minderwert) der mangelhaften Sache selbst hinausgeht. Der Mangel-
folgeschaden setzt also die *Beeinträchtigung weiterer Rechtsgüter des Käufers ausserhalb der
Kaufsache* voraus (Personen-, Sach- oder Vermögensschaden).

   Die durch den Mangel bewirkte Wertverminderung an der gelieferten Kaufsache selber   406
(gelegentlich als «Mangelschaden» bezeichnet) ist demgegenüber nach schweizerischem
Recht nicht als Schadenersatz geltend zu machen, sondern wird dem Verkäufer durch die
Wandelung oder die Minderung (die beide verschuldensunabhängig sind) überbunden.[168]

2. Von den kaufvertragsrechtlichen Schadenersatzansprüchen des Käufers gegen den Verkäu-   407
fer sind schliesslich die ausservertraglichen Ansprüche nach dem **Produktehaftpflichtgesetz** zu unterscheiden (Nr. 320 f.), die hier nur der Vollständigkeit halber erwähnt werden.

---

[165] BGE 81 II 207 ff. (210), E. 3a; 111 II 162 ff. (163), E. 3a; 130 III 504 ff. (507), E. 4.1; Urteil des BGer. vom
        27. Mai 2007, Nr. 4A_480/2007, E. 5.4.1; ausführlich Tercier/Favre/Zen-Ruffinen, Nr. 876 f.; Venturi,
        La réduction du prix de vente, Nr. 1002 ff. Zur analogen Methode im Werkvertragsrecht vgl. BGE 116 II
        305 ff. (313), E. 4a; Gauch, Werkvertrag, Nr. 1646 ff.
[166] Vgl. Tercier/Favre/Zen-Ruffinen, Nr. 878 f. mit Hinweisen.
[167] Urteil des BGer. vom 3. Januar 2002, Nr. 4C.294/2001, E. 3b/aa, mit Hinweis auf BGE 111 II 162 ff. (164),
        E. 3c; ähnlich Urteil des BGer. vom 15. März 2005, Nr. 4C.461/2004, E. 2. Kritisch Venturi, La réduc-
        tion du prix de vente, Nr. 1020 ff., 1091 ff. und 1159 ff.; für das Werkvertragsrecht Gauch, Werkvertrag,
        Nr. 1680 ff.
[168] BGE 133 III 257 ff. (270), E. 2.5.3; Tercier/Favre/Zen-Ruffinen, Nr. 857.

b.　Schadenersatz bei Wandelung

408　1. Für den Fall der Wandelung sieht **Art. 208 OR** eine besondere — von Art. 97 Abs. 1 OR teilweise abweichende — Schadenersatzfolge vor, indem er zwischen unmittelbarem und weiterem Schaden unterscheidet:

409　– Für den Schaden, «der dem Käufer durch die Lieferung fehlerhafter Ware unmittelbar verursacht worden ist», haftet der Verkäufer verschuldensunabhängig (kausal; Art. 208 Abs. 2 OR in fine).

410　– Für den «weitern Schaden» haftet der Verkäufer, sofern er nicht beweist, dass ihm keinerlei Verschulden zur Last fällt (Art. 208 Abs. 3 OR).

411　2. Diese Regelung wirft eine ganze Reihe von **Streitfragen** auf, von denen die folgenden herausgegriffen seien:

412　– Die *Unterscheidung zwischen unmittelbarem und bloss weiterem Schaden* ist in der Lehre bis heute umstritten.[169] Sie geht auf die Schadenersatzregelung des Obligationenrechts von 1881 zurück, wo im Allgemeinen Teil zwischen dem unmittelbaren und dem weiteren Schaden unterschieden wurde.[170] Dies führt einen Teil der Lehre dazu, auf die Nähe des Kausalzusammenhangs Rücksicht zu nehmen.[171] Die frühere Praxis des Bundesgerichts[172] und ein Teil der Lehre[173] setzen demgegenüber den unmittelbaren Schaden mit dem negativen Interesse und den mittelbaren Schaden mit dem positiven Interesse gleich. In einem Urteil des Jahres 2006 hat sich nun das Bundesgericht der erstgenannten Auffassung (Massgeblichkeit der Nähe des Kausalzusammenhangs) angeschlossen:[174] Für die Abgrenzung zwischen den beiden Schadensarten ist nach dieser neuen Praxis «auf die Länge der Kausalkette zwischen der Lieferung fehler- bzw. mangelhafter Ware und dem eingetretenen Schaden abzustellen».[175] Der unmittelbare Schaden im Sinn von Art. 208 Abs. 2 OR ist dort anzunehmen, wo der Schaden «innerhalb der Kausalkette direkt durch die Lieferung fehlerhafter Ware und nicht erst durch das Hinzutreten weiterer Schadensursachen verursacht wurde. Wo im Einzelfall die Abgrenzung vorzunehmen ist, beurteilt sich nach richterlichem Ermessen».[176]

413　In der Lehre hat dieser Entscheid freilich neue Kritik hervorgerufen.[177] Die Begriffe des unmittelbaren und des weiteren Schadens sind in der Tat unscharf, und für eine Klärung, welche dem Bedürfnis nach Rechtssicherheit entspricht, sollte der Gesetzgeber sorgen. Solange es an einer solchen Klarstellung fehlt, ist die Kausalhaftung des Verkäufers (Art. 208 Abs. 2 OR) als atypische Regelung jedenfalls restriktiv auszulegen.

---

[169]　Tercier/Favre/Zen-Ruffinen, Nr. 853 ff.; Honsell, Basler Komm., N 8 zu Art. 208 OR; ausführlich Fischer, Der unmittelbare und der mittelbare Schaden, passim.

[170]　Im Zug der Anpassung des Obligationenrechts an das Zivilgesetzbuch hat der Gesetzgeber diese Regelung (Art. 116 aOR) freilich aufgehoben. Zur Begründung vgl. die bundesrätliche Botschaft in BBl 1909 III S. 735 = Fasel, Materialien, S. 1295.

[171]　Zum Beispiel von Tuhr/Peter, S. 88 f.; Keller/Siehr, S. 63 und 90.

[172]　BGE 79 II 376 ff. (380 f.), E. 3.

[173]　Zum Beispiel Guhl/Koller, S. 388 (§ 42 N 40).

[174]　BGE 133 III 257 ff. («Papageien-Fall»).

[175]　BGE 133 III 257 ff. (271), E. 2.5.4.

[176]　BGE 133 III 257 ff. (272), E. 3.2.

[177]　Vgl. z.B. Honsell, Der Mangelfolgeschaden beim Kauf, recht 2007, S. 154 ff.; A. Koller, Bemerkungen zur Haftung nach Art. 208 Abs. 2 OR, Festschrift Bucher, S. 375 ff.; derselbe, Der Papageien-Fall – Ein alternativer Lösungsvorschlag zu BGE 133 III 257, S. 1 ff.; Coendet, S. 24 ff.

– Weiter ist unklar, ob *zusätzliche Kriterien zur Begrenzung des Schadenersatzes* zur An-   414
wendung gelangen, namentlich ob die Haftung von Art. 208 Abs. 2 und 3 OR sich auf
den Ersatz des negativen Interesses (Vertrauensinteresses) beschränkt (das in der Regel kleiner ist als das positive Interesse). Dies wird von einem Teil der Lehre vertreten,
weil die Wandelung zur Auflösung und Rückabwicklung des Kaufvertrags – durch Ausübung eines Gestaltungsrechts einer Partei im Anschluss an eine Vertragsverletzung der
Gegenpartei – führt und insofern dem Rücktritt wegen Schuldnerverzugs (wo Art. 109
Abs. 2 OR dem Gläubiger ebenfalls nur das negative Interesse vermittelt[178]) ähnlich ist
(Nr. 394). Die Rückabwicklung des (aufgelösten) Kaufvertrags wegen Wandelung verträgt sich jedoch dogmatisch nicht mit dem positiven Interesse (Erfüllungsinteresse).[179]

Andere Autoren lehnen diese Lösung ab und befürworten auch bei Wandelung den   415
Ersatz des positiven Interesses (Erfüllungsinteresses).[180] Nach dieser Lehrmeinung soll
der durch die Lieferung der mangelhaften Kaufsache geschädigte Käufer vom Verkäufer grundsätzlich vollen Schadenersatz (mit Einschluss des entgangenen Gewinns aus
dem Kauf) erhalten.[181] Dies wird dogmatisch bisweilen damit zu begründen versucht,
dass der Käufer bei der Wandelung bei einer (qualifiziert) mangelhaften Sache – anders als der Gläubiger beim Schuldnerverzug nach Art. 107–109 OR – nicht in jedem
Fall zwischen Aufrechterhaltung des Vertrags (mit Schadenersatz auf das positive Interesse) und Vertragsaufhebung (mit Schadenersatz auf das negative Interesse) wählen
könne.[182] Ausserdem kann man es als wertungsinkonsequent ansehen, dem Käufer bei
Wandelung das negative, bei Minderung hingegen das positive Interesse zuzusprechen.

Nach der hier vertretenen Auffassung überzeugt trotz allen Einwänden die erstgenannte Konzeption: 416
Bei Wandelung wird der Vertrag (wie beim Rücktritt nach Schuldnerverzug) aufgehoben und rückgängig gemacht; daher beschränkt sich der Schadenersatz aus Art. 208 OR auf das negative Interesse.
Hinsichtlich seiner Integritätsinteressen erleidet der Käufer damit keinen Nachteil, zumal dieses Interesse sowohl im positiven als auch im negativen Interesse Platz findet. Ob der Käufer einer mangelhaften Sache aus anderen Bestimmungen das positive Interesse fordern kann, bestimmt sich danach,
ob man die Anwendbarkeit der Art. 97 ff. OR neben den kaufrechtlichen Normen bejaht (Nr. 434).

c.   *Schadenersatz in den übrigen Fällen*

1. Für die Schäden in den Fällen ausserhalb der Wandelung – namentlich im Fall der **Minde-**   417
rung – enthält Art. 208 Abs. 2 OR nach seinem Wortlaut keine Regelung. Nach der bundesgerichtlichen Rechtsprechung ist diese Bestimmung nicht analog anwendbar. Es gelten
vielmehr die Schadenersatzvoraussetzungen des Allgemeinen Teils, wobei das Verschulden
des Verkäufers nach Art. 97 Abs. 1 OR zu vermuten ist; zusätzlich sind die kaufrechtlichen
Rüge- und Verjährungsregeln zu beachten.[183]

---

[178]   Anstelle vieler GAUCH/SCHLUEP/EMMENEGGER, Nr. 2808 ff.; SCHENKER, Schuldnerverzug, Nr. 696 und
       741 ff.; WEBER, Berner Komm., N 61 und 82 zu Art. 109 OR.

[179]   OSER/SCHÖNENBERGER, Zürcher Komm., N 7 zu Art. 195 OR und N 5 zu Art. 208 OR; SCHÖNLE/HIGI, Zür-
       cher Komm., N 73 ff. zu Art. 195 OR; SCHÖNLE, Semjud 99/1977, S. 482 f. (unter anderem mit Hinweis
       auf den freilich nicht eindeutigen BGE 79 II 376 ff. [380], E. 3); SCHUBIGER, S. 74; FURRER, S. 26, 68 und
       80; aus der kantonalen Rechtsprechung vgl. ZR 30/1931, Nr. 145, S. 296 f. (Zürcher Obergericht), und
       Max. 1941, Nr. 26, S. 31 f. = ZBJV 77/1941, S. 336 (Luzerner Obergericht, bezüglich Art. 208 Abs. 2 OR).
       Für das Werkvertragsrecht vgl. auch GAUCH, Werkvertrag, Nr. 1875.

[180]   Zum Beispiel GIGER, Berner Komm., N 31 ff. zu Art. 195 OR und N 44 f. zu Art. 208 OR; FISCHER, S. 255 ff.

[181]   GIGER, Berner Komm., N 45 zu Art. 208 OR.

[182]   FISCHER, S. 262 (der allerdings die Wandelung nicht als Gestaltungsrecht auffasst); KELLER/SIEHR, S. 91.

[183]   Grundlegend BGE 63 II 401 ff. (403 f. und 406 ff.), E. 2 und 3c–d; bestätigt u.a. in BGE 107 II 161 ff.

418   Das Bundesgericht begründet die Nichtanwendbarkeit von Art. 208 Abs. 2 OR vor allem mit dem Gesetzeswortlaut und dem Ausnahmecharakter der darin enthaltenen Kausalhaftung, die aus Billigkeit nur die Wandelung betreffe, welche ja «die krassesten Fälle mangelhafter Lieferung» erfasse; bei der Minderung hingegen erhalte der Käufer das zuviel Bezahlte zurück und werde dadurch «in der Regel hinreichend geschützt».[184]

419   2. Soweit das Bundesgericht die analoge Anwendung von Art. 208 Abs. 2 OR ablehnt, vermag diese Praxis jedoch nicht zu überzeugen: Einerseits kann auch ein geringfügiger Mangel (etwa an einem Auto oder an der elektrischen Installation eines Hauses[185]) gravierende Mangelfolgeschäden auslösen, und diese werden mit der Kaufpreisherabsetzung keineswegs abgegolten. Andererseits soll der Käufer, der die Kaufsache behalten und den Kaufpreis mindern möchte, nicht aus Gründen des unterschiedlichen Schadenersatzregimes zur Wandlung gezwungen sein; im Übrigen schränkt auch Art. 205 Abs. 2 OR die Wandelungsmöglichkeit ein. Trotz des Gesetzeswortlauts ist daher in den Fällen ausserhalb der Wandelung die **analoge Anwendung von Art. 208 Abs. 2 OR** sachgerecht, wie dies die heute herrschende Lehre denn auch vertritt.[186]

420   Doch muss beachtet werden, dass der Kaufvertrag bei der Minderung (anders als bei der Wandelung, die zur Rückabwicklung führt; Nr. 392 ff. und 414 ff.) bestehen bleibt. Daher umfasst der Schadenersatz hier das positive Interesse.

E.   Die Verjährung

421   1. Die Mängelrechte des Käufers unterliegen grundsätzlich einer **kurzen Verjährung**: Sie verjähren gemäss Art. 210 Abs. 1 OR «mit dem Ablauf eines Jahres nach deren Ablieferung an den Käufer, selbst wenn dieser die Mängel erst später entdeckt».

422   Die kurze Verjährungsfrist ist einerseits Gegenstück der für den Käufer günstigen Gewährleistungsansprüche; andererseits soll sie «im Interesse der Verkehrs- und Rechtssicherheit bald nach der Ablieferung eine klare Rechtslage … schaffen».[187] Die Frist gilt gemäss dem Gesetzeswortlaut für «die Klagen auf Gewährleistung wegen Mängel der Sache» (Art. 210 Abs. 1 OR),[188] also für alle Mängelrechte des Käufers, insbesondere auch für seinen Schadenersatzanspruch (Anspruch auf Ersatz des Mangelfolgeschadens) nach Art. 208 Abs. 2 und 3 OR.[189]

423   Die Frist von Art. 210 OR gilt mit anderen Worten nur für Ansprüche aus Sachgewährleistung. Aus dem Spiel bleibt sie namentlich bei Falschlieferung («Aliud») sowie für Ansprüche des Käufers, die sich aus der Geltendmachung von Willensmängeln (insbesondere Grundlagenirrtum nach Art. 24 Abs. 1 Ziff. 4 OR), aus verspäteter Lieferung oder aus der Verletzung sogenannter primärer vertraglicher Nebenpflichten

---

(166), E. 7a; 133 III 335 ff. (339), E. 2.4.1.

[184] BGE 63 II 401 ff. (403 f.), E. 2.

[185] Ein treffendes Beispiel ist gerade im genannten Präjudiz (BGE 63 II 401 ff.) enthalten: Viereinhalb Jahre nach Abschluss des Grundstückkaufvertrags explodiert ein elektrischer Boiler im Haus mit «ausserordentlicher Heftigkeit» und zerstört das gesamte Badezimmer.

[186] Cavin, SPR VII/1, S. 104 f.; Giger, Berner Komm., N 55 f. zu Art. 208 OR; Tercier/Favre/Zen-Ruffinen, Nr. 887; Schubiger, S. 90 f.; Venturi, La réduction du prix de vente, Nr. 1613 ff. (besonders Nr. 1619); derselbe, ComRom, N 13 zu Art. 208 OR.

[187] BGE 133 III 335 ff. (340 f.), E. 2.4.4.

[188] Französisch: «Toute action en garantie pour les défauts de la chose …»

[189] Urteil des BGer. vom 20. September 2006, Nr. 4C.200/2006, E. 3.1. Analog für das Werkvertragsrecht Gauch, Werkvertrag, Nr. 2202 f.; dazu BGE 133 III 335 ff. (341 unten), E. 2.4.4.

ergeben.[190] Ebenso unterstehen Ansprüche des Käufers aus unerlaubter Handlung nicht dem Art. 210 OR.[191]

2. Zu dieser kurzen Verjährung der Mängelrechte bestehen **Ausnahmen:**   424

- Der Verkäufer kann eine Haftung auf längere Zeit übernehmen (Art. 210 Abs. 1 OR in   425
  fine).

  Eine Haftungsübernahme für 10 Jahre ist ohne Weiteres möglich. Unklar ist jedoch im Hinblick auf   426
  Art. 19 und 127 OR, ob die Parteien Vereinbarungen treffen können, welche im Ergebnis die Verjährung der Käuferansprüche auf mehr als 10 Jahre ausdehnen.

- Hat der Verkäufer den Käufer absichtlich getäuscht, so gilt nicht die einjährige Frist,   427
  sondern die zehnjährige Frist von Art. 127 OR (Art. 210 Abs. 3 OR).

- Einreden des Käufers wegen vorhandener Mängel (also namentlich Verteidigungsmittel   428
  gegen die Klage auf Zahlung des Kaufpreises) kann der Käufer auch nach Ablauf der ein-
  jährigen Frist erheben, sofern er innerhalb eines Jahres nach Ablieferung der Kaufsache
  die Mängel beim Verkäufer gerügt hat (Art. 210 Abs. 2 OR).

  Hat also der Käufer den Preis noch nicht (oder nicht vollständig) bezahlt, kann er – sofern er recht-   429
  zeitig gerügt hat – auf Klage des Verkäufers hin beispielsweise die Kaufpreisminderung auch nach
  Ablauf der Verjährungsfrist einredeweise geltend machen. Fehlt es hingegen an einer rechtzeitigen
  Rüge, so sind auch diese Einreden erloschen (so ausdrücklich Art. 258 Satz 1 aOR).

- Beim Grundstückkauf verjähren die Mängelrechte des Käufers für «Mängel eines Gebäu-   430
  des» mit dem Ablauf von 5 Jahren, vom Erwerb des Eigentums an gerechnet (Art. 219
  Abs. 3 OR; Nr. 657). Die Rechtsprechung dehnt diese Verjährungsfrist auch auf unbebaute Grundstücke aus.[192]

3. Zu Art. 210 OR bestehen **Revisionsüberlegungen.**   431

  Nach einer parlamentarischen Initiative soll diese Bestimmung so geändert werden, dass für Klagen auf   432
  Gewährleistung wegen Mängel an Sachen, welche für ein unbewegliches Bauwerk verwendet oder in
  ein solches eingebaut werden, in Analogie zu Art. 371 Abs. 2 OR eine fünfjährige Verjährungsfrist gilt.[193]
  Nach einer anderen parlamentarischen Initiative soll der Schutz der Konsumentinnen durch die Verlän-
  gerung der Verjährungsfrist auf 2 Jahre verbessert werden.[194]

---

[190] Vgl. dazu auch GIGER, Berner Komm., N 24 ff. zu Art. 210 OR; analog für das Werkvertragsrecht GAUCH,
       Werkvertrag, Nr. 2205.
[191] GIGER, Berner Komm., N 23 zu Art. 210 OR. Analog für das Werkvertragsrecht GAUCH, Werkvertrag,
       Nr. 2348 ff. und 2361; SJZ 65/1969, S. 278 f. (St. Galler Kantonsgericht).
[192] BGE 104 II 265 ff. (270), E. 3; Urteil des BGer. vom 23. Juli 2008, Nr. 4A_235/2008, E. 5.1.
[193] Parlamentarische Initiative BÜRGI vom 20. Dezember 2007: Änderung der Verjährungsfrist im Kaufrecht
       (Nr. 07.497). Die Kommission für Rechtsfragen des Ständerates hat am 27. Juni 2008 beschlossen, der
       Initiative Folge zu geben (Jusletter vom 30. Juni 2008).
[194] Parlamentarische Initiative LEUTENEGGER OBERHOLZER vom 20.12.2006: Mehr Schutz der Konsumentin-
       nen und Konsumenten; Änderung von Art. 210 OR (Nr. 06.490). Die Rechtskommissionen von National-
       und Ständerat haben am 7. November 2008 und am 19. Februar 2009 beschlossen, der Initiative Folge zu
       geben. Zwei Varianten befinden sich bis 20. September 2010 in der Vernehmlassung (Medienmitteilung
       vom 1. Juni 2010, <www.parlament.ch/d/mm/2010/Seiten/mm-rk-n-2010-06-01.aspx#>, besucht am
       5. Juni 2010).

4. Einzelfragen zur Sachgewährleistung

433 1. Das **Verhältnis der Mängelrechte** des Käufers nach Art. 197 ff. OR **zu andern Rechtsbehelfen** ist umstritten:

434 – Streitig ist zunächst das Verhältnis der Mängelrechte zu den *allgemeinen Rechtsbehelfen aus Nichterfüllung,* insbesondere zum Schadenersatzanspruch nach Art. 97 Abs. 1 OR.[195] Ein wichtiger Teil der Lehre betrachtet mit Bezug auf die Mängel der Kaufsache (Spezieskauf) die Art. 197 ff. OR als Spezialnormen, die den Vorrang haben.[196] Demgegenüber lässt das Bundesgericht die alternative Geltendmachung der allgemeinen vertraglichen Haftung nebst den kaufrechtlichen Sachgewährleistungsansprüchen grundsätzlich zu. Es schränkt diese Alternativität jedoch wieder ein, indem es verlangt, dass auch der Käufer, der sich auf Art. 97 ff. OR stützt, der Prüfungs- und Rügeobliegenheit aus Art. 201 OR nachkommt und die Fristen aus Art. 210 OR wahrt.[197]

435 – Die *Regeln über Willensmängel und namentlich die Bestimmung über den Grundlagenirrtum (Art. 24 Abs. 1 Ziff. 4 OR)* sind nach der Rechtsprechung alternativ neben den Sachgewährleistungsregeln anwendbar.[198] Dies gilt immerhin nicht für die Gewährleistung im Viehhandel, wo die kaufrechtlichen Sachgewährleistungsregeln laut Bundesgericht gegenüber den Regeln über den Grundlagenirrtum exklusiv sind.[199] Geht der Käufer nach den Regeln über Willensmängel vor, finden die kaufrechtliche Rügeobliegenheit und die kurze Verjährungsfrist keine Anwendung.

436 Entscheidet sich der Käufer (beim gewöhnlichen Kauf) für die Gewährleistung, so hat er sich auf diesem Entschluss behaften zu lassen. Denn damit genehmigt er gleichzeitig den Vertrag nach Art. 31 OR, weil die Sachmängelhaftung den gültigen Vertragsschluss voraussetzt.[200] Immerhin kann sich der Käufer bei wirksamer Freizeichnungsklausel nicht auf Grundlagenirrtum berufen, soweit es um Eigenschaften der Sache geht, für welche die Haftung gerade vertraglich wegbedungen worden ist.[201]

437 Auch hier vertritt ein wichtiger Teil der Lehre die Ansicht, das Sachgewährleistungsrecht sei (generell, nicht nur beim Viehkauf) exklusiv anwendbar, schliesse also die Anrufung der Irrtumsregeln generell aus.[202] Jedenfalls widersprüchlich ist die bundesgerichtliche Auffassung insoweit, als sie den gewöhnlichen Kauf und den Viehkauf in diesem Punkt unterschiedlich behandelt.[203]

---

[195] Tercier/Favre/Zen-Ruffinen, Nr. 707 ff.; Schönle/Higi, Zürcher Komm., N 332 ff. zu Art. 197 OR. Zum Ganzen vgl. auch die Dissertationen von Bähler, Ginter und Hehli, Nr. 321 ff.

[196] Zum Beispiel Guhl/Koller, S. 392 f. (§ 42 N 62).

[197] BGE 133 III 335 ff.; zustimmend in jüngster Zeit etwa Ginter, S. 95 ff. und 156; Bähler, S. 167; weitere Hinweise bei Gauch/Schluep/Schmid, Nr. 806 f.; Ginter, S. 91 ff.

[198] BGE 114 II 131 ff. («Picasso-Fall»); stillschweigend auch BGE 126 III 59 ff. = Pra 2000, Nr. 117, S. 688 ff. («Gallé-Vase»). Vgl. auch Schönle/Higi, Zürcher Komm., N 298 ff. und 317 ff. zu Art. 197 OR; Hehli, Nr. 14 ff. (Irrtum) und Nr. 278 ff. (Täuschung).

[199] BGE 70 II 48 ff. (52 f.), E. 1 (grundlegend); 111 II 67 ff. (70 f.), E. 3; erwähnt (ohne Diskussion) auch in BGE 114 II 131 ff. (134), E. 1a.

[200] BGE 127 III 83 ff. (85 f.), E. 1b; Urteil des BGer. vom 27. September 2004, Nr. 4C.197/2004, E. 3.1.

[201] Urteil des BGer. vom 26. Oktober 2009, Nr. 4A_237/2009, E. 5.1; BGE 126 III 59 ff. (66), E. 3; 91 II 275 ff. (279), E. 2b; Gauch/Schluep/Schmid, Nr. 807a.

[202] Zum Beispiel Merz, Die privatrechtliche Rechtsprechung des Bundesgerichts …, ZBJV 110/1974, S. 44 ff., und ZBJV 118/1982, S. 131 f.; Cavin, SPR VII/1, S. 119 ff.

[203] Zum Beispiel Merz, Die privatrechtliche Rechtsprechung des Bundesgerichts …, ZBJV 110/1974, S. 46; Giger, Berner Komm., Vorbem. zu Art. 197–210 OR, N 67.

– Hat der Verkäufer einer mangelhaften Sache bei den Vertragsverhandlungen Aufklä- 438
rungspflichten missachtet, stellt sich die Frage nach dem Verhältnis der Art. 197 ff. OR
zu allfälligen *Ansprüchen des Käufers aus «culpa in contrahendo»* (umfassender: aus
Vertrauenshaftung).[204] Nach der hier vertretenen Auffassung stellen die kaufrechtlichen Gewährleistungsnormen eine Sonderregelung dar, welche dem Institut der «culpa
in contrahendo»/Vertrauenshaftung vorgeht: Ansprüche des Käufers aus Verschulden
des Verkäufers beim Vertragsabschluss (bei den Vertragsverhandlungen) scheiden aus,
soweit sie sich auf Sachmängel stützen.[205]

Die deutsche Rechtsprechung, die ebenfalls vom Vorrang der Gewährleistungsregeln ausgeht, lässt 439
bei arglistiger Täuschung eine Ausnahme zu.[206] Das lässt sich auch für das schweizerische Recht
überlegen, wenn man − wie das Bundesgericht (Nr. 435) − die Alternativität der Regeln über Willensmängel und der Gewährleistungsregeln (ausserhalb des Viehhandels) befürwortet. Doch bleibt
zu beachten, dass bei arglistiger Täuschung weder die Rügeobliegenheit des Käufers (Art. 203 OR)
noch die kurze gewährleistungsrechtliche Verjährungsfrist (Art. 210 Abs. 3 OR) anwendbar sind; die
Regeln über die «culpa in contrahendo» bedeuten für den Käufer somit keinen Vorteil (zumal das
Bundesgericht diese Haftung der deliktsrechtlichen Verjährungsnorm von Art. 60 OR unterstellt[207]).

– Alternativ zu den Art. 197 ff. OR sind die *Regeln über die unerlaubten Handlungen* 440
(Art. 41 ff. OR und Nebengesetzgebung) anwendbar − soweit deren Tatbestandserfor-
dernisse im konkreten Fall erfüllt sind.[208] Das hilft dem Käufer dann, wenn er als Folge
der Lieferung der mangelhaften Sache an absolut geschützten Rechtsgütern verletzt
wurde (Widerrechtlichkeit im Sinn von Art. 41 OR). Für den Deliktsanspruch gegen den
Verkäufer schadet auch die Unterlassung einer Mängelrüge nicht.

Steht eine Haftung des Verkäufers nach Art. 41 Abs. 1 OR in Frage, ist immerhin vorausgesetzt, dass 441
dieser schuldhaft gehandelt hat. Für die (verschuldensunabhängige) Haftung des Produzenten ist das
Produktehaftpflichtgesetz massgebend (Nr. 320 f.).

2. Bezüglich der Sachgewährleistung beim **Gattungskauf** gilt die Sondernorm von Art. 206 442
OR, und zwar was die Mängelrechte des Käufers (Begehren um andere währhafte Ware
derselben Gattung) und die Befreiungsmöglichkeiten des Verkäufers (sofortige Lieferung
währhafter Ware derselben Gattung und Ersatz allen Schadens) betrifft.

3. Beim **Forderungskauf** («pactum de cedendo») bestimmt sich die Gewährleistung des Ver- 443
käufers nicht nach den Art. 197 ff. OR, sondern nach den Sonderregeln von Art. 171 ff. OR.

---

[204] Zur «culpa in contrahendo» und zur Vertrauenshaftung vgl. allgemein GAUCH/SCHLUEP/SCHMID,
Nr. 962a ff.

[205] Gleicher Meinung GAUCH, Werkvertrag, Nr. 2315, für die werkvertragliche Mängelhaftung; ähnlich Urteil
des BGer. vom 20. August 2009, Nr. 4A_226/2009, E. 3.2.3; PEDRAZZINI, Nr. 676. Grundsätzlich ebenso
Urteil des BGH vom 27. März 2009, in DJZ 64/2009, S. 1171 ff. (wo jedoch für die arglistige Täuschung
eine Ausnahme gemacht wird), mit Anmerkung von ROTH = JuS 2009, S. 757 ff., mit Anmerkung von
FAUST; ähnlich FIKENTSCHER/HEINEMANN, Nr. 97 («wenn sich die Pflichtverletzung auf einen mangelbe-
gründenden Umstand bezieht»). Relativierend und teilweise a.M. aber SCHÖNLE/HIGI, Zürcher Komm.,
N 131 ff. zu Art. 197 ff. OR, und BÄHLER, S. 67 ff. und 167 f. (diese Autoren wenden jedoch die Art. 201
und 210 OR auch auf den Culpa-Anspruch an); HEHLI, Nr. 402 ff. und 447 ff.

[206] Urteil des BGH vom 27. März 2009, in DJZ 64/2009, S. 1171 ff., = JuS 2009, S. 757 ff.

[207] Vgl. GAUCH/SCHLUEP/SCHMID, Nr. 971 f. mit zahlreichen Hinweisen.

[208] SCHÖNLE/HIGI, Zürcher Komm., N 231 ff. zu Art. 197 OR; unter methodischen Gesichtspunkten KRAMER,
Juristische Methodenlehre, S. 111 f.

5. Würdigung

444　Die dargestellte Ordnung der Mängelhaftung des Verkäufers knüpft nach dem Gesagten in wesentlichen Punkten an römisch-rechtlichen Behelfen an und bedarf aus heutiger Sicht der **kritischen Überprüfung**. Mit zu berücksichtigen ist bei dieser Würdigung namentlich der verfassungsrechtliche Wertungsgedanke des Schutzes der Konsumentinnen und Konsumenten (Art. 97 BV). Folgende Bemerkungen drängen sich auf:

445　1. Nachteilig für den Käufer und in vielen Fällen geradezu fatal für den Konsumenten ist einerseits die **Rügeobliegenheit** von Art. 201 OR, andererseits die **kurze Verjährungsfrist** von Art. 210 OR.[209] Die Obliegenheit, die Sache sofort zu prüfen und allfällige Mängel zu rügen, ist im allgemeinen Rechtsbewusstsein nicht verwurzelt und im Publikum nicht generell bekannt; in anderen Rechtsordnungen besteht diese Obliegenheit nur für Kaufleute (deutsches HGB und österreichisches UGB).[210] Die als Begründung für die kurzen Fristen ins Feld geführten Verkehrsbedürfnisse – das Interesse des Verkäufers, auf seine Lieferanten greifen zu können – begünstigen auch nach Auffassung des Bundesgerichts in Wirklichkeit einseitig den Verkäufer und lassen die Interessen des Käufers ausser Acht, weshalb «der Käufer mehr denn je als der schutzwürdige Teil erscheint, wenn er schlecht bedient worden ist».[211]

446　2. Ebenfalls nicht im Interesse des Käufers (und regelmässig auch nicht im Interesse des Verkäufers) liegt der Umstand, dass das schweizerische Kaufvertragsrecht von Gesetzes wegen **keinen Mängelbehelf der Nachbesserung** kennt. Der Käufer muss also wandeln oder mindern und allenfalls Schadenersatz verlangen, obwohl ihm eine Nachbesserung in vielen Fällen besser nützen würde.

447　3. Es stellt sich die Frage, ob die genannten Gesetzesmängel allenfalls *de lege lata* schon auf dem Weg der (verfassungskonformen) **Auslegung** beseitigt werden könnten. So ist zu überlegen, ob nicht gestützt auf Art. 2 ZGB ein Nachbesserungsanspruch zu bejahen ist, sofern der Käufer daran ein überwiegendes und schutzwürdiges Interesse hat. Bei der Rügeobliegenheit und der kurzen Verjährungsfrist muss allerdings der gesetzgeberische Wille beachtet werden, sodass eine Beseitigung der für den Käufer strukturell nachteiligen Regelung kaum möglich ist, auch wenn die schlimmsten Auswüchse sich allenfalls auf dem Auslegungsweg etwas mildern lassen.

448　4. Demnach ist der **Gesetzgeber aufgerufen,** die ungerechten und hier kritisierten Regeln zu ändern. Dies betrifft einerseits und vor allem die Rügeobliegenheit, die Verjährungsfrist und das fehlende Nachbesserungsrecht; die ins Auge gefasste Revision von Art. 210 OR (Nr. 431 f.) ist für sich allein ungenügend. Angesprochen sind aber auch weitere Regeln, etwa die heute ausufernden Freizeichnungsklauseln (ein Problem, das teilweise mit der ungenügenden AGB-Inhaltskontrolle zusammenhängt).

449　Der Vorschlag, die Rügeobliegenheit – de lege lata – durch teleologische Reduktion auf Kaufleute zu beschränken,[212] ist überlegenswert, geht aber angesichts des Wortlauts, der Entstehungsgeschichte und des Zwecks von Art. 201 OR zu weit.

---

[209] Bucher, Der benachteiligte Käufer, S. 1 ff. und 17 ff.; kritisch an Stelle vieler auch Bieger, Nr. 526 f.; Schumacher/Rüegg, S. 273 f.; Tannò, S. 142 ff.; Akikol, Nr. 1158 ff.

[210] Vgl. auch die rechtsvergleichenden Ausführungen in Urteil des BGer. vom 28. Mai 2002, Nr. 4C.395/2001, E. 2.1.2 = Pra 2003, Nr. 107, S. 578 ff.

[211] BGE 114 II 131 ff. (138), E. 1c.

[212] So Tannò, S. 146 ff. und 297.

De lege ferenda wird im Konsumentenkauf weiter zu überlegen sein, ob für die Män-   450
gelrechte des Käufers nicht **europäische Vorgaben** zu übernehmen sind, namentlich die
Richtlinie 1999/44/EG des Europäischen Parlaments und des Rates vom 25. Mai 1999 zu
bestimmten Aspekten des Verbrauchsgüterkaufs und der Garantien für Verbrauchsgüter.[213]

Nach dieser Richtlinie hat der Verkäufer dem Verbraucher vertragsgemässe Güter zu liefern (Art. 2 Abs. 1   451
RL) und haftet dem Verbraucher für jede Vertragswidrigkeit, die zum Zeitpunkt der Lieferung des Verbrauchsguts besteht (Art. 3 Abs. 1 RL). Die Ansprüche des Käufers gehen nicht nur auf Vertragsauflösung oder angemessene Minderung (Art. 3 Abs. 5 RL), sondern grundsätzlich auch auf unentgeltliche
Herstellung des vertragsgemässen Zustands des Verbrauchsguts durch Nachbesserung oder Ersatzlieferung (Art. 3 Abs. 2–4 RL). In zeitlicher Hinsicht besteht die Haftung, wenn die Vertragswidrigkeit binnen
2 Jahren nach der Lieferung des Verbrauchsguts offenbar wird – eine Regelung, die auch durch inner-
staatliche Verjährungsvorschriften nicht unterlaufen werden darf (Art. 5 Abs. 2 RL). Die Mitgliedstaa-
ten können vorsehen, dass der Verbraucher den Verkäufer zur Inanspruchnahme seiner Rechte binnen
2 Monaten nach dem Zeitpunkt, in dem er die Vertragswidrigkeit der Sache festgestellt hat, unterrichten
muss (Art. 5 Abs. 2 Satz 1 RL). Jede Garantie, also jede vom Verkäufer oder Hersteller gegenüber dem
Verbraucher ohne Aufpreis eingegangene Verpflichtung, den Kaufpreis zu erstatten, das Verbrauchsgut
zu ersetzen oder nachzubessern oder in sonstiger Weise Abhilfe zu schaffen, bindet denjenigen, der sie
anbietet, zu den in der Garantieerklärung und der einschlägigen Erwerbung angegebenen Bedingungen
(Art. 1 Abs. 2 lit. e und Art. 6 Abs. 1 RL). Zu Gunsten des Verbrauchers sind die Rechte und Behelfe der
Richtlinie in dem Sinn zwingend, dass allfällige Freizeichnungsklauseln den Verbraucher nicht binden
(Art. 7 Abs. 1 Satz 1 RL). Die Richtlinie war spätestens bis 1. Januar 2002 umzusetzen (Art. 11 Abs. 1
Satz 1 RL). Die Kommission wird prüfen, ob Veranlassung besteht, eine unmittelbare Haftung des Her-
stellers einzuführen (Art. 12 RL). – Gegenüber dem geltenden schweizerischen Recht bringt die Richtlinie erhebliche Verbesserungen für den Konsumenten, einerseits mit Bezug auf die Rechtsbehelfe (Rechte
auf Nachbesserung oder Ersatzlieferung), andererseits mit Bezug auf die Fristen (Rügeobliegenheit und
Verjährungsfrist), und schliesslich mit Bezug auf Garantien und die Gültigkeitsschranken von Freizeichnungsklauseln.

VI. Einzelfragen zum Fahrniskauf

1. Die Gefahrtragung

Art. 185 OR befasst sich gemäss dem Randtitel mit **Nutzen und Gefahr** (profits et risques).   452
Die Bestimmung enthält dispositives Recht. Primär massgebend für den Übergang von Nutzen und Gefahr sind also die Vereinbarungen der Parteien. Fehlen solche, so bezieht Art. 185
Abs. 1 OR diesen Übergang grundsätzlich auf den Zeitpunkt des Vertragsabschlusses. Das bedarf besonders für den Gefahrübergang (die Gefahrtragung) der Erläuterung:

1. Nach der allgemeinen Regel von **Art. 119 OR** erlischt eine Forderung, soweit durch Um-   453
   stände, die der Schuldner nicht zu verantworten hat, seine Leistung unmöglich geworden
   ist (Abs. 1); bei zweiseitigen Verträgen geht auch die Gegenleistungspflicht unter (Art. 119
   Abs. 2 OR). Art. 119 Abs. 3 OR sieht eine ausdrückliche Ausnahme vor für jene Fälle, in
   denen die *Gefahr* nach Gesetzesvorschrift (oder nach dem Inhalt des Vertrags) vor der Erfüllung auf den Gläubiger übergeht.

Mit «Gefahr» ist die *Preisgefahr* (Gegenleistungsgefahr, Vergütungsgefahr) gemeint: das Risiko, die Ge-   454
genleistung bezahlen zu müssen, obwohl die (im Austauschverhältnis stehende) Leistung der anderen
Partei – ohne deren Verantwortung und daher nach Art. 119 Abs. 1 OR ersatzlos – untergegangen oder

---

[213] ABlEG 1999, Nr. L 171, S. 12 ff.; zur Umsetzung in Deutschland vgl. § 474 ff. BGB. Vgl. zum Ganzen auch
Gelzer, Diss., passim; Kaufmann-Mohi, passim.

schlechter geworden ist.[214] Damit sich die Frage nach der Tragung dieser Gefahr stellt, müssen mit anderen Worten die Voraussetzungen von Art. 119 Abs. 1 OR vorliegen; der Verkäufer darf also die Sache noch nicht übergeben haben, und der Untergang oder die Verschlechterung der Sache dürfen von keiner Partei zu vertreten sein.[215]

455   2. **Art. 185 OR** stellt nun eine solche besondere, von Art. 119 Abs. 3 OR vorbehaltene Gesetzesvorschrift dar: Nach der römisch-rechtlichen Regel **«periculum est emptoris»**[216] wird der Gefahrübergang auf den Käufer grundsätzlich auf den Vertragsabschluss bezogen (Art. 185 Abs. 1 OR). Der Käufer trägt mit anderen Worten das Risiko des zufälligen Untergangs oder der zufälligen Verschlechterung der Kaufsache zwischen Vertragsabschluss und Sachübergabe; er riskiert, den vollen Kaufpreis zahlen zu müssen, obwohl er die Kaufsache (zufallsbedingt) überhaupt nicht oder nur in verschlechterter Form erhält.[217]

456   Diese Vorschrift benachteiligt den Käufer und wird *de lege ferenda* von der Lehre *heftig kritisiert*.[218] Historisch geht sie auf den römischen Marktkauf zurück, bei welchem dann, wenn Vertragsabschluss und Erfüllung zeitlich auseinanderfielen, dies regelmässig im Interesse des Käufers geschah (der für die sofortige Zahlung nicht genügend Geld bei sich hatte); für *diesen* Fall war Gefahrtragung des Käufers denn auch sachgerecht.[219] Gegenüber den gewandelten wirtschaftlichen Verhältnissen beim Vertragsabschluss vermag die Regelung indessen nicht mehr zu überzeugen. Nach den allgemeinen Regeln muss der Eigentümer, der über die Sache verfügen kann, Gefahr und Nutzen tragen,[220] entsprechend dem Grundsatz «res perit domino» oder «casum sentit dominus».[221] Den Gefahrübergang im Regelfall schon auf den Kaufvertragsabschluss (Verpflichtungsgeschäft) und nicht erst auf die Sachübergabe (Verfügungsgeschäft) festzusetzen, befreit den Eigentümer von einem typischen Risiko und stellt eine schweizerische Singularität dar, wie auch ein Blick auf das Wiener Kaufrecht (Art. 66 ff., insbesondere Art. 69 WKR) und auf andere Rechtsordnungen (§ 446 Satz 1 BGB) zeigt. Die Vorschrift von Art. 185 Abs. 1 OR ist in der Bevölkerung nicht bekannt[222] und lässt sich namentlich auch unter Aspekten des Konsumentenschutzes nicht mehr rechtfertigen.

---

[214] Aepli, Zürcher Komm., N 74 und 91 zu Art. 119 OR; Schönle, Zürcher Komm., N 15 und 31 ff. zu Art. 185 OR; vgl. auch BGE 128 III 370 ff. (372), E. 4b/aa = Pra 2002, Nr. 190, S. 1011 ff.

[215] Schönle, Zürcher Komm., N 32 zu Art. 185 OR.

[216] An Stelle vieler Zimmermann, The Law of Obligations, S. 281 ff.; Bauer, Periculum emptoris – Eine dogmengeschichtliche Untersuchung zur Gefahrtragung beim Kauf, Diss. Regensburg, München 1998.

[217] Zur Geschichte dieser Bestimmung vgl. BGE 128 III 370 ff. (372 ff.), E. 4b = Pra 2002, Nr. 190, S. 1011 ff.; Cortesi, S. 11 ff. Vgl. auch Atiyah, The Rise and Fall of Freedom of Contract, Oxford 1979, S. 464 («The doctrine of *caveat emptor* can be said to represent the apotheosis of nineteenth-century individualism»); dazu auch Zimmermann, The Law of Obligations, S. 306 f., mit Hinweis auf Rechtssprichwörter wie «Augen auf, Kauf ist Kauf» und «Wer die Augen nicht auftut, der tue den Beutel auf».

[218] Zweifelnd übrigens schon der Bundesrat in der OR-Revisionsbotschaft von 1905 (BBl 1905 II S. 23 = Fasel, Materialien, S. 1458): «... wenngleich es sich sehr fragen lässt, ob nicht für alle Käufe, oder wenigstens für den letzteren [= Grundstückkauf], der Übergang von Nutzen und Gefahr richtiger auf den Zeitpunkt der Übergabe der Sache gelegt würde, unter Vorbehalt natürlich von andern Abreden».

[219] BGE 128 III 370 ff. (373), E. 4b/aa in fine = Pra 2002, Nr. 190, S. 1011 ff., mit Hinweisen auf Zimmermann, The Law of Obligations, S. 290, und Bucher, ZSR 89/1970 I, S. 291 ff. Vgl. auch Bucher, Römisches Recht: Dessen gewundene Wege bei seiner Rezeption, Festschrift Huwiler, Bern 2007, S. 140 ff.; Cortesi, S. 40 und 60.

[220] BGE 84 II 158 ff. (161), E. 1b.

[221] Vgl. etwa BGE 128 III 370 ff. (372), E. 4 = Pra 2002, Nr. 190, S. 1011 ff.; Urteil des BGer. vom 8. Februar 2010, Nr. 4A_601/2009, E. 3.2.3.

[222] BGE 84 II 158 ff. (161), E. 1b; Bucher, ZSR 89/1970 I, S. 284 f.

Das hat Lehre und Rechtsprechung bewogen, die Regel von der Gefahrtragung des Käufers restriktiv und die Ausnahmen (Nr. 458 ff.) extensiv auszulegen.[223] Doch ist nach Art. 1 Abs. 1 ZGB das Gesetz für den Richter grundsätzlich verbindlich («La loi doit toutefois être respectée»[224]), und es wäre Sache des Gesetzgebers, die verfehlte Regelung zu korrigieren.   457

3. Immerhin bestehen schon de lege lata **Ausnahmen** zur Gefahrtragung des Käufers, etwa in folgenden Fällen: 458

– Es liegen besondere Verhältnisse vor, die eine Ausnahme begründen (Art. 185 Abs. 1 OR).   459

    Besondere Verhältnisse sind etwa bei einer Wahlobligation (Art. 72 OR) oder beim Doppelverkauf zu bejahen,[225] aber auch dann, wenn der Verkäufer hauptsächlich im eigenen Interesse den Besitz über die Sache einstweilen behält und der Käufer keine Möglichkeit hat, Vorkehren zur Schadensabwehr zu treffen.[226] Zum Autokauf mit Eintauschwagen vgl. Nr. 486; zum Tauschvertrag vgl. Nr. 802.   460

– Die Parteien haben vertraglich eine andere Gefahrtragung vorgesehen (Art. 185 Abs. 1 OR).   461

    Praktisch geschieht dies häufig dadurch, dass Parteien im kaufmännischen Verkehr – direkt oder durch vertragliche Verweisung auf die Übung – Handelsklauseln vereinbaren, welche die Gefahrtragung zum Inhalt haben.[227] Zum Wiener Kaufrecht vgl. Nr. 784 ff.   462

– Ist die veräusserte Sache nur der Gattung nach bestimmt, so muss sie für den Gefahrübergang auch ausgeschieden und, wenn sie versandt werden soll, zur Versendung abgegeben sein (Art. 185 Abs. 2 OR).[228]   463

– Ist der Kaufvertrag aufschiebend bedingt, so geht die Gefahr (wie auch der Nutzen) erst mit dem Eintritt der Bedingung auf den Erwerber über (Art. 185 Abs. 3 OR).   464

– Beim Grundstückkauf bleibt Art. 220 OR zu beachten.   465

2. Der Kauf unter Eigentumsvorbehalt

Liegt ein (gültiger) Kaufvertrag vor und wird gestützt auf diesen Rechtsgrund der Besitz am Kaufgegenstand auf den Käufer übertragen, so erwirbt der Käufer mit dem Besitzübergang grundsätzlich auch das Eigentum an der Kaufsache (Art. 714 Abs. 1 ZGB). Ob der Kaufpreis bezahlt ist, spielt für die Frage des Eigentumsübergangs mit anderen Worten grundsätzlich keine Rolle. Aus diesem Grund riskiert der Verkäufer beim **Kreditkauf** (also bei Übertragung des Kaufgegenstandes zu einem Zeitpunkt, in welchem der Käufer noch nicht bezahlt hat [«auf Kredit»]), zu Verlust zu kommen, wenn der Käufer in Konkurs gerät. Das gilt auch im Fall einer besonderen Vereinbarung im Sinn von Art. 214 Abs. 3 OR (Nr. 262 ff.), weil die Sa-   466

---

[223] BGE 128 III 370 ff. (372), E. 4a = Pra 2002, Nr. 190, S. 1011 ff.; Urteil des BGer. vom 8. Februar 2010, Nr. 4A_601/2009, E. 3.2.3; BGE 84 II 158 ff. (161), E. 1b, jeweils mit Hinweisen.

[224] BGE 128 III 370 ff. (372), E. 4a in fine = Pra 2002, Nr. 190, S. 1011 ff.

[225] GIGER, Berner Komm., N 78 und 80 zu Art. 215 OR; zum Fall des Doppelverkaufs differenzierend CORTESI, S. 69 f., WALTER, Festschrift Wiegand, S. 646 ff., und JUNG, Festschrift Bucher, S. 342 f. und 347 f. Zum Ganzen auch BGE 84 II 158 ff. (162), E. 1b.

[226] Urteil des BGer. vom 8. Februar 2010, Nr. 4A_601/2009, E. 3.2.4.4.

[227] Vgl. dazu ausführlich SCHÖNLE, Zürcher Komm., N 74 ff. zu Art. 185 OR.

[228] Vgl. dazu SCHÖNLE, Zürcher Komm., N 33 ff. und 79 ff. zu Art. 185 OR.

che als Eigentum des Käufers in dessen Konkursmasse fällt und dem Verkäufer gegenüber den anderen Gläubigern des Käufers kein Vorrecht zukommt (Art. 212 SchKG).

467   Doch besteht in vielen Fällen ein **wirtschaftliches Bedürfnis**, dem Käufer den Besitz an der Kaufsache schon vor Bezahlung des Preises zu übergeben, ohne damit bereits das sachenrechtliche Vollrecht zu übertragen. Als Ausweg sieht das Gesetz die Möglichkeit eines Eigentumsvorbehalts («le pacte de réserve de propriété») vor: Darin wird vereinbart, dass der Verkäufer trotz Besitzübertragung Eigentümer der verkauften Fahrnissache bleibt, bis der Kaufpreis vollständig bezahlt ist. Aus Gründen des Drittschutzes lässt das Gesetz einen solchen Eigentumsvorbehalt aber nur dann wirksam sein, wenn er in einem besonderen Register (Eigentumsvorbehaltsregister) eingetragen ist. Die Rechtsgrundlagen dazu ergeben sich aus **Art. 715 f. ZGB** und zugehörigen Verordnungen.[229] Erforderlich ist also ein Mehrfaches:

468   1. Ausgangslage ist ein **entgeltlicher Veräusserungsvertrag über eine bewegliche Sache**, regelmässig ein Kreditkauf (häufig ein Abzahlungskauf, vgl. Art. 10 KKG). Nicht zulässig ist der Eigentumsvorbehalt beim Viehhandel (Art. 715 Abs. 2 ZGB) und beim Grundstückkauf (Art. 217 Abs. 2 OR).

469   2. Die Parteien müssen einen Eigentumsvorbehalt **vereinbart** haben (Eigentumsvorbehaltsabrede).

470   – *Inhalt* der Vereinbarung ist, dass das Eigentum an der Kaufsache nicht mit deren Aushändigung (Besitzübertragung samt Surrogaten der Tradition) an den Käufer übergeht, sondern erst dann, wenn der gesamte Kaufpreis bezahlt ist (Suspensivbedingung nach herrschender Lehre). Die Vereinbarung muss nach der bundesgerichtlichen Praxis getroffen werden, bevor die Sache dem Käufer ausgehändigt wird.[230]

471   – Die Abrede bedarf grundsätzlich keiner besonderen *Form* (Ausnahmen: Art. 9 i.V.m. Art. 10 lit. d KKG).

472   3. Zu beachten ist jedoch Folgendes: Der Eigentumsvorbehalt muss zu seiner Gültigkeit in ein besonderes **Register** eingetragen werden, das am jeweiligen Wohnort des Kaufpreisschuldners (Käufers) vom Betreibungsbeamten geführt wird (Eigentumsvorbehaltsregister; Art. 715 Abs. 1 ZGB).

473   4. Jetzt – also nach der Registereintragung – kann der **Besitz** an der Kaufsache **übertragen** werden (durch Übergabe oder durch ein Traditionssurrogat), ohne dass damit der Käufer Eigentümer wird. Tilgt der Schuldner den Restkaufpreis (durch Zahlung oder auf andere Weise, etwa durch Verrechnung) oder erlischt die Kaufpreisschuld aus einem anderen Grund, so geht der Eigentumsvorbehalt als Nebenrecht der Forderung unter (Art. 114 OR), und das Eigentum an der Kaufsache geht sofort auf den Käufer über («brevi manu traditio»). Die Löschung des Registereintrags kann nach Massgabe von Art. 12 EigVV verlangt werden; sie ist jedoch für den Eigentumswechsel nicht nötig.

3.   Der Kauf eines Autos «gegen Eintauschwagen»

474   Im heutigen Geschäftsverkehr gibt der Käufer eines neuen Autos häufig seinen gebrauchten Wagen («Eintauschwagen») in Zahlung. Mit dem Wert des alten Fahrzeugs lässt sich so ein allenfalls erheblicher Teil des Preises des Neuwagens finanzieren. Dieser im praktischen Leben

---

[229] Im Einzelnen SCHMID/HÜRLIMANN-KAUP, Sachenrecht, Nr. 1095 ff.
[230] BGE 93 III 96 ff. (104), E. 5.

alltägliche «Kauf gegen Eintauschwagen» wirft dogmatisch eine ganze Reihe von Fragen auf, die kurz anzusprechen sind:

1. Unklar ist zunächst die **rechtliche Qualifikation** des Geschäfts. Sie hängt von der Ausge-   475
   staltung des konkreten Vertrags ab; mit anderen Worten kommt es zunächst auf den *Parteiwillen* an, der durch Auslegung ermittelt werden muss. Verschiedene Gestaltungen sind
   denkbar:

   — Die Parteien schliessen *zwei selbständige Kaufverträge:* Der Verkäufer verkauft dem Käu-   476
     fer das neue Auto (gegen Geld), der Käufer dem Verkäufer den alten Wagen (gegen
     Geld). Die beiden Kaufverträge sind durch eine Verrechnungsabrede miteinander ver-
     bunden: Soweit die beiden gegenseitigen Kaufpreisforderungen einander ausgleichen,
     wird Verrechnung vereinbart. Der Kaufpreis für den alten Wagen wird demnach vom
     höheren Kaufpreis für den Neuwagen rechnerisch abgezogen; der Käufer schuldet nur
     noch den Restbetrag.

   — Die Parteien schliessen *einen (einzigen/einheitlichen) Vertrag,* der Kauf- und Tauschele-   477
     mente enthält. Hierbei können die Kontrahenten das Schwergewicht auf einen *Tausch-
     vertrag* legen (Tausch mit Aufzahlungspflicht). Sie können aber auch das *kaufvertragli-
     che Element* betonen und nun entweder vereinbaren, dass der Käufer einen bestimmten
     Teil der Kaufpreisschuld durch seinen Eintauschwagen tilgt (Leistung des Eintauschwa-
     gens an Erfüllungs statt), oder dass der Verkäufer beauftragt wird, den Eintauschwagen
     bestmöglich zu veräussern und den Erlös aus diesem Weiterverkauf auf die Kaufpreis-
     schuld anzurechnen (Leistung des Eintauschwagens erfüllungshalber).

   Interessenlage der Parteien und Wirklichkeit der Formularverträge zeigen, dass die   478
   Kontrahenten regelmässig nicht zwei selbständige Verträge und auch keinen Tausch wollen. Der professionelle Verkäufer (Autohändler) ist regelmässig nicht am Altwagen inter-
   essiert; er nimmt diesen nur entgegen, um den Neuwagen verkaufen zu können (und hätte
   lieber den vereinbarten Gesamtkaufpreis als das Eintauschfahrzeug).[231]

   Typischerweise muss demnach von einem *einheitlichen Kaufvertrag* ausgegangen werden.   479
   Weniger klar ist jedoch, ob die Hingabe des Eintauschwagens an Erfüllungs statt oder bloss
   erfüllungshalber geschieht. Haben die Parteien keinen Anrechnungsbetrag vereinbart, ist
   nach den allgemeinen Regeln im Zweifel die schwächere Wirkung − d.h. Leistung erfüllungshalber − zu vermuten (Art. 172 OR analog).[232] Enthält der Vertrag demgegenüber für
   den Eintauschwagen einen bestimmten Anrechnungswert, ist (wiederum in Analogie zu
   Art. 172 OR) von einer Leistung an Erfüllungs statt auszugehen.[233] Gleiches gilt, wenn der
   Gläubiger (Verkäufer) sofort das Verwertungsrisiko des Altwagens übernimmt.[234]

   Im Formularvertrag des Autogewerbe-Verbands Schweiz (AGVS/UPSA; Formular von 2006/2007), der in   480
   der Schweiz von zahlreichen Autoverkäufern verwendet wird, enthält die Rubrik «Eintauschwagen» die
   Zeile «Preis» (oder «Eintauschpreis»). Dieser ist vom Preis des Neuwagens in Abzug zu bringen, was den
   «Restkaufpreis» ergibt. In den Allgemeinen Geschäftsbedingungen fehlt eine Klausel, welche den Käufer das Verwertungsrisiko des Eintauschwagens tragen lässt. All diese Umstände − verbunden mit dem
   erkennbaren Interesse des Käufers, seinen Altwagen umgehend und definitiv abzustossen − sprechen

---

[231]   MEDICUS, Schuldrecht II, Nr. 86.

[232]   Ähnlich (aber ohne Hinweis auf den fehlenden Anrechnungsbetrag) BGE 119 II 227 ff. (230), E. 2a;
         BUCHER, OR AT, S. 312; VON TUHR/ESCHER, S. 14; SCHRANER, Zürcher Komm., Vorbem. zu Art. 68–96 OR,
         N 118.

[233]   SCHRANER, Zürcher Komm., Vorbem. zu Art. 68–96 OR, N 121.

[234]   SCHRANER, Zürcher Komm., Vorbem. zu Art. 68–96 OR, N 120; WEBER, Berner Komm., Vorbem. zu
         Art. 68–96 OR, N 149.

für einen Kaufvertrag, bei dem der vertraglich festgelegte Teilbetrag des Kaufpreises durch Hingabe des Eintauschwagens geleistet wird *(Leistung an Erfüllungs statt)*.

481 Anders als in der Schweiz existiert in *Deutschland* eine reichhaltige Rechtsprechung zur Qualifikation der Inzahlunggabe eines Altwagens. Nach dem Bundesgerichtshof handelt es sich bei der Inzahlunggabe eines Gebrauchtwagens um einen einheitlichen Kaufvertrag, bei welchem der Käufer in der Höhe des für den Gebrauchtwagen vereinbarten Verrechnungspreises eine Ersetzungsbefugnis hat.[235]

482 2. Steht der Wille der Parteien zu einem einheitlichen Vertrag fest, stellt sich die Frage nach der **Rechtslage bei Mängeln** eines der beiden beteiligten Fahrzeuge:

483 — Ist der gelieferte *Neuwagen* mangelhaft, kann der Käufer von den Rechtsbehelfen nach Art. 197 ff. OR Gebrauch machen. Nach Massgabe von Art. 205 OR kann er die Wandelung erklären, den Neuwagen dem Verkäufer zurückgeben und im Gegenzug seinen Altwagen zusammen mit dem bezahlten Geld zurückverlangen.[236]

484 — Bei Mängeln des *Eintauschwagens* kann sich der Verkäufer nach überwiegender Lehre analog zu § 365 BGB[237] seinerseits auf die Rechtsbehelfe nach Art. 197 ff. OR stützen.[238] Insofern hat der Käufer (als Verkäufer des Eintauschwagens) für den hingegebenen Wagen Gewähr zu leisten; diese Rechtslage ergibt sich nach der hier vertretenen Auffassung bereits aus den (direkt oder analog angewandten) tauschrechtlichen Bestimmungen von Art. 237 f. OR.[239]

485 Eine allfällige Wandelung des Verkäufers wird von der Lehre überwiegend nur auf den Eintauschwagen bezogen, den der Käufer zurücknehmen muss; der Kaufvertrag über den Neuwagen bleibt nach dieser Auffassung demgegenüber bestehen, was zur Folge hat, dass der Käufer den vollen Preis für den neuen Wagen (in Geld) zahlen muss.[240]

486 3. Hinsichtlich der **Gefahrtragung** sehen die einschlägigen Formularverträge regelmässig vor, dass die Gefahr (für den Neu- und den Eintauschwagen) erst mit Übergabe des Fahrzeugs übergeht. Auch wenn solche Abreden fehlen, herrschen nach der hier vertretenen Auffassung «besondere Verhältnisse» im Sinn von Art. 185 Abs. 1 OR, welche die Gefahr nicht schon mit dem Vertragsschluss (sondern erst mit der Fahrzeugübertragung) übergehen lassen.[241] Es verhält sich wertungsmässig ähnlich wie beim Tausch, zumal sich ein Kauf

---

[235] BGHZ 46, S. 338 = NJW 20/1967, S. 553. Vgl. auch HONSELL, Sachmängelprobleme beim Neuwagenkauf mit Inzahlungnahme eines Gebrauchtwagens, Jura 5/1983, S. 523 ff.; BINDER, Die Inzahlungnahme gebrauchter Sachen vor und nach der Schuldrechtsreform am Beispiel des Autokaufs «Alt gegen Neu», NJW 56/2003, S. 393 ff.

[236] L. MAISSEN, S. 138.

[237] § 365 BGB lautet: «Wird eine Sache, eine Forderung gegen einen Dritten oder ein anderes Recht an Erfüllungs statt gegeben, so hat der Schuldner wegen eines Mangels im Recht oder wegen eines Mangels in der Sache in gleicher Weise wie ein Verkäufer Gewähr zu leisten.»

[238] VON TUHR/ESCHER, S. 12; BUCHER, OR AT, S. 314; SCHRANER, Zürcher Komm., Vorbem. zu Art. 68–96 OR, N 102 ff.; WEBER, Berner Komm., Vorbem. zu Art. 68–96 OR, N 162 ff.

[239] GIGER, Berner Komm., N 16 ff. zu Art. 238 OR.

[240] L. MAISSEN, S. 138 f. Vgl. zum Tauschvertrag auch BUCHER, OR BT, S. 137; GIGER, Berner Komm., N 18 (zweiter Spiegelstrich) zu Art. 238 OR; AEBERSOLD, Der Tausch nach schweizerischem Obligationenrecht, Diss. Bern 1997, S. 135 ff.

[241] So wohl auch BGE 128 III 370 ff. (374), E. 4c = Pra 2002, Nr. 190, S. 1011 ff. Aus der Lehre HONSELL, OR BT, S. 18 und 53, sowie CORTESI, S. 9 und 115; beide Autoren schliessen den Gefahrübergang bei Vertragsabschluss aber nur hinsichtlich des zufälligen Untergangs des Gebrauchtwagens aus, nicht auch des Neuwagens.

mit Eintauschwagen auch als Tausch mit Aufpreis verstehen lässt (zur Rechtslage beim Tausch vgl. Nr. 802).[242]

4.   Der Vorbehalt kantonalen Rechts (Art. 186 OR)

Gemäss **Art. 186 OR** bleibt es der kantonalen Gesetzgebung vorbehalten, die Klagbarkeit von   487
Forderungen aus dem Kleinverkauf geistiger Getränke – einschliesslich der Forderung für
Wirtszeche – zu beschränken oder auszuschliessen. Da es um den Ausschluss der Klagbarkeit
einer privatrechtlichen (Preis-)Forderung geht, liegt ein echter Vorbehalt zu Gunsten des kantonalen Privatrechts vor (Art. 5 Abs. 1 ZGB).

---

[242] Zum Tauschvertrag ähnlich AEBERSOLD, S. 83 ff., insbesondere S. 87.

§ 4 Der Grundstückkauf

488 *Sonderliteratur (Auswahl):*

BANDLI CHRISTOPH (u.a.), Das bäuerliche Bodenrecht, Kommentar zum Bundesgesetz über das bäuerliche Bodenrecht vom 4. Oktober 1991, Brugg 1995.

BESSON CHARLES, La promesse de vente a perdu sa raison d'être, mais pas ses conséquences néfastes, ZBGR 79/1998, S. 236 ff.

BRÜCKNER CHRISTIAN, Schweizerisches Beurkundungsrecht, Zürich 1993 (zitiert: BRÜCKNER, Beurkundungsrecht).

DERSELBE, Verwandte Verträge (Vorvertrag, Vorkaufsvertrag, Vertrag auf Begründung eines Kaufsrechts bzw. eines Rückkaufsrechts), in: Koller Alfred (Hrsg.), Der Grundstückkauf, 2. Aufl., Bern 2001, S. 503 ff. (§ 11; zitiert: BRÜCKNER, Verwandte Verträge).

DERSELBE, Der Umfang des Formzwangs beim Grundstückkauf, ZBGR 75/1994, S. 1 ff. (zitiert: BRÜCKNER, Umfang des Formzwangs).

BURBULLA RAINER, Die Auslösung des Vorkaufsfalls durch «kaufähnliche» Verträge, Jura 24/2002, S. 687 ff.

KOLLER ALFRED, Vertragliche Regelung der Gewährleistung beim Kauf einer Neubaute, ZBGR 90/2009, S. 197 ff.

DERSELBE, Reugelder bei Grundstückkaufverträgen, ZBJV 145/2009, S. 73 ff. (zitiert: KOLLER, Reugelder).

DERSELBE, Vom Formmangel und seinen Folgen – Der formungültige Grundstückkauf, in: Koller Alfred (Hrsg.), Der Grundstückkauf, 2. Aufl., Bern 2001, S. 77 ff. (§ 3; zitiert: KOLLER, Vom Formmangel).

DERSELBE, Das intertemporale Recht zu Art. 216a OR, Altrechtliche Kaufs- und Vorkaufsrechte unter neuem Recht, ZBGR 81/2000, S. 290 ff. (zitiert: KOLLER, Das intertemporale Recht).

DERSELBE, Grundstückskauf mit falscher Flächenangabe, ZBGR 78/1997, S. 1 ff. (zitiert: KOLLER, Falsche Flächenangabe).

LEUENBERGER CHRISTOPH, Abschluss des Grundstückkaufvertrages, in: Koller Alfred (Hrsg.), Der Grundstückkauf, 2. Aufl., Bern 2001, S. 27 ff. (§ 2).

MOOSER MICHEL, Le transfert de la propriété, de la possession, des risques et des profits dans la vente immobilière – effets et chronologie, in: Gauch Peter/Pichonnaz Pascal/Werro Franz (Hrsg.), Festschrift für Pierre Tercier, Genf 2008, S. 345 ff. (zitiert: MOOSER, Le transfert de la propriété).

DERSELBE, Le droit notarial en Suisse, Bern 2005 (zitiert: MOOSER, Le droit notarial).

PETER HENRY, La cession du contrôle d'une société est-elle un «cas de préemption» au sens de l'art. 216c al. 1 CO?, in: Gauch Peter/Pichonnaz Pascal/Werro Franz (Hrsg.), Festschrift für Pierre Tercier, Genf 2008, S. 367 ff.

PFÄFFLI ROLAND, Beurkundung des Kaufpreises, in: Schmid Jürg (Hrsg.), Der Grundstückkauf – La vente immobilière, Zürich 2010, S. 39 ff.

PHILIPPIN EDGAR, Garantie pour les défauts: clauses particulières, in: Schmid Jürg (Hrsg.), Der Grundstückkauf – La vente immobilière, Zürich 2010, S. 137 ff.

Pichonnaz Pascal, Garantie pour les défauts: présentation générale, in: Schmid Jürg (Hrsg.), Der Grundstückkauf – La vente immobilière, Zürich 2010, S. 105 ff.

Rey Heinz, Die Neuregelung der Vorkaufsrechte in ihren Grundzügen, ZSR NF 113/1994 I, S. 39 ff. (zitiert: Rey, Neuregelung der Vorkaufsrechte).

Rüegg Erich, Zusicherung und Freizeichnung – unter besonderer Berücksichtigung von kontaminierten Grundstücken, in: Schmid Jürg (Hrsg.), Der Grundstückkauf – La vente immobilière, Zürich 2010, S. 175 ff.

Ruf Peter, Der Umfang des Formzwangs beim Grundstückkauf, ZBGR 78/1997, S. 361 ff.

Schmid Jörg, Gewährleistung, in: Schmid Jürg (Hrsg.), Der Grundstückkauf – La vente immobilière, Zürich 2010, S. 63 ff. (zitiert: Schmid, Gewährleistung).

Derselbe, Die Grundstücksversteigerung, in: Koller Alfred (Hrsg.), Der Grundstückkauf, 2. Aufl., Bern 2001, S. 453 ff. (§ 10; zitiert: Schmid, Die Grundstücksversteigerung).

Derselbe, Die Gewährleistung beim Grundstückkauf, Ausgewählte Fragen unter Berücksichtigung von Altlasten, ZBGR 81/2000, S. 353 ff. (zitiert: Schmid, Altlasten).

Derselbe, Die Neuerungen im Grundstückverkehr, in: Seminar für Schweizerisches Baurecht (Hrsg.), Baurechtstagung, Freiburg 1995, Band II: Wahlveranstaltungen, Freiburg 1995, S. 72 ff. (zitiert: Schmid, Die Neuerungen im Grundstückverkehr).

Derselbe, Die öffentliche Beurkundung von Schuldverträgen, Ausgewählte bundesrechtliche Probleme, Diss. Freiburg 1988 (AISUF Band 83; zitiert: Schmid, Die öffentliche Beurkundung).

Schöbi Felix, Schweizerischer Grundstückkauf und europäisches Recht, Habil. Bern 1999.

Schumacher Rainer/Rüegg Erich, Die Haftung des Grundstückverkäufers, in: Koller Alfred (Hrsg.), Der Grundstückkauf, 2. Aufl., Bern 2001, S. 175 ff. (§ 5).

Stadlin Markus W./Albrecht Oliver, Vom Umgang mit «altrechtlichen» vertraglichen Kaufsrechten an Grundstücken im Lichte der auf den 1. Januar 1994 revidierten gesetzlichen Bestimmungen, AJP 2000, S. 1303 ff.

Stöckli Hubert, Stockwerkeigentum ab Plan, BRT 2009, S. 1 ff.

Tarnutzer-Münch Andrea, Das Altlastenkataster – Gegenstand, Verfahren und Rechtswirkungen eines Eintrags, Anwaltsrevue 2009, S. 297 ff.

Wolf Stephan/Zingg Simon, Zivil- und notariatsrechtliche Aspekte des Doppelverkaufs von Grundstücken, in: Bucher Eugen/Canaris Claus-Wilhelm/Honsell Heinrich/Koller Thomas (Hrsg.), Norm und Wirkung, Beiträge zum Privat- und Wirtschaftsrecht aus heutiger und historischer Perspektive, Festschrift für Wolfgang Wiegand, Bern/München 2005, S. 707 ff.

I.   Allgemeines

1.   Die Rechtsquellen

Der Grundstückkauf («la vente d'immeubles»; «la vente immobilière») wird durch eine **Mehr-** 489
zahl von Rechtsquellen normiert:

490   1. *Sedes materiae* sind die **Art. 184–186 und 216–221 OR**. Die Art. 216 ff. OR beinhalten spezielle Regeln über den Grundstückkauf, wobei Art. 221 OR im Übrigen die entsprechende Anwendung der Bestimmungen über den Fahrniskauf (Art. 187–215 OR) vorsieht.

491   Da Art. 216 Abs. 1 OR für die Gültigkeit des Grundstückaufs die öffentliche Beurkundung verlangt (Nr. 553 ff.), sind in verfahrensmässiger Hinsicht die *notariatsrechtlichen Erlasse der Kantone* zu beachten (Art. 55 SchlT ZGB) – ebenso wie die ungeschriebenen bundesrechtlichen Minimalanforderungen an die öffentliche Beurkundung, welche das Bundesgericht entwickelt hat.[1]

492   2. Für *landwirtschaftliche Grundstücke* ist das BG über das bäuerliche Bodenrecht vom 4. Oktober 1991 (**BGBB**)[2] zu beachten, worauf Art. 218 OR ausdrücklich hinweist. Der Anwendungsbereich dieses Sondergesetzes wird in Art. 2–5 BGBB geregelt. Einschlägig für Kaufverträge sind vor allem die Art. 40 ff. BGBB («Veräusserungsverträge») und Art. 58 ff. BGBB («Öffentlich-rechtliche Beschränkungen des Verkehrs mit landwirtschaftlichen Gewerben und Grundstücken»).

493   3. Bedeutsam ist schliesslich das BG über den Erwerb von Grundstücken durch *Personen im Ausland* vom 16. Dezember 1983 (**BewG**)[3] mit zugehöriger Verordnung.

2.   Die Qualifikationsmerkmale

494   Der Grundstückkauf wird durch das besondere Verkaufsobjekt – das Grundstück im Rechtssinn – geprägt; davon soll sogleich die Rede sein. Die Art. 216 ff. OR regeln jedoch nicht nur den Grundstückkauf selber, sondern auch verwandte Verträge. Auseinanderzuhalten sind demnach die folgenden Rechtsgeschäfte:

A.   Der Grundstückkauf (im engeren Sinn)

495   1. Der Grundstückkauf ist gemäss **Art. 216 Abs. 1 OR** ein **Kaufvertrag, welcher ein Grundstück zum Gegenstand hat**. Zieht man die allgemeine kaufvertragsrechtliche Norm von Art. 184 Abs. 1 OR bei, so lässt sich sagen: Durch den Grundstückkauf verpflichtet sich der Verkäufer, dem Käufer Besitz und Eigentum an einem Grundstück zu verschaffen, während sich der Käufer verpflichtet, dem Verkäufer dafür den Kaufpreis zu bezahlen. Das Austauschverhältnis lautet also: «Grundstück gegen Geld».

496   Die Geldzahlung muss freilich nicht «effektiv» erfolgen. Massgebend sind die vertraglichen Abreden. Denkbar und häufig ist es, dass ein Teil des Kaufpreises vom Käufer durch Schuldübernahme (Übernahme der auf dem verkauften Grundstück grundpfändlich gesicherten Schulden des Verkäufers gegenüber einer Bank) geleistet wird.

497   Die zeitliche Abfolge der Leistungen ist Sache der vertraglichen Regelung; mangels anderer Abrede gilt die Zug um Zug-Regel von Art. 184 Abs. 2 OR, nach welcher die Leistungen gleichzeitig zu erbringen sind.

498   Zur sorgfältigen Vertragsgestaltung und zur Sorgfaltspflicht des Notars gehört es in diesem Fall, die Grundbuchanmeldung und die Kaufpreiszahlung zeitlich so aufeinander abzustimmen, dass Leistung

---

[1]   Dazu SCHMID, Die öffentliche Beurkundung, Nr. 152 ff.
[2]   SR 211.412.11.
[3]   SR 211.412.41.

und Gegenleistung gleichzeitig erfolgen. Auf diese Weise wird das typische Vertragsrisiko – das Risiko der Insolvenz der Gegenpartei – so gering wie möglich gehalten.

2. Für den **Begriff des Grundstücks** ist auf das Sachenrecht abzustellen. Grundstücke im Sinn des ZGB sind gemäss **Art. 655 Abs. 2 ZGB** nicht nur die Liegenschaften, sondern auch die (als Grundstücke) in das Grundbuch aufgenommenen selbständigen und dauernden Rechte, die Bergwerke sowie die Miteigentumsanteile am Grundstück.   499

Als Grundstückkäufe gelten namentlich Kaufverträge über ein im Grundbuch (als Grundstück) aufgenommenes, selbständiges und dauerndes Bau- oder Quellenrecht (Art. 779 Abs. 3 und Art. 780 Abs. 3 ZGB; Art. 7 ff. GBV) sowie über einen Miteigentumsanteil an einem Grundstück, handle es sich um gewöhnliches Miteigentum (Art. 646 ff. ZGB) oder um Stockwerkeigentum (Art. 712a ff. ZGB).[4]   500

3. Für die **Rechtsanwendung** bleibt festzuhalten: Die gesetzlichen Regeln, die sich auf «den Grundstückkauf» (Titel vor Art. 216 OR) beziehen, gelten grundsätzlich auch für die verwandten Verträge.   501

So gelten etwa die Regeln über den Umfang des Beurkundungszwangs beim Grundstückkauf sinngemäss auch für Verträge, die ein Kaufsrecht an einem Grundstück begründen, oder für Vorverträge zu einem Grundstückkauf.   502

B.   Der Vorvertrag zu einem Grundstückkauf

Im Abschnitt über den Grundstückkauf enthält das OR auch Regeln über den Vorvertrag (**Art. 216 Abs. 2 OR**). Er besteht in der – einseitigen oder zweiseitigen – **Verpflichtung zum Abschluss eines künftigen Grundstückkaufvertrags** (Art. 22 Abs. 1 OR).   503

Die Einordnung des Vorvertrags in Art. 216 OR hat pragmatische Gründe. Durch die *Formvorschrift* von Art. 216 Abs. 2 OR wird bestätigt, was in Art. 22 Abs. 2 OR in allgemeiner Weise festgelegt ist.[5]   504

Wird eine «Reservationsvereinbarung» über ein Grundstück als Vorvertrag begründet, so muss dieser Vertrag zu seiner Gültigkeit öffentlich beurkundet werden – mit Einschluss der gegebenenfalls vereinbarten Klausel, wonach dann, wenn der Käufer vom Abschluss des Grundstückkaufs (Hauptvertrag) Abstand nimmt, die von ihm geleistete Anzahlung dem Verkäufer verfällt.[6]   505

C.   Der Vertrag auf Einräumung eines Vorkaufs-, Kaufs- oder Rückkaufsrechts an einem Grundstück

a.   Übersicht

1. Vorkaufs-, Kaufs- und Rückkaufsrechte sind **Gestaltungsrechte**, also Befugnisse, die Rechtsstellung einer anderen Person einseitig (ohne deren Mitwirkung) zu verändern.[7] Die im Folgenden zu behandelnden Verträge kennzeichnen sich dadurch, dass durch sie ein solches Recht eingeräumt wird, und zwar mit Bezug auf ein Grundstück: Der Berechtigte hat die Befugnis, unter bestimmten, durch Gesetz und Vertrag festgelegten Bedingungen   506

---

4   Zum Ganzen aus sachenrechtlicher Sicht Schmid/Hürlimann-Kaup, Sachenrecht, Nr. 416 ff. und 809.
5   Zum Vorvertrag allgemein vgl. Gauch/Schluep/Schmid, Nr. 1074 ff.
6   Urteil des BGer. vom 17. Februar 2004, Nr. 4C.271/2003, E. 2 = ZBGR 86/2005, S. 109 ff.
7   Allgemein Gauch/Schluep/Schmid, Nr. 65 ff. Für das Vorkaufs- und das Kaufsrecht vgl. z.B. BGE 132 III 18 ff. (22), E. 4.3.

durch einseitige Willenserklärung (Gestaltungserklärung) jene Rechtslage herbeizuführen, die bestände, wenn die Parteien miteinander einen Grundstückkaufvertrag abgeschlossen hätten. Als Folge davon ist er dann berechtigt, die Übertragung des Eigentums am betreffenden Grundstück zu verlangen.[8]

507 Stets geht es im vorliegenden Zusammenhang jedoch um *vertraglich* begründete Vorkaufs-, Kaufs- und Rückkaufsrechte;[9] sie sind zu unterscheiden von solchen Gestaltungsrechten, die unmittelbar kraft Gesetzes bestehen (z.B. Art. 682a ZGB; Art. 24, 25 ff., 42 ff., 47 f. und 49 BGBB) und als gesetzliche Eigentumsbeschränkungen ohne Eintragung im Grundbuch Geltung haben (Art. 680 Abs. 1 ZGB). Gesetzliche Vorkaufsrechte gehen den vertraglichen vor (Art. 681 Abs. 3 ZGB).

508 Die Vorschriften über die vertraglichen Vorkaufs-, Kaufs- und Rückkaufsrechte (wie auch über die gesetzlichen Vorkaufsrechte) wurden durch das Bundesgesetz vom 4. Oktober 1991 über die Teilrevision des ZGB und OR geändert (in Kraft seit 1. Januar 1994).[10]

509 2. Mangels anderer Abrede sind Vorkaufs-, Kaufs- und Rückkaufsrechte **vererblich,** aber **nicht abtretbar** (Art. 216b Abs. 1 OR).

510 Vereinbaren die Parteien vertraglich die Abtretbarkeit eines solchen Rechts, so bedarf die Abtretung der gleichen Form wie dessen Begründung (Art. 216b Abs. 2 OR). Grundsätzlich ist die Abtretung demnach öffentlich zu beurkunden (Art. 216 Abs. 2 OR); ausnahmsweise genügt bei gewissen Vorkaufsrechten die Schriftform (Art. 216 Abs. 3 OR).

b. Der Vertrag auf Einräumung eines Vorkaufsrechts

511 1. Durch den Vertrag auf Einräumung eines Vorkaufsrechts (**Vorkaufsvertrag**; «le pacte de préemption») wird ein (vertragliches) Vorkaufsrecht begründet: Der Vorkaufsberechtigte erhält vom Vorkaufsverpflichteten – regelmässig: vom Eigentümer des Grundstücks – das Gestaltungsrecht, bei Eintritt des *Vorkaufsfalls* durch einseitige Willenserklärung (Gestaltungserklärung) die Übertragung des Grundstücks zu Eigentum zu beanspruchen. Der Berechtigte erhält mit anderen Worten die Befugnis, durch einseitige Erklärung jene Rechtslage herbeizuführen, die bestände, wenn der Vorkaufsverpflichtete mit ihm einen Kaufvertrag über das Grundstück abgeschlossen hätte.[11]

512 Folgende *zwei Arten von Vorkaufsrechten* lassen sich auseinanderhalten (vgl. auch die Terminologie in Art. 71 Abs. 1 GBV):

513 – Legt der Vorkaufsvertrag den vom Vorkaufsberechtigten gegebenenfalls zu bezahlenden Kaufpreis schon fest, spricht man von einem *limitierten* (qualifizierten) *Vorkaufsrecht.*[12]

514 Gleiches gilt nach der Praxis auch dann, wenn der Kaufpreis durch eine Berechnungsmethode bestimmbar gemacht wird oder wenn die Parteien des Vorkaufsvertrags vereinbaren, der Preis solle durch Schätzung des Verkehrs- oder des Ertragswerts zur Zeit der Ausübung des Vorkaufsrechts ermittelt werden.[13]

---

[8] Vgl. etwa BGE 116 II 49 ff. (52), E. 4, und 134 III 597 ff. (604), E. 3.4.1 = Pra 2009, Nr. 43, S. 276 ff., für das Vorkaufsrecht.

[9] Vgl. auch BGE 126 III 421 ff. (423), E. 3a/aa = Pra 2001, Nr. 117, S. 688 ff.

[10] Zu übergangsrechtlichen Fragen (betreffend die Dauer eines Rückkaufsrechts) vgl. namentlich BGE 126 III 421 ff. = Pra 2001, Nr. 117, S. 688 ff.

[11] BGE 134 III 597 ff. (604 f.), E. 3.4.1 = Pra 2009, Nr. 43, S. 276 ff.; ähnlich Urteil des BGer. vom 20. März 2008, Nr. 5A_207/2007, E. 3.2 = ZBGR 90/2009, S. 214 ff. (insoweit nicht in BGE 134 III 332 ff.).

[12] BGE 134 III 597 ff. (605), E. 3.4.1 = Pra 2009, Nr. 43, S. 276 ff.

[13] Urteil des BGer. vom 20. März 2008, Nr. 5A_207/2007, E. 3.3 = ZBGR 90/2009, S. 214 ff. (insoweit nicht

– Lassen die Parteien demgegenüber den Preis noch offen, liegt ein *nicht limitiertes* (unli- 515
mitiertes, illimitiertes, gewöhnliches) *Vorkaufsrecht* vor.[14]

Für Verträge über solche nicht limitierten Vorkaufsrechte lässt Art. 216 Abs. 3 OR die einfache Schrift- 516
form genügen.

2. Das Vorkaufsrecht kann nur ausgeübt werden, wenn der **Vorkaufsfall** («le cas de préemp- 517
tion») eingetreten ist, wenn nämlich gemäss **Art. 216c Abs. 1 OR** das Grundstück verkauft
wird, sowie bei jedem anderen Rechtsgeschäft, das wirtschaftlich einem Verkauf gleichkommt. Folgendes ist zu beachten:

– Soweit es um den Verkauf (und nicht um wirtschaftlich gleichwertige Rechtsgeschäfte) 518
geht, tritt der Vorkaufsfall nur dann ein, wenn das Grundstück (formgültig) *verkauft*
wird; blosse Verkaufsabsicht genügt nicht. Nicht als Vorkaufsfall gelten namentlich die
Zuweisung an einen Erben in der Erbteilung, die Zwangsversteigerung und der Erwerb
zur Erfüllung öffentlicher Aufgaben, wie z.B. bei der Enteignung (Art. 216c Abs. 2 OR).

Keinen Vorkaufsfall stellen unter anderem die (gewöhnliche oder gemischte) Schenkung, der Tausch 519
oder die güterrechtliche Übertragung eines Grundstücks dar.[15]

– Ob (zwar kein Verkauf, aber dennoch) ein *Rechtsgeschäft* vorliegt, *das wirtschaftlich ei-* 520
nem Verkauf gleichkommt (Art. 216c Abs. 1 in fine OR), muss im Einzelfall auf Grund der
getroffenen Abreden geprüft werden.[16] Die Vorschrift bezweckt, den Vorkaufsfall so zu
umschreiben, dass Umgehungsgeschäfte ohne Weiteres erfasst werden. Das fragliche
Veräusserungsgeschäft muss nach der Lehre freiwillig (keine Zwangsvollstreckung),
entgeltlich (keine Schenkung) und als Singularsukzession (nicht erbrechtlich) erfolgen,
und dem Veräusserer muss es wesentlich auf die Gegenleistung ankommen, nicht auf
die Person des Erwerbers.[17]

In Betracht kommen etwa die Errichtung eines Baurechts mit dem (alleinigen) Ziel, das Vorkaufsrecht 521
zu vereiteln,[18] oder der Verkauf aller Aktien einer Immobilien-AG, welcher das vom Vorkaufsrecht
betroffene Grundstück gehört.[19] Ob auch die Übertragung der Kontrolle einer Aktiengesellschaft, der
ein Grundstück gehört (also die Veräusserung der Aktienmehrheit), einen Vorkaufsfall darstellt, ist
umstritten.[20] Nach der Rechtsprechung liegt sodann kein Vorkaufsfall vor, wenn Grundstücke einer
Aktiengesellschaft in Liquidation gestützt auf Art. 660 Abs. 2 und Art. 745 Abs. 1 OR auf einen Aktio-
när übertragen werden.[21]

– Kraft der Privatautonomie steht es den Parteien frei, *selber vertraglich* (mit öffentlicher 522
Urkunde) *zu umschreiben,* was als Vorkaufsfall gelten soll.[22]

---

in BGE 134 III 332 ff.).
[14] BGE 134 III 597 ff. (605), E. 3.4.1 = Pra 2009, Nr. 43, S. 276 ff.
[15] Ausführlich Steinauer, Les droits réels II, Nr. 1731b mit Hinweisen.
[16] Botschaft des Bundesrates in BBl 1988 III S. 1079; ausführlich Rey, Neuregelung der Vorkaufsrechte,
S. 48 ff.
[17] Rey, Neuregelung der Vorkaufsrechte, S. 49 f.; Giger, Berner Komm., N 6 zu Art. 216c OR; Foëx, Com-
Rom, N 8 ff. zu Art. 216c OR; vgl. auch BGE 85 II 474 ff. (481), E. 2.
[18] BGE 85 II 474 ff. (482 ff.), E. 4, wo mit Art. 156 OR argumentiert wird.
[19] Hess, Basler Komm., N 5 zu Art. 216c OR mit Differenzierungen; zurückhaltend Foëx, ComRom, N 11 zu
Art. 216c OR.
[20] Peter, Festschrift Tercier, S. 367 ff.
[21] BGE 126 III 187 ff. (188 f.), E. 2b–c = Pra 2000, Nr. 122, S. 717 ff.
[22] BGE 85 II 474 ff. (481), E. 2 in fine; LGVE 1997 I Nr. 6, S. 12 ff. (13; Luzerner Obergericht); Meier-
Hayoz, Berner Komm., N 137 ff. zu Art. 681 ZGB (mit Einschränkungen); Giger, Berner Komm., N 119

523   Werden jedoch die gesetzlich vorgesehenen Vorkaufsfälle vertraglich ausgedehnt, so ist – wegen des Numerus clausus der vormerkbaren persönlichen Rechte (Art. 959 Abs. 1 ZGB) – die Vormerkung eines solchen Vorkaufsrechts im Grundbuch nicht zulässig.[23]

524   – Der Eintritt des Vorkaufsfalls löst für den Verkäufer bestimmte *Informationspflichten* aus (Art. 216d Abs. 1 OR): Er muss den Vorkaufsberechtigten über den Abschluss und den Inhalt des Kaufvertrags in Kenntnis setzen.

525   3. Ist der Vorkaufsfall eingetreten, so kann das Vorkaufsrecht **geltend gemacht**, also das Gestaltungsrecht ausgeübt werden (Art. 216c Abs. 1 und Art. 216e OR). Der Vorkaufsberechtigte muss dieses Recht innert dreier Monate (durch Erklärung) ausüben, und zwar grundsätzlich gegenüber dem Verkäufer (Art. 216e Satz 1 OR). Die Frist beginnt mit Kenntnis von Abschluss und Inhalt des Vertrags (Art. 216e Satz 2 OR). Massgebend für die Fristwahrung ist nach den allgemeinen Grundsätzen der Zugang der Ausübungserklärung.[24] Zu beachten ist Folgendes:

526   – Wird der Kaufvertrag aufgehoben, nachdem das Vorkaufsrecht ausgeübt worden ist, oder wird eine erforderliche Bewilligung aus Gründen, die in der Person des Käufers liegen, verweigert, so bleibt dies gegenüber dem Vorkaufsberechtigten ohne Wirkung (Art. 216d Abs. 2 OR).

527   – Sieht der Vorkaufsvertrag nichts anderes vor, so kann der Vorkaufsberechtigte das Grundstück zu den Bedingungen erwerben, die der Verkäufer mit dem Dritten (Drittkäufer) vereinbart hat (Art. 216d Abs. 3 OR). Soweit der Vorkaufsvertrag schweigt, ergeben sich die Rechte und Pflichten des Vorkaufsberechtigten und des -verpflichteten demnach aus dem zwischen dem Verkäufer und dem Dritten abgeschlossenen Vertrag.[25]

528   Wird – bei einem gewöhnlichen (nicht limitierten) Vorkaufsrecht – im Vertrag zwischen dem Verkäufer und dem Dritten (Vorkaufsfall) ein Teil des Kaufpreises in anderen als Geldleistungen vereinbart und kann der Vorkaufsberechtigte, der sein Recht ausgeübt hat, diese Nebenleistungen nicht erfüllen, müssen sie in eine Geldleistung umgewandelt werden.[26] Art. 1271 Abs. 3 des OR-Revisionsentwurfs von 1905 hielt dazu fest: «Ist die Erfüllung von Leistungen, die der Dritte versprochen hat, dem Vorkäufer nicht möglich, so hat er dem Verkäufer deren Wert zu ersetzen.»[27]

529   – Die Ausübung des Vorkaufsrechts lässt die vertragliche Beziehung zwischen dem Verkäufer und dem Drittkäufer unberührt.[28] Kann der Verkäufer seine Leistungspflichten gegenüber dem Dritten wegen der Ausübung und Durchsetzung des Vorkaufsrechts nicht erfüllen (und hat er keinen entsprechenden Vorbehalt angebracht), so wird er diesem grundsätzlich nach Art. 97 Abs. 1 OR schadenersatzpflichtig.

---

zu Art. 216 OR; REY, Neuregelung der Vorkaufsrechte, S. 45 f.

[23]   LGVE 1997 I Nr. 6, S. 12 ff. (13 f.; Luzerner Obergericht); MEIER-HAYOZ, Berner Komm., N 138 zu Art. 681 ZGB.

[24]   Botschaft des Bundesrates in BBl 1988 III S. 1081.

[25]   Urteil des BGer. vom 20. März 2008, Nr. 5A_207/2007, E. 6.1 = ZBGR 90/2009, S. 214 ff. (insoweit nicht in BGE 134 III 332 ff.).

[26]   BGE 134 III 597 ff. (605), E. 3.4.1 in fine = Pra 2009, Nr. 43, S. 276 ff.; Botschaft des Bundesrates in BBl 1988 III S. 1081. Ebenso grundsätzlich die deutsche Rechtslage nach § 466 BGB; auf dessen Vorläuferbestimmung verweist MEIER-HAYOZ, Berner Komm., N 155 zu Art. 681 OR.

[27]   Botschaft von 1905 zum OR, BBl 1905 II S. 145 = FASEL, Materialien, S. 1536.

[28]   BGE 134 III 597 ff. (604), E. 3.4.1 = Pra 2009, Nr. 43, S. 276 ff.

4. Ein vertragliches Vorkaufsrecht kann gemäss Art. 216a OR **für höchstens 25 Jahre** vereinbart und **im Grundbuch vorgemerkt** werden (vgl. Art. 959 Abs. 1 ZGB; Art. 70 ff. GBV). Diese *Vormerkung* hat folgende *Wirkungen:* 530

- Die Hauptrechtsfolge der Vormerkung liegt in der *Verstärkung des obligatorischen Rechts:* Das vorgemerkte Vorkaufsrecht hat gemäss Art. 959 Abs. 2 ZGB Wirkung gegenüber jedem später erworbenen Recht. Das bedeutet, dass bei Eintritt des Vorkaufsfalls der Vorkaufsberechtigte das Recht innert der Dreimonatsfrist *gegenüber jedem Eigentümer* geltend machen kann (Art. 216e Satz 1 in fine OR). Die grundbuchliche Vormerkung verstärkt also die Position des Vorkaufsberechtigten hinsichtlich der Durchsetzbarkeit seines Rechts: Er kann nun direkt gegen jeden Dritterwerber (jeden Eigentümer) auf Realerfüllung – einschliesslich der Berichtigung des Grundbuchs – klagen.[29] 531

- Sodann hat bei Eintritt des Vorkaufsfalls nicht nur der Verkäufer (Art. 216d Abs. 1 OR), sondern auch der Grundbuchverwalter bestimmte *Informationspflichten* (Art. 969 Abs. 1 ZGB). 532

- Schliesslich kann sich der Berechtigte gemäss Art. 959 Abs. 2 ZGB darauf berufen, das Grundstück nur mit jenen *Lasten* zu erwerben, die schon im Zeitpunkt der Eintragung der Vormerkung in das Grundbuch vorhanden waren; er kann somit grundsätzlich mit der Grundbuchberichtigungsklage verlangen, dass die nachträglich begründeten dinglichen Rechte, welche seine Stellung beeinträchtigen, gelöscht werden.[30] 533

Der Anwendungsbereich der gesetzlichen Höchstdauer (Art. 216a OR) ist nicht völlig klar. Nach einhelliger Auffassung gilt diese Vorschrift jedenfalls nicht beim rechtsgeschäftlich vereinbarten Vorkaufsrecht im Stockwerkeigentumsrecht (Art. 712c Abs. 1 ZGB).[31] 534

5. Ist ein Vorkaufsrecht wirksam ausgeübt worden, besteht nach dem Gesagten (Nr. 511) die gleiche **Rechtslage**, wie wenn diese beiden Parteien miteinander einen Kaufvertrag abgeschlossen hätten.[32] Verweigert der Vorkaufsverpflichtete die Übertragung des Grundstücks, kann der Berechtigte gegen ihn auf gerichtliche Zusprechung des Eigentums klagen (Art. 665 Abs. 1 ZGB; Nr. 629). Gegebenenfalls kann sich ein Gesuch um Verfügungsbeschränkung (Art. 960 Abs. 1 Ziff. 1 ZGB) aufdrängen (Nr. 629).[33] 535

Hat allerdings der durch ein (nicht im Grundbuch vorgemerktes) Vorkaufsrecht belastete Grundeigentümer das Grundstück bereits dem Dritten übereignet, ist eine Realexekution ausgeschlossen; der Vorkaufsberechtigte muss sich in diesem Fall mit Schadenersatz wegen Nichterfüllung des Vorkaufsvertrags (Art. 97 Abs. 1 OR) begnügen.[34] 536

---

[29] Vgl. zum Ganzen BGE 126 III 421 ff. (423), E. 3a/aa = Pra 2001, Nr. 117, S. 688 ff.; Urteil des BGer. vom 20. März 2008, Nr. 5A_207/2007, E. 7.2 = ZBGR 90/2009, S. 214 ff. (insoweit nicht in BGE 134 III 332 ff.); Schmid/Hürlimann-Kaup, Sachenrecht, Nr. 475 ff. und 1000.

[30] BGE 85 II 474 ff. (488), E. 6; LGVE 1992 I Nr. 12, S. 22 ff. (22 f.; Luzerner Obergericht); Meier-Hayoz, Berner Komm., N 59 zu Art. 683 i.V.m. N 284 ff. zu Art. 681 ZGB. Relativierend Giger, Berner Komm., N 164 zu Art. 216 OR; Brückner, Verwandte Verträge, § 11 N 128 ff.

[31] Botschaft des Bundesrates in BBl 1988 III S. 1078; Schmid/Hürlimann-Kaup, Sachenrecht, Nr. 1038; BGE 126 III 421 ff. (425 f.), E. 3b/aa (auf S. 426 offengelassen, ob vertragliche Vorkaufsrechte [bzw. Rückkaufsrechte], die in den Statuten eines gemeinnützigen Vereins enthalten sind, unter die Bestimmung von Art. 216a OR fallen) = Pra 2001, Nr. 117, S. 688 ff.

[32] BGE 132 III 18 ff. (22), E. 4.3.

[33] Vgl. dazu BGE 85 II 474 ff. (487), E. 5; LGVE 1985 I Nr. 5, S. 9 ff. (10 f.), E. 5a (Luzerner Obergericht); Schmid/Hürlimann-Kaup, Sachenrecht, Nr. 481 und 849a ff. Relativierend aber LGVE 1992 I Nr. 12, S. 22 ff. (Luzerner Obergericht).

[34] Botschaft des Bundesrates in BBl 1988 III S. 1082; Meier-Hayoz, Berner Komm., N 247 zu Art. 681 OR.

c.   Der Vertrag auf Einräumung eines Kaufsrechts

537   1. Der Vertrag auf Einräumung eines Kaufsrechts (**Kaufsrechtsvertrag**; «le pacte d'emption»)
begründet ein vertragliches Kaufsrecht: Der Kaufsrechtsgeber (Kaufsverpflichtete) räumt
dem Kaufsrechtsnehmer (dem Kaufsberechtigten) das Gestaltungsrecht ein, durch einseitige Willenserklärung — und unabhängig von einem Vorkaufsfall, aber allenfalls geknüpft
an andere Bedingungen[35] — die Sache käuflich zu erwerben.[36]

538   Als Folge des Kaufsrechtsvertrags hat also der Kaufsberechtigte die Befugnis, durch einseitige Willenserklärung jene Rechtslage herbeizuführen, die bestände, wenn er mit dem Kaufsrechtsgeber einen Kaufvertrag über das Grundstück abgeschlossen hätte.

539   2. Ein (vertragliches) Kaufsrecht über ein Grundstück kann **für höchstens 10 Jahre** vereinbart und **im Grundbuch vorgemerkt** werden (Art. 216a OR und Art. 959 Abs. 1 ZGB). Die
Vormerkung hat die in Art. 959 Abs. 2 ZGB umschriebenen Wirkungen.[37]

540   Das Gesetz beschränkt die Höchstdauer des Kaufsrechts (für Bestand und Vormerkbarkeit) auf 10 Jahre,
weil solche Rechte in hohem Mass Instrumente der Spekulation sind: Der Kaufsberechtigte wird seinen
Kaufentscheid (den er ja durch einseitige Erklärung ausüben kann) fast ausnahmslos von der Preisent-
wicklung des Grundstücks abhängig machen.

541   Die Vormerkung dient auch hier als Mittel, um die obligatorische Verpflichtung (hier:
des Kaufsverpflichteten) zu sichern. Nach der Rechtsprechung ist es namentlich zulässig,
einen Grundstückkaufvertrag, der vom Verkäufer erst zu einem späteren Zeitpunkt erfüllt
werden soll, mit einem im Grundbuch vorgemerkten Kaufsrecht zu verbinden und so die
Stellung des Käufers zu verstärken.[38]

542   3. Ist ein Kaufsrecht wirksam ausgeübt worden, besteht nach dem Gesagten (Nr. 537) die
gleiche **Rechtslage**, wie wenn diese beiden Parteien miteinander einen Kaufvertrag abgeschlossen hätten.[39] Verweigert der Kaufsrechtsgeber die Übertragung des Grundstücks,
kann der Berechtigte gegen ihn auf gerichtliche Zusprechung des Eigentums klagen
(Art. 665 Abs. 1 ZGB; Nr. 629). Auch hier kann sich ein Gesuch um Verfügungsbeschränkung (Art. 960 Abs. 1 Ziff. 1 ZGB) aufdrängen (Nr. 629).

d.   Der Vertrag auf Einräumung eines Rückkaufsrechts

543   1. Der Vertrag auf Einräumung eines **Rückkaufsrechts** («le pacte de réméré») räumt dem
Veräusserer (Rückkaufsberechtigten) eines Grundstücks das Gestaltungsrecht ein, unter
gewissen vertraglich festgesetzten Bedingungen durch einseitige Erklärung die entgeltliche
Rückübertragung des Grundstücks vom Erwerber (Rückkaufsverpflichteten) zu verlan-

---

[35]   Beispiel: Urteil des BGer. vom 23. August 2004, Nr. 5A.19/2004, E. 2.2.1 und 3.1 = ZBGR 86/2005,
S. 332 ff. (Erhalt der Baubewilligung als Suspensivbedingung).

[36]   Urteil des BGer. vom 12. Juni 2008, Nr. 4A_24/2008, E. 3.1 = ZBGR 90/2009, S. 228 ff.; BGE vom
29. Juni 1995 in Semjud 117/1995, S. 726 f.

[37]   BGE 126 III 421 ff. (423), E. 3a/aa = Pra 2001, Nr. 117, S. 688 ff.; 128 III 124 ff. (127), E. 2a.

[38]   BGE 129 III 264 ff. (267), E. 3.2.1; 103 III 108 ff.; vgl. auch BGE vom 12. Oktober 1978 in ZBGR 60/1979,
S. 381 ff.

[39]   BGE 132 III 18 ff. (22), E. 4.3; Urteil des BGer. vom 12. Juni 2008, Nr. 4A_24/2008, E. 3.1 = ZBGR
90/2009, S. 228 ff.

gen.[40] Man kann das Rückkaufsrecht deshalb als «Kaufsrecht des Verkäufers» bezeichnen.[41] Weiter ist Folgendes zu beachten:

– Art. 1273 Abs. 1 des OR-Revisionsentwurfs von 1905 enthielt ausdrücklich folgende Be- 544
stimmung: «Durch den Rückkaufsvertrag kann sich ein Verkäufer das Recht wahren, die von ihm verkaufte Sache um einen bestimmten Preis, oder wenn kein Rückkaufspreis genannt ist, um den Verkaufspreis innerhalb einer bestimmten Zeit zurückzukaufen».[42] Diese Vorschrift wurde auf Grund der Vertragsinhaltsfreiheit als selbstverständlich angesehen und deshalb nicht in das OR aufgenommen.

– In der Praxis wird ein Rückkaufsrecht häufig für den Fall vereinbart, dass der Erwerber 545
eines Grundstücks nicht innert bestimmter Frist ein Wohn- oder Geschäftshaus darauf baut.[43]

– Art. 41 Abs. 3 BGBB enthält Sonderregeln zum (vertraglichen) Rückkaufsrecht für den 546
Fall, dass der Erwerber eines landwirtschaftlichen Gewerbes oder Grundstücks die Selbstbewirtschaftung aufgibt.

2. Das Rückkaufsrecht kann für die Dauer von **höchstens 25 Jahren** vereinbart und **im** 547
Grundbuch vorgemerkt werden (Art. 216a OR und Art. 959 Abs. 1 ZGB). Auch hier verstärkt die Vormerkung die Stellung des Rückkaufsberechtigten (Art. 959 Abs. 2 ZGB).[44]

Wiederum ist die genaue Tragweite von Art. 216a OR unklar: Das Bundesgericht hat die Frage, ob das 548
in den Statuten eines gemeinnützigen Vereins enthaltene Rückkaufsrecht unter Art. 216a OR falle, ausdrücklich offengelassen.[45]

3. Ist ein Rückkaufsrecht wirksam ausgeübt worden, besteht nach dem Gesagten (Nr. 543) 549
die gleiche **Rechtslage**, wie wenn diese beiden Parteien miteinander einen Kaufvertrag abgeschlossen hätten. Verweigert der Rückkaufsverpflichtete die Übertragung des Grundstücks, kann der Berechtigte gegen ihn auf gerichtliche Zusprechung des Eigentums klagen (Art. 665 Abs. 1 ZGB; Nr. 629).[46] Auch hier kann sich ein Gesuch um Verfügungsbeschränkung (Art. 960 Abs. 1 Ziff. 1 ZGB) aufdrängen (Nr. 629).

3. Die Vertragsentstehung im Allgemeinen

1. Der Grundstückkaufvertrag entsteht nach den **allgemeinen Regeln** des Obligationen- 550
rechts. Erforderlich ist also (zunächst) der Austausch übereinstimmender Willenserklärungen im Sinn von Art. 1 Abs. 1 OR.

2. Konsens allein genügt jedoch nicht. Der Grundstückkauf untersteht vielmehr von Gesetzes 551
wegen einer besonderen Form: Er bedarf zu seiner Gültigkeit der **öffentlichen Beurkundung** (Art. 216 Abs. 1 OR). Auf diese Form, die in der Praxis eine Vielzahl von Fragen aufwirft, ist ausführlich zurückzukommen (Nr. 553 ff.).

---

[40] BGE 120 Ia 240 ff. (244), E. 3b.
[41] BGE 109 II 219 ff. (222 f.), E. 2b.
[42] Botschaft von 1905 zum OR, BBl 1905 II S. 145 = Fasel, Materialien, S. 1537.
[43] Vgl. BGE vom 4. November 1991 in RJN 1992, S. 72 ff.
[44] BGE 126 III 421 ff. (423), E. 3a/aa = Pra 2001, Nr. 117, S. 688 ff.
[45] BGE 126 III 421 ff. (426), E. 3b/bb = Pra 2001, Nr. 117, S. 688 ff.
[46] BGE 109 II 219 ff. (223), E. 2b.

552 3. Als **Handgeschäft** ist ein Grundstückkauf **nicht möglich**; für die Erfüllung (Grundbucheintragung bzw. aus der Sicht des Verkäufers die entsprechende Anmeldung, Art. 963 ZGB) ist nach dem System des schweizerischen Sachenrechts zwingend die Mitwirkung des Grundbuchverwalters vorgesehen, sodass Verpflichtungsgeschäft und Erfüllung notwendigerweise zeitlich auseinanderfallen.

4. Die öffentliche Beurkundung im Besonderen

A. Allgemeines

553 1. Von erheblicher Bedeutung ist die gesetzliche **Formvorschrift von Art. 216 Abs. 1 OR**: Danach bedürfen «Kaufverträge, die ein Grundstück zum Gegenstande haben, ... zu ihrer Gültigkeit der öffentlichen Beurkundung» («Les ventes d'immeubles ne sont valables que si elles sont faites par acte authentique»). Das allgemeine gesetzliche Formerfordernis für Verpflichtungsgeschäfte im Hinblick auf die Übertragung von Grundeigentum (Art. 657 Abs. 1 ZGB) wird damit wiederholt und bestätigt. Die gleiche Formvorschrift gilt für Vorverträge zu einem Grundstückkauf sowie für Verträge, die ein Vorkaufs-, Kaufs- oder Rückkaufsrecht an einem Grundstück begründen (Art. 216 Abs. 2 OR), jedoch mit Ausnahme jener Vorkaufsverträge, welche den Preis nicht zum Voraus bestimmen (Art. 216 Abs. 3 OR; hierfür genügt einfache Schriftform; Nr. 515 f.).

554 Der Beurkundungszwang gilt nicht für den Erbteilungsvertrag; hier genügt die in Art. 634 Abs. 2 ZGB vorgeschriebene einfache Schriftform, und zwar auch dann, wenn der Nachlass Grundstücke enthält.[47] Für die freiwillige öffentliche Versteigerung eines Grundstücks lässt Art. 229 Abs. 2 OR die Zuschlagserklärung des Verkäufers (ohne öffentliche Beurkundung) genügen.[48] Von der Formvorschrift des Art. 216 Abs. 1 OR ebenfalls nicht erfasst wird sodann gemäss bundesgerichtlicher Praxis der Immobilienleasingvertrag (Nr. 2562); dieser beinhaltet im Gegensatz zu einem Kaufvertrag, der die Eigentumsübertragung gegen Bezahlung eines Kaufpreises zum Inhalt hat, das Recht auf die Nutzung und den Gebrauch des Leasingobjekts während der Leasingdauer gegen Bezahlung eines Leasingzinses (Nr. 2566 ff.).[49]

555 Für die Fragen der öffentlichen Beurkundung spielt das Recht des Grundstückkaufs aus dogmatischer wie auch aus praktischer Sicht ganz allgemein eine *Schlüsselrolle*: Die allgemeinen Lehren zur gesetzlichen Form[50] sind zu einem wesentlichen Teil aus Art. 216 OR (und Art. 657 Abs. 1 ZGB) entwickelt worden, und in der Praxis der Notariate und Gerichte müssen regelmässig Probleme der Formgültigkeit eines konkreten Grundstückgeschäfts gelöst werden.

556 2. Der **Begriff** der öffentlichen Beurkundung gehört dem *Bundesrecht* an;[51] er wird vom Gesetz nicht umschrieben, jedoch von Art. 216 OR (und Art. 657 Abs. 1 ZGB) vorausgesetzt. Gemäss der bundesgerichtlichen Formel ist «die öffentliche Beurkundung [...] die Aufzeichnung rechtserheblicher Tatsachen oder rechtsgeschäftlicher Erklärungen durch eine vom Staat mit dieser Aufgabe betraute Person, in der vom Staate geforderten Form und in

---

[47] BGE 118 II 395 ff. (397), E. 2; 100 Ib 121 ff. (123), E. 1.

[48] BGE 115 II 331 ff. (337), E. 4a; ausführlich Schmid, Die Grundstücksversteigerung, S. 487 f. (§ 10 N 104 ff.). – Für die private Grundstücksversteigerung bleibt es dagegen beim Formerfordernis der öffentlichen Beurkundung (Schmid, Grundstücksversteigerung, S. 466 ff. [§ 10 N 35 ff.]).

[49] BGE 132 III 549 ff. (553), E. 2.1.2 (zum Leasingvertrag allgemein vgl. hinten Nr. 2517 ff.).

[50] Vgl. etwa Gauch/Schluep/Schmid, Nr. 488 ff., besonders Nr. 523a ff.

[51] Urteil des BGer. vom 12. Juni 2008, Nr. 4A_24/2008, E. 3.1 = ZBGR 90/2009, S. 228 ff.; BGE vom 7. Januar 1999, in ZBGR 80/1999, S. 387 ff. (389), E. 2a; BGE 125 III 131 ff. (134), E. 5b = Pra 88/1999, Nr. 132, S. 711 ff.; BGE 124 I 297 ff. (299), E. 4a.

dem dafür vorgesehenen Verfahren».[52] Konkretisiert man diese allgemeine Aussage, so ist Bundesrecht massgebend:

– für die Frage, was eine öffentliche Beurkundung im Sinn des ZGB/OR ist;   557

– für den Umfang des Formzwangs[53] (Nr. 568 ff.);   558

– für die Folgen eines Formmangels (Nr. 599 ff.);   559

– für die beweisrechtliche Bedeutung der öffentlichen Urkunde (Art. 9 ZGB und nach In-   560
  krafttreten der Schweizerischen Zivilprozessordnung auch Art. 179 ZPO).[54]

Für Sachverhalte mit Auslandbezug ist ferner Art. 119 IPRG zu beachten.   561

3. Der **Zweck** der Formvorschrift von Art. 216 OR ist ein mehrfacher. Er lässt sich mit den   562
Stichworten *Übereilungsschutz, Abschluss- und Inhaltsklarheit sowie Rechtssicherheit* zusammenfassen.[55] Eine wichtige Funktion, die Parteien über die Rechtslage zu belehren und zu
beraten, kommt dem Notar (Urkundsperson) zu.

Nach einer illustrativen bundesgerichtlichen Umschreibung aus dem Jahr 1973[56] will das Bundesrecht   563
«die Vertragsparteien vor unüberlegten Entschlüssen bewahren und dafür sorgen […], dass sie die
Tragweite ihrer Verpflichtungen erkennen und dass ihr Wille in der Urkunde klar und vollständig zum
Ausdruck kommt […]. Mit der öffentlichen Beurkundung will es zudem eine sichere Grundlage für den
Grundbucheintrag schaffen.»

4. Das **Verfahren**, das zur Erstellung einer öffentlichen Urkunde führt, ist grundsätzlich durch   564
die Kantone zu regeln (Art. 55 SchlT ZGB).[57] Doch bestimmt das Bundesrecht, welchen
Mindestanforderungen ein kantonales Verfahren zu genügen hat, um bundesrechtlich
als öffentliche Beurkundung gelten zu können,[58] um mit anderen Worten den materiell-
rechtlichen Zwecken des Instituts zu genügen.[59]

Verlangt beispielsweise das Bundesrecht für ein (bundesrechtliches) Rechtsgeschäft die öffentliche Beur-   565
kundung, so erfüllt eine blosse Unterschriftsbeglaubigung (als blosse notarielle Echtheitsbescheinigung
hinsichtlich der Unterschrift der Parteien) die Formanforderungen nicht.[60]

Umstritten ist die Frage, ob die Kantone berechtigt sind, anzuordnen, dass eine öffentli-   566
che Beurkundung über ein in ihrem Gebiet gelegenes Grundstück ausschliesslich durch Ur-
kundspersonen des eigenen Kantons vorgenommen werden kann. Das Bundesgericht sieht
darin keine Vereitelung von Bundesrecht und hat solche kantonalen Zuständigkeitsregeln
bisher zugelassen.[61] Nach der hier vertretenen Auffassung muss jedoch der Grundsatz der
Freizügigkeit der öffentlichen Urkunde auch für Grundstückgeschäfte gelten.[62]

---

[52] BGE 99 II 159 ff. (161), E. 2a; ähnlich schon BGE 90 II 274 ff. (281), E. 6; ferner BGE vom 23. August
      1994, in ZBGR 78/1997, S. 285 f. (286), E. 1; GAUCH/SCHLUEP/SCHMID, Nr. 524.
[53] Zum Beispiel Urteil des BGer. vom 12. Juni 2008, Nr. 4A_24/2008, E. 3.1 = ZBGR 90/2009, S. 228 ff.
[54] BGE 90 II 274 ff. (281 f.), E. 6; ausführlich SCHMID, Die öffentliche Beurkundung, Nr. 140 ff.
[55] Vgl. im Einzelnen SCHMID, Die öffentliche Beurkundung, Nr. 34 ff.
[56] BGE 99 II 159 ff. (161), E. 2a.
[57] Ausführlich MOOSER, Le droit notarial, passim.
[58] BGE 106 II 146 ff. (147), E. 1; 90 II 274 ff. (281), E. 5.
[59] BGE 125 III 131 ff. (134), E. 5b = Pra 88/1999, Nr. 132, S. 711 ff.; BGE 124 I 297 ff. (299), E. 4a; BGE
      vom 30. Juni 1998, in BN 1998, S. 297 ff. (301), E. 4 = ZBGR 81/2000, S. 72 ff.
[60] BGE vom 8. Dezember 1951, in ZBGR 33/1952, S. 75 ff. (77 f.), E. 2; anders noch BGE 47 II 383 ff. (387),
      E. 4, und 59 II 7 ff. (9), E. 2.
[61] BGE 113 II 501 ff. (504 ff.), E. 3a.
[62] SCHMID, Die öffentliche Beurkundung, Nr. 227 ff., besonders Nr. 242 ff.; ausführlich zum genannten Ent-

567 In Art. 70 Abs. 2 Satz 3 FusG wird dieser Freizügigkeitsgrundsatz für den fusionsrechtlichen Vertrag auf Vermögensübertragung (an Grundstücken) ausdrücklich festgeschrieben.

B. Der Umfang des Formzwangs

a. Übersicht

568 **1. Was** muss öffentlich beurkundet sein, damit der Grundstückkaufvertrag gültig zustande kommt? Die Frage lässt sich vorweg weiter aufteilen:

569 – Zunächst muss geklärt werden, *wessen* Willenserklärungen formbedürftig sind («personeller Umfang des Formzwangs»). Art. 216 Abs. 1 OR wie auch Art. 657 Abs. 1 ZGB beziehen den Beurkundungszwang auf den (gesamten) Kaufvertrag, wollen mit der Form also Verkäufer *und* Käufer schützen.[63] Mit anderen Worten sind die *Willenserklärungen beider Parteien* beurkundungsbedürftig; Verkäufer und Käufer müssen an der öffentlichen Beurkundung mitwirken, sei es persönlich oder durch Stellvertreter.[64]

570 – Heikler zu beurteilen ist die Frage, *welche Willenserklärungen* der beiden Kaufvertragsparteien in die öffentliche Urkunde aufzunehmen sind («materieller Umfang des Formzwangs»). Eine lückenlose Beurkundung des gesamten Vertragsinhalts ist nach einhelliger Auffassung nicht erforderlich und regelmässig auch gar nicht möglich. Das Bundesgericht folgt vielmehr der Formel, wonach der Beurkundungszwang *alle wesentlichen Vertragspunkte* erfasst,[65] sich also auf die objektiv und subjektiv wesentlichen Punkte bezieht. Das ist im Folgenden zu verdeutlichen (Nr. 574 ff. und 588 ff.).

571 **2.** Zu betonen bleibt nochmals, dass sich der so verstandene (personelle und materielle) Umfang des Beurkundungszwangs **ausschliesslich nach Bundesrecht** bestimmt.

572 Das kantonale Recht darf demnach die Gültigkeit des Grundstückkaufs nicht von der öffentlichen Beurkundung einer Tatsache abhängig machen, für welche das Bundesrecht diese Form nicht verlangt, etwa von der öffentlichen Beurkundung einer (nach Bundesrecht formfrei gültigen) Vollmacht.[66]

573 **3.** Die nachfolgenden Ausführungen beziehen sich auf den Grundstückkaufvertrag. Sie gelten analog aber auch für die **verwandten Verträge**, namentlich für einen Vorvertrag zu einem Grundstückkauf oder für einen Vertrag auf Einräumung eines Kaufsrechts an einem Grundstück (Art. 216 Abs. 2 OR).[67]

---

scheid SCHMID, Zur interkantonalen Freizügigkeit öffentlicher Urkunden, ZBGR 70/1989, S. 265 ff. (besonders S. 270 f.); vgl. auch GAUCH/SCHLUEP/SCHMID, Nr. 528 f.

[63] Anders etwa Art. 493 Abs. 2 OR, der den Beurkundungszwang nur auf die Bürgschaftserklärung (Bürgenerklärung) bezieht, nicht auf den gesamten Bürgschaftsvertrag (dazu SCHMID, Die öffentliche Beurkundung, Nr. 492); hinten Nr. 2297.

[64] BGE 68 II 229 ff. (233), E. I./1; SCHMID, Die öffentliche Beurkundung, Nr. 319 f. mit Hinweisen.

[65] BGE 135 III 295 ff. (299 f.), E. 3.2; Urteil des BGer. vom 12. Juni 2008, Nr. 4A_24/2008, E. 3.1 = ZBGR 90/2009, S. 228 ff.; Urteil des BGer. vom 24. April 2007, Nr. 5A.33/2006, E. 4 = BN 2007, S. 106 ff. = ZBGR 90/2009, S. 209 ff.; Urteil des BGer. vom 3. Februar 2006, Nr. 4C.386/2005, E. 3.1; BGE vom 7. Januar 1999, in ZBGR 80/1999, S. 387 ff. = ZBJV 135/1999, S. 173 ff. (174); BGE 119 II 135 ff. (138), E. 2a = Pra 82/1993, Nr. 209, S. 790 ff.; zum Ganzen vgl. auch GAUCH/SCHLUEP/SCHMID, Nr. 536 ff.

[66] BGE 99 II 159 ff. (162), E. 2a–b.

[67] Für den Kaufsrechtsvertrag BGE 119 II 135 ff. (138), E. 2a; für den Vorvertrag (promesse de vente) BGE 135 III 295 ff. (299 f.), E. 3.2.

b.   Die objektiv wesentlichen Vertragspunkte

Der Beurkundungszwang erfasst zunächst alle objektiv wesentlichen Vertragspunkte, vom   574
Bundesgericht zuweilen bezeichnet als «die für das Geschäft wesensnotwendigen Willenserklärungen, die essentialia negotii».[68] Diese an der Konsenslehre orientierte Umschreibung
der «objektiv wesentlichen Punkte» oder «essentialia negotii» erscheint zwar als dogmatisch
unscharf und diskutabel.[69] Doch lässt sich festhalten, dass in Rechtsprechung und Lehre als
geklärt gilt, welche Vertragspunkte damit gemeint sind: *die Parteien, das verkaufte Grundstück
sowie der Kaufpreis.* Im Einzelnen:

1. Als objektiv wesentlicher Punkt müssen zunächst die **Parteien** und ihre allfälligen **Stell-**   575
   vertreter in der öffentlichen Urkunde genannt werden.[70]

   Damit wird in der öffentlichen Urkunde klargestellt, welche Personen sich als Verkäufer und Käufer durch   576
   ihre Erklärungen berechtigen und verpflichten. Die Angabe eines allfälligen Vertretungsverhältnisses
   macht deutlich, ob eine Person im eigenen Namen oder für einen anderen an der öffentlichen Beurkundung teilnimmt.[71]

2. Sodann muss das **Kaufsobjekt** – also das verkaufte Grundstück – in der öffentlichen Ur-   577
   kunde aufgeführt sein.[72]

   Nötig sind im Zeitpunkt der Beurkundung die Bestimmtheit oder Bestimmbarkeit des   578
   verkauften Grundstücks oder Grundstücksteils; es darf zu seiner Spezifikation keine weitere Willenseinigung mehr erforderlich sein.[73] Die alleinige Flächenangabe genügt nicht;
   die Angaben über Form und Lage der Parzelle sind vielmehr wesentliche Elemente, die
   gemäss Bundesgericht beurkundet werden müssen.[74]

   Bestimmtheit oder Bestimmbarkeit genügen jedoch von Bundesrechts wegen. Nicht erforderlich sind   579
   die Angabe der grundbuchlichen Grundstücksnummer[75] oder die vollständige Wiedergabe der auf dem
   Grundstück lastenden beschränkten dinglichen Rechte[76]. Kantonale Vorschriften, die solches verlangen,
   sind blosse Ordnungsvorschriften; ihre Verletzung beeinträchtigt die Gültigkeit des Vertrags nicht, kann
   jedoch zur disziplinarischen oder vermögensrechtlichen Verantwortlichkeit der Urkundsperson führen.

3. Schliesslich ist in der öffentlichen Urkunde der **Kaufpreis** zu nennen, verstanden als die   580
   gesamte für das Kaufsobjekt versprochene Gegenleistung.[77] Das bedarf der Erläuterung:

---

[68]   BGE 68 II 229 ff. (233), E. I./1.
[69]   Kritisch Schmid, Die öffentliche Beurkundung, Nr. 405 ff. und 560 ff.
[70]   Urteil des BGer. vom 12. März 2002, Nr. 4C.356/2001, E. 2a/aa; BGE 112 II 330 ff. (332), E. 1a; 99 II
       159 ff. (162), E. 2b; Urteil des BGer. vom 4. Juli 1972, in ZBGR 54/1973, S. 367 ff.; BGE 45 II 565 ff.;
       Schmid, Die öffentliche Beurkundung, Nr. 325 ff.
[71]   Schmid, Die öffentliche Beurkundung, Nr. 581.
[72]   BGE 106 II 146 ff. (148), E. 1; 103 II 110 ff. (111), E. 3a; 101 II 329 ff. (331), E. 3a; 95 II 42 f. (42 f.), E. 1.
[73]   BGE 106 II 146 ff. (148), E. 1; vgl. zur Umschreibung des Kaufgegenstandes auch ZR 96/1997, Nr. 38,
       S. 104 ff. (Zürcher Handelsgericht).
[74]   BGE 127 III 248 ff. (254 f.), E. 3d = Pra 91/2002, Nr. 72, S. 411 ff.
[75]   BGE 90 II 21 ff. (24), E. 1.
[76]   BGE vom 20. Februar 1997, in Pra 86/1997, Nr. 150, S. 827 ff.
[77]   BGE 135 III 295 ff. (299 f.), E. 3.2; Urteil des BGer. vom 12. Juni 2008, Nr. 4A_24/2008, E. 3.1 = ZBGR
       90/2009, S. 228 ff.; Urteil des BGer. vom 24. April 2007, Nr. 5A.33/2006, E. 4 = BN 2007, S. 106 ff. =
       ZBGR 90/2009, S. 209 ff.; BGE vom 7. Januar 1999, in ZBGR 80/1999, S. 387 ff. (389), E. 2a = ZBJV
       135/1999, S. 173 ff.; BGE 103 II 110 ff. (111), E. 3a; 101 II 329 ff. (331), E. 3a.

581 – Das Bundesgericht spricht – in Anlehnung an BRÜCKNER[78] – hinsichtlich des Kaufpreises von einer *qualifizierten Deklarationspflicht*.[79] Das bedeutet, dass die «Gesamtheit aller Leistungen [...], welche der Käufer dem Verkäufer als Entgelt für die Übertragung des Eigentums am Grundstück zu erbringen hat», beurkundet werden muss. Dies gilt auch für den Fall, dass ein Teil des Kaufpreises schon vor der Beurkundung bezahlt wurde.[80] Mit anderen Worten muss die *Preisangabe wahr* («richtig») sein, also dem wirklichen Willen der Parteien entsprechen.[81]

582 Diese besondere Deklarationspflicht dient einerseits dem Übereilungsschutz der Parteien und der Rechtsklarheit. Sie wird andererseits aber auch mit dem öffentlichen Interesse an der richtigen Beurkundung des Preises begründet. Denn vom vereinbarten Kaufpreis hängen verschiedene öffentlich-rechtliche Abgaben ab (beispielsweise die Grundstückgewinn- und Handänderungssteuern).

583 Wird ein Grundstück zusammen mit Fahrnis zu einem Gesamtpreis (Globalpreis) verkauft, müssen – damit das Wahrheitsgebot erfüllt ist – die Fahrnissachen in der öffentlichen Urkunde spezifiziert angegeben werden.[82] Analoges gilt, wenn sich ein Verkäufer zu einem Gesamtpreis (Gesamtvergütung) zu Übertragung eines Grundstücks und zur Errichtung einer Baute verpflichtet: Hier muss neben dem Gesamtpreis auch die geschuldete Werkleistung des Verkäufers in die öffentliche Urkunde aufgenommen werden (Nr. 596 und 1692).

584 – Lassen die Parteien absichtlich einen unrichtigen – beispielsweise zu tiefen – Kaufpreis verurkunden, so liegt eine *Simulation* vor, genauer eine (auf den Preis bezogene) Teilsimulation mit Dissimulation des wahren Preises. Das simulierte Geschäft entfaltet nach Art. 18 Abs. 1 OR keine Wirkungen, weil der beurkundete Kaufpreis nicht gewollt ist (nicht dem übereinstimmenden Willen der Parteien entspricht). Das von den Parteien hingegen tatsächlich gewollte (dissimulierte) Geschäft ist auf Grund des Formmangels – fehlende Beurkundung des übereinstimmend gewollten Kaufpreises – formungültig (Art. 216 Abs. 1 OR).[83]

585 Die falsche Kaufpreisangabe der Parteien kann sodann straf- und abgaberechtliche Sanktionen auslösen, namentlich die Bestrafung wegen Erschleichung einer falschen Beurkundung (Art. 253 StGB).[84]

586 – Setzt sich der Preis aus Faktoren zusammen, die aus der öffentlichen Urkunde selber ermittelt werden können, muss kein bestimmter Preis angegeben werden; dessen *Bestimmbarkeit genügt* (Art. 184 Abs. 3 OR).[85]

587 Bestimmbarkeit ist nach der bundesgerichtlichen Praxis zu bejahen, wenn die Parteien einen festen Kaufpreis «zuzüglich wertvermehrender Aufwendungen» vereinbaren; generell genügt es nämlich, «wenn der Preis z.B. anhand einer Berechnungsmethode, durch eine Formel, in Abhängigkeit von

---

[78] BRÜCKNER, Umfang des Formzwangs, S. 4 ff.
[79] BGE vom 7. Januar 1999, in ZBGR 80/1999, S. 387 ff. (389), E. 2a = ZBJV 135/1999, S. 173 ff. (174).
[80] BGE 90 II 295 ff. (296 f.), E. 4; 84 IV 163 ff. (164), E. 1a.
[81] Urteil des BGer. vom 24. April 2007, Nr. 5A.33/2006, E. 5 = BN 2007, S. 106 ff. = ZBGR 90/2009, S. 209 ff.; BGE 93 II 97 ff. (104), E. 1 = Pra 56/1967, Nr. 128, S. 423 ff.
[82] BGE 135 III 295 ff. (299), E. 3.2.
[83] Vgl. zur Kaufpreissimulation GAUCH/SCHLUEP/SCHMID, Nr. 563 ff. und 1021.
[84] BGE 84 IV 163 ff.
[85] BGE 84 IV 163 ff. (165 f.), E. 1b; Urteil des BGer. vom 12. Juni 2008, Nr. 4A_24/2008, E. 3.1 und 3.4 = ZBGR 90/2009, S. 228 ff.

vertragsexternen Faktoren wie publizierten Indizes oder auf Grund der Vereinbarung, dass der Preis durch Schätzung des Verkehrs- oder des Ertragswertes … zu ermitteln ist».[86]

c.   Die subjektiv wesentlichen Vertragspunkte

Nach der bundesgerichtlichen Formel erfasst der Beurkundungszwang (neben den objektiv wesentlichen Punkten) auch alle subjektiv wesentlichen Vertragspunkte.[87] Obwohl dies vom Ansatz her ebenfalls diskutabel ist,[88] beschränken sich die nachfolgenden Ausführungen – wiederum im Blick auf das Bedürfnis der Praxis nach Rechtssicherheit – auf die Erläuterung der (relativ gefestigten) **bundesgerichtlichen Praxis**:

588

1. Beurkundungsbedürftig sind grundsätzlich auch **«sämtliche im Einzelfall wesentlichen Vertragsbestimmungen»**[89], also «alle […] subjektiv wesentlichen Vertragspunkte»[90]. Das Bundesgericht versteht darunter «jene Vertragspunkte, die den Parteien gleich wichtig sind wie die *essentialia,* von denen also anzunehmen ist – und zwar auf Grund des erklärten Parteiwillens oder, beim Fehlen einer solchen Erklärung, nach der sachlichen Wichtigkeit des Vertragspunktes für die Parteien – dass eine Partei den Vertrag ohne Einigung darüber nicht abschliessen würde oder nicht abgeschlossen hätte».[91] Begründet wird der Beurkundungszwang vor allem mit den Formzwecken der Beweissicherung und der Rechtssicherheit.[92]

589

Zu den subjektiv wesentlichen (und nach dieser Praxis beurkundungsbedürftigen) Vertragspunkten können nach dem Willen der Parteien oder nach «sachlicher Wichtigkeit» etwa gehören: die Zahlungsweise, insbesondere die Übernahme der auf dem Grundstück lastenden Grundpfandschulden durch den Käufer;[93] die Vereinbarung zur Bezahlung einer Konventionalstrafe nach Art. 160 ff. OR;[94] die Verpflichtung des Verkäufers, sein an die Kaufparzelle angrenzendes Grundstück in bestimmter Weise zu parzellieren und nur unter bestimmten, die Bauweise betreffenden Auflagen zu verkaufen.[95]

590

2. **Einschränkend** bleibt freilich beizufügen, dass auch gemäss dem Bundesgericht nicht alle Abreden, die für den Abschluss eines Grundstückkaufvertrags «irgendwie bedeutsam» sein können, als «subjektiv wesentlich» dem Formzwang unterstehen. Der Beurkundungszwang umfasst nur «Vertragspunkte», verstanden als jene Abreden, die «ihrer Natur nach vom Rahmen eines Kaufvertrages erfasst werden»[96] bzw. unmittelbar den Inhalt des Kaufvertrags, also das Austauschverhältnis von Leistung und Gegenleistung betreffen.[97]

591

---

[86]   Urteil des BGer. vom 12. Juni 2008, Nr. 4A_24/2008, E. 3.1 und 3.4 = ZBGR 90/2009, S. 228 ff., mit Bezug auf ein Kaufrecht an einem Grundstück; ähnlich Urteil des BGer. vom 20. März 2008, Nr. 5A_207/2007, E. 3.3 = ZBGR 90/2009, S. 214 ff. (insoweit nicht in BGE 134 III 332 ff.), mit Bezug auf ein Vorkaufsrecht.

[87]   Zum Beispiel BGE 135 III 295 ff. (299), E. 3.2.

[88]   Kritisch etwa Schmid, Die öffentliche Beurkundung, Nr. 586 ff.

[89]   BGE 68 II 229 ff. (233), E. 1.

[90]   BGE 84 IV 163 ff. (164), E. 1; weitere Hinweise bei Schmid, Die öffentliche Beurkundung, Nr. 349 ff.

[91]   BGE 68 II 229 ff. (233), E. 1; vgl. auch Schmid, Die öffentliche Beurkundung, Nr. 349 f.

[92]   BGE 68 II 229 ff. (235), E. 1; Schmid, Die öffentliche Beurkundung, Nr. 351.

[93]   BGE 90 II 274 ff. (282 f.), E. 7. Die Frage berührt die Kaufpreishöhe (und damit einen nach Bundesgericht objektiv wesentlichen Punkt).

[94]   BGE vom 24. Mai 1961, in ZR 62/1963, Nr. 34, S. 85 ff.; BGE vom 16. November 1937, in ZBGR 21/1940, S. 16 ff. (20); BGE 39 II 224 ff. (225 f.), E. 2.

[95]   BGE 68 II 229 ff.; weitere Beispiele aus der Rechtsprechung bei Schmid, Die öffentliche Beurkundung, Nr. 352 ff.

[96]   BGE vom 7. Januar 1999, in ZBGR 80/1999, S. 387 ff. (389), E. 2a.

[97]   BGE 135 III 295 ff. (299), E. 3.2; Urteil des BGer. vom 3. Februar 2006, Nr. 4C.386/2005, E. 3.1; Ur-

592   Die Umsetzung dieser bundesgerichtlichen Einschränkung fällt freilich nicht leicht. Verneint wurde der
       Beurkundungszwang beispielsweise: a. für eine zusammen mit einem Grundstückkauf getroffene Ab-
       rede, wonach der Käufer dem Verkäufer für weitere Werkvertragsarbeiten eine zusätzliche Vergütung
       versprach,[98] b. für eine separate Vereinbarung im Rahmen eines Kauf(rechts)vertrags, die zu Gunsten der
       Verkäufer eine überwiegend moralische Beistands- und Hilfepflicht vorsah,[99] c. für den Kauf von Mobiliar,
       welches gleichzeitig (aber gegen einen zusätzlichen Preis) mit einem Grundstück erworben wird,[100] d. für
       werkvertragliche Abreden, welche nicht in den Rahmen des Kaufvertrags fallen,[101] e. für ein zu marktüb-
       lichen Bedingungen gewährtes Darlehen, welches das Verhältnis von Leistung und Gegenleistung nicht
       berührte,[102] f. für die auftragsrechtliche Verpflichtung zum Kauf eines Grundstücks im Zusammenhang
       mit einem daran eingeräumten Kaufsrecht des Auftraggebers,[103] g. für eine im engen Zusammenhang
       mit dem Kaufvertrag stehende Provisionsvereinbarung im Hinblick auf einen Weiterverkauf des Grund-
       stücks.[104]

d.   Einzelfragen

593   1. **Zusicherungen von Eigenschaften** des verkauften Grundstücks im Sinn von Art. 197
       Abs. 1 OR hat das Bundesgericht als formfrei bezeichnet.[105]

594   Demgegenüber hat es die Frage offengelassen, ob die ausdrückliche Gewährsübernahme des Verkäufers
       für das Grundstücksmass (Art. 219 Abs. 2 OR) beurkundungsbedürftig sei.[106]

595   2. In der Praxis kommt es häufig vor, dass der Käufer eines unbebauten Grundstücks gleich-
       zeitig mit dem Kaufvertrag beim Verkäufer – oder allenfalls bei einem Dritten – die Erstel-
       lung eines Bauwerks bestellt («Paket Land plus Baute»). Wird der **Grundstückkaufvertrag**
       in dieser Weise mit einem **Werkvertrag** kombiniert, so gilt es, hinsichtlich der Beurkun-
       dungspflicht Folgendes zu unterscheiden:[107]

596   – Vereinbaren die Parteien für Grundstück und Bauwerk einen Gesamtpreis (wird also der
          für das Land versprochene Preis für sich allein nicht ausgewiesen, da die kaufrechtliche
          Leistungspflicht mit der werkvertraglichen Herstellungspflicht verbunden ist), muss ne-
          ben dem Kaufvertrag auch der Werkvertrag (und damit auch die Werkleistung) öffent-
          lich beurkundet werden (Nr. 1692).[108]

597   – Vereinbaren Verkäufer/Werkunternehmer und Käufer/Besteller für Grundstück und
          Bauwerk getrennte Preise (tritt also zum Kaufvertrag ein zusätzliches, selbständiges

---

            teil des BGer. vom 29. Juni 2004, Nr. 4C.290/2003, E. 3.4; BGE 119 II 135 ff. (138), E. 2a; 113 II 402 ff.
            (404), E. 2a; 97 II 53 ff. (55), E. 3; 90 II 34 ff. (37), E. 2; 88 II 158 ff. (160), E. 1.
      [98]   BGE 119 II 29 ff. (31 f.), E. 2 = Pra 82/1993, Nr. 189, S. 719 ff.
      [99]   BGE 119 II 135 ff. (138 f.), E. 2b (italienischer Originaltext übersetzt in ZBGR 76/1995, S. 110 ff.).
      [100] Urteil des BGer. vom 29. Juni 2004, Nr. 4C.290/2003, E. 3.4. Ist jedoch ein Gesamtpreis für Grundstück
            und Mobiliar vereinbart, muss Letzteres in die öffentliche Beurkundung einbezogen werden: BGE 135 III
            295 ff. (299 ff.), E. 3.2–3.3.
      [101] BGE 107 II 211 ff. (216), E. 4.
      [102] BGE 113 II 402 ff. (405 f.), E. 2c.
      [103] BGE 86 II 33 ff. (36 f.), E. a.
      [104] BGE 78 II 435 ff. (437 ff.), E. 2a–c.
      [105] BGE 73 II 218 ff. (220), E. 1; 68 II 229 ff. (235 f.), E. I.2; 63 II 77 ff. (79), E. 3.
      [106] BGE 62 II 159 ff. (163), E. 3.
      [107] Vgl. zum Ganzen auch KRAUSKOPF FRÉDÉRIC, Grundstückkauf mit angefangener Baute, und SCHMID JÜRG,
            Kauf von Grundstücken mit angefangener Baute, beide in: Schmid Jürg (Hrsg.), Der Grundstückkauf –
            La vente immobilière, Zürich 2010, S. 233 ff. und 267 ff.
      [108] BGE 135 III 295 ff. (299), E. 3.2; GAUCH, Werkvertrag, Nr. 411.

Leistungspaar – Werk gegen Vergütung – hinzu), fallen die Werkleistung und deren Vergütung nicht unter die Beurkundungspflicht.[109]

3. Damit die Zwecke der öffentlichen Beurkundung erfüllt werden, müssen die formbedürftigen Vertragspunkte *aus der öffentlichen Urkunde selber* hervorgehen. Das bedeutet, dass hinsichtlich solcher Punkte **Verweisungen** der Urkunde auf externe (nicht öffentlich beurkundete) Dokumente grundsätzlich ausscheiden.[110]   598

C. Der Formmangel und seine Folgen

a. *Gültigkeitsmängel der öffentlichen Beurkundung*

1. Formmängel im hier verstandenen Sinn sind stets solche Mängel, welche die **Gültigkeit** des Grundstückkaufvertrags **beeinträchtigen**. In Betracht kommen vor allem die folgenden Spielarten: 599

   – Der Grundstückkauf wurde (entgegen Art. 216 Abs. 1 OR und Art. 657 Abs. 1 ZGB) gar nicht öffentlich beurkundet, sondern nur mündlich oder in einfacher Schriftform abgeschlossen.   600

   – Die öffentliche Urkunde umfasst nicht alle formbedürftigen Punkte, indem zum Beispiel ein Vertretungsverhältnis oder eine subjektiv wesentliche Abrede nicht enthalten ist.   601

   – Die in der öffentlichen Urkunde enthaltenen (formbedürftigen) Punkte sind nicht korrekt wiedergegeben; ein praktisch häufiger Fall ist die unrichtige – unwahre – Beurkundung des Kaufpreises (Kaufpreissimulation; Nr. 584).   602

   – Die öffentliche Urkunde ist keine solche im Rechtssinn, weil bei ihrer Errichtung eine Verfahrensvorschrift verletzt wurde, welche (als Folge der bundesrechtlichen Minimalanforderungen an das Verfahren oder kraft kantonaler Anordnung) als Gültigkeitsvorschrift anzusehen ist.[111]   603

2. Demgegenüber hat die blosse Missachtung von **Ordnungsvorschriften** durch die Urkundsperson keinen Einfluss auf die Gültigkeit des Grundstückkaufs; sie kann aber für die Urkundsperson eine vermögensrechtliche und disziplinarische Verantwortlichkeit nach sich ziehen.[112]   604

b. *Die Rechtsfolgen*

Die (im beschriebenen Sinn verstandenen) Formvorschriften sind nach Art. 216 Abs. 1 OR – und allgemein schon nach Art. 11 Abs. 2 OR – Gültigkeitsvorschriften. Ihre Missachtung macht den Kaufvertrag demnach ungültig. Rechtsprechung und Lehre sind sich über die genauen Kennzeichen dieser **Formungültigkeit** nicht einig. Im Einzelnen: 605

---

[109] Grundlegend Gauch, Werkvertrag, Nr. 409, der die Formel des «geschlossenen Leistungspaars» geprägt hat; dem folgt die bundesgerichtliche Praxis: BGE 119 II 29 ff. (31 f.), E. 2 = Pra 82/1993, Nr. 189, S. 719 ff.; BGE 117 II 259 ff. (264 f.), E. 2b.

[110] BGE 106 II 146 ff. (148), E. 1 (für einen Kaufsrechtsvertrag); BGE vom 16. Dezember 1991, in ZBGR 78/1997, S. 55 ff. (59), E. 3d (für eine Bürgschaftserklärung); Gauch/Schluep/Schmid, Nr. 537a; Schmid, Die öffentliche Beurkundung, Nr. 188.

[111] Teilweise abweichend aber BGE 112 II 146 ff. (151 f.), E. 3, wo die Anordnung der Folgen von Formverstössen anscheinend ganz dem kantonalen Recht überlassen wird.

[112] BGE 99 II 159 ff. (162 f.), E. 2b.

606   1. Das **Bundesgericht** vertritt in ständiger Rechtsprechung die Auffassung, dass die Formungültigkeit des Vertrags dessen *Nichtigkeit* bedeutet.[113] Diese Nichtigkeit weist folgende
Kennzeichen auf:[114]

607   – Der Grundstückkauf ist unwirksam, vermag also die beabsichtigten Rechtsfolgen nicht
zu entfalten.[115] Insbesondere ist der Verkäufer nicht zur Übertragung des Eigentums am
Grundstück verpflichtet; seine Weigerung, das Grundstück zu übertragen, stellt daher
auch keine Vertragsverletzung dar, die den Käufer zu Schadenersatz wegen Nichterfüllung berechtigen würde.[116] Auch eine Klage auf Vollziehung der gesetzlichen Form entfällt.[117]

608   Die von den Parteien gestützt auf den (unwirksamen) Vertrag erbrachten Leistungen haben keinen
gültigen Rechtsgrund und müssen grundsätzlich – unter Vorbehalt der noch zu behandelnden Rechtsmissbrauchsschranke – rückerstattet werden. Die auf einen unwirksamen Rechtsgrund hin erfolgte
Eintragung im Grundbuch ist ungerechtfertigt (Art. 974 Abs. 2 ZGB); der Veräusserer kann das Grundstück vindizieren (Art. 641 Abs. 2 ZGB) und auf Berichtigung des Grundbuchs klagen (Art. 975 Abs. 1
ZGB). Geldleistungen können vom Erwerber gestützt auf Art. 62 ff. OR zurückverlangt werden;[118]
Art. 63 Abs. 1 OR steht dem nicht entgegen, sofern der Käufer (wenn auch in Kenntnis des Formmangels) davon ausging, der Verkäufer werde seine Leistung erbringen bzw. die Form noch erfüllen.[119]

609   – Das Gericht muss die Ungültigkeit von Amtes wegen berücksichtigen.[120] Nicht nur die
Parteien, sondern auch Dritte, die am Vertrag nicht beteiligt sind, vom Mangel aber betroffen werden, dürfen den Formmangel geltend machen.[121]

610   – Die Ungültigkeit ist in dem Sinn absolut, dass der Mangel nicht geheilt werden kann.[122]
Auch die Erfüllung des Vertrags heilt den Mangel nicht.

611   2. Die so verstandene Formnichtigkeit wird jedoch vom Bundesgericht erheblich abgeschwächt durch das **Rechtsmissbrauchsverbot**:[123] Die Berufung auf den Formmangel
kann im konkreten Fall einen offenbaren Rechtsmissbrauch im Sinn von Art. 2 Abs. 2 ZGB
darstellen und ist in diesem Fall unzulässig; der Formmangel ist alsdann unbeachtlich[124]
und der Vertrag «so zu behandeln, wie wenn er gültig wäre»[125].

612   Ob die Berufung auf den Formmangel rechtsmissbräuchlich ist, entscheidet das Gericht unter Würdigung sämtlicher Umstände des konkreten Einzelfalls und ohne Bindung
an starre Regeln.[126] Haben jedoch beide Parteien den Vertrag freiwillig – in Kenntnis des

---

[113] BGE 135 III 295 ff. (299), E. 3.2; 106 II 146 ff. (151), E. 3.

[114] Vgl. auch GAUCH/SCHLUEP/SCHMID, Nr. 548 ff.; SCHMID, Die öffentliche Beurkundung, Nr. 634 ff.

[115] BGE vom 4. März 1983, in ZBGR 66/1985, S. 252 ff. (255), E. 3 in fine.

[116] BGE vom 27. Januar 1993, in FZR 1993, S. 56, E. 2.

[117] Urteil des BGer. vom 2. August 2006, Nr. 5C.96/2006, E. 3.2 in fine (für einen Vorvertrag zu einem
Grundstückkauf).

[118] GAUCH/SCHLUEP/SCHMID, Nr. 549 mit Hinweisen.

[119] BGE 115 II 28 ff. (29 f.), E. 1a.

[120] BGE 112 II 146 ff. (151), E. 3; 106 II 146 ff. (151), E. 3. In BGE 112 II 330 ff. (334 f.), E. 2b, wurde hingegen die Frage, ob ein Formmangel stets von Amtes wegen zu berücksichtigen sei, explizit offengelassen.

[121] BGE 112 II 146 ff. (151), E. 3; 106 II 146 ff. (151), E. 3.

[122] BGE vom 7. Januar 1999, in ZBGR 80/1999, S. 387 ff. (390), E. 3a.

[123] Vgl. zum Folgenden GAUCH/SCHLUEP/SCHMID, Nr. 550 ff.

[124] BGE 112 II 330 ff. (334), E. 2b.

[125] BGE 98 II 313 ff. (316), E. 2 in fine.

[126] BGE 112 II 107 ff. (111 f.), E. 3b.

Formmangels – ganz oder zur Hauptsache erfüllt, so spricht geradezu eine Vermutung für Rechtsmissbrauch.[127]

3. Der überwiegende Teil der **Lehre** kritisiert diese «Nichtigkeitskonzeption» des Bundes- 613
gerichts und befürwortet statt dessen eine *Ungültigkeit sui generis,* welche sich wie folgt
kennzeichnet:[128]

– Die Formungültigkeit ist vom Gericht nicht von Amtes wegen zu beachten, sondern 614
muss von den Parteien geltend gemacht werden. Drittpersonen können sich nicht auf
den Formmangel berufen.

– Der mit einem Formmangel behaftete Vertrag ist zunächst als unwirksam anzusehen. 615
Wird der Vertrag erfüllt, ohne dass der Mangel von einer Partei geltend gemacht wird,
oder scheitert die Geltendmachung an der Rechtsmissbrauchsschranke, so *heilt* dadurch
der Mangel; der Vertrag wird gültig.

   Die Hauptkritik der Lehre richtet sich gegen die Unheilbarkeit des Mangels, zumal diese zu unbefrie- 616
   digenden Lösungen führen kann: Wurde ein formungültiger Grundstückkaufvertrag erfüllt, so ist der
   Verkäufer auf Grund des Kausalitätsprinzips (Art. 974 Abs. 2 ZGB) zwar Eigentümer des Grundstücks
   geblieben, seine Klage auf Berichtigung des Grundbuchs scheitert jedoch möglicherweise an Art. 2
   Abs. 2 ZGB.[129] Der Erwerber hingegen ist im Grundbuch ungerechtfertigt als Eigentümer eingetra-
   gen und kann, wenn ihm der gute Glaube fehlt, das Grundstück auch nicht ersitzen (Art. 661 ZGB).
   Grundbucheintrag und «tatsächliche Rechtslage» fallen auseinander.[130] Die von der herrschenden
   Lehre vertretene Auffassung ermöglicht demgegenüber eine vernünftige Lösung: Durch die Heilung
   des Mangels kann das Verfügungsgeschäft auf einem gültigen Verpflichtungsgeschäft gründen; ein
   Widerspruch zwischen Grundbuch und tatsächlicher Rechtslage wird vermieden.

– Die Rechtslage bei erfolgreicher Berufung auf den Formmangel ist nicht anders als bei 617
der bundesgerichtlichen Konzeption: Wird der Mangel *vor* der Erfüllung erfolgreich
geltend gemacht, so besteht kein Anspruch auf Realerfüllung und Schadenersatz. Die
erfolgreiche Geltendmachung *nach* der Vertragserfüllung räumt den Parteien Rückfor-
derungsansprüche (Vindikation, ungerechtfertigte Bereicherung) ein.

4. Erleidet eine Partei infolge des formungültigen Grundstückkaufvertrags eine unfreiwillige 618
Vermögensverminderung, stellt sich auch die Frage nach einem **Anspruch auf Schadenersatz** gegenüber der Gegenpartei.[131] Nach den allgemeinen Grundsätzen hat eine Partei
den Schaden – und damit auch eine Einbusse, die sie aus der Vertragsungültigkeit erleidet
– selber zu tragen. Aus dem (unwirksamen) Vertrag entstehen nach dem Gesagten keine
Obligationen, deren Verletzung zu einer Ersatzpflicht wegen Nichterfüllung führen könnte.[132] Ein Haftungsgrund kann also nur in einem Verhalten der Gegenpartei liegen, das zum
mangelhaften Vertragsschluss geführt hat.[133]

---

[127] BGE 112 II 107 ff. (111 f.), E. 3b; zum Ganzen vgl. auch GAUCH/SCHLUEP/SCHMID, Nr. 552 ff.
[128] Vgl. SCHMID, Die öffentliche Beurkundung, Nr. 642 ff., und GAUCH/SCHLUEP/SCHMID, Nr. 558 ff., je mit
    zahlreichen Hinweisen.
[129] KOLLER, Vom Formmangel, S. 104 f. (§ 3 N 64 f.).
[130] So BGE 86 II 398 ff. (401 f.), E. 1.
[131] Zum Folgenden vgl. SCHMID, Die öffentliche Beurkundung, Nr. 822 ff.
[132] BGE vom 27. Januar 1993, in FZR 1993, S. 56, E. 2.
[133] SCHMID, Die öffentliche Beurkundung, Nr. 823.

619 – Eine Haftung aus *unerlaubter Handlung* (Art. 41 Abs. 1 OR) ist dann zu bejahen, wenn der Gegenpartei eine arglistige Täuschung (etwa hinsichtlich ihrer Erfüllungsbereitschaft) vorgeworfen werden kann.[134]

620 – Eine Haftung kann sich aber auch aus den Regeln über die «*culpa in contrahendo*» (wegen Verletzung vorvertraglicher Pflichten) ergeben,[135] etwa beim Verstoss einer Partei gegen das Gebot, ernsthaft zu verhandeln, bei Nichtaufklärung über die Formbedürftigkeit des angestrebten Vertrags (soweit diesbezüglich eine Aufklärungspflicht besteht) oder bei der Zusicherung einer unbedingten Erfüllungsbereitschaft eines als formungültig erkannten Vertrags.[136]

621 Das Bundesgericht hat im vorliegenden Zusammenhang überdies eine *Vertrauenshaftung* für möglich erachtet, zumal zwischen Verkäufer und Käufer eine «rechtliche Sonderverbindung» bestehe, welche bei erwecktem und alsdann treuwidrig enttäuschtem Vertrauen Schadenersatz rechtfertigen kann.[137] Das ist überlegenswert, darf aber – entgegen der bundesgerichtlichen Auffassung – grundsätzlich nur zum Schadenersatz im Umfang des negativen Interesses (Vertrauensinteresses) führen.[138]

622 Vorbehalten bleiben die Schadenersatzansprüche gegen die Urkundsperson (im Fall des Amtsnotariats gegen den betreffenden Kanton), welche bei der öffentlichen Beurkundung Gültigkeitsvorschriften missachtet hat. Die Haftung richtet sich nach dem öffentlichen Recht des betreffenden Kantons, beim Fehlen kantonaler Normen nach Art. 61 Abs. 1 OR.[139]

II. Die Pflichten des Verkäufers

623 Nach Art. 184 Abs. 1 OR in Verbindung mit Art. 216 Abs. 1 OR ist der Verkäufer verpflichtet, dem Käufer am verkauften Grundstück den Besitz und das Eigentum zu verschaffen. Wie beim Fahrniskauf hat der Verkäufer diese Verpflichtung nach Inhalt, Qualität und Zeit richtig zu erfüllen. Im Einzelnen:

624 1. Das **verkaufte Grundstück**, das als Kaufsache geschuldet wird, ergibt sich aus dem Vertrag. In der überwiegenden Zahl von Fällen wird ein Spezieskauf vorliegen. Eine (beschränkte) Gattungsschuld kommt ausnahmsweise vor, wenn der Verkäufer aus einer Mehrzahl ähnlicher Parzellen ein Grundstück zu übereignen hat.

625 Soll eine bestimmte Quadratmeterzahl von einem bestehenden Grundstück abgetrennt und verkauft werden, so kann diese Verpflichtung nach dem Vermessungsrecht (VAV) vom Grundbuchamt nur dann behandelt – und insofern vom Verkäufer richtig erfüllt – werden, wenn die neue Parzelle vermessen ist

---

[134] BGE 68 II 229 ff. (237), E. IV; Schmid, Die öffentliche Beurkundung, Nr. 825 ff.

[135] Vgl. allgemein Gauch/Schluep/Schmid, Nr. 948 ff. und 962a ff.

[136] Schmid, Die öffentliche Beurkundung, Nr. 831 ff. (mit weiteren Ausführungen zum Umfang des Ersatzanspruchs); offengelassen in BGE 106 II 36 ff. (42), E. 5, und 98 II 23 ff. (28 f.), E. 3 = Pra 61/1972, Nr. 120, S. 371 ff.

[137] BGE vom 7. Januar 1999, in ZBGR 80/1999, S. 387 ff. (392), E. 4a.

[138] Schmid, Vertrauenshaftung bei Formungültigkeit, in: Forstmoser Peter/Honsell Heinrich/Wiegand Wolfgang (Hrsg.), Richterliche Rechtsfortbildung in Theorie und Praxis, Festschrift für Hans Peter Walter, Bern 2005, S. 417 ff. (besonders S. 426 ff.); demgegenüber hat das Bundesgericht im zitierten Einzelfall (BGE vom 7. Januar 1999, in ZBGR 80/1999, S. 387 ff. [392 f.], E. 4a) Ersatz im Umfang des positiven Interesses (Erfüllungsinteresses) zugesprochen.

[139] BGE 127 III 248 ff. (251 f.), E. 1a.

(Nachführungsgeometer) und eine neue Grundstücknummer erhalten hat.[140] Die Beurkundungsvorschriften weisen den Notar regelmässig an, zuerst die Parzellierung abzuwarten und dann die öffentliche Urkunde über den Kauf zu errichten.

2. Wie beim Fahrniskauf ist die **Verpflichtung des Grundstückverkäufers** eine doppelte: 626

   – Einerseits hat der Verkäufer dem Käufer den Besitz am Grundstück zu verschaffen   627
   (Art. 184 Abs. 1 OR). Die Erfüllung dieser *Besitzverschaffungspflicht* richtet sich nach
   Art. 922 ff. ZGB.[141] Bei überbauten Grundstücken schuldet der Verkäufer namentlich die
   Übergabe der Schlüssel (Art. 922 Abs. 1 ZGB).

   – Andererseits hat der Verkäufer die Pflicht, dem Käufer am verkauften Grundstück das   628
   Eigentum zu verschaffen (Art. 184 Abs. 1 OR). Weil es um eine unbewegliche Sache geht,
   reicht die Besitzübertragung zur Eigentumsverschaffung nicht aus. Da der Grundeigen-
   tumserwerb die Eintragung des Erwerbers in das Grundbuch erfordert (Art. 656 Abs. 1
   ZGB), muss der Verkäufer vielmehr beim zuständigen Grundbuchamt den Käufer als
   neuen Eigentümer anmelden und der Anmeldung die notwendigen Ausweise beifügen
   (Art. 963 ff. ZGB).[142] Geschuldet von Seiten des Verkäufers wird also die Abgabe einer
   Willenserklärung (an das Grundbuchamt).

   Bestätigt und ergänzt wird diese Rechtslage durch Art. 665 Abs. 1 ZGB: Nach dieser   629
   Bestimmung gibt der Erwerbsgrund (Kaufvertrag) dem Erwerber gegen den Eigentümer einen persönlichen Anspruch auf Eintragung und bei Weigerung des Eigentümers
   das Recht auf gerichtliche Zusprechung des Eigentums.[143] Um den Anspruch auf Übereignung zu sichern, kann es für den Käufer überdies geboten sein, gerichtlich die Vormerkung einer Verfügungsbeschränkung im Grundbuch nach Art. 960 Abs. 1 Ziff. 1
   ZGB – im Sinn einer vorsorglichen Massnahme – zu erwirken.[144]

   Ist der Grundstückkauf aufschiebend bedingt abgeschlossen worden, so kann aus   630
   sachenrechtlichen Gründen die Eintragung in das Grundbuch erst erfolgen, wenn die
   Bedingung erfüllt ist (Art. 217 Abs. 1 OR; vgl. auch Art. 12 Abs. 1 GBV). Bei Entwehrung
   hat der Verkäufer Gewähr zu leisten (Nr. 638 ff.).

   Nach dem sachenrechtlichen Kausalitätsprinzip geht denn auch das Eigentum am betreffenden   631
   Grundstück (bei Eintragung in das Grundbuch, Art. 656 Abs. 1 ZGB) nur dann über, wenn der Kaufvertrag (Rechtsgrund) gültig ist.[145]

3. Das verkaufte Grundstück und namentlich die darauf befindlichen Gebäude und weiteren   632
   Anlagen müssen **qualitativ** den vertraglich vereinbarten Anforderungen entsprechen. Andernfalls greift die Mängelhaftung des Verkäufers (Nr. 643 ff.).

4. Die genannten Pflichten müssen auch in **zeitlicher** Hinsicht vertragskonform erfüllt wer-   633
   den (vgl. Nr. 233 ff.).

---

[140] Zum Vermessungsrecht vgl. Schmid/Hürlimann-Kaup, Sachenrecht, Nr. 394 ff.

[141] Schmid/Hürlimann-Kaup, Sachenrecht, Nr. 143 ff.

[142] Schmid/Hürlimann-Kaup, Sachenrecht, Nr. 499 ff.

[143] Schmid/Hürlimann-Kaup, Sachenrecht, Nr. 842 und 849a ff.; ausführlich Schnyder, Vertragserfüllung,
S. 147 ff. (§ 4 N 25 ff.).

[144] BGE 104 II 170 ff. (176), E. 5; Schmid/Hürlimann-Kaup, Sachenrecht, Nr. 480 ff. und 849a ff.; Schnyder, Vertragserfüllung, S. 156 ff. (§ 4 N 40 ff.).

[145] Schmid/Hürlimann-Kaup, Sachenrecht, Nr. 74 ff. und 849.

III. Die Pflichten des Käufers

634   Die Käuferpflichten folgen den allgemeinen Regeln. Der Käufer schuldet daher dem Verkäufer den Kaufpreis (Art. 184 Abs. 1 OR) und ist nach Massgabe von Art. 211 OR (in Verbindung mit Art. 221 OR) zur Annahme des verkauften Grundstücks gehalten. Zwei Punkte seien herausgegriffen:

635   1. Art. 214 OR, der dem Verkäufer bei **Verzug des Käufers** ein Rücktrittsrecht gewährt, ist auch auf den Grundstückkauf anwendbar.[146]

636   Vom Rücktrittsrecht ist der Verkäufer (der keinen entsprechenden Vorbehalt angebracht hat) beim Kreditverkauf des Grundstücks im Sinn von Art. 214 Abs. 3 OR allerdings erst dann ausgeschlossen, wenn er Besitz *und* Eigentum (Letzteres durch Grundbuchanmeldung) auf den Käufer übertragen hat.[147]

637   2. Oft wird ein Teil des Kaufpreises durch **Schuldübernahme** beglichen, also dadurch getilgt, dass der Käufer die auf dem Grundstück lastenden Grundpfandschulden übernimmt. In diesem Zusammenhang sind die Art. 832 ff. ZGB zu beachten.[148]

IV. Die Rechtsgewährleistung insbesondere

638   1. Die Gefahr der vollständigen oder teilweisen **Entwehrung** (Eviktion) stellt sich auch mit Bezug auf Grundstücke. Wie ausgeführt (Nr. 274 ff.), ist jedoch auf Grund von Art. 973 Abs. 1 ZGB die Entwehrungsgefahr selten aktuell. Sie spielt immerhin dort eine besondere Rolle, wo das eidgenössische Grundbuch noch nicht eingeführt ist und ihm auch keine andere kantonale Registereinrichtung gleichgestellt wurde (Art. 48 Abs. 3 SchlT ZGB).

639   2. Da das Recht des Grundstückkaufs keine Sonderregeln zur Entwehrung bei Grundstücken enthält, sind die **Regeln über die Rechtsgewährleistung beim Fahrniskauf** sinngemäss anwendbar (Art. 221 OR in Verbindung mit Art. 192 ff. OR; Nr. 269 ff.). Das gilt:

640   – einerseits für die Voraussetzungen der Entwehrung;

641   – andererseits für die Rechtsgewährleistungsansprüche des Grundstückkäufers.

642   Auch hier gelten bezüglich der Verjährung keine besonderen Normen, weil Art. 219 Abs. 3 OR auf die Rechtsgewährleistung nicht anwendbar ist. Es bleibt damit bei der allgemeinen Verjährungsfrist von Art. 127 OR.[149]

V. Die Sachgewährleistung insbesondere

643   Für die Mängelhaftung des Grundstückverkäufers gelten einerseits die Regeln von Art. 197 ff. OR; andererseits treten Sonderregeln nach Art. 219 OR hinzu:

---

[146]   BGE vom 10. April 1987 in Semjud 109/1987, S. 604 ff. (607 f.), E. 1b; BGE 96 II 47 ff. (50), E. 2; 86 II 221 ff. (234), E. 11c.

[147]   BGE 86 II 221 ff. (234), E. 11c; T. Merz, S. 167.

[148]   Vgl. BGE 121 III 256 ff. und dazu Deillon-Schegg Bettina, Grundstückkauf und Pflicht zur Zahlung von Hypothekarzinsen, recht 1998, S. 25 ff.; Entscheid der Vorinstanz in ZBGR 79/1998, S. 319 ff. (Walliser Kantonsgericht); ferner Schmid/Hürlimann-Kaup, Sachenrecht, Nr. 1619 ff.

[149]   Gleicher Meinung Giger, Berner Komm., N 90 zu Art. 219 OR sowie N 43 zu Art. 221 OR.

1. Zunächst hat der Verkäufer eines Grundstücks nach den allgemeinen **Regeln von**   644
Art. 197 ff. OR für Mängel der Kaufsache einzustehen. Es gelten daher die Regeln des Fahrniskaufs (Nr. 307 ff.) sinngemäss für:

– die Umschreibung des Mangelbegriffs;   645

– die Obliegenheit des Käufers zur Mängelrüge (Art. 201 OR);[150]   646

– die Möglichkeit der vertraglichen Freizeichnung – die namentlich bei überbauten   647
Grundstücken in der Praxis sehr häufig vorkommt – und deren Schranken (Art. 199
OR). Freizeichnungsklauseln haben im Allgemeinen die Funktion, den Verkäufer davor zu bewahren, dass er seine Gewährleistung für die uneingeschränkte Qualität der
Kaufsache erbringen muss; das ist besonders dort aktuell, wo der Verkäufer das Risiko
von Mängeln selber nicht einschätzen kann, also insbesondere beim Verkauf von Alt-
bauten.[151]

Zu solchen Klauseln, die in der Notariatspraxis eine erhebliche Rolle spielen, besteht eine reiche   648
Gerichtspraxis, die häufig vom Bemühen um die Eindämmung unbilliger Klauseln geprägt ist («verdeckte Inhaltskontrolle»). Die Freizeichnungsklausel kommt unter anderem dann nicht zum Tragen,
wenn es sich lediglich um eine Floskel handelt[152] oder wenn der Verkäufer arglistig handelt (Art. 199
OR)[153]. Die Klausel erfasst ausserdem jene Mängel nicht, die bei objektivierter Auslegung gänzlich
ausserhalb dessen liegen, womit ein Käufer vernünftigerweise rechnen musste. Massgebend sind die
Umstände des Einzelfalls.[154] Weiter ist relevant, zu welchem erkennbaren Zweck der Käufer den Gegenstand gekauft hat und ob der eingetretene Mangel die Kaufsache für den vorgesehenen Gebrauch
weitgehend untauglich macht bzw. «den wirtschaftlichen Zweck des Geschäfts erheblich beeinträchtigt» (Nr. 372).

– die Mängelrechte des Käufers, nämlich Wandelung, Minderung und Ersatz des Mangel-   649
folgeschadens (Art. 205 ff. OR).[155]

Oftmals tritt der Verkäufer (der ein Gebäude durch Bauunternehmer hat erstellen lassen) dem Käufer   650
im Zusammenhang mit einer Freizeichnungsklausel seine Mängelrechte aus Werkvertrag gegen die
Unternehmer ab, sodass der Käufer die Mängel selbständig soll geltend machen können.[156] Ob alle
Mängelrechte tatsächlich abtretbar sind, ist indessen umstritten.[157]

---

[150]   BGE 81 II 56 ff. (60), E. 3b; RJN 1997, S. 111 ff. (115 f.), E. 4 (Neuenburger Kantonsgericht).
[151]   Urteil des BGer. vom 13. Juli 2005, Nr. 4C.16/2005, E. 1.5 = ZBGR 88/2007, S. 281 ff.; BGE 131 III 145 ff.
        (151), E. 8.1 = Pra 2005, Nr. 50, S. 389 ff. = ZBGR 88/2007, S. 289 ff.; BGE 130 III 686 ff. (691), E. 4.3.1;
        BGE vom 1. November 1995 in ZBGR 77/1996, S. 330 ff. (333), E. 4b.
[152]   RJJ 1995, S. 165 ff. (Jurassisches Kantonsgericht); ZWR 29/1995, S. 237 f. (Walliser Kantonsgericht);
        LGVE 1986 I Nr. 8, S. 10 ff. (11) = ZBGR 71/1990, S. 286 ff. (Luzerner Obergericht); ähnlich BGE 73 II
        218 ff. (224), E. 3; Urteil des BGer. vom 20. August 2009, Nr. 4A_226/2009, E. 3.2.1 (Floskelcharakter
        der fraglichen Klausel in casu verneint).
[153]   Urteil des BGer. vom 13. Juli 2005, Nr. 4C.16/2005, E. 1.5 = ZBGR 88/2007, S. 281 ff.; ZWR 29/1995,
        S. 232 ff. (233 f.), E. 9b (Walliser Kantonsgericht).
[154]   BGE 130 III 686 ff. (689), E. 4.3.1; Urteil des BGer. vom 20. August 2009, Nr. 4A_226/2009, E. 3.2.2;
        Urteil des BGer. vom 25. August 2005, Nr. 4C.119/2005, E. 2.3. Zum Ganzen auch SCHUMACHER/RÜEGG,
        S. 279 ff. (§ 5, Nr. 315 ff.).
[155]   ZWR 32/1998, S. 240 ff. (Walliser Kantonsgericht).
[156]   Vgl. z.B. RJJ 1996, S. 63 ff. (Jurassisches Kantonsgericht).
[157]   Zum Ganzen vgl. SCHUMACHER/RÜEGG, S. 286 ff. (§ 5, Nr. 340 ff.) mit Hinweisen; SCHMID, Gewährleis-
        tung, S. 93 ff.

651 – Sodann gelten die für den Käufer günstigeren Ausnahmeregeln bezüglich Freizeichnung, Rügeobliegenheit und Verjährung der Mängelrechte, falls der Verkäufer den Käufer absichtlich getäuscht hat (Art. 199, 203 und 210 Abs. 3 OR).[158]

652 2. **Sonderregeln** des Gewährleistungsrechts für Grundstücke sind in **Art. 219 OR** enthalten:

653 – Zunächst stellt das Gesetz eine Sonderregel auf für den Fall, dass das Grundstück nicht das *Flächenmass* besitzt, welches im Kaufvertrag angegeben ist (Art. 219 Abs. 1 und 2 OR):[159]

654 Die vom Verkäufer angegebene Grundstücksfläche ist – sofern der Käufer auf Grund der gesamten Umstände nach Treu und Glauben darauf vertrauen darf – als zugesicherte Eigenschaft anzusehen,[160] sodass der Verkäufer bei Mindermass gewährleistungspflichtig wird (Art. 219 Abs. 1 OR).

655 Eine Einschränkung zu Gunsten des Verkäufers gilt jedoch dann, wenn «ein Grundstück nicht das im Grundbuch auf Grund amtlicher Vermessung angegebene Mass» besitzt; hier haftet der Verkäufer – sofern er sich gutgläubig auf die grundbuchlichen Angaben verlassen und den Mangel nicht gekannt hat[161] – nur dann, wenn er «die Gewährleistung hiefür [für das Mindermass] ausdrücklich übernommen hat» (Art. 219 Abs. 2 OR). Insofern trägt «nach der gesetzlichen Regelung der Käufer das Risiko für die allfällige Unrichtigkeit des Grundbuches [bezüglich der Flächenangabe]».[162] Umstritten ist, ob und inwieweit er dafür den Kanton aus Art. 955 ZGB (Schadenersatzpflicht aus Grundbuchführung) haftbar machen kann.[163]

656 Als Rechtsfolge der Sachgewährleistung ordnet Art. 219 Abs. 1 und 2 OR an, der Verkäufer habe (unter gewissen Voraussetzungen) «Ersatz zu leisten». Nach der bundesgerichtlichen Auffassung sind die Ansprüche des Käufers auf Minderung (und Schadenersatz) beschränkt.[164] Nach anderer Meinung ist die Wandelung nicht ausgeschlossen.[165]

657 – Sodann gilt nach Art. 219 Abs. 3 OR eine *besondere Verjährungsregel:* Die Pflicht zur Gewährleistung für Mängel eines Gebäudes verjährt mit dem Ablauf von 5 Jahren, vom Erwerb des Eigentums an gerechnet. Die Rechtsprechung dehnt diese Verjährungsfrist auch auf unbebaute Grundstücke aus.[166]

658 Diese im Vergleich zur allgemeinen 10-jährigen Verjährung verkürzte Frist kann der Verkäufer nicht geltend machen, wenn er den Käufer absichtlich getäuscht hat (Art. 210 Abs. 3 OR).[167]

---

[158] BGE 81 II 138 ff. (141), E. 3.
[159] Zum Folgenden vgl. auch KOLLER, Falsche Flächenangabe, S. 1 ff.
[160] Urteil des BGer. vom 14. Februar 2008, Nr. 4A_417/2007, E. 4.3 = ZBGR 90/2009, S. 243 ff.; ähnlich schon CAVIN, SPR VII/1, S. 130.
[161] BGE 62 II 159 ff. (163), E. 3; 81 II 138 ff. (141), E. 3; CAVIN, SPR VII/1, S. 139 f.
[162] BGE 62 II 159 ff. (164), E. 4, mit Hinweisen auf die Entstehungsgeschichte.
[163] Vgl. HONSELL, Basler Komm., N 6 zu Art. 219 OR. Zu dieser Staatshaftung etwa SCHMID/HÜRLIMANN-KAUP, Sachenrecht, Nr. 552 ff.
[164] BGE 87 II 244 ff. (247 f.), E. c; ebenso CAVIN, SPR VII/1, S. 140; TERCIER/FAVRE/ZEN-RUFFINEN, Nr. 1094.
[165] KELLER/SIEHR, S. 124; GIGER, Berner Komm., N 58 ff. zu Art. 219 OR.
[166] BGE 104 II 265 ff. (270), E. 3; Urteil des BGer. vom 23. Juli 2008, Nr. 4A_235/2008, E. 5.1.
[167] BGE 81 II 138 ff. (141), E. 3.

VI. Einzelfragen

1. Die Gefahrtragung

1. Aus der Entstehungsgeschichte des OR ergibt sich, dass der Gesetzgeber die Frage der Ge-   659
fahrtragung für den Fahrnis- und den Grundstückkauf grundsätzlich gleich regeln wollte.[168] Dennoch hat er in *Art. 220 OR* eine besondere Vermutung aufgestellt: Ist für die
Übernahme des Grundstücks – verstanden als Besitzübertragung – durch den Käufer ein
bestimmter Zeitpunkt vertraglich festgestellt, so wird vermutet, dass Nutzen und Gefahr
erst mit diesem Zeitpunkt auf den Käufer übergehen.

Diese vereinbarte Besitzesübernahme («Besitzesantritt») ist nach der hier vertretenen Meinung für den   660
Übergang der Preisgefahr – vermutungsweise – auch dann massgebend, wenn die Eintragung des Käufers
im Grundbuch (Eigentumsübergang, Art. 656 Abs. 1 ZGB) ausnahmsweise vorher erfolgt. Dafür sprechen
nicht nur die Gesetzesmaterialien,[169] sondern auch Wertungsüberlegungen: Den Verkäufer trifft nicht nur
eine Eigentums-, sondern auch eine Besitzverschaffungspflicht; er hat also seine Vertragspflichten nicht
schon mit der Grundbuchanmeldung, sondern erst mit der tatsächlichen Übergabe erfüllt. Ausserdem
behält der Verkäufer bis zur Besitzübertragung die tatsächliche Gewalt über die Sache; dem Käufer sind
also Einwirkungsmöglichkeiten zum Schutz der Sache vor Gefahren verunmöglicht.[170]

2. Die beschriebene Regelung stellt nur eine (widerlegbare) Vermutung auf und wird über-   661
dies im Fall, da der Eigentumsübergang der Besitzverschaffung vorausgeht, unterschiedlich ausgelegt. Aus diesen Gründen ist den Parteien – und dem Notar – dringend zu raten,
es nicht auf Art. 220 OR ankommen zu lassen, sondern selber den Zeitpunkt des Übergangs
von Nutzen und Gefahr **im öffentlich beurkundeten Vertrag** klar und deutlich **zu regeln**.

2. Die Sicherung der Kaufpreisforderung

1. Die **Eintragung eines Eigentumsvorbehalts** beim Grundstückkauf ist gesetzlich ausge-   662
schlossen (Art. 217 Abs. 2 OR; vgl. auch Art. 715 Abs. 1 ZGB, der nur von beweglichen Sachen spricht).

2. Für die Sicherung der (restanzlichen) Kaufpreisforderung sieht das Sachenrecht indes-   663
sen zu Gunsten des Verkäufers ein **mittelbares gesetzliches Grundpfandrecht** vor: Nach
Art. 837 Abs. 1 Ziff. 1 ZGB hat der Grundstückverkäufer für seine Forderung einen Anspruch
auf Errichtung eines gesetzlichen Grundpfandrechts. Auf diesen Anspruch kann er nicht
zum Voraus verzichten (Art. 837 Abs. 2 ZGB). Die Eintragung des Pfandrechts muss jedoch
spätestens drei Monate nach der Übertragung des Eigentums erfolgen (Art. 838 ZGB).

Im Streitfall um die Eintragung des Pfandrechts kann (anders als beim Bauhandwerkerpfandrecht,   664
Art. 839 Abs. 3 ZGB) der Verkäufer die Eintragung selber – ohne richterlichen Entscheid – beim Grundbuchamt erwirken.[171]

---

[168] Bundesrat in OR-Revisionsbotschaft von 1905, BBl 1905 II S. 23 = FASEL, Materialien, S. 1458.
[169] Botschaft des Bundesrates vom 3. März 1905, BBl 1905 II S. 27 = FASEL, Materialien, S. 1461 (zu Art. 1264
des Entwurfs): Bezugnahme auf den vertraglich bestimmten Übernahmezeitpunkt, «und zwar unabhängig von der Eintragung in das Grundbuch, die vor oder nach der tatsächlichen Übernahme des Kaufgegenstandes stattfinden kann».
[170] Im Ergebnis ebenso KOLLER, Basler Komm., N 2 zu Art. 220 OR; CORTESI, Kaufpreisgefahr, S. 121; a.M.
TERCIER/FAVRE/ZEN-RUFFINEN, Nr. 1102 (der dortige Hinweis auf BGE 98 II 15 ist unzutreffend); unent-
schieden GIGER, Berner Komm., N 10 ff. zu Art. 220 OR.
[171] SCHMID/HÜRLIMANN-KAUP, Sachenrecht, Nr. 1666 und 1681.

665 3. In der Praxis wird sodann zur Sicherung der Kaufpreisforderung häufig vereinbart, dass der Käufer spätestens bei der öffentlichen Beurkundung des Grundstückkaufvertrags ein **unwiderrufliches Zahlungsversprechen einer Bank** beibringt.[172]

3. Der Kauf von Stockwerkeigentum «ab Plan»

666 1. Stockwerkeigentum ist nach Art. 712a Abs. 1 ZGB der **Miteigentumsanteil** an einem Grundstück, der dem Miteigentümer das Sonderrecht gibt, bestimmte Teile eines Gebäudes ausschliesslich zu benutzen und innen auszubauen.[173] Als Miteigentumsanteil stellt das Stockwerkeigentum ein *Grundstück im Rechtssinn* dar (Art. 655 Abs. 2 Ziff. 4 und Art. 943 Abs. 1 Ziff. 4 ZGB). Das bedeutet, dass der Kauf von Stockwerkeigentum als Grundstückkauf zu qualifizieren ist und gemäss Art. 216 Abs. 1 OR zu seiner Gültigkeit der öffentlichen Beurkundung bedarf.

667 Mit anderen Worten: Wer eine «Eigentumswohnung» kauft, kauft rechtlich gesehen einen Miteigentumsanteil (mit Grundstücksqualität), der von Gesetzes wegen mit einem Sonderrecht verbunden ist.

668 2. Art. 33c Abs. 1 GBV sieht nun vor, dass Stockwerkeigentum unter gewissen Voraussetzungen schon **vor Erstellung des Gebäudes** begründet (das heisst im Grundbuch eingetragen und damit als dingliches Recht ausgestaltet; Art. 712d Abs. 1 ZGB) werden kann. Die genannte Bestimmung verlangt, dass mit der Anmeldung der Aufteilungsplan eingereicht wird.[174]

669 Ist aber die dingliche Begründung von Stockwerkeinheiten schon vor der Gebäudeerstellung möglich, so müssen auch **Kaufverträge über solches Stockwerkeigentum «ab Plan»** (vor Erstellung des Gebäudes) zulässig sein. Als Grundstückkaufverträge bedürfen sie der öffentlichen Beurkundung (Art. 216 Abs. 1 OR).

670 3. Obwohl der Kauf von Stockwerkeigentum ab Plan in der Praxis stark verbreitet ist, wirft er in dogmatischer Hinsicht **zahlreiche Fragen** auf. In Stichworten seien folgende vier Probleme aufgeworfen:[175]

671 — Wie ist ein solcher Vertrag rechtlich zu qualifizieren? Handelt es sich um einen reinen Kaufvertrag (allenfalls um einen Kauf einer künftigen Sache), oder trifft den «Verkäufer» hinsichtlich des Gebäudes eine Herstellungspflicht, die für einen gemischten Vertrag mit Elementen aus Kauf und Werkvertrag spricht?[176]

672 Falls eine entsprechende Herstellungspflicht bejaht wird: Wer kann den entsprechenden Anspruch durchsetzen — der einzelne «Käufer» (Stockwerkeigentümer) oder nur die Stockwerkeigentümergemeinschaft insgesamt? Welche Gewährleistungsregeln sind anwendbar (Kauf? Werkvertrag?), und wem stehen die Ansprüche zu?

673 — Welche Rechte und Pflichten stehen — über den allfälligen Herstellungsanspruch hinaus, vor Vollendung der Baute — den Mitgliedern der Stockwerkeigentümergemeinschaft zu?

---

[172] Vgl. etwa ARNET RUTH, Abwicklung und Absicherung der Gegenleistung — Überlegungen zum «unwiderruflichen Zahlungsversprechen» und zum Verkäuferpfandrecht, in: Schmid Jürg (Hrsg.), Der Grundstückkauf — La vente immobilière, Zürich 2010, S. 427 ff.

[173] Ausführlich SCHMID/HÜRLIMANN-KAUP, Sachenrecht, Nr. 1013 ff.

[174] Vgl. BGE 132 III 9 ff. (12 f.), E. 3.2–3.4.

[175] Vgl. zum Ganzen STÖCKLI, Stockwerkeigentum ab Plan, S. 9 ff.

[176] Vgl. dazu auch BGE 117 II 259 ff. (264), E. 2b; 118 II 142 ff. (144), E. 1a.

— Wie – insbesondere in welcher zeitlichen Staffelung – soll die Kaufpreiszahlung aus-   674
gestaltet werden, und wann soll die Eigentumsübertragung an den Käufer (Grundbucheintragung) erfolgen (vgl. auch Nr. 628)?

Ist der Käufer von Anfang an als Eigentümer des Stockwerkeigentumsanteils im Grundbuch einge-   675
tragen, gehen alle eingebauten Teile mit dem Einbau von Gesetzes wegen in sein Miteigentum über
(Akzessionsprinzip; Art. 667 und Art. 671 Abs. 1 ZGB). Vor Beginn der Bauarbeiten gehört ihm in
diesem Fall jedoch lediglich das unüberbaute Grundstück (zu Miteigentum). Bei der Gestaltung des
Vorvertrags oder Kaufvertrags ist daher darauf zu achten, dass der Käufer seine Teilzahlungen entsprechend dem Baufortschritt so leistet, dass er dafür jeweils ein Äquivalent an werthaltigen Bauleistungen erhält. Das Gleiche gilt für den Verkäufer (Werkunternehmer): Er soll im Zeitpunkt der
Übereignung und der Vollendung wesentlicher Bauleistungen die entsprechenden Teilleistungen des
Kaufpreises erhalten.

— Wie ist die Rechtslage, wenn das errichtete Gebäude nicht mit dem ursprünglichen Auf-   676
teilungsplan übereinstimmt (vgl. aus grundbuchrechtlicher Sicht auch Art. 33c Abs. 3
und 4 GBV)?

4.   Der Kauf landwirtschaftlicher Grundstücke

Für den Kauf landwirtschaftlicher Grundstücke und landwirtschaftlicher Gewerbe ist das   677
BGBB massgebend. Herausgegriffen seien die folgenden Bestimmungen:

1. Ein Eigentümer kann ein landwirtschaftliches Gewerbe, das er zusammen mit seinem Ehe-   678
gatten bewirtschaftet, oder einen Miteigentumsanteil daran gemäss Art. 40 Abs. 1 BGBB
nur mit **Zustimmung des Ehegatten** veräussern. Dies gilt auch für eingetragene Partnerschaften (Art. 10a BGBB).

2. Der Erwerb eines landwirtschaftlichen Gewerbes oder Grundstücks bedarf einer **Bewil-**   679
ligung (Art. 61 Abs. 1 BGBB); sie wird erteilt, wenn kein Verweigerungsgrund vorliegt
(Art. 61 Abs. 2 BGBB). Verweigerungsgründe sind namentlich die fehlende Selbstbe-
wirtschaftung durch den Erwerber und die Vereinbarung eines übersetzten Kaufpreises
(Art. 63 lit. a und b BGBB). Art. 70 BGBB umschreibt die zivilrechtlichen Sanktionen von
Verstössen gegen die genannten Regeln (zur Grundbuchberichtigung vgl. Art. 72 BGBB).

§ 5 Besondere Arten des Kaufvertrags

680 *Sonderliteratur (Auswahl):*

BLÄTTLER MARTIN, Versteigerungen über das Internet, Rechtsprobleme aus der Sicht der Schweiz, Diss. Zürich 2004.

BRUNNER ALEXANDER/REHBINDER MANFRED/STAUDER BERND (Hrsg.), Jahrbuch des Schweizerischen Konsumentenschutzrechts (JKR) 2002, Bern 2003 (mit zahlreichen Aufsätzen zum KKG).

FAVRE-BULLE XAVIER, Loi fédérale sur le crédit à la consommation (LCC), in: Thévenoz Luc/ Werro Franz (Hrsg.), Commentaire romand, Code des obligations I (...), Genf/Basel/München 2003 (S. 1541 ff.).

GIGER HANS, Berner Kommentar, Kommentar zum schweizerischen Privatrecht, Bd. VI: Das Obligationenrecht, 2. Abteilung: Die einzelnen Vertragsverhältnisse, 1. Teilband: Kauf und Tausch, 4. Abschnitt: Besondere Arten des Kaufes (Art. 222 bis 236 OR), und 5. Abschnitt: Der Tauschvertrag (Art. 237 bis 238 OR), Bern 1999.

SCHMID JÖRG, Die Grundstücksversteigerung, in: Koller Alfred (Hrsg.), Der Grundstückkauf, 2. Aufl., Bern 2001, S. 453 ff. (§ 10).

I. Übersicht

681 Neben dem (gewöhnlichen) Fahrniskauf und dem Grundstückkauf regelt das Gesetz mehr oder weniger ausführlich weitere Arten des Kaufs:

682 1. Beim **Kauf von Bestandteilen eines Grundstücks**, wie z.B. Früchten oder Material aus Abbruch oder aus Steinbrüchen, erklärt Art. 187 Abs. 2 OR die Bestimmungen über den Fahrniskauf für anwendbar, sofern die Bestandteile nach ihrer Lostrennung auf den Erwerber als bewegliche Sachen übergehen sollen (Nr. 209). Regelmässig besorgt der Käufer die Lostrennung des Materials.

683 2. Der **Handelskauf** wird im schweizerischen Recht nicht systematisch als eigene Kategorie geregelt. Das Gesetz kennt jedoch an verschiedenen Orten Sondervorschriften für den kaufmännischen Verkehr, etwa die folgenden:

684 – Besondere Regeln über den Verkäuferverzug und die Schadensberechnung (Art. 190 f. OR).

685 – Besondere Vorschriften über den Schadenersatz beim Käuferverzug (Art. 215 OR).

686 3. Der **Viehkauf** wird im OR beim Fahrniskaufrecht behandelt. Sondervorschriften bestehen etwa für die Gewährleistungspflicht des Viehverkäufers (Art. 198 und 202 OR samt zugehöriger Verordnung[1]) sowie für die Möglichkeiten, eine Kaufpreisforderung für Vieh zu sichern (Ausschluss des Eigentumsvorbehalts gemäss Art. 715 Abs. 2 ZGB; besondere Möglichkeit der Viehverpfändung nach Art. 885 ZGB).

---

[1] Verordnung vom 14. November 1911 betreffend das Verfahren bei der Gewährleistung im Viehhandel, SR 221.211.22.

4. Der **Kauf nach Muster** (Art. 222 OR) kennt Sondervorschriften für verschiedene Beweis- 687
   fragen.

5. Der **Kauf auf Probe oder auf Besicht** ist in Art. 223–225 OR geregelt.   688

6. Die **Teilzahlungsgeschäfte** sind an verschiedenen Orten geregelt: Ausführliche Sonder-   689
   vorschriften kennt das OR zum Vorauszahlungsvertrag (Art. 227a–228 OR). Für den Ab-
   zahlungsvertrag ist dagegen das KKG massgebend (vgl. insbesondere Art. 10 KKG; zum
   Konsumkreditvertrag Nr. 1332 ff.).

7. Der **Steigerungskauf** (Versteigerungskauf) ist in Art. 229–236 OR geregelt (Nr. 692 ff.). 690

8. Separat behandelt das OR auch den **Tauschvertrag** (Art. 237 f. OR; Nr. 793 ff.).   691

II. Der Versteigerungskauf im Besonderen

Die Versteigerung regelt das OR in den **Art. 229–236 OR**. Es enthält auch Vorschriften, die 692
sich auf die Zwangsversteigerung (und damit nicht auf einen privatrechtlichen Vertrag) beziehen. Diese Normen bleiben hier ausser Betracht, ebenso wie mögliche kantonale Normen,
zu deren Erlass die Kantone gemäss Art. 236 OR befugt sind.[2]

1. Die **freiwillige Versteigerung** – also jede Versteigerung, die nicht eine Zwangsverstei- 693
   gerung darstellt – ist in Wirklichkeit nichts anderes als ein allgemeiner Mechanismus zur
   Vertragsentstehung. Dieser Mechanismus ist keineswegs auf Kaufverträge beschränkt, sondern könnte auch beim Abschluss von Verträgen auf Gebrauchsüberlassung oder auf Arbeitsleistung vorkommen (namentlich im Submissionsbereich). Auseinanderzuhalten sind
   sodann:

   – Die freiwillige *private* Versteigerung, die nur einem begrenzten Kreis von Bietern offen- 694
     steht. Auf sie sind die Bestimmungen des Allgemeinen Teils des OR anwendbar.[3] Inso-
     fern liegt ein «gewöhnlicher» Kaufvertrag vor; soll ein Grundstück versteigert werden,
     ist also die öffentliche Beurkundung erforderlich.[4]

   – Die freiwillige *öffentliche* Versteigerung, die im Sinn von Art. 229 Abs. 2 OR öffentlich 695
     angekündigt worden ist und an der jedermann bieten kann.

     Eine relativ neue Erscheinungsform der freiwilligen öffentlichen Versteigerung sind die Online-Auk- 696
     tionen. Sie laufen nach den Regeln des Auktionshauses ab. Jeder beim Auktionshaus registrierte Be-
     nutzer kann bei ihnen mitbieten.[5]

2. Hinsichtlich der **freiwilligen öffentlichen Versteigerung** enthält das OR Normen zu fol- 697
   genden Fragen:[6]

   – zum Zustandekommen des Vertrags (Austausch der Willenserklärungen): Art. 229 698
     Abs. 2 und Art. 231 f. OR;

   – zur Vertretungsmacht des Steigerungsleiters: Art. 229 Abs. 3 OR;   699

---

2 Dazu Schmid, Grundstücksversteigerung, S. 474 ff. (§ 10 N 56 ff.).
3 Urteil des BGer. vom 20. Februar 2002, Nr. 5C.14/2002, E. 3b.
4 Im Einzelnen Schmid, Grundstücksversteigerung, S. 462 ff. (§ 10 N 15 ff.).
5 Vgl. z.B. Weber/Skripsky, Sniping bei Onlineauktionen, sic! 2003, S. 685 ff.
6 Einzelheiten bei Schmid, Grundstücksversteigerung, S. 472 ff. (§ 10 N 49 ff.).

700 – zum Eigentumsübergang: Art. 235 OR;

701 Für *Fahrnissachen* ordnet Art. 235 Abs. 1 OR an, dass der Ersteigerer das Eigentum *mit dem Zuschlag* erwirbt. Demnach geht hier – kraft gesetzlicher Anordnung – das Eigentum schon mit Abschluss des Kaufvertrags (Verpflichtungsgeschäfts) über, also ohne Besitzübertragung. Diese Ausnahmeregel zu Art. 714 ZGB lässt sich dadurch rechtfertigen, dass die Öffentlichkeit des Versteigerungsverfahrens eine ähnliche Publizität wie die Besitzübertragung entfaltet und Letztere zu ersetzen vermag.[7] Trotz des klaren Gesetzeswortlauts macht das Bundesgericht jedoch den sofortigen Eigentumsübergang davon abhängig, «dass der Veräusserer ... die Sache besitzt, um sie dem Ersteigerer sofort übergeben zu können».[8]

702 – zur Gewährleistung: Art. 234 OR;[9]

703 – zur Anfechtung der Versteigerung, wenn in rechtswidriger oder sittenwidriger Weise auf den Erfolg der Versteigerung eingewirkt worden ist: Art. 230 OR.[10]

---

[7] TERCIER/FAVRE/ZEN-RUFFINEN, Nr. 1477; GIGER, Berner Komm., N 7 und 13 f. zu Art. 235 OR.

[8] BGE 61 III 150 ff. (153), E. 2 (bezogen auf die Zwangsversteigerung); bestätigt im Urteil des BGer. vom 23. Oktober 2008, Nr. 5A_407/2008, E. 2.2 und 2.3; vgl. auch STEINAUER, Le droits réels II, Nr. 2066 f.

[9] Zu Abs. 1: BGE 120 III 136 ff.; zur Wegbedingung der Haftung gemäss Abs. 3: BGE 123 III 165 ff. («Swatch-Uhr»).

[10] BGE 109 II 123 ff.; SCHMID, Grundstücksversteigerung, S. 494 ff. (§ 10 N 130 ff.).

§ 6 Der internationale Warenkauf nach WKR

Sonderliteratur (Auswahl) 704

Vgl. auch TERCIER/FAVRE/PEDRAZZINI, Nr. 1528, und SCHLECHTRIEM/SCHWENZER, S. XXXVII ff. Zu Literatur und Judikatur zum WKR bestehen sodann mehrere elektronische Datenbanken, z.B.: <www.cisg-online.ch>, <www.cisg.law.pace.edu> (besucht am 5. Februar 2010).

AKIKOL DIANA, Die Voraussetzungen der Sachmängelhaftung beim Warenkauf – Obligationenrecht und UN-Kaufrecht (CISG), Diss. Luzern 2008.

BRUNNER CHRISTOPH, UN-Kaufrecht – CISG, Kommentar zum Übereinkommen der Vereinten Nationen über den internationalen Warenkauf unter Berücksichtigung der Schnittstellen zum internen Schweizer Recht, Bern 2004.

BUCHER EUGEN, Preisvereinbarung als Voraussetzung der Vertragsgültigkeit beim Kauf, Zum angeblichen Widerspruch zwischen Art. 14 und Art. 55 des «Wiener Kaufrechts», in: Sturm Fritz (Hrsg.), Mélanges Paul Piotet, Bern 1990, S. 371 ff. (zitiert: BUCHER, Preisvereinbarung).

DERSELBE (Hrsg.), Wiener Kaufrecht, Der schweizerische Aussenhandel unter dem UN-Übereinkommen über den internationalen Warenkauf, Berner Tage für die Juristische Praxis 1990, Bern 1991 (zitiert: BUCHER/Bearbeiter).

DERSELBE, Wurzeln und Ausstrahlung des Wiener Kaufrechts – Einige Hinweise, insbesondere zur Eigentumsverschaffungspflicht und zur Rechtsgewährleistung in BGB und OR, recht 1996, S. 178 ff. (zitiert: BUCHER, recht 1996).

ERDEM H. ERCÜMENT, La livraison des marchandises selon la Convention de Vienne – Convention des Nations Unies sur les contrats de vente internationale de marchandises du 11 avril 1980, Diss. Freiburg 1990 (AISUF Band 101).

ESCHER ALFRED, UN-Kaufrecht: Stillschweigender Verzicht auf Einwand einer verspäteten Mängelrüge? (...), RIW 45/1999, S. 495 ff.

FAUST FLORIAN, Die Voraussehbarkeit des Schadens gemäss Art. 74 Satz 2 UN-Kaufrecht (CISG), Diss. Regensburg, Tübingen 1996.

FERRARI FRANCO, Interprétation uniforme de la Convention de Vienne de 1980 sur la vente internationale, RIDC 48/1996, S. 183 ff.

DERSELBE, Die Rügeobliegenheit bei Vertragswidrigkeit nach Art. 39 CISG, ZSR 125/2006 I, S. 533 ff.

FOUNTOULAKIS CHRISTIANA/RÜETSCHI DAVID, Der unverbesserliche Triumphbogen, Ein Prüfungsfall zum internationalen Warenkauf (UN-Kaufrecht und internationales Zivilprozessrecht), recht 2005, S. 54 ff.

HACHEM PASCAL/WIDMER CORINNE, Switzerland, in: Ferrari Franco (Hrsg.), The CISG and its Impact on National Legal Systems, München 2008, S. 281 ff.

HONSELL HEINRICH, Die Vertragsverletzung des Verkäufers nach dem Wiener Kaufrecht, SJZ 88/1992, S. 345 ff. und 361 ff. (zitiert: HONSELL, Vertragsverletzung).

DERSELBE (Hrsg.), Kommentar zum UN-Kaufrecht – Übereinkommen der Vereinten Nationen über Verträge über den Internationalen Warenkauf (CISG), Berlin u.a. 1997 (zitiert: HONSELL/Bearbeiter, Kommentar zum UN-Kaufrecht).

HUBER ULRICH, Die Haftung des Verkäufers für Verzug und Sachmängel nach dem Wiener Kaufrechtsübereinkommen, JBl 111/1989, S. 273 ff.

KELLER MAX/SIEHR KURT, Kaufrecht, Kaufrecht des OR und Wiener UN-Kaufrecht, 3. Aufl., Zürich 1995, besonders S. 153 ff.

KOCH ROBERT, Wider den formularmässigen Ausschluss des UN-Kaufrechts, NJW 53/2000, S. 910 ff.

KOLLER THOMAS, Die Verjährung von Ansprüchen des Käufers aus der Lieferung nicht vertragskonformer Ware im Spannungsfeld zwischen UN-Kaufrecht (CISG) und nationalem Partikularrecht, recht 2003, S. 41 ff. (zitiert: KOLLER, recht 2003).

DERSELBE, Probleme des Zusammenwirkens von UN-Kaufrecht (CISG) und nationalem Recht, Widersprüche und Ungenauigkeiten in einer bundesgerichtlichen Urteilsbegründung, in: Jusletter, 21. Juni 2004.

DERSELBE, Der Übergang der Leistungsgefahr bei internationalen Kaufverträgen unter der CIF- und der FOB-Klausel – Überlegungen zur sachgerechten Risikoverteilung im grenzüberschreitenden Warenverkehr, in: Koller Thomas/Walter Hans Peter/Wiegand Wolfgang (Hrsg.), Tradition mit Weitsicht, Festschrift für Eugen Bucher, Bern 2009, S. 383 ff.

DERSELBE, Die Verjährung von Ansprüchen aus der Lieferung nicht vertragsgemässer Ware nach UN-Kaufrecht (CISG) – Keine Anwendung der Einjahresfrist von Art. 210 Abs. 1 OR, in: Jusletter, 20. Juli 2009.

DERSELBE, Die Verjährung von Ansprüchen aus der Lieferung nicht vertragsgemässer Ware nach UN-Kaufrecht (CISG) …, recht 2009, S. 179 ff.

KOLLER THOMAS/STALDER MICHAEL, Verunreinigter Paprika – ein Prüfungsfall aus dem Bereich des UN-Kaufrechts (CISG) mit prozessualen Aspekten, recht 2004, S. 10 ff.

KRAMER ERNST A., Uniforme Interpretation von Einheitsprivatrecht – mit besonderer Berücksichtigung von Art. 7 UNKR, JBl 118/1996, S. 137 ff.

LOHS MARCEL MARTIN/NOLTING NORBERT, Regelung der Vertragsverletzung im UN-Kaufrechtsübereinkommen, ZVglRWiss 97/1998, S. 4 ff.

MAGNUS ULRICH, Die allgemeinen Grundsätze im UN-Kaufrecht, RabelsZ 59/1995, S. 469 ff.

DERSELBE, Das UN-Kaufrecht: Fragen und Probleme seiner praktischen Bewährung, ZEuP 5/1997, S. 832 ff.

DERSELBE, Wesentliche Fragen des UN-Kaufrechts, ZEuP 7/1999, S. 642 ff.

METZGER AXEL, Die Haftung des Verkäufers für Rechtsmängel gemäss Artt. 41, 42 CISG, RabelsZ 73/2009, S. 842 ff.

MEYER JUSTUS, UN-Kaufrecht in der schweizerischen Anwaltspraxis, SJZ 104/2008, S. 421 ff.

MING CATHERINE, La Convention des Nations Unies sur les contrats de vente internationale des marchandises du 11 avril 1980 et le CO (Aperçu de quelques différences), Semjud 113/1991, S. 553 ff.

MOHS FLORIAN/HACHEM PASCAL, Verjährung von Ansprüchen des Käufers wegen Nichtlieferung und Lieferung vertragswidriger Ware aus CISG nach internem Schweizer Recht (…), AJP 2009, S. 1541 ff.

NEUMAYER KARL H./MING CATHERINE, Convention de Vienne sur les contrats de vente internationale de marchandises, Commentaire, Lausanne 1993.

RATHJEN PETER, Haftungsentlastung des Verkäufers oder Käufers nach Art. 79, 80 CISG, RIW 45/1999, S. 561 ff.

ROSSMEIER DANIELA, Schadenersatz und Zinsen nach UN-Kaufrecht – Art. 74 bis 78 CISG, RIW 46/2000, S. 407 ff.

SCHLECHTRIEM PETER, Anwendungsvoraussetzungen und Anwendungsbereich des UN-Übereinkommens über Verträge über den internationalen Warenkauf (CISG), AJP 1992, S. 339 ff.

SCHLECHTRIEM PETER/SCHWENZER INGEBORG (Hrsg.), Kommentar zum Einheitlichen UN-Kaufrecht, Das Übereinkommen der Vereinten Nationen über Verträge über den internationalen Warenkauf, CISG, 5. Aufl., München/Basel 2008.

SCHNEIDER DIRK, UN-Kaufrecht und Produktehaftpflicht – Zur Auslegung von Art. 4 Satz 1 und Art. 5 CISG und zur Abgrenzung vertraglicher und ausservertraglicher Haftung aus der Sicht des CISG, Diss. Basel 1995.

Schweizerisches Institut für Rechtsvergleichung (Hrsg.), Wiener Übereinkommen von 1980 über den internationalen Warenkauf, Lausanner Kolloquium vom 19. und 20. November 1984, Zürich 1985 (zitiert: AUTOR, Lausanner Kolloquium).

STAUDINGER/MAGNUS ULRICH, Staudingers Kommentar zum Bürgerlichen Gesetzbuch mit Einführungsgesetz und Nebengesetzen, Buch 2: Recht der Schuldverhältnisse, Wiener UN-Kaufrecht (CISG), 2. Aufl., Berlin 2005.

VENTURI SILVIO, La réduction du prix de vente en cas de défaut ou de non-conformité de la chose – Le Code suisse des obligations et la Convention des Nations Unies sur les contrats de vente international de marchandises, Diss. Freiburg 1994 (AISUF Band 131).

VON CAEMMERER ERNST, Die wesentliche Vertragsverletzung im international Einheitlichen Kaufrecht, in: Bergfeld Christoph u.a. (Hrsg.), Aspekte europäischer Rechtsgeschichte, Festgabe für Helmut Coing zum 75. Geburtstag, München 1982, Band II, S. 33 ff.

ZIEGLER ULRICH, Leistungsstörungsrecht nach dem UN-Kaufrecht, Diss. München, Baden-Baden 1995.

I. Allgemeines

1. Für **internationale Warenkäufe** bleiben gegenüber den OR-Regeln *vorbehalten:* 705

   – einerseits das Übereinkommen der Vereinten Nationen über Verträge über den internationalen Warenkauf vom 11. April 1980 («Wiener Kaufrecht»); 706

   – andererseits die kollisionsrechtlichen Normen des schweizerischen internationalen Privatrechts, insbesondere Art. 112 ff. IPRG. 707

   Art. 118 Abs. 1 IPRG verweist für den Kauf beweglicher körperlicher Sachen auf das Haager Übereinkommen vom 15. Juni 1955 betreffend das auf internationale Kaufverträge über bewegliche körperliche Sachen anzuwendende Recht.[1] Gemäss Art. 118 Abs. 2 IPRG bleiben die besonderen Bestimmungen über Konsumentenverträge (Art. 120 IPRG) vorbehalten. 708

---

[1] SR 0.221.211.4.

709 2. Hier soll – in den Grundzügen – vom **Übereinkommen der Vereinten Nationen über Verträge über den internationalen Warenkauf** vom 11. April 1980 («**Wiener Kaufrecht**», **WKR**; UN-Kaufrecht; CISG)[2] die Rede sein, das für die Schweiz am 1. März 1991 in Kraft getreten ist.[3] Es verdrängt – in seinem Anwendungsbereich – sowohl die Kollisionsregeln des IPRG (Art. 1 Abs. 2 IPRG) als auch die Regeln des genannten Haager Abkommens.[4] Vorweg lassen sich folgende **allgemeine Aussagen** machen:

710 – Die Regeln des Übereinkommens sind nach Massgabe von Art. 1 WKR anwendbar auf Kaufverträge über Waren zwischen Parteien, die ihre Niederlassung in verschiedenen Staaten haben, sofern eine der folgenden zusätzlichen Voraussetzungen erfüllt ist: Die Staaten der Niederlassung sind Vertragsstaaten des Übereinkommens, oder die Regeln des internationalen Privatrechts führen zur Anwendung des Rechts eines dieser Vertragsstaaten. Generell lässt sich also sagen, dass das WKR *Kaufvertragsrecht für internationale (grenzüberschreitende) Sachverhalte* enthält.

711 Das Übereinkommen ist mittlerweile von mehr als 70 Staaten ratifiziert worden.[5] Darunter befinden sich alle wichtigen Handelspartner der Schweiz, namentlich die Bundesrepublik Deutschland, Frankreich, Italien, Österreich und die USA. Einzelne dieser Staaten haben freilich Vorbehalte und Erklärungen zum Übereinkommen abgegeben (vgl. den Anhang des WKR). Nicht Vertragsstaat ist Grossbritannien.

712 – Das Übereinkommen enthält Sachnormen über das *materielle Kaufrecht*. Die Regeln des WKR stellen mit anderen Worten *Einheitsrecht* dar, nicht bloss Kollisionsrecht: Das WKR enthält zu den von ihm geregelten Fragen eine eigenständige Sachlösung, nicht bloss die Verweisung auf ein anwendbares nationales Recht.

713 Freilich wird damit das Kaufvertragsrecht nicht lückenlos geregelt. Das Übereinkommen selber nimmt bestimmte Fragen ausdrücklich von seinem Anwendungsbereich aus (Art. 2, 4 und 5 WKR). Keine Anwendung findet das Übereinkommen insbesondere auf Konsumentenkäufe (Art. 2 lit. a WKR), auf die Gültigkeit des Vertrags etwa wegen Mängeln bezüglich der Handlungsfähigkeit der Parteien, der Form, des Inhalts oder wegen Willensmängeln (Art. 4 lit. a WKR) sowie auf Fragen nach den Wirkungen, welche der Vertrag auf das Eigentum an der verkauften Ware haben kann (Art. 4 lit. b WKR). Auch die Frage der Verjährung von Ansprüchen aus internationalen Warenkaufverträgen wird nicht durch das WKR geregelt (Nr. 776 ff.).

714 Nicht anwendbar ist das Abkommen sodann auf Verträge, bei denen der überwiegende Teil der Pflichten jener Partei, welche die Ware liefert, in der Ausführung von Arbeiten oder anderen Dienstleistungen besteht (Art. 3 Abs. 2 WKR). Auf den Werklieferungsvertrag findet das Abkommen jedoch nach Massgabe von Art. 3 Abs. 1 WKR Anwendung.

715 – Das Übereinkommen enthält schliesslich *dispositives Recht:* Die Parteien können nach Art. 6 WKR die Anwendung des Übereinkommens ganz oder teilweise ausschliessen.[6]

---

[2] CISG = United Nations Convention on Contracts for the International Sale of Goods.

[3] SR 0.221.211.1. Vgl. auch die Botschaft Nr. 89.002 vom 11. Januar 1989 betreffend das Wiener Übereinkommen über Verträge über den internationalen Warenkauf (hier zitiert nach der Separatausgabe).

[4] KELLER/SIEHR, S. 177 f.; ausführlich KELLER/KREN KOSTKIEWICZ, Zürcher Komm., N 6 ff. zu Art. 188 IPRG.

[5] Ratifikationsstand unter <www.uncitral.org> → «Uncitral Texts & Status» → «International Sale of Goods (CISG)» (besucht am 31. Januar 2010).

[6] Vgl. Urteil des BGer. vom 5. April 2005, Nr. 4C.474/2004, E. 1. – Zur Häufigkeit des Ausschlusses des WKR in der Praxis vgl. MEYER, SJZ 104/2008, S. 422 f. und 425 f.

Beispiel für eine Vertragsklausel: «Der vorliegende Kaufvertrag untersteht den Regeln des schweize-   716
rischen Rechts – unter Ausschluss der Bestimmungen des Wiener Kaufsrechtsübereinkommens.» Unklar wäre demgegenüber eine Klausel, die ohne Präzisierung einfach «schweizerisches Recht» für anwendbar erklärt, zumal das WKR als ratifizierter Staatsvertrag auch Bestandteil des schweizerischen
Rechts bildet und damit von den Gerichten von Amtes wegen anzuwenden ist (vgl. auch Art. 191 BV).[7]

3. In seinen «Allgemeinen Bestimmungen» (Art. 7–13) enthält das WKR unter anderem Be-   717
stimmungen zu **Auslegungsfragen**:

– Das *Übereinkommen* selber ist «autonom» und einheitlich auszulegen: Bei der Auslegung   718
sind gemäss Art. 7 Abs. 1 WKR der internationale Charakter des Übereinkommens und
die Notwendigkeit zu berücksichtigen, seine einheitliche Anwendung und die Wahrung
des guten Glaubens im internationalen Handel zu fördern.

Lücken des Übereinkommens sind primär nach den allgemeinen Grundsätzen zu fül-   719
len, die dem WKR zu Grunde liegen (Art. 7 Abs. 2 WKR).

Zu diesen allgemeinen Grundsätzen gehören die Achtung der Parteiautonomie, der Grundsatz der   720
Vertragstreue («pacta sunt servanda»), der Grundsatz von Treu und Glauben und der Vertrauens-
grundsatz, der Grundsatz der Formfreiheit, der Grundsatz «in favorem negotii» sowie das Prinzip der
Leistung Zug um Zug. Sowohl bei Zweifeln in der Auslegung als auch zur Füllung von internen Lücken
können die UNIDROIT-Prinzipien als Auslegungshilfen herangezogen werden.[8] – Da es sich bei der
deutschen Fassung lediglich um eine Übersetzung handelt, ist bei Unklarheiten über den Wortlaut
auf die Originaltexte abzustellen, wobei der französischen und der englischen Fassung eine erhöhte
Bedeutung zukommt.[9]

– Die *Willenserklärungen der Parteien* (sowie die weiteren Erklärungen und das sonstige   721
Verhalten einer Partei) sind nach deren Willen auszulegen, wenn die andere Partei diesen Willen kannte oder darüber nicht in Unkenntnis sein konnte (Art. 8 Abs. 1 WKR).[10]
Das entspricht dem Vorrang des übereinstimmenden wirklichen Willens bei der Auslegung von Willenserklärungen (Art. 18 Abs. 1 OR). Lässt sich kein solcher übereinstimmender wirklicher Wille feststellen, sind die Erklärungen und das sonstige Verhalten
einer Partei so auszulegen, wie eine vernünftige Person in gleicher Stellung wie die andere Partei sie unter den gleichen Umständen aufgefasst hätte (Art. 8 Abs. 2 WKR; Auslegung nach dem Vertrauensprinzip).[11]

Beide Fragen überprüft das Bundesgericht als Rechtsfragen.[12] – Bei dieser Auslegung sind alle erheb-   722
lichen Umstände zu berücksichtigen, insbesondere die Verhandlungen zwischen den Parteien, die
zwischen ihnen entstandenen Gepflogenheiten, die Handelsbräuche und das spätere Verhalten der
Parteien (Art. 8 Abs. 3 WKR).[13]

---

[7]   Vgl. dazu differenzierend TERCIER/FAVRE/PESTALOZZI, Nr. 1569.
[8]   BRUNNER, Stämpflis Handkomm., N 9 zu Art. 7 WKR.
[9]   BGE 130 III 258 ff. (261), E. 4.3. Zu den authentischen Sprachen des Abkommens vgl. die Unterzeich-
      nungsklausel nach Art. 101 WKR.
[10] Urteil des BGer. vom 5. April 2005, Nr. 4C.474/2004, E. 3.2.
[11] Urteil des BGer. vom 5. April 2005, Nr. 4C.474/2004, E. 3.3.
[12] Urteil des BGer. vom 5. April 2005, Nr. 4C.474/2004, E. 3.4.
[13] Urteil des BGer. vom 5. April 2005, Nr. 4C.474/2004, E. 3.5.

II. Der Vertragsabschluss

723 Der Vertragsabschluss nach WKR kommt (wie nach Art. 1 OR) durch den Austausch übereinstimmender Willenserklärungen zustande (Art. 14–24 WKR). Zu erwähnen sind die folgenden **Grundsätze und Besonderheiten**:

724 1. Der Kaufvertrag nach WKR entsteht durch den **Austausch übereinstimmender Willenserklärungen**, die hier «Angebot» und «Annahme» genannt werden (Art. 14 ff. WKR). Folgende Grundsätze stimmen mit dem schweizerischen Obligationenrecht im Wesentlichen überein:

725 – Das Angebot (Antrag) muss an eine oder mehrere bestimmte Personen gerichtet und genügend bestimmt sein (Art. 14 Abs. 1 WKR).

726 Genügende Bestimmtheit liegt nach Art. 14 Abs. 1 Satz 2 WKR vor, wenn die Ware bezeichnet und (ausdrücklich oder stillschweigend) die Menge und der Preis festgesetzt werden oder die Angaben des Offerenten deren Festsetzung ermöglichen. Ein nicht an bestimmte Personen gerichteter Vorschlag ist nur eine Einladung zur Offertstellung (Art. 14 Abs. 2 WKR).

727 – Das Angebot wird wirksam, sobald es dem Empfänger zugeht (Art. 15 Abs. 1 und Art. 24 WKR).

728 – Das Angebot erlischt, wenn und sobald dem Anbietenden eine Ablehnung zugeht (Art. 17 WKR).

729 – Eine Erklärung oder ein sonstiges Verhalten des Empfängers, das eine Zustimmung zum Angebot ausdrückt und das rechtzeitig erfolgt, stellt eine Annahme dar (Art. 18–20 WKR).

730 Schweigen oder Untätigkeit allein stellen grundsätzlich keine Annahme dar (Art. 18 Abs. 1 Satz 2 WKR).

731 – Eine Antwort auf ein Angebot, die eine Annahme darstellen soll, aber Ergänzungen, Einschränkungen oder sonstige Änderungen enthält, ist eine Ablehnung des Angebots und stellt ein Gegenangebot dar (Art. 19 Abs. 1 WKR).

732 Enthält die Antwort auf ein Angebot jedoch nur unwesentliche Ergänzungen und Abweichungen, so gilt es nach Massgabe von Art. 19 Abs. 2 und 3 WKR als Annahme. – Nach dieser Bestimmung ist auch die Frage der «battle of forms» (kollidierende AGB der Parteien) zu lösen.[14]

733 2. Immerhin sind im Vergleich zum OR folgende **Besonderheiten** zu beachten:

734 – Bis zum Abschluss des Vertrags kann ein Angebot grundsätzlich widerrufen werden (Art. 16 Abs. 1 WKR, allerdings unter Vorbehalt der wichtigen Ausnahmen nach Abs. 2).

735 – Auch ein als unwiderruflich bezeichnetes Angebot kann zurückgenommen werden, wenn die Rücknahmeerklärung dem Empfänger vor oder gleichzeitig mit dem Angebot zugeht (Art. 15 Abs. 2 WKR).

736 – Eine verspätete Annahme ist dennoch wirksam, wenn der Anbietende unverzüglich den Annehmenden in diesem Sinn mündlich unterrichtet oder eine entsprechende schriftliche Mitteilung absendet (Art. 21 Abs. 1 WKR).

---

[14] BRUNNER, Stämpflis Handkomm., N 44 zu Art. 4 WKR und N 2 zu Art. 19 WKR.

3. Eine besondere **Form** für den Vertragsabschluss wird vom Übereinkommen nicht gefor-   737
dert, weder als Gültigkeits- noch als Beweisform (Art. 11 WKR).

Für die Zwecke des Übereinkommens umfasst der Ausdruck «schriftlich» im Übrigen auch Mitteilungen   738
durch Telegramm oder Fernschreiben (Art. 13 WKR).

III. Das Recht der Leistungsstörungen

1. Allgemeines

1. Das Übereinkommen regelt die **Pflichten der Parteien** wie folgt: 739

– Der *Verkäufer* ist nach Massgabe des Vertrags und des Übereinkommens verpflichtet, die   740
Ware zu liefern, die sie betreffenden Dokumente zu übergeben und das Eigentum an der
Ware zu übertragen (Art. 30 WKR, mit Einzelheiten in Art. 31 ff. WKR).[15]

Insbesondere hat der Verkäufer nach Art. 35 Abs. 1 WKR die Ware zu liefern, die in Menge, Qualität   741
und Art sowie hinsichtlich Verpackung oder Behältnis den Anforderungen des Vertrags entspricht.[16]
Der Verkäufer haftet für Vertragswidrigkeiten, die im Zeitpunkt des Übergangs der Gefahr auf den
Käufer bestehen, auch wenn die Vertragswidrigkeit erst nach diesem Zeitpunkt offenbar wird (Art. 36
Abs. 1 WKR; für spätere Vertragswidrigkeiten vgl. Art. 36 Abs. 2 und Art. 66–70 WKR).

– Der *Käufer* ist nach Massgabe des Vertrags und des Übereinkommens verpflichtet,   742
den Kaufpreis zu zahlen und die Ware anzunehmen (Art. 53 WKR, mit Einzelheiten in
Art. 54 ff. WKR).

Dazu gehört auch die Pflicht des Käufers, jene Massnahmen zu treffen und jene Formalitäten zu erfül-   743
len, die nach Vertrag oder Gesetz erforderlich sind, damit die Zahlung geleistet werden kann (Art. 54
WKR), sowie alle Handlungen vorzunehmen, die vernünftigerweise vom Käufer erwartet werden dürfen, damit dem Verkäufer die Lieferung ermöglicht wird (Art. 60 lit. a WKR).

2. Bezüglich der Leistungsstörungen unterscheidet das Wiener Kaufrecht – anders als das   744
OR – nicht zwischen nachträglicher Unmöglichkeit, Verzug und Schlechterfüllung (positiver Vertragsverletzung oder Sachgewährleistung), sondern geht von einem **einheitlichen
Begriff der Vertragsverletzung** («breach of contract»; «contravention au contrat») aus
(vgl. etwa Art. 45 und 61 WKR). Eine Vertragsverletzung liegt vor, wenn eine Partei eine
ihrer Pflichten «nach dem Vertrag oder diesem Übereinkommen» nicht erfüllt. Ob die Erfüllung schlechthin ausbleibt oder bloss «nicht richtig» erfolgt, spielt keine Rolle.[17]

Immerhin lassen sich für einzelne Arten von Vertragsverletzungen Sonderbestimmungen finden: für   745
Rechtsmängel Art. 41 f. WKR, für vorweggenommene Vertragsverletzungen Art. 71 f. WKR.

3. Zentral für die Bestimmung der Käuferrechte ist der in Art. 25 WKR umschriebene Begriff   746
der **wesentlichen Vertragsverletzung** («fundamental breach of contract»; «contravention essentielle au contrat»). Gewisse Rechte stehen dem Käufer nämlich nur zu, wenn der
Verkäufer eine wesentliche Vertragsverletzung begangen hat. *Wesentlich* ist eine von einer
Partei begangene Vertragsverletzung dann, wenn sie für die andere Partei einen solchen

---

15   Urteil des BGer. vom 26. Juni 2009, Nr. 4A_131/2009, E. 4.4.1.
16   Urteil des BGer. vom 13. Januar 2004, Nr. 4C.245/2003, E. 3.1.
17   Vgl. etwa Schlechtriem/Schwenzer/Müller-Chen, N 5 zu Art. 45 WKR; Staudinger/Magnus, N 10
zu Art. 45 CISG.

Nachteil zur Folge hat, dass ihr im Wesentlichen entgeht, was sie nach dem Vertrag hätte erwarten dürfen – es sei denn, dass die vertragsbrüchige Partei diese Folge nicht vorausgesehen hat und eine vernünftige Person in der gleichen Stellung diese Folge unter den gleichen Umständen auch nicht vorausgesehen hätte (Art. 25 WKR). Entscheidend sind also zwei Elemente:

747   – einerseits der durch die Vertragsverletzung verursachte Verlust dessen, was die berechtigte Partei aus dem Vertrag hätte erwarten dürfen (die objektive «Schwere» der Verletzung);

748   – und andererseits die Erkennbarkeit dieser Folge (als subjektive Komponente).

749   Für die Auslegung des Rechtsbegriffs der wesentlichen Vertragsverletzung sind auch die daran geknüpften *Rechtsfolgen* zu berücksichtigen. So kann der Käufer beispielsweise nur bei einer wesentlichen Vertragsverletzung des Verkäufers den Vertrag auflösen (Art. 49 Abs. 1 lit. a WKR). Insgesamt ist daher der Begriff der wesentlichen Vertragsverletzung restriktiv auszulegen: Das WKR geht im Zweifel vom Vorrang der Vertragserhaltung aus; die Vertragsaufhebung soll die Ausnahme sein.[18] Letztere soll nur dann greifen, «wenn die Durchführung des Vertrags für den Käufer nicht mehr von Interesse ist»[19] und diese Folge erkennbar war.

750   «Bei der Prüfung, wann bei Fehlen ausdrücklicher vertraglicher Vereinbarungen eine Vertragsverletzung des Verkäufers das Erfüllungsinteresse des Käufers im wesentlichen entfallen lässt, ist vor allem auch auf die Tendenz des CISG, die Vertragsaufhebung zugunsten der anderen in Betracht kommenden Rechtsbehelfe, insbesondere der Minderung oder des Schadensersatzes (...) zurückzudrängen, Rücksicht zu nehmen. Die Rückabwicklung soll ... dem Käufer nur als letzte Möglichkeit zur Verfügung stehen, um auf eine Vertragsverletzung der anderen Partei zu reagieren, die so gewichtig ist, dass sie sein Erfüllungsinteresse im wesentlichen entfallen lässt (...)».[20] Besteht die Vertragsverletzung des Verkäufers in der Lieferung einer mangelhaften Sache, so erfüllen in der Regel nur «Warenmängel von erheblichem Gewicht» die Voraussetzungen von Art. 25 WKR; dazu zählen insbesondere solche Mängel, die «mit zumutbarem Aufwand in angemessener Frist nicht behoben werden können, so dass die Ware praktisch unbrauchbar oder unverkäuflich oder ihr Weiterverkauf jedenfalls nicht zumutbar ist».[21]

751   4. Die Rechtsbehelfe aus Vertragsverletzung stehen den Parteien grundsätzlich auch ohne Verschulden der Gegenpartei zu; die Vertragshaftung ist also grundsätzlich eine **Kausalhaftung**. Immerhin verfügen die Parteien über bestimmte *Befreiungsmöglichkeiten*:

752   – Keine Einstandspflicht einer Partei besteht, wenn die Nichterfüllung ihrer Pflichten auf höhere Gewalt im Sinn von Art. 79 WKR zurückzuführen ist.

753   – Ferner kann sich eine Partei nicht auf die Nichterfüllung von Pflichten durch die Gegenpartei berufen, soweit diese Nichterfüllung durch ihre eigenen Handlungen oder Unterlassungen verursacht wurde (Art. 80 WKR).

754   Durch Einzelbestimmungen wird die Einstandspflicht einer Partei weiter beschränkt. So haftet der Verkäufer nach Massgabe von Art. 35 Abs. 3 WKR nicht für eine Vertragswidrigkeit der Ware, wenn der Käufer bei Vertragsabschluss diese Vertragswidrigkeit kannte oder darüber nicht in Unkenntnis sein konnte.

---

[18]   Urteil des BGer. vom 18. Mai 2009, Nr. 4A_68/2009, E. 7.1 mit Hinweisen.
[19]   HONSELL, SJZ 88/1992, S. 345 ff. (346).
[20]   Urteil des BGer. vom 18. Mai 2009, Nr. 4A_68/2009, E. 7.1; Urteil des BGH vom 3. April 1006, NJW 49/1996, S. 2364 ff. (2366), E. II./2 c/dd. Vgl. die Fallgruppen bei BRUNNER, Stämpflis Handkomm., N 11 ff. zu Art. 25 WKR.
[21]   Urteil des BGer. vom 18. Mai 2009, Nr. 4A_68/2009, E. 7.1.

2.   Die Rechtsbehelfe des Käufers bei Vertragsverletzung des Verkäufers

1. Nach dem Gesagten geht das Wiener Kaufrecht von einem einheitlichen Begriff der Vertragsverletzung aus (Nr. 744), an den es die verschiedenen Rechtsbehelfe des Käufers knüpft (Art. 45 ff. WKR). Für den Fall der *Vertragswidrigkeit der Ware* ist immerhin auf eine besondere Obliegenheit des Käufers hinzuweisen: 755

Bezüglich der Haftung des Verkäufers wegen Mängeln der Sache sieht das Wiener Kaufrecht eine (gegenüber dem OR wesentlich weniger rigorose) **Untersuchungs- und Rügeobliegenheit** vor: Der Käufer hat die Ware innerhalb einer so kurzen Frist zu untersuchen oder untersuchen zu lassen, wie es die Umstände erlauben (Art. 38 Abs. 1 WKR). Er verliert – grundsätzlich – das Recht, sich auf eine Vertragswidrigkeit der Ware zu berufen, wenn er sie dem Verkäufer nicht innerhalb einer angemessenen Frist nach dem Zeitpunkt, in dem er sie festgestellt hat oder hätte feststellen müssen, anzeigt und dabei die Art der Vertragswidrigkeit genau bezeichnet (Art. 39 Abs. 1 WKR). Beizufügen bleibt Folgendes: 756

– Die Rügeobliegenheit bezieht sich nach Art. 39 WKR stets auf eine Vertragswidrigkeit der Ware («lack of conformity of goods»; «défaut de conformité»).[22] Die Obliegenheit gilt also ausschliesslich für Vertragswidrigkeiten der Ware selbst (mit Einschluss der Aliud-Lieferung und der fehlerhaften Verpackung), nicht jedoch für andere Vertragsverletzungen, namentlich für den Verzug oder die Lieferung am falschen Ort.[23]   757

Eine Rügeobliegenheit besteht nach Art. 43 Abs. 1 WKR – anders als im OR – immerhin grundsätzlich auch dann, wenn ein Fall von Rechtsgewährleistung (Lieferung von Ware, die mit Rechten oder Ansprüchen Dritter belastet ist) vorliegt (vgl. auch Art. 41 und 42 WKR). Selbst in diesem Fall bleibt jedoch Art. 44 WKR («vernünftige Entschuldigung») anwendbar.   758

– Die Rügefrist beginnt mit der Erkennbarkeit der Mängel zu laufen. Die Angemessenheit der Frist bestimmt sich nach den Umständen des Einzelfalls.[24] Die luzernische Gerichtspraxis hat als Faustregel eine Frist von wenigstens einem Monat angenommen,[25] was das Bundesgericht nicht beanstandet hat.[26]   759

– Selbst bei unterlassener – oder nicht rechtzeitiger – Rüge kann der Käufer den Preis mindern oder Schadenersatz (ausser für entgangenen Gewinn) verlangen, wenn er eine vernünftige Entschuldigung dafür hat, dass er die erforderliche Anzeige unterlassen hat (Art. 44 WKR).[27]   760

– Auf die Erfüllung der Rügeobliegenheit durch den Käufer kann der Verkäufer schliesslich verzichten. Möglich ist eine vertragliche Wegbedingung dieser Obliegenheit (Art. 6 WKR) oder aber ein Verzicht, die Verspätung der Rüge einzuwenden.   761

Ein stillschweigender Verzicht auf den Verspätungseinwand liegt beispielsweise dann vor, wenn der (rechtskundige) Verkäufer über die Folgen der Lieferung vertragswidriger Ware verhandelt, dabei   762

---

[22]   BGE 130 III 258 ff. (261 ff.), E. 4.3.
[23]   STAUDINGER/MAGNUS, N 10–12 zu Art. 39 CISG.
[24]   STAUDINGER/MAGNUS, N 20 zu Art. 43 CISG; AKIKOL, Nr. 873 ff.
[25]   LGVE 1997 I Nr. 1, S. 1 ff. (6), E. 4e (Luzerner Obergericht).
[26]   Urteil des BGer. vom 13. November 2003, Nr. 4C.198/2003, E. 3.2 (insoweit nicht in BGE 130 III 258 ff.); vgl. auch AKIKOL, Nr. 879 ff. (mit eigener Stellungnahme in Nr. 886 ff.).
[27]   AKIKOL, Nr. 1030 ff.

erhebliche Gutachterkosten zur Schadensursachenermittlung übernimmt und vergleichsweise eine den Vertragswert erheblich übersteigende Schadenersatzleistung anbietet.[28]

763   – Der Käufer verliert in jedem Fall das Recht, sich auf die Vertragswidrigkeit der Ware zu berufen, wenn er sie nicht spätestens innerhalb von zwei Jahren, nachdem ihm die Ware tatsächlich übergeben worden ist, dem Käufer anzeigt – es sei denn, dass diese Frist mit einer vertraglichen Garantie unvereinbar ist (Art. 39 Abs. 2 WKR).

764   – Schliesslich kann sich der Verkäufer auf die Unterlassung der Mängelrüge nicht berufen, wenn die Vertragswidrigkeit auf Tatsachen beruht, die er kannte oder über die er nicht in Unkenntnis sein konnte und die er dem Käufer nicht offenbart hat (Art. 40 WKR).

765   2. Der Käufer verfügt sodann über folgende **Rechte**, die zum Teil vom Übereinkommen noch **an weitere Voraussetzungen geknüpft** sind:

766   – das Recht, vom Verkäufer die Erfüllung seiner Pflichten zu verlangen (Recht auf *Realerfüllung, Art.* 46 Abs. 1 und Art. 28 WKR);

767   Auch wenn der Käufer materiell-rechtlich einen Anspruch auf Realerfüllung hat, braucht ein Gericht nach Art. 28 WKR ein Urteil auf «Leistung in natura» nur zu fällen, wenn es dies auch nach seinem eigenen Recht bei gleichartigen Kaufverträgen täte, die nicht unter das WKR fallen. Damit wird der angloamerikanischen Rechtstradition Rechnung getragen, die Urteile auf Naturalerfüllung dem Grundsatz nach ausschliesst (und durch Urteile auf Leistung von Schadenersatz ersetzt).

768   – das Recht, *Ersatzlieferung* zu verlangen – aber nur dann, wenn die Vertragswidrigkeit eine wesentliche Vertragsverletzung darstellt und die Ersatzlieferung entweder zusammen mit der Anzeige nach Art. 39 WKR oder innerhalb einer angemessenen Frist danach verlangt wird (Art. 46 Abs. 2 WKR);

769   – das Recht, *Nachbesserung* zu verlangen – sofern es zusammen mit der Anzeige nach Art. 39 WKR oder innerhalb einer angemessenen Frist geltend gemacht wird und die Nachbesserung für den Verkäufer unter Berücksichtigung aller Umstände nicht unzumutbar ist (Art. 46 Abs. 3 WKR);

770   – das Recht, *den Vertrag aufzuheben* (was nach OR-Terminologie der «Wandelung» entspricht) – aber nur nach den Voraussetzungen und in den Schranken des Art. 49 WKR[29] (vgl. auch Art. 81–84 WKR; insbesondere den Grundsatz der unversehrten Rückgewähr und dessen Ausnahmen in Art. 82 WKR[30]);

771   Das Recht zur Vertragsaufhebung steht dem Käufer nach Art. 49 Abs. 1 WKR dann zu, wenn die Nichterfüllung eine wesentliche Vertragsverletzung darstellt (Nr. 746 ff.) oder wenn im Verzugsfall der Verkäufer die Ware nicht innerhalb der vom Käufer angesetzten angemessenen Nachfrist liefert. Der Käufer verliert jedoch das Recht zur Vertragsaufhebung, wenn er diese nicht innerhalb einer angemessenen Frist seit Kenntnis der wesentlichen Vertragsverletzung erklärt (Art. 49 Abs. 2 lit. b/i WKR). Zur Kenntnis gehört, dass sich der Käufer über Tatsache, Umfang und Tragweite der Vertragsverletzung im Klaren ist, sodass er beurteilen kann, ob eine wesentliche Verletzung vorliegt, die eine Vertragsaufhebung rechtfertigt.[31] Die Angemessenheit der Frist beurteilt sich nach den Umständen des Einzelfalls und hängt unter anderem von der Art der Ware und des Mangels sowie vom Verhalten des

[28]   Urteil des BGH vom 25. November 1998, NJW 52/1999, S. 1259 ff. = MDR 53/1999, S. 408 f.
[29]   Urteil des BGer. vom 18. Mai 2009, Nr. 4A_68/2009, E. 7.1 und 8.1; SJZ 100/2004, S. 470 f. (Appellationsgericht Basel-Stadt).
[30]   Urteil des BGer. vom 18. Mai 2009, Nr. 4A_68/2009, E. 9.1.
[31]   Urteil des BGer. vom 18. Mai 2009, Nr. 4A_68/2009, E. 8.1.

Verkäufers nach erfolgter Mängelrüge ab; für die notwendigen Abklärungen geht das Bundesgericht von einer Faustregel von ein bis zwei Monaten aus.[32]

— das Recht, den Kaufpreis zu *mindern* (verhältnismässig herabzusetzen; Art. 50 WKR); 772

Behebt jedoch der Verkäufer einen Mangel in der Erfüllung seiner Pflichten nach Art. 37 oder 48 WKR oder weigert sich der Käufer, eine solche Erfüllung anzunehmen, so entfällt das Minderungsrecht (Art. 50 Satz 2 WKR). 773

— das Recht, *Schadenersatz* zu verlangen (Art. 45 Abs. 1 lit. b und Art. 74–77 WKR). 774

Zu ersetzen ist der gesamte durch die Vertragsverletzung entstandene Verlust mit Einschluss des entgangenen Gewinns;[33] der Schadenersatz darf jedoch den Verlust nicht übersteigen, den die vertragsbrüchige Partei bei Vertragsabschluss als mögliche Folge der Vertragsverletzung vorausgesehen hat oder unter Berücksichtigung der Umstände, die sie kannte oder kennen musste, hätte voraussehen müssen (Art. 74 WKR). Die berechtigte Partei ist ferner zur Schadensminderung verpflichtet (Art. 77 WKR).[34] 775

3. Die **Verjährung** der Ansprüche des Käufers aus Vertragsverletzung des Verkäufers wird durch das WKR nicht geregelt, sondern untersteht dem gestützt auf die Kollisionsregeln des Forumstaats ermittelten nationalen Recht (Art. 7 Abs. 2 WKR).[35] 776

Beurteilt sich diese Frage nach schweizerischem Obligationenrecht (Art. 148 Abs. 1 IPRG), so würden nach Art. 210 Abs. 1 OR die Ansprüche des Käufers grundsätzlich ein Jahr nach der Ablieferung der Ware verjähren (Nr. 421 ff.). Die einjährige Verjährungsfrist harmoniert jedoch nicht mit dem System des Wiener Kaufrechts: Sie könnte mit Bezug auf Verträge, die dem WKR unterstehen, «zum stossenden Ergebnis führen, dass die Ansprüche ... bereits verjährt sind, wenn die Rügefrist nach Art. 39 Abs. 2 CISG noch laufen würde», weshalb die Anwendung von Art. 210 OR insoweit vom Bundesgericht abgelehnt wird.[36] 777

Nach dieser bundesgerichtlichen Praxis ist Art. 210 OR bei Verträgen, die dem WKR unterstehen, «insoweit nicht anzuwenden, als dies dazu führen würde, dass die Verjährung vor Eintritt des Ablaufs der zweijährigen Rügefrist von Art. 39 Abs. 2 WKR eintreten und somit zu einem völkerrechtswidrigen Resultat führen würde».[37] Indessen referiert das Bundesgericht in diesem Entscheid lediglich über mögliche Auswege (zehnjährige Verjährungsfrist nach Art. 127 OR, Ausdehnung der Verjährungsfrist von Art. 210 OR auf zwei Jahre, Fristbeginn erst mit Mängelrüge), lässt die Frage nach der richtigen Lösung jedoch offen. Nach der hier vertretenen Auffassung sprechen gute Gründe dafür, in solchen Fällen die Verjährungsfrist von Art. 210 OR auf zwei Jahre auszudehnen.[38] 778

---

[32] Urteil des BGer. vom 18. Mai 2009, Nr. 4A_68/2009, E. 8.1 mit Hinweisen.

[33] Vgl. dazu BGE 136 III 56 ff. (57 f.), E. 4.

[34] Zur Pflicht (Obliegenheit) des kaufmännischen Käufers zu einem Deckungskauf vgl. BGE 136 III 56 ff. (58 f.), E. 5.

[35] Urteil des BGer. vom 18. Mai 2009, Nr. 4A_68/2009, E. 10.1 mit Hinweisen und mit dem Vorbehalt des New Yorker UN-Übereinkommens vom 14. Juni 1974 über die Verjährung beim internationalen Warenkauf (dem die Schweiz nicht beigetreten ist); Tercier/Favre/Pestalozzi, Nr. 1650 f.; Schlechtriem/Schwenzer, N 28 zu Art. 39 WKR mit Fussnote 137.

[36] Urteil des BGer. vom 18. Mai 2009, Nr. 4A_68/2009, E. 10.3 mit zahlreichen Hinweisen.

[37] Urteil des BGer. vom 18. Mai 2009, Nr. 4A_68/2009, E. 10.3.

[38] So bereits Urteil der Genfer Cour de Justice vom 10. Oktober 1997, CISG-online Nr. 725, übersetzt in SJZ 94/1998, S. 146 f., und in SZIER 9/1999, S. 182 ff.; gleicher Meinung Honsell, OR BT, S. 154; Tannò, S. 288; Akikol, Nr. 36 und 911; T. Koller, recht 2009, S. 179 ff.; Kramer, Juristische Methodenlehre, S. 114 (Übernahme der Verjährungsregelung des EU-Verbraucherkaufrechts als rechtsvergleichende Lückenfüllung); zweifelnd Mohs/Hachem, AJP 2009, S. 1548. Zum Ganzen vgl. auch Tercier/Favre/Pes-

3. Die Rechtsbehelfe des Verkäufers wegen Vertragsverletzung durch den Käufer

779   1. Der Verkäufer hat bei Vertragsverletzung des Käufers folgende **Rechte**:

780   – das Recht, auf der Zahlung des Kaufpreises, der Annahme der Ware und der Erfüllung der sonstigen Pflichten durch den Käufer zu beharren (Art. 62 WKR; Recht auf *Realerfüllung*);

781   – das Recht, *den Vertrag aufzuheben* – aber nur nach den Voraussetzungen und in den Schranken des Art. 64 WKR;

782   – das Recht, *Schadenersatz* zu verlangen (Art. 61 Abs. 1 lit. b und Art. 74–77 WKR).

783   2. Hat der Käufer nach dem Vertrag die Ware näher zu spezifizieren und unterlässt er dies, so kann der Verkäufer nach Massgabe von Art. 65 WKR die **Spezifizierung** nach den Bedürfnissen des Käufers, soweit ihm diese bekannt sind, selbst vornehmen.

4. Der Gefahrübergang

784   1. Mit dem Gefahrübergang («Passing of risk»; «Transfert des risques») bezeichnet das WKR den **Zeitpunkt,** von dem an der Käufer zur Kaufpreiszahlung verpflichtet ist, obwohl die Ware (durch eine nicht vom Verkäufer zu vertretende Ursache) untergegangen oder schlechter geworden ist («Preisgefahr», Art. 66 WKR).[39]

785   Vorweg ist zu betonen, dass die Frage des Gefahrübergangs häufig einer besonderen vertraglichen Abrede untersteht, die dem Übereinkommen vorgeht (Art. 6 WKR). Denkbar ist auch, dass die Parteien sich mit Handelsbräuchen einverstanden erklärt haben, oder dass zwischen ihnen bindende Gepflogenheiten entstanden sind (Art. 9 WKR), die von der Gefahrtragungsregelung des Übereinkommens abweichen. Die Art. 66–70 WKR stellen mit andern Worten – wie das gesamte Übereinkommen – dispositives Recht dar.

786   Ist beispielsweise die Klausel «fob» («free on board») vereinbart, so bedeutet dies üblicherweise, dass die Gefahr auf den Käufer übergeht, sobald die Ware die Schiffsreeling im benannten Verschiffungshafen überschritten hat.[40]

787   2. Das Übereinkommen unterscheidet in den **Art. 66–70** verschiedene Fälle:

788   – Grundsätzlich – d.h. wenn die Spezialbestimmungen von Art. 67 und 68 WKR nicht anwendbar sind – geht die Gefahr auf den Käufer über, sobald er die *Ware übernimmt* oder sie trotz Bereitstellung *vertragswidrig nicht übernimmt* (Art. 69 WKR mit Präzisierungen).

789   – *Sonderbestimmungen* gelten für den *Versendungskauf* (Art. 67 WKR) und für den Verkauf von Waren, die sich *auf dem Transport* befinden («Verkauf reisender Ware»; Art. 68 WKR).

TALOZZI, Nr. 1644, u.a. mit Hinweis auf Urteil des BGer. vom 10. Oktober 2005, Nr. 4P.146/2005, E. 7; HONSELL, Basler Komm., N 8 zu Art. 210 OR; VENTURI, ComRom, N 16 zu Art. 210 OR; zur Berner Praxis SZIER 12/2002, S. 142 ff.

[39]   STAUDINGER/MAGNUS, Vorbem. zu Art. 66 ff. CISG, sowie N 5 f. zu Art. 66 CISG.

[40]   SCHÖNLE, Zürcher Komm., N 76 zu Art. 185 OR mit Hinweis auf abweichende Meinungen.

Umstritten ist insbesondere die Auslegung von Art. 68 Satz 3 WKR über die Folgen der Bösgläubigkeit   790
des Verkäufers.[41]

– Hat der Verkäufer eine *wesentliche Vertragsverletzung* begangen, so berühren die Be-   791
stimmungen über den Gefahrübergang die dem Käufer aus der Verletzung zustehenden
Rechte nicht (Art. 70 WKR).

Generell gilt weiter der Grundsatz, dass die Gefahr nicht ohne eindeutige Zuordnung der Ware zu einem   792
bestimmten Vertrag (Käufer) übergehen kann (Art. 67 Abs. 2 und Art. 69 Abs. 3 WKR).[42]

---

[41]   Dazu ausführlich STAUDINGER/MAGNUS, N 14 ff. zu Art. 68 CISG.
[42]   STAUDINGER/MAGNUS, N 25 ff. zu Art. 67 CISG.

§ 7 Der Tausch

793 *Sonderliteratur (Auswahl):*

AEBERSOLD THOMAS, Der Tausch nach schweizerischem Obligationenrecht, Diss. Bern 1997 (ASR Heft 593).

CAVIN PIERRE, Kauf, Tausch und Schenkung, in: Schweizerisches Privatrecht, Band VI/1: Obligationenrecht – Besondere Vertragsverhältnisse, Basel/Stuttgart 1977, S. 1 ff. (besonders S. 180 ff.).

GIGER HANS, Berner Kommentar, Kommentar zum schweizerischen Privatrecht, Bd. VI: Das Obligationenrecht, 2. Abteilung: Die einzelnen Vertragsverhältnisse, 1. Teilband: Kauf und Tausch, 4. Abschnitt: Besondere Arten des Kaufes (Art. 222 bis 236 OR), und 5. Abschnitt: Der Tauschvertrag (Art. 237 bis 238 OR), Bern 1999.

I. Allgemeines

794 1. Den Tauschvertrag (l'échange) regelt das Gesetz in den **Art. 237 f. OR**. Es stellt dazu keine ausführlichen Eigennormen auf, sondern verweist grösstenteils auf die Vorschriften über den Kaufvertrag (Art. 237 OR).

795 2. Obwohl historisch Vorläufer des Kaufs, spielt der Tauschvertrag in der **Praxis** heute kaum mehr eine Rolle. Ein Anwendungsgebiet bilden immerhin die Aktientausche bei Fusionen von Gesellschaften oder die Börsen von Liebhaberobjekten (z.B. Briefmarkenbörse).

796 Immerhin kann die Bedeutung des Tauschvertrags rapide zunehmen in Zeiten, in denen die Marktteilnehmer kein Vertrauen mehr in die Stabilität der Währung haben (Inflation, Kriegs- oder Krisenzeiten).

II. Die Rechtsanwendung

797 1. Gemäss **Art. 237 OR** finden auf den Tauschvertrag grundsätzlich die Vorschriften des Kaufs Anwendung. Jede Vertragspartei wird mit Bezug auf die von ihr versprochene Sache als Verkäuferin und mit Bezug auf die ihr zugesagte Sache als Käuferin behandelt. Das bedeutet in Stichworten:

798 – Der Tausch ist ein Konsensualvertrag: Er kommt durch den Austausch übereinstimmender Willenserklärung der Parteien zustande.

799 – Er ist grundsätzlich formfrei gültig. Formvorschriften gelten nur dort, wo das Kaufvertragsrecht solche aufstellt, namentlich also für den Tausch von Grundstücken (öffentliche Beurkundung gemäss Art. 216 Abs. 1 OR).

800 – Beide Parteien sind verpflichtet, die von ihnen versprochene Sache der Gegenseite zu übertragen und ihr das Eigentum daran zu verschaffen (Art. 184 Abs. 1 OR analog).

801 2. Die Anwendung des Kaufvertragsrechts auf den Tauschvertrag darf jedoch nicht «mechanisch» erfolgen, sondern erfordert stets eine wertende Überprüfung, ob die kaufrechtlichen Normen passen. **Besonderheiten** ergeben sich namentlich dadurch, dass die Preiszahlungspflicht des Käufers beim Tausch durch eine Sachleistungspflicht ersetzt wird (die

ihrerseits unmöglich werden kann, was für die Geldleistungspflicht des Käufers nicht zutrifft). Nicht anwendbar ist beispielsweise Art. 214 Abs. 3 OR über den Verzug des Kreditkäufers.[1]

«Besondere Verhältnisse» (im Sinn von Art. 185 Abs. 1 OR) herrschen jedoch auch für   802
die Frage der *Gefahrtragung,* eben weil beim Tauschvertrag die Pflichten zu zwei Sachleistungen einander gegenüberstehen: Hier ist nicht einzusehen, weshalb jede Partei die Gefahr tragen soll für die Leistung, welche sich noch bei der Gegenseite befindet; sachgerecht ist einzig die Anwendung der allgemeinen Regel von Art. 119 Abs. 1 und 2 OR, sodass jede Partei die Gefahr des zufälligen Untergangs der von ihr zu erbringenden Leistung bis zur Erfüllung trägt.[2]

Hinsichtlich der Gefahrtragung gilt also die gleiche Rechtsfolge wie beim Kauf eines Autos mit Ein-   803
tauschwagen (Nr. 486).

III. Die Gewährleistung insbesondere

1. Wie der Verkäufer beim Kauf, haben auch die beiden Tauschvertragsparteien die Pflicht zur   804
   Übertragung des Besitzes und zur Verschaffung des Eigentums am eingetauschten Gegenstand. Werden diese Pflichten nicht richtig erfüllt, so gelten grundsätzlich die Vorschriften des Kaufvertragsrechts über die **Rechts- und die Sachgewährleistung** (Art. 192 ff. und 197 ff. OR analog). Das gilt namentlich für den Begriff der Entwehrung (Art. 192 Abs. 1 OR), für den Begriff des Sachmangels (Art. 197 Abs. 1 OR) sowie für die Obliegenheit zur Mängelrüge (Art. 201 OR).

2. Durch die typische Eigenheit des Tauschvertrags (Fehlen einer Kaufpreiszahlungsobliga-   805
   tion) ergeben sich immerhin Sonderfragen für die Mängelrechte. **Art. 238 OR** regelt dies wie folgt: Bei Entwehrung oder Sachmängeln hat die geschädigte Partei die Wahl, Schadenersatz zu verlangen oder die vertauschte Sache zurückzufordern. Beim reinen Tauschvertrag entfällt also das Minderungsrecht von Art. 205 OR.[3]

---

[1] Tercier/Favre/Zen-Ruffinen, Nr. 1523 in fine.
[2] Aebersold, S. 83 ff.; anders aber Oser/Schönenberger, Zürcher Komm., N 1 zu Art. 237 OR i.V.m. N 3 zu Art. 185 OR; Schönle, Zürcher Komm., N 138 zu Art. 185 OR; Giger, Berner Komm., N 23 zu Art. 237 OR; Honsell, OR BT, S. 185.
[3] Tercier/Favre/Zen-Ruffinen, Nr. 1525.

§ 8   Die Schenkung

806 *Sonderliteratur (Auswahl):*

ABT DANIEL, Probleme um die unentgeltlichen lebzeitigen Zuwendungen an Vertrauenspersonen, AJP 2004, S. 1225 ff.

CAVIN PIERRE, Kauf, Tausch und Schenkung, in: Schweizerisches Privatrecht, Band VI/1: Obligationenrecht – Besondere Vertragsverhältnisse, Basel/Stuttgart 1977, S. 1 ff. (besonders S. 183 ff.).

GRUNDMANN STEFAN, Zur Dogmatik der unentgeltlichen Rechtsgeschäfte, AcP 198/1998, S. 457 ff.

KOLLER ALFRED, Einem geschenkten Gaul schaut man nicht ins Maul, Herkunft der Parömie und ihre Umsetzung in Art. 248 OR und den Nachbarrechten, in: Vogt Nedim Peter/Zobl Dieter (Hrsg.), Der Allgemeine Teil und das Ganze: Liber Amicorum für Hermann Schulin, Basel/Genf/München 2002, S. 97 ff.

MAISSEN SANDRA, Der Schenkungsvertrag im schweizerischen Recht, Diss. Freiburg 1996 (AISUF Band 152).

OEHRLI MARKUS, Die gemischte Schenkung im Steuerrecht, Diss. Zürich 2000 (Schriften zum Steuerrecht, Band VI).

SCHMID JÖRG, Die öffentliche Beurkundung von Schuldverträgen – Ausgewählte bundesrechtliche Probleme, Diss. Freiburg 1988 (AISUF Band 83).

WACKE ANDREAS, Donner et retenir ne vaut: Kein Schenkungsvollzug ohne Aushändigung, AcP 201/2001, S. 256 ff.

I.   Allgemeines

1.   Die Rechtsquellen

807 1. Die Schenkung («la donation») wird im Gesetz als eigener Vertragstyp in den **Art. 239–252 OR** geregelt.

808 2. Neben diesen Normen sind für Sonderfragen **weitere Bestimmungen** massgebend, nämlich:

809 – für die Schenkung von Grundstücken das Bundesgesetz über den Erwerb von Grundstücken durch Personen im Ausland vom 16. Dezember 1983 (BewG) mit zugehöriger Verordnung;

810 – für die Schenkung landwirtschaftlicher Grundstücke die Normen des BGBB;

811 – für die Schenkung, deren Vollziehbarkeit auf den Tod des Schenkers gestellt ist, gemäss Art. 245 Abs. 2 OR die Vorschriften über die Verfügungen von Todes wegen;

812 – für die Schenkung zu Lasten einer bevormundeten Person Art. 408 ZGB, der dies ausschliesst;

– für die Frage der Aufhebung der Schenkung (vorfrageweise) die Bestimmungen des   813
Familienrechts, soweit es um die Frage geht, ob der Beschenkte seine familienrechtli-
chen Pflichten gegenüber dem Schenker oder dessen Angehörigen schwer verletzt hat
(Art. 249 Ziff. 2 und 250 Abs. 1 Ziff. 1 OR).

2.   Die Qualifikationsmerkmale

1. Die Schenkung – die einen Vertrag darstellt, also eine Willenseinigung der Parteien nach   814
Art. 1 OR voraussetzt – ist gemäss **Art. 239 Abs. 1 OR** jede Zuwendung unter Lebenden,
womit jemand aus seinem Vermögen einen andern ohne entsprechende Gegenleistung be-
reichert.[1] Entscheidend ist also die *Unentgeltlichkeit der Zuwendung (unter Lebenden)*. Das
setzt einerseits das Fehlen einer entsprechenden Gegenleistung und andererseits das Vorhandensein eines Schenkungswillens («animus donandi») voraus.[2] Nicht als Schenkung
gelten demgegenüber:

– der Verzicht auf ein Recht, bevor es erworben wurde, oder die Ausschlagung einer Erb-   815
schaft (Art. 239 Abs. 2 OR),

– die Erfüllung einer sittlichen Pflicht (Art. 239 Abs. 3 OR).   816

2. **Gegenstand der Schenkung** kann eine bewegliche Sache (Fahrnis), eine Forderung oder   817
ein Grundstück sein. Doch sind in diesen Fällen nicht alle Arten der Schenkung möglich:

– Eine *Fahrnisschenkung* kann entweder als Handschenkung (Handgeschäft; Zusammen-   818
fallen von Verpflichtungsgeschäft und Erfüllung)[3] oder als Schenkungsversprechen
(Verpflichtungsvertrag zu einer künftigen unentgeltlichen Zuwendung) eingegangen
werden.

Das entscheidende Merkmal der Handschenkung («donation manuelle») besteht in der sofortigen Er-   819
füllung, also im Zusammenfallen von Verpflichtungs- und Verfügungsgeschäft.[4] Statt von Handschenkung ist in der Lehre zuweilen auch von «Realschenkung» die Rede, verstanden als Schenkung, der
kein Grundgeschäft (Verpflichtungsgeschäft) vorgeschaltet ist.[5]

– Gleiches gilt für die *Schenkung einer (bereits bestehenden) Forderung* (deren Zulässigkeit   820
sich auch aus Art. 248 Abs. 2 OR ergibt). Die Erfüllung des Schenkungsversprechens hat
als Abtretung in schriftlicher Form zu geschehen (Art. 165 Abs. 1 OR). Von «Handschenkung» kann man auch hier sprechen, wenn der Abtretung (Verfügung) kein Verpflichtungsgeschäft vorausgeht.[6]

– Bei der *Grundstückschenkung* ist nur das Schenkungsversprechen möglich; eine Hand-   821
schenkung scheidet aus sachenrechtlichen Gründen aus.[7]

---

[1]   Französisch: «La donation est la disposition entre vifs par laquelle une personne cède tous ou partie de ses
biens à une autre sans contre-prestation correspondante.»
[2]   Ausführlich S. Maissen, Nr. 99 ff. und 128 ff.
[3]   Zum Beispiel BGE 105 II 104 ff. (107), E. 3a.
[4]   Urteil des BGer. vom 14. März 2006, Nr. 5C.273/2005, E. 5.1; Urteil des BGer. vom 4. Dezember 2009,
Nr. 4A_394/2009, E. 3.3 (zur Publikation bestimmt).
[5]   Zum Beispiel S. Maissen, Nr. 25 ff. und 282 ff.
[6]   Urteil des BGer. vom 4. Dezember 2009, Nr. 4A_394/2009, E. 3.3 (zur Publikation bestimmt); Vogt, Basler Komm., N 8 zu Art. 239 OR; ähnlich schon S. Maissen, Nr. 290 (die dies als «Realschenkung» bezeichnet).
[7]   S. Maissen, Nr. 296.

822   Unter einem Schenkungsversprechen im Sinn von Art. 243 OR ist nicht das Versprechen des Schenken-
       den (als einseitige Willenserklärung), sondern der Schuldvertrag (also der Austausch der beiden über-
       einstimmenden Willenserklärungen) zu verstehen, durch den sich der Schenkende zur Vornahme der
       Schenkung verpflichtet.

3. Die Vertragsentstehung

823   1. Vorweg zu betonen ist, dass die Schenkung (auch das Schenkungsversprechen) einen **Ver-
       trag** und mithin ein **zweiseitiges Rechtsgeschäft** darstellt. Für das Zustandekommen ist
       daher nach Art. 1 Abs. 1 OR der Austausch übereinstimmender Willenserklärungen erfor-
       derlich.[8] Die Parteien müssen sich namentlich über das Schenkungsobjekt und über die
       Unentgeltlichkeit der Zuwendung (Schenkungswille) einig sein. Da der Vertrag den Be-
       schenkten wirtschaftlich nicht belastet, kann der Vertrag auch durch blosses Schweigen
       (Art. 6 OR) zustande kommen.[9]

824   2. Da es demnach um einen Vertragsabschluss geht, ist für die Vertragsschliessenden grund-
       sätzlich **Handlungsfähigkeit** zu fordern (Art. 12 ff. ZGB). Eine urteilsfähige unmündige
       oder entmündigte Person kann nach Art. 19 Abs. 2 ZGB auch ohne die Zustimmung des
       gesetzlichen Vertreters Vorteile erlangen, die unentgeltlich sind. Diese allgemeinen per-
       sonenrechtlichen Bestimmungen werden durch die OR-Vorschriften im Schenkungsrecht
       grundsätzlich bestätigt (Art. 240 f. OR), jedoch teilweise abgeändert:

825   – Entgegen Art. 19 Abs. 2 ZGB ist die Schenkung gemäss Art. 241 Abs. 2 OR «nicht erwor-
         ben oder wird aufgehoben, wenn der gesetzliche Vertreter deren Annahme untersagt
         oder die Rückleistung anordnet».[10]

826   – Die Vormundschaftsbehörde verfügt über eine besondere Ungültigkeitsklage, wenn
         der Schenker wegen Verschwendung entmündigt wird und das Entmündigungsverfah-
         ren gegen ihn innerhalb eines Jahres seit der Schenkung eröffnet worden ist (Art. 240
         Abs. 3 OR).

827   Durch die ZGB-Änderung vom 19. Dezember 2008 (Erwachsenenschutz, Personenrecht und Kindesrecht)[11]
       wird Art. 240 OR geändert: Nach Absatz 2 dürfen aus dem Vermögen eines Handlungsunfähigen (unter
       Vorbehalt der Verantwortlichkeit des gesetzlichen Vertreters) nur die üblichen Gelegenheitsgeschenke
       ausgerichtet werden. Absatz 3 wird aufgehoben. Das Recht urteilsfähiger handlungsunfähiger Personen,
       unentgeltliche Vorteile auch ohne Zustimmung des gesetzlichen Vertreters zu erlangen, bleibt jedoch be-
       stehen (Art. 19 Abs. 1 und 2 ZGB in neuer Formulierung).

828   3. Im Schenkungsrecht finden sich **besondere Formvorschriften**:

829   – Das Schenkungsversprechen ist formbedürftig (Art. 243 OR), da der Schenker vor un-
         bedachter Freigiebigkeit geschützt werden soll.[12] Grundsätzlich bedarf das Schenk-

---

[8]   BGE 110 II 156 ff. (161), E. 2d; Urteil des BGer. vom 4. Dezember 2009, Nr. 4A_394/2009, E. 3.3 (zur
      Publikation bestimmt).
[9]   BGE 110 II 156 ff. (161), E. 2d; Urteil des BGer. vom 4. Dezember 2009, Nr. 4A_394/2009, E. 3.3 (zur
      Publikation bestimmt); allgemein GAUCH/SCHLUEP/SCHMID, Nr. 456.
[10] Vgl. auch Urteil des BGer. vom 4. März 2010, Nr. 5A_743/2009, E. 2.3, zur möglichen Interessenkollision,
      wenn der Schenker der gesetzliche Vertreter oder eine ihm nahestehende Person ist.
[11] Referendumsvorlage in BBl 2009, S. 141 ff.
[12] BGE 105 II 104 ff. (107), E. 3b; Urteil des BGer. vom 4. Dezember 2009, Nr. 4A_394/2009, E. 3.3 (zur
      Publikation bestimmt).

ungsversprechen der Schriftform (Abs. 1).[13] Bilden jedoch Grundstücke oder dingliche Rechte an solchen den Gegenstand der Schenkung, so bedarf es der öffentlichen Beurkundung (Abs. 2). Ist das Schenkungsversprechen (über eine Fahrnissache) vollzogen, so wird gemäss Art. 243 Abs. 3 OR das Verhältnis als Schenkung von Hand zu Hand beurteilt.

Bei der Schriftform genügt es, dass nur derjenige, der das Schenkungsversprechen   830
abgibt, das Dokument unterzeichnet (Art. 13 OR).[14]

Wird die Schenkung einer (bereits bestehenden) Forderung versprochen (Verpflichtungsgeschäft),   831
so muss dies nach Art. 243 Abs. 1 OR – der dem Art. 165 Abs. 2 OR vorgeht – schriftlich geschehen,
damit das Abtretungsversprechen durchsetzbar ist.[15] Hat die Abtretung selber (Verfügung) jedoch in
Schriftform (Art. 165 Abs. 1 OR) stattgefunden, ist von einer wirksam vollzogenen Handschenkung
auszugehen (Art. 243 Abs. 3 OR).[16]

–   Die Handschenkung (die nur bei Mobilien und bei Forderungen möglich ist; Nr. 817 ff.)   832
    erfolgt durch Übergabe der Sache vom Schenker an den Beschenkten (Art. 242 Abs. 1
    OR), bei Forderungen durch deren schriftliche Abtretung (Art. 165 Abs. 1 OR; Zession
    schenkungshalber).

Bei der bargeldlosen Geldschenkung liegt eine Handschenkung dann vor, wenn der geschenkte Be-   833
trag auf das Bank- oder Postkonto des Beschenkten überwiesen ist.[17]

Eine besondere Form ist bei der Handschenkung von Fahrnis demnach nicht erfor-   834
derlich. Der Formzweck von Art. 243 OR (namentlich: der Schutz des Schenkers vor
unbedachter Freigiebigkeit) wird durch die Augenfälligkeit der Vermögensweggabe
kompensiert; die Vornahme der Zuwendung führt dem Schenker die Tragweite seines
Handelns genügend vor Augen.[18]

Art. 242 Abs. 2 OR ist missverständlich formuliert: Die dort genannte Eintragung in das Grundbuch   835
betrifft nicht das Zustandekommen des Schenkungsvertrags über Grundeigentum und dingliche
Rechte an Grundstücken (verstanden als Schuldvertrag), sondern die Erfüllung dieses Vertrags, also
die Übertragung von Eigentum am Schenkungsgegenstand. So verstanden, entspricht die Vorschrift
den sachenrechtlichen Regeln (Art. 656 Abs. 1 und 971 Abs. 1 ZGB).

–   Für die Schenkung auf den Todesfall hin gelten gemäss Art. 245 Abs. 2 OR die Vorschrif-   836
    ten über die Verfügungen von Todes wegen.[19] Es sind demnach die besonderen Formvor-
    schriften des Erbrechts zu beachten.[20]

---

[13]   BGE 117 II 382 ff (384 ff.), E. 2.
[14]   BGE 110 II 156 ff. (161), E. 2d; Urteil des BGer. vom 4. Dezember 2009, Nr. 4A_394/2009, E. 3.3 (zur
       Publikation bestimmt).
[15]   Von Tuhr/Escher, OR AT, S. 337; Gauch/Schluep/Emmenegger, Nr. 3411; Spirig, Zürcher Komm.,
       N 56 zu Art. 165 OR; Oser/Schönenberger, Zürcher Komm., N 8 zu Art. 165 OR und N 6 zu Art. 243 OR
       (wo missverständlich von einem «Vorvertrag» die Rede ist).
[16]   Wohl gl.M. Urteil des BGer. vom 4. Dezember 2009, Nr. 4A_394/2009, E. 3.3 und 3.4 (zur Publikation
       bestimmt).
[17]   Urteil des BGer. vom 14. März 2006, Nr. 5C.273/2005, E. 5.1 und 5.2; Urteil des BGer. vom 4. Dezember
       2009, Nr. 4A_394/2009, E. 3.3 (zur Publikation bestimmt).
[18]   BGE 105 II 104 ff. (108), E. 3c.
[19]   Zur Abgrenzung zwischen Rechtsgeschäften unter Lebenden und solchen von Todes wegen vgl.
       BGE 99 II 268 ff. (273), E. 3 («favor negotii»); bestätigt durch Urteil des BGer. vom 11. Februar 2010,
       Nr. 4A_575/2009, E. 2.2.
[20]   Vgl. BGE 127 III 390 ff. (395), E. 2e.

837 4. Wie bereits gesagt (Nr. 818 ff.), ist die Schenkung (von Fahrnis und von Forderungen) auch als **Handgeschäft** denkbar, bei welchem Verpflichtung und Erfüllung zeitlich zusammenfallen (Art. 242 Abs. 1 OR).

II. Die Pflichten des Schenkers

838 1. Der Schenker (der Versprechende) schuldet dem Beschenkten die **Erfüllung** seines Schenkungsversprechens. Er hat also die versprochene Zuwendung (unentgeltlich) vorzunehmen, mit andern Worten den Schenkungsgegenstand dem Beschenkten zu übergeben und diesem das Eigentum daran zu verschaffen (Besitz- und Eigentumsverschaffungspflicht).

839 2. Wegen der Unentgeltlichkeit der Zuwendung ist die **Verantwortlichkeit** des Schenkers jedoch eingeschränkt (Art. 248 Abs. 1 OR; vgl. auch Art. 99 Abs. 2 OR):[21]

840 – Für den Schaden, der dem Beschenkten aus der Schenkung erwächst, ist der Schenker nur bei Absicht oder grober Fahrlässigkeit haftbar (Art. 248 Abs. 1 OR).

841   Beispielsweise haftet der Schenker, wenn er dem Beschenkten ein Pferd schenkt und hierbei eine ihm bekannte ansteckende Krankheit des Tieres verschweigt, die in der Folge auf die anderen Pferde des Beschenkten übergreift und diesen schädigt.[22]

842 – Eine Gewährspflicht (Rechts- und Sachgewährleistung) trifft den Schenker hinsichtlich der geschenkten Sache oder der abgetretenen Forderung nur dann, wenn er es dem Beschenkten versprochen hat (Art. 248 Abs. 2 und 171 Abs. 3 OR).

III. Einzelfragen

1. Bedingungen und Auflagen

843 1. Mit der Schenkung können **Bedingungen oder Auflagen** verbunden werden (Art. 245 Abs. 1 OR).

844 – Eine *Bedingung* ist eine rechtsgeschäftliche Bestimmung, welche die Verbindlichkeit oder die Auflösung des Schenkungsvertrags vom Eintritt einer ungewissen Tatsache abhängig macht.[23]

845 – Eine *Auflage* hat keinen Einfluss auf die Wirksamkeit der Schenkung, kann jedoch vom Schenker (und nach seinem Tod von seinen Erben[24]) sowie allenfalls von einer Behörde eingeklagt werden (Art. 246 OR).[25]

846 2. Sonderfall einer Bedingung ist die Abrede, dass die geschenkte Sache an den Schenker zurückfallen soll, sofern der Beschenkte vor ihm sterben sollte (Verabredung des **Rück-**

---

[21] Ausführlich S. Maissen, Nr. 352 ff.; vgl. auch A. Koller, Einem geschenkten Gaul, S. 97 ff.
[22] Oser/Schönenberger, Zürcher Komm., N 3 zu Art. 248 OR.
[23] S. Maissen, Nr. 467 ff.; allgemein Gauch/Schluep/Emmenegger, Nr. 3948 ff.
[24] BGE 133 III 421 ff. (426 und 430), E. 3 und 5 in fine.
[25] BGE 133 III 421 ff. (426 ff.), E. 3 und 4; s. Maissen, Nr. 501 ff.; allgemein Gauch/Schluep/Emmenegger, Nr. 4032.

falls; Art. 247 Abs. 1 OR).[26] Ein solches Rückfallsrecht kann bei der Schenkung von Grundstücken oder von beschränkten dinglichen Rechten an solchen im Grundbuch vorgemerkt werden (Art. 247 Abs. 2 OR und Art. 959 ZGB).

Die Vormerkbarkeit im Grundbuch setzt indessen eine «reine» Schenkung voraus; eine gemischte Schenkung (Nr. 855 ff.) kann wegen des Prinzips des Numerus clausus der vormerkbaren Rechte (Art. 959 ZGB) nicht im Grundbuch vorgemerkt werden.[27]   847

2.   Die Aufhebung der Schenkung

1. Die Aufhebung der Schenkung wird vom Gesetz in **Art. 249 ff. OR** geregelt. Verschiedene Fälle sind auseinanderzuhalten:[28]   848

– Die Rückforderung der (bereits erfüllten) Schenkung, also der Schenkung von Hand zu Hand oder des bereits vollzogenen Schenkungsversprechens: Art. 249 OR.[29]   849

– Der Widerruf oder die Hinfälligkeit des (noch nicht erfüllten) Schenkungsversprechens: Art. 250 OR.   850

Von diesen Fällen der Aufhebung sind Fälle zu unterscheiden, bei welchen der Schenkungsvertrag als solcher *gegen die guten Sitten* verstösst (Art. 20 OR). Sittenwidrigkeit kann sich etwa daraus ergeben, dass die freie Willensmeinung des Verfügenden durch eine Vertrauensperson beeinträchtigt worden ist, aber auch daraus, dass die Vertrauensperson gegen besonders wichtige Standesregeln verstossen hat.[30] Doch besteht keine allgemeine Regel, wonach Schenkungen eines Klienten an seine Rechtsanwältin[31] oder eines Patienten an seine Ärztin (generell) unzulässig wären. – In diesem Zusammenhang hat der Nationalrat am 3. März 2009 einer parlamentarischen Initiative, die zusätzliche gesetzliche Regeln zum Schutz der Verfügenden forderte, keine Folge gegeben. Er erklärte zwar das Ziel, Verfügende vor unrechtmässiger Beeinflussung zu schützen, für beachtlich, hielt jedoch die geltenden gesetzlichen Regeln (u.a. die Bestimmungen über die Willensmängel, aber auch das ärztliche Standesrecht) für genügend und befürchtete, eine zusätzliche gesetzliche Norm würde das Selbstbestimmungsrecht des Einzelnen übermässig einschränken.[32]   851

Der Widerruf kann während eines Jahres ab dem Zeitpunkt erfolgen, in welchem der Schenker vom Widerrufsgrund Kenntnis erhalten hat (Art. 251 Abs. 1 OR). Das Gesetz enthält sodann Regeln zum Klagerecht der Erben des Schenkers (Art. 251 Abs. 2 und 3 OR).   852

Das Widerrufsrecht ist ein absolut höchstpersönliches Recht des Schenkers; es geht nach seinem Tod nur in den engen Grenzen von Art. 251 Abs. 2 OR auf die Erben über.[33] Aus dieser Bestimmung folgert die Rechtsprechung auch, dass dann, wenn der Beschenke Auflagen des Schenkungsvertrags nicht erfüllt,   853

---

[26]   BGE 116 II 259 ff. (263), E. 4b in fine.

[27]   ZBGR 81/2000, S. 1876 ff. (Justiz-, Gemeinde- und Kirchendirektion des Kantons Bern).

[28]   Ausführlich S. Maissen, Nr. 388 ff.

[29]   Zum Vorwurf der schweren Straftat und der schweren Verletzung familienrechtlicher Pflichten vgl. LGVE 2008 I Nr. 11, S. 29 ff. (Luzerner Obergericht; Beschwerde in Zivilsachen abgewiesen mit Urteil des BGer. vom 10. Februar 2009, Nr. 4A_546/2008). – Zur Rückforderung zwischen Ehegatten bei Scheidung vgl. BGE 113 II 252 ff.

[30]   BGE 132 III 455 ff. (458 f.), E. 4.1, mit Hinweis auf Abt, S. 1229 ff.

[31]   Urteil des BGer. vom 4. Dezember 2009, Nr. 4A_394/2009, E. 3.5 (zur Publikation bestimmt).

[32]   AB NR 2009, S. 58 ff., betreffend die parlamentarische Initiative Nr. 06.432 n vom 11. Mai 2006 von Nationalrätin Silvia Schenker, Erbrechtliche Zuwendungen und Schenkungen an Personen mit einer besonderen beruflichen Funktion.

[33]   BGE 133 III 421 ff. (426 f.), E. 3 und 4.1; 96 II 119 ff. (126), E. 3.

die Erben des Schenkers wohl auf deren Erfüllung (und allenfalls auf Schadenersatz) klagen, nicht aber nach Art. 107−109 OR vorgehen und vom Schenkungsvertrag zurücktreten können.[34]

854   2. Beim **Schenkungsversprechen zu wiederkehrenden Leistungen** erlischt die Verbindlichkeit des Schenkers mit dessen Tod, sofern nicht etwas anderes bestimmt worden ist (Art. 252 OR).

3.   Die gemischte Schenkung

855   1. Die Abrede der Parteien kann dahin gehen, dass ein Gegenstand «halb geschenkt» verkauft wird. Diesfalls liegt ein **gemischtes Vertragsverhältnis** vor, welches einerseits kaufvertragsrechtliche und andererseits schenkungsrechtliche Elemente miteinander verbindet (Innominatvertrag; Nr. 2459). Stets müssen sich die Parteien aber einig sein, dass nicht bloss ein «günstiger Kaufpreis» vereinbart wird, sondern dass ein Teil der Leistung unentgeltlich erfolgt («animus donandi»).[35]

856   Eine gemischte Schenkung eines Grundstücks liegt beispielsweise dann vor, wenn der Beschenkte hypothekarisch gesicherte Schulden, die auf dem Grundstück lasten, übernimmt; in diesem Fall ist eine Vormerkung des Rückfallsrechts im Grundbuch (Art. 247 OR und Art. 959 ZGB) nicht zulässig.[36]

857   2. Die gemischte Schenkung (als Schuldvertrag) untersteht den **Formvorschriften** von Art. 243 OR.[37]

---

[34]   BGE 133 III 421 ff. (428), E. 4.2.
[35]   Urteil des BGer. vom 16. März 2001, Nr. 4C.346/2000, E. 1; TERCIER/FAVRE/ZEN-RUFFINEN, Nr. 1791.
[36]   ZBGR 81/2000, S. 1987 ff. (190 f.), E. 4b (Justiz-, Gemeinde- und Kirchendirektion des Kantons Bern).
[37]   BGE 117 II 382 ff. (385 f.), E. 2b.

2. Kapitel: Verträge auf Gebrauchs- überlassung

§ 9 Übersicht

1. Die Gebrauchsüberlassungsverträge richten sich darauf, einer Person den **Gebrauch einer Sache während einer bestimmten Zeit zu überlassen**, die Sache also dieser Person zur Verfügung zu stellen. Das Gesetz sieht *entgeltliche und unentgeltliche Varianten* vor. Zu unterscheiden sind: 858

   - die **Miete** (Art. 253 ff. OR), bei der sich der Vermieter *gegen Entgelt* dazu verpflichtet, dem Mieter eine Sache zum Gebrauch zu überlassen;   859

   - die **Pacht** (Art. 275 ff. OR), durch die sich der Verpächter *gegen Entgelt* dazu verpflichtet, dem Pächter eine nutzbare Sache oder ein nutzbares Recht zum Gebrauch und zum Bezug der Früchte oder Erträgnisse zu überlassen;   860

   - die **Gebrauchsleihe** (Art. 305 ff. OR), durch die sich der Verleiher verpflichtet, dem Entlehner eine Sache zu *unentgeltlichem* Gebrauch zu überlassen; und   861

   - das **Darlehen** (Art. 312 ff. OR), durch welches sich der Darleiher (Kreditgeber) zur Übertragung des Eigentums an einer Summe Geld oder an anderen vertretbaren Sachen und der Borger (Kreditnehmer) zur Rückerstattung von Sachen der nämlichen Art in gleicher Menge und Güte verpflichtet. Das Darlehen kann *entgeltlich (verzinslich) oder unentgeltlich (zinslos)* vereinbart werden (Art. 313 OR). Überdies kann ein Darlehen die Merkmale eines **Konsumkreditvertrags** (im Sinn des KKG) erfüllen.   862

     Obwohl also beim Darlehen durch die Hingabe des Geldes der Borger (Kreditnehmer) Eigentümer wird, liegt ein *Gebrauchsüberlassungsgeschäft* und kein typischer Veräusserungsvertrag vor: Wirtschaftliches Ziel der Parteien ist es, dem Kreditnehmer den *Wert* des Geldes für eine bestimmte Zeit zur Verfügung zu stellen («Wertgebrauchsüberlassung»).   863

2. Die Gebrauchsüberlassung bezieht sich stets auf eine bestimmte oder unbestimmte **Dauer**; solange diese (durch Gesetz oder Vertrag festgelegte) Zeitdauer noch nicht abgelaufen ist, haben die Parteien ihre Verpflichtungen zu erfüllen. Miete, Pacht, Gebrauchsleihe und Darlehen sind also **Dauerverträge**.[1] Das führt dazu, dass das OR in den hier zur Diskussion stehenden Titeln des Besonderen Teils (Art. 253 ff. OR) Fragen regelt, die im Allgemeinen Teil – der sich zu den Dauerschuldverhältnissen nicht generell äussert – nicht enthalten sind (Nr. 88 ff.).   864

---

[1] BGE 125 III 363 ff. (365), E. 2e = Pra 2000, Nr. 118, S. 698 ff.

§ 10 Die Miete

865 *Sonderliteratur (Auswahl):*

CALAMO CHRISTIAN, Die missbräuchliche Kündigung der Miete von Wohnräumen, Diss. St. Gallen, Bern/Stuttgart/Wien 1993.

DUCROT MICHEL, La procédure d'expulsion du locataire ou du fermier non agricole: quelques législations cantonales au regard du droit fédéral, Diss. Genf, Genf/Zürich/Basel 2005.

GAUCH PETER, System der Beendigung von Dauerverträgen, Diss. Freiburg 1968 (AISUF Band 34).

FETTER SÉBASTIEN, La contestation du loyer initial: étude de l'article 270 CO, Diss. Bern 2005.

GIGER BRUNO, Die Erstreckung des Mietverhältnisses (Art. 272–272d OR), Diss. Zürich 1995.

HIGI PETER, Kommentar zum Schweizerischen Zivilgesetzbuch, V. Band: Obligationenrecht, Teilband V IIb: Die Miete,
- erste Lieferung: Art. 253–265 OR, 3. Aufl., Zürich 1994;
- zweite Lieferung: Art. 266–268b OR, 4. Aufl., Zürich 1995;
- dritte Lieferung: Art. 269–270e OR, 4. Aufl., Zürich 1998;
- vierte Lieferung: Art. 271–274g OR, 4. Aufl., Zürich 1996.

HUBER BASIL, Die vorzeitige Rückgabe der Mietwohnung, Diss. St. Gallen, Bamberg 2000.

HÜRLIMANN-KAUP BETTINA, Grundfragen des Zusammenwirkens von Miete und Sachenrecht, Luzerner Habil., Zürich 2008.

KOLLER ALFRED, Verkauf einer vermieteten Wohnliegenschaft – Bemerkungen zum Übergang des Mietverhältnisses auf den Käufer nach Art. 261 OR, in: Koller Alfred (Hrsg.), Der Grundstückkauf, 2. Aufl., Bern 2001, S. 377 ff. (§ 7).

LACHAT DAVID u.a., Das Mietrecht für die Praxis, 8. Aufl., Zürich 2009 (zitiert: LACHAT/KapitelautorIn).

LUPI THOMANN MELANIA, Die Anwendbarkeit des Konsumkreditgesetzes auf Miet-, Miet-Kauf- und Leasingverträge, Diss. Zürich 2003.

MINDER MATTHIAS, Die Übertragung des Mietvertrags bei Geschäftsräumen (Art. 263 OR) – Einschliesslich des Verhältnisses von Art. 263 OR zum Fusionsgesetz (FusG), Diss. Zürich 2010.

PERMANN RICHARD, Kommentar zum Mietrecht: Mit einschlägigen bundesrechtlichen und kantonalen Vorschriften, 2. Aufl., Zürich 2007.

SIEGRIST ROBERT, Der missbräuchliche Mietzins, Regel und Ausnahmen, Art. 269 und 269a OR, Diss. Zürich 1997.

SVIT-Kommentar, Schweizerisches Mietrecht, Kommentar, hrsg. vom Schweizerischen Verband der Immobilien-Treuhänder SVIT, 3. Aufl., Zürich/Basel/Genf 2008.

THANEI ANITA, Auswirkungen der neuen Schweizerischen Zivilprozessordnung auf die mietrechtlichen Verfahren, insbesondere auf das Schlichtungsverfahren, mp 2009, S. 179 ff.

WEBER ROGER, Der gemeinsame Mietvertrag, Diss. Zürich 1993.

WEY RENATE, La consignation du loyer, Etude des art. 259g–i nCO, Diss. Lausanne 1995.

ZÜST MARTIN, Die Mängelrechte des Mieters von Wohn- und Geschäftsräumen, Diss. St. Gallen, Bern/Stuttgart/Wien 1992.

I.   Allgemeines

1.   Die Rechtsquellen

1. *Sedes materiae* des Mietvertrags («le bail à loyer») sind die **Art. 253–273c OR**. Das Gesetz   866
gliedert seine Bestimmungen wie folgt:

   – Erster Abschnitt: Allgemeine Bestimmungen (Art. 253–268b OR),   867

   – zweiter Abschnitt: Schutz vor missbräuchlichen Mietzinsen und andern missbräuch-   868
   lichen Forderungen des Vermieters bei der Miete von Wohn- und Geschäftsräumen
   (Art. 269–270e OR),

   – dritter Abschnitt: Kündigungsschutz bei der Miete von Wohn- und Geschäftsräumen   869
   (Art. 271–273c OR).

   > Der bisherige vierte Abschnitt «Behörden und Verfahren» (Art. 274–274g OR) wird mit dem Inkraft-   870
   > treten der Schweizerischen Zivilprozessordnung aufgehoben. Art. 273 Abs. 4 und 5 OR werden gleich-
   > zeitig geändert; so bestimmt etwa Art. 273 Abs. 4 OR (neue Fassung), dass sich das Verfahren vor der
   > Schlichtungsbehörde nach der ZPO richtet.[1]

   Soweit es um Vorschriften gegen Missbräuche im Mietwesen geht, stützt sich der Bun-   871
   desgesetzgeber nicht nur auf Art. 122 Abs. 1 BV (allgemeine Legiferierungskompetenz im
   Privatrecht), sondern auch auf Art. 109 BV (spezielle Bundeskompetenz im Mietwesen).
   Dies betrifft namentlich die Bestimmungen gegen missbräuchliche Mietzinse, die Normen
   über die Anfechtbarkeit missbräuchlicher Kündigungen und die Regeln über die befristete
   Erstreckung von Mietverhältnissen (Art. 109 Abs. 1 BV). Zu den einschlägigen Vorschriften
   Nr. 1082 ff.

   > Die Botschaft des Bundesrats vom 12. Dezember 2008 zur Änderung des Obligationenrechts (Schutz vor   872
   > missbräuchlichen Mietzinsen)[2] sah unter anderem vor, die Mietzinse nicht mehr an den Hypothekarzins,
   > sondern an den Landesindex der Konsumentenpreise zu binden (Indexmiete statt Kostenmiete).[3] Der Na-
   > tionalrat lehnte es jedoch am 25. Mai 2009 ab, auf die Vorlage einzutreten.[4] Demgegenüber schloss sich
   > die ständerätliche Kommission für Rechtsfragen der bundesrätlichen Vorlage am 23. April 2010 weitge-
   > hend an.[5]

2. Neben diesen zentralen Vorschriften sind **weitere gesetzliche Bestimmungen** des Bundes   873
und der Kantone bedeutsam, beispielsweise die folgenden:

   – die Verordnung über die Miete und Pacht von Wohn- und Geschäftsräumen (VMWG)   874
   vom 9. Mai 1990,[6] erlassen gestützt auf Art. 253a Abs. 3 OR;

---

[1]   AS 2010, S. 1739 ff., besonders S. 1841.
[2]   BBl 2009, S. 347 ff. (Vorlage Nr. 08.081).
[3]   Botschaft BBl 2009, S. 348, 359, 362 und 364 ff.
[4]   AB NR 2009, S. 801.
[5]   NZZ Nr. 94 vom 24. April 2010, S. 13; Medienmitteilung der Parlamentsdienste vom 23. April 2010,
     <www.parlament.ch/d/mm/2010/seiten/mm-rk-s-2010-04-23.aspx> (besucht am 5. Juni 2010).
[6]   SR 221.213.11.

875 Verschiedene Bestimmungen dieser Verordnung wurden am 28. November 2007 geändert.[7] Namentlich gilt nach Art. 12a Abs. 1 VMWG für Mietzinsanpassungen auf Grund von Änderungen des Hypothekarzinssatzes nunmehr ein «Referenzzinssatz», der vom Eidgenössischen Volkswirtschaftsdepartement bekannt gegeben wird.[8]

876 – das BG über Rahmenmietverträge und deren Allgemeinverbindlicherklärung vom 23. Juni 1995[9] samt zugehöriger Verordnung vom 31. Januar 1996[10];

877 Die verfassungsrechtliche Grundlage dieses Bundesgesetzes ist Art. 109 Abs. 2 BV.

878 – Bestimmungen des Zivilprozessrechts, insbesondere Art. 33 und Art. 35 Abs. 1 lit. b ZPO;

879 – kantonale Normen, die gestützt auf Art. 257e Abs. 4 oder Art. 270 Abs. 2 OR erlassen worden sind.

880 Für die *Miete besonderer Objekte* kommen weitere Vorschriften in Betracht, für die Miete eines Seeschiffs und den See-Chartervertrag beispielsweise das BG vom 23. September 1953 über die Seeschifffahrt unter der Schweizer Flagge (Art. 87 ff., 90 ff. und 94 ff. SSG).[11] Weiter ist denkbar, dass gewisse Lebensverhältnisse, bei denen die Parteien von Miete sprechen, unter das BG vom 18. Juni 1993 über Pauschalreisen (PRG)[12] oder unter das BG vom 23. März 2001 über den Konsumkredit (KKG)[13] zu subsumieren sind.

2. Die Qualifikationsmerkmale

881 1. Typisch ist die Verpflichtung zur **Gebrauchsüberlassung (Zur-Verfügung-Stellung) einer Sache gegen Entgelt**. Gemäss Art. 253 OR verpflichtet sich der Vermieter durch den Mietvertrag, «dem Mieter eine Sache zum Gebrauch zu überlassen, und der Mieter, dem Vermieter dafür einen Mietzins zu leisten».[14] Die Gebrauchsüberlassung ist **auf Dauer** angelegt *(Dauervertrag[15]);* das Mietverhältnis kann befristet oder unbefristet sein (Art. 255 Abs. 1 OR).

882 2. Die Miete ist wie folgt von anderen Verhältnissen **abzugrenzen**:

883 – Durch den Gebrauchsüberlassungszweck unterscheidet sich die Miete von den *Veräusserungsgeschäften* (Kaufvertrag, Art. 184 ff. OR). Besteht das Ziel der Parteien darin, dem «Mieter» das Eigentum oder eine ähnliche Stellung an der Sache zu verschaffen, so können Schutzvorschriften des KKG anwendbar sein. Das gilt insbesondere für den Mietvertrag mit Kaufsrecht und für den als Innominatkontrakt zu qualifizierenden Miet-Kauf-Vertrag.

884 Umstritten ist die Abgrenzung der Miete vom *Leasingvertrag,* der in hohem Mass Elemente der entgeltlichen Gebrauchsüberlassung enthält, von einem grossen Teil von Lehre und Rechtsprechung jedoch als gesetzlich nicht geregelter Vertrag behandelt wird (Nr. 2525).

---

[7] AS 2007, S. 7021 ff., in Kraft seit 1. Januar 2008.

[8] Vgl. dazu die Verordnung des EVD vom 22. Januar 2008 über die Erhebung des für die Mietzinse massgebenden hypothekarischen Durchschnittszinssatzes (Zinssatzverordnung, SR 221.213.111).

[9] SR 221.213.15.

[10] SR 221.213.151.

[11] SR 747.30.

[12] SR 944.3.

[13] SR 221.214.1.

[14] Französisch: «... le bailleur s'oblige à céder l'usage d'une chose au locataire, moyennant un loyer».

[15] Anstelle vieler BGE 127 III 548 ff. (551), E. 4.

– Miete ist reine Gebrauchsüberlassung. Sie unterscheidet sich von der *Pacht* dadurch,   885
dass es dort um eine nutzbare Sache oder um ein nutzbares Recht geht, das zum Gebrauch und zum Bezug der Früchte oder Erträgnisse überlassen wird (Art. 275 OR).
Derartige Nutzungsbefugnisse, die über den blossen Gebrauch hinausgehen, deuten mit
anderen Worten auf ein Pachtverhältnis hin.

– Durch die Entgeltlichkeit (Pflicht des Mieters zur Zahlung des Mietzinses) unterscheidet   886
sich die Miete von der *Gebrauchsleihe,* die von Gesetzes wegen unentgeltlich ist (Art. 305
OR).

– Die Miete richtet sich auf die Gebrauchsüberlassung einer bestimmten Sache, die am   887
Ende der Mietdauer zurückzugeben ist. Dadurch unterscheidet sich der Mietvertrag
vom *Darlehen,* das darauf gerichtet ist, einer Person für eine bestimmte Dauer Geld
(oder vertretbare Sachen) zur Verfügung zu stellen (Art. 312 OR).

Enthält der Mietvertrag indessen wesentliche Kreditierungselemente (im Sinn von   888
Art. 1 KKG), so können die Vorschriften über den *Konsumkredit* anwendbar sein (vgl.
aber Art. 7 KKG).

– Bei der Miete stehen die Parteien in einem Austauschverhältnis (Interessengegensatz).   889
Dadurch unterscheidet sich die Miete von der *einfachen Gesellschaft,* bei welcher ein
gemeinsamer Zweck mit gemeinsamen Kräften oder Mitteln angestrebt wird (Art. 530
Abs. 1 OR; Nr. 2371).

Mischformen kommen vor, soweit bei einer (Geschäfts-)Miete eine Erfolgsbeteiligung des Vermieters   890
vereinbart wird (partiarische Miete).

– Mit dem Mietvertrag kann – als *Vertragsverbindung* (Nr. 2463) – ein anderer Vertrags-   891
typ kombiniert werden, etwa ein Einzelarbeitsvertrag.

Das trifft beispielsweise für den «Hauswartsvertrag mit Dienstwohnung» zu. Hier unterstehen die   892
Hauswartstätigkeit den arbeitsvertraglichen Regeln, die Gebrauchsüberlassung hingegen den miet-
vertraglichen Vorschriften; auf die Auflösung des gesamten Rechtsverhältnisses sind die Regeln jenes
Vertragstyps anwendbar, der den überwiegenden Teil der Leistung ausmacht.[16]

3. Die Sache, die beim Mietverhältnis zum Gebrauch überlassen wird, kann **Fahrnis** (Auto,   893
Haushaltsgerät, Musikinstrument, Unterhaltungselektronik) oder eine **unbewegliche Sache** (Grundstück, Wohnung, Geschäftsraum, Parkplatz) sein.

Die gesetzlichen Vorschriften zum Schutz vor missbräuchlichen Mietzinsen (Art. 269 ff.   894
OR) und über den Kündigungsschutz (Art. 271 ff. OR) sind nur bei der Miete von *Wohn-
und Geschäftsräumen* anwendbar. Bei Koppelungsgeschäften bleibt immerhin Art. 254 OR
zu beachten.

Ein «Raum» ist ein auf Dauer angelegter, horizontal und vertikal abgeschlossener Bereich bzw. ein mehr   895
oder weniger geschlossenes Gebäude.[17] Wohnräume sind geschlossene Räumlichkeiten, die eine gewisse
Privatsphäre bieten und Wohnzwecken – also dem Verbringen des Privatlebens – dienen, was namentlich für eine Wohnung, ein Einfamilienhaus oder ein Einzelzimmer zutrifft.[18] Dass die Vertragsparteien
das Mietobjekt als «Wohnstätte» bezeichnet haben, reicht nicht aus, wenn ihm die beschriebenen Raum-

---

16 BGE 131 III 566 ff. (569), E. 3.1 = Pra 2006, Nr. 54, S. 401 ff.
17 BGE 124 III 108 ff. (110), E. 2b mit Hinweisen.
18 Urteil des BGer. vom 12. Juni 2006, Nr. 4C.128/2006, E. 2.

qualitäten fehlen.[19] Geschäftsraum ist jeder Raum, der dem Betrieb eines Gewerbes oder (im weiteren Sinn) der Ausübung beruflicher Tätigkeiten dient.[20]

896   4. Der **Vermieter** ist **regelmässig Eigentümer** der Mietsache. Er kann aber auch bloss Inhaber eines beschränkten dinglichen Rechts am Mietgegenstand sein; ausnahmsweise genügt sogar eine rein vertragliche Stellung zum Mietgegenstand (Art. 262 OR: Untermiete).

3.   Die Vertragsentstehung

897   1. Der Mietvertrag entsteht nach den **allgemeinen Regeln**. Erforderlich ist also der Austausch übereinstimmender Willenserklärungen im Sinn von Art. 1 Abs. 1 OR. *Objektiv wesentlich* («essentialia negotii») sind die Gebrauchsüberlassung, deren Gegenstand und die Entgeltlichkeit des Vertrags.

898   Nach der hier vertretenen Meinung nicht objektiv wesentlich ist die Höhe des Entgelts; ein von den Parteien masslich nicht festgelegter Mietzins kann also durch gerichtliche Lückenfüllung ergänzt werden.[21] Das Bundesgericht vertritt jedoch die gegenteilige Auffassung: Es überlässt dem Gericht die Festsetzung der Höhe des Mietzinses lediglich für den bereits erfüllten Mietvertrag;[22] für einen erst in Zukunft zu erfüllenden Mietvertrag verlangt es demgegenüber die Einigung der Parteien über die Höhe des Mietzinses und betrachtet – falls eine solche Einigung fehlt – den Vertrag als (konsensmässig) nicht zustande gekommen.[23]

899   Immerhin genügt Bestimmbarkeit des Mietzinses auch aus bundesgerichtlicher Sicht. So können die Parteien namentlich einen Mietzins vereinbaren, der sich nach dem vom Mieter erzielten Geschäftsumsatz richtet.[24]

900   2. Als **Vertragsparteien** sind bei der *einfachen Miete* auf Vermieter- und auf Mieterseite je eine Person beteiligt. Möglich ist aber auch eine *gemeinsame Miete,* das heisst ein Verhältnis, bei welchem auf Vermieter- oder Mieterseite oder auf beiden Seiten mehrere Personen beteiligt sind.[25]

901   *Beispiele* (die auch als Kombinationen möglich sind): Als Vermieter treten drei Geschwister auf, die eine Erbengemeinschaft bilden; Mieterschaft ist ein Ehepaar oder ein Konkubinatspaar.

902   In solchen Fällen ist jeweils das *Innenverhältnis* der jeweiligen Gemeinschaft auf einer Parteiseite (das interne Verhältnis unter den Vermietern bzw. unter den Mietern) vom *Aussenverhältnis* (dem Verhältnis gegenüber der Mietvertragsgegenpartei) zu unterscheiden:[26]

---

[19]   Urteil des BGer. vom 12. Juni 2006, Nr. 4C.128/2006, E. 2: Standplatz für Fahrende zum Abstellen von Wohnwagen ist kein Wohnraum im Sinn des Gesetzes.
[20]   BGE 124 III 108 ff. (110), E. 2b.
[21]   GAUCH/SCHLUEP/SCHMID, Nr. 338.
[22]   Beispiel: Urteil des BGer. vom 31. Januar 2003, Nr. 4C.11/2002, E. 5 (gerichtliche Ergänzung der Mietzinshöhe nach dem hypothetischen Parteiwillen oder, falls ein solcher nicht zu ermitteln ist, Abstellen auf den marktüblichen Mietzins).
[23]   BGE 108 II 112 ff. (113 f.), E. 4 = Pra 1982, Nr. 175, S. 448 ff.; 119 II 347 f. (348), E. 5a = Pra 1994, Nr. 193, S. 639 f.
[24]   Urteil des BGer. vom 18. Juni 2007, Nr. 4C.426/2006, E. 2.2.
[25]   HIGI, Zürcher Komm., Vorbem. zu Art. 253–274g OR, N 102 ff.
[26]   Zum Folgenden HIGI, Zürcher Komm., Vorbem. zu Art. 253–274g OR, N 105 ff.

– Für das Innenverhältnis sind die Regeln massgebend, denen die jeweilige Gemeinschaft untersteht (z.B. Erbengemeinschaft nach Art. 602 ff. ZGB; eheliche Gemeinschaft nach Art. 159 ff. ZGB und den anwendbaren güterrechtlichen Vorschriften; einfache Gesellschaft nach Art. 530 ff. OR). 903

– Im Aussenverhältnis stellt sich besonders die Frage, ob Solidarhaftung besteht und ob Veränderungen im Innenverhältnis Wirkungen auf das Aussenverhältnis zeitigen. Diese Fragen lassen sich nicht allgemein beantworten, sondern sind nach der betreffenden Sachlage zu lösen. 904

Beispiel: Haben ein Mann und eine Frau, die im Konkubinat leben, gemeinsam einen unbefristeten Mietvertrag über eine Wohnung abgeschlossen, und zieht die Frau aus dieser Wohnung aus (Auflösung des Konkubinats), so bleibt sie im Aussenverhältnis dennoch Mieterin und solidarisch zur Mietzinsleistung verpflichtet.[27] 905

3. Für den *Vertragsabschluss* stellt das Gesetz **grundsätzlich keine Formvorschrift** auf, auch nicht für die Wohnungs- oder Geschäftsmiete.[28] 906

Erfüllt die Miete im konkreten Fall jedoch die Merkmale eines Konsumkredits (Art. 1 ff. KKG), so sind die gesetzlichen Formvorschriften von Art. 9 ff. KKG anwendbar. 907

Zu beachten ist sodann, dass das Mietrecht in anderer Hinsicht – nämlich für die *Vertragsabwicklung* – mehrere Formvorschriften enthält, zum Beispiel in folgenden Fällen: 908

– Schriftlichkeit der Nachfristansetzung vor Hinterlegung des Mietzinses durch den Mieter bei Mängeln der Sache während der Mietdauer (Art. 259g OR); 909

– Schriftlichkeit der Zustimmung des Vermieters zu Erneuerungen und Änderungen an der Sache durch den Mieter, mit Einschluss einer allfälligen Abrede, dass der Vermieter die Wiederherstellung des früheren Zustands verlangen darf (Art. 260a Abs. 1 und 2 OR); 910

Schriftform gilt in diesem Zusammenhang auch für die Vereinbarung von Entschädigungsansprüchen, die nach Umbauten des Mieters über die gesetzliche Regelung hinausgehen (Art. 260a Abs. 3 OR). 911

– Schriftlichkeit der Zustimmung des Vermieters zur Übertragung der Miete an einen Dritten (Art. 263 Abs. 1 OR); 912

– Schriftlichkeit der Kündigung des Vermieters und des Mieters von Wohn- und Geschäftsräumen (Art. 266*l* Abs. 1 OR). Für den Vermieter gelten diesbezüglich zusätzliche Formvorschriften (Formularpflicht; Art. 266*l* Abs. 2 OR sowie Art. 266n f. OR); 913

– Schriftlichkeit der Nachfristansetzung des Vermieters beim Zahlungsrückstand des Mieters (Art. 257d OR; beachte auch Art. 266n OR);[29] 914

– Schriftlichkeit (und Formularzwang)[30] für Mietzinserhöhungen und andere einseitige Vertragsänderungen durch den Vermieter (Art. 269d OR). 915

---

27 Higi, Zürcher Komm., Vorbem. zu Art. 253–274g OR, N 111.
28 BGE 119 III 78 ff. (80), E. 3c = Pra 1994, Nr. 166, S. 552 ff.; Urteil des BGer. vom 16. Mai 2007, Nr. 4A_32/2007, E. 5.
29 Zum Ganzen BGE 117 II 415 ff. (416 ff.), E. 3–5.
30 Zum Formularzwang vgl. BGE 123 III 70 ff. (72 ff.), E. 3.

916 Die Begründung für die Mietzinserhöhung muss nach der bundesgerichtlichen Rechtsprechung ebenfalls im Formular enthalten sein.[31] Das Formular muss von der Vermieterin eigenhändig unterzeichnet werden.[32]

917 4. Im **Fall von Wohnungsmangel** können nach **Art. 270 Abs. 2 OR** sodann die *Kantone* für ihr Gebiet oder für einen Teil davon die *Verwendung des Formulars* gemäss Art. 269d OR beim Abschluss eines neuen Mietvertrags obligatorisch erklären. Die Bestimmung enthält einen sogenannten ermächtigenden Vorbehalt zu Gunsten des kantonalen Rechts.[33]

918 Der Inhalt des offiziellen Formulars wird durch Bundesrecht festgelegt (Art. 19 VMWG), und auch die Wirkungen eines allfälligen Formmangels ergeben sich aus dem Bundesrecht.[34] Eine allfällige Erhöhung des Mietzinses gegenüber dem Vertrag mit dem vorangehenden Mieter bedarf in diesen Fällen der formularmässigen Begründung (Art. 269d OR; Art. 19 Abs. 3 VMWG).[35]

919 Nach Auffassung des Bundesgerichts führt ein Formmangel in diesen Fällen zur Nichtigkeit der Mietzinsabrede, nicht aber zur Unwirksamkeit des gesamten Mietvertrags; das Gericht hat den Mietzins nach Massgabe des Missbrauchsrechts festzulegen.[36] Von der Legiferierungskompetenz im Sinn von Art. 270 Abs. 2 OR haben u.a. die Kantone Genf[37] und Zürich[38] Gebrauch gemacht.[39]

920 5. Zur Entstehung und zum Inhalt des Mietvertrags bleiben **zwei Punkte nachzutragen**:

921 – Der Inhalt des Mietverhältnisses ergibt sich grundsätzlich aus der Vereinbarung der Parteien. Vorbehalten bleibt freilich *zwingendes Gesetzesrecht* (Art. 19 Abs. 2 OR). Doch muss berücksichtigt werden, dass nach Massgabe des BG über Rahmenmietverträge und deren Allgemeinverbindlicherklärung (Art. 3) der Bundesrat unter bestimmten Voraussetzungen den Parteien Abweichungen von (gewissen) zwingenden Bestimmungen des Mietrechts bewilligen kann.

922 Bei der Miete von Wohn- und Geschäftsräumen beschränken Art. 269b f. OR die Möglichkeit der Parteien, den Mietzins zu indexieren oder zu staffeln. Ein missbräuchlicher Mietzins ist anfechtbar (Art. 269 ff. OR; Nr. 1094 ff.).

923 – Das *Ehescheidungsrecht* sieht in Art. 121 Abs. 1 und 2 ZGB die Möglichkeit der gerichtlichen Übertragung der Rechte und Pflichten aus einem Mietvertrag auf einen Ehegatten als mögliche Ehescheidungsfolge vor. Die gleiche Regelung gilt bei Auflösung der eingetragenen Partnerschaft (Art. 32 Abs. 1 und 2 PartG).

924 Hingegen bewirkt die als *Eheschutzmassnahme* vom Gericht vorübergehend angeordnete Zuweisung der Wohnung an die Ehefrau des Mieters (Art. 176 Abs. 1 Ziff. 2 ZGB) keine solche Übertragung der Rechte und Pflichten aus dem Mietvertrag.[40] Im Fall einer *Klage zum Schutz gegen (häusliche) Gewalt, Drohungen und Nachstellungen* ist die gerichtliche Übertragung der Rechte und Pflichten aus dem

---

[31] BGE 120 II 206 ff. (208 f.), E. 3 = Pra 1995, Nr. 74, S. 242 ff.; bestätigt in Urteil des BGer. vom 1. Februar 2010, Nr. 4A_409/2009, E. 2.1.

[32] Urteil des BGer. vom 8. Juli 2003, Nr. 4C.110/2003, E. 3.2–3.5.

[33] BGE 120 II 341 ff. (343), E. 2b = Pra 1995, Nr. 252, S. 833 ff.; 124 I 127 ff. (129), E. 2a.

[34] BGE 120 II 341 ff. (344), E. 2b = Pra 1995, Nr. 252, S. 833 ff.; 124 I 127 ff. (129), E. 2a.

[35] BGE 120 II 341 ff. (344 f.), E. 3 = Pra 1995, Nr. 252, S. 833 ff.

[36] BGE 120 II 341 ff. (345 ff.), E. 4–7 = Pra 1995, Nr. 252, S. 833 ff.; anderer Meinung HIGI, Zürcher Komm., N 103 ff. zu Art. 270 OR.

[37] Vgl. BGE 120 II 341 ff. = Pra 1995, Nr. 252, S. 833 ff.; 121 III 56 ff. = Pra 1995, Nr. 173, S. 560 ff.

[38] Vgl. BGE 124 I 127 ff.

[39] Für weitere Beispiele vgl. SVIT-Kommentar, N 33 zu Art. 270 OR.

[40] BGE 134 III 446 ff. (448 f.), E. 2.1 = Pra 2009, Nr. 21, S. 122 ff.

Mietvertrag auf die klagende Partei allein möglich; sie setzt jedoch die Zustimmung des Vermieters voraus (Art. 28b Abs. 3 Ziff. 2 ZGB).

II.   Die Pflichten des Vermieters

1.   Im Allgemeinen

1. Gemäss **Art. 256 Abs. 1 OR** ist der Vermieter verpflichtet, die Sache zum vereinbarten   925
Zeitpunkt in einem zum vorausgesetzten Gebrauch tauglichen Zustand zu übergeben und in demselben zu erhalten. Dies ist die *Hauptverpflichtung* des Vermieters, mit welcher *dauernd* — bis zur Beendigung des Mietverhältnisses — fortzufahren ist (Dauerschuld). Art. 256 Abs. 1 OR bezieht sich einerseits auf die qualitativen Aspekte der Gebrauchsüberlassung (Rechtsgewährleistung und Sachgewährleistung), andererseits aber auch auf die Erfüllungszeit («zum vereinbarten Zeitpunkt»).

2. Die beschriebene Pflicht des Vermieters ist **nur teilweise dispositiv**, zum anderen Teil «re-   926
lativ zwingend»:

– Zwingend (genauer gesagt: einseitig zwingend zu Gunsten des Mieters) ist die beschrie-   927
bene Hauptpflicht des Vermieters bei Mietverträgen über Wohn- und Geschäftsräume (Art. 256 Abs. 2 lit. b OR).

– Soweit nicht Mietverhältnisse über Wohn- oder Geschäftsräume in Frage stehen, darf   928
zum Nachteil des Mieters wohl durch individuelle Abrede von der genannten Pflicht abgewichen werden, nicht aber in vorformulierten Allgemeinen Geschäftsbedingungen (Art. 256 Abs. 2 lit. a OR). Möglich sind also namentlich Freizeichnungsklauseln bei der Miete von Mobilien (etwa eines Autos), sofern sie individuell ausgehandelt wurden, also nicht in AGB enthalten sind.

Beizufügen ist immerhin, dass der Vermieter trotz solchen Freizeichnungsklauseln dann haftet, wenn   929
er den Mieter absichtlich über das Vorhandensein von Mängeln getäuscht hat (Art. 199 OR analog).[41]

3. Im Fall der **Nichterfüllung** oder der mangelhaften Erfüllung der Vermieterpflichten entste-   930
hen dem Mieter bestimmte Rechte, auf die separat einzugehen sein wird (Art. 258 ff. OR; Nr. 936 ff.).

4. Den Vermieter treffen schliesslich auch verschiedene **Nebenpflichten**:   931

– Die Auskunftspflicht nach Art. 256a OR, die sich allerdings nur «auf Verlangen des Mie-   932
ters» aktualisiert: Vorlegung eines allfälligen Rückgabeprotokolls, das bei Beendigung des vorangegangenen Mietverhältnisses erstellt worden ist, zur Einsichtnahme (Abs. 1); Auskunft über die Höhe des Mietzinses des vorangegangenen Mietverhältnisses (Abs. 2).

– Die Pflicht zur Tragung der mit der Sache verbundenen Lasten und öffentlichen Abga-   933
ben (Art. 256b OR). Diese Lasten und Abgaben werden also durch den Mietzins mitabgegolten.

– Die Pflicht zur ordnungsgemässen Behandlung der durch den Mieter geleisteten Sicher-   934
heiten (Art. 257e OR).[42]

---

[41]   Tercier/Favre/Bugnon, Nr. 2090.
[42]   Zur Hinterlegungspflicht des Vermieters siehe BGE 127 III 273 ff. (278), E. 4 c/bb.

935   – Die Pflicht zur Zustimmung zu einem Untermietverhältnis, wenn kein gesetzlicher Ver-
         weigerungsgrund vorliegt (Art. 262 Abs. 2 OR).[43]

2.   Die Folgen der Nichterfüllung und der mangelhaften Erfüllung

936   Das Mietvertragsrecht unterscheidet – anders als etwa das Kaufvertragsrecht – nicht systema-
       tisch zwischen dem Vermieterverzug, der Rechtsgewährleistung und der Sachgewährleistung
       (Nr. 925 ff.), sondern fasst die Nichterfüllungsfälle zusammen. Dagegen unterscheidet das
       OR danach, ob die **Leistungsstörung schon bei der Übergabe** der Mietsache besteht **oder**
       ob **erst während der Mietdauer** – also nach Übernahme der Sache («Mietantritt») – Stö-
       rungen entstehen (vgl. die Randtitel zu Art. 258 und 259 ff. OR). Entscheidend war für den
       Gesetzgeber demnach, ob beim *Dauerschuldverhältnis «Mietvertrag»* schon mit der Erfüllung
       der charakteristischen Hauptleistungspflicht begonnen worden ist oder nicht. Im Einzelnen:

A.   Mangelhafte Erfüllung bei Übergabe der Sache (Art. 258 OR)

937   1. Die Leistungsstörung kann schon *im Zeitpunkt der Übergabe der Sache* eintreten. In Betracht
       fallen vor allem *zwei Fälle,* die beide in einer **wesentlichen Vertragsabweichung** (nicht
       nur in geringfügigen Störungen) bestehen:

938   – Der Vermieter übergibt die Sache (überhaupt) nicht zum vereinbarten Zeitpunkt, befin-
         det sich also mit seiner Leistung im *Verzug* (Art. 102 Abs. 2 OR).

939   – Die Sache wird übergeben, sie weist jedoch schon bei der Übergabe Mängel auf, welche
         die Tauglichkeit zum vorausgesetzten Gebrauch ausschliessen oder erheblich beein-
         trächtigen. Davon erfasst werden *schwerwiegende Mängel,* also solche, welche die «vi-
         talen Interessen» des Mieters und seiner Mitbewohner (Vertrag mit Schutzwirkung zu
         Gunsten Dritter) gefährden oder den Gebrauch der Mietsache oder wesentlicher Teile
         davon für eine gewisse Dauer vollständig ausschliessen.[44]

940   Der Mangelbegriff wird im Mietrecht analog zum Kauf- und Werkvertragsrecht umschrieben: «Man-
       gelhaft ist ein Mietobjekt, wenn ihm eine vertraglich zugesicherte oder eine sich aus dem vertragli-
       chen Gebrauchszweck ergebende Eigenschaft fehlt. Ob ein Mangel vorliegt, ist daher durch Vergleich
       des vertraglich vereinbarten mit dem tatsächlichen Zustand des Mietobjektes zu ermitteln.»[45] Vgl.
       auch Nr. 324 ff. und 1732 ff.

941   2. Sind diese Voraussetzungen erfüllt, so umschreibt Art. 258 Abs. 1–3 OR die **Rechtsfolgen.**
       Der Mieter hat danach zwei Möglichkeiten:

942   – Er kann entweder nach den Art. 107–109 OR über die Nichterfüllung von Verträgen vor-
         gehen. Namentlich hat er das Recht, die Übernahme der Mietsache zu verweigern[46] – sei

---

[43]   BGE 119 II 353 ff. = Pra 1994, Nr. 57, S. 353 ff.
[44]   Vgl. Urteil des BGer. vom 22. März 2006, Nr. 4C.384/2005, E. 3.1; Higi, Zürcher Komm., N 27 ff. zu
       Art. 258 OR; Tercier/Favre/Bugnon, Nr. 2096 ff. Zum Begriff des schweren Mangels im alten Mietrecht
       (Art. 254 Abs. 2 und 3 sowie Art. 255 Abs. 1 OR alte Fassung) existiert eine reiche Rechtsprechung, zum
       Beispiel: Feuchtigkeit in einer Mietwohnung (BGE 41 II 704 ff.); mangelhafte Sicherheit eines gemieteten
       Safes (BGE 95 II 541 ff.); falsch eingestellte Skibindung bei gemieteten Skiern (BGE 107 II 426 ff.).
[45]   Urteil des BGer. vom 22. März 2006, Nr. 4C.384/2005, E. 2.1.
[46]   Tercier/Favre/Bugnon, Nr. 2120.

es durch den Verzicht auf die Leistung des Vermieters in natura unter Aufrechterhaltung des Vertrags (nebst Schadenersatz im Umfang des positiven Interesses) oder durch Rücktritt (mit Anspruch auf Schadenersatz für das negative Interesse).

– Oder er kann – trotz diesen Mängeln – die Sache übernehmen und auf gehöriger Erfüllung beharren; diesfalls stehen ihm (nur, aber immerhin) die Ansprüche aus Art. 259a–i OR zu (Art. 258 Abs. 2 OR), während die Rücktrittsmöglichkeit entfällt.   943

3. Bei **geringfügigen Mängeln** im Zeitpunkt der Übergabe — also bei Mängeln, welche die Tauglichkeit zum vorausgesetzten Gebrauch nicht ausschliessen und auch nicht erheblich beeinträchtigen (Art. 258 Abs. 3 lit. a sowie Art. 258 Abs. 1 OR e contrario) — steht dem Mieter kein Rücktrittsrecht zu. Er kann jedoch die Ansprüche aus Art. 259a–259i OR geltend machen (Art. 258 Abs. 3 OR).   944

Davon erfasst sind auch diejenigen Mängel, die der Mieter, falls sie während der Mietdauer entständen, auf eigene Kosten beseitigen müsste (Art. 258 Abs. 3 lit. b und Art. 259 OR).   945

B. Mängel nach Übergabe der Sache (während der Mietdauer; Art. 259 ff. OR)

Die Art. 259 ff. OR betreffen Mängel und Störungen, die *während der Mietdauer* (Randtitel!), also nach Übernahme der Sache (nach «Mietantritt») entstehen. Diese Vorschriften beziehen sich mit anderen Worten auf jene zeitliche Phase, in welcher mit der typischen Hauptleistung des Mietvertrags — der Zur-Verfügung-Stellung der Mietsache — bereits begonnen worden ist.   946

a. Die Voraussetzungen der Vermieterhaftung

1. **Art. 259a Abs. 1 OR** knüpft daran an, dass an der Mietsache (während der Mietdauer, also nach Mietantritt) Mängel entstehen, die der Mieter weder zu verantworten, noch auf eigene Kosten zu beseitigen hat, oder dass der Mieter im vertragsgemässen Gebrauch der Sache gestört wird. Es geht also um **Mängel oder um Störungen des Mieters im vertragsgemässen Gebrauch:**   947

– Hauptfall ist der *Mangel der Mietsache.* Darunter ist jede Abweichung der zur Verfügung gestellten Mietsache vom Vertrag (vom versprochenen Zustand) zu verstehen (Nr. 940):[47] Die Mietsache verliert während der Mietdauer eine Eigenschaft, die sie nach Vertrag haben sollte, sie ändert ihren Zustand also derart, dass sie den Anforderungen des Vertrags nicht mehr entspricht. Denkbar sind – ähnlich wie beim Kaufvertragsrecht – einerseits unerfüllte Zusicherungen des Vermieters bezüglich der vermieteten Sache, andererseits Abweichungen der Mietsache von dem nach Vertrag in guten Treuen vorausgesetzten Zustand.[48]   948

Demgegenüber ist es für den Begriff des Mangels bedeutungslos, ob den Vermieter ein Verschulden am Zustand der Mietsache trifft und ob die Beeinträchtigung behoben werden kann.[49]   949

---

[47] BGE 135 III 345 ff. (347), E. 3.2 = Pra 2009, Nr. 135, S. 922 ff.; Urteil des BGer. vom 22. März 2006, Nr. 4C.384/2005, E. 2.1; Higi, Zürcher Komm., N 7 zu Art. 259a OR i.V.m. N 27 zu Art. 258 OR.

[48] Urteil des BGer. vom 31. Juli 2009, Nr. 4A_281/2009, E. 3.2; Tercier/Favre/Bugnon, Nr. 2061 und 2096 ff.

[49] BGE 135 III 345 ff. (347), E. 3.2 = Pra 2009, Nr. 135, S. 922 ff.

950   – Mit der *Störung des Mieters im vertragsgemässen Gebrauch* der Sache umschreibt das
       Gesetz Beeinträchtigungen, deren Ursache nicht ein Sachmangel ist. In Betracht kom-
       men einerseits tatsächliche Störungen wie Lärm oder andere Immissionen durch den
       Vermieter selber (vgl. auch Art. 257h Abs. 3 OR) oder durch Dritte, etwa Mitbewohner
       des gleichen Hauses oder Personen auf benachbarten Grundstücken.[50] Denkbar ist aber
       auch eine Entwehrung durch Dritte, die (dingliche) Ansprüche auf die vermietete Sache
       erheben («Rechtsgewährleistung»).[51]

951   2. **Weiter** ist für die Vermieterhaftung **vorausgesetzt**:

952   – dass der Mieter den Mangel nicht selber zu verantworten hat (Art. 259a Abs. 1 OR);

953   – dass der Mangel nicht den sogenannten «kleinen Unterhalt» betrifft, für den der Mieter
       selber aufkommen muss (Art. 259 und 259a OR);

954   – dass der Mieter nicht auf seine Mängelrechte verzichtet hat.[52] Soweit Art. 256 Abs. 2
       OR die Gebrauchsüberlassung im tauglichen Zustand als relativ zwingend bezeichnet,
       kommt freilich nur ein nachträglicher Verzicht des Mieters (nach Entstehung der Män-
       gelrechte) in Betracht.

955   3. **Nicht vorausgesetzt** für die Vermieterhaftung sind jedoch grundsätzlich:

956   – ein Verschulden des Vermieters;[53] immerhin sind einzelne Mängelrechte des Mieters ver-
       schuldensabhängig (z.B. Art. 259e OR);

957   Für einzelne Mängelrechte fordert das Gesetz sodann, dass der Vermieter den Mangel kennt (zum
       Beispiel Art. 259b OR für die fristlose Kündigung und die Ersatzvornahme, Art. 259d OR für die Her-
       absetzung des Mietzinses).

958   – eine fristgerechte Mängelrüge von Seiten des Mieters (vgl. aber Art. 257g Abs. 2 OR).

959   Insofern ist das Mietrecht für den Mieter «günstiger» als das Kaufvertragsrecht für den Käufer (Art. 201
       OR) und das Werkvertragsrecht für den Besteller (Art. 367 und 370 OR).

b.   Der Inhalt der Vermieterhaftung

960   Sind die beschriebenen Haftungsvoraussetzungen erfüllt, so entsteht ein **Bündel von (Män-
       gel-)Rechten des Mieters** (Übersicht in Art. 259a OR). Grundsätzlich bestehen diese Ansprü-
       che kumulativ, schliessen einander also gegenseitig nicht aus.[54] Im Einzelnen sieht das Gesetz
       folgende Rechte vor:

961   1. Das **Recht auf Mängelbeseitigung**: Der Mieter kann verlangen, dass der Vermieter den
       Mangel innert angemessener Frist beseitigt (Art. 259a Abs. 1 lit. a und Art. 259b OR; Aus-
       nahmefall in Art. 259c OR). Unterlässt der Vermieter – trotz Kenntnis des Mangels – die
       fristgerechte Mängelbeseitigung, so verfügt der Mieter über zusätzliche Behelfe (Art. 259b
       OR), nämlich:

---

[50]   Urteil des BGer. vom 23. April 2003, Nr. 4C.39/2003, E. 4; Urteil des BGer. vom 18. Juni 2002,
       Nr. 4C.106/2002, E. 3.2; Higi, Zürcher Komm., N 34 zu Art. 258 OR. Zur Frage, wann Lärm als Mangel
       anzusehen ist, vgl. Urteil des BGer. vom 31. Juli 2009, Nr. 4A_281/2009, E. 3.2.
[51]   Higi, Zürcher Komm., N 33 zu Art. 258 OR.
[52]   Tercier/Favre/Bugnon, Nr. 2104 ff.
[53]   BGE 135 III 345 ff. (347), E. 3.2 = Pra 2009, Nr. 135, S. 922 ff.; Higi, Zürcher Komm., N 37 zu Art. 258
       OR.
[54]   Higi, Zürcher Komm., N 13 zu Art. 259a OR.

– über das *Recht zur fristlosen Kündigung* (lit. a); 962

Die Voraussetzungen für eine fristlose Kündigung wegen eines schweren Mangels sind beispielsweise 963
erfüllt, wenn es für den Mieter sowohl unzumutbar ist, während der Sanierung im Mietobjekt zu bleiben, als auch vorübergehend in das vom Vermieter angebotene Ersatzobjekt umzuziehen.[55] Zu beachten gilt, dass Art. 259b lit. a OR eine Sonderregel (lex specialis) der allgemeinen ausserordentlichen
Kündigung aus wichtigen Gründen (266g) bildet, sodass eine Umdeutung einer nicht gerechtfertigten
fristlosen Kündigung wegen Mängel in eine gültige aus wichtigem Grund ausgeschlossen ist.[56]

– über das *Recht zur eigenen Mängelbeseitigung* (Ersatzvornahme) auf Kosten des Vermie- 964
ters (lit. b).

Kein Recht auf Mängelbeseitigung besteht dann, wenn diese unmöglich ist, was nach der Praxis auch bei 965
Unverhältnismässigkeit der Kosten angenommen wird.[57] Dann bleibt der Mieter auf andere Mängelbe-
helfe verwiesen.

2. Das **Recht auf Herabsetzung des Mietzinses**: Wird die Tauglichkeit der Sache zum vor- 966
ausgesetzten Gebrauch beeinträchtigt oder vermindert, so kann der Mieter vom Vermieter
verlangen, dass dieser den Mietzins vom Zeitpunkt an, in dem er vom Mangel erfahren
hat, bis zur Behebung des Mangels entsprechend herabsetzt (Art. 259a Abs. 1 lit. b und
Art. 259d OR).

Dieses Recht ist nach der hier vertretenen Meinung ein *Gestaltungsrecht,* nicht ein Ge- 967
staltungsklagerecht.[58] Die Erklärung des Mieters muss in der Zeit zwischen der Entstehung
des Mangels und der Beendigung des Mietverhältnisses abgegeben werden[59] und das Mass
der Herabsetzung entsprechend der Schwere des Mangels ausdrücklich nennen.[60] Massgebend ist (wie bei der Minderung beim Kaufvertrag; Nr. 402) grundsätzlich die relative
Methode.[61] Als «Schwelle» für das Recht des Mieters auf Herabsetzung des Mietzinses wird
in der Rechtsprechung zuweilen eine Beeinträchtigung im Gebrauch von mindestens 5%,
bei dauernder Beeinträchtigung von mindestens 2% genannt.[62]

Beispiele: Herabsetzung des Mietzinses a. um 16% wegen einer mangelhaften Klimaanlage und Venti- 968
lation in einer Privatschule;[63] b. um 25% (als gemittelter Wert) wegen Mängel am Heizkessel, am Tro-
ckenraum, in der Küche, am Parkett sowie an den Storen, unter Berücksichtigung des Umstandes, dass
einzelne Mängel nach einer gewissen Zeit vom Vermieter behoben wurden;[64] c. um 5%–20% wegen
mangelhafter Heizung von Wohnräumen.[65]

3. Das **Recht auf Schadenersatz**: *Bei Verschulden* des Vermieters hat der Mieter Anspruch 969
auf Schadenersatz (Art. 259a Abs. 1 lit. c und Art. 259e OR). Stehen der Mangel und die
Schädigung fest, so wird ein Verschulden des Vermieters vermutet (Art. 259e und Art. 97

---

55 Urteil des BGer. vom 9. Oktober 2007, Nr. 4C.331/2006, E. 3 (Arztpraxis).
56 Urteil des BGer. vom 22. März 2006, Nr. 4C.384/2005, E. 3.2.
57 Urteil des BGer. vom 7. September 2009, Nr. 4A_244/2009, E. 3.1.
58 Ebenso HIGI, Zürcher Komm., N 21 ff. zu Art. 259d OR; Frage offengelassen in BGE 130 III 504 ff. (509),
   E. 5.1 = Pra 2005, Nr. 6, S. 48 ff.
59 Urteil des BGer. vom 15. Mai 2001, Nr. 4C.66/2001, E. 3a.
60 Urteil des BGer. vom 13. Dezember 2002, Nr. 4C.248/2002, E. 4.2.
61 BGE 130 III 504 ff. (507 f.), E. 4.1 = Pra 2005, Nr. 6, S. 48 ff.; Urteil des BGer. vom 21. Januar 2010,
   Nr. 4A_565/2009, E. 3.2.
62 BGE 135 III 345 ff. (347), E. 3.2 in fine = Pra 2009, Nr. 135, S. 922 ff.; bestätigt im Urteil des BGer. vom
   15. März 2010, Nr. 4A_19/2010, E. 4.
63 BGE 130 III 504 ff. (507 ff.), E. 4 = Pra 2005, Nr. 6, S. 48 ff.
64 Urteil des BGer. vom 21. Januar 2010, Nr. 4A_565/2009, E. 3.4.1.
65 Urteil des BGer. vom 8. Juli 2009, Nr. 4A_174/2009, E. 4.2.

Abs. 1 OR). Beim Handeln von Hilfspersonen des Vermieters ist überdies Art. 101 OR anwendbar.[66]

970   *Beispiele:* Schadenersatzpflicht des Vermieters wegen ungenügender Treppenhausbeleuchtung;[67] Ersatzpflicht des Vermieters wegen Falscheinstellung einer Skibindung.[68]

971   4. Das **Recht auf Übernahme des Rechtsstreits mit einem Dritten**: Falls ein Dritter einen Anspruch auf die Sache erhebt, der sich mit den Rechten des Mieters nicht verträgt, so muss der Vermieter auf Anzeige des Mieters hin den Rechtsstreit übernehmen (Art. 259a Abs. 1 lit. d und 259f OR). Dies ist ein Fall von Rechtsgewährleistung (bei Entwehrung der Mietsache); das Recht des Mieters setzt auf Seiten des Vermieters wiederum kein Verschulden voraus.

972   5. Das **Recht auf Hinterlegung des Mietzinses**: Der Mieter einer unbeweglichen Sache, der die Beseitigung des Mangels verlangt, kann den Mietzins, allenfalls unter Einschluss der Nebenkosten,[69] nach Massgabe der Art. 259a Abs. 2 und Art. 259g ff. OR hinterlegen.[70] Mit der (ordnungsgemässen) Hinterlegung gelten die Mietzinse als bezahlt (Art. 259g Abs. 2 OR).

973   Der Vorteil dieses Vorgehens besteht darin, dass es dem Mieter erlaubt, Mängelrechte durchzusetzen, ohne das Risiko des Zahlungsverzugs einzugehen.[71] Die Interessen des Vermieters bleiben insofern gewahrt, als der Mieter seine Ansprüche innert einer Frist von 30 Tagen seit Fälligkeit des ersten hinterlegten Mietzinses gelten machen muss.[72] Lässt der Mieter die Frist unbenutzt verstreichen, fallen die hinterlegten Mietzinse dem Vermieter zu (Art. 259h Abs. 1 OR). Zu Unrecht hinterlegte Mietzinse kann der Vermieter bei der Schlichtungsbehörde herausverlangen, sobald ihm der Mieter die Hinterlegung angekündigt hat (Art. 259h Abs. 2 OR).

974   Nach der Rechtsprechung gelten die Mietzinse auch dann als bezahlt, wenn sich nachträglich ergibt, dass die Hinterlegung materiell zu Unrecht erfolgte, sofern nur der Mieter gutgläubig davon ausging (und in guten Treuen davon ausgehen durfte), es liege ein Mangel vor, den er weder zu vertreten noch zu beseitigen habe.[73]

975   6. Zum Inhalt der Vermieterhaftung stellt sich eine Reihe **weiterer Fragen**, die der Besondere Teil nicht regelt, zum Beispiel:

976   – die Frage der Verjährung der Mängelrechte des Mieters. Es gelten die allgemeinen Regeln von Art. 127 ff. OR;[74]

977   – die Frage der Anwendbarkeit der Rechtsbehelfe des Allgemeinen Teils: Art. 23 ff., 28 ff. und 82 OR;

---

[66] BGE 99 II 46 ff. Zur Abgrenzung der Schadenersatzpflicht von der Minderung (Art. 259d OR) siehe BGE 126 III 388 ff. (394 f.), E. 11c.

[67] BGE 60 II 341 ff. (346 ff.), E. 4.

[68] BGE 107 II 426 ff.

[69] BGE 124 III 201 ff.

[70] Zum Erfordernis der angemessenen Frist vgl. Urteil des BGer. vom 21. Januar 2010, Nr. 4A_565/2009, E. 4.2.

[71] TERCIER/FAVRE/BUGNON, Nr. 2167, mit Hinweis auf das Urteil des bernischen Appellationshofs vom 13. Juli 1993, ZBJV 130/1994, S. 92; LACHAT/ROY, N 11/7.4.7.

[72] BGE 125 III 120 ff. (122), E. 2b.

[73] BGE 125 III 120 ff. (122), E. 2b.

[74] So für die Schadenersatzforderung des Mieters z.B. HIGI, Zürcher Komm., N 23 zu Art. 259e OR.

– die Frage der Anwendbarkeit von sachenrechtlichen Regeln, namentlich der Bestim-   978
mungen über den Besitzesschutz und den Besitzesrechtsschutz. Der Mieter kann sie (als
Besitzer) zusätzlich in Anspruch nehmen,[75] neben den mietrechtlichen Behelfen gegen
den Vermieter.

III. Die Pflichten des Mieters

1. Im Allgemeinen

1. Als Hauptpflicht hat der Mieter dem Vermieter für die Gebrauchsüberlassung den **Mietzins**   979
zu bezahlen (Art. 253 und 257 OR). Beizufügen ist Folgendes:

– Mietzins ist das *Entgelt,* das der Mieter dem Vermieter für die Überlassung der Sache   980
schuldet (Art. 257 OR). Nebenkosten als Entgelt für die Leistungen des Vermieters oder
eines Dritten, die mit dem Gebrauch der Sache zusammenhängen, muss der Mieter
nur bezahlen, wenn dies mit dem Vermieter besonders vereinbart ist (Art. 257a Abs. 2
OR).[76] Die Rechtsprechung verlangt eine eindeutige und genaue Bezeichnung im Mietvertrag selber; ein Hinweis auf Allgemeine Geschäftsbedingungen reicht nicht aus.[77]
Auch wenn das Gesetz keine besondere Form für die Nebenkostenabrede vorschreibt,
ist dann, wenn die Parteien den Mietvertrag in Schriftform abgeschlossen haben, davon
auszugehen, dass sie auch die vom Mieter zu zahlenden Nebenkosten schriftlich festlegen wollten.[78]

Weitere Einzelheiten zu den Nebenkosten sind in Art. 4 ff. VMWG geregelt.[79]   981

– Die Mietzinsschuld muss *rechtzeitig* (fristgerecht) bezahlt werden. Haben die Parteien   982
nichts anderes vereinbart, ist sie eine Bringschuld (Art. 74 Abs. 2 Ziff. 1 OR).[80] Gibt der
Vermieter dem Mieter sein Post- oder Bankkonto bekannt, liegt darin die Bezeichnung
einer Zahlstelle.[81] Nach dispositivem Recht ist der Zins am Ende jedes Monats, spätestens
aber am Ende der Mietzeit zu bezahlen (Art. 257c OR). Bei Wohnungsmieten ist in der
Praxis jedoch regelmässig eine Vorauszahlungspflicht des Mieters vereinbart. Kommt er
mit seiner Zahlungspflicht in Rückstand, so stellt das Gesetz besondere Regeln über die
Vermieterbehelfe auf (Art. 257d OR; Nr. 996 ff.).

– Bei der Miete von *Geschäftsräumen* hat der Vermieter zur Sicherung seiner Forderungen   983
ein besonderes *Retentionsrecht* (Art. 268–268b OR).[82] Bei anderen Mietverhältnissen –
insbesondere bei der Wohnungsmiete – steht dem Vermieter nach geltendem Recht
kein Retentionsrecht (mehr) zu.

---

[75]   Zum Besitzesschutz vgl. BGE 40 II 329 ff.; Higi, Zürcher Komm., N 16 zu Art. 259a OR.
[76]   BGE 135 III 591 ff. (593 ff.), E. 4.2: Geltung auch für subventionierte Wohnungen.
[77]   BGE 135 III 591 ff. (595), E. 4.3.1; Urteil des BGer. vom 28. Juli 2009, Nr. 4A_185/2009, E. 2.1; Urteil des
BGer. vom 6. Dezember 2007, Nr. 4A_397/2007, E. 2.1; ähnlich schon BGE 121 III 460 ff. (462), E. 2/aa.
[78]   BGE 135 III 591 ff. (596), E. 4.3.4.
[79]   Vgl. dazu BGE 132 III 24 ff. (26 f.), E. 3.
[80]   BGE 119 II 232 ff. (234 f.), E. 2 mit Hinweisen zur bargeldlosen Zahlung.
[81]   BGE 124 III 145 ff. (147 f.), E. 2; Urteil des BGer. vom 14. September 2005, Nr. 4C.172/2005, E. 2.
[82]   Zur Retentionsbetreibung vgl. Gasser Dominik, Betreibung für Miet- und Pachtzinsforderungen, BlSchK
63/1999, S. 81 ff. (84 ff.).

984 Soweit dem Vermieter (von Geschäftsräumen) ein Retentionsrecht zusteht, erfasst es auch die Ansprüche für Nebenkosten, für die Instandstellungsentschädigung und für die Weiterbenützung der gemieteten Räume nach Mietablauf.[83]

985 Sodann können die Parteien vereinbaren, dass der Mieter eine *Sicherheit* leistet.[84] Art. 257e OR enthält dazu nähere Vorschriften für Sicherheiten in Geld oder in Wertpapieren bei der Miete von Wohn- und Geschäftsräumen. Bei der Wohnraummiete darf eine solche Sicherheit höchstens drei Monatszinse ausmachen (Abs. 2), und den Vermieter treffen besondere Pflichten hinsichtlich der Hinterlegung (Abs. 1).[85]

986 2. Ferner hat der Mieter die Pflicht, die gemietete Sache **sorgfältig zu gebrauchen** und bei der Immobiliarmiete auf Hausbewohner und Nachbarn **Rücksicht zu nehmen** (Art. 257f Abs. 1 und 2 OR). Ganz allgemein verlangt Art. 257f OR vom Mieter den vertragsgemässen Gebrauch der Mietsache.[86] Bei Verletzung dieser Pflicht entstehen einerseits *Schadenersatzansprüche* des Vermieters (Art. 97 OR), andererseits ein *besonderes Kündigungsrecht* (Art. 257f Abs. 3 und 4 OR). Nach Art. 101 OR haftet der Mieter auch für seine Hilfspersonen, beispielsweise für seine Mitbewohner.[87]

987 Für die *Kündigung* nach Art. 257f Abs. 3 OR gelten weitere Voraussetzungen: Einerseits ist eine schriftliche Abmahnung erforderlich; andererseits darf wegen der Pflichtverletzung des Mieters dem Vermieter und den Hausbewohnern die Fortsetzung des Mietverhältnisses nicht mehr zuzumuten sein. Die Prüfung der Unzumutbarkeit verlangt einen richterlichen Ermessensentscheid, der allen relevanten Umständen des konkreten Einzelfalls nach Recht und Billigkeit Rechnung trägt.[88] Für die Geschäftsmiete reicht es nach bundesgerichtlicher Praxis aus, dass der Gebrauch des Mietobjekts dem vereinbarten Verwendungszweck zuwiderläuft (und der Vermieter schriftlich gemahnt hat); hier ist nicht nötig, dass dem Vermieter die Fortsetzung des Mietverhältnisses geradezu unzumutbar geworden ist.[89]

988 Ein Kündigungsrecht wurde zum Beispiel bejaht: a. bei Errichtung eines Erotik-Salons durch den Mieter, obwohl der Mietvertrag als Verwendungszweck «Büroräumlichkeiten» angab;[90] b. bei Schaffung eines gesundheitsschädigenden Zustands von Wohnung und Balkon (Schmutz, Ungeziefer) durch den Mieter samt Geruchsbelästigungen für die Nachbarn (verbunden mit der Weigerung der Mieterin, den Zustand zu beheben);[91] c. bei Untervermietung ohne Einholung der Zustimmung des Vermieters, wenn der Vermieter, nachdem er von der Untervermietung Kenntnis erhalten hat, den Mieter (Untervermieter) erfolglos zur Beendigung der Untervermietung aufgefordert und ihm die Kündigung angedroht hat; hier rechtfertigt sich die vorzeitige Kündigung jedenfalls («en tout cas») dann, wenn eine rückblickende Prüfung des Sachverhalts zum Schluss führt, der Vermieter hätte über einen gültigen Verweigerungsgrund nach Art. 262 Abs. 2 OR verfügt.[92]

989 Hat der Vermieter gekündigt, weil der Mieter seine Pflichten zur Sorgfalt und Rücksichtnahme schwer verletzt hat, so ist einerseits die Anfechtbarkeit der Kündigung einge-

---

[83] BGE 111 II 71 f. (71 f.), E. 2 = Pra 1985, Nr. 66, S. 188 f.
[84] Allgemein HIGI, Zürcher Komm., N 5 ff. zu Art. 257e OR.
[85] Im Einzelnen HIGI, Zürcher Komm., N 16 ff. zu Art. 257e OR.
[86] BGE 123 III 124 ff. (126), E. 2a; 132 III 109 ff. (113), E. 5.
[87] BGE 103 II 330 ff. (333), E. 2; ferner BGE 98 II 288 ff. (290), E. 1 und 2.
[88] BGE 132 III 109 ff. (111), E. 2; Urteil des BGer. vom 11. November 2009, Nr. 4A_413/2009, E. 4.
[89] BGE 132 III 109 ff. (114 f.), E. 5.
[90] BGE 132 III 109 ff. (113 ff.), E. 5.
[91] Urteil des BGer. vom 27. September 2007, Nr. 4A_162/2007, E. 4.2.
[92] BGE 134 III 300 ff. (303 f.), E. 3.1 = Pra 2008, Nr. 130, S. 822 ff.; BGE 134 III 446 ff. (449), E. 2.2 = Pra 2009, Nr. 21, S. 122 ff.; Urteil des BGer. vom 5. August 2009, Nr. 4A_265/2009, E. 2.3.

schränkt (Art. 271a Abs. 3 lit. c OR), andererseits eine Erstreckung des Mietverhältnisses bei Wohn- und Geschäftsräumen ausgeschlossen (Art. 272a Abs. 1 lit. b OR).

3. Schliesslich treffen den Mieter **weitere Pflichten**, beispielsweise die folgenden: 990

– die Pflicht zur Leistung einer Sicherheit, sofern dies vertraglich vereinbart ist (Art. 257e   991
OR; Nr. 985);

– die Pflicht, Mängel, welche der Mieter nicht selber beseitigen muss, dem Vermieter zu   992
melden (Art. 257g Abs. 1 OR). Die Verletzung dieser Pflicht führt zu Schadenersatzansprüchen des Vermieters (Art. 257g Abs. 2 OR);

– die Pflicht, gewisse Arbeiten an der gemieteten Sache zu dulden (Art. 257h OR);   993

– bei Beendigung des Mietverhältnisses die Pflicht zur Rückgabe der Sache in dem Zustand,   994
der sich aus dem vertragsgemässen Gebrauch ergibt (Art. 267 Abs. 1 OR; Nr. 1050 ff.).
Bei Beendigung einer Wohnungsmiete ist das Mietobjekt gereinigt zu übergeben.

4. Demgegenüber trifft den Mieter – anders als den Pächter nach Art. 283 Abs. 1 OR –   995
grundsätzlich keine Pflicht, die Mietsache zu benützen und zu bewirtschaften. Doch
kann sich eine solche Pflicht aus dem Mietvertrag oder im konkreten Fall aus Treu und
Glauben ergeben, etwa dann, wenn vertraglich vereinbart ist, dass der Mietzins sich nach
dem Geschäftsumsatz des Mieters berechnet.[93]

2. Der Zahlungsrückstand insbesondere

Für den Zahlungsrückstand (Verzug) des Mieters stellt **Art. 257d OR** besondere Regeln auf.   996
Voraussetzung ist, dass der Mieter nach Übernahme der Sache – gemäss Rechtsprechung, an-
lehnend an den italienischen Gesetzeswortlaut, «nach Übergabe der Sache»[94] – mit der Zahlung fälliger Mietzinsen oder Nebenkosten im Rückstand ist (Abs. 1). In diesem Fall stehen
dem Vermieter folgende Behelfe zu, die von den allgemeinen Verzugsregeln (Art. 102 ff. OR)
teilweise abweichen:

1. Der Vermieter kann dem Mieter **schriftlich eine Zahlungsfrist ansetzen** und ihm **andro-**   997
hen, dass bei unbenütztem Ablauf der Frist das Mietverhältnis gekündigt werde (Art. 257d
Abs. 1 Satz 1 OR). Im Einzelnen:

– Erforderlich ist zunächst eine schriftliche *Nachfristansetzung* durch den Vermieter. Die   998
Dauer der Nachfrist ist gesetzlich näher bestimmt als in Art. 107 OR: Sie beträgt mindes-
tens zehn Tage, bei Wohn- und Geschäftsräumen mindestens dreissig Tage (Art. 257d
Abs. 1 Satz 2 OR). Die Frist beginnt nach der «modifizierten Zugangstheorie» ab dem
Zeitpunkt zu laufen, an welchem die Ansetzung der Zahlungsfrist in den Machtbereich
des Mieters gelangt.[95]

Ist der Mieter verheiratet (oder lebt er in eingetragener Partnerschaft) und handelt es   999
sich beim Mietobjekt um die Wohnung der Familie, so muss der Vermieter die Ansetzung

---

[93]   Urteil des BGer. vom 18. Juni 2007, Nr. 4C.426/2006, E. 2.2.
[94]   BGE 127 III 548 ff. (551), E. 3, in Anlehnung an HIGI, Zürcher Komm., N 19 ff. zu Art. 257d OR. Es genügt
also, dass der Vermieter das Mietobjekt für den Mieter zur Verfügung hält; nicht erforderlich ist, dass der
Mieter es effektiv «übernimmt».
[95]   BGE 119 II 147 ff. (149 f.), E. 2.

der Zahlungsfrist mit Kündigungsandrohung nicht nur dem Mieter, sondern auch dessen Ehegatten bzw. dessen eingetragenem Partner separat zustellen (Art. 266n OR).[96]

1000   – Der Vermieter, der von den Rechten des Art. 257d OR profitieren will, muss in der schriftlichen Nachfristansetzung dem Mieter *androhen,* dass bei unbenütztem Ablauf der Frist das Mietverhältnis *gekündigt* werde. Nach der Rechtsprechung ist eine ausdrückliche Kündigungsandrohung erforderlich, damit dem Mieter bewusst wird, dass bei nicht rechtzeitiger Zahlung der Vermieter sich die Auflösung des Vertrags vorbehält; die blosse Verweisung des Vermieters auf den Gesetzesartikel genügt daher nicht.[97]

1001   2. Bezahlt der Mieter auch innert der angesetzten Frist nicht, so kann der Vermieter fristlos, bei Wohn- und Geschäftsräumen mit einer Frist von mindestens dreissig Tagen auf das Ende eines Monats **kündigen** (Art. 257d Abs. 2 OR). Die Kündigung von Wohn- und Geschäftsräumen muss schriftlich und unter Verwendung des amtlich genehmigten Formulars[98] erfolgen (Art. 266l Abs. 1 und 2 OR). Im Fall der Familienwohnung muss der Vermieter wiederum die Kündigung dem Mieter und dessen Ehegatten bzw. dessen eingetragenem Partner separat zustellen (Art. 266n OR).

1002   Hat der Vermieter infolge Zahlungsrückstandes des Mieters wirksam gekündigt, so ist einerseits die Anfechtbarkeit der Kündigung eingeschränkt (Art. 271a Abs. 3 lit. b OR), andererseits eine Erstreckung des Mietverhältnisses bei Wohn- und Geschäftsräumen ausgeschlossen (Art. 272a Abs. 1 lit. a OR). Folgt auf die ausserordentliche Kündigung nach Art. 257d OR ein Ausweisungsverfahren, so ist die vorgängige Anrufung der Schlichtungsbehörde bundesrechtlich nicht vorgeschrieben.[99]

1003   3. Auf den Termin der wirksamen Kündigung hin hat der Mieter das **Mietobjekt zurückzugeben**, also namentlich die gemietete Wohnung – infolge Beendigung des Mietverhältnisses – zu räumen und zu verlassen sowie dem Vermieter die Schlüssel auszuhändigen (Art. 267 Abs. 1 OR). Dieser (schuldrechtliche) Anspruch kann inhaltlich als Umkehr der Übergabepflicht des Vermieters gemäss Art. 253 OR angesehen werden; ist der Vermieter zugleich Eigentümer der Mietsache, kann er frei wählen, ob er sich auf diesen schuldrechtlichen (mietvertraglichen) Rückgabeanspruch oder auf seinen Eigentumsanspruch aus Art. 641 Abs. 2 ZGB abstützen will.[100]

1004   Kommt der Mieter dieser Verpflichtung nicht nach, so kann er gerichtlich *ausgewiesen* werden (Exmissionsverfahren). Dem Vermieter steht kein Recht auf Selbsthilfe zu (Nr. 1058).

1005   4. Der Mieter, der durch seinen Zahlungsverzug – also durch seine Vertragsverletzung – Anlass zur vorzeitigen Vertragsauflösung gegeben hat, schuldet dem Vermieter überdies **Schadenersatz.**[101] Rechtsnatur und Berechnung dieses Ersatzes sind umstritten.[102] Gemäss bundesgerichtlicher Rechtsprechung ist grundsätzlich das positive Interesse zu ersetzen, berechnet nach dem vertraglich vereinbarten Mietzins, der dem Vermieter entgangen ist zwischen der vorzeitigen Vertragsauflösung und dem Zeitpunkt, auf den das Mietobjekt «objektiverweise» (unter sorgfältigem Einsatz aller verfügbarer Mittel) weitervermietet

---

[96]   BGE 118 II 42 ff. = Pra 1992, Nr. 113, S. 399 ff.

[97]   Urteil des BGer. vom 10. Februar 2010, Nr. 4A_551/2009, E. 2.4.1 (zur Publikation bestimmt), unter anderem mit Hinweis auf BGE 119 II 147 ff. (150), E. 3.

[98]   Higi, Zürcher Komm., N 50 zu Art. 257d OR.

[99]   BGE 132 III 747 ff. (753), E. 6.4 = Pra 2007, Nr. 79, S. 525 ff.

[100] Vgl. Higi, Zürcher Komm., N 14 f. zu Art. 267 OR.

[101] BGE 127 III 548 ff. (552), E. 5.

[102] Vgl. Higi, Zürcher Komm., N 62 f. zu Art. 257d OR; Tercier/Favre/Bugnon, Nr. 2410 f.

werden konnte; hierbei stellt das Datum, auf welches der ursprüngliche Mietvertrag ordentlicherweise hätte aufgelöst werden können, die maximale Grenze dar.[103]

Nach anderer Auffassung liegt ein Anwendungsfall von Art. 107 Abs. 2 OR vor, sodass der Vermieter zwischen dem positiven und dem negativen Interesse wählen kann.[104] 1006

IV. Die Beendigung der Miete als Dauerschuldverhältnis

1. Das Mietverhältnis als Dauerschuldverhältnis im Allgemeinen

1. Das Mietverhältnis ist nach dem Gesagten ein Dauerschuldverhältnis. Es kann befristet 1007
oder unbefristet sein (Art. 255 Abs. 1 OR). Die Gebrauchsüberlassungspflicht des Vermieters (und regelmässig auch die Zinszahlungspflicht des Mieters) ist eine **Dauerschuld**: Mit ihrer Erfüllung ist so lange fortzufahren, bis das Mietverhältnis aufgelöst wird – sei es durch Zeitablauf, durch wirksame Kündigung oder aus einem anderen Grund (allgemein Nr. 95 ff.).

2. Aus dem so verstandenen Charakter der Dauerschuld des Mieters ergibt sich, dass dieser 1008
bei vorzeitiger Rückgabe der gemieteten Sache – also vor Ablauf der Mietdauer und ohne Einhaltung der Kündigungsfristen und -termine – grundsätzlich nicht von seinen Verpflichtungen befreit wird (Art. 264 Abs. 1 OR erster Satzteil). Diese Bestimmung enthält vielmehr den Grundsatz, dass der Mietzins nicht die Gegenleistung für die tatsächliche Benutzung der Sache durch den Mieter darstellt, sondern nur die Gegenleistung für deren Zur-Verfügung-Stellung durch den Vermieter.[105] Auch bei vorzeitiger Rückgabe der Mietsache schuldet demnach der Mieter grundsätzlich den Mietzins bis zu dem Zeitpunkt, in dem das Mietverhältnis gemäss Vertrag oder Gesetz endet oder beendet werden kann (Art. 264 Abs. 2 OR). Doch gelten immerhin folgende Besonderheiten:

– Zunächst muss sich der Vermieter anrechnen lassen, was er infolge der vorzeitigen 1009
Rückgabe des Mietobjekts an Auslagen erspart oder durch anderweitige Verwendung der Sache gewinnt oder absichtlich zu gewinnen unterlassen hat (Art. 264 Abs. 3 OR).[106]

– Ferner wird der Mieter befreit, wenn er einen für den Vermieter zumutbaren neuen Mie- 1010
ter («Ersatzmieter») vorschlägt; dieser muss zahlungsfähig und bereit sein, den Mietvertrag zu den gleichen Bedingungen zu übernehmen (Art. 264 Abs. 1 OR).

Die Zumutbarkeit des Ersatzmieters wird in der Rechtsprechung bejaht, wenn keine wichtigen 1011
Gründe vorliegen, seine Kandidatur abzulehnen.[107] Entscheidend sind die Umstände des einzelnen Falls (Art. 4 ZGB). Als haltbare Ablehnungsgründe kommen beispielsweise in Betracht: eine Feindschaft zwischen Vermieter und Interessent, eine wirtschaftliche Konkurrenz dieser beiden Parteien, die Gefahr von Unannehmlichkeiten für die anderen Mieter oder begründete Zweifel an der Zahlungsfähigkeit des Interessenten.[108]

---

[103] BGE 127 III 548 ff. (552), E. 5.
[104] GAUCH, System der Beendigung von Dauerverträgen, S. 165 und 223 (zum alten Mietrecht); HIGI, Zürcher Komm., N 63 zu Art. 257d OR.
[105] BGE 119 II 36 f. (37), E. 3a = Pra 1994, Nr. 33, S. 124 ff.
[106] Urteil des BGer. vom 19. August 2002, Nr. 4C.118/2002, E. 3.1.
[107] BGE 119 II 36 ff. (38), E. 3d = Pra 1994, Nr. 33, S. 124 ff.
[108] BGE 119 II 36 ff. (37), E. 3a = Pra 1994, Nr. 33, S. 124 ff.

2.   Die Beendigungsgründe

1012   Auseinanderzuhalten sind einerseits die ordentlichen und andererseits die ausserordentlichen Beendigungsgründe. Ein ordentlicher Beendigungsgrund liegt im Ablauf der vereinbarten Vertragsdauer oder in einer ordentlichen (das heisst den vertraglichen und gesetzlichen Fristen und Terminen entsprechenden) Kündigung. Ausserordentliche Gründe berechtigen demgegenüber eine Partei zu einer «vorzeitigen» Vertragsbeendigung (Nr. 1035 ff.). Im Einzelnen:

A.   Die ordentlichen Beendigungsgründe

1013   1. Liegt ein **befristetes** Mietverhältnis vor, haben also die Parteien ausdrücklich oder stillschweigend eine bestimmte Vertragsdauer vereinbart, mit deren Ablauf das Mietverhältnis ohne Kündigung enden soll, so endet das Mietverhältnis ohne Kündigung mit Ablauf dieser Dauer (Art. 266 Abs. 1 und Art. 255 Abs. 2 OR).

1014   Setzen die Parteien ein solches Mietverhältnis stillschweigend fort, so gilt es nunmehr als unbefristetes Verhältnis (Art. 266 Abs. 2 OR). Die blosse Gewährung eines Ausweisungsaufschubs bedeutet jedoch nicht zwingend, dass das Mietverhältnis stillschweigend fortgesetzt wird.[109]

1015   2. Ist das Mietverhältnis **unbefristet** (Art. 255 Abs. 3 OR), so kann es unter Einhaltung der gesetzlichen Fristen und Termine von jeder Partei *gekündigt* werden, sofern die Parteien keine längere Frist oder keinen anderen Termin vereinbart haben (Art. 266a Abs. 1 OR). Haben die Parteien eine Mindestdauer vereinbart und verlängert sich das Vertragsverhältnis danach jeweils um eine bestimmte Zeitperiode, so liegt ein unbefristetes Mietverhältnis vor.[110] Folgendes gilt es zu beachten:

1016   – *Kündigung* (Kündigungserklärung) ist die einseitige Willenserklärung eines Vermieters oder Mieters, worin dieser zum Ausdruck bringt, dass er das Mietverhältnis (mit Wirkung für die Zukunft) auflösen will; er übt damit ein auflösendes Gestaltungsrecht aus. Für die Kündigung gelten nicht nur gewisse Fristen und Termine (Art. 266a Abs. 2 OR), sondern auch besondere Formvorschriften im Fall der Kündigung bei Wohn- und Geschäftsräumen (Art. 266*l*–n OR).

1017   Die Kündigung ist auch ohne Angabe von Gründen wirksam. Namentlich ist – für die ordentliche Kündigung – ein wichtiger Grund nicht notwendig.[111] Die Kündigung muss jedoch auf Verlangen begründet werden (Art. 271 Abs. 2 OR). Die Begründung ist an keine Form gebunden.[112] In inhaltlicher Hinsicht darf die Kündigung nicht gegen Treu und Glauben verstossen (Art. 271 ff. OR; Nr. 1123 ff.).

1018   Sind mehrere Mieter am Mietverhältnis beteiligt, muss der Vermieter die Kündigung zu ihrer Wirksamkeit an alle Mieter richten; dies gilt namentlich auch, wenn der Vermieter den Erben des verstorbenen Mieters kündigen will.[113]

---

[109] BGE 121 III 260 ff. (264 f.), E. 5b.
[110] BGE 114 II 165 ff. (166 f.), E. 2b = Pra 1988, Nr. 253, S. 947 f.
[111] Urteil des BGer. vom 9. Dezember 2009, Nr. 4A_414/2009, E. 3.1.
[112] Urteil des BGer. vom 4. März 2002, Nr. 4C.400/2001, E. 2.; Higi, Zürcher Komm., N 113 zu Art. 271 OR.
[113] Urteil des BGer. vom 13. Juli 2009, Nr. 4A_189/2009, E. 2.1.

- Kündigung*termin* ist jener Zeitpunkt, auf den hin das Mietverhältnis wirksam aufgelöst werden kann. Die OR-Bestimmungen (Art. 266b–d OR) verweisen häufig auf einen «ortsüblichen» Termin (Art. 5 Abs. 2 ZGB). — 1019

  Gibt es keine diesbezügliche Ortsübung, verweist das Gesetz je nach Mietobjekt auf das Ende einer ein- bis sechsmonatigen Mietdauer (Art. 266b – 266e OR), die vom Tag des Mietantritts an zu berechnen ist,[114] bzw. bei beweglichen Sachen «auf einen beliebigen Zeitpunkt» (Art. 266f OR). — 1020

- Kündigung*frist* ist die Zeitspanne, die zwischen dem Zugang der Kündigungserklärung beim Adressaten[115] und dem Kündigungstermin liegen muss, damit die Kündigung auf diesen Termin hin Wirksamkeit entfalten kann. — 1021

- Halten die Parteien die gesetzlichen oder vertraglichen Fristen oder Termine nicht ein, so gilt die Kündigung für den nächstfolgenden Termin (Art. 266a Abs. 2 OR). — 1022

3. Für den Fall, dass die Parteien keine längere Frist oder keinen anderen Termin vereinbart haben, stellt das **Gesetz** eigene *Fristen und Termine* auf, nämlich für: — 1023

- die Miete unbeweglicher Sachen und Fahrnisbauten (Art. 266b OR): Kündigung mit einer Frist von drei Monaten auf einen ortsüblichen Termin oder, wenn es keinen Ortsgebrauch gibt, auf Ende einer sechsmonatigen Mietdauer; — 1024

- die Miete von Wohnungen (Art. 266c OR): Kündigung mit einer Frist von drei Monaten auf einen ortsüblichen Termin oder, wenn es keinen Ortsgebrauch gibt, auf Ende einer dreimonatigen Mietdauer; — 1025

- die Miete von Geschäftsräumen (Art. 266d OR): Kündigung mit einer Frist von sechs Monaten auf einen ortsüblichen Termin oder, wenn es keinen Ortsgebrauch gibt, auf Ende einer dreimonatigen Mietdauer; — 1026

- die Miete von möblierten Zimmern und von gesondert vermieteten Einstellplätzen oder ähnlichen Einrichtungen (Art. 266e OR): Kündigung mit einer Frist von zwei Wochen auf Ende einer einmonatigen Mietdauer; — 1027

- die Miete beweglicher Sachen (Art. 266f OR): Kündigung mit einer Frist von drei Tagen auf einen beliebigen Zeitpunkt. — 1028

4. Für die *Kündigung von Wohn- und Geschäftsräumen* stellt das Gesetz **besondere Formvorschriften** auf (Randtitel zu Art. 266l ff. OR): — 1029

- Vermieter und Mieter von Wohn- und Geschäftsräumen müssen *schriftlich* kündigen (Art. 266l Abs. 1 OR). — 1030

- Der Vermieter von Wohn- und Geschäftsräumen muss überdies ein besonderes *Formular* verwenden, das vom Kanton genehmigt sein und einen Mindestinhalt aufweisen muss (Art. 266l Abs. 2 OR). — 1031

- Besondere Vorschriften – vom Gesetz ebenfalls als Formvorschriften betitelt (Randtitel zu Art. 266l f. OR) – gelten für die Kündigung einer Wohnung, die als *Familienwohnung* verwendet wird, und zwar sowohl für die Kündigung des Mieters als auch für jene des Vermieters (Art. 266m und 266n OR sowie Art. 169 ZGB).[116] Die gleiche Regelung gilt — 1032

---

[114] Zum Beispiel HIGI, Zürcher Komm., N 25 zu Art. 266b OR und N 18 zu Art. 266c OR.
[115] BGE 119 II 147 ff. (149 f.), E. 2.
[116] Illustrativ BGE 118 II 42 ff.

für eingetragene Partnerschaften (Art. 266m Abs. 3 und Art. 266n OR sowie Art. 14 PartG).

1033   – Sind die «Formvorschriften» der Art. 266*l*–n OR nicht erfüllt, so ist die Kündigung *nichtig* (Art. 266*o* OR).[117]

1034   Sind hingegen diese Formvorschriften eingehalten, aber entspricht die Kündigung nicht den gesetzlichen oder vertraglichen Fristen und Terminen, so gilt die Kündigung für den nächstmöglichen Termin (Art. 266a Abs. 2 OR).

B.   Die ausserordentlichen Beendigungsgründe

1035   Neben den ordentlichen Beendigungsgründen (Fristablauf oder ordentliche Kündigung) nennt das Gesetz auch die Möglichkeit der **ausserordentlichen Kündigung**. Ihr Kennzeichen besteht darin, dass *besondere Gründe* vorliegen und als deren Folge die Einhaltung von festen Vertragsdauern oder von gesetzlichen Kündigungsfristen und -terminen überhaupt nicht nötig ist oder eingeschränkt wird. Folgende Fälle sind vorgesehen:

1036   1. Die **Kündigung aus wichtigen Gründen**, welche die Vertragserfüllung für die kündigende Partei unzumutbar machen (Art. 266g Abs. 1 OR). *Wichtige Gründe* liegen nur dann vor, wenn die betreffenden Umstände – beim Vertragsabschluss weder bekannt noch voraussehbar waren – bei objektiver Betrachtung die Erfüllung bis zur ordentlichen Auflösungsmöglichkeit billigerweise unzumutbar machen.[118] Zudem dürfen diese Umstände nicht auf dem Verschulden der kündigenden Partei beruhen.[119]

1037   *Beispiele:* Schwerwiegende Veränderungen der wirtschaftlichen Verhältnisse,[120] gravierende persönliche Differenzen zwischen den Vertragsparteien[121] oder eine Verschlechterung des Gesundheitszustands des Mieters[122].

1038   An *Rechtsfolgen* sind vorgesehen:

1039   – Eine Partei kann das Mietverhältnis mit der gesetzlichen Frist auf einen beliebigen Zeitpunkt kündigen (Art. 266g Abs. 1 OR).

1040   – Das Gericht bestimmt die vermögensrechtlichen Folgen der vorzeitigen Kündigung unter Würdigung aller Umstände (Art. 266g Abs. 2 OR und Art. 4 ZGB).[123]

1041   2. Möglich ist die fristlose Kündigung des Vermieters bei **Konkurs des Mieters**, sofern dieser nach Übernahme der Sache in Konkurs fällt und der Vermieter ohne Erfolg für künftige Mietzinsen Sicherheit verlangt hat (Einzelheiten in Art. 266h OR).

1042   3. Das Kündigungsrecht der Erben beim **Tod des Mieters**, wobei die gesetzliche Frist zu wahren ist und die Kündigung auf den nächsten gesetzlichen Termin erfolgen kann (Art. 266i OR).

---

[117] BGE 119 II 147 ff. (154 f.), E. 4a.

[118] Urteil des BGer. vom 2. Februar 2010, Nr. 4A_536/2009, E. 2.4.

[119] BGE 122 III 262 ff. (266), E. 2a/aa; Urteil des BGer. vom 9. Januar 2006, Nr. 4C.345/2005, E. 2.2.

[120] BGE 122 III 262 ff.

[121] BGE 113 II 31 ff. (37), E. 2c = Pra 1987, Nr. 174, S. 601 ff.

[122] Urteil des BGer. vom 31. August 2001, Nr. 4C.375/2000, E. 3a = Pra 2001, Nr. 177, S. 1073 ff.: schwere psychische Erkrankung der Mieterin als Folge eines Wohnungseinbruchs.

[123] BGE 122 III 262 ff. (266 f.), E. 2a/aa; Urteil des BGer. vom 31. August 2001, 4C.375/2000, E. 4a = Pra 2001, Nr. 177, S. 1073 ff.

4. Die **Kündigung des Mieters einer beweglichen Sache**, die seinem privaten Gebrauch dient   1043
und vom Vermieter im Rahmen seiner gewerblichen Tätigkeit vermietet wird (Art. 266k
Satz 1 OR). Der Mieter, der als Konsument besonderen gesetzlichen Schutz erhält, kann
gemäss dieser (zwingenden) Bestimmung mit einer Frist von mindestens 30 Tagen auf das
Ende einer dreimonatigen Mietdauer kündigen; dem Vermieter steht dafür kein Anspruch
auf Entschädigung zu.

5. **Weitere vorzeitige Kündigungsmöglichkeiten** sind im Gesetz an verschiedenen Orten   1044
verstreut, zum Beispiel:

- das ausserordentliche Kündigungsrecht des Vermieters für den Fall, dass der Mieter im   1045
Zahlungsrückstand ist und der Vermieter die Formalitäten von Art. 257d OR eingehalten hat (Art. 257d Abs. 2 OR; Nr. 996 ff.);

- das ausserordentliche Kündigungsrecht des Vermieters, wenn der Mieter trotz schriftli-   1046
cher Mahnung seine Pflichten zur Sorgfalt und zur Rücksichtnahme verletzt (Art. 257f
Abs. 3 und 4 OR; Nr. 986 ff.);

- das ausserordentliche Kündigungsrecht des Mieters, wenn die Mietsache während der   1047
Mietdauer (nach Übernahme) Mängel aufweist und der Vermieter solche nicht innert
angemessener Frist beseitigt hat. Voraussetzung ist, dass der Mangel die Tauglichkeit
einer unbeweglichen Sache zum vorausgesetzten Gebrauch ausschliesst oder erheblich
beeinträchtigt, oder dass der Mangel die Tauglichkeit einer beweglichen Sache zum vorausgesetzten Gebrauch vermindert (Art. 259b lit. a OR; Nr. 962 f.);

- das ausserordentliche Kündigungsrecht des Erwerbers der Mietsache – also des neuen   1048
Eigentümers – nach Massgabe der Art. 261 und 261a OR. Allerdings entfällt diese Kün-
digungsmöglichkeit, wenn das Mietverhältnis im Grundbuch vorgemerkt ist (Art. 261b
OR).

Bei Wohn- und Geschäftsräumen beansprucht der Grundsatz «Kauf bricht Miete» keine (bzw. bloss   1049
relativierte) Geltung: Nur der neue Eigentümer, der einen dringenden Eigenbedarf nachweist, kann
das Mietverhältnis ausserordentlich kündigen, und zwar nur mit der gesetzlichen Frist und auf den
nächsten gesetzlichen Termin (Art. 261 Abs. 2 lit. a OR; Nr. 1199).[124]

3.   Die aufgelöste Miete

A.   Die Pflichten des Mieters

a.   *Im Allgemeinen*

1. Aus dem Wesen des Mietverhältnisses als Gebrauchsüberlassungsverhältnis («auf Zeit»)   1050
folgt, dass das Mietobjekt dem Vermieter **am Ende der Mietzeit zurückgegeben** werden
muss. Auf die Rückgabe hat der Vermieter gegen den Mieter einen obligatorischen Anspruch (Art. 267 Abs. 1 OR); ausserdem steht dem Vermieter, soweit er Eigentümer der
vermieteten Sache ist, ein dinglicher Herausgabeanspruch nach Art. 641 Abs. 2 ZGB zu.[125]

2. Der Mieter muss gemäss Art. 267 Abs. 1 OR die Sache in dem **Zustand** zurückgeben, der   1051
sich aus dem vertragsgemässen Gebrauch ergibt. Er braucht für die sich aus dem korrek-
ten (vertragsgemässen) Gebrauch der Sache ergebenden Abnützungen nicht einzustehen;

---

[124] Für den Fall der Zwangsvollstreckung vgl. BGE 125 III 123 ff.
[125] HIGI, Zürcher Komm., N 14 ff. zu Art. 267 OR.

die Abnützung gehört nämlich zum Wesen der Benützung, und der Vermieter wird dafür durch den Mietzins entschädigt.[126] Andererseits wird der Mieter ersatzpflichtig für Werteinbussen («Schäden»), die über den Wertverminderungen liegen, welche durch normale Abnützung entstanden sind. Insofern haftet der Mieter für sorgfältigen Umgang (Art. 257f Abs. 1 OR) und muss auch für das Verhalten seiner Hilfspersonen (Hausgenossen, Gäste, Untermieter) einstehen (Art. 101 Abs. 1 OR).[127] Weiter ist zu beachten:

1052   – Den Vermieter treffen bei der Rückgabe besondere Obliegenheiten: Er muss den Zustand der Sache prüfen und Mängel, für die der Mieter einzustehen hat, diesem sofort mitteilen; andernfalls verliert er seine Ansprüche (Art. 267a Abs. 1 und 2 OR). Ausnahmsweise kann der Vermieter gewisse Mängel zu einem späteren Zeitpunkt rügen, nämlich dann, wenn die Mängel bei ordnungsgemässer Untersuchung nicht erkennbar waren; sie sind jedoch sofort nach Entdeckung zu melden (Art. 267a Abs. 2 und 3 OR).

1053   – Vereinbarungen der Parteien, in denen sich der Mieter im Voraus verpflichtet, bei Beendigung des Mietverhältnisses eine Entschädigung zu entrichten, die anderes als die Deckung des allfälligen Schaden einschliesst, sind nichtig (Art. 267 Abs. 2 OR).

1054   3. Gibt der Mieter trotz Auflösung des Vertrags die Räumlichkeiten nicht frei, schuldet er dem Vermieter (nebst allfälligem Schadenersatz) bis zur Räumung jedenfalls eine **mietzinsähnliche Entschädigung** aus dem fortbestehenden mietvertragsähnlichen Verhältnis («faktisches Vertragverhältnis»).[128] Zum Anspruch auf Gewinnabschöpfung siehe Nr. 2039 ff. und 2053.

1055   Ist von mehreren Mitmietern ein Mieter pflichtwidrig nicht ausgezogen, so wird er von der Rechtsprechung als Hilfsperson der übrigen Mieter angesehen (Art. 101 Abs. 1 OR); der Vermieter kann daher die mietvertragsähnliche Entschädigung auch von jenen Mitmietern fordern, die das Mietobjekt verlassen haben.[129]

b.   Die Durchsetzung der Rückgabepflicht bei Immobiliarmiete insbesondere

1056   Die Rückgabepflicht am Ende des Mietverhältnisses trifft auch den Mieter von Wohn- oder Geschäftsräumen. Es kommt indessen immer wieder vor, dass der Mieter die gemieteten Räumlichkeiten im Fälligkeitszeitpunkt aus irgendwelchen Gründen *nicht geräumt hat*. In der Praxis stellt sich etwa der Mieter – objektiv zu Unrecht – auf den Standpunkt, der Vermieter habe den Vertrag nicht nach Art. 257d OR wirksam aufgelöst bzw. nicht auflösen dürfen.

1057   Wird die Räumung zu Unrecht verweigert, schuldet der Mieter aus Verzug seiner Rückgabeobligation zwar Schadenersatz (Art. 103 OR). Doch ist damit der Vermieter noch nicht wieder im Besitz der Sache, die er vielleicht selber benutzen will oder bereits an einen Dritten weitervermietet hat. Es stellt sich also die **Frage, wie die Räumungsobligation** gegen den Mieter **durchgesetzt** werden kann. Dazu ist Folgendes festzuhalten:

1058   1. Der Vermieter darf das noch besetzte Mietobjekt *nicht mit Selbsthilfe* räumen, auch wenn die Mietdauer (aus seiner Sicht) abgelaufen ist. Er muss dazu vielmehr **staatliche Hilfe** in Anspruch nehmen. Zur Ausweisung bedarf es zunächst des *Erkenntnisverfahrens* (Ausweisungsentscheid, gerichtlicher Räumungsbefehl), anschliessend des *Vollstreckungsverfah-*

---

[126]   Higi, Zürcher Komm., N 79 zu Art. 267 OR.

[127]   Higi, Zürcher Komm., N 93 zu Art. 267 OR.

[128]   BGE 131 III 257 ff. (261), E. 2 mit Hinweisen; Urteil des BGer. vom 2. Juni 2009, Nr. 4A_125/2009, E. 3.2.

[129]   Urteil des BGer. vom 2. Juni 2009, Nr. 4A_125/2009, E. 3.2; Urteil des BGer. vom 3. Juli 2006, Nr. 4C.103/2006, E. 4.2.

rens (Art. 343 Abs. 1 lit. d ZPO). Im Entscheid des Erkenntnisverfahrens kann das Gericht auf Antrag der obsiegenden Partei Vollstreckungsmassnahmen anordnen (Art. 236 Abs. 3 und Art. 337 Abs. 1 ZPO).

Unerlaubte Selbsthilfe des Vermieters kann – als Nötigung (Art. 181 StGB), Hausfriedensbruch (Art. 186 StGB) oder als eigenständiger Tatbestand nach Massgabe des kantonalen Übertretungsstrafrechts (Art. 335 StGB; § 31 UeStG LU) – sogar strafbar sein.   1059

2. Das **Verfahren zur Ausweisung** des Mieters (Erkenntnis- und Vollstreckungsverfahren), das sich bis anhin nach kantonalem Recht gerichtet hat,[130] bestimmt sich ab dem Inkrafttreten der Schweizerischen Zivilprozessordnung nach Bundesrecht.   1060

– Im *Erkenntnisverfahren* entscheidet das Gericht, ob die Rückgabeobligation des Mieters besteht und fällig ist. In Betracht kommt das ordentliche Verfahren (Art. 219 ff. ZPO), allenfalls das vereinfachte Verfahren (Art. 243 ff. ZPO), doch kann beides lange dauern, was dem Interesse des Vermieters widerspricht. Für klare Fälle – also bei klarer Sach- und Rechtslage – sieht das Gesetz daher vor, dass über die Ausweisung im summarischen Verfahren entschieden werden kann (Art. 248 lit. b und Art. 257 ZPO).[131] Heisst das Gericht das Ausweisungsbegehren des Vermieters gut, so befiehlt es dem Mieter, die Räumlichkeiten ordnungsgemäss zu räumen und zu verlassen, und setzt ihm dafür eine letzte Frist.   1061

– Bei unbenütztem Ablauf dieser letzten Frist ist der Vermieter befugt, die Entfernung des Mieters und seiner Habe aus den Räumlichkeiten auf dem Weg der *Zwangsvollstreckungsmittel* nach Art. 343 ZPO (Vollstreckung der «Verpflichtung zu einem Tun») zu verlangen. Im Vordergrund steht die polizeiliche Vollstreckung (Räumung der Wohnung oder des Grundstücks durch die Polizei oder unter deren Aufsicht; Art. 343 Abs. 1 lit. d ZPO).   1062

Die Ermächtigung zur Inanspruchnahme dieser Zwangsmittel kann dem Vermieter vom Gericht schon im Ausweisungsentscheid erteilt werden (Art. 236 Abs. 3 und Art. 337 Abs. 1 ZPO).[132]   1063

– Die *Kosten* des Ausweisungsverfahrens (Erkenntnis- und Vollstreckungsverfahren) hat der Vermieter als Gesuchsteller dieser staatlichen Massnahmen vorzuschiessen. Das Gericht spricht dem Vermieter gegen den Mieter eine entsprechende Schadenersatzforderung (als Verzugsschaden nach Art. 103 OR oder wegen Unterliegens im Ausweisungsverfahrens) zu, die auf dem Weg des Schuldbetreibungsrechts eingetrieben werden kann.   1064

Vorbehalten für einen ordentlichen Zivilprozess werden weitere aus dem Verzug folgende Schäden[133] – etwa dann, wenn der Vermieter seinerseits einem Dritten schadenersatzpflichtig wird, dem er die Wohnung vorbehaltlos weitervermietet hat, der jedoch wegen des Verbleibens des bisherigen Mieters nicht einziehen kann. Soweit der alte Mieter (pflichtwidrig) die Räumlichkeiten nicht freigibt, schuldet er dem Vermieter sodann eine mietzinsähnliche Entschädigung (Nr. 1054).   1065

---

[130] Vgl. etwa HIGI, Zürcher Komm., N 74 zu Art. 267 OR und N 18 ff. zu Art. 274g OR.
[131] Botschaft BBl 2006, S. 7352.
[132] Botschaft BBl 2006, S. 7343 und 7383.
[133] Vgl. dazu HIGI, Zürcher Komm., N 58 zu Art. 267 OR.

B.   Die Pflichten des Vermieters

1066   Nach Beendigung der Miete schuldet der Vermieter – sofern keine Schadenersatzforderungen erhoben werden – jene Handlungen, die zur **Freigabe einer** vom Mieter allenfalls gezahlten **Sicherheitsleistung** führen (Art. 257e Abs. 3 OR).

V.   Schutzvorschriften zu Gunsten des Mieters

1067   Das Mietrecht enthält eine Vielzahl von Schutzvorschriften im Interesse des Mieters. Einzelne dieser Bestimmungen beziehen sich grundsätzlich auf alle Mietverhältnisse, während andere Vorschriften nur die Immobiliarmiete betreffen. Im Einzelnen:

1.   Allgemeine Schutzvorschriften

1068   Schutzvorschriften, die sich grundsätzlich *auf alle Mietverhältnisse* beziehen, sind im Gesetz verstreut und wurden teilweise bereits im jeweiligen Sachzusammenhang behandelt. In Stichworten sind insbesondere die Folgenden zu nennen:

1069   – die Auskunftspflichten des Vermieters gegenüber dem Mieter (Art. 256a und Art. 257b Abs. 2 OR);

1070   – die Nichtigkeit von Freizeichnungsklauseln in Allgemeinen Geschäftsbedingungen (Art. 256 Abs. 2 lit. a OR);

1071   – die Schriftform der Nachfristansetzung der Kündigungsandrohung beim Zahlungsrückstand des Mieters (Art. 257d OR; Nr. 997 ff.);

1072   – die Mängelrechte im Allgemeinen (Art. 258 ff. OR; Nr. 936 ff.);

1073   – der Entschädigungsanspruch des Mieters auf Grund eigener Investitionen am Mietobjekt (Art. 260a Abs. 3 OR);

1074   – die (freilich begrenzte) Durchbrechung des Grundsatzes «Kauf bricht Miete» (Art. 261 OR);

1075   – die grundsätzliche Möglichkeit der Untermiete; sie erfordert zwar die Zustimmung des Vermieters, doch darf diese nur aus bestimmten Gründen verweigert werden (Art. 262 Abs. 1 und 2 OR; Nr. 1186);

1076   – das Recht zur vorzeitigen Rückgabe der Mietsache nach Massgabe von Art. 264 OR (Nr. 1008 ff.);

1077   – die Nichtigkeit eines Verrechnungsverbots (Art. 265 OR);

1078   – das Kündigungsrecht der Erben beim Tod des Mieters (Art. 266i OR);

1079   – die ausserordentliche Kündigungsmöglichkeit bei beweglichen Sachen (Art. 266k OR; Nr. 1043);

1080   – die Nichtigkeit von Vereinbarungen über Leistungen bei der Rückgabe der Mietsache, soweit etwas anderes als die Deckung des allfälligen Schadens versprochen wird (Art. 267 Abs. 2 OR; Nr. 1053);

– die Prüfungs- und Rügeobliegenheiten des Vermieters für Mängel bei der Rückgabe der   1081
   Mietsache (Art. 267a OR).

2. Schutzvorschriften bei der Wohn- und Geschäftsmiete

A. Übersicht

Besondere **Schutzvorschriften zu Gunsten des Mieters** gelten für die Miete von Wohn- und   1082
Geschäftsräumen. Für den Erlass dieser Bestimmungen stützt sich der Bund nicht nur auf die
allgemeine Legiferierungskompetenz im Privatrecht (Art. 122 Abs. 1 BV), sondern auch auf
die Kompetenz zum Erlass von Vorschriften gegen Missbräuche im Mietwesen (Art. 109 Abs. 1
BV).

Der Geltungsbereich dieser Schutzvorschriften wird (auch) in Art. 253a f. OR und Art. 1 f. VMWG näher   1083
umschrieben.

In den folgenden Abschnitten werden die Vorschriften über die **Anfechtung missbräuch-**   1084
licher Mietzinse (Art. 269 ff. OR; Nr. 1094 ff.), die **Anfechtung der Kündigung** (Art. 271 f.
OR; Nr. 1123 ff.), die **Erstreckung des Mietverhältnisses** (Art. 272 ff. OR; Nr. 1131) sowie
Verfahrensfragen (Nr. 1145 ff.) speziell erörtert. Darüber hinaus sollen weitere Bestimmungen Missbräuche im Mietwesen verhindern, etwa die Folgenden:

1. Gewisse **Koppelungsgeschäfte** im Zusammenhang mit der Miete von Wohn- und Ge-   1085
   schäftsräumen sind von Gesetzes wegen nichtig (Art. 254 OR).

   Dazu gehören namentlich Verpflichtungen des Mieters, die Mietsache, Möbel oder Aktien zu kaufen oder   1086
   einen Versicherungsvertrag abzuschliessen (Art. 3 VMWG).

2. **Freizeichnungsklauseln** des Vermieters bezüglich seiner Pflicht, die Sache zum verein-   1087
   barten Zeitpunkt in einem zum vorausgesetzten Gebrauch tauglichen Zustand zu übergeben und in diesem Zustand zu erhalten, sind mit Bezug auf Mietverträge über Wohn- oder
   Geschäftsräume nichtig (Art. 256 Abs. 2 lit. b OR).

   Das gilt auch für individuell ausgehandelte Klauseln, welche bei anderen Mietobjekten zulässig wären   1088
   (Art. 256 Abs. 2 lit. a OR e contrario).

3. Beim **Zahlungsverzug** wird die Stellung des Mieters nicht nur dadurch erleichtert, dass die   1089
   Nachfristansetzung und die Kündigungsandrohung *in besonderer Form* erfolgen müssen.
   Zu Gunsten des Mieters von Wohn- und Geschäftsräumen werden auch besondere *Min-*
   destfristen aufgestellt (Art. 257d Abs. 1 und 2 OR). Soweit es um die *Familienwohnung* des
   Mieters geht, ist überdies Art. 266n OR zu beachten.

4. Haben die Parteien eine **Sicherheitsleistung** in Geld oder Wertpapieren durch den Mieter   1090
   vereinbart, stellt Art. 257e OR Schutzvorschriften für den Fall der Zahlungsunfähigkeit des
   Vermieters auf: Dieser muss die geleisteten Sicherheiten bei einer Bank auf einem Konto
   oder Depot hinterlegen, das auf den Namen des Mieters lautet (Abs. 1).

5. Für die **Kündigung** ist bei Wohn- und Geschäftsräumen eine besondere *Form* und bei Kün-   1091
   digung des Vermieters ein *Formularzwang* vorgeschrieben (Art. 266l OR). Falls es um die
   Familienwohnung des Mieters geht, tritt die Schutznorm von Art. 266n OR hinzu.

6. Es besteht die Möglichkeit, das **Mietverhältnis im Grundbuch vorzumerken** (Art. 261b   1092
   Abs. 1 OR und Art. 959 ZGB). Die Vormerkung verstärkt den Schutz des Mieters im Fall der

Veräusserung des vermieteten Grundstücks oder der Begründung beschränkter dinglicher Rechte mit ähnlicher Wirkung (Art. 261 und Art. 261a OR). Die grundbuchliche Vormerkung bewirkt, dass jeder neue Eigentümer dem Mieter gestatten muss, das Grundstück entsprechend dem Mietvertrag zu gebrauchen (Art. 261b Abs. 2 OR).[134]

1093 7. Neben dem zivilrechtlichen Schutz des Mieters besteht auch ein **strafrechtlicher Schutz** durch die Art. 325bis und 326bis StGB (Widerhandlungen gegen die Bestimmungen zum Schutz der Mieter von Wohn- und Geschäftsräumen).

B. Die Anfechtung missbräuchlicher Mietzinse

a. Der missbräuchliche Mietzins: Begriff und Übersicht

1094 1. Grundtatbestand und damit Anknüpfungspunkt für das hier zu behandelnde Anfechtungsrecht des Mieters ist der **missbräuchliche Mietzins**, weshalb dieser Begriff vorweg der Klärung bedarf: Als missbräuchlich bezeichnet Art. 269 OR im Sinn einer «Regel» (Randtitel) Mietzinse, wenn damit ein übersetzter Ertrag aus der Mietsache erzielt wird oder wenn sie auf einem offensichtlich übersetzten Kaufpreis beruhen (Art. 269 OR).

1095 Art. 269a OR (Randtitel: «Ausnahmen») umschreibt andererseits eine Reihe von Konstellationen, in denen die Mietzinse «in der Regel» nicht missbräuchlich sind. Hierbei nimmt das Gesetz einerseits Rücksicht auf den «Markt» (z.B. Art. 269a lit. a OR: Orts- oder Quartierüblichkeit), weshalb man hier von *Marktmiete* sprechen kann; andererseits trägt es – als *Kostenmiete* – dem individuellen Aufwand des Vermieters Rechnung (z.B. Art. 269a lit. b OR: Kostensteigerungen oder Mehrleistungen des Vermieters, und generell Art. 269 OR).[135] Insgesamt sollen demnach «einerseits … marktkonforme Preise gewährleistet, andererseits übersetzte Renditen verhindert werden».[136] Die beiden vom Gesetz in einer einzigen Bestimmung vereinigten Betrachtungsweisen (Markt- oder Kostenmiete) können durchaus in einem Spannungsverhältnis zueinander stehen.[137]

1096 Art. 269 und 269a OR sind *zwingender Natur;* die Parteien können nicht durch vertragliche Abrede darauf verzichten, einzelne der in Art. 269a OR aufgeführte Kriterien (etwa den Hypothekarzinssatz) für die Bestimmung des Mietzinses anzuwenden.[138]

1097 2. Zur Berechnung des zulässigen (und damit e contrario auch des wegen Missbräuchlichkeit unzulässigen) Mietzinses verwendet die Rechtsprechung neben dem Begriffspaar Markt- und Kostenmiete **zwei weitere Berechnungsmethoden**: die absolute und die relative:[139]

1098 – Bei der *absoluten Berechnungsmethode* wird der für ein Objekt allgemein zulässige Mietzins – ohne Berücksichtigung von früheren vertraglichen Gegebenheiten – berechnet. Diese Methode, die das Bundesgericht aus Art. 269 OR ableitet,[140] dient dazu, konkret

---

[134] HIGI, Zürcher Komm., N 13 ff. zu Art. 261b OR; vgl. allgemein zur Vormerkung persönlicher Rechte im Grundbuch SCHMID/HÜRLIMANN-KAUP, Sachenrecht, Nr. 475 ff.; HÜRLIMANN-KAUP, Nr. 769 ff.

[135] Zum Ganzen BGE 120 II 302 ff. (304 f.), E. 6a.

[136] BGE 120 II 302 ff. (304), E. 6a.

[137] BGE 120 II 240 ff. (242), E. 2; 120 II 302 ff. (304), E. 6a.

[138] BGE 133 III 61 ff. (73 ff.), E. 3.2.2.2 und 3.2.3.

[139] Vgl. zum Ganzen BGE 120 II 302 ff. (304), E. 6b; ausführlich HIGI, Zürcher Komm., N 452 ff. zu Art. 269 OR, sowie (zum Vertrauensschutzgedanken) DERSELBE, Zürcher Komm., Vorbem. zu Art. 269–270e OR, N 161 ff.

[140] BGE 123 III 171 ff. (173 f.), E. 6a; 125 III 421 ff. (423), E. 2b.

zu prüfen, ob der Mietzins dem Vermieter einen übersetzten Ertrag aus dem Mietobjekt verschafft, was eine Überprüfung der Nettorendite des Vermieters voraussetzt.[141]

– Bei der *relativen Berechnungsmethode* wird das Vertrauen in das bisherige Verhalten des   1099
Vertragspartners geschützt. Daher werden hier nur die seit der letzten Mietzinsfestsetzung unberücksichtigt gebliebenen Erhöhungsfaktoren in die Betrachtung einbezogen. Namentlich darf «der Mieter davon ausgehen, der vertraglich vereinbarte oder nachträglich angepasste Mietzins verschaffe dem Vermieter einen genügenden Ertrag, es sei denn, dieser habe durch einen hinreichenden Vorbehalt dessen Ungenügen zum Ausdruck gebracht (Art. 18 VMWG)».[142] Andererseits schützt diese Methode auch den Vermieter, indem sich der Mieter bei einem Mietzinsherabsetzungsbegehren während der Mietdauer (Art. 270a OR) nur auf Senkungsfaktoren berufen kann, welche seit der letzten Mietzinsfestsetzung eingetreten sind.[143]

Zum *Anwendungsbereich der beiden Berechnungsmethoden* ist festzuhalten: Vertraglich   1100
vereinbarte Mietzinse werden im Anfechtungsfall grundsätzlich nach der absoluten Methode überprüft.[144] Demgegenüber hat bei einseitigen Änderungsbegehren im laufenden Mietverhältnis grundsätzlich die relative Methode den Vorrang.[145]

3. Ist die Missbräuchlichkeit des Mietzinses erstellt, kann sich die **Anfechtung** des Mieters   1101
grundsätzlich **beziehen auf:**

– einen bestehenden Mietzins während der Mietdauer (Art. 270a OR), mit Einschluss des   1102
Anfangsmietzinses (Art. 270 OR);

– eine Mietzinserhöhung des Vermieters oder eine andere einseitige Vertragsänderung   1103
(Art. 270b OR);

Hierbei ist zu beachten, dass der Vermieter bei unbefristeten Verträgen den Mietzins grundsätzlich   1104
auf den nächstmöglichen Kündigungstermin erhöhen darf; dazu muss er ganz bestimmte Fristen und Formalien einhalten sowie die Erhöhung begründen (Art. 269d Abs. 1 OR). Handelt es sich um befristete Mietverträge, so ist eine Mieterhöhung ausgeschlossen, sofern sie nicht in Form der Indexierung oder der Staffelmiete vereinbart wurde (Art. 270c und 270d OR).

– einen indexierten oder gestaffelten Mietzins (Art. 270c und 270d OR), beides allerdings   1105
nur in engen Grenzen.

b.   *Die Anfechtung im Einzelnen*

1. Das Anfechtungsrecht besteht zunächst gegen **Mietzinserhöhungen:** Der Mieter kann eine   1106
solche Erhöhung bei der Schlichtungsbehörde als missbräuchlich im Sinn von Art. 269 und 269a OR anfechten; er hat dies binnen 30 Tagen seit Mitteilung der Erhöhung zu tun (Art. 270b Abs. 1 OR).

---

[141]   BGE 123 III 171 ff. (173 f.), E. 6a.
[142]   BGE 120 II 302 ff. (304 f.), E. 6b.
[143]   BGE 133 III 61 ff. (72), E. 3.2.2.2.
[144]   BGE 120 II 240 ff. (243), E. 2 (Prüfung der Frage, ob der Anfangsmietzins missbräuchlich ist); 120 II 302 ff. (305), E. 6b.
[145]   BGE 120 II 302 ff. (305), E. 6b.

1107   Das Anfechtungsrecht besteht auch dann, wenn der Vermieter sonst wie den Mietvertrag einseitig zu Lasten des Mieters ändert, namentlich seine bisherigen Leistungen vermindert oder neue Nebenkosten einführt (Art. 270b Abs. 2 OR). Die Frist ist als Verwirkungsfrist von Amtes wegen zu prüfen.[146]

1108   2. Anfechtbar kann auch der *bestehende Mietzins* sein, wobei dem Mieter zunächst der aussergerichtliche Weg offensteht: Hat sich die Berechnungsgrundlage des Mietzinses wesentlich verändert und ergibt sich für den Vermieter aus dem Mietzins ein übersetzter Ertrag (namentlich wegen Kostensenkungen), so kann der Mieter vom Vermieter gemäss Art. 270a OR schriftlich die **Herabsetzung des Mietzinses** auf den nächstmöglichen Kündigungstermin verlangen.

1109   Dem Vermieter bleiben daraufhin 30 Tage, um zum Herabsetzungsbegehren Stellung zu nehmen. Verweigert er die Mietzinsherabsetzung oder entspricht er ihr nur teilweise, so kann der Mieter sein Begehren innert 30 Tagen bei der Schlichtungsbehörde stellen (Art. 270a Abs. 2 OR).

1110   Das schriftliche Begehren des Mieters an den Vermieter ist Prozessvoraussetzung für das nachfolgende behördliche Verfahren, unter Vorbehalt des Sonderfalls von Art. 270a Abs. 3 OR (Herabsetzungsbegehren verbunden mit Anfechtung einer Mietzinserhöhung).[147]

1111   3. Unter speziellen Voraussetzungen ist schliesslich sogar der **Anfangsmietzins** anfechtbar (Art. 270 Abs. 1 OR). Diese Anfechtung eines Mietvertrags, dem der Mieter selber zugestimmt hat, wird vom Gesetz nur unter engen Voraussetzungen zugelassen («pacta sunt servanda!»), nämlich wenn:

1112   – der Mieter sich durch eine persönliche oder familiäre Notlage oder wegen der Situation des örtlichen Marktes für Wohnungen oder Geschäftsräume zum Vertragsabschluss gezwungen sah (Art. 270 Abs. 1 lit. a OR); oder

1113   – der Vermieter den Mietzins gegenüber dem früheren Mietzins für dieselbe Sache erheblich erhöht hat (Art. 270 Abs. 1 lit. b OR).

1114   Die Anfechtung des Anfangsmietzinses muss innert 30 Tagen nach Übernahme der Mietsache bei der Schlichtungsbehörde erfolgen (Art. 270 Abs. 1 OR).

1115   4. Einschränkende **Sonderregeln** gelten für die Anfechtung indexierter und gestaffelter Mietzinse (Art. 270c und 270d OR).

1116   5. Nicht anfechtbar, sondern **nichtig** ist eine Mietzinserhöhung dann, wenn der Vermieter:

1117   – die Mietzinserhöhung dem Mieter nicht auf einem amtlichen (kantonalen) Formular mitteilt (Art. 269d Abs. 2 lit. a OR);[148]

1118   – die Erhöhung nicht begründet (Art. 269d Abs. 2 lit. b OR);

1119   Die Begründung muss auf dem amtlichen Formular selbst angegeben sein und nicht auf einem Begleitblatt oder im Anhang.

1120   – mit der Erhöhung die Kündigung ausspricht oder diese androht (Art. 269d Abs. 2 lit. c OR).

---

[146] BGE 131 III 566 ff. (570), E. 3.2 (Änderung der Rechtsprechung).
[147] BGE 132 III 707 ff. (705 ff.), E. 4.2–4.4.
[148] BGE 135 III 220 ff. (222), E. 1.2; Urteil des BGer. vom 1. Februar 2010, Nr. 4A_409/2009, E. 2.1.

Nichtige Mietzinserhöhungen können jederzeit beanstandet werden; der Mieter ist nicht an die Fristen von Art. 270 ff. OR gebunden.[149] Vorbehalten bleibt immerhin die allgemeine Rechtsmissbrauchsschranke (Art. 2 Abs. 2 ZGB).   1121

6. **Während des Schlichtungs- oder Gerichtsverfahrens** gilt der bestehende Mietvertrag unverändert weiter; der Mieter schuldet also den bisherigen Mietzins. Wird jedoch die Änderung des Mietzinses gutgeheissen, so ist die Erhöhung oder die Herabsetzung rückwirkend von dem Zeitpunkt an geschuldet, an dem sie ohne Verfahren gültig in Kraft getreten wäre. Für die Parteien entstehen in diesem Fall Nach- oder Rückleistungsforderungen.[150]   1122

C. Die Anfechtung der Kündigung

1. Sowohl der Mieter als auch der Vermieter können gemäss Art. 271 OR innerhalb von 30 Tagen (Art. 273 Abs. 1 OR) eine Kündigung bei der Schlichtungsbehörde **anfechten**, falls sie *gegen den Grundsatz von Treu und Glauben verstösst* (Art. 271 f. OR). Somit wird im Anfechtungsverfahren geprüft, ob eine (ordentliche oder ausserordentliche) Kündigung missbräuchlich erfolgt ist. Zu Gunsten des Mieters ist das Anfechtungsrecht zwingend (Art. 273c OR).   1123

Art. 271 OR stellt eine Lex specialis der Rechtsmissbrauchsschranke dar und schliesst die selbständige Anwendung von Art. 2 Abs. 2 ZGB aus (beispielsweise die Geltendmachung der missbräuchlichen Kündigung im Ausweisungsverfahren, ausserhalb einer mietrechtlichen Anfechtung); der Mieter muss mit anderen Worten auch eine offensichtlich rechtsmissbräuchliche Kündigung innerhalb der Verwirkungsfrist von 30 Tagen anfechten.[151]   1124

Gemäss Art. 271 Abs. 2 OR muss die Kündigung auf Verlangen der Gegenpartei *begründet* werden. Die Begründung ist jedoch keine Gültigkeitsvoraussetzung der Kündigung, sondern nur eine Obliegenheit: Ihre Unterlassung oder die Weigerung, eine Begründung abzugeben, können als Indiz dafür gewertet werden, dass die Kündigung missbräuchlich ausgesprochen wurde.[152] Erweist sich die Begründung als bloss vorgeschoben, verstösst sie gegen Treu und Glauben und ist anfechtbar.[153]   1125

2. Zur Konkretisierung der Generalklausel von Art. 271 OR listet Art. 271a OR **missbräuchliche Kündigungsgründe** des Vermieters beispielhaft auf. Missbräuchlich sind etwa Kündigungen, die ausgesprochen werden, weil der Mieter nach Treu und Glauben Ansprüche aus dem Mietverhältnis geltend macht, insbesondere ein Schlichtungs- oder Gerichtsverfahren angerufen oder darin obsiegt hat (lit. a, d und e), weil der Vermieter eine einseitige Vertragsanpassung durchsetzen (lit. b) oder den Mieter zum Erwerb der gemieteten Wohnung veranlassen will (lit. c).   1126

Wie gesagt, ist die Aufzählung von Art. 271a Abs. 1 OR nicht abschliessend («insbesondere»). Treuwidrigkeit ist allgemein dann anzunehmen, wenn die Kündigung ohne objektives, ernsthaftes und schützenswertes Interesse ausgesprochen wird.[154] Stehen etwa die Interessen des Kündigenden im krassen Missver-   1127

---

[149] HIGI, Zürcher Komm., N 117 ff. zu Art. 269d OR; für die analoge Frage der Kündigung vgl. BGE 121 III 156 ff. (160 ff.), E. 1c.

[150] HIGI, Zürcher Komm., N 9 und 16 f. zu Art. 270e OR.

[151] BGE 133 III 175 ff. (179 f.), E. 3.3.4 mit Hinweisen.

[152] HIGI, Zürcher Komm., N 160 zu Art. 271 OR.

[153] BGE 135 III 112 ff. (119) E. 4.1.

[154] BGE 135 III 112 ff. (119) E. 4.1, in casu Treuwidrigkeit verneint für die Kündigung, welche der Vermieter im Hinblick auf umfassende Sanierungsarbeiten ausspricht; vgl. dazu auch Urteil des BGer. vom 9. De-

hältnis zu den Interessen der Gegenpartei, so kann die Kündigung als Schikane angesehen werden und unter diesem Gesichtspunkt missbräuchlich sein.[155] Kündigt der Vermieter jedoch, um bei einer Neuvermietung einen höheren (aber an sich nicht missbräuchlichen) Mietzins zu erzielen, so verstösst dies allein nicht gegen Treu und Glauben.[156]

1128   Nach Art. 271a Abs. 3 OR können die in Art. 271a Abs. 1 lit. d und e OR aufgeführten Anfechtungsgründe in bestimmten Fällen entfallen: wegen dringenden Eigenbedarfs des Vermieters (lit. a)[157], wegen Zahlungsrückstands, Konkurses oder schwerer Pflichtverletzung des Mieters (lit. b, c und f), wegen Veräusserung der Sache (lit. d) oder aus (sonstigen) wichtigen Gründen (lit. e).

1129   Ausserhalb von Art. 271a Abs. 3 OR ist eine Anfechtung der Kündigung nach Art. 271 Abs. 1 OR laut bundesgerichtlicher Rechtsprechung auch dann möglich, wenn der Vermieter dem Mieter wegen Zahlungsverzugs nach Art. 257d OR gekündigt hat. Damit das Gericht auf Missbräuchlichkeit der Kündigung erkennen kann, muss diese jedoch geradezu rechtsmissbräuchlich sein, was nur unter besonderen Umständen zutrifft, etwa wenn der Vermieter Nachfrist für einen deutlich zu hohen Betrag angesetzt hat oder wenn ein geringfügiger Ausstand von einem im Übrigen stets vertragstreuen Mieter kurz nach Fristablauf geleistet worden ist.[158]

1130   3. Von der Anfechtbarkeit der Kündigung ist deren **Nichtigkeit** zu unterscheiden. Eine Kündigung ist nichtig, falls ihr ein schwerer Mangel anhaftet, wie etwa bei Nichteinhaltung der vorgeschriebenen Form (Art. 266o i.V.m. Art. 266l OR). Die Kündigung entfaltet alsdann keine Wirkung; die Nichtigkeit ist von Amtes wegen zu berücksichtigen. Der Mangel verlangt keine formelle Anfechtung innert der Frist von 30 Tagen nach Art. 273 Abs. 1 OR, sondern kann — in den Schranken des Rechtsmissbrauchs — jederzeit geltend gemacht werden.[159]

D.   Die Erstreckung des Mietverhältnisses

1131   Häufiger als die Anfechtung der Kündigung kommt in der Praxis das Begehren um gerichtliche Erstreckung vor (Art. 272 ff. OR). Die Erstreckung kann unabhängig von der Kündigungsanfechtung verlangt werden[160] und verspricht nach der hier vertretenen Auffassung im Allgemeinen mehr Erfolgschancen. **Voraussetzung** der Erstreckung ist, dass die Kündigung eines befristeten oder unbefristeten Mietverhältnisses für den Mieter oder seine Familie eine Härte zur Folge hätte, die durch die Interessen des Vermieters nicht zu rechtfertigen sind (Art. 272 Abs. 1 OR). Dem Mieter wird durch die Erstreckung Zeit gegeben, eine angemessene Wohnung zu suchen. Zu beachten bleiben folgende Punkte:

1132   1. Der Gesetzgeber hat den Begriff **Härte** offengelassen. Gemäss der gängigen Praxis bezeichnet dieser Begriff alle Umstände des konkreten Einzelfalls, die sich für den Mieter insoweit nachteilig auswirken, als sie ihn bei der erfolgreichen Suche nach einem Ersatzobjekt bzw.

zember 2009, Nr. 4A_414/2009, E. 3.1 (relativierend).

[155]   BGE 120 II 31 ff. (33), E. 4a.

[156]   BGE 120 II 105 ff. (109 ff.), E. 3b und c.

[157]   Vgl. dazu BGE 118 II 50 ff. (52 ff.), E. 3.

[158]   BGE 120 II 31 ff. (33 f.), E. 4; Urteil des BGer. vom 3. März 2010, Nr. 4A_634/2009, E. 2.2.2.

[159]   BGE 121 III 156 ff. (160 ff.), E. 1c. Zur Unzulässigkeit der Konversion einer unwirksamen Kündigung vgl. BGE 135 III 441 ff. (444 f.), E. 3.3.

[160]   LACHAT/THANEI, N 29/1.3.

einer Ersatzlösung innerhalb der noch verbliebenen Zeit behindern oder ihm die erfolgreiche Suche erschweren oder mit einer gewissen Sicherheit verunmöglichen.[161]

Die Rechtsanwendung setzt demnach einen Ermessensentscheid voraus, der nach Recht und Billigkeit (Art. 4 ZGB) zu treffen ist. Das Gericht hat im Streitfall die verschiedenen Interessen des Mieters und des Vermieters gegeneinander abzuwägen, wobei Art. 272 Abs. 2 OR die wichtigsten der zu berücksichtigenden Umstände ausdrücklich aufführt.[162]   1133

Grundsätzlich muss der Mieter, der die Kündigung erhalten hat, schon im Rahmen des ersten Erstreckungsgesuchs ernsthaft nach Ersatzraum suchen; seine Suchbemühungen sind demnach bereits beim Entscheid über die erstmalige Erstreckung zu berücksichtigen, auch wenn diesbezüglich weniger hohe Anforderungen gelten als für die Gewährung einer zweiten Erstreckung (Nr. 1139).[163]   1134

2. Art. 272a Abs. 1 OR führt sodann Fälle auf, bei denen die **Erstreckung ausgeschlossen** ist, was namentlich bei Zahlungsrückstand, schwerer Pflichtverletzung oder Konkurs des Mieters zutrifft (lit. a–c).   1135

Bietet der Vermieter dem Mieter einen gleichwertigen Ersatz für die Wohn- oder Geschäftsräume an, so ist die Erstreckung «in der Regel» ausgeschlossen (Art. 272a Abs. 2 OR).   1136

3. Dem Gericht steht nach dem Gesagten in Bezug auf die Art und Dauer der Erstreckung ein erheblicher Ermessensspielraum zu. Gesetzlich vorgegeben ist jedoch die **Höchstdauer** (Art. 272b Abs. 1 OR). Sie beträgt für Wohnungen vier Jahre, für Geschäftsräume sechs Jahre; im Rahmen dieser Höchstdauer können eine oder zwei Erstreckungen gewährt werden. Das Gericht hat den Zeitpunkt, bis zu welchem das Mietverhältnis erstreckt wird, genau anzugeben, und darf ihn nicht von einem künftigen, ungewissen Ereignis abhängig machen.[164]   1137

Den Parteien steht es frei, einvernehmlich andere (auch längere) Erstreckungsfristen festzulegen (Art. 272b Abs. 2 OR).   1138

4. Der Mieter, dem schon einmal Erstreckung gewährt worden ist, kann eine **zweite Erstreckung** verlangen (Art. 272 Abs. 3 OR), soweit er darauf nicht verzichtet hat (Art. 272b Abs. 2 in fine OR) und die gesetzliche Höchstdauer der Erstreckung noch nicht erreicht ist (Art. 272b Abs. 1 OR). Die Zweiterstreckung unterliegt zwar wiederum der Interessenabwägung nach Art. 272 Abs. 1 und 2 OR, doch muss der Mieter zusätzlich nachweisen, dass er *alles Zumutbare unternommen* hat, um die Härte abzuwenden.   1139

Je nach Interessenlage kommt statt einer erstmaligen Erstreckung (mit der Möglichkeit der Gewährung einer zweiten Erstreckung) auch eine einmalige, definitive Erstreckung in Betracht, etwa wenn der Vermieter die Mietliegenschaft einer Totalsanierung unterziehen will.[165]   1140

5. Art. 273 Abs. 2 und 3 OR regeln (neben den Behörden auch) die **Fristen** für die Erstreckung.   1141

---

[161] HIGI, Zürcher Komm., N 83 zu Art. 272 OR. Vgl. auch BGE 105 II 197 ff. (197), E. 3a; 116 II 446 ff. (448 f.), E. 3.

[162] BGE 135 III 121 ff. (123 f.) E. 2 = Pra 2009, Nr. 88, S. 601 ff.; Urteil des BGer. vom 13. Januar 2010, Nr. 4A_522/2009, E. 3.1.

[163] BGE 116 II 446 ff. (448), E. 3a; Urteil des BGer. vom 13. Januar 2010, Nr. 4A_522/2009, E. 3.2.

[164] BGE 135 III 121 ff. (125) E. 4 = Pra 2009, Nr. 88, S. 601 ff.

[165] Urteil des BGer. vom 5. Juni 2009, Nr. 4A_105/2009, E. 3.2 und 4.4; Urteil des BGer. vom 13. Januar 2010, Nr. 4A_522/2009, E. 3.1.

1142   Das Erstreckungsbegehren ist bei einem unbefristeten Mietverhältnis innert 30 Tagen nach dem Empfang der Kündigung – bei einem befristeten Mietverhältnis spätestens 60 Tage vor Ablauf des Vertrags – bei der Schlichtungsbehörde einzureichen (Art. 273 Abs. 2 OR). Verlangt der Mieter eine Zweiterstreckung, so muss er dies bei der Schlichtungsbehörde spätestens 60 Tage vor Ablauf der ersten einreichen (Art. 273 Abs. 3 OR).

1143   6. Auch die Vorschriften über die Erstreckung sind grundsätzlich **zu Gunsten des Mieters zwingendes Recht;** er kann auf diese Rechte nur verzichten, wenn dies im Gesetz ausdrücklich vorgesehen ist (Art. 273c OR).

1144   Beispiel für eine Verzichtsmöglichkeit: Verzicht des Mieters auf eine zweite Erstreckung im Rahmen der Vereinbarung über die Ersterstreckung (Art. 272b Abs. 2 in fine OR).

E.   Verfahrensfragen

a.   *Behördenorganisation und Verfahren im Allgemeinen*

1145   Bis zum Inkrafttreten der Schweizerischen ZPO haben die Kantone die zuständigen Behörden bezeichnet und das Verfahren für mietrechtliche Streitigkeiten geregelt (Art. 274 altOR); hierbei wurde die kantonale Verfahrenshoheit freilich durch zahlreiche bundesrechtliche Vorgaben durchbrochen (Art. 259h, 259i, 270–270c, 273 und 274a ff. altOR sowie Art. 23 GestG).

1146   Seit dem **Inkrafttreten der Schweizerischen ZPO**[166] ist das Verfahren bundesrechtlich geregelt, während die Behördenorganisation grundsätzlich Sache der Kantone bleibt (Art. 3 ZPO). Vorweg ist in allgemeiner Weise Folgendes festzuhalten:

1147   1. Art. 197 ZPO sieht vor, dass dem gerichtlichen Entscheidverfahren ein Schlichtungsversuch vor einer **Schlichtungsbehörde** vorausgeht. Bei Streitigkeiten aus Miete und Pacht von Wohn- und Geschäftsräumen besteht die Schlichtungsbehörde aus einer vorsitzenden Person und einer paritätischen Vertretung (Art. 200 Abs. 1 ZPO). Darüber hinaus ist die Organisation dieser Behörde Sache der Kantone (Art. 3 ZPO); diese brauchen für die Schlichtung keine gerichtliche Behörde einzusetzen.[167]

1148   Bereits vor Inkrafttreten der ZPO leitete die bundesgerichtliche Praxis aus Art. 274a ff. OR ab, «dass die Durchführung des Schlichtungsverfahrens grundsätzlich in allen Streitigkeiten aus der Miete von Wohn- und Geschäftsräumen bundesrechtlich vorgeschrieben ist». Damit sollten schon bis anhin Prozessbarrieren abgebaut, eine gütliche Einigung gefördert und das Gericht erst eingeschaltet werden, wenn eine Schlichtung scheiterte.[168] Nach Art. 198 ZPO entfällt jedoch das Schlichtungsverfahren unter anderem im summarischen Verfahren (lit. a) und bei der Aberkennungsklage nach Art. 83 Abs. 2 SchKG (lit. e Ziff. 1).[169]

1149   2. Die **örtliche Zuständigkeit** ist für die Immobiliarmiete in Art. 33 ZPO geregelt: Für «Klagen aus Miete und Pacht unbeweglicher Sachen» ist das Gericht am Ort der gelegenen Sache zuständig. Dies gilt auch für die Schlichtungsbehörde. Der Mieter von Wohn- und Geschäftsräumen kann auf diesen Gerichtsstand nicht zum Voraus oder durch Einlassung verzichten (Art. 35 Abs. 1 lit. b ZPO).

---

[166]   AS 2010, S. 1739 ff.; Botschaft in BBl 2006, S. 7221 ff. Vgl. auch THANEI, S. 186 ff.
[167]   Botschaft BBl 2006, S. 7328.
[168]   HIGI, Zürcher Komm., N 8 ff. zu Art. 274a OR.
[169]   Anders nach der früheren Rechtslage BGE 133 III 645 ff. (652 ff.), E. 5.2–5.6, für die Aberkennungsklage, wenn der Vermieter gegen den Mieter provisorische Rechtsöffnung erlangt hatte; ebenso THANEI, S. 188.

Für die Miete beweglicher Sachen richtet sich der Gerichtsstand nach Art. 10 oder Art. 30 ZPO, soweit   1150
keine Streitigkeit aus einem Konsumentenvertrag (Art. 32 ZPO) vorliegt.

3. Die Bestellung eines **Schiedsgerichts** ist möglich, doch können die Parteien in Angelegen-   1151
heiten aus *Miete von Wohnräumen* einzig die Schlichtungsbehörde als Schiedsgericht ein-
setzen (Art. 361 Abs. 4 ZPO).

4. Hinsichtlich des **Verfahrens** sind vorweg folgende Punkte festzuhalten: 1152

   – Die einschlägigen OR-Bestimmungen verweisen nun auf die ZPO (Art. 259i und 273   1153
     Abs. 4 OR). Die Art. 274–274g OR («Behörden und Verfahren») sind mit dem Inkraft-
     treten der ZPO aufgehoben.

   – Weist die zuständige Behörde ein Begehren des Mieters betreffend Anfechtung der Kün-   1154
     digung ab, so prüft sie von Amtes wegen, ob das Mietverhältnis erstreckt werden kann
     (Art. 273 Abs. 5 OR).

5. Nach dem **Bundesgerichtsgesetz** (BGG) werden mietrechtliche Fälle insoweit privilegiert,   1155
als Art. 74 Abs. 1 lit. a BGG für sie die *Streitwertgrenze für die Beschwerde in Zivilsachen* auf
15 000 Franken herabsetzt; Rechtsfragen von grundsätzlicher Bedeutung bleiben auch hier
vorbehalten (Art. 74 Abs. 2 lit. a BGG). Ist die Beschwerde in Zivilsachen ausgeschlossen,
kann die Verfassungsbeschwerde zulässig sein (Art. 113 ff. BGG).

b.   *Die Schlichtungsbehörde*

1. Die Schlichtungsbehörde ist nach dem Gesagten (Nr. 1147) die *erste Anlaufstelle für miet-*   1156
rechtliche Fragen. Sie hat von Gesetzes wegen mehrere **Aufgaben:** Sie soll einerseits bei
Streitigkeiten «in formloser Verhandlung» versuchen, die Parteien zu versöhnen (Art. 201
Abs. 1 ZPO).[170] In den vom Gesetz genannten Fällen unterbreitet sie einen Urteilsvorschlag
oder fällt einen Entscheid (Art. 210 Abs. 1 lit. b und Art. 212 ZPO). Sodann können die Parteien die Schlichtungsbehörde als Schiedsgericht vereinbaren (Art. 361 Abs. 4 ZPO). Und
schliesslich ist die Schlichtungsbehörde Beratungsstelle (Art. 201 Abs. 2 ZPO), auch und
gerade ausserhalb konkreter Schlichtungsverfahren.[171]

 Die Schlichtungsbehörde besteht aus einer vorsitzenden Person und einer paritätischen   1157
Vertretung (Art. 200 Abs. 1 ZPO). Das Verfahren ist in Art. 202 ff. ZPO in der Weise geregelt, dass es rasch, relativ formlos und vertraulich abläuft.[172]

Im Schlichtungsverfahren um Streitigkeiten aus Miete von Wohn- und Geschäftsräumen werden keine   1158
Gerichtskosten gesprochen, ausser bei bös- oder mutwilliger Prozessführung (Art. 113 Abs. 2 lit. c und
Art. 115 ZPO). Ebenso werden keine Parteientschädigungen gesprochen (Art. 113 Abs. 1 ZPO). Diese Regelung gilt jedoch nicht für das Entscheidverfahren (Art. 114 e contrario und Art. 207 ZPO). Ausserhalb
der Streitigkeiten aus Miete von Wohn- und Geschäftsräumen werden die Kosten des Schlichtungsverfahrens nach Art. 207 ZPO verlegt.

2. Wie im alten Recht[173] bildet in allen Fällen, in denen der Gang an die Schlichtungsbehörde   1159
vorgesehen ist, die Durchführung des Schlichtungsverfahrens **Eintretensvoraussetzung**
für das nachfolgende gerichtliche Verfahren. Der Klage ist die Klagebewilligung beizu-

---

[170] Zum alten Recht ausführlich Higi, Zürcher Komm., N 37 ff. zu Art. 274a OR.
[171] Botschaft BBl 2006, S. 7330.
[172] Botschaft BBl 2006, S. 7331 f.
[173] BGE 133 III 645 ff. (651), E. 5.1.

legen (Art. 221 Abs. 2 lit. b ZPO). Nur in den Fällen des Art. 199 ZPO kann auf das Schlichtungsverfahren verzichtet werden.

1160 3. Kommt vor der Schlichtungsbehörde eine **Einigung** zustande, ist das Ziel der Schlichtung erfüllt und der Rechtsstreit beigelegt. Die Schlichtungsbehörde nimmt den Vergleich, die Klageanerkennung oder den Klagerückzug zu Protokoll und lässt dieses durch die Parteien unterzeichnen (Art. 208 Abs. 1 ZPO). Diese Prozesshandlungen haben damit die Wirkungen eines rechtskräftigen Entscheids (Art. 208 Abs. 2 ZPO).

1161 In einen Vergleich (Art. 208 ZPO) kann die Schlichtungsbehörde auch ausserhalb des mietrechtlichen Verfahrens liegende Streitfragen zwischen den Parteien einbeziehen, falls es der Streitbeilegung dient (Art. 201 Abs. 1 Satz 2 ZPO).

1162 4. Kommt **keine Einigung** zustande, hält die Schlichtungsbehörde dies im Protokoll fest und geht wie folgt vor:

1163 – In den vom Gesetz vorgesehenen – wenigen – Fällen (Art. 212 und Art. 361 Abs. 4 ZPO) fällt sie einen *Entscheid.*[174]

1164 Dies trifft einerseits auf Antrag der klagenden Partei bei vermögensrechtlichen Streitigkeiten bis zu einem Streitwert von 2000 Franken zu (Art. 212 Abs. 1 ZPO), anderseits dann, wenn die Parteien die Schlichtungsbehörde als Schiedsgericht eingesetzt haben (Art. 361 Abs. 4 ZPO).

1165 – In gewissen, vom Gesetz umschriebenen Streitigkeiten aus Miete von Wohn- und Geschäftsräumen (Streitigkeiten betreffend Hinterlegung von Mietzinsen, Schutz vor missbräuchlichen Mietzinsen, Kündigungsschutz und Erstreckung des Mietverhältnisses, vermögensrechtliche Streitigkeiten bis 5000 Franken) steht es ihr frei,[175] einen *Urteilsvorschlag* zu unterbreiten (Art. 210 Abs. 1 lit. b und c ZPO). Der Vorschlag gilt als angenommen und hat die Wirkungen eines rechtskräftigen Entscheids, wenn ihn keine Partei innert 20 Tagen seit der schriftlichen Eröffnung ablehnt (Art. 211 Abs. 1 ZPO).

1166 Der Urteilsvorschlag muss nicht begründet werden, ist aber wie ein Entscheid abzufassen und zu eröffnen (Art. 210 Abs. 2 i.V.m. Art. 238 ZPO). Die Schlichtungsbehörde hat die Parteien im Urteilsvorschlag auf die Rechtslage nach Art. 211 ZPO hinzuweisen (Art. 211 Abs. 4 ZPO).

1167 – In den übrigen Fällen stellt sie die Klagebewilligung aus (Art. 209 Abs. 1 und 211 Abs. 2 ZPO). Die Klagefrist beträgt alsdann grundsätzlich 30 Tage (Art. 209 Abs. 4 ZPO).

1168 Wird nach Ablehnung eines Urteilsvorschlags der Schlichtungsbehörde in den Fällen von Art. 210 Abs. 1 lit. b ZPO die Klage nicht rechtzeitig eingereicht, gilt der Vorschlag als anerkannt; er hat dann die Wirkungen eines rechtskräftigen Entscheids (Art. 211 Abs. 3 ZPO).

c. *Das Gericht*

1169 1. Ist keine Einigung vor der Schlichtungsbehörde zustande gekommen, kann die Partei, welcher die Klagebewilligung ausgestellt worden ist (Art. 209 Abs. 1 und Art. 211 Abs. 2 ZPO) innert 30 Tagen **Klage** beim Gericht einreichen (Art. 209 Abs. 4 ZPO). Damit tritt das Verfahren in die gerichtliche Phase.[176] Folgendes bleibt beizufügen:

---

[174] Botschaft BBl 2006, S. 7334.

[175] Botschaft BBl 2006, S. 7333 («freie Option der Schlichtungsbehörde»).

[176] Zum alten Recht BGE 117 II 504 ff. (506), E. 2b; 135 III 253 ff. (257 f.), E. 2.4 = Pra 2009, Nr. 110, S. 744 ff.

— Die 30-tägige Frist ist als Verwirkungsfrist vom Gericht von Amtes wegen zu prüfen.[177]   1170

— Für zahlreiche mietrechtliche Streitigkeiten vor Gericht gelten die Vorschriften über   1171
das *vereinfachte Verfahren* (Art. 243–247 ZPO). Dies trifft nach Art. 243 Abs. 2 lit. c
ZPO – ohne Rücksicht auf den Streitwert – zu für Streitigkeiten aus Miete und Pacht
von Wohn- und Geschäftsräumen sowie aus landwirtschaftlicher Pacht, sofern die Hinterlegung von Miet- und Pachtzinsen, der Schutz vor missbräuchlichen Miet- und Pachtzinsen, der Kündigungsschutz oder die Erstreckung des Miet- oder Pachtverhältnisses
betroffen ist; weiter gilt das vereinfachte Verfahren für vermögensrechtliche Streitigkeiten bis zu einem Streitwert von 30 000 Franken (Art. 243 Abs. 1 ZPO). Auch dem
vereinfachten Verfahren geht grundsätzlich ein Schlichtungsversuch voraus (Art. 197
ZPO).[178]

Das bedeutet namentlich, dass das Verfahren – im Sinn des «sozialen Zivilprozesses» – laienfreund-   1172
lich ausgestaltet ist, was vor allem der sozial schwächeren Partei zu Gute kommen soll:[179] Eine vereinfachte Klage (ohne Begründung) ist möglich (Art. 244 Abs. 2 ZPO), die Sache wird vom Gericht
besonders beförderlich behandelt (Art. 246 Abs. 1 ZPO), und für die Feststellung des Sachverhalts
gelten besondere Regeln nach Art. 247 ZPO, die bis zur Untersuchungsmaxime – dem «Kernmerkmal
des vereinfachten Verfahrens»[180] – reichen: In den oben genannten Angelegenheiten von Art. 243
Abs. 2 (lit. c) ZPO stellt das Gericht den Sachverhalt von Amtes wegen fest (Art. 247 Abs. 2 lit. a ZPO),
ebenso in den übrigen Streitigkeiten aus Miete und Pacht von Wohn- und Geschäftsräumen sowie aus
landwirtschaftlicher Pacht bis zu einem Streitwert von 30 000 Franken (Art. 247 Abs. 2 lit. b ZPO). In
den übrigen Streitigkeiten aus Miete und Pacht wirkt das Gericht durch entsprechende Fragen darauf
hin, dass die Parteien ungenügende Angaben zum Sachverhalt ergänzen und die Beweismittel bezeichnen (Art. 247 Abs. 1 ZPO).

— Beträgt der Streitwert mehr als 30 000 Franken und liegt kein Fall von Art. 243 Abs. 2   1173
lit. c ZPO vor, findet das *ordentliche Verfahren* Anwendung (Art. 219 ff. ZPO).

Praktisch aktuell ist das ordentliche Verfahren demnach bei Streitigkeiten um Mietzinsen, Schaden-   1174
ersatzforderungen und Entschädigungen wegen Erneuerungen und Änderungen nach Art. 260a OR,
sofern der Streitwert mehr als 30 000 Franken beträgt.[181]

Vorbehalten bleibt freilich das *summarische Verfahren* (Art. 248 ff. ZPO), namentlich   1175
für den Rechtsschutz in klaren Fällen (Art. 257 ZPO; zur Ausweisung vgl. Nr. 1060 ff.).
Hier entfällt nach Art. 198 lit. a ZPO das Schlichtungsverfahren.

— Die *Kosten* des Schlichtungsverfahrens werden zur Hauptsache geschlagen (Art. 207   1176
Abs. 2 und Art. 114 ZPO e contrario).[182]

— Weist das Gericht ein Begehren des Mieters betreffend Anfechtung der Kündigung ab, so   1177
prüft es von Amtes wegen, ob das Mietverhältnis erstreckt werden kann (Art. 273 Abs. 5
OR).

2. Das **Rechtsmittelverfahren** ist innerkantonal in den Art. 308 ff. ZPO und für das Bundes-   1178
gericht im BGG geregelt.

---

[177] Zum alten Recht BGE 131 III 566 ff. (570), E. 3.2 (Änderung der Rechtsprechung).
[178] Botschaft BBl 2006, S. 7345.
[179] Botschaft BBl 2006, S. 7345 f.
[180] Botschaft BBl 2006, S. 7348.
[181] THANEI, S. 195.
[182] Zur Überprüfung der Kostenentscheide der Schlichtungsbehörde wegen mutwilliger Prozessführung
(Art. 274d Abs. 2 OR) vgl. zum alten Recht BGE 117 II 421 ff. (424 f.), E. 2a.

VI. Einzelfragen

1.   Erneuerungen und Änderungen an der Mietsache

1179   1. Der Mieter muss Arbeiten an der Sache durch den **Vermieter** dulden, wenn sie zur Besei-
tigung von Mängeln oder zur Behebung oder Vermeidung von Schäden notwendig sind
(Art. 257h Abs. 1 OR). Ansprüche des Mieters auf Herabsetzung des Mietzinses und auf
Schadenersatz bleiben vorbehalten (Art. 260 Abs. 2 OR).

1180   Doch sind Erneuerungen und Änderungen nur zulässig, wenn sie dem Mieter zugemutet werden können und das Mietverhältnis nicht gekündigt ist (Art. 260 Abs. 1 OR).[183] Nach
der Kündigung einer Partei gewährt das Gesetz dem Mieter demnach einen besonderen
Schutz; er braucht Erneuerungen und Änderungen während des auslaufenden Mietverhältnisses nicht hinzunehmen.[184]

1181   Das Verbot von Art. 260 Abs. 1 OR bezieht sich jedoch nur auf Arbeiten während des bestehenden Mietverhältnisses. Kündigungen, die der Vermieter im Hinblick auf bevorstehende Umbau- und Renovations-
arbeiten ausspricht, werden dadurch nicht untersagt; ob eine solche Kündigung missbräuchlich und damit anfechtbar ist, entscheidet sich allein nach der Generalklausel von Art. 271 Abs. 1 OR (Nr. 1124).[185]

1182   2. Andererseits darf der **Mieter** nur dann Erneuerungen und Änderungen an der Sache vornehmen, wenn der Vermieter schriftlich zugestimmt hat (Art. 260a Abs. 1 OR). Soweit der
Vermieter Eigentümer der vermieteten Sache ist, ergibt sich die Zustimmungsbedürftigkeit
schon aus den allgemeinen sachenrechtlichen Normen (Art. 641 Abs. 1 ZGB). Erteilt der
Vermieter die Zustimmung, so gilt Folgendes:

1183   – Der Vermieter kann die Wiederherstellung des früheren Zustandes nur verlangen, wenn
dies schriftlich vereinbart worden ist (Art. 260a Abs. 2 OR).

1184   – Für die Abgeltung eines vom Mieter geschaffenen Mehrwerts gilt Art. 260a Abs. 3 OR.
Diese Vorschrift hat dispositiven Charakter; der Mieter kann also im Voraus gültig auf
eine Entschädigung verzichten.[186]

1185   Als lex specialis für Erneuerungen und Änderungen des Mieters geht Art. 260a OR sowohl den
Art. 671 ff. ZGB (Einbau) als auch den Art. 62 ff. OR (ungerechtfertigte Bereicherung) vor.[187]

2.   Beziehungen zu dritten Personen

A.   Die Untermiete

1186   1. Eine Untervermietung durch den Mieter ist **nur mit Zustimmung des Vermieters** zulässig (Art. 262 Abs. 1 OR). Indessen darf der Vermieter diese Zustimmung lediglich aus bestimmten, im Gesetz umschriebenen Gründen verweigern (Art. 262 Abs. 2 OR).

1187   2. Der Untermieter ist vertraglich nicht mit dem Vermieter verbunden, sondern hat nur einen
Mietvertrag mit dem Mieter (seinem Untervermieter). Gegenüber dem Hauptvermieter

---

[183] Zur Zumutbarkeit der Arbeiten vgl. Urteil des BGer. vom 4. März 2003, Nr. 4C.382/2002, E. 3.2; Urteil
des BGer. vom 20. Februar 2004, Nr. 4C.306/2003, E. 3.3.
[184] Urteil des BGer. vom 20. Februar 2002, Nr. 4C.358/2001, E. 3b.
[185] BGE 135 III 112 ff. (114 ff.) E. 3.3.
[186] BGE 124 III 149 ff. (154), E. 4d; Urteil des BGer. vom 2. September 2009, Nr. 4A_211/2009, E. 3.3.
[187] Urteil des BGer. vom 2. September 2009, Nr. 4A_211/2009, E. 3.3.

haftet jedoch der Untervermieter dafür, dass der Untermieter die Sache nicht anders gebraucht, als es ihm selbst gestattet ist (Art. 262 Abs. 3 OR und allgemein Art. 101 OR).[188] Der Vermieter kann den Untermieter unmittelbar dazu anhalten (Art. 262 Abs. 3 Satz 2 OR). Allgemein kann gesagt werden, dass der Untermieter gegenüber dem Untervermieter ebenso viele Rechte hat wie der Mieter gegenüber dem Vermieter,[189] und dass er alle sich aus dem Hauptmietvertrag ergebenden Pflichten erfüllen muss.[190]

Der Mieter, welcher das Mietobjekt nach Beendigung des Mietverhältnisses weiterhin untervermietet, hat dem Vermieter gestützt auf Art. 423 Abs. 1 OR (unechte Geschäftsführung ohne Auftrag; Nr. 2053 ff.) den dadurch erzielten Gewinn herauszugeben.[191]   1188

3. Die **Anfechtbarkeit der Kündigung** und die Möglichkeit der **Erstreckung des Mietver-**   1189
hältnisses gelten grundsätzlich auch bei der Untervermietung von Wohn- und Geschäftsräumen, sind jedoch an die Dauer des Hauptmietverhältnisses gebunden (Art. 273b Abs. 1
OR). Ohne Rücksicht auf das Hauptmietverhältnis wird dem Untermieter Kündigungsschutz gewährt, wenn die Untermiete hauptsächlich die Umgehung der Vorschriften über
den Kündigungsschutz bezweckt (Art. 273b Abs. 2 OR).

B.   Die Übertragung der Miete auf einen Dritten

1. Der **Mieter von Geschäftsräumen** kann das Mietverhältnis mit schriftlicher Zustimmung   1190
des Vermieters auf einen Dritten übertragen (Art. 263 Abs. 1 OR).[192] Die Übertragung, die
der Vermieter nur aus wichtigen Gründen ablehnen darf (Art. 263 Abs. 2 OR), hat folgende
Wirkungen:

   – Der Dritte tritt an Stelle des Mieters in das Mietverhältnis ein, das mithin auf den Dritten   1191
     übergeht (Art. 263 Abs. 3 OR; Auswechslung einer Vertragspartei).

   – Der (bisherige) Mieter ist von seinen Verpflichtungen gegenüber dem Vermieter grund-   1192
     sätzlich befreit, haftet jedoch für eine gewisse Zeit noch solidarisch mit dem neuen Mie-
     ter (Art. 263 Abs. 4 OR). Gegenüber dem neuen Mieter hat er keine Gewährleistungs-
     pflichten, insbesondere nicht für allfällige Sachmängel.[193]

2. Für den **Mieter anderer Mietobjekte** (Wohnung, Mobilie) enthält das Gesetz keine Son-   1193
dervorschriften, sodass die allgemeinen Regeln gelten: Die Übertragung des Mietverhältnisses auf einen Dritten setzt (ebenfalls) die Zustimmung des Vermieters voraus (Vertragsübertragung als Vertrag zwischen drei Parteien).[194] Doch entfällt die Vorschrift von Art. 263
Abs. 2 OR, wonach der Vermieter nur bei wichtigem Grund seine Zustimmung verweigern
darf.[195] Lehnt er die Vertragsübertragung ab, ist der Mieter auf allgemeinen Bestimmungen
über die vorzeitige Rückgabe der Mietsache (Art. 264 OR) verwiesen (Nr. 1008).

---

[188] BGE 117 II 65 ff. (67), E. 2b = Pra 1992, Nr. 81, S. 304 ff.; HIGI, Zürcher Komm., N 21 zu Art. 262 OR.
[189] BGE 124 III 62 ff. (65), E. 2b = Pra 1998, Nr. 53, S. 352 ff.
[190] HIGI, Zürcher Komm., N 23 zu Art. 262 OR.
[191] BGE 126 III 69 ff. (72 f.), E. 2b; bestätigt in BGE 129 III 422 ff. (425), E. 4.
[192] BGE 125 III 226 ff. (228 f.), E. 2b = Pra 1998, Nr. 152, S. 810 ff.
[193] BGE 129 III 18 ff. (23), E. 2.3 = Pra 2003, Nr. 30, S. 151 ff.
[194] HIGI, Zürcher Komm., N 7 zu Art. 263 OR.
[195] HIGI, Zürcher Komm., N 7 in fine zu Art. 263 OR.

C.   Der Wechsel des Eigentümers

1194   1. Die **Art. 261–261b OR** befassen sich mit dem Wechsel des Eigentümers. Dazu kann es kommen, wenn:

1195   – der Vermieter die Sache nach Abschluss des Mietvertrags veräussert (Kauf, Tausch, Schenkung usw.[196]);

1196   – dem Vermieter die Sache in einem Schuldbetreibungs- oder Konkursverfahren entzogen und einem anderen zugeschlagen wird;

1197   – der Vermieter einem Dritten ein beschränktes dingliches Recht einräumt und dies einem Eigentümerwechsel gleichkommt (Art. 261a OR), wie beispielsweise bei der Einräumung einer Nutzniessung (Art. 745 ff. ZGB).[197]

1198   Nicht anwendbar sind die Bestimmungen im Fall der Enteignung (Art. 261 Abs. 4 OR). Für die gesetzlich nicht geregelte Kollision einer Zwangsvollstreckung eines vor der Miete bestellten Grundpfandrechts mit dem Mietvertrag gelten besondere, von der Rechtsprechung aus Art. 812 ZGB entwickelte Regeln.[198]

1199   2. Art. 261 Abs. 1 OR sieht vor, dass das **Mietverhältnis** mit dem Eigentum an der Sache **auf den Erwerber übergeht**.[199] Bei der Veräusserung von Grundstücken ist nach der Rechtsprechung des Bundesgerichts die Einschreibung in das Tagebuch der massgebende Zeitpunkt.[200] Der neue Eigentümer hat nach Massgabe von Art. 261 Abs. 2 OR gewisse Möglichkeiten der vorzeitigen Vertragsauflösung. Dabei hat der neue Eigentümer von Wohn- und Geschäftsräumen einen dringenden Eigenbedarf für sich, nahe Verwandte oder Verschwägerte geltend zu machen (Art. 261 Abs. 2 lit. a OR).[201] Weiter ist Folgendes zu beachten:

1200   – Kündigt der neue Eigentümer früher, als es der Vertrag mit dem bisherigen Vermieter gestattet hätte, so haftet dieser dem Mieter für allen daraus entstehenden Schaden (Art. 261 Abs. 3 OR). Durch den Verkauf der Mietsache kann sich der Vermieter also nicht seinen vertraglichen Pflichten entziehen.

1201   – Eine Verstärkung der Mieterposition wird durch die Vormerkung der Miete im Grundbuch erreicht (Art. 261b Abs. 1 OR und Art. 959 ZGB). Die Vormerkung bewirkt, dass jeder neue Eigentümer dem Mieter gestatten muss, das Grundstück entsprechend dem Mietvertrag zu gebrauchen (Art. 261b Abs. 2 OR; Nr. 1092).

3.   Rahmenmietverträge

1202   Für Rahmenmietverträge – d.h. für die von Vermieter- und Mieterverbänden gemeinsam ausgehandelten Musterbestimmungen über Abschluss, Inhalt und Beendigung der einzelnen Mietverhältnisse über Wohn- und Geschäftsräume – ist das **Bundesgesetz über Rahmen-**

---

[196] Zu den einzelnen Fällen HÜRLIMANN-KAUP, Nr. 547 ff.
[197] Ausführlich HÜRLIMANN-KAUP, Nr. 615 ff.
[198] BGE 124 III 37 ff. (39 f.), E. 2; 125 III 123 ff. (128), E. 1d; vgl. SCHMID/HÜRLIMANN-KAUP, Sachenrecht, Nr. 1180a ff.; ausführlich HÜRLIMANN-KAUP, Nr. 874 ff.
[199] Im Einzelnen HÜRLIMANN-KAUP, Nr. 576 ff.
[200] BGE 118 II 119 ff. (120 ff.), E. 3a = Pra 1993, Nr. 165, S. 640 ff.; BGE 128 III 82 ff. (84), E. 1b; gl.M. HÜRLIMANN-KAUP, Nr. 539 und 593 ff.
[201] Vgl. zum Begriff des dringenden Eigenbedarfs BGE 118 II 50 ff. (52 ff.), E. 3 und 4; bestätigt im Urteil des BGer. vom 4. März 2002, Nr. 4C.400/2001, E. 3a.

mietverträge und deren Allgemeinverbindlicherklärung vom 23. Juni 1995[202] (mit zugehöriger Verordnung) zu beachten. In aller Kürze sind folgende Punkte zu erwähnen:

1. Das Gesetz regelt neben dem **Begriff** (Art. 1) auch die **Form** des Rahmenmietvertrags (Schriftform und Abfassung in den Amtssprachen des örtlichen Geltungsbereichs). Es ordnet sodann (Art. 3) an, dass mit Bewilligung des Bundesrats auf gemeinsamen Antrag der vertragsschliessenden Parteien **gewisse Abweichungen von zwingenden Bestimmungen des Mietrechts zulässig** sind.　1203

2. Das Gesetz legt sodann die Möglichkeiten und Wirkungen der **Allgemeinverbindlicherklärung** des Rahmenmietvertrags fest (Art. 4–15).　1204

---

[202] SR 221.213.15.

§ 11   Die Pacht

1205   *Sonderliteratur (Auswahl):*

HIGI PETER, Kommentar zum Schweizerischen Zivilgesetzbuch, Teil V: Obligationenrecht, Teilband V 2b, Die Pacht (Art. 275–304 OR), 3. Aufl., Zürich 2000.

I.   Allgemeines

1.   Die Rechtsquellen

1206   1. Der Pachtvertrag («le bail à ferme») wird zunächst durch die **Art. 275–304 OR** geregelt.

1207   Gemäss Art. 253b Abs. 1 OR gelten die Bestimmungen über den Schutz vor missbräuchlichen Mietzinsen (Art. 269 ff. OR) sinngemäss für nichtlandwirtschaftliche Pacht- und andere Verträge, die im Wesentlichen die Überlassung von Wohn- oder Geschäftsräumen gegen Entgelt regeln.

1208   2. Für Pachtverhältnisse über **landwirtschaftliche Gewerbe oder über Grundstücke zur landwirtschaftlichen Nutzung** sind weitere Erlasse zu beachten:

1209   – das BG vom 4. Oktober 1985 über die landwirtschaftliche Pacht[1] sowie

1210   – die Verordnung über die Bemessung des landwirtschaftlichen Pachtzinses.[2]

1211   Das LPG ist für die genannten Verhältnisse nach Art. 276a Abs. 1 OR massgebend, soweit es besondere Regelungen enthält. Im Übrigen gilt für die landwirtschaftlichen Verhältnisse das Obligationenrecht, mit Ausnahme der Bestimmungen über die Pacht von Wohn- und Geschäftsräumen (Art. 276a Abs. 2 OR).

2.   Die Qualifikationsmerkmale

1212   1. Der (gewöhnliche, nichtlandwirtschaftliche) Pachtvertrag kennzeichnet sich gemäss Art. 275 OR dadurch, dass sich der Verpächter verpflichtet, dem Pächter eine **nutzbare Sache oder ein nutzbares Recht zum Gebrauch und zum Bezug der Früchte oder Erträgnisse zu überlassen**, und dass der Pächter verpflichtet ist, dafür einen **Pachtzins** zu leisten. Charakteristisch sind demnach die folgenden Merkmale:

1213   – *Objekt* des Vertrags ist *eine nutzbare Sache oder ein nutzbares Recht*. Dieses wird zum Gebrauch und zum Bezug der Früchte oder Erträgnisse überlassen,[3] und zwar *auf Dauer* (Dauervertrag).[4]

1214   Als Hauptarten sind die Sachpacht (Überlassung nutzbarer Sachen) und die Rechtspacht (Überlassung nutzbarer Rechte) zu nennen.[5] Das nutzbare Gut kann auch in einem Unternehmen bestehen (Unternehmenspacht).[6]

1215   – Der Vertrag ist *entgeltlich* (Pachtzins).

---

[1]   LPG, SR 221.213.2.

[2]   Pachtzinsverordnung vom 11. Februar 1987, SR 221.213.221.

[3]   HIGI, Zürcher Komm., Vorbem. zu Art. 275–304 OR, N 5 ff.

[4]   BGE 125 III 363 ff. (365), E. 2e = Pra 2000, Nr. 118, S. 698 ff.

[5]   HIGI, Zürcher Komm., Vorbem. zu Art. 275–304 OR, N 36 ff.

[6]   BGE 131 III 257 ff.; HIGI, Zürcher Komm., Vorbem. zu Art. 275–304 OR, N 97 ff.

2. Dieser Pachtvertrag ist von ähnlichen Rechtsgeschäften **abzugrenzen**, zum Beispiel: 1216

– Vom *Mietvertrag* (Art. 253 ff. OR), bei dem es um die schlichte Gebrauchsüberlassung   1217
(nicht um eine nutzbare Sache oder ein nutzbares Recht und nicht um den Bezug der
Früchte oder Erträgnisse) geht.

Bei Verträgen zur entgeltlichen Überlassung von Räumlichkeiten zu geschäftlichen   1218
Zwecken ist die Abgrenzung zwischen Miete und Pacht häufig heikel.[7] In der Praxis wird
in solchen Fällen – etwa bei der entgeltlichen Überlassung von Büroräumen, Ladenlo-
kalen und Werkstätten – grundsätzlich von Miete ausgegangen.[8] Dies gilt auch dann,
wenn der Nutzer mit und in den überlassenen Räumlichkeiten (und mit ebenfalls überlassenen Einrichtungen) Erträgnisse erzielt, diese jedoch vorwiegend auf die Tätigkeit
des Nutzers und nicht den blossen Gebrauch der Sache zurückzuführen sind.[9] Wird dem
Nutzer jedoch zusammen mit den Räumlichkeiten das darin betriebene Geschäft samt
Geschäftsbeziehungen (also eine Gesamtheit nutzbarer Rechte) überlassen, liegt Pacht
vor.[10] Bei der Überlassung eines Restaurants oder Cafés neigt die jüngere Rechtsprechung dazu, den Vertrag als Pacht zu qualifizieren,[11] während hierfür früher die Überlassung des Geschäfts mit allen seinen Geschäftsbeziehungen vorausgesetzt war.[12] Dem
Miet- und dem Pachtvertrag gemeinsam ist die Charakterisierung als Dauervertrag.

– Vom *Lizenzvertrag* (Nr. 2482), bei dem es um die Überlassung eines Immaterialgüter-   1219
rechts oder einer ähnlichen Rechtsposition zur Nutzung und zum Bezug der Erträgnisse
geht. Nach traditioneller Auffassung wird das Pachtrecht jedoch nicht (jedenfalls nicht
vollständig[13]) auf den Lizenzvertrag angewendet, weil es nach der historischen Konzeption des Gesetzgebers auf solche Verhältnisse nicht passt; der Lizenzvertrag wird nach
dieser Auffassung vielmehr als Innominatvertrag qualifiziert.[14]

– Von *sachenrechtlichen Nutzungsrechten,* insbesondere von der *Nutzniessung* (Art. 745 ff.   1220
ZGB). Im Gegensatz zu solchen dinglichen Rechten – mit Wirkung gegenüber jedermann, «erga omnes»[15] – stellt die Pacht eine ausschliesslich schuldrechtliche Rechtsbeziehung dar, welche nur die Vertragsparteien verpflichtet.[16]

---

[7]   BGE 103 II 247 ff. (253), E. 2b; 93 II 453 ff. (460), E. 4; Higi, Zürcher Komm., Vorbem. zu Art. 253–274g
OR, N 146.

[8]   BGE 103 II 247 ff. (253), E. 2b.

[9]   BGE 103 II 247 ff. (253), E. 2b; 93 II 453 ff. (456), E. 1; Higi, Zürcher Komm., Vorbem. zu Art. 253–274g
OR, N 147.

[10]   BGE 103 II 247 ff. (253), E. 2b; 93 II 453 ff. (456 f.), E. 1.

[11]   Urteil des BGer. vom 19. August 2002, Nr. 4C.145/2002, E. 2.1 = Pra 2003, Nr. 7, S. 35 ff.; BGE 128 III
419 ff. (421), E. 2.1; Urteil des BGer. vom 21. Mai 2001, Nr. 4C.43/2000, E. 2; relativierend Higi, Zürcher
Komm., Vorbem. zu Art. 253–274g OR, N 146 ff. mit dem Hinweis, dass die Auslegung (des vertragsgemässen Gebrauchs des überlassenen Objekts) «extensiv zugunsten der Miete» erfolge.

[12]   BGE 103 II 247 ff. (253), E. 2b = Pra 2003, Nr. 7, S. 35 ff.

[13]   Vgl. BGE 92 II 299 ff. (299 f.), E. 3a.

[14]   Kritisch Higi, Zürcher Komm., Vorbem. zu Art. 275–304 OR, N 204 ff. (für den entgeltlichen Lizenzvertrag).

[15]   Schmid/Hürlimann-Kaup, Nr. 17 (zur absoluten Natur der dinglichen Rechte) und Nr. 1335 ff. (zur
Nutzniessung).

[16]   Higi, Zürcher Komm., Vorbem. zu Art. 275–304 OR, N 176.

3.   Der Vertragsabschluss

1221   1. Der Pachtvertrag kommt nach den **gewöhnlichen Regeln** zustande; erforderlich ist also der Austausch übereinstimmender Willenserklärungen (Art. 1 OR).

1222   2. Wiederum gelten (ähnlich wie beim Mietrecht, Art. 256 OR) **relativ zwingende Bestimmungen** zu Gunsten des Pächters. Namentlich muss der Verpächter die Sache zum vereinbarten Zeitpunkt und in einem zur vorausgesetzten Benutzung und Bewirtschaftung tauglichen Zustand übergeben (Art. 278 Abs. 1 OR). Bezüglich der Nicht- und nicht richtigen Erfüllung dieser Verpflichtung sind abweichende Vereinbarungen zum Nachteil des Pächters nach Art. 288 Abs. 2 OR nichtig, wenn sie enthalten sind in vorformulierten Allgemeinen Geschäftsbedingungen oder in Pachtverträgen über Wohn- und Geschäftsräume.

1223   Zwingende Bestimmungen bestehen namentlich auch im landwirtschaftlichen Pachtrecht (Art. 29 LPG).

II.   Die Rechtslage

1.   Die Pflichten der Parteien

1224   1. Hauptpflicht des **Verpächters** ist, die Sache nach Massgabe des Vertrags (und des zwingenden Gesetzesrechts) in einem zur vorausgesetzten Benutzung und Bewirtschaftung tauglichen Zustand zu übergeben und, soweit es um grössere Reparaturen geht, diese auf eigene Kosten vorzunehmen (Art. 278 Abs. 1 und 279 OR). Dazu treten gewisse Nebenpflichten, wie etwa:

1225   – die Pflicht, dem Pächter Einsicht in ein Rückgabeprotokoll zu geben und auf Verlangen des Pächters den Pachtzins des vorangegangenen Pachtverhältnisses mitzuteilen (Art. 278 Abs. 2 und 3 OR); oder

1226   – die Pflicht zur Tragung der mit der Sache verbundenen Lasten und öffentlichen Abgaben (Art. 280 OR).

1227   2. Der **Pächter** schuldet als Hauptpflichten einerseits den Pachtzins und allfällige Nebenkosten (Art. 281 OR); andererseits muss er die Sache sorgfältig gemäss ihrer Bestimmung bewirtschaften, insbesondere für nachhaltige Ertragsfähigkeit sorgen *(Bewirtschaftungspflicht;* Art. 283 Abs. 1 OR).[17] Auch den Pächter treffen sodann verschiedene Nebenpflichten:

1228   – die Pflicht zur Rücksichtnahme auf Hausbewohner und Nachbarn bei der Pacht einer unbeweglichen Sache (Art. 283 Abs. 2 OR);

1229   – die Pflicht, für den ordentlichen Unterhalt der Sache zu sorgen, kleinere Reparaturen nach Ortsgebrauch vorzunehmen sowie die Geräte und Werkzeuge von geringem Wert zu ersetzen, wenn sie durch Alter oder Gebrauch nutzlos geworden sind (Art. 284 OR);

1230   – die Pflicht, grössere Reparaturen oder Drittansprüche am Pachtgegenstand dem Verpächter sofort zu melden (Art. 286 Abs. 1 OR);

1231   – die Pflicht, grössere Reparaturen nach Massgabe von Art. 287 OR zu dulden und dem Verpächter die Besichtigung der Pachtsache zu gestatten.

---

[17]   Zur Bewirtschaftungspflicht vgl. im Einzelnen Higi, Zürcher Komm., N 9 ff. zu Art. 283 OR.

3. **Spezielle Regeln** für Verpächter und Pächter sind bei der **landwirtschaftlichen Pacht** zu beachten (Art. 21a ff. LPG).   1232

2. Die Verweisungen auf das Mietrecht

1. Der Gesetzgeber hat das Pachtrecht so aufgebaut, dass an mehreren Stellen ausdrücklich **auf die mietrechtlichen Bestimmungen verwiesen** wird. Gelegentlich ist die pachtrechtliche Regelung inhaltlich dem Mietvertragsrecht nachgebildet, ohne dass dies ausdrücklich gesagt wird. Ausdrückliche Verweisungen kommen zum Beispiel für folgende Bereiche vor: 1233

- für die Regelung der Nebenkosten (Art. 281 Abs. 2 OR, der auf Art. 257a OR verweist);   1234

- für die Rechte des Pächters bei Nichterfüllung des Vertrags und bei Mängeln (Art. 288 Abs. 1 OR, der auf die Art. 258 und 259a–259i OR verweist);   1235

- für die Rechte des Pächters bei Erneuerungen oder Änderungen (Art. 289 Abs. 2 OR);   1236

- für den Wechsel des Eigentümers (Art. 290 OR, der auf Art. 261–261b OR verweist);   1237

- für die Übertragung der Pacht von Geschäftsräumen auf einen Dritten (Art. 292 OR, der auf Art. 263 OR verweist);   1238

- für das zwingende Verrechnungsrecht des Pächters (Art. 294 OR, der auf Art. 265 OR verweist);   1239

- für das Retentionsrecht des Verpächters von Geschäftsräumen (Art. 299c OR, der auf Art. 268 ff. OR verweist);   1240

- für den Kündigungsschutz bei der Pacht von Wohn- und Geschäftsräumen (Art. 300 Abs. 1 OR, der auf Art. 271–273c OR verweist). Nicht anwendbar sind jedoch die Bestimmungen über die Wohnung der Familie (Art. 300 Abs. 2 OR).   1241

Für das Verfahren verweist Art. 301 OR auf die ZPO.[18]   1242

2. Der Sache nach (und trotz Fehlens einer ausdrücklichen Verweisung) kommen aber auch **weitere Ideen des Mietrechts** beim Pachtrecht zum Tragen, zum Beispiel die folgenden: 1243

- die Zahlungspflicht des Pachtzinses durch den Pächter und die Folgen des Zahlungsrückstandes (Art. 281 und 282 OR);[19]   1244

Art. 282 Abs. 1 OR legt die Nachfrist, die der Verpächter dem Pächter in diesem Fall einräumen muss, auf mindestens 60 Tage fest. Für die landwirtschaftliche Pacht treten Sonderregeln hinzu (Art. 21 LPG).   1245

- die Sorgfalts-, Melde- und Duldungspflichten des Pächters (Art. 283–287 OR);   1246

- die Erneuerungen und Änderungen durch den Pächter (Art. 289a OR);   1247

- die Bestimmungen über die Unterpacht (Art. 291 OR);   1248

- die Bestimmungen über die vorzeitige Rückgabe der Sache (Art. 293 OR);   1249

- die Regeln über die ordentliche und ausserordentliche Beendigung des Pachtverhältnisses (Art. 295–298 OR).   1250

---

[18] Fassung gemäss ZPO, AS 2010, S. 1841.
[19] Urteil des BGer. vom 10. Februar 2010, Nr. 4A_551/2009, E. 2.4.1 (zur Publikation bestimmt).

3. Einzelfragen

1251 1. Das Pachtrecht des OR enthält zunächst Sonderregeln über die **Viehpacht und Viehverstellung**, soweit sie nicht mit einer landwirtschaftlichen Pacht verbunden sind (Art. 302–304 OR).

1252 2. Besondere Regeln über die landwirtschaftliche Pacht enthält das **BG vom 4. Oktober 1985 über die landwirtschaftliche Pacht (LPG)**. Herausgegriffen seien stichwortartig die folgenden Sondernormen:

1253 – die Regeln über die Mindestdauer der Verpachtung (Art. 7–9 LPG);[20]

1254 – die Regeln über die parzellenweise Verpachtung und die Zupacht (Art. 30–35 LPG);

1255 – die Regeln über den Pachtzins und dessen Kontrolle (Art. 35a–46 LPG);

1256 – die Regeln über die Pachtzinsanpassung und die Anpassung weiterer Vertragsbestimmungen an veränderte Verhältnisse (Art. 10–13 LPG);

1257 – die Regeln über die Veräusserung des Pachtgegenstandes (Art. 14 und 15 LPG);

1258 – die Vorschriften über die Pflichten der Vertragsparteien, namentlich über Unterhalt, Erneuerung und Auseinandersetzung bei der Rückgabe des Pachtgegenstandes (Art. 21a–25 LPG);

1259 – die Regeln über das Verfahren und die Behörden (Art. 47–53 LPG);[21]

1260 – die Strafbestimmungen (Art. 54–57 LPG).

1261 Das LPG wird ergänzt durch die Verordnung über die Bemessung des landwirtschaftlichen Pachtzinses.[22]

---

[20] Urteil des BGer. vom 25. Februar 2010, Nr. 4A_588/2009, E. 3.7.
[21] Urteil des BGer. vom 25. Februar 2010, Nr. 4A_588/2009, E. 2.
[22] Pachtzinsverordnung vom 11. Februar 1987, SR 221.213.221.

§ 12   Die Gebrauchsleihe, das Darlehen und der Konsumkreditvertrag

Sonderliteratur (Auswahl):   1262

AESCHLIMANN OTTO, Der Krediteröffnungsvertrag nach schweizerischem Recht, Diss. Bern 1925.

BAUMANN DANIEL, Der Baukredit, 2. Aufl., Diss. Zürich 1997.

HIGI PETER, Kommentar zum Schweizerischen Zivilgesetzbuch, Obligationenrecht, Teilband V 2b: Die Leihe, Art. 305–318 OR, 3. Auflage, Zürich 2003.

LÄNZLINGER ANDREAS, Die Haftung des Kreditgebers, Diss. Zürich 1992.

MAURENBRECHER BENEDIKT, Das verzinsliche Darlehen im schweizerischen Recht – Dogmatische Grundlagen und praktische Konsequenzen, Diss. Bern 1995.

REHM CHRISTIAN, Projektfinanzierung nach schweizerischem Recht, Diss. Zürich 2002.

REYMOND CLAUDE, Gebrauchsüberlassungsverträge, in: Schweizerisches Privatrecht VII/1, Basel und Stuttgart 1977, S. 199 ff. (zur Gebrauchsleihe S. 274 ff.).

SCHÄRER HEINZ/MAURENBRECHER BENEDIKT, Kommentierung der Art. 305–318, in: Honsell Heinrich/Vogt Nedim Peter/Geiser Thomas (Hrsg.), Basler Kommentar zum Schweizerischen Privatrecht, Obligationenrecht I, Art. 1–529 OR, 4. Aufl., Basel/Genf/München 2007.

STÖCKLI HUBERT, Der Kreditvertrag, in: Emmenegger Susan (Hrsg.), Kreditrecht, Schweizerische Bankrechtstagung (SBT) 2010, Basel 2010, S. 1 ff.

THALMANN CHRISTIAN, Kreditvertrag, in: Boemle et al. (Hrsg.), Geld-, Bank- und Finanzmarkt-Lexikon der Schweiz, Zürich 2002, S. 696 f.

Im *9. Titel* behandelt das OR die Leihe. Es unterscheidet zwei Abschnitte, nämlich einerseits   1263
die **Gebrauchsleihe** (Art. 305 ff. OR; Nr. 1264 ff.), andererseits das **Darlehen** (Art. 312 ff.
OR; Nr. 1293 ff.). Praktisch bedeutsam ist im vorliegenden Zusammenhang auch der **Konsumkreditvertrag**, der durch das KKG – ein *Spezialgesetz* – geregelt wird. Die Grundzüge des
KKG werden nachstehend gesondert behandelt (Nr. 1332 ff.), wo sich auch Hinweise auf einschlägige *Sonderliteratur* finden.

I.   Die Gebrauchsleihe

1.   Allgemeines

1. Durch den Gebrauchsleihevertrag («le prêt à usage») verpflichtet sich der Verleiher, dem   1264
   Entlehner eine **Sache zum unentgeltlichen Gebrauch zu überlassen**, und der Entlehner,
   dieselbe Sache nach gemachtem Gebrauch dem Verleiher **zurückzugeben** (Art. 305 OR).
   Typwesentlich sind demnach folgende Elemente:

   – die *Gebrauchsüberlassung einer Sache (auf Zeit)* und   1265

1266 – die *Unentgeltlichkeit* des Geschäfts. Aufgrund ihrer Unentgeltlichkeit ist die Gebrauchsleihe bei den unvollkommen zweiseitigen Verträgen einzuordnen.[1]

1267 Da die Gebrauchsleihe sich auf die Überlassung einer Sache *auf Zeit* (bestimmte oder unbestimmte Zeit) richtet, ist die Schuld des Verleihers eine *Dauerschuld* – und damit der Vertrag ein *Dauervertrag*.[2]

1268 Die *Überlassung zum Gebrauch* kann eine bewegliche oder unbewegliche Sache betreffen. Nach der Praxis kann auch eine (unentgeltliche) *Nutzungsüberlassung* Gegenstand eines Gebrauchsleihevertrags sein – sei es bezüglich einer Sache oder eines nutzbaren Rechts.[3]

1269 2. Die Gebrauchsleihe ist von anderen, teilweise ähnlichen Verträgen **abzugrenzen**:

1270 – Von der *Miete* (Art. 253 ff. OR) unterscheidet sich die Gebrauchsleihe dadurch, dass der Leihevertrag stets unentgeltlich ist (Art. 305 OR). Ist für die Gebrauchsüberlassung ein Entgelt zu bezahlen, so liegt Miete vor (Art. 253 OR).

1271 – Vom *Darlehen* (Art. 312 ff. OR) unterscheidet sich die Gebrauchsleihe dadurch, dass der Verleiher Eigentümer der übertragenen Sache bleibt, während beim Darlehen die geliehene Summe oder die anderen überlassenen vertretbaren Sachen ins Eigentum des Borgers (Kreditnehmers) gelangen (Art. 312 OR).

1272 – Vom *Hinterlegungsvertrag* (Art. 472 ff. OR) unterscheidet sich die Gebrauchsleihe durch ihren Zweck und die Interessenlage: Die Gebrauchsleihe richtet sich auf den (unentgeltlichen) Gebrauch, den der Entlehner «geniessen» soll; die Überlassung erfolgt somit im Interesse des Entlehners. Demgegenüber geht es beim Hinterlegungsvertrag (Art. 472 Abs. 1 OR) um die sichere Aufbewahrung der übergebenen Sache durch den Aufbewahrer; die «Überlassung» der Sache erfolgt hier im Interesse des Hinterlegers; der Aufbewahrer darf die hinterlegte Sache denn grundsätzlich auch nicht gebrauchen (Art. 474 Abs. 1 OR).

1273 – Von der *Nutzniessung* (Art. 745 ff. ZGB) unterscheidet sich der Gebrauchsleihevertrag durch seine rein schuldrechtliche Natur: Er vermittelt den Parteien eine schuldrechtliche Stellung (und gibt dem Entlehner eine obligationenrechtliche Berechtigung an der Sache), während die Nutzniessung dem Nutzniesser ein dingliches Gebrauchs- und Nutzungsrecht am Nutzniessungsobjekt vermittelt (Art. 755 Abs. 1 ZGB).

1274 Die Ähnlichkeit der beiden Rechtsinstitute kann es aber rechtfertigen, dass Regeln des Nutzniessungs- oder des Pachtrechts analog auf die Abrechnung bei Rückgabe des Gebrauchsgegenstands Anwendung finden.[4]

1275 3. Die Gebrauchsleihe kommt als **Konsensualvertrag** nach den allgemeinen Regeln durch den Austausch übereinstimmender Willenserklärungen zustande (Art. 1 OR). Die Übergabe der Sache gehört nicht zum Vertragsabschluss, sondern ist bereits Vertragserfüllung,

---

[1] GAUCH/SCHLUEP/SCHMID, Nr. 258.

[2] BGE 125 III 363 ff. (365), E. 2e.

[3] BGE 78 II 38 ff. (45), E. 3, betreffend die unentgeltliche Überlassung eines Obstgartens zur Nutzung während vieler Jahre; BECKER, N 3 in fine zu Art. 305 OR, betreffend die Überlassung eines Patents als unentgeltlicher Lizenzvertrag (zum Letzteren vgl. allerdings auch HIGI, Zürcher Komm., N 215 zu Vorbem. zu Art. 275–304 OR).

[4] In BGE 78 II 38 ff. (45 ff.), E. 4, wandte das Bundesgericht – anders als die Vorinstanz – Pachtrecht analog an (Art. 298 Abs. 3 aOR, entsprechend dem heutigen Art. 299 Abs. 2 lit. a OR), bemerkte aber dazu, dies führe praktisch zum gleichen Resultat wie die Anwendung von Art. 753 Abs. 1 ZGB (Nutzniessungsrecht).

wobei Abschluss und Übergabe aber zeitlich zusammenfallen können (Handgeschäft). Eine besondere **Form** schreibt das Gesetz nicht vor.

2.   Die Pflichten der Parteien

1. Der **Verleiher** verpflichtet sich zur *unentgeltlichen Gebrauchsüberlassung*.[5] Er hat die Sache demnach zu übergeben und den (vertragsgemässen) Gebrauch des Entlehners zu dulden (Art. 305 OR implizit). Diese Verpflichtung ist – wie gesagt – eine *Dauerschuld:* Mit der Gebrauchsüberlassung ist so lange fortzufahren, bis das Vertragsverhältnis endet.   1276

Überdies schuldet der Verleiher – der regelmässig Eigentümer der Sache ist – dem Entlehner Ersatz für ausserordentliche Verwendungen, die dieser Letztere im Interesse des Verleihers hat machen müssen (Art. 307 Abs. 2 OR). Für die entsprechende Forderung steht dem Entlehner nach Massgabe der Art. 895 ff. ZGB ein (dingliches) Retentionsrecht zu.[6]   1277

Die Art. 305 ff. OR enthalten zum Fall einer *mangelhaften Leihsache* keine Regelung. Diese «echte Lücke» lässt sich unter Berücksichtigung des unentgeltlichen Charakters der Gebrauchsleihe durch die analoge Anwendung des Schenkungsrechts (Art. 248 Abs. 1 OR) und der allgemeinen Regeln zur positiven Vertragsverletzung (Art. 97 ff. OR, insbesondere Art. 99 Abs. 2 OR) füllen: Für Schäden infolge mangelhafter Leihsache haftet der Verleiher nur für grobe Fahrlässigkeit und Vorsatz[7] – was § 599 f. BGB für das deutsche Recht ausdrücklich anordnet.   1278

2. Der **Entlehner** hat die Pflicht, die Sache nicht anders als *vertragsgemäss zu gebrauchen* und sie nach gemachtem Gebrauch dem Verleiher *zurückzugeben* (Art. 305 OR). Das Gesetz präzisiert das Gebrauchsrecht des Entlehners wie folgt: 1279

– Der zulässige Gebrauch bestimmt sich primär nach dem Vertrag; ist nichts vereinbart, so ergibt sich der zulässige Gebrauch aus der Beschaffenheit oder der Zweckbestimmung der überlassenen Sache (Art. 306 Abs. 1 OR). Der Gebrauch ist vom Entlehner persönlich auszuüben; dieser darf die Sache nicht einem anderen überlassen (Art. 306 Abs. 2 OR).   1280

Verstösst der Entlehner gegen diese Schranken des Gebrauchsrechts, so haftet er nach Art. 306 Abs. 3 OR auch für den Zufall, sofern er nicht beweist, dass dieser die Sache auch bei vertragsgemässem Gebrauch getroffen hätte (dass somit die Vertragsverletzung nicht kausal für den eingetretenen Schaden war). Ausserdem berechtigt die Überlassung an einen Dritten den Verleiher zur vorzeitigen Vertragsbeendigung (Art. 309 Abs. 2 OR).   1281

– Im Weiteren trägt der Entlehner die gewöhnlichen Kosten für die Erhaltung der Sache, bei geliehenen Tieren insbesondere die Kosten der Fütterung (Art. 307 Abs. 1 OR). Er muss also für die (gewöhnlichen) Unterhaltskosten aufkommen.[8]   1282

---

[5]   Richtet sich der konkrete Vertrag auf eine Nutzungsüberlassung, so gelten die dargestellten Regeln analog.

[6]   Higi, Zürcher Komm., N 45 zu Art. 307 OR.

[7]   Tercier/Favre/Bugnon, Nr. 2965; Schärer/Maurenbrecher, Basler Komm., N 12 zu Art. 305 OR; ausführlich und differenzierend Higi, Zürcher Komm., N 48 ff. zu Art. 305 OR. Nach französischem Recht haftet der Verleiher für Schäden aus Mängeln der Leihsache, die er gekannt und dem Entlehner nicht mitgeteilt hat (Art. 1891 CCfr.).

[8]   Im Einzelnen Higi, Zürcher Komm., N 9 und 18 ff. zu Art. 307 OR.

1283   – Haben mehrere Personen eine Sache gemeinschaftlich entlehnt, so haften sie dem Verleiher solidarisch für die Erfüllung der Entlehnerpflichten (Art. 308 OR).

3.   Die Beendigung

1284   Der *Entlehner* kann – zumal der Verleiher in aller Regel kein eigenes Interesse an der Weiterführung des Gebrauchsleihevertrags hat – den Vertrag jederzeit kündigen, freilich unter Vorbehalt von Art. 2 ZGB und besonderen Abreden.[9] Die nachstehenden Beendigungsmöglichkeiten betreffen daher die Befugnis des *Verleihers,* die überlassene Sache infolge Vertragsbeendigung zurückzuverlangen.

1285   1. Als Dauervertrag endigt die Gebrauchsleihe zunächst mit **Ablauf einer vereinbarten Dauer** (und dies ohne Weiteres, also ohne dass es einer Kündigung bedarf). Ist die Dauer nicht durch eine konkrete Zeitangabe bestimmt, so endet der Vertrag, sobald der Entlehner den vertragsmässigen Gebrauch gemacht hat, oder mit Ablauf der Zeit, binnen deren dieser Gebrauch hätte stattfinden können (Art. 309 Abs. 1 OR).

1286   Unter dem «Gebrauch» im Sinn von Art. 309 Abs. 1 OR ist nach der ratio legis ein Gebrauchszweck zu verstehen, der die Bestimmung der (stillschweigend vereinbarten) Vertragsdauer zulässt, wie etwa bei der Leihe eines Pferdes für einen Militärdienst, der Leihe von Schmuck für einen Ball oder der Leihe eines «Rolls-Royce» für einen Empfang.[10]

1287   2. Lässt sich eine solche vereinbarte Dauer nicht ermitteln (und ergibt sie sich namentlich auch nicht aus dem Gebrauchszweck), so kann der Verleiher die Sache **beliebig zurückfordern** (Art. 310 OR), also den Vertrag zu einem beliebigen Zeitpunkt mit sofortiger Wirkung kündigen.

1288   In einem Entscheid des Jahres 1999[11] hielt das Bundesgericht in Anwendung von Art. 310 OR fest, dass der Verleiher das Recht hat, die Sache (in casu eine Villa) jederzeit zurückzufordern, wenn die Dauer der Leihe weder durch Vereinbarung noch durch den vereinbarten Gebrauch begrenzt ist. Dieses Recht fliesst laut Bundesgericht bereits aus der Eigentümerstellung des Verleihers. Es sei nicht anzunehmen, dass dieser sich vertraglich verpflichte, für ewige Zeit auf den Gebrauch der Sache zu verzichten. Zudem sei nicht einzusehen, weshalb ein Verleiher, der eine Sache unentgeltlich ausleiht, schlechter gestellt werden soll als ein Vermieter, dem bei unbestimmter Dauer ein Kündigungsrecht zusteht (Art. 266a ff. OR).

1289   3. Das Gesetz kennt sodann **ausserordentliche Beendigungsgründe**:

1290   – Die Gebrauchsleihe endet von Gesetzes wegen mit dem Tod des Entlehners (Art. 311 OR). Das ergibt sich schon daraus, dass die Gebrauchsüberlassung auf die Person des Entlehners zugeschnitten ist (Art. 306 Abs. 2 OR).

1291   Der Tod des Verleihers hat jedoch auf das Vertragsverhältnis keinen Einfluss, dieses geht auf die Erben über (Art. 560 ZGB).

1292   – Der Verleiher hat sodann ein vorzeitiges Kündigungsrecht in den von Art. 309 Abs. 2 OR vorgesehenen Fällen: Er kann dann kündigen, wenn der Entlehner die Sache vertragswidrig gebraucht (Vertragsverletzung) oder verschlechtert oder einem Dritten zum Gebrauch überlässt (vgl. Art. 306 Abs. 2 OR), oder wenn er (Verleiher) selbst wegen eines

---

[9]   TERCIER/FAVRE/BUGNON, Nr. 2976; SCHÄRER/MAURENBRECHER, Basler Komm., N 1b zu Art. 309 OR; HIGI, Zürcher Komm., N 65 zu Art. 305 OR und N 21 ff. zu Art. 309 OR.

[10]   BGE 125 III 363 ff. (366 f.), E. 2g–i.

[11]   BGE 125 III 363 ff. (364), E. 2d.

unvorhergesehenen Falles der Sache dringend bedarf. Auch in diesem letzten Fall löst die vorzeitige Vertragsauflösung keine Schadenersatzpflicht des Verleihers aus (unentgeltliches Geschäft).

II.   Das Darlehen

1.   Allgemeines

1. Durch den Darlehensvertrag («le prêt de consommation») verpflichtet sich der Darleiher (Darlehensgeber) zur **Übertragung des Eigentums** an einer Summe Geldes oder an anderen vertretbaren Sachen, der Borger (Darlehensnehmer) dagegen zur **Rückerstattung** von Sachen der nämlichen Art in gleicher Menge und Güte (Art. 312 OR). Typisch sind demnach folgende Merkmale: 1293

- Der Darlehensvertrag ist ein Gebrauchsüberlassungsvertrag: Der Borger (Kreditnehmer) soll eine Geldsumme (oder andere vertretbare Sachen) auf Zeit nutzen können *(Dauervertrag).*[12]   1294

  In der Praxis geht es freilich meist um Geld.   1295

- Zu diesem Zweck wird vom Darleiher (Kreditgeber) *Eigentum* an dieser Geldsumme (oder an anderen vertretbaren Sachen) auf den Borger *übertragen;* der Darleiher behält eine obligatorische Forderung auf Rückerstattung der gleichen Summe oder von Sachen der nämlichen Art in gleicher Menge und Güte.   1296

  Als Folge der Eigentumsübertragung trägt der Darleiher auch das Insolvenzrisiko des Borgers (Wegfall eines dinglichen Herausgabeanspruchs; Beschränkung auf einen obligatorischen Rückerstattungsanspruch). Häufig wird daher der Darleiher vom Borger eine Sicherheit (Real- oder Personalsicherheit) verlangen.   1297

- Ein *Entgelt* (Zinse) für die überlassene Summe gehört nicht notwendigerweise zum Darlehensvertrag: Das Darlehen kann verzinslich oder unverzinslich sein (Art. 313 OR). Im ersten Fall liegt ein vollkommen, im zweiten ein unvollkommen zweiseitiger Vertrag vor.[13]   1298

  Steht fest, dass Darleiher und Borger die Zahlung von Zinsen vereinbart haben, misslingt jedoch dem Darleiher der Nachweis der vereinbarten Zinshöhe, ist zunächst auf die Übung abzustellen (Art. 314 OR). Ist auch keine Übung auszumachen, ist der Darlehenszins in analoger Anwendung von Art. 73 Abs. 1 OR auf 5% pro Jahr festzulegen.[14]   1299

2. Das Darlehen ist **abzugrenzen** von ähnlichen Vertragstypen: 1300

- Von der *Gebrauchsleihe* (Art. 305 ff. OR) unterscheidet sich das Darlehen dadurch, dass bei Letzterem eine Geldsumme (oder eine andere vertretbare Sache) ins Eigentum des Borgers übertragen wird (Eigentumswechsel) und dadurch der Borger nicht zur Rückgabe der gleichen Sache, sondern einer Sache der nämlichen Art verpflichtet ist. Das Darlehen kann im Übrigen verzinslich (entgeltlich) oder unverzinslich (unentgeltlich) sein, während die Gebrauchsleihe stets unentgeltlich ist.   1301

---

[12]   BGE 128 III 428 ff. (430), E. 3b.
[13]   GAUCH/SCHLUEP/SCHMID, Nr. 257 f.
[14]   BGE 126 III 189 ff. (192), E. 2c.

1302   – Von den *Veräusserungsverträgen* unterscheidet sich das Darlehen durch das Element der Gebrauchsüberlassung: Der Borger erhält nicht Eigentum als Selbstzweck (dauernde Veräusserung), sondern zum «Wertgebrauch» und mit der Verpflichtung, eine gleiche Summe (bzw. Sachen der nämlichen Art in gleicher Menge und Güte) wieder zurückzuerstatten.

1303   – Von der *Hinterlegung* (Art. 472 ff. OR) unterscheidet sich das Darlehen ebenfalls durch den Gebrauchsüberlassungszweck: Der Borger soll die überlassene Geldsumme benutzen können, während es bei der Hinterlegung um die sichere Aufbewahrung geht und dem Aufbewahrer der Sachgebrauch grundsätzlich verwehrt ist (Art. 474 OR). Als Konsequenz dieses unterschiedlichen Zwecks hat im Fall des entgeltlichen Darlehens der Borger, beim Hinterlegungsvertrag der Hinterleger eine Vergütung zu leisten.

1304   Dies ist namentlich beim Sparkassengeschäft im Auge zu behalten. Auch wenn von «Depositenkonto» oder ähnlichen Bezeichnungen im Bankwesen die Rede ist, kann nur dann Hinterlegung angenommen werden, wenn das Geschäft ausschliesslich einen Verwahrungszweck verfolgt, im Interesse des Verwahrers erfolgt und für diese Verwahrung eine Vergütung zu entrichten ist; im Fall der Zinsvergütung von Seiten der Bank kommt jedoch nicht Hinterlegungsrecht, sondern Darlehensrecht zur Anwendung.[15]

1305   – Vom *Krediteröffnungsvertrag,* einem Innominatvertrag (Nr. 2492), unterscheidet sich das Darlehen dadurch, dass im Rahmen eines Krediteröffnungsvertrages zwar Darlehensverträge abgeschlossen werden, der Krediteröffnungsvertrag aber regelmässig auch die Grundlage für andere Geschäfte ist. In Frage kommen zum Beispiel ein Garantie- oder ein Bürgschaftsvertrag, den die Kreditgeberin (eine Bank) mit einem Dritten im Auftrag des Bankkunden abschliesst. Der Krediteröffnungsvertrag selber ist nach dem Gesagten also kein Darlehensvertrag.

1306   In der Bankpraxis ist zum Teil nicht von Darlehen, sondern von «festen Vorschüssen» und «Festkrediten» die Rede. Doch ist die Bezeichnung unerheblich (Art. 18 OR); gemeint sind Darlehensverträge.

1307   3. **Zwei besondere Arten** des Darlehens sind separat zu erwähnen:

1308   – Beim *partiarischen Darlehen* («le prêt partiaire») verabreden die Parteien, dass der Borger anstelle des Zinses oder neben dem Zins einen bestimmten Anteil am Geschäftsgewinn an den Darleiher zahlt.[16]

1309   Wegen dieser Gewinnbeteiligung kann die Abgrenzung des partiarischen Darlehens zum Gesellschaftsvertrag (Art. 530 ff. OR; Nr. 2384) im Einzelfall schwierig sein.[17] Massgebend ist der (gegebenenfalls aus den Umständen zu ermittelnde) Parteiwille, wobei ein Gesellschaftsvertrag den Willen voraussetzt, einen gemeinsamen Zweck zu verfolgen («animus societatis»).[18] Hinsichtlich der Rechtsfolgen ist die Unterscheidung in mehrfacher Hinsicht von grosser Bedeutung: So haftet der Darleiher (anders als ein Gesellschafter) den Gläubigern des Borgers nicht.[19] Ausserdem tragen bei Bejahung eines Gesellschaftsverhältnisses die Gesellschafter den erlittenen Verlust nach gesellschaftsrechtlichen Grundsätzen (Art. 533 OR); beim partiarischen Darlehen hingegen verliert der Darleiher ledig-

---

[15]   Bucher, OR BT, S. 199.

[16]   BGE 99 II 303 ff. (305), E. 4a. Zu den Kontrollrechten des Kreditgebers beim partiarischen Darlehen vgl. neben dem genannten Entscheid auch Higi, Zürcher Komm., N 23 ff. zu Vorbem. zu Art. 312–318 OR.

[17]   Handschin/Vonzun, Zürcher Komm., N 215 ff. zu Art. 530 OR.

[18]   BGE 99 II 303 ff. (305), E. 4a; Higi, Zürcher Komm., N 59 ff. zu Vorbem. zu Art. 312–318 OR. Als Beispiel vgl. auch LGVE 2005 I, Nr. 18, S. 47 ff. = ZBJV 143/2007, S. 56 ff. (Luzerner Obergericht), wo eine einfache (stille) Gesellschaft angenommen wurde.

[19]   BGE 99 II 303 ff. (305), E. 4a.

lich den Gewinnanspruch, hat jedoch nach wie vor eine Forderung auf Rückerstattung des Darlehens.[20]

- Der *Konsumkreditvertrag* wird durch ein Sondergesetz geregelt, nämlich das KKG (Nr. 1332 ff.). **1310**

4. Das Darlehen stellt einen **Konsensualvertrag** dar und entsteht nach den allgemeinen Regeln durch Austausch übereinstimmender Willenserklärungen (Art. 1 OR). Die Aushändigung der Darlehenssumme ist nicht Bestandteil des Vertragsabschlusses, sondern gehört bereits zur Vertragserfüllung.[21] Eine besondere **Form** ist von Gesetzes wegen (vom Sonderfall des Konsumkredits abgesehen, Nr. 1354 f.) nicht vorgeschrieben. Im Bankenverkehr und auch sonst beim gewerblichen Kredit ist gewillkürte Schriftform jedoch die Regel. **1311**

2. Die Pflichten der Parteien

1. Der **Darleiher** schuldet nach Massgabe des Vertrages einerseits die Übertragung des Eigentums an der Geldsumme und andererseits die Überlassung des Geldes während der Vertragsdauer («Wertgebrauchsüberlassung»);[22] der Darleiher unterlässt mit anderen Worten die Rückforderung des übertragenen Geldes vor dem Vertragsablauf.[23] **1312**

Dieser Überlassungspflicht kann der Darleiher in Sonderfällen *Einreden* entgegenhalten: **1313**

- Die Einrede der Zahlungsunfähigkeit des Borgers: Der Darleiher kann die Aushändigung des Geldes verweigern, wenn der Borger seit dem Vertragsabschluss zahlungsunfähig geworden ist (Art. 316 Abs. 1 OR). Die Befugnis zur Verweigerung der Aushändigung steht dem Darleiher auch dann zu, wenn die Zahlungsunfähigkeit schon vor Abschluss des Vertrags eingetreten, ihm aber erst nachher bekannt geworden ist (Art. 316 Abs. 2 OR). **1314**

Damit will Art. 316 OR (ähnlich wie Art. 83 OR, aber noch weitergehend) den Darleiher als vorleistungspflichtige Partei schützen.[24] Sein Leistungsverweigerungsrecht beinhaltet auch das Recht, fristlos vom Darlehensvertrag zurückzutreten.[25] **1315**

- Die Einrede der Verjährung: Der Anspruch des Borgers auf Aushändigung des Darlehens verjährt in sechs Monaten ab Eintritt des Verzugs (Art. 315 OR). **1316**

2. Der **Borger** hat die Geldsumme (oder die anderen vertretbaren Sachen) vertragsgemäss entgegenzunehmen und nach Vertragsablauf wieder in gleicher Summe bzw. in Sachen der nämlichen Art in gleicher Menge und Güte zurückzuerstatten (Art. 312 OR).[26] Die Rückzahlungsverpflichtung ist eine *Wertschuld:* Nicht bestimmte Sachen sind geschuldet, sondern der entsprechende Wert zum Nominalbetrag, sozusagen die «gemietete Kaufkraft».[27] Beizufügen ist Folgendes: **1317**

---

[20] Vgl. BUCHER, OR BT, S. 198; HIGI, Zürcher Komm., N 59 in fine zu Vorbem. zu Art. 312–318 OR.

[21] Zur Einordnung des Darlehens («mutuum»; «ex meo tuum facere») bei den Realkontrakten im römischen Recht vgl. ZIMMERMANN, The Law of Obligations, S. 153 f.

[22] Vgl. auch BGE 128 III 428 ff. (430), E. 3b.

[23] BGE 131 III 268 ff. (274), E. 4.2.

[24] BGE 100 III 345 ff. (350), E. 4; zum Verhältnis von Art. 316 zu Art. 83 OR vgl. HIGI, Zürcher Komm., N 4 ff. zu Art. 316 OR.

[25] Im Einzelnen HIGI, Zürcher Komm., N 3 und 10 ff. zu Art. 316 OR.

[26] Urteil des BGer. vom 28. Januar 2009, Nr. 4A_482/2008, E. 2.3, zur Verrechenbarkeit der Verpflichtung zur Auszahlung der Darlehensvaluta durch den Darleiher mit der fälligen Geldforderung des Borgers.

[27] ESSER/WEYERS, Band II/1, S. 214.

1318 – Zinsen (verstanden als das Entgelt für die Wertgebrauchsüberlassung) sind im gewöhn-lichen Verkehr nur dann zu zahlen, wenn sie verabredet sind (Art. 313 Abs. 1 OR). Im kaufmännischen Verkehr sind stets Darlehenszinsen zu leisten (Art. 313 Abs. 2 OR).

1319 Zu besonderen Zinsvorschriften ist auch Art. 314 OR zu beachten. Haben die Parteien einen Zinssatz vereinbart, so ist dieser anzuwenden, und der subsidiäre gesetzliche Zinssatz von 5 Prozent (Art. 73 Abs. 1 OR) bleibt aus dem Spiel.[28] Unzulässig ist nach Art. 314 Abs. 3 OR die im Voraus getroffene Abrede, dass Zinse zum Kapital geschlagen und mit diesem weiter verzinst werden sollen. Dies gilt unter Vorbehalt von kaufmännischen Zinsberechnungen im Kontokorrentverhältnis und ähnlichen Geschäftsformen, bei denen die Berechnung von Zinseszinsen üblich ist, wie namentlich bei Sparkassen.[29]

1320   Kommt der Borger beim verzinslichen Darlehen mit seiner Zinszahlungspflicht in Verzug (Art. 102 OR), so kann der Darleiher – mangels Sonderbestimmungen im Besonderen Teil – nach den Art. 107 ff. OR vorgehen. Setzt er eine angemessene Nachfrist und läuft diese unbenützt ab, kann er, falls er es unverzüglich erklärt, den Vertrag auflösen (Art. 107 Abs. 2 OR) und so die Darlehensschuld (vorzeitig) zur Rückzahlung fällig stellen. Da mit der Erfüllung der charakteristischen Hauptleistungspflicht (Geldübergabe und -überlassung als Dauerschuld) schon begonnen worden ist, tritt an die Stelle des Rücktritts die «ex nunc» wirkende Kündigung.[30]

1321 – Wird ein Darlehen ausschliesslich zu einem bestimmten Zweck ausgerichtet (Zweckbindung des Darlehens), so besteht die vertragliche Nebenpflicht des Borgers, die Geldsumme nur für diesen vereinbarten Zweck zu verwenden.[31]

1322 – Die zurückzuerstattende Summe entspricht dem hingegebenen Darlehen (Nominalwert). Hat der Borger statt Geld Wertpapiere oder Waren erhalten, so gilt als Darlehenssumme der Kurswert oder der Marktpreis, den diese Papiere oder Waren zur Zeit und am Ort der Hingabe hatten (Art. 317 Abs. 1 OR). Diese Bestimmung ist zum Schutz des Borgers zwingend (Art. 317 Abs. 2 OR).[32]

1323 – Der Anspruch des Darleihers auf Annahme des Darlehens (verstanden als Entgegennahme des Darlehens) verjährt in sechs Monaten, ab Eintritt des Verzuges gerechnet (Art. 315 OR). Eine Annahmepflicht des Borgers besteht freilich nur beim verzinslichen Darlehen, da sonst dem Darleiher ein schützenswertes Interesse an der Abnahme seines Geldes fehlt.[33]

1324 3. Für die **Verjährung des Rückerstattungsanspruchs** des Darleihers ist von den allgemeinen Regeln der Art. 127 und Art. 130 Abs. 1 OR auszugehen, wonach die Verjährungsfrist 10 Jahre beträgt und mit der Fälligkeit der Forderung zu laufen beginnt. Im Einzelnen bleibt Folgendes beizufügen:

---

[28] BGE 134 III 224 ff. (234), E. 7.2, in teilweiser Relativierung von BGE 126 III 189 ff. (192), E. 2c.

[29] BGE 130 III 694 ff. (697), E. 2.2.3.

[30] BGE 123 III 124 ff. (127), E. 3b; GAUCH/SCHLUEP/EMMENEGGER, Nr. 2798.

[31] In BGE 124 IV 9 ff. (12), E. 1d, wurde die vertragliche Zweckbindung eines Baukredits bejaht; der Borger, der das Geld zu anderen Zwecken verwendete, machte sich dadurch der Veruntreuung nach Art. 138 StGB schuldig.

[32] Urteil des BGer. vom 28. Januar 2009, Nr. 4A_482/2008, E. 3.

[33] OSER/SCHÖNENBERGER, N 2 zu Art. 315 OR. Anders HIGI, Zürcher Komm., N 6 zu Art. 315 OR, der eine Annahmepflicht des Borgers generell verneint und die Verjährungsvorschrift von Art. 315 OR auf die Pflicht des Darleihers beschränkt, die Darlehenssumme auszuhändigen.

– Liegt ein befristetes Darlehen vor, so beginnt die Verjährungsfrist – ohne Weiteres – mit dem Ablauf der festen Vertragsdauer zu laufen (Art. 130 Abs. 1 OR).   1325

– Beim unbefristeten Darlehen (das durch Kündigung beendet werden kann) ist die Rechtslage umstritten. Der Wortlaut von Art. 130 Abs. 2 OR spricht dafür, den Verjährungslauf mit dem Tag beginnen zu lassen, auf den die Kündigung möglich ist;[34] die Verjährung würde demnach mit Ablauf von sechs Wochen nach Auszahlung der Darlehenssumme zu laufen beginnen (Art. 318 OR). Diese Lösung ist jedoch nicht sachgerecht, weil bei unbefristeten, aber auf lange Zeit in Aussicht genommenen Darlehen der Rückerstattungsanspruch verjähren könnte, bevor er fällig geworden ist.[35] Immerhin beim verzinslichen Darlehen verhält es sich zwar so, dass jede (vorbehaltlose) Zinszahlung – wie auch jede Abschlagszahlung – eine Schuldanerkennung seitens des Schuldners darstellt, welche die Verjährung unterbricht (Art. 135 Ziff. 1 OR).[36] Dieser Ausweg ist beim unverzinslichen Darlehen aber wie dargelegt nicht gangbar. Deshalb beginnt der Verjährungsverlauf richtigerweise erst mit dem Tag, auf den die Kündigung effektiv erfolgt – also erst mit dem durch Kündigung bestimmten effektiven Beendigungstag.[37]   1326

Ratenweise zu zahlende Darlehenszinse ihrerseits sind periodische Leistungen im Sinn von Art. 128 Ziff. 1 OR; entsprechende Forderungen verjähren in 5 Jahren.[38]   1327

– Ist die Darlehensforderung pfandgesichert, so verbessert sich die Stellung des Gläubigers nicht nur durch die Realsicherheit, sondern auch in verjährungsrechtlicher Hinsicht: Grundpfandgesicherte Darlehensforderungen sind unverjährbar (Art. 807 ZGB); fahrnispfandgesicherte Forderungen unterliegen zwar der Verjährung, doch hindert der Verjährungseintritt den Gläubiger nicht daran, das Pfandrecht geltend zu machen (Art. 140 OR).   1328

3.   Die Beendigung

1. Als **Dauerschuldverhältnis** endet der Darlehensvertrag mit Ablauf der vereinbarten Dauer oder – mangels einer solchen Vereinbarung – durch eine wirksame Kündigung nach Massgabe der vertraglichen Kündigungsfristen und -termine. Möglich ist namentlich auch die Vereinbarung der Rückzahlungspflicht auf beliebige Aufforderung hin (Art. 318 OR).   1329

2. Mangels solcher Vereinbarungen ist ein Darlehen innerhalb von **sechs Wochen** von der ersten Aufforderung an zurückzubezahlen (Art. 318 OR).   1330

3. **Aus wichtigem Grund** kann ein Darlehensvertrag – obwohl dies im Gesetz nicht ausdrücklich vorgesehen ist – auch vorzeitig gekündigt werden,[39] was für Dauerverträge generell gilt (Nr. 121 ff.).   1331

---

[34] So BGE 91 II 442 ff. (451 f.), E. 5b. Weitere Hinweise bei MAURENBRECHER, S. 261, Fn. 61, der selber aber eine andere Meinung vertritt (Fn. 29).

[35] HONSELL, OR BT, S. 264.

[36] HONSELL, OR BT, S. 264.

[37] Zutreffend HONSELL, OR BT, S. 264; MAURENBRECHER, S. 261 ff.; HIGI, Zürcher Komm., N 22 zu Art. 315 OR; wohl auch BERTI, Zürcher Komm., N 56–58 zu Art. 130 OR.

[38] HIGI, Zürcher Komm., N 23 zu Art. 315 OR.

[39] BGE 128 III 428 ff. (430 ff.), E. 3, Kündigungsrecht aus wichtigem Grund bejaht für ein auf lange Dauer gewährtes zinsloses Darlehen.

III. Der Konsumkreditvertrag

1332   *Sonderliteratur (Auswahl):*

Botschaft betreffend die Änderung des Bundesgesetzes über den Konsumkredit vom 14. Dezember 1998, BBl 1999, S. 3155 ff. (zitiert: Botschaft zum KKG).

BRUNNER ALEXANDER/REHBINDER MANFRED/STAUDER BERND (Hrsg.), Jahrbuch des Schweizerischen Konsumentenrechts (JKR) 2002 (mit Schwerpunktthema «Das neue Konsumkreditgesetz») Bern 2003 (zitiert: JKR/Bearbeiter).

FAVRE-BULLE XAVIER, Loi sur le crédit à la consommation (LCC), in: Thévenoz Luc/Werro Franz (Hrsg.), Commentaire romand, Code des obligations I (...), Commentaire, Genf/Basel/München 2003 (nach Art. 318 OR, S. 1541 ff.).

HESS MARKUS/SIMMEN ROBERT (Hrsg.), Das neue Konsumkreditgesetz (KKG), Zürich 2002.

LUPI THOMANN MELANIA, Die Anwendbarkeit des Konsumkreditgesetzes auf Miet-, Miet-Kauf- und Leasingverträge, Diss. Zürich 2003.

STAUDER BERND, Konsumkreditrecht, in: Kramer Ernst A. (Hrsg.), Konsumentenschutz im Privatrecht, Schweizerisches Privatrecht, Bd. 10, Basel 2008, S. 217 ff.

DERSELBE, Konsumkreditrecht, Das Bundesgesetz über den Konsumkredit vom 8. Oktober 1993, AJP 1994, S. 675 ff. (zum KKG von 1993).

WIEGAND WOLFGANG (Hrsg.), Das neue Konsumkreditgesetz (KKG), Berner Bankrechtstag BBT Bd. 1, Bern 1994 (zum KKG von 1993).

1.   Allgemeines

1333   1. Der Konsumkreditvertrag («le crédit à la consommation»), ein Konsumentenvertrag (Nr. 159 ff.), ist ein *Vertrag über eine besondere Kreditierung,* die in einem Darlehen bestehen kann, aber auch in anderen Erscheinungsformen vorkommt. Er ist speziell geregelt durch das **Bundesgesetz über den Konsumkredit (KKG)**, ergänzt durch die einschlägige Verordnung (VKKG).[40]

1334   Art. 1 Abs. 1 KKG umschreibt den Konsumkreditvertrag als einen Vertrag, durch den eine kreditgebende Person (Kreditgeberin) einem Konsumenten einen Kredit in Form eines Zahlungsaufschubs, eines Darlehens oder einer ähnlichen Finanzierungshilfe gewährt oder zu gewähren verspricht. Folgende Elemente sind typisch:

1335   – die Kreditgewährung, die in Form eines Zahlungsaufschubs, eines Darlehens oder einer ähnlichen Finanzierungshilfe gewährt oder versprochen wird;

1336   Entscheidende Bedeutung hat die beschriebene Kreditierung. Die von den Parteien gewählte Bezeichnung des Vertrags ist demgegenüber unerheblich (Art. 18 Abs. 1 OR). Das Bundesgericht[41] qualifizierte einen von den Parteien als Mietvertrag bezeichneten Vertrag, worin eine Fahrzeughalterin ihren Wagen der Gegenpartei zwecks Kreditbeschaffung zu Eigentum übertrug (Verkauf) und anschliessend den Wagen zum Eigengebrauch zurückmietete («sale-and-lease-back-Geschäft»), als Konsumkreditvertrag im Sinn des aKKG.

---

[40]   Verordnung zum Konsumkreditgesetz (VKKG) vom 6. November 2002 (SR 221.214.11).
[41]   Urteil des BGer. vom 19. Juli 2004, Nr. 4C.146/2004, E. 3.

– die Beteiligung einer Kreditgeberin, d.h. einer natürlichen oder juristischen Person, die   1337
in Ausübung ihrer gewerblichen oder beruflichen Tätigkeit einen Kredit gewährt (Art. 2
KKG);

– die Beteiligung eines Konsumenten als Kreditnehmer, d.h. einer natürlichen Person,   1338
die einen Konsumkreditvertrag zu einem Zweck abschliesst, der nicht ihrer beruflichen
oder gewerblichen Tätigkeit zugerechnet werden kann (Art. 3 KKG).[42]

Als Konsumkreditverträge «gelten» nach Art. 1 Abs. 2 KKG auch gewisse Leasingverträge (Nr. 2552 ff.),[43]   1339
Kredit- und Kundenkarten[44] sowie Überziehungskredite.

Aus der dargelegten Umschreibung wird klar, dass der Konsumkreditvertrag *kein*   1340
«feststehender Vertragstyp» im Sinn des besonderen Vertragsrechts ist. Vielmehr können
Verträge verschiedener Typen (vor allem Darlehen, Kauf, entgeltlicher Auftrag, Leasingvertrag) überdies den Regeln des KKG unterstellt sein – dies dann, wenn die Anwendungsvoraussetzungen von Art. 1 ff. KKG erfüllt sind.

2. Das Konsumkreditgesetz verfolgt – wie schon sein gleichnamiges Vorgängergesetz vom   1341
8. Oktober 1993, das im sogenannten Swisslex-Paket enthalten war – eine **doppelte Zielrichtung:**

– Einerseits sollte das schweizerische Konsumkreditrecht an die europäischen Vorgaben   1342
angenähert werden, namentlich an die EU–Richtlinien über den Verbraucherkredit.[45]

– Andererseits soll das Gesetz, das sich im Ingress auch auf Art. 97 BV abstützt, die Konsu-   1343
menten schützen[46] – was bei der Auslegung der einzelnen Bestimmungen zu berücksichtigen ist. Der Schutzzweck zeigt sich unter anderem darin, dass Art. 37 KKG vorschreibt,
es dürfe von den Bestimmungen des Gesetzes nicht zu Ungunsten der Konsumenten
abgewichen werden («relativ zwingende» Normen zu Gunsten der Konsumenten).

Das KKG wird durch weitere Erlasse ergänzt, etwa durch Vorschriften des UWG (Art. 36 KKG; insbe-   1344
sondere durch Art. 3k–n UWG), durch das Bundesgesetz über Kartelle und andere Wettbewerbsbe-
schränkungen (KG), durch das Preisüberwachungsgesetz (PüG) und durch das Konsumenteninfor-
mationsgesetz (KIG).

3. Der **Geltungsbereich** des Gesetzes wird durch Art. 7 und 8 KKG näher präzisiert. *Nicht*   1345
anwendbar ist das KKG beispielsweise:

– auf Kreditverträge oder Kreditversprechen, die direkt oder indirekt grundpfandgesi-   1346
chert sind (Art. 7 Abs. 1 lit. b KKG);[47]

– auf Verträge über Kredite von weniger als 500 oder mehr als 80 000 Franken;   1347

– für Leasingverträge, für Kredit- und Kundenkarten mit Kreditoption sowie für Überzie-   1348
hungskredite auf einem laufenden Konto enthält sodann Art. 8 KKG wichtige Einschränkungen hinsichtlich der anwendbaren Normen.

4. Mit dem KKG werden die Konsumkreditverträge **abschliessend durch den Bund geregelt**   1349
(Art. 38 KKG); den Kantonen stehen keine Legiferierungskompetenzen mehr zu.

---

[42] Vgl. Botschaft zum KKG, S. 3166 f.
[43] Dazu ausführlich STAUDER, S. 237 ff.
[44] Dazu JKR/KILGUS, S. 127 ff.
[45] Richtlinie 87/102/EWG über den Verbraucherkredit. Zur richtlinienkonformen Auslegung BGE 129 III
       335 ff. (350), E. 6; 130 III 182 ff. (190); STAUDER, S. 231.
[46] Botschaft zum KKG, S. 3165.
[47] Dazu ausführlich JKR/SCHÖBI, S. 159 ff.

1350 Insbesondere wird der Höchstzinssatz durch den Bundesrat festgelegt (Art. 14 KKG; Art. 1 VKKG). Art. 73 Abs. 2 OR findet nur noch Anwendung auf Verträge, die vom Anwendungsbereich des KKG nicht erfasst werden.

1351 5. Der **Gerichtsstand** für Klagen aus Konsumkreditverträgen richtet sich nach Art. 32 ZPO.

2. Abschluss, Form und Inhalt des Vertrags

1352 1. Erforderlich ist zunächst nach den allgemeinen Regeln der **Austausch übereinstimmender Willenserklärungen** (Art. 1 OR).

1353 Die Schranken der Werbung richten sich nach UWG (Art. 36 KKG). Unlauter handelt unter anderem, wer bei öffentlichen Auskündigungen über einen Konsumkredit bestimmte (und eindeutige) Informationen unterlässt, etwa die eindeutige Firmenbezeichnung, den Kreditnettobetrag, die Gesamtkosten des Kredits, den effektiven Jahreszins, beim Konsumkredit zur Finanzierung von Waren und Dienstleistungen sodann den Hinweis, dass die Kreditvergabe verboten ist, falls sie zur Überschuldung der Konsumentin führt (Art. 3 lit. k–n UWG). Beim Werbeauftritt verlangt die Rechtsprechung zu Art. 3 lit. *l* UWG praktisch mindestens ein konkretes Zahlenbeispiel.[48]

1354 2. Der Konsumkreditvertrag untersteht einer **qualifizierten Form**: Er ist schriftlich abzuschliessen, und der Konsument muss eine «Kopie» des Vertrags erhalten (Art. 9 und 11–12 jeweils Abs. 1 KKG).

1355 Der Ausdruck «Kopie» in Art. 9 Abs. 1 KKG des deutschen Gesetzestextes ist freilich missverständlich. Der französische Text spricht denn auch zutreffend davon, dass der Konsument ein «exemplaire du contrat» erhalten muss. Dem Konsumenten ist demnach ein unterzeichnetes Vertragsdoppel auszuhändigen. Eine Fotokopie der Vertragsurkunde genügt nicht.[49]

1356 3. In dieser Form muss der Vertrag überdies einen bestimmten **Mindestinhalt** aufweisen (Art. 9–13 KKG). So muss grundsätzlich auf das Widerrufsrecht und die Widerrufsfrist hingewiesen werden (Art. 9 Abs. 2 lit. h und Art. 11 Abs. 2 lit. f KKG).

1357 Unter Berücksichtigung der Wertungen des KKG und in analoger Anwendung von Art. 40d Abs. 1 OR muss der Hinweis dem Konsumenten auch deutlich machen, dass für die gültige Ausübung des Widerrufsrechts die Schriftform notwendig ist.[50]

1358 4. Bei minderjährigen Konsumenten ist die **schriftliche** Zustimmung des gesetzlichen Vertreters erforderlich, welche dieser spätestens bei Unterzeichnung des Vertrags durch den Konsumenten abzugeben hat (Art. 13 KKG).

1359 In Abweichung zu den allgemeinen Regeln der Handlungsfähigkeit kann somit die Zustimmung weder nachträglich noch formfrei abgegeben werden. Die Zustimmung ist auch dann erforderlich, wenn der minderjährige Konsument über das freie Kindesvermögen verfügt.[51]

1360 5. Der Konsument kann den Antrag zum Vertragsabschluss oder die Annahmeerklärung innerhalb von sieben Tagen **widerrufen** (Art. 16 KKG). Dadurch soll der Konsument vor übereilter Kreditaufnahme geschützt werden. Der Konsument muss die Erklärung in schriftlicher Form abgeben. Die Erklärung muss sodann spätestens am siebenten Tag, nachdem der Konsument das Vertragsdoppel erhalten hat, der Post übergeben werden (Art. 16 Abs. 2

---

[48] BGE 120 IV 287 ff. (293 ff., besonders S. 296), E. 2f.
[49] Vgl. Favre-Bulle, N 10 zu Art. 9 KKG.
[50] JKR/Koller-Tumler, S. 18.
[51] JKR/Koller-Tumler, S. 19.

KKG). Falls das Darlehen bereits ausbezahlt wurde, gilt Art. 15 Abs. 2 und 3 KKG (Art. 16 Abs. 3 Satz 1 KKG). Im Fall eines Abzahlungskaufs, einer auf Kredit beanspruchten Dienstleistung oder eines Leasingvertrags verweist Art. 16 Abs. 3 KKG auf Art. 40f OR.

Ausgeschlossen ist das Widerrufsrecht im Fall einer stillschweigend akzeptierten Kontoüberziehung, sofern das Konto länger als drei Monate überzogen wurde (Art. 16 Abs. 1 Satz 2 und Art. 12 Abs. 4 KKG). 1361

6. Die **Nichteinhaltung dieser Form- und Inhaltsvorschriften** bewirkt nach Art. 15 Abs. 1 KKG grundsätzlich die Nichtigkeit des Konsumkreditvertrags. 1362

Die *Folgen dieser Nichtigkeit* werden in Art. 15 Abs. 2–4 KKG (lex specialis zu Art. 11 und 20 OR) näher umschrieben:[52] Der Konsument muss die bereits empfangene oder beanspruchte Kreditsumme bis zum Ablauf der Kreditdauer zurückzahlen, schuldet aber weder Zinsen noch Kosten (Art. 15 Abs. 2 KKG); somit wird der (verzinsliche) Konsumkredit umgewandelt in ein zinsloses Darlehen, wobei die vereinbarte Laufzeit erhalten bleibt. Die Kreditsumme ist in gleich hohen Teilzahlungen zurückzubezahlen; wenn der Vertrag keine längeren Zeitabstände vorsieht, liegen die Teilzahlungen jeweils einen Monat auseinander (Art. 15 Abs. 3 KKG). Beim Leasingvertrag muss die Konsumentin das Leasingobjekt zurückgeben und die Raten bezahlen, die bis zu diesem Zeitpunkt geschuldet sind; ein damit nicht abgedeckter Wertverlust geht zu Lasten der Leasinggeberin (Art. 15 Abs. 4 KKG). 1363

3.   Die Rechte und Pflichten der Parteien

Grundsätzlich haben die Parteien ihre Pflichten **nach Massgabe des Konsumkreditvertrags** zu erfüllen. Die **Art. 17–21 KKG** sehen aber folgende Besonderheiten vor, welche die Stellung der Konsumentin verbessern: 1364

1. Der vom Konsumenten geschuldete **Zins** für den Konsumkredit richtet sich grundsätzlich nach dem Vertrag. Der Bundesrat legt jedoch einen Höchstzinssatz fest (Art. 14 KKG), der gegenwärtig bei 15% liegt (Art. 1 VKKG).[53] 1365

2. Art. 17 KKG sieht das Recht des Konsumenten vor, die Pflichten aus dem Konsumkreditvertrag **vorzeitig zu erfüllen**, das heisst, den bezogenen Kredit zu jeder Zeit zurückzuzahlen. Das läuft der Sache nach auf eine *ausserordentliche Kündigungsmöglichkeit* des Konsumenten hinaus. Macht er von seinem Recht auf vorzeitige Rückzahlung Gebrauch, hat der Konsument Anspruch auf Erlass der Zinsen und auf eine angemessene Ermässigung der Kosten, die auf die nicht beanspruchte Kreditdauer entfallen (Art. 17 Abs. 2 KKG). 1366

Für die unter das Konsumkreditgesetz fallenden Leasingverträge sieht Art. 17 Abs. 3 KKG ebenfalls ein vorzeitiges Kündigungsrecht vor. 1367

3. Das **Rücktrittsrecht der Kreditgeberin bei Zahlungsverzug** des Konsumenten ist eingeschränkt (Art. 18 KKG). 1368

4. Der Konsument darf — zwingend — die **Einreden** aus dem Konsumkreditvertrag gegenüber jedem Abtretungsgläubiger geltend machen (Art. 19 KKG). 1369

5. Die Kreditgeberin darf **Zahlungen oder Sicherheiten** nicht in Form von Wechseln oder Checks annehmen (Art. 20 KKG). 1370

---

[52] Urteil des BGer. vom 13. Juni 2006, Nr. 4C.58/2006, E. 5, zur Nichtigkeit des Vertrags wegen falscher Angabe des «effektiven Jahreszinses»; vgl. zum Ganzen JKR/KOLLER-TUMLER, S. 36 ff.

[53] Vgl. dazu Botschaft zum KKG, S. 3168 f.

1371   6. Der Konsument darf unter gewissen Voraussetzungen die Rechte, die ihm gegen den Lieferanten von Waren oder Dienstleistungen zustehen (namentlich Mängelrechte), auch gegenüber der Kreditgeberin geltend machen (Art. 21 KKG, sogenannter **Einwendungsdurchgriff**).

1372   Diese Bestimmung zielt auf den Schutz des Konsumenten in einem Dreiparteienverhältnis. Die Verantwortung der Kreditgeberin ist jedoch insofern subsidiär, als der Konsument seine Rechte gegenüber dem Lieferanten erfolglos geltend gemacht haben muss (Art. 21 Abs. 1 lit. d KKG).[54] Zu beachten ist zudem die (weitgehende) Einschränkung, die sich daraus ergibt, dass Art. 21 KKG (unter anderem) voraussetzt, dass zwischen der «Kreditgeberin und dem Lieferanten ¼ eine Abmachung [besteht], wonach Kredite an Kunden dieses Lieferanten ausschliesslich von der Kreditgeberin gewährt werden» (Art. 21 Abs. 1 lit. a KKG).

4.   Weitere Schutzvorschriften zu Gunsten des Konsumenten

1373   Als Konsumentenschutzerlass (vgl. Art. 97 BV) sieht das Konsumkreditgesetz sodann weitere Schutzvorschriften zu Gunsten der Konsumenten vor. Stichwortartig herausgegriffen seien die Folgenden:

1374   1. Von Bundesrechts wegen besteht eine **Pflicht der Kreditgeberin zur Prüfung der Kreditfähigkeit** vor Vertragsabschluss (Art. 28 ff. KKG).[55] Diese Pflicht zielt darauf ab, eine Überschuldung des Konsumenten zu vermeiden (Art. 22 KKG).[56]

1375   Der Kreditnehmer gilt dann als kreditfähig, wenn er den Konsumkredit zurückzahlen kann, ohne den nicht pfändbaren Teil des Einkommens beanspruchen zu müssen (Art. 28 Abs. 2 KKG).[57] Bei der Beurteilung der Kreditfähigkeit muss rechnerisch von einer Amortisation des Konsumkredits innerhalb von 36 Monaten ausgegangen werden, selbst wenn vertraglich eine längere Laufzeit vereinbart worden ist (Art. 28 Abs. 4 KKG). Für den Leasingvertrag gilt die Sonderbestimmung von Art. 29 KKG.

1376   2. **Verstösst** die Kreditgeberin in schwerwiegender Weise gegen die Art. 28, 29 oder 30 KKG (Kreditfähigkeitsprüfung), so verliert sie die von ihr gewährte Kreditsumme samt Zinsen und Kosten; die Konsumentin kann bereits erbrachte Leistungen nach den Regeln über die ungerechtfertigte Bereicherung zurückfordern (Art. 32 Abs. 1 KKG).[58]

1377   Bei anderen Pflichtverletzungen (geringfügigen Verstössen gegen Art. 28 ff. KKG oder Verstössen gegen Art. 25 ff. KKG) verliert die Kreditgeberin nur (aber immerhin) die Zinsen und Kosten (Art. 32 Abs. 2 KKG).

1378   3. Ebenfalls im Blick darauf, eine Überschuldung des Konsumenten zu vermeiden, trifft die Kreditgeberin ferner eine **Meldepflicht zu Handen der Informationsstelle** für Konsumkredit (Art. 25 ff. KKG).

1379   Die Informationsstelle für Konsumkredit (IKO) wird durch einen privatrechtlichen Verein (Verein zur Führung einer Informationsstelle für Konsumkredit) unter der Aufsicht des Eidgenössischen Justiz- und Polizeidepartements (EJPD) geführt (Art. 23 f. KKG; Art. 2 f. VKKG).[59]

---

[54]   JKR/Koller-Tumler, S. 33.

[55]   Botschaft zum KKG, S. 3167 f.

[56]   JKR/Schmid, S. 54 f., mit Hinweisen auf weitere Instrumente, die eine Überschuldung des Konsumenten vermeiden sollen.

[57]   Ausführlich JKR/Schmid, S. 55 ff.

[58]   JKR/Schmid, S. 69 ff.

[59]   Im Einzelnen JKR/Schmid, S. 62 ff.

4. Das KKG enthält sodann Bestimmungen über die **(gewerbsmässige) Vermittlung** von   1380
Konsumkreditverträgen (Art. 4, 35 und 39 f. KKG; Art. 4 VKKG).

3. Kapitel: Verträge auf Arbeitsleistung

§ 13 Übersicht

In den **Art. 319–471 OR** (sowie teilweise in der Nebengesetzgebung) regelt das Gesetz Verträge und andere **Rechtsverhältnisse auf Arbeitsleistung im weitesten Sinn**. Im Sinn eines Überblicks sei Folgendes festgehalten: 1381

1. Ein Teil der genannten Bestimmungen regeln **Verträge auf Arbeitsleistung.** Sie betreffen: 1382

   - den **Einzelarbeitsvertrag** (Art. 319 ff. OR; Nr. 1393 ff.) als Vertragsverhältnis, in dem Arbeit in «abhängiger» Stellung und auf Dauer geleistet wird. 1383

     Das Gesetz regelt anschliessend (Art. 344–355 OR) *besondere Einzelarbeitsverträge* (Lehrvertrag, Handelsreisendenvertrag, Heimarbeitsvertrag). Es fügt den *Gesamtarbeitsvertrag* (Art. 356 ff. OR; Nr. 1605 ff.) sowie den *Normalarbeitsvertrag* (Art. 359 ff. OR; Nr. 1644 ff.) an und macht schliesslich in Art. 361 f. OR Aussagen über die zwingende Natur bestimmter arbeitsrechtlicher Normen. 1384

   - den **Werkvertrag** (Art. 363 ff. OR; Nr. 1654 ff.), bei dem es um die Herstellung eines Werkes (also um ein Arbeitsresultat) in selbständiger («unabhängiger») Stellung geht. 1385

   - den **Verlagsvertrag** (Art. 380 ff. OR; Nr. 1826 ff.), bei welchem der Verleger verspricht, ein literarisches oder künstlerisches Werk, welches ihm vom Urheber überlassen wird, zu vervielfältigen und in Vertrieb zu setzen (Art. 380 OR). 1386

   - den **Auftrag** (Art. 394 ff. OR; Nr. 1870 ff.), bei welchem das sorgfältige Arbeiten an sich kennzeichnend ist. Das Gesetz regelt namentlich den *einfachen Auftrag* (Art. 394–406 OR; Nr. 1870 ff.) als Grundfigur und sodann *besondere Auftragsverhältnisse* (Nr. 1974 ff.): den Auftrag zur Ehe- oder zur Partnerschaftsvermittlung (Art. 406a–h OR), den Kreditbrief und Kreditauftrag (Art. 407–411 OR), den Mäklervertrag (Art. 412–418 OR) und den Agenturvertrag (Art. 418a–v OR). Als besondere Auftragsarten lassen sich auch die Kommission (Art. 425–439 OR) sowie der Frachtvertrag (Art. 440–457 OR) auffassen. 1387

Gemeinsam ist diesen Verträgen, dass sie allesamt auf die Leistung von Arbeit ausgerichtet sind. Abgesehen davon bestehen wesentliche *Unterschiede,* die eine Gegenüberstellung der gesetzlichen Leitbilder, die dem Arbeitsvertrag einerseits und den übrigen Arbeitsleistungsverträgen andererseits zugrunde liegen, sofort zu Tage fördert. So ist dem Arbeitsvertrag ein Unterordnungs- und damit ein Abhängigkeitsverhältnis eigen, wie es den übrigen Arbeitsleistungsverträgen fremd ist. Das Schutzbedürfnis, das damit einhergeht, erklärt denn auch, dass der Arbeitsvertrag ausserordentlich dicht reguliert ist, während etwa der Werkvertrag – ungeachtet seiner weiten Verbreitung und wirtschaftlichen Bedeutung – mit 17 Artikeln auszukommen hat. Zu bedenken ist dabei immer, dass im Rechtsleben die Abhängigkeiten auch bei einem Werkvertrag ausgeprägt und umgekehrt bei einem Arbeitsvertrag kaum spürbar sein mögen. 1388

2. Das Gesetz regelt in unmittelbarer Nähe des Auftragsrechts auch **Rechtsfiguren, die keine Verträge sind:** 1389

   - die Geschäftsführung ohne Auftrag (Art. 419 ff. OR; Nr. 1989 ff.), 1390

   - die Prokura und andere Handelsvollmachten (Art. 458 ff. OR; Nr. 2061 ff.), sowie 1391

   - die Anweisung (Art. 466 ff. OR; Nr. 2096 ff.). 1392

§ 14   Der Einzelarbeitsvertrag

1393   *Sonderliteratur (Auswahl):*

AEBI-MÜLLER REGINA E., Die Privatsphäre des Arbeitnehmers, in: Schmid Jörg/Girsberger Daniel (Hrsg.), Neue Rechtsfragen rund um die KMU – Erb-, Steuer-, Sozialversicherungs- und Arbeitsrecht, Zürich 2006, S. 1 ff.

BRÜHWILER JÜRG, Kommentar zum Einzelarbeitsvertrag, 2. Aufl., Bern 1996.

BRUNNER CHRISTIANE/BÜHLER JEAN-MICHEL/WAEBER JEAN-BERNARD/BRUCHEZ CHRISTIAN, Kommentar zum Arbeitsvertragsrecht, 3. Aufl., Basel 2005.

COTTI LUKAS, Das vertragliche Konkurrenzverbot, Voraussetzungen, Wirkungen, Schranken, Diss. Freiburg 2001 (AISUF Band 207).

GEISER THOMAS, Arbeitsrechtliche Fragen bei Umweltkatastrophen, in: ZBJV 142/2006, S. 174 ff.

DERSELBE, Fragen im Zusammenhang mit der Lohnfortzahlungspflicht bei Krankheit, AJP 2003, S. 323 ff.

GEISER THOMAS/MÜLLER ROLAND, Arbeitsrecht in der Schweiz, Bern 2009.

GEISER THOMAS/MÜNCH PETER (Hrsg.), Stellenwechsel und Entlassung, Basel/Frankfurt a. M. 1997.

LORANDI FRANCO, Arbeitsverträge im Konkurs des Arbeitgebers, SJZ 96/2000, S. 150 ff.

MÜLLER ROLAND A., Die Arbeitnehmervertretung, Habil. Zürich 1999 (Schriften zum Schweizerischen Arbeitsrecht, Heft Nr. 43).

PORTMANN WOLFGANG, Individualarbeitsrecht, Zürich 2000.

DERSELBE, Kommentierung der Art. 319–362 OR, in: Honsell Heinrich/Vogt Nedim Peter/Geiser Thomas (Hrsg.), Basler Kommentar zum Schweizerischen Privatrecht, Obligationenrecht I, Art. 1–529 OR, 4. Aufl., Basel/Genf/München 2007.

REHBINDER MANFRED, Berner Kommentar, Kommentar zum schweizerischen Privatrecht, Band VI: Das Obligationenrecht, 2. Abteilung: Die einzelnen Vertragsverhältnisse, 2. Teilband: Der Arbeitsvertrag, Art. 319–362 OR,
– 1. Abschnitt: Einleitung und Kommentar zu den Art. 319–330a OR, Bern 1985;
– 2. Abschnitt: Kommentar zu den Art. 331–355 OR, Bern 1992.

DERSELBE, Schweizerisches Arbeitsrecht, 15. Aufl., Bern 2002.

RIESSELMANN-SAXER REBEKKA, Datenschutz im privatrechtlichen Arbeitsverhältnis, Diss. Zürich 2001 (Schriften zum schweizerischen Arbeitsrecht, Heft 56).

ROBERTO VITO, Gedanken zur Haftung des Arbeitnehmers (insbesondere für Schädigungen Dritter), ArbR 2003, S. 29 ff.

STAEHELIN ADRIAN, Konkurs und Sanierung des Arbeitgebers, in: ArbR 2000, S. 71 ff.

DERSELBE, Kommentar zum schweizerischen Zivilrecht, Obligationenrecht, Teilband V 2c: Der Arbeitsvertrag, Art. 319–330a OR, 4. Aufl., Zürich 2006.

STAEHELIN ADRIAN/VISCHER FRANK, Kommentar zum Schweizerischen Zivilgesetzbuch, V. Band: Obligationenrecht, Teilband V 2c: Der Arbeitsvertrag, Art. 319–362 OR, 3. Aufl., Zürich 1996.

STÖCKLI HUBERT, «Ménage-à-trois» bei der Temporärarbeit, in: Riemer-Kafka Gabriela/Rumo-Jungo Alexandra (Hrsg.), Soziale Sicherheit – Soziale Unsicherheit, Festschrift für Erwin Murer zum 65. Geburtstag, Bern 2010, S. 893 ff.

STÖCKLI JEAN-FRITZ, Berner Kommentar, Kommentar zum schweizerischen Privatrecht, Band VI: Das Obligationenrecht, 2. Abteilung: Die einzelnen Vertragsverhältnisse, 2. Teilband: Der Arbeitsvertrag, Art. 319–362 OR, 3. Abschnitt: Gesamtarbeitsvertrag und Normalarbeitsvertrag, Art. 356–360 OR, Bern 1999.

STREIFF ULLIN/VON KAENEL ADRIAN, Arbeitsvertrag, Praxiskommentar zu Art. 319–362 OR, 6. Aufl., Zürich 2006.

VISCHER FRANK, Der Arbeitsvertrag, 3. Aufl., Basel 2005.

VISCHER FRANK/ALBRECHT ANDREAS C., Kommentar zum schweizerischen Zivilrecht, Obligationenrecht, Teilband V 2c, Der Arbeitsvertrag, Art. 356–360f OR, 4. Aufl., Zürich/Basel/Genf 2006.

WYLER RÉMY, Droit du travail, 2. Aufl., Bern 2008.

I. Allgemeines

1. Die Rechtsquellen

1. Der **Einzelarbeitsvertrag** («le contrat individuel de travail») wird hauptsächlich durch die **Art. 319–343 OR** geregelt. Einschlägig sind indes auch weitere Bestimmungen des OR, nämlich: 1394

   – die Regeln über besondere Arbeitsverträge, nämlich den Lehrvertrag, den Handelsreisendenvertrag und den Heimarbeitsvertrag (Art. 344–355 OR; Nr. 1585 ff.);   1395

   – die Bestimmungen über den Gesamtarbeitsvertrag und den Normalarbeitsvertrag (Art. 356–360 OR; Nr. 1603 ff.);   1396

   – die Vorschriften über die zwingenden Bestimmungen des Arbeitsrechts im Allgemeinen (Art. 361 und 362 OR).   1397

2. Ausserhalb des OR sind zahlreiche **weitere Erlasse** einschlägig, etwa die folgenden: 1398

   – Art. 8 Abs. 3 Satz 3 BV über den Anspruch von Mann und Frau auf gleichen Lohn für gleichwertige Arbeit;   1399

   – das Gleichstellungsgesetz;[1]   1400

   – das Arbeitsvermittlungsgesetz;[2]   1401

---

[1] BG über die Gleichstellung von Frau und Mann (GlG) vom 24. März 1995 (SR 151).
[2] BG über die Arbeitsvermittlung und den Personalverleih (AVG) vom 6. Oktober 1989 (SR 823.11).

1402 – das Mitwirkungsgesetz;[3]

1403 – das Bundesgesetz über genetische Untersuchungen beim Menschen;[4]

1404 Zur Frage der Zulässigkeit genetischer Untersuchungen im Arbeitsbereich (bei der Begründung oder während der Dauer des Arbeitsverhältnisses) vgl. v.a. Art. 21 ff. GUMG.

1405 – das Arbeitsgesetz,[5] das weitere öffentlich-rechtliche Bestimmungen enthält. Solche Bestimmungen werden denn auch in Art. 342 OR ausdrücklich vorbehalten. Beachtenswert ist Art. 342 Abs. 2 OR, der einen zivilrechtlichen Anspruch auf Einhaltung des öffentlichen Arbeitsrechts begründet und damit dessen Durchsetzung fördert.

1406 Vorbehalten werden auch die Vorschriften des Bundes, der Kantone und Gemeinden über das öffentlich-rechtliche Dienstverhältnis, soweit sie nicht die Art. 331 Abs. 5 und die Art. 331a–331e OR betreffen (Art. 342 Abs. 1 lit. a OR). So ist beispielsweise für das Arbeitsverhältnis des Bundespersonals das Bundespersonalgesetz[6] anwendbar (Art. 1 BPG). Soweit dieses Gesetz und andere Bundesgesetze nichts Abweichendes bestimmen, gelten für das Arbeitsverhältnis sinngemäss die einschlägigen Bestimmungen des OR (Art. 6 Abs. 2 BPG).[7] – Für das Lehrverhältnis sind sodann neben den Vorschriften über den Lehrvertrag (Art. 344 ff. OR) zahlreiche öffentlich-rechtliche Vorschriften anwendbar, namentlich das Berufsbildungsgesetz.[8]

1407 – das Bundesgesetz gegen die Schwarzarbeit,[9] in dessen Art. 14 f. es um «Ansprüche von Arbeitnehmerinnen und Arbeitnehmern auf Grund nicht bewilligter Erwerbstätigkeit» geht.

2. Die Qualifikationsmerkmale

1408 1. Der Einzelarbeitsvertrag charakterisiert sich nach **Art. 319 Abs. 1 OR** dadurch, dass sich der Arbeitnehmer auf bestimmte oder unbestimmte Zeit zur Leistung von Arbeit im Dienst des Arbeitgebers und dieser zur Entrichtung eines Lohnes (Zeitlohn oder Akkordlohn) verpflichtet. Typisch sind demnach die folgenden Elemente:

1409 – die Verpflichtung zur *Arbeitsleistung* des Arbeitnehmers, verstanden als körperliche oder geistige, planmässige Tätigkeit eines Menschen, die auf die Befriedigung eines Bedürfnisses gerichtet ist;[10]

1410 – diese Verpflichtung als Pflicht zur Arbeitsleistung des Arbeitnehmers *auf Zeit;* das Gesetz erfasst Verpflichtungen «auf bestimmte oder unbestimmte Zeit» (Art. 319 Abs. 1 OR), was bedeutet, dass der Vertrag für eine bestimmte Dauer (befristetes Arbeitsverhältnis;

---

[3] BG über die Information und Mitsprache der Arbeitnehmerinnen und Arbeitnehmer in den Betrieben vom 17. Dezember 1993 (SR 822.14).

[4] BG über genetische Untersuchungen beim Menschen (GUMG) vom 8. Oktober 2004 (SR 810.12).

[5] BG über die Arbeit in Industrie, Gewerbe und Handel vom 13. März 1964 (SR 822.11).

[6] Bundespersonalgesetz (BPG) vom 24. März 2000 (SR 172.220.1).

[7] BGE 132 II 161 ff. (163 ff.), E. 3–4; danach kann ein öffentlichrechtlicher Arbeitsvertrag wegen Willensmangels aufgehoben werden.

[8] BG über die Berufsbildung (BBG) vom 13. Dezember 2002 (SR 412.10). Vgl. dazu auch BGE 132 III 753 (755), E. 2.1.

[9] BG über Massnahmen zur Bekämpfung der Schwarzarbeit (BGSA) vom 17. Juni 2005 (SR 822.41). Für eine eingehende Umschreibung des Phänomens Schwarzarbeit siehe Botschaft zum Bundesgesetz über Massnahmen zur Bekämpfung der Schwarzarbeit vom 16. Januar 2002, in: BBl 2002, S. 3608 f.

[10] BGE 124 III 249 ff. (251), E. 3b; Staehelin/Vischer, Zürcher Komm., N 5 zu Art. 319 OR; Staehelin, Zürcher Komm., N 5 zu Art. 319 OR.

Art. 334 OR) oder auf unbestimmte Zeit (unbefristetes Arbeitsverhältnis; Art. 335 OR) abgeschlossen werden kann;

– die Verpflichtung zur Arbeitsleistung *«im Dienst des Arbeitgebers»;* damit wird ein *Unterordnungsverhältnis* (Arbeitsleistung in abhängiger Stellung) angesprochen, das darin besteht, dass der Arbeitnehmer in die Betriebsorganisation integriert und der Weisungsbefugnis des Arbeitgebers unterstellt ist (Art. 321d OR); 1411

– die *Entgeltlichkeit* der Arbeitsleistung, wobei der Lohn entweder nach Zeitabschnitten (Zeitlohn) oder nach der geleisteten Arbeit (Akkordlohn) bemessen wird. 1412

Auch wenn sich ein Arbeitnehmer zur regelmässigen Leistung von stunden-, halbtage- oder tageweiser Arbeit (Teilzeitarbeit) im Dienst des Arbeitgebers verpflichtet, liegt nach Art. 319 Abs. 2 OR ein Einzelarbeitsvertrag vor. 1413

2. Der so verstandene («gewöhnliche») Einzelarbeitsvertrag ist vorweg zu unterscheiden von den «besonderen Einzelarbeitsverträgen», also von *Lehrvertrag, Handelsreisendenvertrag* oder *Heimarbeitsvertrag.* Diese liegen vor, wenn die besonderen Merkmale dieser Untertypen im Sinn der Art. 344 ff. OR erfüllt sind (Nr. 1585; zur ergänzenden Anwendbarkeit des Einzelarbeitsvertragsrechts vgl. Art. 355 OR). Sodann muss der Einzelarbeitsvertrag **abgegrenzt werden** von anderen Vertragstypen, vor allem den folgenden: 1414

– Ein *Auftrag* (Art. 394 ff. OR) liegt vor, wenn der Beauftragte die Arbeitsleistung in selbständiger (unabhängiger) Stellung und nicht im Dienst des Arbeitgebers (im Sinn von Art. 319 OR) verrichtet. Entscheidendes Abgrenzungskriterium ist demnach der Grad der rechtlichen Fremdbestimmung («Subordination»).[11] Der Einzelarbeitsvertrag ist im Weiteren stets ein Dauervertrag, während der Auftrag entweder ein einfacher Schuldvertrag oder aber ein Vertrag ist, dem ein Dauerelement eigen ist. 1415

– Auch der *Werkvertrag* (Art. 363 ff. OR) kennzeichnet sich durch die selbständige (unabhängige) Stellung des Werkunternehmers und ist – anders als der Einzelarbeitsvertrag – kein Dauervertrag. 1416

Vorbehalten bleiben auch *Vertragsmischungen:* Ein Vertrag, der weder in der zweiten Abteilung des OR noch in einem Spezialgesetz besonders gesetzlich geregelt ist, wird als *Innominatvertrag* bezeichnet (Nr. 2448 ff.). Enthält er Merkmale verschiedener gesetzlicher Vertragstypen, spricht man von einem gemischten Vertrag. So kann etwa der «Hauswartsvertrag», bei welchem dem Hauswart gegen Arbeitsleistung (Hauswartsdienste) eine Wohnung zur Verfügung gestellt wird, als gemischter Vertrag mit Elementen des Miet- und des Einzelarbeitsvertrags verstanden werden (Nr. 2457).[12] 1417

3. Aus der subordinierten Stellung des Arbeitnehmers und überdies aus der zwingenden Vorschrift von Art. 324 Abs. 1 OR ergibt sich, dass der Arbeitgeber das **Betriebs- und Wirtschaftsrisiko** trägt und dieses Risiko nicht auf den Arbeitnehmer abwälzen darf.[13] 1418

3. Die Vertragsentstehung und die Folgen von Vertragsmängeln

1. Für die Entstehung des Arbeitsvertrags gelten grundsätzlich die allgemeinen Regeln. Erforderlich ist also der **Austausch übereinstimmender Willenserklärungen** nach Art. 1 OR. Präzisierend ergänzt *Art. 320 Abs. 2 OR,* dass der Vertrag auch dann als abgeschlossen 1419

---

[11] BGE 107 II 430 ff. (432), E. 1.; Urteil des BGer. vom 25. Januar 2007, Nr. 4C.276/2006, E. 4.1 und 4.3.1.
[12] BGE 131 III 566 ff. (569), E. 3.1 = Pra 2006, Nr. 54, S. 401 ff.
[13] BGE 124 III 346 ff. (349), E. 2a; 125 III 65 ff. (69), E. 5.

gilt, wenn der Arbeitgeber Arbeit in seinem Dienst auf Zeit entgegennimmt, deren Leistung nach den Umständen nur gegen Lohn zu erwarten ist. Obschon es unter Umständen am übereinstimmenden Willen fehlen mag, treten die arbeitsvertraglichen Rechtswirkungen von Gesetzes wegen ein – kraft unwiderlegbarer gesetzlicher Vermutung (Fiktion).[14]

1420   Einzelne Rechtsnormen des Arbeitsrechts betreffen indessen bereits das Vertragsverhandlungsverhältnis, so etwa Art. 3 ff. GlG über die diskriminierende Ablehnung der Anstellung.

1421   2. Der Einzelarbeitsvertrag bedarf zu seiner Gültigkeit keiner besonderen Form, sofern das Gesetz nichts anderes vorsieht (Art. 320 Abs. 1 OR). Grundsätzlich gilt also **Formfreiheit**; besondere gesetzliche Anordnungen sind jedoch häufig:

1422   – Gesetzliche Formvorschriften können einen *ganzen Untertyp* des Einzelarbeitsvertrags betreffen.

1423   So bedarf etwa der Lehrvertrag nach Art. 344a Abs. 1 OR zu seiner Gültigkeit der Schriftform.

1424   – Sie können aber auch nur *einzelne Abreden oder Erklärungen* im Umfeld eines Einzelarbeitsvertrags erfassen.

1425   Eine Vereinbarung zur Verkürzung der gesetzlichen Kündigungsfrist auf einen Monat muss nach Art. 335c Abs. 2 OR durch schriftliche Abrede erfolgen, ebenso eine Abrede betreffend die Abgeltung von Überstundenarbeit (Art. 321c Abs. 3 OR). Schriftlicher Erklärung bedarf auch die Verpflichtung des Arbeitnehmers, sich nach Beendigung des Arbeitsverhältnisses einer konkurrenzierenden Tätigkeit zu enthalten (Art. 340 Abs. 1 OR).[15]

1426   3. Liegen **Vertragsmängel** vor, so ist der Einzelarbeitsvertrag nach den allgemeinen Regeln des Obligationenrechts grundsätzlich unwirksam, das heisst, er entfaltet von Anfang an keine Rechtswirkungen.[16] Das würde nach den allgemeinen Regeln die Rückabwicklung nach Vindikations- und Bereicherungsrecht bedeuten.[17]

1427   Wegen des *Dauerelements* und der *Schutzbedürftigkeit* des Arbeitnehmers ordnet aber **Art. 320 Abs. 3 OR** besondere Rechtsfolgen an: Leistet der Arbeitnehmer in gutem Glauben[18] Arbeit im Dienst des Arbeitgebers auf Grund eines Arbeitsvertrags, der sich nachträglich als ungültig erweist, so haben beide Parteien die Pflichten aus dem Arbeitsverhältnis in gleicher Weise wie aus gültigem Vertrag zu erfüllen, bis dieses wegen Ungültigkeit des Vertrags vom einen oder andern aufgehoben wird. Unter den genannten Voraussetzungen hat der Arbeitnehmer also namentlich einen Lohnanspruch, aber auch Anspruch auf Schutz seiner Persönlichkeit (Art. 328 OR). Die nachträgliche Berufung auf Ungültigkeit wird wie die ausserordentliche Kündigung eines ganz oder teilweise bereits abgewickelten Dauerschuldverhältnisses behandelt (Nr. 97).[19] Damit wirkt die Ungültigkeit ex nunc, und der bereits abgewickelte Teil des Vertrags wird als voll gültig betrachtet. Obwohl nicht explizit im Gesetz genannt, wird auch die Erfüllung eines nichtigen Vertrags, etwa auf Grund fehlender Handlungsfähigkeit einer Partei, durch Art. 320 Abs. 3 OR geschützt.[20]

---

[14]   BGE 113 II 414 ff. (415 f.), E. 2a; STAEHELIN, Zürcher Komm., N 6 f. zu Art. 320 OR.

[15]   Ausführlich STAEHELIN, Zürcher Komm., N 5 zu Art. 320 OR.

[16]   Vgl. etwa für die einseitige Unverbindlichkeit bei Willensmängeln GAUCH/SCHLUEP/SCHMID, Nr. 890.

[17]   BGE 132 III 242 ff. (244), E. 4.1.

[18]   Vgl. dazu BGE 132 III 242 ff. (246 ff.), E. 4.2.3–4.2.5; 132 III 753 (757), E. 2.4.

[19]   BGE 129 III 320 ff. (327 ff.), E. 7; 132 III 242 ff. (244), E. 4.2.

[20]   STAEHELIN, Zürcher Komm., N 32 zu Art. 320 OR.

4.   Zwingendes Recht und dispositives Recht

1. Der Grundsatz, wonach der Besondere Teil des Obligationenrechts dispositive Normen enthält (also vorwiegend zur Ausfüllung von Vertragslücken dient, Nr. 17), wird im Arbeitsrecht in vielfacher Weise durchbrochen. In zwei (nicht abschliessenden, z.B. Art. 333 Abs. 1 OR) Listen führt das Gesetz zwingende Vorschriften auf **(Art. 361 und 362 OR)**:   1428

   – einerseits Vorschriften, die weder zu Ungunsten des Arbeitgebers noch des Arbeitnehmers abgeändert werden dürfen (Art. 361 Abs. 1 OR; absolut zwingende Bestimmungen);   1429

   – andererseits Vorschriften, von denen durch Abrede, Normalarbeitsvertrag oder Gesamtarbeitsvertrag zu Ungunsten des Arbeitnehmers nicht abgewichen werden darf (Art. 362 Abs. 1 OR; relativ zwingende Bestimmungen).   1430

2. Parteiabreden sowie Bestimmungen in Normalarbeits- oder in Gesamtarbeitsverträgen, die diesen Vorschriften zuwiderlaufen, sind **nichtig** (Art. 361 Abs. 2 und Art. 362 Abs. 2 OR). Sie werden durch die zwingenden Gesetzesregeln ersetzt; der restliche Vertrag bleibt gültig.   1431

II.   Die Pflichten des Arbeitnehmers

1.   Im Allgemeinen

Den Arbeitnehmer trifft nach Art. 319 Abs. 1 OR die **Pflicht zur (dauernden) Leistung der vertraglich übernommenen Arbeit** im Dienst des Arbeitgebers. Diese Grundverpflichtung wird in den Art. 321–321e OR näher konkretisiert: 1432

1. Der Arbeitnehmer hat die Arbeit **in eigener Person** zu leisten, es sei denn, das Gegenteil sei verabredet worden oder ergebe sich aus den Umständen (Art. 321 OR).   1433

   Demnach ist der Beizug einer Hilfsperson in der Regel nicht zulässig;[21] es besteht jedoch grundsätzlich auch keine Vertretungspflicht bei Verhinderung.   1434

2. Nach Art. 321a OR trifft den Arbeitnehmer eine **Sorgfalts- und Treuepflicht**: Er hat die übertragenen Arbeiten sorgfältig auszuführen und die berechtigten Interessen des Arbeitgebers in guten Treuen zu wahren (Art. 321a Abs. 1 OR). Er muss – anders ausgedrückt – alles unterlassen, was den Arbeitgeber wirtschaftlich schädigen könnte.[22] Die Pflicht umfasst aber auch positive Leistungen, etwa eine Aufklärungs- und Mitteilungspflicht bezüglich Störungen, Unregelmässigkeiten oder Missständen im Betrieb.[23]   1435
   Diese Sorgfalts- und Treuepflicht lässt sich anhand des Gesetzes weiter konkretisieren: 1436

   – Pflicht zur fachgerechten Bedienung der Maschinen, Arbeitsgeräte, technischen Einrichtungen, Anlagen und Fahrzeuge des Arbeitgebers sowie sorgfältige Behandlung des zur Verfügung gestellten Materials (Art. 321a Abs. 2 OR);   1437

---

[21] STAEHELIN, Zürcher Komm., N 4 ff. zu Art. 321 OR.
[22] BGE 117 II 72 ff. (74), E. 4a, mit Hinweisen; STAEHELIN, Zürcher Komm., N 12 ff. zu Art. 321a OR.
[23] STAEHELIN, Zürcher Komm., N 10 zu Art. 321a OR.

1438 – Verbot der treuwidrigen, entgeltlichen Arbeit für einen Dritten während der Dauer des Arbeitsverhältnisses, insbesondere Verbot zur Konkurrenzierung des Arbeitgebers (sogenannte *Schwarzarbeit;* Art. 321a Abs. 3 OR);[24]

1439 – Pflicht zur Verschwiegenheit mit Bezug auf die geheim zu haltenden Tatsachen, namentlich Fabrikations- und Geschäftsgeheimnisse (sogenannte *Diskretionspflicht;* Art. 321a Abs. 4 OR).[25]

1440 3. Der Arbeitnehmer hat die Pflicht, über alles, was er bei seiner vertraglichen Tätigkeit für den Arbeitgeber von Dritten erhält (namentlich Geldbeträge), **Rechenschaft abzulegen** und dem Arbeitgeber alles sofort **herauszugeben** (Art. 321b Abs. 1 OR). Die Herausgabepflicht betrifft auch sämtliche Arbeitserzeugnisse, also alles, was der Arbeitnehmer in Ausübung seiner vertraglichen Tätigkeit hervorgebracht hat (Art. 321b Abs. 2 OR).

1441 Die Ablieferungspflicht erfasst auch allfällige Schmiergelder, die der Arbeitnehmer von Dritten erhalten hat. Ein Teil der Autoren stützt diese Pflicht unmittelbar auf Art. 321b OR;[26] andere Autoren und die hier vertretene Auffassung befürworten die Anwendung von Art. 423 OR (unechte Geschäftsführung ohne Auftrag).[27] Die Zuordnung hat namentlich verjährungsrechtliche Konsequenzen, indem in Fällen der unechten Geschäftsführung ohne Auftrag Art. 67 OR heranzuziehen ist, während die vertragliche Herausgabepflicht nach Art. 127 OR verjährt.

1442 4. Nach Massgabe von Art. 321c Abs. 1 OR hat der Arbeitnehmer **Überstunden** zu leisten, soweit diese notwendig sind und es ihm nach Treu und Glauben zugemutet werden kann. Diese Pflicht ist nach Art. 361 Abs. 1 OR für beide Parteien zwingend. Eine obere Grenze dieser Leistungspflicht ergibt sich aus dem öffentlich-rechtlichen Arbeitsschutzrecht und den Bestimmungen über den Gesundheitsschutz des Arbeitnehmers (Art. 328 ff. OR).

1443 Während eine Pflicht besteht, Überstunden zu leisten, ist Überstundenarbeit durch Freizeit von mindestens gleicher Dauer (Art. 321c Abs. 2 OR) oder durch Abgeltung (Art. 321c Abs. 3 OR) auszugleichen.

1444 5. Der Arbeitnehmer hat schliesslich die Pflicht, allgemeine **Anordnungen** des Arbeitgebers sowie ihm besonders erteilte **Weisungen** nach Treu und Glauben **zu befolgen** (Art. 321d Abs. 2 OR), sofern diese rechtmässig sind.[28]

1445 Der Arbeitgeber kann in einer «Betriebsordnung» Bestimmungen unter anderem über die Ordnung im Betrieb und das Verhalten der Arbeitnehmer im Betrieb aufstellen (Art. 321d Abs. 1 OR). Für industrielle Betriebe ist dies sogar zwingend vorgeschrieben. Mit ihrer Bekanntgabe im Betrieb wird die Betriebsordnung alsdann für Arbeitgeber und Arbeitnehmer verbindlich (Art. 37 ff. ArG).

2. Die Haftung des Arbeitnehmers

1446 1. Der Arbeitnehmer **haftet** dem Arbeitgeber für den Schaden, den er ihm schuldhaft – absichtlich oder fahrlässig (Art. 99 Abs. 1 OR) – zufügt (**Art. 321e Abs. 1 OR**). Die Regelung entspricht der allgemeinen Regelung von Art. 97 Abs. 1 OR. Namentlich wird bei nachge-

---

[24] STAEHELIN, Zürcher Komm., N 35 ff. zu Art. 321a OR.

[25] Urteil des BGer. vom 21. Juni 2007, Nr. 4C.69/2007, E. 3.3.3; STAEHELIN, Zürcher Komm., N 42 ff. zu Art. 321a OR.

[26] STAEHELIN, Zürcher Komm., N 3 zu Art. 321b OR (vgl. auch denselben, N 24 zu Art. 321a OR). Zur strafrechtlichen Behandlung vgl. auch BGE 129 IV 124 ff.

[27] PORTMANN, Basler Komm., N 1 in fine zu Art. 321b OR; SCHMID, Zürcher Komm., N 84 f. zu Art. 423 OR mit Hinweisen.

[28] BGE 132 III 115 ff. (120 f.), E. 5.2.

wiesener Vertragsverletzung ein Verschulden des Arbeitnehmers vermutet; um der Schadenersatzsanktion zu entgehen, muss dieser nachweisen, dass ihn kein Verschulden trifft.

Ein Verschulden im Sinn dieser Bestimmung kann insbesondere in einem «Übernahmeverschulden» bestehen. Dieses liegt vor, wenn ein Arbeitnehmer einen Arbeitsvertrag abgeschlossen hat, für dessen Erfüllung er auf Grund seiner Ausbildung oder persönlichen Leistungsfähigkeit nicht geeignet ist.[29] 1447

2. Das Gesetz stellt sodann eine **allgemeine Umschreibung des Masses der Sorgfalt** auf, für die der Arbeitnehmer einzustehen hat: Dieses Sorgfaltsmass bestimmt sich nach dem einzelnen Arbeitsverhältnis, unter Berücksichtigung des Berufsrisikos, des Bildungsgrades oder der Fachkenntnisse, die zu der Arbeit verlangt werden, sowie der Fähigkeiten und Eigenschaften des Arbeitnehmers, die der Arbeitgeber gekannt hat oder hätte kennen sollen (Art. 321e Abs. 2 OR). Der Arbeitnehmer schuldet indessen nur ein sorgfältiges, erfolgsgerichtetes Tätigwerden; das Ausbleiben des Erfolgs für sich allein begründet noch keine Sorgfaltspflichtverletzung.[30] 1448

Letzteres ist keine Besonderheit des Arbeitsvertrages; gleich verhält es sich namentlich beim Werkvertrag. Doch hat der Unternehmer (anders als der Arbeitnehmer) für das Ausbleiben des vereinbarten Erfolgs regelmässig einzustehen, weil ihn eine Kausalhaftung trifft, die auch ohne Sorgfaltspflichtverletzung greift. 1449

Bei beruflichen Tätigkeiten, die erfahrungsgemäss eine erhöhte Gefahr der Schädigung des Arbeitgebers in sich bergen (sogenannte schadensgeneigte Arbeit), rechtfertigt sich die Herabsetzung der Ersatzpflicht nach Art. 44 OR, da der Arbeitgeber für diese Umstände (als Teil des Unternehmerrisikos) einstehen muss.[31] Aktuell ist dies etwa beim Umgang des Arbeitnehmers mit teuren Maschinen und Fahrzeugen, bei besonderen Eigenschaften des Arbeitsmaterials (Zerbrechlichkeit von Geschirr und Gläsern im Gastgewerbe) oder bei besonderer Arbeitstechnik (hohes Arbeitstempo, ermüdende oder eintönige Arbeit).[32] 1450

III. Die Pflichten des Arbeitgebers

1. Im Allgemeinen

Nach der allgemeinen Umschreibung von Art. 319 Abs. 1 OR hat der Arbeitgeber die Pflicht, dem Arbeitnehmer den Lohn zu zahlen. Diese Grundpflicht und weitere Pflichten werden im Gesetz durch die **Art. 322 ff. OR** wie folgt näher geregelt: 1451

A. Die Pflicht zur Lohnzahlung

1. Der Lohn ist nach **Art** (Geldlohn oder Naturallohn) und **Höhe** so zu entrichten, wie es verabredet, üblich oder durch Normalarbeitsvertrag oder Gesamtarbeitsvertrag bestimmt ist (Art. 322 Abs. 1 OR). Das Gesetz enthält Sondernormen zu folgenden Fragen: 1452

   – zur Leistung von Naturallohn durch Gewährung von Unterkunft und Verpflegung, wenn der Arbeitnehmer in Hausgemeinschaft mit dem Arbeitgeber lebt (Art. 322 Abs. 2 OR); 1453

---

[29] PORTMANN, Basler Komm., N 2 zu Art. 321e OR.
[30] Urteil des BGer. vom 1. Juni 2005, Nr. 4C.103/2005, E. 1.2.
[31] STAEHELIN, Zürcher Komm., N 23 f. zu Art. 321e OR.
[32] STAEHELIN, Zürcher Komm., N 25 zu Art. 321e OR.

1454   Andere (nicht explizit im Gesetz vorgesehene) Formen des Naturallohns sind etwa die Leistung von Nahrungsmitteln oder Brennstoffen; die erlaubte, private Nutzung des Geschäftswagens; die Zuteilung von Mitarbeiteraktien am Unternehmen des Arbeitgebers.[33]

1455   – zur Beteiligung des Arbeitnehmers am Geschäftsergebnis, namentlich am Gewinn oder am Umsatz (Art. 322a OR);

1456   – zur Verabredung einer Provision des Arbeitnehmers auf bestimmten Geschäften (Art. 322b und 322c OR);

1457   – zur Ausrichtung einer Sondervergütung (Gratifikation) neben dem Lohn bei besonderen Anlässen (Art. 322d OR).

1458   2. In **zeitlicher Hinsicht** ist der Lohn mangels Vereinbarung kürzerer Fristen oder anderer Termine und mangels anderer Übung dem Arbeitnehmer **am Ende jeden Monats** auszurichten (Art. 323 Abs. 1 OR). Nach dieser dispositiven Ordnung ist der Arbeitnehmer also vorleistungspflichtig. Das Gesetz enthält sodann Sonderregeln:

1459   – zur Leistung einer Provision oder eines Anteils am Geschäftsergebnis (Art. 323 Abs. 2 und 3 OR);

1460   – zur Vorschusspflicht des Arbeitgebers, wenn der Arbeitnehmer infolge einer Notlage des Vorschusses bedarf und die Zahlung für den Arbeitgeber billigerweise zumutbar ist (Art. 323 Abs. 4 OR);

1461   – zur Frage eines Lohnrückbehalts (Art. 323a OR);

1462   – zur Lohnsicherung und zu den Verrechnungsmöglichkeiten des Arbeitgebers (Art. 323b OR).

1463   Abtretung und Verpfändung künftiger Lohnforderungen sind nach Art. 325 OR nur in dem vom Gesetz vorgesehenen Umfang zulässig, und zwar ausschliesslich zur Sicherung familienrechtlicher Unterhalts- und Unterstützungspflichten.

1464   3. Wird die Arbeit nicht geleistet, so ist grundsätzlich kein Lohn geschuldet, denn es gilt – angesichts der synallagmatischen Struktur des Vertrags – der **Grundsatz «ohne Arbeit kein Lohn»**. Dennoch hat der Arbeitnehmer in bestimmten Fällen Anspruch auf Lohn. So verhält es sich,

1465   – wenn die Arbeit infolge Verschuldens des Arbeitgebers nicht geleistet werden kann oder dieser aus anderen Gründen mit der Annahme der Arbeitsleistung in Verzug gerät (Art. 324 OR);

1466   Namentlich beim Akkordlohn hat der Arbeitgeber für genügend Arbeit zu sorgen und den Lohnansatz vor Beginn der einzelnen Arbeit bekannt zu geben (Art. 326 und 326a OR).

1467   – in gewissen Fällen auch dann, wenn die Gründe für die Nichtleistung auf Seiten des Arbeitnehmers liegen. So hat der Arbeitgeber bei Krankheit, Unfall, Erfüllung gesetzlicher Pflichten oder Ausübung eines öffentlichen Amtes grundsätzlich eine beschränkte Lohnfortzahlungspflicht (Art. 324a und 324b OR). Vorausgesetzt ist, dass den Arbeitnehmer kein Verschulden am Ausbleiben der Arbeitsleistung trifft und dass das Arbeitsverhältnis mehr als drei Monate gedauert hat oder für mehr als drei Monate eingegangen ist (Art. 324a OR). Die Höhe des Lohnfortzahlungsanspruchs bestimmt sich nach demjenigen Lohn, den der Arbeitnehmer normalerweise erlangen würde. Die gesetz-

---

[33] STAEHELIN, Zürcher Komm., N 2 zu Art. 322 OR.

liche Mindestdauer des Anspruchs bemisst sich grundsätzlich nach der Dauer des Arbeitsverhältnisses und den besonderen Umständen (Art. 324a Abs. 2 OR).[34]

Der Arbeitgeber ist von der Lohnfortzahlungspflicht nach Art. 324a OR befreit, wenn der Lohnausfall durch eine obligatorische Versicherung – insbesondere durch die obligatorische Unfallversicherung – zu mindestens vier Fünfteln abgedeckt wird (Art. 324b OR).   1468

4. Richtet der Arbeitgeber den fälligen geschuldeten Lohn nicht aus, gerät er nach Mahnung oder bei Ablauf des verabredeten Verfalltags in **Verzug**, und die allgemeinen Regeln des Schuldnerverzugs (Art. 102 ff. OR) finden Anwendung. Doch sind folgende Besonderheiten zu beachten: 1469

- Obwohl der Arbeitnehmer grundsätzlich vorleistungspflichtig ist (Art. 323 Abs. 1 OR), kann er aus analoger Anwendung von Art. 82 OR die künftige Arbeitsleistung verweigern.[35]   1470

- Ist der Arbeitgeber zahlungsunfähig, steht dem Arbeitnehmer nach Art. 337a OR zudem die fristlose Kündigung offen, sofern ihm für seine Forderungen aus dem Arbeitsverhältnis nicht innert angemessener Frist Sicherheit geleistet wird (vgl. Art. 83 OR).   1471

B. Weitere Pflichten

1. Der Arbeitgeber hat mangels anderer Vereinbarung oder Übung den Arbeitnehmer mit den **Geräten** und dem **Material** auszurüsten, die dieser zur Arbeit benötigt (Art. 327 OR). Im Weiteren muss er ihm alle durch die Ausführung der Arbeit notwendig entstehenden **Auslagen ersetzen** (Art. 327a–c OR).   1472

2. Den Arbeitgeber treffen schliesslich **weitere Pflichten** (in Stichworten):   1473

- die Pflicht, die Persönlichkeit des Arbeitnehmers zu schützen (Art. 328–328b OR; Nr. 1483 ff.);   1474

- die Pflicht, nach Massgabe des Vertrags und des Gesetzes Freizeit, Ferien und Urlaub für ausserschulische Jugendarbeit zu gewähren (Art. 329–329c und Art. 329e OR);   1475

- die Pflicht, dem Arbeitnehmer für die Ferien den Lohn analog zu entrichten, wie wenn dieser die Arbeit während der Ferienzeit geleistet hätte (Art. 329d Abs. 1 OR);[36]   1476

- die Pflicht, der Arbeitnehmerin ab dem Tag der Niederkunft einen 14-wöchigen Mutterschaftsurlaub zu gewähren (Art. 329f OR);   1477

- die Pflicht, eine allfällige Kaution des Arbeitnehmers vom Arbeitgebervermögen getrennt zu halten und dafür Sicherheit zu leisten (Art. 330 OR);   1478

- (auf Verlangen) die Pflicht zur Ausstellung eines Arbeitszeugnisses über die Art und Dauer des Arbeitsverhältnisses sowie über die Leistungen und das Verhalten des Arbeitnehmers (Art. 330a OR);   1479

Der Arbeitnehmer hat die Wahl, ein qualifiziertes Zeugnis (Vollzeugnis; Art. 330a Abs. 1 OR) oder bloss ein sogenanntes einfaches Zeugnis (das sich auf Angaben über die Art und Dauer des Arbeitsver-   1480

---

[34] Zu den üblichen Skalen der Berechnung des Lohnfortzahlungsanspruchs vgl. STAEHELIN, Zürcher Komm., N 39 ff. zu Art. 324a OR.

[35] BGE 120 II 209 ff. (212), E. 6a; STAEHELIN, Zürcher Komm., N 15 zu Art. 323 OR (der in der Regel die Androhung dieser Massnahme verlangt).

[36] BGE 129 III 664 ff. (673), E. 7.3.

hältnisses beschränkt; Art. 330a Abs. 2 OR) zu verlangen.[37] Demgegenüber darf der Arbeitgeber ein bloss einfaches Arbeitszeugnis nicht von sich aus ausstellen, sondern nur dann, wenn es vom Arbeitnehmer ausdrücklich verlangt wird.[38]

1481   – Pflichten im Zusammenhang mit der Personalvorsorge (Nr. 1494 ff.);

1482   – Pflichten bei geplanten Massenentlassungen (Art. 335d–335g OR).[39]

2.   Der Schutz der Persönlichkeit des Arbeitnehmers insbesondere

1483   1. Die Persönlichkeitsrechte einer Person sind nach allgemeiner Regel (Art. 28 ZGB) von jedermann zu achten. Diese Regel greift gleichermassen im ausservertraglichen Bereich und bei Vertragsverhältnissen und gilt auch im Arbeitsverhältnis. Nach **Art. 328 Abs. 1 OR** wird sie dahingehend konkretisiert, dass der Arbeitgeber die Persönlichkeit des Arbeitnehmers zu achten und zu schützen, auf dessen Gesundheit gebührend Rücksicht zu nehmen und für die Wahrung der Sittlichkeit zu sorgen hat. Daraus fliessen vielfache Teilpflichten, namentlich die folgenden:

1484   – die Pflicht, dafür zu sorgen, dass Arbeitnehmerinnen und Arbeitnehmer nicht sexuell belästigt werden und dass den Opfern von sexuellen Belästigungen keine weiteren Nachteile entstehen (Art. 328 Abs. 1 Satz 2 OR; Art. 4 GlG);

1485   – die Pflicht, zum Schutz von Leben, Gesundheit (dazu auch das Arbeitsgesetz) und persönlicher Integrität der Arbeitnehmerinnen und Arbeitnehmer die notwendigen und angemessenen Massnahmen zu treffen (Art. 328 Abs. 2 OR);[40]

1486   Dazu gehört auch die Pflicht, den Arbeitnehmer vor Mobbing und anderen Persönlichkeitsverletzungen durch Vorgesetzte oder Mitarbeitende zu schützen.[41]

1487   – im Fall einer Hausgemeinschaft die Pflicht, für ausreichende Verpflegung und einwandfreie Unterkunft zu sorgen sowie allenfalls Pflege und ärztliche Behandlung für eine beschränkte Zeit zu gewähren (Art. 328a OR);

1488   – die Pflicht, Daten über den Arbeitnehmer nur zu bearbeiten, soweit sie dessen Eignung für das Arbeitsverhältnis betreffen oder zur Durchführung des Arbeitsvertrags erforderlich sind (Art. 328b Satz 1 OR).[42]

1489   Die Regelung über den Datenschutz findet bereits im vorvertraglichen Bereich Anwendung. Sie setzt namentlich der Auskunfts- und Offenbarungspflicht des Arbeitnehmers in den Vertragsverhandlungen Grenzen. Generell müssen nur Fragen wahrheitsgetreu beantwortet werden, die in einem unmittelbaren Zusammenhang mit dem Arbeitsplatz und der zu leistenden Arbeit stehen.[43]

---

[37]   BGE 129 III 177 ff. (179), E. 3.2; Staehelin, Zürcher Komm., N 12 und 17 zu Art. 330a OR.

[38]   BGE 129 III 177 ff. (179 f.), E. 3.2–3.3.

[39]   BGE 134 III 67 ff. (69), E. 4.

[40]   BGE 132 III 257 ff. (259 ff.), E. 5, betreffend Sicherstellung der einwandfreien Beschaffenheit der Arbeitsräume gegenüber einem Arbeitnehmer mit starker Rauchallergie.

[41]   BGE 125 III 70 ff. (73), E. 2a; 127 III 351 ff. (355 f.), E. 4 b/cc; 132 III 115 ff. (117), E. 2.2; Urteil des BGer. vom 9. Juli 2007, Nr. 4A_128/2007, E. 2.2.

[42]   Aebi-Müller, S. 22 ff.; vgl. auch Staehelin, Zürcher Komm., N 6 f. zu Art. 328b OR.

[43]   BGE 132 II 161 ff. (166), E. 4.2.

Im Übrigen gelten nach Art. 328b Satz 2 OR explizit die Bestimmungen des Datenschutzgesetzes. Dadurch sind namentlich die dort aufgeführten allgemeinen Bearbeitungsgrundsätze (etwa Treu und Glauben, Verhältnismässigkeit, Zweckgebundenheit sowie Datensicherung; Art. 4 ff. DSG) anwendbar. Ausserdem steht dem Arbeitnehmer ein Auskunftsrecht zu (Art. 8 ff. DSG).   1490

Zur präsymptomatischen genetischen Untersuchung beim Arbeitnehmer und zum Umgang mit deren Ergebnissen vgl. auch Art. 21 ff. GUMG.   1491

2. Aspekte des Persönlichkeitsschutzes des Arbeitnehmers (und der Arbeitnehmerin) ergeben sich nach der hier vertretenen Auffassung auch aus dem **Gleichstellungsgesetz**. Darin ist namentlich das *Diskriminierungsverbot* niedergelegt (Art. 3 GlG), welches insbesondere für die Anstellung, die Aufgabenzuteilung, die Gestaltung der Arbeitsbedingungen, die Entlöhnung, die Aus- und Weiterbildung, die Beförderung und die Entlassung gilt (Art. 3 Abs. 2 GlG).   1492

Das Gesetz regelt sodann insbesondere die Diskriminierung durch sexuelle Belästigung (Art. 4), die Rechtsansprüche (Art. 5) sowie besondere Beweislasterleichterungen (Art. 6).   1493

3.   Die Personalvorsorge insbesondere

Schliesslich treffen den Arbeitgeber verschiedene Pflichten im Zusammenhang mit der Personalvorsorge (Art. 331–331f OR). Diese Verpflichtungen sind **nur teilweise im OR geregelt** und ergeben sich im Übrigen aus dem ZGB (Stiftungsrecht) und dem Sozialversicherungsrecht (insbesondere BVG)[44]. Nach OR treffen den Arbeitgeber beispielsweise folgende Pflichten:[45]   1494

– die Pflicht, Zuwendungen für die Personalvorsorge und allfällige Beiträge der Arbeitnehmer auf eine Stiftung, eine Genossenschaft oder eine Einrichtung des öffentlichen Rechts zu übertragen (Art. 331 Abs. 1 OR);   1495

– die Pflicht, gleich hohe Beiträge wie der Arbeitnehmer zu entrichten und diese zusammen mit den Arbeitnehmerleistungen an die Vorsorgeeinrichtung zu überweisen (Art. 331 Abs. 3 OR);   1496

– die Pflicht, dem Arbeitnehmer über die ihm gegen eine Vorsorgeeinrichtung oder einen Versicherungsträger zustehenden Forderungsrechte die erforderlichen Auskünfte zu geben (Art. 331 Abs. 4 OR).   1497

Überdies enthält das OR Bestimmungen über Beginn und Ende des Vorsorgeschutzes (Art. 331a OR), über das Verbot von Abtretung und Verpfändung von Forderungen auf künftige Vorsorgeleistungen (Art. 331b OR), über (zeitlich beschränkt wirksame) Vorbehalte der Vorsorgeeinrichtungen aus gesundheitlichen Gründen (Art. 331c OR) und über die Verpfändung und den Vorbezug von Vorsorgeleistungen durch den Arbeitnehmer im Zusammenhang mit der Begründung von Wohneigentum (Art. 331d–f OR).   1498

---

[44]   Zum Ganzen vgl. Helbling Carl, Personalvorsorge und BVG, 8. Aufl., Bern 2006.
[45]   Im Einzelnen vgl. Streiff/von Kaenel, N 1 ff. zu Art. 331 OR.

IV. Die Beendigung des Arbeitsverhältnisses

1499 Auseinanderzuhalten sind die Beendigungsgründe (Nr. 1500 ff.) und die Folgen der Beendigung (Nr. 1536 ff.).

1. Die Beendigungsgründe

1500 Das Arbeitsverhältnis ist ein *Dauerschuldverhältnis,* für dessen Beendigung es eines äusseren Auflösungsgrundes bedarf (Nr. 95). Zu unterscheiden sind drei Fälle: der Zeitablauf beim befristeten Arbeitsverhältnis (Nr. 1501 ff.), die Kündigung beim unbefristeten Arbeitsverhältnis (Nr. 1506 ff.) sowie der Tod des Arbeitnehmers (Nr. 1521 ff.). Ebenfalls behandelt wird der Kündigungsschutz (Nr. 1525 ff.).

A. Zeitablauf

1501 1. Das **befristete Arbeitsverhältnis** endet mit *Ablauf der vereinbarten Zeit* ohne Weiteres, also ohne Kündigung (Art. 334 Abs. 1 OR). Zu präzisieren ist, dass ein befristetes Arbeitsverhältnis durch ausserordentliche Kündigung aus wichtigem Grund vorzeitig aufgelöst werden kann, sodass die Kündigung dem Ablauf der vereinbarten Zeit vorgreift.

1502 Die Befristung des Arbeitsverhältnisses kann sich aus dem Gesetz oder aus dem Vertrag ergeben, namentlich auch aus einem spezifischen Zweck des Arbeitsverhältnisses: Nach der Praxis hat derjenige, der sich auf die Befristung beruft, diese im Streitfall nachzuweisen; im Zweifel ist anzunehmen, dass die Parteien ein unbefristetes Verhältnis eingehen wollten.[46]

1503 2. Dazu enthält das Gesetz **zwei Sonderbestimmungen**:

1504 – für die stillschweigende Fortsetzung eines befristeten Arbeitsverhältnisses nach Ablauf der vereinbarten Dauer; das Verhältnis gilt alsdann als unbefristetes (Art. 334 Abs. 2 OR);

1505 – für die Abrede eines mehr als zehn Jahre dauernden Arbeitsverhältnisses; hier kann jede Vertragspartei nach Ablauf von zehn Jahren jederzeit mit einer Kündigungsfrist von sechs Monaten auf das Ende eines Monats kündigen (Art. 334 Abs. 3 OR). Damit werden die zeitlichen Schranken einer zulässigen arbeitsrechtlichen Bindung (Art. 27 ZGB) konkretisiert, ohne dass die entsprechende Abrede gerade nichtig wäre.

B. Kündigung

1506 Ist das Arbeitsverhältnis auf **unbefristete Zeit** eingegangen worden, so kann jede Partei es nach Massgabe von Vertrag und Gesetz *kündigen* (Art. 335 Abs. 1 OR).

1507 1. Im Vordergrund steht die **ordentliche Kündigung,** also die Kündigung, die unter Einhaltung der gesetzlichen oder vertraglichen Fristen und Termine erfolgt. Folgende Normen sind zu berücksichtigen:

---

[46] Urteil des BGer. vom 29. Juni 2007, Nr. 4A_89/2007, E. 3.2.

– Die Kündigung muss grundsätzlich nicht mit einer Begründung versehen werden. Der   1508
Kündigende hat seine Kündigung nur dann schriftlich zu begründen, wenn die andere
Partei dies verlangt (Art. 335 Abs. 2 OR).

Bedeutsam ist die Begründung vor allem mit Blick auf den Schutz bei missbräuchlicher Kündigung   1509
(Art. 336 ff. OR).

– Für Arbeitgeber und Arbeitnehmer dürfen keine verschiedenen Kündigungsfristen   1510
festgesetzt werden; bei ungleichen Fristen gilt für beide Vertragspartner die längere
(Art. 335a Abs. 1 OR).

– Die Kündigungsfrist wird vom Gesetz unterschiedlich bemessen. Zunächst spielt eine   1511
Rolle, ob sich der Arbeitnehmer in der Probezeit befindet oder nicht (Art. 335b OR).
Nach Ablauf der Probezeit hängt die Dauer der Kündigungsfrist davon ab, wie lange
das Arbeitsverhältnis schon gedauert hat (Art. 335c OR). In den gesetzlichen Schranken kann die Kündigungsfrist durch schriftliche Abrede, Normalarbeitsvertrag oder Gesamtarbeitsvertrag abgeändert werden (Art. 335a Abs. 2, Art. 335b Abs. 2 und Art. 335c
Abs. 2 OR).

Gelten je nach Dauer des Arbeitsverhältnisses unterschiedliche Kündigungsfristen, so kommt jene   1512
Frist zur Anwendung, die im Zeitpunkt des Beginns der Kündigungsfrist gilt.[47] Die Kündigungsfrist
beginnt mit dem auf den Zugang der Kündigung (Zugangsprinzip) folgenden Tag zu laufen und endet
am entsprechenden Tag des der Dauer der Frist entsprechenden Monats.[48]

– Sonderregeln gelten für das Verfahren bei Massenentlassungen in Betrieben ab einer   1513
gewissen Grösse (Art. 335d–g OR).

Namentlich hat der Arbeitgeber, der eine Massenentlassung vornehmen will, die Arbeitnehmerver-   1514
tretung und die Arbeitnehmer zu konsultieren (Art. 335f Abs. 1 OR) und ihnen dabei die Möglichkeit
zu geben, Vorschläge zu unterbreiten, wie die Kündigungen vermieden oder deren Zahl beschränkt
werden bzw. ihre Folgen gemildert werden können (Art. 335f Abs. 2 OR). Diese Konsultation hat frühzeitig zu erfolgen, sodass ihr Resultat noch in den definitiven Entscheid über das Ausmass und den
Vollzug der Massenentlassung miteinbezogen werden kann. Überdies hat der Arbeitgeber bestimmte
Auskunftspflichten über die Gründe und das Ausmass der Massenentlassung (Art. 335f Abs. 3 OR).
Gegen den Arbeitgeber, der diesen Konsultations- und Auskunftspflichten nicht nachlebt, kann auf
Erfüllung und Schadenersatz wegen Vertragsverletzung (Art. 97 ff. OR) geklagt werden.

– Ausserdem enthält das Gesetz Spezialvorschriften zum Kündigungsschutz (Art. 336–   1515
336d OR; Nr. 1525 ff.).

2. Neben der ordentlichen Kündigung kann eine **ausserordentliche Auflösung** (fristlose   1516
Auflösung) in Betracht kommen. Namentlich kann jede Partei aus wichtigen Gründen je-
derzeit das Arbeitsverhältnis fristlos auflösen (Art. 337 Abs. 1 Satz 1 OR). Als *wichtiger
Grund* (Art. 4 ZGB) gilt jeder Umstand, bei dessen Vorhandensein dem Kündigenden nach
Treu und Glauben die Fortsetzung des Arbeitsverhältnisses nicht mehr zugemutet werden
darf (Art. 337 Abs. 2 OR). Solche Verhältnisse können bestehen:

– auf Grund einer schwerwiegenden Pflichtverletzung des Arbeitnehmers, die objektiv   1517
geeignet ist, die für das Arbeitsverhältnis wesentliche Vertrauensgrundlage zu zerstören
oder zumindest stark zu erschüttern, und die auch tatsächlich zu einer solchen Erschüt-
terung führt;[49]

---

47   BGE 131 III 467 ff. (471), E. 2.
48   BGE 131 III 467 ff. (472), E. 2.1.
49   BGE 130 III 213 ff. (220 f.), E. 3.1.

1518 — in einem Verhalten des Arbeitgebers, namentlich im Fall der Zahlungsunfähigkeit, sofern dem Arbeitnehmer für seine Forderungen aus dem Arbeitsverhältnis nicht innert angemessener Frist Sicherheit geleistet wird (Art. 337a OR).

1519 Über das Vorhandensein wichtiger Gründe entscheidet das Gericht grundsätzlich nach seinem Ermessen, unter Berücksichtigung aller wesentlichen Umstände des konkreten Falles.[50] Eingeschränkt ist sein Ermessen zum einen dadurch, dass es die unverschuldete Verhinderung des Arbeitnehmers an der Arbeitsleistung in keinem Fall als wichtigen Grund anerkennen darf (Art. 337 Abs. 3 OR). Zum andern verfügt das Gericht in Fällen der Zahlungsunfähigkeit (Art. 337a OR) über kein Ermessen hinsichtlich der Frage, ob die erforderliche Unzumutbarkeit vorliege.

1520 Die **Folgen der** (gerechtfertigten oder ungerechtfertigten) **Auflösung** des Arbeitsverhältnisses werden in den Art. 337b–d OR näher geregelt. Soweit sich die Auflösung als gerechtfertigt erweist, ist hinsichtlich der Schadenersatzpflicht entscheidend, welche Partei sich vertragswidrig verhalten hat (Art. 337b Abs. 1 OR). In den Fällen, in denen keine Partei verantwortlich ist bzw. beide die Auflösung zu verantworten haben, entscheidet das Gericht unter Würdigung aller Umstände nach seinem Ermessen über die vermögensrechtlichen Folgen (Art. 337b Abs. 2 OR). Ist eine Entlassung ungerechtfertigt, so wird das Arbeitsverhältnis trotzdem beendet. Der Entlassene hat diesfalls Anspruch auf Schadenersatz (Art. 337c Abs. 1 OR)[51] und unter Umständen auf eine Entschädigung (Art. 337c Abs. 3 OR).

C. Tod des Arbeitnehmers

1521 1. Von Gesetzes wegen endet das Arbeitsverhältnis mit dem **Tod des Arbeitnehmers** (Art. 338 Abs. 1 OR).

1522 Unter bestimmten Voraussetzungen trifft den Arbeitgeber die Pflicht, den Lohn für einen oder zwei weitere Monate an die Erben des Arbeitnehmers zu leisten (Art. 338 Abs. 2 OR).

1523 2. Demgegenüber geht beim **Tod des Arbeitgebers** das Verhältnis grundsätzlich auf die Erben über und bleibt insofern bestehen (Art. 338a Abs. 1 OR).

1524 Besondere Regeln gelten dann, wenn das Arbeitsverhältnis wesentlich mit Rücksicht auf die Person des Arbeitgebers eingegangen worden ist (Art. 338a Abs. 2 OR).

D. Der Kündigungsschutz

1525 Das Gesetz regelt den besonderen Kündigungsschutz in den **Art. 336–336d OR**. Im Einzelnen:

1526 1. Das schweizerische Arbeitsrecht geht vom **Prinzip der Kündigungsfreiheit** aus; für die Rechtmässigkeit einer Kündigung bedarf es demnach grundsätzlich keiner besonderen Gründe.[52]

---

[50] Urteil des BGer. vom 30. November 2000, Nr. 4C.244/2000, E. 2a/aa.
[51] Für zusätzlichen Schadenersatz wie etwa einen entgangenen Gewinn BGE 135 III 405 ff (407), E. 3.1. und 3.2.
[52] BGE 131 III 535 ff. (538 oben), E. 4.1; 132 III 115 ff. (116), E. 2.1.

2. Diese Freiheit ist jedoch nicht schrankenlos. Die Kündigung kann nämlich **missbräuchlich** sein, was dann zutrifft, wenn sie aus bestimmten, vom Gesetz als unzulässig erklärten Gründen ausgesprochen wird (Art. 336–336b OR). Im Einzelnen: 1527

– *Anwendungsfälle* der missbräuchlichen Kündigung werden in Art. 336 OR aufgeführt – in nicht abschliessender Aufzählung.[53] Das Verbot der missbräuchlichen Kündigung lässt sich teils als Konkretisierung des allgemeinen Rechtsmissbrauchsverbots, teils als Ausfluss des Persönlichkeitsschutzes verstehen. So oder anders ist das Verbot mit Rechtsfolgen ausgestattet, die auf das Arbeitsverhältnis zugeschnitten sind.[54] Missbräuchlich ist beispielsweise die Kündigung, die eine Partei ausspricht, um (ausschliesslich) die Entstehung von Ansprüchen der anderen Partei aus dem Arbeitsverhältnis zu vereiteln, oder weil die andere Partei nach Treu und Glauben Ansprüche aus dem Arbeitsverhältnis geltend macht (Art. 336 Abs. 1 lit. c und d OR). In den Fällen von Abs. 1 können sich sowohl Arbeitgeber wie Arbeitnehmer missbräuchlich verhalten. 1528

Eine vom Arbeitgeber im Rahmen einer Massenentlassung ausgesprochene Kündigung ist ebenfalls missbräuchlich, wenn die Arbeitnehmervertretung oder, falls es keine solche gibt, die Arbeitnehmer nicht konsultiert worden sind (Art. 336 Abs. 2 lit. c OR). 1529

– *Rechtsfolge* der missbräuchlichen Kündigung ist lediglich eine *Entschädigungspflicht* (Art. 336a Abs. 1 OR); selbst eine missbräuchliche Entlassung ist demnach wirksam und hat nicht zur Folge, dass der Arbeitgeber den Arbeitnehmer weiter beschäftigen muss. Die Höhe der Entschädigung setzt das Gericht in den Schranken von Art. 336a Abs. 2 und 3 OR nach seinem Ermessen fest. 1530

Bei der Entschädigung nach Art. 336a OR handelt sich nicht um Schadenersatz. Eine Entschädigung wird auch dann zugesprochen, wenn kein Schaden im klassischen Sinn vorliegt. Sie ist ein Gebilde «sui generis», ähnlich der Konventionalstrafe.[55] 1531

– Für die erfolgreiche Geltendmachung der Entschädigung sind *besondere Verfahrensregeln* zu beachten: Wer Ansprüche aus missbräuchlicher Kündigung geltend machen will, muss gegen die Kündigung vor Ablauf der Kündigungsfrist beim Kündigenden *schriftlich Einsprache* erheben (Art. 336b Abs. 1 OR). Ebenso muss eine allfällige Klage *innerhalb der gesetzlichen Frist* (180 Tage ab Beendigung des Arbeitsverhältnisses) anhängig gemacht werden, ansonsten der Anspruch verwirkt (Art. 336b Abs. 2 OR). 1532

3. Das Gesetz sieht im Weiteren vor, dass in bestimmten Situationen nicht gekündigt werden darf, weil sonst die **Kündigung zur Unzeit** erfolgt (Art. 336c und 336d OR). 1533

Das ist etwa der Fall, wenn der Arbeitgeber innert einer bestimmten Frist kündigt, während der Arbeitnehmer unverschuldet infolge Krankheit oder Unfall ganz oder teilweise an der Arbeitsleistung verhindert ist (Art. 336c Abs. 1 lit. b OR). Unzeitig ist die Kündigung des Arbeitgebers namentlich auch während der Schwangerschaft und in den sechzehn Wochen nach der Niederkunft einer Arbeitnehmerin (Art. 336c Abs. 1 lit. c OR).[56] Von Seiten des Arbeitnehmers liegt eine unzeitige Kündigung vor, wenn der Arbeitgeber nach Massgabe von Art. 336c Abs. 1 lit. a OR (zum Beispiel wegen Militärdienstes) an der Ausübung der Tätigkeit verhindert ist und der Arbeitnehmer dessen Tätigkeit während der Verhinderung zu übernehmen hat (Art. 336d Abs. 1 OR). 1534

---

[53] BGE 123 III 246 ff. (251), E. 3b; 125 III 70 ff. (72), E. 2a; 131 III 535 ff. (538), E. 4.2; 132 III 115 ff. (117), E. 2.1.
[54] BGE 132 III 115 ff. (117), E. 2.1.
[55] BGE 123 III 391 ff. (394), E. 3c; STAEHELIN/VISCHER, Zürcher Komm., N 3 f. zu Art. 336a OR.
[56] BGE 135 III 349 ff. (352), E. 2.1, wonach der Schutz keine Mitteilung der Schwangerschaft bedingt.

1535   Eine *Kündigung während dieser so genannten Sperrfristen* (Art. 336c Abs. 2 OR in fine)
           ist nichtig, was sie von der missbräuchlichen Kündigung unterscheidet. Erfolgte die un-
           zeitige Kündigung hingegen vor Beginn einer Sperrfrist, ist aber die Kündigungsfrist bis
           dahin noch nicht abgelaufen, so wird der Fristenlauf unterbrochen und nach Beendigung
           der Sperrfrist fortgesetzt (Art. 336c Abs. 2 und Art. 336d Abs. 2 OR).[57]

2.   Die Folgen der Beendigung

A.   Im Allgemeinen

1536   Die Beendigung des Arbeitsverhältnisses bedeutet, dass das Verhältnis (als Dauervertrag) **ab-
       gewickelt** werden muss. Das Gesetz stellt dazu folgende Regeln auf:

1537   1. Mit der Beendigung des Arbeitsverhältnisses werden alle Forderungen aus dem Arbeitsver-
          hältnis **fällig** (Art. 339 Abs. 1 OR). Mit der Fälligkeit beginnt auch die *Verjährungsfrist* für
          diese Forderungen zu laufen (Art. 130 Abs. 1 OR). Die Forderungen «aus dem Arbeitsver-
          hältnis von Arbeitnehmern» verjähren in fünf Jahren (Art. 128 Ziff. 3 OR).

1538   2. Auf den Zeitpunkt der Beendigung hin bestehen **Rückgabepflichten** beider Parteien
          (Art. 339a OR). Der Arbeitnehmer hat insbesondere Fahrzeuge sowie Gerätschaften zu-
          rückzugeben und Lohn- oder Auslagenvorschüsse so weit zurückzuerstatten, als sie seine
          Forderungen übersteigen (Art. 339a Abs. 2 OR).

1539   Vorbehalten bleiben indessen Retentionsrechte der Vertragsparteien (Art. 339a Abs. 3 OR; Art. 895 ff.
       ZGB).

1540   3. Dem Arbeitnehmer steht unter den Voraussetzungen von Art. 339b OR eine **Abgangsent-
          schädigung** zu, die das Gesetz nach Höhe und Fälligkeit näher präzisiert (Art. 339c und
          339d OR).

1541   4. Allenfalls kommt nach Beendigung des Arbeitsverhältnisses ein (nachvertragliches) **Kon-
          kurrenzverbot** zum Tragen (Art. 340–340c OR).

B.   Das Konkurrenzverbot insbesondere

1542   1. Das Konkurrenzverbot betrifft die **konkurrenzierende Tätigkeit des Arbeitnehmers
       nach Auflösung des Arbeitsverhältnisses.** Das vertragliche Verbot beinhaltet die Abrede,
       durch welche der Arbeitnehmer sich verpflichtet, jede konkurrenzierende Tätigkeit wäh-
       rend einer bestimmten Zeit zu unterlassen und dabei insbesondere nicht ein konkurrenzie-
       rendes Geschäft zu betreiben bzw. in einem solchen tätig zu sein (Art. 340 OR). Im Einzel-
       nen bleibt Folgendes anzufügen:

1543   – Zwei Geschäfte konkurrenzieren einander dann, wenn «beide – bei einem ganz oder
         teilweise übereinstimmenden Kundenkreis – gleichartige und folglich unmittelbar das
         gleiche Bedürfnis befriedigende Leistungen anbieten».[58] Die Konkurrenzierung betrifft
         die Zeit nach Beendigung des Arbeitsverhältnisses.

---

[57]   BGE 133 III 517 ff. (520 ff.), E. 3 ff. (Berechnung und Beginn der Sperrfrist).
[58]   BGE 92 II 22 ff. (26), E. 1d.

Eine Konkurrenzierung während der Dauer des Arbeitsverhältnisses wird nicht von dieser Konkur-   1544
renzverbotsabrede erfasst. Sie ist als Verstoss gegen die Treuepflicht des Arbeitnehmers nach Art. 321a
Abs. 3 OR zum Vornherein unzulässig.

– Die Vereinbarung eines Konkurrenzverbots setzt Handlungsfähigkeit des Arbeitneh-   1545
mers voraus und muss zu ihrer Gültigkeit schriftlich sein (Art. 340 Abs. 1 OR).

– Das Konkurrenzverbot ist nur verbindlich, wenn das Arbeitsverhältnis dem Arbeit-   1546
nehmer Einblick in den Kundenkreis oder in Fabrikations- und Geschäftsgeheimnisse
gewährt und die Verwendung dieser Kenntnisse den Arbeitgeber erheblich schädigen
könnte (Art. 340 Abs. 2 OR).

Eine Schädigung durch Einblick in den Kundenkreis ist insbesondere dann möglich, «wenn der Arbeit-   1547
nehmer mit den Kunden seines Arbeitgebers in Kontakt gekommen und mit deren Wünschen und An-
liegen bekannt geworden ist und damit die Möglichkeit hat, allfällige Angebote Erfolg versprechend
zu gestalten und frühzeitig auf die konkreten Bedürfnisse des Kunden auszurichten».[59] Keinen Nutzen
aus dem Einblick in den Kundenkreis kann ein Angestellter demgegenüber dann ziehen, wenn «die
Beziehungen zwischen der Kundschaft und dem Arbeitgeber vorwiegend persönlicher Natur sind und
auf den besonderen Fähigkeiten des Arbeitgebers beruhen» – was regelmässig auf Angehörige der
freien Berufe (z.B. Ärzte, Zahnärzte, Rechtsanwälte) zutrifft; in solchen Fällen lässt sich ein Konkurrenzverbot daher regelmässig nicht mit dem Einblick des Arbeitnehmers in den Kundenkreis rechtfertigen.[60]

– Das Konkurrenzverbot ist nach Ort, Zeit und Gegenstand angemessen zu begrenzen; es   1548
darf nur unter besonderen Umständen drei Jahre überschreiten (Art. 340a Abs. 1 OR).

Das Gericht kann ein übermässiges Konkurrenzverbot unter Würdigung aller Umstände nach seinem   1549
Ermessen einschränken (Art. 340a Abs. 2 Satz 1 OR).

2. Übertritt der Arbeitnehmer ein gültig vereinbartes Konkurrenzverbot, so wird er dem Ar-   1550
beitgeber grundsätzlich **schadenersatzpflichtig** (Art. 340b Abs. 1 OR). Das Gesetz präzisiert die Schadenersatzpflicht, die Pflicht zur Leistung einer Konventionalstrafe und den
Anspruch des Arbeitgebers auf reale Durchsetzung des Verbotes wie folgt:

– Ist bei Übertretung des Verbotes eine *Konventionalstrafe* geschuldet und nichts anderes   1551
verabredet, so kann sich der Arbeitnehmer durch die Leistung der Strafe vom Verbot
befreien; er bleibt jedoch für weiteren Schaden ersatzpflichtig (Art. 340b Abs. 2 OR).

Die Konventionalstrafe ist in diesem Fall also von Gesetzes wegen «Wandelpön», allerdings unter dem   1552
Vorbehalt der Ersatzpflicht für weiteren Schaden.[61]

– Nur wenn es besonders schriftlich vereinbart ist, kann der Arbeitgeber neben der Kon-   1553
ventionalstrafe und dem Ersatz des weiteren Schadens die *Beseitigung des vertragswidrigen Zustandes* (also die reale Durchsetzung des Verbots) verlangen; dies setzt im Übrigen voraus, dass die verletzten oder bedrohten Interessen des Arbeitgebers und das
Verhalten des Arbeitnehmers diese Beseitigung rechtfertigen (Art. 340b Abs. 3 OR).[62]

3. Selbst wenn ein Konkurrenzverbot gültig vereinbart worden ist, **fällt es dahin**, wenn der   1554
Arbeitgeber nachweisbar kein erhebliches Interesse mehr daran hat (Art. 340c Abs. 1 OR)
oder wenn der Arbeitgeber das Arbeitsverhältnis kündigt, ohne dass ihm der Arbeitnehmer

---

[59] Urteil des BGer. vom 19. Januar 2005, Nr. 4C.360/2004, E. 3.2 (Zulässigkeit des Konkurrenzverbots in
       casu bejaht; E. 3.3).
[60] Urteil des BGer. vom 13. Juli 2007, Nr. 4C.100/2006, E. 2 (für einen Assistenzzahnarzt).
[61] GAUCH/SCHLUEP/EMMENEGGER, Nr. 3810 und 3812; COTTI, Nr. 678.
[62] Vgl. im Einzelnen COTTI, Nr. 697 ff.

dazu begründeten Anlass gegeben hat. Ebenso verhält es sich, wenn der Arbeitnehmer aus einem vom Arbeitgeber zu verantwortenden Anlass kündigt (Art. 340c Abs. 2 OR).

1555 Entscheidend ist der tatsächliche Grund, der zur Beendigung des Arbeitsverhältnisses führt. Insofern kommt es nicht darauf an, wer kündigt.[63] Als Beendigungsgründe kommen insbesondere nicht leicht zu nehmende Vertragsverletzungen der Gegenpartei in Betracht.[64]

V.   Einzelfragen

1.   Das Streikrecht

1556 1. Das schweizerische Recht enthielt unter der alten Bundesverfassung weder auf Verfassungs- noch auf Gesetzesstufe eine ausdrückliche Regelung über die Zulässigkeit oder Unzulässigkeit eines Streiks, verstanden als «kollektive Verweigerung der geschuldeten Arbeitsleistung zum Zwecke der Durchsetzung von Forderungen nach bestimmten Arbeitsbedingungen gegenüber einem oder mehreren Arbeitgebern».[65] Diese Gesetzeslücke hat das Bundesgericht im Jahr 1999 – zwei Monate nach Annahme der neuen Bundesverfassung und sechs Monate vor deren Inkrafttreten – gemäss Art. 1 Abs. 2 und 3 ZGB durch **richterliche Rechtsfindung** geschlossen und ein Streikrecht grundsätzlich bejaht.[66] *Rechtmässig* ist ein Streik aber nur dann, wenn er von einer tariffähigen Organisation getragen wird, durch Gesamtarbeitsvertrag regelbare Ziele verfolgt, nicht gegen die Friedenspflicht verstösst und verhältnismässig ist.[67]

1557 Auf Grund der zitierten Rechtsprechung steht unter anderem fest, dass für den einzelnen Arbeitnehmer kein Streikrecht (als individuelles Freiheitsrecht) besteht. Der Arbeitnehmer ist vielmehr mit dem Arbeitgeber durch den individuellen Arbeitsvertrag verbunden, dem «eine Friedenspflicht inhärent» ist; eine Suspendierung dieser vertraglichen Arbeits- und Friedenspflicht lässt sich nur auf der kollektivrechtlichen Ebene rechtfertigen.[68]

1558 2. **Art. 28 Abs. 2–4 der BV** vom 18. April 1999 enthalten nun verfassungsrechtliche Vorgaben zum Streikrecht.[69] Dieses Recht bildet Teil der verfassungsmässigen Koalitionsfreiheit und wirkt sich – im Sinn einer indirekten Drittwirkung von Grundrechten – auf die arbeitsvertragliche Beziehung aus.[70] Als *ultima ratio der Arbeitskampfmassnahmen* ist ein Streik jedoch nur dann zulässig, wenn er die Arbeitsbeziehungen betrifft und wenn keine Verpflichtungen entgegenstehen, den Arbeitsfrieden zu wahren oder Schlichtungsverhandlungen zu führen (Art. 28 Abs. 2 BV).[71] Überdies muss der Streik nach der bundesgerichtlichen

---

[63]   BGE 130 III 353 ff. (360), E. 2.2.2.

[64]   STAEHELIN/VISCHER, Zürcher Komm., N 7 und 15 zu Art. 340c OR.

[65]   BGE 125 III 277 ff. (283), E. 3a.

[66]   BGE 125 III 277 ff.

[67]   BGE 125 III 277 ff. (284), E. 3b; 111 II 245 ff. (257), E. 4c; 132 III 122 ff. (132 f.), E. 4.4.1 (zu Art. 28 BV).

[68]   VISCHER/ALBRECHT, Zürcher Komm., Vorbem. zu Art. 356–360 OR, N 12.

[69]   Dazu BBl 1997 I S. 179 f.; BGE 132 III 122 ff. (132 ff.), E. 4.4; VALLENDER, in: Ehrenzeller Bernhard/ Mastronardi Philippe/Schweizer Rainer J./Vallender Klaus A. (Hrsg.), Die schweizerische Bundesverfassung, Kommentar, Zürich 2002, N 20 ff. zu Art. 28 BV; MAHON, in: Aubert Jean-François/Mahon Pascal (Hrsg.), Petit commentaire de la Constitution fédérale de la Confédération suisse du 18 avril 1999, Zürich 2003, N 8 ff. zu Art. 28 BV.

[70]   BGE 132 III 122 ff. (133), E. 4.4.1.

[71]   BGE 132 III 122 ff. (133 f.), E. 4.4.2.

Rechtsprechung von einer tariffähigen Organisation getragen werden und den Grundsatz der Verhältnismässigkeit wahren.[72]

Die vorübergehende Arbeitsniederlegung infolge Teilnahme an einem (rechtmässigen) Streik kann demnach aufgrund der indirekten Drittwirkung keine Verletzung vertraglicher Arbeitspflichten darstellen.[73] Doch sind politische Streiks, welche die Behörden unter Druck setzen sollen, unzulässig.[74] 1559

2. Die Rechte an Erfindungen und Designs

1. Erfindungen gehören unabhängig von ihrer Schutzfähigkeit dem Arbeitgeber, wenn der Arbeitnehmer sie bei der Ausübung seiner dienstlichen Tätigkeit und **in Erfüllung seiner vertraglichen Pflichten** macht. Dasselbe gilt für Designs, an deren Hervorbringung der Arbeitnehmer mitwirkt (Art. 332 Abs. 1 OR). 1560

Eine *Erfindung* liegt dann vor, wenn «dank einer schöpferischen Idee durch eine neue, originelle Kombination von Naturkräften oder -stoffen ein technischer Nutzeffekt erzielt wird, der einen wesentlichen technischen Fortschritt bedeutet»;[75] da es auf die Schutzfähigkeit nicht ankommt, sind an eine Erfindung nicht die gleichen Anforderungen zu stellen wie nach Patentrecht.[76] Entsprechend dem Bundesgesetz über den Schutz von Design sind unter dem Begriff *Design* Gestaltungen von Erzeugnissen oder Teilen von Erzeugnissen zu verstehen, die namentlich durch die Anordnung von Linien, Flächen, Konturen oder Farben oder durch das verwendete Material charakterisiert sind (Art. 1 DesG). 1561

2. Wurde die Erfindung oder das Design vom Arbeitnehmer bei Ausübung seiner dienstlichen Tätigkeit, aber **nicht in Erfüllung seiner vertraglichen Pflichten** gemacht (sogenannte Gelegenheitserfindung bzw. Gelegenheitsdesign), so gilt folgende Regelung (Art. 332 Abs. 2–4 OR): 1562

- Erfindung und Design stehen zunächst grundsätzlich dem Arbeitnehmer zu. Durch schriftliche Abrede kann sich der Arbeitgeber jedoch den Erwerb ausbedingen (Art. 332 Abs. 2 OR). Wurde dies schriftlich vereinbart, so trifft den Arbeitnehmer, der eine solche Erfindung gemacht oder ein Design hervorgebracht hat, eine besondere Anzeigepflicht. Auf schriftliche Anzeige hin hat der Arbeitgeber innert sechs Monaten mitzuteilen, ob er die Erfindung bzw. das Design erwerben will oder ob er sie dem Arbeitnehmer freigibt (Art. 332 Abs. 3 OR). 1563

- Gibt der Arbeitgeber die Erfindung oder das Design nicht frei, so hat er dem Arbeitnehmer eine besondere angemessene Vergütung auszurichten (Art. 332 Abs. 4 OR). 1564

3. Der Übergang des Arbeitsverhältnisses

Der Übergang des Arbeitsverhältnisses ist in **Art. 333** und **333a OR** sowie im **Fusionsgesetz** geregelt: 1565

1. Überträgt der Arbeitgeber den Betrieb oder einen Betriebsteil auf einen Dritten, so **geht das Arbeitsverhältnis** mit allen Rechten und Pflichten mit dem Tag der Betriebsnachfolge 1566

---

[72] BGE 132 III 122 ff. (133 f.), E. 4.4.2.
[73] BGE 125 III 277 ff. (284), E. 3c.
[74] BGE 132 III 122 ff. (134), E. 4.4.2 lit. a.
[75] STAEHELIN/VISCHER, Zürcher Komm., N 3 zu Art. 332 OR mit Hinweisen.
[76] Zum Begriff der Erfindung BGE 114 II 82 ff. (84), E. 2a.

grundsätzlich auf den Erwerber **über** (Art. 333 Abs. 1 OR), jedoch mit folgenden Vorbehalten und Besonderheiten:

1567 – Der Übergang erfasst nur Arbeitsverhältnisse, die im Zeitpunkt der Betriebsübertragung vorhanden sind.[77]

1568 – Der Arbeitnehmer hat das Recht, den Übergang abzulehnen (Art. 333 Abs. 1 in fine OR). Diesfalls wird das Arbeitsverhältnis auf den Ablauf der gesetzlichen Kündigungsfrist hin aufgelöst; der Erwerber des Betriebes und der Arbeitnehmer sind bis dahin zur Erfüllung des Vertrags verpflichtet (Art. 333 Abs. 2 OR).

1569 Zu beachten gilt es ausserdem, dass die Übernahmepflicht nach der Rechtsprechung des Bundesgerichts nicht vertraglich wegbedungen werden kann, auch wenn Art. 333 Abs. 1 OR nicht in Art. 361 und 362 OR unter den zwingenden oder teilzwingenden Normen aufgeführt ist.[78] Besondere Vorschriften gelten, falls ein Gesamtarbeitsvertrag anwendbar ist (Art. 333 Abs. 1bis OR).

1570 – Der bisherige Arbeitgeber und der Erwerber des Betriebes haften solidarisch für die Forderungen des Arbeitnehmers, die vor dem Übergang fällig geworden sind und die nachher bis zum Zeitpunkt fällig werden, auf den das Arbeitsverhältnis ordentlicherweise beendigt werden könnte oder bei Ablehnung des Übergangs durch den Arbeitnehmer beendigt wird (Art. 333 Abs. 3 OR).

1571 – «Im Übrigen» ist der Arbeitgeber nicht berechtigt, die Rechte aus dem Arbeitsverhältnis auf einen Dritten zu übertragen, sofern nichts anderes vereinbart ist oder sich aus den Umständen ergibt (Art. 333 Abs. 4 OR).

1572 2. Vor der Übertragung des Betriebes oder Betriebsteils auf einen Dritten treffen den Arbeitgeber besondere **Informationspflichten** gegenüber der Arbeitnehmervertretung oder, falls es keine solche gibt, gegenüber dem Arbeitnehmer selber (Art. 333a OR).

1573 Sind infolge des Übergangs Massnahmen beabsichtigt, welche die Arbeitnehmer betreffen, so ist die Arbeitnehmervertretung oder, falls es keine solche gibt, sind die Arbeitnehmer rechtzeitig vor dem Entscheid über diese Massnahmen zu *konsultieren* (Art. 333a Abs. 2 OR).

1574 3. Das **Fusionsgesetz** (FusG)[79] enthält ebenfalls Bestimmungen, die den Übergang des Arbeitsverhältnisses betreffen.

1575 Sie betreffen insbesondere die Sicherstellung von Forderungen aus dem Arbeitsvertrag (Art. 27 Abs. 2 und Art. 49 Abs. 2 FusG), Informationspflichten über die Auswirkungen der Fusion auf die Arbeitnehmerschaft (Art. 14 Abs. 3 lit. i FusG) und die Haftung für Forderungen aus dem Arbeitsverhältnis (Art. 27 Abs. 3, Art. 49 Abs. 3 und Art. 68 Abs. 2 FusG). Überdies wird nach Art. 27 Abs. 1, Art. 49 Abs. 1 und Art. 76 Abs. 1 FusG explizit auf die Anwendbarkeit von Art. 333 OR hingewiesen.

4. Die Zivilrechtspflege

1576 Die Rechtspflege im Arbeitsrecht wird zur Hauptsache in der *Zivilprozessordnung* geregelt, die für diesen Bereich einfache und kostengünstige Verfahren zur Verfügung stellt und so der sozialen Bedeutung dieses Lebensbereichs Rechnung tragen soll. Von Bedeutung sind weiter das Bundesgerichtsgesetz und die Bestimmungen des internationalen Privatrechts:

---

[77] BGE 134 III 102 ff. (106), E. 3.1.1.
[78] BGE 132 III 32 ff. (38 ff.), E. 4.2.
[79] Bundesgesetz über Fusion, Spaltung, Umwandlung und Vermögensübertragung (FusG) vom 3. Oktober 2003 (SR 221.301).

1. Die **Zivilprozessordnung** regelt eine Vielzahl erheblicher Fragen einheitlich: 1577

- Für arbeitsrechtliche Klagen bestehen unabhängig davon, ob sich die Klage auf das OR   1578
oder ein Spezialgesetz (z.B. GlG oder AVG) stützt, spezielle Gerichtsstände (Art. 34
ZPO), die überdies teilzwingend sind (Art. 35 ZPO).

- Auch in arbeitsrechtlichen Streitigkeiten muss vor dem Entscheid – grundsätzlich[80] –   1579
ein Schlichtungsverfahren durchgeführt werden, in dem in formloser Verhandlung versucht wird, die Parteien zu versöhnen (Art. 201 Abs. 1 ZPO).

- In vielen Fällen fallen arbeitsrechtliche Streitigkeiten in den Bereich des vereinfachten   1580
Verfahrens, das immer dann zum Tragen kommt, wenn der Streitwert 30 000 Franken
nicht übersteigt (Art. 243 Abs. 1 ZPO). Diese Verfahrensart bleibt auch dann erhalten,
wenn mehrere Arbeitnehmerinnen und Arbeitnehmer ihre jeweiligen Ansprüche (z.B.
aus ungerechtfertigter Massenentlassung) als einfache Streitgenossen durchsetzen
und die Summe ihrer Ansprüche die Streitwertgrenze von 30 000 Franken übersteigt
(Art. 93 Abs. 2 ZPO).

- Für bestimmte arbeitsrechtliche Streitigkeiten hat das Gericht den Sachverhalt von Am-   1581
tes wegen festzustellen; es gilt also der Untersuchungsgrundsatz (Art. 247 Abs. 2 ZPO).

- In arbeitsrechtlichen Streitigkeiten werden keine Gerichtskosten[81] auferlegt, was für   1582
alle Schlichtungsverfahren (Art. 113 Abs. 2 lit. d ZPO) und für jene Entscheidverfahren
gilt, in denen der Streitwert 30 000 Franken nicht übersteigt (Art. 114 lit. c ZPO).

2. Für Streitigkeiten aus Arbeitsverträgen enthält auch das **Bundesgerichtsgesetz** (BGG)   1583
teilweise spezielle Regeln: So gilt für entsprechende Beschwerden in Zivilsachen die her-
abgesetzte Streitwertgrenze von 15 000 Franken (Art. 74 Abs. 1 lit. a BGG); Rechtsfragen
von grundsätzlicher Bedeutung bleiben vorbehalten (Art. 74 Abs. 2 lit. a BGG). Zudem sind
die Gerichtskosten bis zu einem Streitwert von 30 000 Franken zu pauschalieren (Art. 65
Abs. 4 lit. c BGG).

3. Dazu tritt das **internationale Privatrecht** mit speziellen Gerichtsständen (Art. 115 IPRG   1584
und Art. 18 ff. LugÜ) und einer Beschränkung der Rechtswahlfreiheit (Art. 121 Abs. 3
IPRG).

VI. Besondere Einzelarbeitsverträge

Im zweiten Abschnitt des Arbeitsvertragsrechts (Art. 344–355 OR) regelt das Gesetz beson-   1585
dere Einzelarbeitsverträge («Des contrats individuels de travail de caractère spécial»). Soweit
zu diesen besonderen Einzelarbeitsverträgen spezielle Normen fehlen, sind die allgemeinen
Vorschriften über den Einzelarbeitsvertrag ergänzend anwendbar (Art. 355 OR).

1. Der Lehrvertrag

1. Der Lehrvertrag («le contrat d'apprentissage») kennzeichnet sich dadurch, dass der **Lehr-**   1586
meister (Arbeitgeber) verpflichtet ist, die **lernende Person** (Lehrling, Lehrtochter) für
eine bestimmte Berufstätigkeit fachgerecht auszubilden, währenddem die lernende Per-

---

[80]   Zu Ausnahmen siehe Art. 199 und Art. 213 ZPO.
[81]   Zum Begriff der Gerichtskosten siehe Art. 95 Abs. 2 ZPO.

son verpflichtet ist, zu diesem Zweck Arbeit im Dienst des Lehrmeisters zu leisten (Art. 344 OR). Der Lehrvertrag vermischt demnach Elemente der Arbeitsleistung mit solchen der Berufsbildung und lässt sich umschreiben als «Arbeitsvertrag, der zum Zweck der Ausbildung abgeschlossen» wird.[82] Die Vereinbarung eines Lohnes während des Lehrverhältnisses ist zwar üblich, nach überwiegender Lehrmeinung aber nicht zwingend.[83]

1587 2. Gegenüber dem gewöhnlichen Einzelarbeitsvertrag weist der Lehrvertrag mehrere **Besonderheiten** auf (Art. 344a–346a OR), beispielsweise die folgenden:

1588 – Der Lehrvertrag bedarf zu seiner Gültigkeit der schriftlichen Form (Art. 344a Abs. 1 OR). Zudem muss er die Art und die Dauer der beruflichen Bildung, den Lohn, die Probezeit, die Arbeitszeit und die Ferien regeln (Art. 344a Abs. 2 OR).

1589 Deckt das Schriftformerfordernis den Lohn nicht, so ist der Vertrag formungültig (Art. 11 Abs. 2 OR); hat die lernende Person Arbeit geleistet, hat sie gestützt auf Art. 320 Abs. 3 OR Anspruch auf den formungültig vereinbarten oder – wenn es an jeglicher Abrede fehlt – auf den üblichen Lohn.[84]

1590 – Abreden, die den Lehrling im freien Entschluss über die berufliche Tätigkeit nach beendigter Lehre beeinträchtigen, sind nichtig (Art. 344a Abs. 6 OR).

1591 – Beide Parteien treffen besondere Pflichten: So hat die lernende Person alles zu tun, um das Lehrziel zu erreichen (Art. 345 Abs. 1 OR). Der Lehrmeister andererseits hat besondere Ausbildungspflichten und muss der lernenden Person die zum Besuch des beruflichen Unterrichts und zur Teilnahme an den Lehrabschlussprüfungen erforderliche Zeit ohne Lohnabzug zur Verfügung stellen (Art. 345a OR).

1592 – Sonderregeln gelten schliesslich für die Beendigung des Lehrvertrags (Art. 346 OR) und für das Lehrzeugnis (Art. 346a OR).

2. Der Handelsreisendenvertrag

1593 1. Durch den Handelsreisendenvertrag («le contrat d'engagement des voyageurs de commerce») verpflichtet sich der **Handelsreisende** dazu, auf Rechnung eines Geschäftsinhabers gegen Lohn Geschäfte jeder Art **ausserhalb der Geschäftsräume des Arbeitgebers zu vermitteln oder abzuschliessen** (Art. 347 Abs. 1 OR).

1594 2. Gegenüber dem gewöhnlichen Einzelarbeitsvertrag weist der Handelsreisendenvertrag verschiedene **Besonderheiten** auf (Art. 347a–350a OR), namentlich die folgenden:

1595 – Für das Handelsreisendenverhältnis sieht das Gesetz einen besonderen Inhalt vor (Art. 347a Abs. 1 OR), der in einem schriftlichen Vertrag festzuhalten ist. Die Schriftform ist jedoch nicht Gültigkeitserfordernis in dem Sinn, dass der Vertrag bei deren Fehlen teilungültig wäre.[85] Fehlt sie, so wird der in Art. 347 Abs. 1 OR umschriebene Vertragsinhalt durch die gesetzlichen Vorschriften und die üblichen Arbeitsbedingungen bestimmt (Art. 347a Abs. 2 OR).

1596 – Beide Parteien treffen wiederum besondere Pflichten: Der Handelsreisende hat unter anderem die Kundschaft in der ihm vorgeschriebenen Weise zu besuchen und muss, falls er zum Abschluss von Geschäften ermächtigt ist, die ihm vorgeschriebenen Preise

---

[82] BGE 132 III 753 (755), E. 2.1, mit der Abgrenzung zum Unterrichtsvertrag (Innominatkontrakt; Nr. 2508).

[83] BGE 132 III 753 (757), E. 2.4.

[84] BGE 132 III 753 (756 f.), E. 2.3–2.4.

[85] BGE 116 II 700 ff. (701), E. 3a.

und anderen Geschäftsbedingungen einhalten (Art. 348 Abs. 1 und 2 OR). Der Arbeitgeber ist unter bestimmten Voraussetzungen verpflichtet, den Handelsreisenden exklusiv in einem bestimmten Gebiet tätig sein zu lassen (Art. 349 OR).

– Weitere Besonderheiten gelten für den Lohn (Art. 349a ff. OR), für das Retentionsrecht (Art. 349e OR) und für die Vertragsbeendigung (Art. 350 und 350a OR).   1597

3.   Der Heimarbeitsvertrag

1. Der Heimarbeitsvertrag («le contrat de travail à domicile») kennzeichnet sich dadurch, dass der **Heimarbeitnehmer** verpflichtet ist, **in seiner Wohnung oder in einem andern von ihm bestimmten Arbeitsraum** allein oder mit Familienangehörigen Arbeiten im Lohn für den Arbeitgeber auszuführen (Art. 351 OR).   1598

2. Gegenüber dem gewöhnlichen Einzelarbeitsvertrag gelten wiederum **Besonderheiten** (Art. 351a–354 OR), unter anderem die folgenden: 1599

– Der Heimarbeitnehmer ist verpflichtet, mit der Arbeit rechtzeitig zu beginnen, sie bis zum verabredeten Termin fertig zu stellen und das Arbeitserzeugnis dem Arbeitgeber zu übergeben (Art. 352 Abs. 1 OR). Überdies hat der Arbeitnehmer eine besondere Sorgfaltspflicht gegenüber den ihm vom Arbeitgeber zur Verfügung gestellten Materialien und Arbeitsgeräten (Art. 352a OR).   1600

– Der Arbeitgeber hat hinsichtlich des abgelieferten Arbeitserzeugnisses die Obliegenheit, das abgelieferte Arbeitserzeugnis sofort zu prüfen und allfällige Mängel innert einer Woche dem Heimarbeitnehmer zu melden (Art. 353 OR). Alsdann trifft den Heimarbeitnehmer unter Umständen die Pflicht zur unentgeltlichen Verbesserung (Art. 352 Abs. 2 OR).   1601

– Besondere Bestimmungen bestehen ausserdem über die Ausrichtung des Lohnes (Art. 353a f. OR) und die Beendigung des Arbeitsverhältnisses (Art. 354 OR).   1602

§ 15 Der Gesamt- und der Normalarbeitsvertrag

1603 *Sonderliteratur (Auswahl):*

STAEHELIN ADRIAN, Kommentar zum schweizerischen Zivilrecht, Obligationenrecht, Teilband V 2c: Der Arbeitsvertrag, Art. 319–330a OR, 4. Aufl., Zürich 2006.

STAEHELIN ADRIAN/VISCHER FRANK, Kommentar zum Schweizerischen Zivilgesetzbuch, V. Band: Obligationenrecht, Teilband V 2c: Der Arbeitsvertrag, Art. 319–362 OR, 3. Aufl., Zürich 1996.

STÖCKLI JEAN-FRITZ, Berner Kommentar, Kommentar zum schweizerischen Privatrecht, Band VI: Das Obligationenrecht, 2. Abteilung: Die einzelnen Vertragsverhältnisse, 2. Teilband: Der Arbeitsvertrag, Art. 319–362 OR, 3. Abschnitt: Gesamtarbeitsvertrag und Normalarbeitsvertrag, Art. 356–360 OR, Bern 1999.

STREIFF ULLIN/VON KAENEL ADRIAN, Arbeitsvertrag, Praxiskommentar zu Art. 319–362 OR, 6. Aufl., Zürich 2006.

VISCHER FRANK/ALBRECHT ANDREAS C., Kommentar zum schweizerischen Zivilrecht, Obligationenrecht, Teilband V 2c, Der Arbeitsvertrag, Art. 356–360f OR, 4. Aufl., Zürich/Basel/Genf 2006.

1604 Die beiden im dritten Abschnitt des zehnten Titels des OR geregelten Rechtsfiguren weisen gänzlich unterschiedliche Merkmale auf. Beim **Gesamtarbeitsvertrag** (Art. 356 ff. OR; Nr. 1605 ff.) handelt es sich um ein Instrument des kollektiven Arbeitsrechts. Demgegenüber stellt der **Normalarbeitsvertrag** (Art. 359 ff. OR; Nr. 1644 ff.) gar keinen Vertrag im Rechtssinn dar, sondern ist eine behördlich erlassene Verordnung (Rechtsverordnung).

I. Der Gesamtarbeitsvertrag

1605 Das Gesamtarbeitsvertragsrecht ist zum einen in den **Art. 356–358 OR,** zum andern in **Spezialgesetzen** geregelt. Zu denken ist vor allem an das Bundesgesetz über die Allgemeinverbindlicherklärung von Gesamtarbeitsverträgen (AVEG).[1]

1. Allgemeines

1606 1. Der Gesamtarbeitsvertrag («la convention collective de travail») ist ein Vertrag, durch welchen **Arbeitgeber oder deren Verbände einerseits und Arbeitnehmerverbände andererseits** gemeinsam Bestimmungen über Abschluss, Inhalt und Beendigung der einzelnen Arbeitsverhältnisse der beteiligten Arbeitgeber und Arbeitnehmer aufstellen (Art. 356 Abs. 1 OR). Seine Funktion besteht in erster Linie darin, die wirtschaftlich schwächere Partei des Einzelarbeitsvertrags – im Normalfall den Arbeitnehmer – zu schützen.[2] Durch den Gesamtarbeitsvertrag soll aber auch der soziale Friede unter den Arbeitnehmern gesichert

---

[1] Bundesgesetz über die Allgemeinverbindlicherklärung von Gesamtarbeitsverträgen (AVEG) vom 28. September 1956 (SR 221.215.311).

[2] BGE 115 II 251 ff. (253), E. 4a.

werden, indem die Arbeitsbedingungen für jeden gleich geregelt werden.[3] Typisch sind
folgende Elemente:

- Am Gesamtarbeitsvertrag *beteiligt* sind einerseits Arbeitgeber oder ihre Verbände, ande-   1607
  rerseits Arbeitnehmerverbände (Gewerkschaften), nicht aber einzelne Arbeitnehmer.

- Der Vertrag enthält *Abreden über Abschluss, Inhalt und Beendigung* der einzelnen Ar-   1608
  beitsverhältnisse der beteiligten Arbeitgeber und Arbeitnehmer (Art. 356 Abs. 1 OR;
  sogenannter *normativer Inhalt*).

  Der Gesamtarbeitsvertrag kann auch andere Bestimmungen enthalten, soweit sie das Verhältnis zwi-   1609
  schen Arbeitgebern und Arbeitnehmern betreffen, oder sich auf die Aufstellung solcher Bestimmungen beschränken (Art. 356 Abs. 2 OR). Dazu kann ein Sozialplan gehören, den ein Arbeitgeber mit
  einem Arbeitnehmerverband vereinbart hat.[4]

- Der Gesamtarbeitsvertrag kann ferner die *Rechte und Pflichten der Vertragsparteien unter*   1610
  sich sowie die Kontrolle und Durchsetzung der in Abs. 1 und 2 von Art. 356 OR enthaltenen Bestimmungen regeln (Art. 356 Abs. 3 OR; sogenannter *schuldrechtlicher Inhalt*).

2. Der Gesamtarbeitsvertrag bedarf zu seiner Gültigkeit der **schriftlichen Form** (Art. 356c   1611
   Abs. 1 OR).

   Die gleiche Formvorschrift gilt für die Anschlusserklärung einzelner Arbeitgeber und Arbeitnehmer, für   1612
   die Zustimmung der Gesamtarbeitsvertragsparteien zum Anschluss und für die Kündigung des Anschlus-
   ses (Art. 356c Abs. 1 OR).

3. Entsprechend der genannten Zweiteilung wird zwischen dem *normativen und dem schuld-*   1613
   rechtlichen Inhalt eines Gesamtarbeitsvertrags unterschieden. Das Gesetz enthält überdies
   eine Reihe von Vorschriften über den **zulässigen Vertragsinhalt**:

- Unzulässig und deshalb nichtig sind Bestimmungen eines Gesamtarbeitsvertrags und   1614
  Abreden zwischen den Vertragsparteien, durch welche Arbeitgeber oder Arbeitneh-
  mer zum Eintritt in einen vertragsschliessenden Verband gezwungen werden sollen
  (Art. 356a Abs. 1 OR: «Freiheit der Organisation»).

  Darunter fallen namentlich sogenannte Absperrklauseln, die den Arbeitgeber verpflichten, nur Mit-   1615
  glieder einer bestimmten Gewerkschaft einzustellen,[5] oder Abreden, die es der Arbeitgeberseite verbieten, einen Parallelvertrag mit einer anderen Gewerkschaft abzuschliessen.[6]

- Ebenfalls nichtig sind Bestimmungen eines Gesamtarbeitsvertrags oder Abreden zwi-   1616
  schen den Vertragsparteien, durch die Arbeitnehmer von einem bestimmten Beruf oder
  einer bestimmten Tätigkeit oder von einer hierfür erforderlichen Ausbildung ausgeschlossen oder darin beschränkt werden (Art. 356a Abs. 2 OR: «Freiheit der Berufsaus-
  übung»).

  Allerdings bestehen nach Massgabe von Art. 356a Abs. 3 OR gewisse Ausnahmen zu diesen   1617
  Verboten.

---

[3]   VISCHER/ALBRECHT, Zürcher Komm., N 14 zu Art. 356 OR.
[4]   BGE 133 III 213 ff. (215 f.), E. 4.3.1.
[5]   BGE 75 II 305 ff. (315), E. 7b.
[6]   VISCHER/ALBRECHT, Zürcher Komm., N 24 zu Art. 356a OR.

2. Der normative Inhalt

1618 1. Der Gesamtarbeitsvertrag – der Bestimmungen über Abschluss, Inhalt und Beendigung der einzelnen Arbeitsverhältnisse enthält (Art. 356 Abs. 1 OR) – zeitigt gemäss Art. 357 OR **Wirkungen «auf die beteiligten Arbeitgeber und Arbeitnehmer»** (Randtitel). Damit wird der normative Inhalt des Gesamtarbeitsvertrags umschrieben: Es geht um Bestimmungen, die als Inhalt eines Einzelarbeitsvertrags – zwischen Arbeitgeber und Arbeitnehmer – in Frage kommen.[7]

1619 Mit diesen (normativen) Bestimmungen ist der Gesamtarbeitsvertrag **verbindliche Rechtsquelle für die Einzelarbeitsverhältnisse der Mitglieder** und führt somit zu einer Einschränkung der individualrechtlichen Vertragsfreiheit.[8] Unter den Beteiligten gilt jedoch das so genannte Günstigkeitsprinzip (Art. 357 Abs. 2 OR).

1620 Das zwingende Recht des Bundes und der Kantone geht den Bestimmungen des Gesamtarbeitsvertrags vor; doch können zu Gunsten der Arbeitnehmer abweichende Bestimmungen aufgestellt werden, wenn sich aus dem zwingenden Recht nichts anderes ergibt (Art. 358 OR). Auf Forderungen, die sich aus unabdingbaren Bestimmungen eines Gesamtarbeitsvertrags ergeben, kann der Arbeitnehmer während der Dauer des Arbeitsverhältnisses und einen Monat nach dessen Beendigung nicht verzichten (Art. 341 Abs. 1 OR).

1621 2. Einschränkend ist zu betonen: Der Gesamtarbeitsvertrag gilt als verbindliche Rechtsquelle **nur für die beteiligten Arbeitgeber und Arbeitnehmer** (Art. 357 Abs. 1 OR).

1622 Ist auf ein übertragenes Arbeitsverhältnis (Art. 333 OR) ein Gesamtarbeitsvertrag anwendbar, so muss der Erwerber des Betriebs diesen Vertrag während eines Jahres einhalten, sofern er nicht vorher abläuft oder infolge Kündigung endet (Art. 333 Abs. 1bis OR).

1623 3. Immerhin besteht nach Massgabe von Art. 356b OR die Möglichkeit einzelner Arbeitgeber, die weder Vertragspartei noch Mitglied eines beteiligten Verbandes sind, oder einzelner im Dienst beteiligter Arbeitgeber stehender Arbeitnehmer, die selbst nicht Mitglied eines beteiligten Verbandes sind, sich *mit Zustimmung der Vertragsparteien* dem Gesamtarbeitsvertrag **anzuschliessen.** Sodann gelten sie als beteiligte Arbeitgeber und Arbeitnehmer (Art. 356b Abs. 1 OR). Die Anschlusserklärung der einzelnen Arbeitgeber und Arbeitnehmer sowie die Zustimmung der Vertragsparteien zum Anschluss bedürfen zu ihrer Gültigkeit der Schriftform (Art. 356c Abs. 1 OR).

1624 Grundsätzlich kann der Gesamtarbeitsvertrag den Anschluss näher regeln (Art. 356b Abs. 2 Satz 1 OR). Dieser Freiheit sind indessen wesentliche Schranken gesetzt (Art. 356b Abs. 2 und 3 OR). Werden etwa unangemessene Beiträge verlangt, kann das Gericht diese für nichtig erklären bzw. auf das zulässige Mass reduzieren.

1625 4. Soweit es um den normativen Inhalt des Gesamtarbeitsvertrags geht, ist dessen **Rechtsnatur umstritten.**[9] Da *normative Rechtssetzungsgewalt nur vom Staat hergeleitet* werden kann, geht ein Teil der Lehre von einer staatlichen Delegation legislativer Macht an die Vertragsparteien oder von einem Zugeständnis autonomer Satzungsgewalt an die Gesamtarbeitsvertragsparteien aus.[10]

---

[7] VISCHER/ALBRECHT, Zürcher Komm., N 68 zu Art. 356 OR, mit Hinweisen. Zum Begriff des Gesamtarbeitsvertrags vgl. auch STÖCKLI, Berner Komm., N 76 ff. zu Art. 356 OR.

[8] BGE 130 V 309 ff. (314), E. 5.1.1.

[9] VISCHER/ALBRECHT, Zürcher Komm., N 5 ff. zu Art. 356 OR.

[10] VISCHER/ALBRECHT, Zürcher Komm., N 10 zu Art. 356 OR; vgl. auch schon STAEHELIN/VISCHER, Zürcher Komm., N 12 zu Art. 356 OR.

Die Auslegung der normativen GAV-Bestimmungen erfolgt nach den Grundsätzen, welche für die Auslegung von Gesetzen gelten.[11]   1626

3.   Der schuldrechtliche Inhalt

Der Gesamtarbeitsvertrag kann ferner die Rechte und Pflichten der Vertragsparteien unter sich regeln (Art. 356 Abs. 3 OR). Er enthält alsdann (direkt) schuldrechtliche Bestimmungen[12] und zeitigt insoweit **Wirkungen unter den vertragsschliessenden Parteien** (GAV-Parteien; Tarifpartner[13]), also namentlich unter den beteiligten Verbänden. Im Einzelnen: 1627

1. Die Vertragsparteien sind verpflichtet, **für die Einhaltung des Gesamtarbeitsvertrags zu sorgen**; zu diesem Zweck haben die Verbände auf ihre Mitglieder einzuwirken und nötigenfalls die statutarischen und gesetzlichen Mittel einzusetzen (**Einwirkungspflicht**; Art. 357a Abs. 1 OR).   1628

2. Insbesondere ist jede Vertragspartei verpflichtet, den **Arbeitsfrieden zu wahren** und sich jeder Kampfmassnahme zu enthalten, soweit es um Gegenstände geht, die im Gesamtarbeitsvertrag geregelt sind (**Friedenspflicht**; Art. 357a Abs. 2 OR).[14]   1629

3. Sind an einem Gesamtarbeitsvertrag auf Arbeitgeber- oder Arbeitnehmerseite nach Massgabe von Art. 356 Abs. 4 OR mehrere Verbände beteiligt, so stehen diese im **Verhältnis gleicher Rechte und Pflichten** zueinander; abweichende Vereinbarungen sind nichtig (Art. 356 Abs. 4 OR).   1630

4. Durch die **Verletzung solcher schuldrechtlicher Vertragspflichten** kann unter Umständen ein Anspruch auf Schadenersatz entstehen (Art. 97 ff. OR). Bei andauernder Vertragsverletzung kann die von der Störung betroffene Partei zudem auf Unterlassung klagen oder die Verletzung gerichtlich feststellen lassen.[15]   1631

5. Neben den (direkt) schuldrechtlichen Bestimmungen werden gelegentlich noch die **indirekt schuldrechtlichen Bestimmungen** als eigene Kategorie aufgeführt. Darunter können Klauseln eines Gesamtarbeitsvertrags verstanden werden, die sich auf das Verhältnis zwischen den betroffenen Arbeitgebern und Arbeitnehmern beziehen, die aber nicht Gegenstand eines Einzelarbeitsvertrags sein können, weil sie keine direkt durchsetzbaren Rechte gegenüber dem Vertragspartner beinhalten (und die deshalb auch nicht zum normativen Inhalt gehören).[16] Als Beispiel genannt wird etwa die Verpflichtung zur Leistung an Ausgleichskassen oder andere das Arbeitsverhältnis betreffende Einrichtungen.[17]   1632

Die indirekt schuldrechtlichen Bestimmungen begründen eine Pflicht des vertragsschliessenden Verbandes, auf seine Mitglieder einzuwirken (Art. 357a Abs. 1 OR). Deshalb auferlegen die Verbände ihren Mitgliedern (Arbeitgebern oder Arbeitnehmern) regelmässig eine verbandsrechtliche Mitgliedschaftspflicht, die (indirekt schuldrechtlichen) Bestimmungen des Gesamtarbeitsvertrags einzuhalten.[18]   1633

---

[11]   BGE 127 III 318 ff. (322), E. 2a; 130 V 309 ff. (314), E. 5.1.2.
[12]   Stöckli, Berner Komm., N 93 ff. zu Art. 356 OR. Vischer/Albrecht, Zürcher Komm., N 63 zu Art. 356 OR, befürworten den Begriff «vertragsrechtliche» Bestimmungen.
[13]   BGE 127 III 318 ff. (322), E. 2a.
[14]   Ausführlich Stöckli, Berner Komm., N 26 ff. zu Art. 357a OR.
[15]   Vischer/Albrecht, Zürcher Komm., N 81 ff. zu Art. 357a OR; Stöckli, Berner Komm., N 69 ff. zu Art. 357a OR.
[16]   Vischer/Albrecht, Zürcher Komm., N 91 zu Art. 356 OR.
[17]   Rehbinder, Nr. 537; weitere Beispiele bei Vischer/Albrecht, Zürcher Komm., N 91 ff. zu Art. 356 OR.
[18]   Vischer/Albrecht, Zürcher Komm., N 100 f. zu Art. 356 OR.

4. Die Allgemeinverbindlicherklärung

1634 Nach Massgabe des Bundesgesetzes über die Allgemeinverbindlicherklärung von Gesamtarbeitsverträgen kann der Geltungsbereich eines zwischen Verbänden abgeschlossenen Gesamtarbeitsvertrags auf Antrag aller Vertragsparteien durch Anordnung der zuständigen Behörde auf Arbeitgeber und Arbeitnehmer des betreffenden Wirtschaftszweigs oder Berufs **ausgedehnt** werden, die am Vertrag nicht beteiligt sind (Art. 1 Abs. 1 AVEG).

1635 *Gegenstand der Allgemeinverbindlicherklärung* können ausschliesslich Bestimmungen des GAV sein, die unmittelbar für die beteiligten Arbeitgeber und Arbeitnehmer gelten (Art. 1 Abs. 2 AVEG; Art. 357 und Art. 357b OR). Schiedsgerichtsklauseln können nicht allgemeinverbindlich erklärt werden (Art. 1 Abs. 3 AVEG).

1636 Das Mittel der Allgemeinverbindlicherklärung wurde insbesondere für Zeiten nachlassender Konjunktur geschaffen, die mit einer Erhöhung der Arbeitslosenquote verbunden sind. In einer verschärften Arbeitsmarktsituation können unter Umständen tarifgebundene Arbeitnehmer gegenüber «freien» Konkurrenten benachteiligt sein.[19] Durch einheitliche Mindestarbeitsbedingungen für die auf dem gleichen Markt tätigen Unternehmen soll überdies verhindert werden, dass ein einzelnes Unternehmen durch schlechtere Arbeitsbedingungen einen Wettbewerbsvorteil erlangt.[20]

1637 1. Für eine Allgemeinverbindlicherklärung gelten folgende **Voraussetzungen** (Art. 1 ff. AVEG):[21]

1638 – das Vorliegen eines Gesamtarbeitsvertrags zwischen Verbänden (Art. 1 Abs. 1 AVEG);

1639 – die Notwendigkeit der Allgemeinverbindlicherklärung aus Sicht der beteiligten Arbeitgeber und Arbeitnehmer, und zwar wegen andernfalls zu erwartender erheblicher Nachteile (Art. 2 Ziff. 1 AVEG);[22]

1640 – die Vereinbarkeit mit dem Gesamtinteresse und den berechtigten Interessen anderer Wirtschaftsgruppen und Bevölkerungskreise, samt Berücksichtigung der Minderheitsinteressen innerhalb des betreffenden Wirtschaftszweigs oder Berufs auf Grund regionaler oder betrieblicher Verschiedenheiten (Art. 2 Ziff. 2 AVEG);[23]

1641 – die Erfüllung bestimmter inhaltlicher Anforderungen, etwa die Beachtung des Rechtsgleichheitsgebots und der zwingenden Vorschriften des Bundes und der Kantone (Art. 2 Ziff. 4 AVEG);[24]

1642 – ein mehrfaches Quorum, indem grundsätzlich mehr als die Hälfte aller Arbeitgeber und mehr als die Hälfte aller Arbeitnehmer, auf die der Geltungsbereich des Gesamtarbeitsvertrags ausgedehnt werden soll, beteiligt sein müssen. Überdies müssen die beteiligten Arbeitgeber mehr als die Hälfte aller Arbeitnehmer beschäftigen (Art. 2 Ziff. 3 AVEG; zu beachten ist ausserdem Art. 2 Ziff. 3bis AVEG).

1643 2. Sodann regelt das AVEG die **Wirkungen** der Allgemeinverbindlicherklärung (Art. 4 und 5 AVEG) sowie die **Zuständigkeit** und das **Verfahren** (Art. 7 ff. AVEG).

---

[19] REHBINDER, Nr. 557.
[20] BGE 134 III 11 ff. (13 f.), E. 2.2.
[21] Vgl. auch STÖCKLI, Berner Komm., N 53 ff. zu Art. 356b OR.
[22] STÖCKLI, Berner Komm., N 55 zu Art. 356b OR.
[23] Zu den Minderheitsinteressen ausführlich STÖCKLI, Berner Komm., N 57 zu Art. 356b OR.
[24] Ferner ausführlich STÖCKLI, Berner Komm., N 65 ff. zu Art. 356b OR.

II. Der Normalarbeitsvertrag

1. Der Normalarbeitsvertrag («le contrat-type de travail») ist kein «Vertrag» im Rechtssinn, sondern eine **behördliche Anordnung (Verordnung)**. Er enthält für einzelne Arten von Arbeitsverhältnissen Bestimmungen über deren Abschluss, Inhalt und Beendigung (Art. 359 Abs. 1 OR). Diese Normen gelten nach Erlass unmittelbar für die dem Normalarbeitsvertrag unterstellten Arbeitsverhältnisse; sie sind jedoch *grundsätzlich dispositiver Natur,* finden also nur Anwendung, wenn nichts anderes verabredet wird (Art. 360 Abs. 1 OR). Doch kann der Normalarbeitsvertrag unter bestimmten Voraussetzungen (nach Art. 360d Abs. 2 OR teilzwingende) Mindestlöhne festsetzen und damit missbräuchlichem Lohndumping entgegenwirken (Art. 360a OR).   1644

Der Normalarbeitsvertrag kann vorsehen, dass Abreden, die von einzelnen seiner Bestimmungen abweichen, zu ihrer Gültigkeit der schriftlichen Form bedürfen (Art. 360 Abs. 2 OR). Enthält der Normalarbeitsvertrag kein derartiges Schriftformerfordernis für abweichende Abreden, so erweist er sich als schwaches Instrument des Arbeitnehmerschutzes. Daher fordert die Lehre, dass an den Nachweis einer abweichenden Vereinbarung relativ strenge Anforderungen gestellt werden; eine abweichende Vereinbarung hat jene Partei zu beweisen, die sich darauf beruft.[25] – Eine Sonderregel gilt, wie erwähnt, für den Normalarbeitsvertrag nach Art. 360a OR (Mindestlöhne): Von seinen Bestimmungen darf durch Abrede nicht zu Ungunsten des Arbeitnehmers abgewichen werden (Art. 360d Abs. 2 OR).   1645

2. **Zuständig** für den Erlass eines Normalarbeitsvertrags sind nach Massgabe von Art. 359a OR der Bund oder die Kantone. Dem Erlass hat ein besonderes Vernehmlassungsverfahren vorauszugehen (Art. 359 Abs. 2 OR).   1646

3. Das Institut des Normalarbeitsvertrags zielt grundsätzlich in **zwei Richtungen:**[26]   1647

– Einerseits geht es darum, in jenen Bereichen Schutzvorschriften im Interesse der Arbeitnehmer aufzustellen, wo diese nur schlecht organisiert sind und deshalb der Abschluss eines Gesamtarbeitsvertrags nicht möglich ist.   1648

Folglich weist der Normalarbeitsvertrag eine besondere Schutztendenz auf: Er will soziale Sicherheit bieten in jenen Berufszweigen, bei denen die Stellung des Arbeitnehmers besonders gefährdet und das Verdienstniveau tiefer ist.[27] Auf Bundesebene bestehen Normalarbeitsverträge etwa für Erzieher in Heimen und Internaten, für Assistenzärzte, für das Pflegepersonal, für das strahlenexponierte Personal, für milchwirtschaftliche Arbeitnehmer und für Privatgärtner.[28] Vorgeschrieben sind durch Art. 359 Abs. 2 OR sodann kantonal zu erlassende Normalarbeitsverträge für das Arbeitsverhältnis der landwirtschaftlichen Arbeitnehmer und der Arbeitnehmer im Hausdienst; Regelungsgegenstand bilden insbesondere die Arbeits- und Ruhezeit sowie die Arbeitsbedingungen der weiblichen und jugendlichen Arbeitnehmer.   1649

– Andererseits soll der Normalarbeitsvertrag ein Instrument zur Bekämpfung oder Verhinderung einer wiederholt missbräuchlichen Unterbietung orts-, berufs- oder branchenüblicher Löhne sein (Art. 360a Abs. 1 OR).   1650

Weil die Vereinbarung der Lohnhöhe fester Bestandteil der Vertragsfreiheit ist, gelten für den Normalarbeitsvertrag bei Missbräuchen besondere Vorschriften (Art. 360a ff. OR).   1651

---

[25] VISCHER/ALBRECHT, Zürcher Komm., N 10 zu Art. 360 OR.
[26] VISCHER/ALBRECHT, Zürcher Komm., N 15 ff. zu Art. 359 OR.
[27] VISCHER/ALBRECHT, Zürcher Komm., N 17 zu Art. 359 OR.
[28] STÖCKLI, Berner Komm., N 9 zu Art. 359 OR; vgl. auch VISCHER/ALBRECHT, Zürcher Komm., N 24 zu Art. 359 OR, mit Hinweis auf die jeweiligen Erlasse.

1652   4. Das **zwingende Recht** des Bundes und der Kantone geht den Bestimmungen des Normalarbeitsvertrags vor, jedoch können zu Gunsten der Arbeitnehmer abweichende Bestimmungen aufgestellt werden, wenn sich aus dem zwingenden Recht nichts anderes ergibt (Art. 359 Abs. 3 in Verbindung mit Art. 358 OR).

1653   Die normativen Bestimmungen eines Gesamtarbeitsvertrags gehen dem Normalarbeitsvertrag ebenfalls vor; Vorrang hat auch ein allgemeinverbindlich erklärter Gesamtarbeitsvertrag.[29]

---

[29] VISCHER/ALBRECHT, Zürcher Komm., N 21 zu Art. 359 OR.

§ 16   Der Werkvertrag

Sonderliteratur (Auswahl):   1654

BEYELER MARTIN, Öffentliche Beschaffung, Vergaberecht und Schadenersatz, Ein Beitrag zur Dogmatik der Marktteilnahme des Gemeinwesens, Diss. Freiburg, Zürich 2004 (AISUF Band 233).

BIEGER ALAIN, Die Mängelrüge im Vertragsrecht, Diss. Freiburg, Zürich 2009 (AISUF Band 283).

BIERI LAURENT, Une analyse économique des sanctions en cas de violation de contrat d'entreprise, Diss. Basel 2005.

BIERI URBAN, Die Deliktshaftung des Werkunternehmers gegenüber dem Besteller für mangelhafte Werke, Diss. Freiburg 1993.

BÖGLI ROMAN, Der Übergang von der unternehmerischen Leistungspflicht zur Mängelhaftung beim Werkvertrag – Zeitpunkt und Voraussetzungen, Diss. St. Gallen, Bern/Stuttgart/Wien 1996.

BRÄNDLI ROGER, Die Nachbesserung im Werkvertrag: eine Gesamtdarstellung unter Berücksichtigung der SIA-Norm 118, Diss. St. Gallen, Zürich 2007.

BÜHLER THEODOR, Kommentar zum Schweizerischen Zivilgesetzbuch, V. Band: Obligationenrecht, Teilband V 2 d: Der Werkvertrag, Art. 363–379 OR, 3. Aufl., Zürich 1998.

GAUCH PETER, Kommentar zur SIA-Norm 118, Artikel 157–190, Zürich 1991.

DERSELBE, Der Werkvertrag, 4. Aufl., Zürich 1996 (zitiert: Gauch, Werkvertrag).

DERSELBE, Le contrat d'entreprise, adaptation française par Benoît Carron, Zürich 1999.

GAUCH PETER (Hrsg.), Kommentar zur SIA-Norm 118, Artikel 38–156, Zürich 1992.

GAUCH PETER/STÖCKLI HUBERT (Hrsg.), Kommentar zur SIA-Norm 118, Art. 1–37, Zürich 2009.

GAUTSCHI GEORG, Berner Kommentar, Kommentar zum schweizerischen Privatrecht, Band VI: Das Obligationenrecht, 2. Abteilung: Die einzelnen Vertragsverhältnisse, 3. Teilband: Der Werkvertrag, Art. 363–379 OR, 2. Aufl., Bern 1967.

HUBER FELIX/SCHWENDENER NIKLAUS, Der Generalunternehmervertrag des Verbands Schweizerischer Generalunternehmer, Wegleitung zu den allgemeinen Vertragsbestimmungen des VSGU, 2. Aufl., Zürich 2005.

HÜRLIMANN ROLAND/SIEGENTHALER THOMAS, Bevorschussung der Kosten für eine Ersatzvornahme und weitere Trouvaillen zum Mängelhaftungsrecht, recht 2003, S. 146 ff.

KOLLER ALFRED, Berner Kommentar, Kommentar zum schweizerischen Privatrecht, Band VI: Das Obligationenrecht, 2. Abteilung: Die einzelnen Vertragsverhältnisse, 3. Teilband, 1. Unterteilband: Der Werkvertrag, Art. 363–366 OR, Bern 1998.

DERSELBE, Das Nachbesserungsrecht im Werkvertrag, 2. Aufl., Zürich 1995.

DERSELBE, Die Mängelrechte und die Frage ihrer Abtretbarkeit, in: Koller Alfred (Hrsg.), SIA-Norm 118, St. Galler Baurechtstagung 2000, Tagungsbeiträge, St. Gallen 2000, S. 1 ff.

Lenzlinger Gadient Annette, Mängel- und Sicherungsrechte des Bauherrn im Werkvertrag, Ein Vergleich zwischen dem Schweizerischen Obligationenrecht und der Norm 118 (1977/1991) des Schweizerischen Ingenieur- und Architektenvereins, Diss. Zürich 1994.

Morand Pierre-André, Le Contrat de Maintenance en droit suisse, Diss. Freiburg, Zürich 2007 (AISUF Band 258).

Niklaus Jürg, Das Recht auf Ersatzvornahme gemäss Art. 366 Abs. 2 OR – unter Einbezug anderer Rechte des Bestellers beim absehbaren Werkmangel, Diss. St. Gallen, Bern/Stuttgart/Wien 1999.

Pedrazzini Mario M., Werkvertrag, Verlagsvertrag, Lizenzvertrag, in: Schweizerisches Privatrecht, Band VII/1: Obligationenrecht – Besondere Vertragsverhältnisse, Basel/Stuttgart 1977, S. 497 ff.

Pichonnaz Pascal, Le contrat d'entreprise et la retraite anticipée, in: Tercier Pierre/Amstutz Marc/Koller Alfred/Schmid Jörg/Stöckli Hubert (Hrsg.), Gauchs Welt – Recht, Vertragsrecht und Baurecht, Festschrift für Peter Gauch zum 65. Geburtstag, Zürich 2004, S. 873 ff.

Saxer Rainer, Der Subunternehmer und sein Vertrag, Diss. Freiburg, Zürich 1999.

Scherrer Erwin, Nebenunternehmer beim Bauen, Diss. Freiburg 1994 (AISUF Band 132).

Schumacher Rainer, Die Vergütung im Bauwerkvertrag, Grundvergütung – Mehrvergütung, Freiburg 1998.

Tercier Pierre/Stöckli Hubert, La garantie pour les défauts et la réfection de l'ouvrage, Une jurisprudence intéressante et inquiétante (1ère partie), BR 2003, S. 10 ff.

Dieselben, Die Nachbesserung im Werkvertrag (Teil 2), BR 2003, S. 53 ff.

Tschütscher Klaus, Die Verjährung der Mängelrechte bei unbeweglichen Bauwerken, Diss. St. Gallen, Bern/Stuttgart/Wien 1996.

Twerenbold Thomas, Der «unverbindliche» Kostenvoranschlag beim Werkvertrag – zur rechtlichen Tragweite von Artikel 375 OR, Diss. St. Gallen, Lachen 2001.

I. Allgemeines

1. Die Rechtsquellen

1655   1. Das OR regelt den Werkvertrag («le contrat d'entreprise») in den **Art. 363–379**. Für gewisse Fragen wird in diesen Bestimmungen auf die Normen des Kaufvertragsrechts verwiesen (Art. 365 Abs. 1 und 371 Abs. 1 OR).

1656   2. Im Anwendungsbereich des **Wiener Kaufrechts** stehen den Kaufverträgen die Verträge über die Lieferung herzustellender oder zu erzeugender Ware gleich, es sei denn, dass der Besteller einen wesentlichen Teil der für die Herstellung oder Erzeugung notwendigen Stoffe selbst zu liefern hat (Art. 3 Abs. 1 WKR). Das Wiener Kaufrecht ist jedoch nicht auf Verträge anzuwenden, bei denen der überwiegende Teil der Pflichten der Partei, welche die Ware liefert, in der Ausführung von Arbeit oder anderen Dienstleistungen besteht (Art. 3 Abs. 2 WKR).

3. Für Einzelfragen sind sodann **sachrechtliche Bestimmungen des ZGB** zu beachten,   1657
etwa Art. 671 ff. ZGB für den Einbau, Art. 895 ff. ZGB für das Retentionsrecht oder Art. 837
Abs. 1 Ziff. 3 ZGB für das Bauhandwerkerpfandrecht.

2. Die Qualifikationsmerkmale

A. Im Allgemeinen

1. Typisch für den Werkvertrag ist die **Herstellung eines Werks gegen Leistung einer Ver-**   1658
gütung (Werklohn). Der Unternehmer verpflichtet sich nach Art. 363 OR «zur Herstellung
eines Werkes und der Besteller zur Leistung einer Vergütung». Ein Werkvertrag im Sinn des
Gesetzes ist also *stets entgeltlich*.

2. Die Herstellung eines **Werks** («un ouvrage»), welche die typische Unternehmerpflicht aus-   1659
macht, besteht in der Bewirkung und Ablieferung eines *Arbeitserfolgs*, in der «Erstellung
eines individuell bestimmten Arbeitsergebnisses».[1] Der Unternehmer schuldet also nicht
nur eine sorgfältige Tätigkeit, sondern ein *Arbeitsresultat.*[2] Typische Werkvertragsleistun-
gen sind etwa:

- die Erstellung eines Bauwerks (Bauwerkvertrag),[3]   1660

- die selbständige Erstellung von Ausführungsplänen für ein zu errichtendes Bauwerk,   1661
allenfalls auch die Ausarbeitung des Bauprojekts (Projektierungsvertrag),[4]

- die Anfertigung oder Umgestaltung einer beweglichen oder unbeweglichen Sache nach   1662
den Wünschen des Bestellers (z.B. Massanzug; speziell für die betreffende Kundin ange-
fertigtes Rennvelo),[5]

- die Reparatur einer beweglichen oder unbeweglichen Sache (Reparaturvertrag: 1663
z.B. Autoreparatur, Revision eines Motors, Sanierung eines Dachs, Reparatur einer
Heizungsanlage).[6]

Das «Werk» im Sinn der Art. 363 ff. OR kann sowohl eine materielle wie auch eine immaterielle Form auf-   1664
weisen; auch der «Geist-Werkvertrag» («le contrat d'entreprise intellectuelle») ist also möglich.[7] Werkvertragsrecht ist nach dieser Praxis beispielsweise anwendbar auf die Leistung einer Vorführung durch
einen Veranstalter,[8] auf eine künstlerische Darbietung durch eine Einzelkünstlerin oder ein Orchester,
auf eine Kinoveranstaltung,[9] auf die Erstellung von Ausführungsplänen durch einen Architekten,[10] auf
die Herstellung und Anbringung eines Mosaik-Kunstwerks durch einen Künstler an einer Schulhausfas-

---

[1] BGE 124 III 456 ff. (459), E. 4b/aa.
[2] BGE 130 III 458 ff. (461), E. 4; 115 II 50 ff. (53 ff.), E. 1a und b; ausführlich GAUCH, Werkvertrag, Nr. 18 ff.
[3] Ausführlich GAUCH, Werkvertrag, Nr. 32 und 205 ff.
[4] BGE 114 II 53 ff. (56), E. 2b; 109 II 462 ff. (465), E. 3c; BGE 130 III 362 ff. (365), E. 4.1 = Pra 2005, Nr. 7,
S. 57 ff.; GAUCH, Werkvertrag, Nr. 34 und 49 ff.
[5] BGE 130 III 458 ff. (461), E. 4; GAUCH, Werkvertrag, Nr. 28 f.
[6] GAUCH, Werkvertrag, Nr. 28 f.
[7] Zum Beispiel BGE 130 III 458 ff. (461), E. 4; 115 II 50 ff. (54 f.), E. 1b; 109 II 34 ff. (37), E. 3b; 109 II
462 ff. (465), E. 3b.
[8] BGE 130 III 458 ff. (461), E. 4.
[9] BGE 115 II 50 ff. (54), E. 1b; 109 II 34 ff. (38), E. 3b.
[10] BGE 109 II 462 ff. (465), E. 3c.

sade[11] oder auf die Erstellung eines Gutachtens, sofern die Richtigkeit eines Gutachtensergebnisses (im Sinn eines Erfolgs) objektiv überprüft werden kann.[12]

1665   Als «Werk» im Sinn des Werkvertragsrechts kommt freilich auch ein «destruktives» Ergebnis in Betracht: Der Werkunternehmer kann sich demnach etwa zum (entgeltlichen) Abbruch eines Hauses, zur Entleerung einer Grube oder zur gesetzeskonformen Entsorgung von übergebenen Schadstoffen verpflichten.[13]

1666   3. Als Werkvertrag gilt auch der so genannte **Werklieferungsvertrag**: Dabei handelt es sich um einen Werkvertrag, bei dem der Unternehmer neben der Herstellung die Lieferung des Stoffs, also die *Werkherstellung aus selbst beschafftem Stoff* schuldet (Art. 365 Abs. 1 OR).[14]

1667   Wird Art. 365 Abs. 1 OR richtig ausgelegt, so gilt Werkvertragsrecht auch hinsichtlich der Haftung für Mängel, die durch mangelhaften Stoff verursacht worden sind; die Verweisung auf das Kaufvertragsrecht in Art. 365 Abs. 1 OR bezieht sich nur auf die Rechtsgewährleistung.[15]

1668   4. Der Werkvertrag ist **abzugrenzen** von anderen Vertragstypen:

1669   – Vom *Kaufvertrag* (Art. 184 ff. OR) unterscheidet er sich darin, dass im Werkvertrag die *Herstellung* einer Sache geschuldet ist, während der Kaufvertrag die Pflicht zur Übereignung einer Sache beinhaltet, die in der Regel schon besteht.[16] Unerheblich ist, ob der Verkäufer zum Zeitpunkt des Vertragsschlusses schon über die Sache verfügt oder nicht. Möglich ist aber auch, dass die Sache zu diesem Zeitpunkt noch gar nicht existiert, sondern erst noch fabriziert werden muss. In letzterem Fall kann die Abgrenzung schwierig sein. Entscheidend ist, ob der Erwerber über die Übereignung der Sache hinaus einen Anspruch darauf hat, dass die Sache hergestellt wird, ob also der Vertrag zu Lasten der anderen Partei eine Herstellungspflicht begründe.[17] Das gilt auch für die Abgrenzung vom Kauf über eine künftige Sache.[18] Beim so genannten «Kauf einer Stockwerkeigentumseinheit ab Plan» (Nr. 666 ff.) kommt es entscheidend darauf an, ob die Einheit sogleich nach Vertragsschluss übereignet wird: Da nach diesem Zeitpunkt als Folge des sachenrechtlichen Akzessionsprinzips die Eigentumsübertragung der noch zu erstellenden Bauwerksteile ausgeschlossen ist, können die ausstehenden Bauleistungen nur noch Gegenstand eines Werkvertrages sein.[19]

1670   – Vom (einfachen) *Auftrag* (Art. 394 ff. OR) unterscheidet sich der Werkvertrag dadurch, dass ein Arbeits*erfolg* (ein Werk) geschuldet ist und nicht bloss ein Tätigwerden. Es geht beim Werkvertrag, wie man es ausdrücken mag, um eine «*obligation de résultat*», nicht bloss um eine «*obligation de moyens*».[20]

---

[11]   BGE 115 II 50 ff. (54 f.), E. 1b.

[12]   BGE 130 III 458 ff. (461 f.), E. 4; 127 III 328 ff. (329 f.), E. 2b und c; Urteil des BGer. vom 11. September 2007, Nr. 4A.51/2007, E. 4.3; GAUCH, Werkvertrag, Nr. 34 und 331 ff.

[13]   GAUCH, Werkvertrag, Nr. 28 f.

[14]   GAUCH, Werkvertrag, Nr. 82 und 121 ff.

[15]   GAUCH, Werkvertrag, Nr. 123 und 1477 ff.

[16]   BGE 124 III 456 ff. (459), E. 4b/aa.

[17]   BGE 117 II 259 ff. (264), E. 2b.

[18]   GAUCH, Werkvertrag, Nr. 126 ff.; Urteil des BGer. vom 22. Januar 2003, Nr. 4C.301/2002, E. 2.1 = ZBGR 85/2004, S. 111 ff.

[19]   STÖCKLI, Stockwerkeigentum ab Plan, in: Institut für Baurecht (Hrsg.), Schweizerische Baurechtstagung 2009, Freiburg 2009, S. 8 f.

[20]   BGE 127 III 328 ff. (329), E. 2a; 115 II 50 ff. (53 ff.), E. 1a und b; Urteil des BGer. vom 6. Mai 2004, Nr. 4P.65/2004, E. 1.4 betreffend Haarverlängerung.

Bei Gutachterverträgen will das Bundesgericht darauf abstellen, ob die Richtigkeit des Gutachtenser-   1671
gebnisses nach objektiven Kriterien überprüft und als richtig oder falsch qualifiziert werden könne. Ist
eine solche Überprüfung möglich, wendet das Gericht Werkvertrags-, andernfalls Auftragsrecht an.[21]

– Vom *Einzelarbeitsvertrag* (Art. 319 ff. OR) unterscheidet sich der Werkvertrag dadurch,   1672
dass der Unternehmer *selbständig* tätig ist, also nicht «im Dienst» des Bestellers (in einem Abhängigkeitsverhältnis zum Besteller) steht. Im Weiteren ist die Arbeitsobligation
beim Werkvertrag eine einfache Schuld, die durch Erfüllung erlischt, nicht eine Dauerschuld (wie typischerweise beim Einzelarbeitsvertrag).

Immerhin kommt auch der Dauer-Werkvertrag (z.B. Wartungsvertrag) vor, der eine werkvertragsähn-   1673
liche Dauerschuld begründet.[22]

– Ein *werkvertragsähnlicher Innominatkontrakt* liegt dann vor, wenn die Herstellung eines   1674
Werkes nach dem Vertrag unentgeltlich erfolgen soll;[23] ein Werkvertrag im Sinne des
Art. 363 OR setzt demgegenüber die Entgeltlichkeit voraus. Die Unentgeltlichkeit wirkt
sich unter Umständen in einer Haftungsmilderung aus (Art. 99 Abs. 2 OR).

Durch die Entgeltlichkeit (und durch weitere Merkmale) unterscheidet sich der Werkvertrag auch   1675
von einer Ausarbeitung einer Offerte (die grundsätzlich nicht abzugelten ist)[24] und von einer blossen
Gefälligkeitsleistung (fehlender Rechtsbindungswille der Parteien).[25] Um einen (allerdings entgeltlichen) Innominatkontrakt – und nicht um einen Werkvertrag – handelt es sich auch beim Telefonabonnementsvertrag: Zwar könnte die Verbindung zum Telefonnetz allenfalls noch als Werk aufgefasst werden; gegen die Qualifikation als Werkvertrag spricht jedoch einerseits, dass das Eigentum an
dieser Einrichtung nicht übertragen wird, andererseits, dass es sich beim Telefonabonnementsvertrag
um einen Dauervertrag handelt.[26]

– Von der *einfachen Gesellschaft* (Art. 530 ff. OR) unterscheidet sich der Werkvertrag   1676
durch die *Gegenläufigkeit der Interessen* (Herstellung eines Werks gegen Vergütung); bei
der einfachen Gesellschaft schliessen sich demgegenüber zwei oder mehrere Personen
zur Erreichung eines gemeinsamen Zwecks (Interessengemeinschaft) mit gemeinsamen Kräften oder Mitteln zusammen (Art. 530 Abs. 1 OR; Nr. 2371).

B.   Besondere Erscheinungsformen

Namentlich in der Bauvertragspraxis haben sich besondere Erscheinungsformen des Werkver-   1677
trages herausgebildet:

1. Der **Generalunternehmervertrag** (GU-Vertrag): Er ist ein Vertrag zwischen einem Bestel-   1678
ler (Bauherrn) und einem Unternehmer, durch den sich der Letztere zur gesamten Ausführung eines Bauwerks (häufig einer grösseren Baute) verpflichtet (z.B. schlüsselfertiges
Einfamilienhaus, Spital, Gewerbegebäude).[27]

---

[21] BGE 127 III 328 ff. (330), E. c.
[22] Dazu GAUCH, Werkvertrag, Nr. 323; TERCIER/FAVRE/B. CARRON, Nr. 4256; MORAND, Le Contrat de
     Maintenance, Nr. 182 ff.; vgl. auch BGE 130 III 458 ff. (462), E. 4.
[23] BGE 127 III 519 ff. (523), E. 2c; vgl. auch Urteil des BGer. vom 6. September 2002, Nr. 4C.109/2002,
     E. 3.1.
[24] Zur Abgrenzung zwischen unentgeltlicher Offerte und entschädigungspflichtiger Vorarbeit vgl. BGE 119
     II 40 ff.
[25] GAUCH/SCHLUEP/SCHMID, Nr. 353a f.
[26] BGE 129 III 604 ff. (608 f.), E. 2.2.
[27] BGE 114 II 53 ff. (54), E. 2a; GAUCH, Werkvertrag, Nr. 223 ff.

1679 Der Bauherr überträgt die Bauarbeiten also nicht durch mehrere Werkverträge an verschiedene Werkunternehmer, die je einen Teil der Ausführung erledigen («Nebenunternehmer» für Aushub, Rohbau, Dachdecker, Spengler, Bauschreiner, Installateur, Elektriker, Maler usw.)[28] und die der Bauherr zu koordinieren hat. Vielmehr wird die Ausführung des gesamten Projekts gestützt auf einen (einzigen) Werkvertrag an einen einzigen Werkunternehmer – den Generalunternehmer – übertragen, der das Gesamtresultat schuldet und den Bauherrn von der Koordinierungsaufgabe befreit.[29] Der Generalunternehmer leistet die Arbeiten selber oder vergibt sie ganz oder teilweise (in eigenem Namen und auf eigene Rechnung) zur Ausführung an Subunternehmer, für deren «Verrichtungen» er alsdann nach Art. 101 OR einzustehen hat.

1680 Der Generalunternehmervertrag ist ein *Werkvertrag*[30] – und dies selbst dann, wenn der Generalunternehmer die geschuldeten Bauarbeiten (Errichtung einer grösseren Baute) nicht selber ausführt, sondern sie vollumfänglich an Subunternehmer vergibt.[31]

1681 2. Der **Subunternehmervertrag:** Er ist ein Werkvertrag, durch den ein (General-)Unternehmer (der so genannte Hauptunternehmer) Arbeiten, die er seinem Besteller (Bauherrn) schuldet, seinerseits in eigenem Namen und auf eigene Rechnung an einen oder mehrere Unternehmer (Subunternehmer, auch: Unterakkordanten) weitergibt.[32] Zu unterscheiden sind also:

1682 – der *Bauherr* (Erst-Besteller); er hat einen Werkvertrag (nur) mit dem Hauptunternehmer;

1683 – der *Hauptunternehmer* (Unternehmer des Erst-Bestellers; seinerseits [Zweit-]Besteller gegenüber dem Subunternehmer); er hat einerseits einen Werkvertrag mit dem Bauherrn, andererseits einen in eigenem Namen und auf eigene Rechnung geschlossenen Werkvertrag mit dem Subunternehmer (Subunternehmervertrag);

1684 – der *Subunternehmer* (Unternehmer des Zweit-Bestellers); er hat einen Werkvertrag mit dem Hauptunternehmer (Subunternehmervertrag), nicht aber mit dem Erst-Besteller.[33]

1685 Denkbar ist, dass der Subunternehmer seinerseits die Arbeiten wiederum in eigenem Namen und auf eigene Rechnung (an «Sub-Subunternehmer») weiter vergibt.[34]

1686 3. Der **Totalunternehmervertrag** (TU-Vertrag): Er ist ein Werkvertrag, bei welchem der Unternehmer dem Bauherrn nicht nur die gesamte Ausführung einer grösseren Baute, sondern auch die Planungsarbeiten (namentlich die Projektierung) dieser Baute verspricht;[35] entsprechend wird der Totalunternehmer zum Teil als «projektierender Generalunternehmer» bezeichnet.[36] Auch der Totalunternehmervertrag ist als (reiner) Werkvertrag zu qualifizieren[37] – dies wiederum selbst dann, wenn der Totalunternehmer sämtliche dem Bau-

---

[28] GAUCH, Werkvertrag, Nr. 218 ff.; BGE 114 II 53 ff. (54 f.), E. 2a.
[29] GAUCH, Werkvertrag, Nr. 222 ff.
[30] BGE 114 II 53 ff. (55), E. 2b.
[31] GAUCH, Werkvertrag, Nr. 230.
[32] GAUCH, Werkvertrag, Nr. 137 ff.
[33] Urteil des BGer. vom 23. November 2004, Nr. 4C.215/2004, E. 3.1; GAUCH, Werkvertrag, Nr. 162.
[34] GAUCH, Werkvertrag, Nr. 142. Zum Recht des Subunternehmers auf Eintragung eines Bauhandwerkerpfandrechts und damit zum faktischen Doppelzahlungsrisiko des Bauherrn vgl. GAUCH, Werkvertrag, Nr. 183 ff.; SCHMID/HÜRLIMANN-KAUP, Sachenrecht, Nr. 1713 ff.
[35] BGE 114 II 53 ff. (55), E. 2a.
[36] GAUCH, Werkvertrag, Nr. 233.
[37] BGE 114 II 53 ff. (57), E. 2c; vgl. auch BGE 117 II 273 ff. (274), E. 3a.

herrn geschuldeten Planungs- und Ausführungsarbeiten an Planer (Architekten und/oder Ingenieure) und Subunternehmer weitergibt.[38]

4. Der Werkvertrag mit einer **Arbeitsgemeinschaft** (ARGE, auch: Konsortium). Dabei kann es sich um einen einfachen Werkvertrag, einen GU- oder einen TU-Vertrag, aber auch um einen Subunternehmervertrag handeln. Das besondere Merkmal besteht darin, dass die Herstellung des Werkes von einer Mehrheit von Unternehmern (von mindestens zweien) versprochen wird, die sich zu diesem Zweck (meist) zu einer einfachen Gesellschaft (Art. 530 ff. OR; Nr. 2365 ff.) zusammengeschlossen haben – wofür es verschiedene Beweggründe gibt (z.B. Kapazitätsausweitung; Nutzung von Synergien; Risikoverteilung).   1687

Das Verhältnis unter den Unternehmern (Innenverhältnis) ist Gegenstand des Gesellschaftsvertrages. Zu merken ist, dass die mehreren Unternehmer dem Bauherrn für die Erfüllung des Werkvertrags (Aussenverhältnis) zumeist solidarisch haften (Art. 544 Abs. 3 OR; Nr. 2433).   1688

II. Die Entstehung und Änderung des Werkvertrags

1. Die Entstehung

1. Der Werkvertrag entsteht – als Konsensualvertrag – nach den allgemeinen Regeln. Erforderlich ist der **Austausch übereinstimmender Willenserklärungen** im Sinn von **Art. 1 Abs. 1 OR**. Unter allen Umständen von den Parteien zu regeln (als objektiv wesentliche Punkte) sind das geschuldete *Werk* (Bestimmtheit oder Bestimmbarkeit) sowie die *Entgeltlichkeit*. Über die *Höhe* des Werklohns müssen die Parteien hingegen keine Vereinbarung treffen (vgl. Art. 374 OR; Nr. 1717 ff.).   1689

Für die Vertragsverhandlungen und den Vertragsabschluss ist gegebenenfalls das *öffentliche Vergaberecht* zu beachten (vgl. etwa Art. 5 Abs. 1 lit. c und Abs. 2 BöB).[39]   1690

2. Der Werkvertrag ist von Gesetzes wegen keiner besonderen **Form** unterstellt. Auch Bauwerkverträge über grössere Bauvorhaben können formfrei vereinbart werden. Schriftform ist aber jedenfalls für grössere Projekte üblich und auch bei kleineren Arbeiten nicht selten.   1691

Zudem ist die Form der öffentlichen Beurkundung einzuhalten, wenn werkvertragliche Abreden und solche zu einem Grundstückkauf in einem einheitlichen Vertrag verbunden werden (gemischter Kauf-/Werkvertrag) und die Parteien eine einheitliche Vergütung bestimmen, die sowohl den Kaufpreis als auch den Werklohn umfasst (Nr. 596).[40] Dies kommt namentlich beim «Kauf einer Stockwerkeigentumseinheit ab Plan» häufig vor (Nr. 666 ff.).   1692

3. Diese Üblichkeit der Schriftform hängt auch damit zusammen, dass bei der Entstehung eines Werkvertrags (namentlich über ein Bauwerk) in der Praxis **Allgemeine Geschäftsbedingungen** eine erhebliche Rolle spielen: Häufig werden private Regelwerke vereinbart, z.B. die SIA-Norm 118.[41] Alsdann kann man von einem «Werkvertrag mit vorgeformtem   1693

---

[38] GAUCH, Werkvertrag, Nr. 235 ff.

[39] Vgl. dazu etwa TERCIER/FAVRE/B. CARRON, Nr. 4345 (zur Ausschreibung von Bauarbeiten allgemein vgl. TERCIER/FAVRE/B. CARRON, Nr. 4329 ff.; GAUCH, Werkvertrag, Nr. 456 ff.; GAUCH/SCHLUEP/SCHMID, Nr. 1056a ff.).

[40] BGE 117 II 259 ff. (264), E. 2b.

[41] Vollständige Bezeichnung: «Allgemeine Bedingungen für Bauarbeiten», herausgegeben vom Schweizerischen Ingenieur- und Architekten-Verein (Ausgabe 1977/1991).

Inhalt» sprechen.[42] Solche privaten Regeln stellen aber keine objektiven Rechtsquellen dar, sondern *gelten nur nach Massgabe der Vereinbarung.* Wesentlich ist also, ob die Allgemeinen Geschäftsbedingungen im konkreten Fall für den einzelnen Vertrag übernommen worden sind. Anwendbar sind die allgemeinen Normen zur Vertragsauslegung sowie zur Geltungs- und Inhaltskontrolle Allgemeiner Geschäftsbedingungen.[43]

2. Die Bestellungsänderung

1694 Unter einer Bestellungsänderung wird die **rechtsgeschäftliche Änderung des Inhalts des (abgeschlossenen und fortbestehenden) Werkvertrags** verstanden; der Vertrag bleibt also bestehen, doch wird die vereinbarte Herstellungspflicht verändert, z.B. in der Weise, dass der Unternehmer zusätzliche oder andere Arbeiten zu leisten hat, gewisse Arbeiten weglassen oder anders ausführen muss.[44] Nun schuldet der Unternehmer dem Besteller aber die Herstellung des Werks, zu dessen Ausführung er sich vertraglich verpflichtet hat. Eine Bestellungsänderung bedarf daher einer *besonderen Rechtsgrundlage,* nämlich einer (einvernehmlichen) Vertragsänderung der Parteien oder – als einseitige Bestellungsänderung – eines Gestaltungsrechts, das wirksam ausgeübt worden ist. Im Einzelnen:

1695 1. Eine **vertragliche Bestellungsänderung** geschieht durch einen *Abänderungsvertrag,* der – andere Vereinbarung vorbehalten – auch formlos abgeschlossen werden kann.

1696 2. Eine **einseitige Bestellungsänderung** ist dann möglich, wenn dem Besteller ein Gestaltungsrecht zusteht.[45] Das Gestaltungsrecht kann sich ergeben:

1697 – aus *Gesetz:* In Frage kommt einzig die sinngemässe Anwendung von Art. 377 OR, wonach der Besteller berechtigt ist, gegen volle Schadloshaltung des Unternehmers auf einen Teil der noch auszuführenden Arbeiten zu verzichten (Nr. 1822);

1698 – aus der *Parteivereinbarung:* In den Schranken des Gesetzes (Art. 19 Abs. 1 OR) können beliebige Änderungsrechte vorgesehen werden. Die Vereinbarung eines einseitigen Änderungsrechts kann wirtschaftlich besonders bei komplexen Werken (z.B. grossen Bauprojekten) Sinn machen, zumal sich hier bei Vertragsabschluss nicht alle Eventualitäten vorhersehen lassen;

1699 Die einseitige Bestellungsänderung ist für Bauwerkverträge in der SIA-Norm 118 ausführlich geregelt: Nach Art. 84 Abs. 1 kann der Bauherr «durch Weisungen oder Änderung von Plänen verlangen, dass der Unternehmer Leistungen, zu denen dieser durch den Werkvertrag verpflichtet ist, auf andere Art als vereinbart, in grösseren oder kleineren Mengen oder überhaupt nicht ausführt; dies ist jedoch nur dann zulässig, wenn der Gesamtcharakter des zur Ausführung übernommenen Werkes unberührt bleibt. Unter der gleichen Voraussetzung kann der Bauherr auch im Vertrag nicht vorgesehene Leistungen ausführen lassen …». Geregelt werden überdies die Folgen der einseitigen Bestellungsänderung, etwa die Entschädigung für nutzlos gewordene Arbeiten und andere Aufwendungen (Art. 85 Abs. 3), die Anpassung der Preise (Art. 86–89) sowie die Anpassung der Fristen (Art. 90).[46]

---

[42] Ausführlich GAUCH, Werkvertrag, Nr. 189 ff.

[43] Vgl. dazu GAUCH/SCHLUEP/SCHMID, Nr. 1127 ff. und 1240 ff.; vgl. auch Urteil des BGer. vom 3. Dezember 2007, Nr. 4A_393/2007, E. 2.1.

[44] GAUCH, Werkvertrag, Nr. 768.

[45] Zum Folgenden GAUCH, Werkvertrag, Nr. 772 ff.

[46] Zum Ganzen vgl. GAUCH, Werkvertrag, Nr. 777 und 791 ff.

– aus dem *hypothetischen Parteiwillen* für den Fall, dass der Vertrag lückenhaft ist (Vertragsergänzung), wobei hier unter anderem eine allfällige Übung zu berücksichtigen ist, wie sie sich etwa bei Bauwerkverträgen entwickelt hat.[47] 1700

3. Allgemein lässt sich festhalten, dass der Unternehmer für einen allfälligen **Mehraufwand**, der durch die (vertragliche oder einseitige) Bestellungsänderung entsteht, einen *Anspruch auf Mehrvergütung* hat. Ist nichts anderes vereinbart worden, bemisst sich diese nach Art. 374 OR.[48] 1701

III. Die Pflichten des Unternehmers

Die werkvertragstypische Hauptpflicht des Unternehmers besteht in der Herstellung eines Werkes (Art. 363 OR; «l'entrepreneur s'oblige à exécuter un ouvrage»), also eines Arbeitserfolgs (Arbeitsresultats; Nr. 1659). Mit der **Werkherstellung und -ablieferung** (Übergabe) erfüllt der Unternehmer seine Hauptpflicht. Richtige Erfüllung liegt aber nur vor, wenn *in persönlicher, qualitativer und zeitlicher Hinsicht vertragskonform erfüllt* wird. Im Einzelnen: 1702

1. Nach Art. 364 Abs. 2 OR ist der Unternehmer verpflichtet, das Werk **persönlich** auszuführen oder unter seiner persönlichen Leitung ausführen zu lassen; eine Ausnahme gilt für jene Fälle, in denen es nach der Natur des Geschäfts auf die persönlichen Eigenschaften des Unternehmers nicht ankommt. Persönliche Leistungserbringung (Art. 68 OR) steht also nach dem Regel-Ausnahme-Verhältnis des Gesetzgebers im Vordergrund. 1703

2. Das Werk muss auch **qualitativ** den vertraglich vereinbarten Anforderungen genügen. Eine Abweichung vom Vertrag stellt einen *Mangel dar,* für den der Unternehmer grundsätzlich haftet (Art. 367 ff. OR; Nr. 1732 ff.). Da ein Arbeits*ergebnis* (ein «Erfolg») geschuldet ist, besteht die Haftung des Unternehmers nach der gesetzlichen – dabei aber dispositiven – Konzeption grundsätzlich auch dann, wenn er sorgfältig gehandelt hat und ihn kein Verschulden trifft (vgl. im Einzelnen Nr. 1770). Gänzlich unerfüllt bleibt die Unternehmerverpflichtung, wenn der Unternehmer ein anderes als das geschuldete Werk abliefert (aliud). 1704

Zeichnet sich bereits während der Ausführung des Werks deutlich ab, dass die Erstellung mangelhaft oder sonst vertragswidrig sein wird, so kann der Besteller dem Unternehmer eine Nachfrist ansetzen oder ansetzen lassen (Art. 250 lit. b Ziff. 3 ZPO), verbunden mit der Androhung der Ersatzvornahme durch einen Dritten, auf Kosten und Gefahr des Unternehmers (Art. 366 Abs. 2 OR). Sind diese Voraussetzungen erfüllt, stehen dem Besteller nach der bundesgerichtlichen Praxis auch die Wahlrechte gemäss Art. 107 Abs. 2 OR offen.[49] 1705

3. Der Unternehmer muss auch **in zeitlicher Hinsicht** seine Herstellungs- und Ablieferungsobligation richtig erfüllen. Grundsätzlich gelten für die Frage des Verzugs die Art. 102 ff. OR. Doch bietet Art. 366 Abs. 1 OR dazu eine Sonderregel: Beginnt der Unternehmer das Werk nicht rechtzeitig oder verzögert er die Ausführung in vertragswidriger Weise oder ist er damit ohne Schuld des Bestellers so sehr im Rückstand, dass die rechtzeitige Vollendung nicht mehr vorauszusehen ist, so kann der Besteller vom Vertrag zurücktreten. 1706

---

[47] GAUCH, Werkvertrag, Nr. 778; zur gerichtlichen Vertragsergänzung nach dem hypothetischen Parteiwillen vgl. GAUCH/SCHLUEP/SCHMID, Nr. 1256 ff.

[48] Urteil des BGer. vom 14. Dezember 2004, Nr. 4C.23/2004, E. 4.1; GAUCH, Werkvertrag, Nr. 785.

[49] BGE 126 III 230 ff. (233 ff.), E. 7a/bb; Urteil des BGer. vom 20. April 2006, Nr. 4C.433/2005, E. 2.1.

1707   Die Bestimmung ist ein Anwendungsfall der Art. 107 ff. OR. Erforderlich ist daher nach der bundesgerichtlichen Praxis (und unter Vorbehalt eines Falles von Art. 108 OR) die Ansetzung einer Nachfrist; erst nach deren unbenütztem Ablauf kann der Besteller den Rücktritt nach den Regeln über den Schuldnerverzug erklären.[50] Sind diese Voraussetzungen nicht gegeben, so liegt ein Rücktritt nach Art. 377 OR vor – mit der Pflicht des Bestellers zu voller Schadloshaltung des Unternehmers.[51]

1708   4. Den Unternehmer trifft eine Reihe von **weiteren Pflichten und Obliegenheiten**:

1709   –   Der Unternehmer ist zur *Sorgfalt* verpflichtet (Art. 364 Abs. 1 OR). Er hat namentlich den vom Besteller gelieferten Stoff mit aller Sorgfalt zu behandeln, über dessen Verwendung Rechenschaft abzulegen und einen allfälligen Rest dem Besteller zurückzugeben (Art. 365 Abs. 2 OR).[52]

1710   –   Der Unternehmer ist – mangels anderer Vereinbarung oder anderer Übung – verpflichtet, die für die Ausführung des Werks nötigen *Hilfsmittel* (Werkzeuge und Gerätschaften) auf eigene Kosten zu besorgen (Art. 364 Abs. 3 OR).

1711   –   Den Unternehmer trifft eine *Anzeigeobliegenheit* (Art. 365 Abs. 3 OR): Zeigen sich bei der Ausführung des Werks Mängel an dem vom Besteller gelieferten Stoff oder dem angewiesenen Baugrund, oder ergeben sich Verhältnisse, die eine gehörige oder rechtzeitige Ausführung des Werks gefährden, so hat der Unternehmer dies dem Besteller unverzüglich anzuzeigen; unterlässt er die Anzeige, so treffen die nachteiligen Folgen den Unternehmer, namentlich etwa im Fall des Untergangs des Werks (Art. 376 Abs. 3 OR).[53]

1712   –   Der Unternehmer hat zudem gegenüber fehlerhaften Weisungen des Bestellers ausdrücklich *abzumahnen* (Art. 369 OR), gegenüber dem Besteller also kundzugeben, dass er die Verantwortung für die vorgeschriebene Ausführung ablehne.[54] Versäumt der Unternehmer dies, so hat er im Grundsatz ungeachtet der Fehlerhaftigkeit der Weisung namentlich für Werkmängel einzustehen, die darauf zurückzuführen sind.

1713   –   Der Unternehmer, der die Lieferung des Stoffs übernommen hat, hat hierfür *Rechtsgewähr* zu leisten (Art. 365 Abs. 1 OR).

IV. Die Pflichten des Bestellers

1714   Gemäss Art. 363 OR hat der Besteller für die Herstellung des Werks eine **Vergütung** (den Werklohn) zu bezahlen. Die Pflicht zur Leistung dieser Vergütung steht in einem Austauschverhältnis mit der Werkherstellungs- und Ablieferungspflicht des Unternehmers. Zu erörtern sind Höhe und Fälligkeit dieser Forderung sowie die Folgen der Nichterfüllung:

1715   1. Die **Höhe des Werklohns** (Vergütung) bestimmt sich in erster Linie nach **Vertrag**. Wurde die Vergütung zum Voraus bestimmt (sogenannte feste Übernahme, z.B. durch einen Pauschalpreis), so ist der Unternehmer grundsätzlich verpflichtet, das Werk für diese Summe

---

[50]   BGE 115 II 50 ff. (55), E. 2a; 98 II 113 ff. (115), E. 2.
[51]   BGE 98 II 113 ff. (115), E. 2 in fine.
[52]   BGE 113 II 421 ff. (422), E. 2; 129 III 604 ff. (610 f.), E. 4.1; Urteil des BGer. vom 31. März 2004, Nr. 4C.337/2003, E. 2.1.
[53]   BGE vom 5. September 2002, Nr. 4C.258/2001, E. 2.1 (insoweit nicht in BGE 128 III 416 ff.).
[54]   BGE 116 II 305 ff. (308), E. 2c/bb.

fertig zu stellen, selbst dann, wenn er Mehrarbeit oder grössere Auslagen als vorgesehen gehabt hat (Art. 373 Abs. 1 OR). Diese Summe ist freilich auch geschuldet, wenn die Fertigstellung des Werks weniger Arbeit verursacht hat, als vorausgesehen wurde (Art. 373 Abs. 3 OR).[55] Für ausserordentliche Umstände ist nach Art. 373 Abs. 2 OR in einem gerichtlichen Ermessensentscheid eine Preiserhöhung oder die Bewilligung der Auflösung des Werkvertrags möglich.[56] Ob ein ausserordentlicher Umstand voraussehbar war oder nicht, beurteilt sich vom Standpunkt eines sachkundigen und sorgfältigen Unternehmers aus und nach einem eher strengen Massstab.[57]

Eine feste Übernahme ist von jener Partei zu beweisen, die sich darauf beruft. Sie liegt auch etwa dann vor, wenn die Parteien *Einheitspreise* vereinbaren. Zwar steht die Gesamtvergütung zu Beginn nicht fest, sondern ergibt sich erst in Abhängigkeit von den ausgeführten Mengen. Doch der Einheitspreis selber bleibt grundsätzlich (unter Vorbehalt des Art. 373 Abs. 2 OR oder anderer Vereinbarung) auch dann fest, wenn dem Unternehmer Mehrarbeit oder grössere Auslagen entstehen als vorausgesehen.[58]   1716

2. Wurde der **Preis vertraglich** entweder gar **nicht** oder nur ungefähr **bestimmt**, so ist er gemäss Art. 374 OR nach Massgabe des Wertes der Arbeit und der Aufwendungen des Unternehmers festzusetzen. Der Werklohn bestimmt sich mit anderen Worten *nach dem Aufwand des Unternehmers,* wobei nicht bloss der Aufwand zu vergüten, sondern auch ein Gewinnzuschlag zu leisten ist.[59]   1717

Art. 374 OR macht deutlich, dass ein fest vereinbarter Preis nicht zu den objektiv wesentlichen Punkten des Werkvertragsrechts gehört: Vielmehr muss das Gericht einen bezüglich der Vergütungshöhe lückenhaften Vertrag nach Massgabe des Art. 374 OR ergänzen.   1718

Im Unterschied zum Auftragsrecht kennt das Werkvertragsrecht keine Bestimmung, die analog zu Art. 402 OR einen Anspruch des Bestellers auf Auslagen- und Verwendungsersatz begründet. Dieser Ersatzanspruch geht im Anspruch des Unternehmers auf Werklohn auf, wie auch Art. 374 OR belegt, der ausdrücklich auch auf die «Aufwendungen» abstellt. Ist für die Werkherstellung keine Vergütung geschuldet (werkvertragsähnlicher Innominatkontrakt), kann es sich allerdings rechtfertigen, im Zuge der Vertragsergänzung Art. 402 OR analog anzuwenden und dem unentgeltlich leistenden Unternehmer einen Anspruch auf Auslagenersatz einzuräumen.   1719

3. **Fällig** wird die Werklohnschuld bei Ablieferung des Werks (Art. 372 Abs. 1 OR). Nach der gesetzlichen Ordnung ist demnach der Werkunternehmer vorleistungspflichtig.[60] Bei Bauvorhaben sind jedoch Vereinbarungen über Akontozahlungen des Bestellers verbreitet (vgl. etwa Art. 144 ff. SIA-Norm 118).   1720

Ist das Werk in Teilen zu liefern und die Vergütung nach Teilen bestimmt, so hat die Zahlung für jeden Teil bei dessen Ablieferung zu erfolgen (Art. 372 Abs. 2 OR).   1721

Die Ablieferung besteht darin, dass der Unternehmer das vollendete Werk dem Besteller übergibt, sei es durch körperliche Übergabe oder durch Mitteilung an den Besteller, das Werk sei fertig.[61] Der Umstand, dass das Werk Mängel aufweist, steht der Ablieferung nicht entgegen.[62] Nach der Konzeption des Geset-   1722

---

[55]   Urteil des BGer. vom 22. Juni 2005, Nr. 4C.90/2005, E. 3.2.
[56]   Urteil des BGer. vom 31. Januar 2006, Nr. 4C.385/2005, E. 5.
[57]   BGE 109 II 333 (336 f.), E. 3.
[58]   Zum Einheitspreis im Sinne der SIA-Norm 118 siehe Art. 39 SIA-Norm 118.
[59]   Gauch, Werkvertrag, Nr. 946 ff.
[60]   Gauch, Werkvertrag, Nr. 1154.
[61]   BGE 129 III 738 ff. (748), E. 7.2 = Pra 2004, Nr. 147, S. 828 ff. Ausführlich zu Ablieferung und Abnahme vgl. Gauch, Werkvertrag, Nr. 86 ff.
[62]   BGE 129 III 738 ff. (748), E. 7.2 = Pra 2004, Nr. 147, S. 828 ff.

zes sind «Ablieferung» und «Abnahme» korrelative Begriffe,[63] wobei aber die Parteien diesen Begriffen eine je eigene Bedeutung zumessen können.

1723   4. **Erfüllt** der Besteller seine Zahlungspflicht **nicht** (rechtzeitig), so stehen dem Unternehmer folgende Behelfe zur Verfügung:

1724   – Er kann zunächst nach den allgemeinen Regeln über den *Schuldnerverzug* vorgehen (Art. 102 ff. OR) und allenfalls den Vertrag auflösen. Anstelle des Rücktritts (Art. 107 Abs. 2 und 109 OR) tritt grundsätzlich die Kündigung (Vertragsauflösung ex nunc), soweit mit der Werkherstellung bereits begonnen worden ist. Dies wird den Interessen des Unternehmers regelmässig besser gerecht als eine Rückabwicklung, wobei aber der Unternehmer gegebenenfalls auch die Rückabwicklung des Vertrages verlangen kann (Rücktritt im eigentlichen Sinne).

1725   – Besteht das Werk in einer beweglichen Sache des Bestellers, die der Unternehmer reparieren musste, so steht diesem nach Massgabe der Art. 895 ff. ZGB ein *Retentionsrecht* zu.

1726   – Besteht das Werk in Arbeit und Material (oder Arbeit allein) an einem Grundstück (Bauwerkvertrag), so steht dem Werkunternehmer nach Massgabe von Art. 837 Abs. 1 Ziff. 3 ZGB das (zum Voraus unverzichtbare) *Recht auf Eintragung eines gesetzlichen Grundpfandrechts (Bauhandwerkerpfandrechts)* zur Sicherung seiner Forderung zu. Nach dem Gesetzeswortlaut spielt es keine Rolle, ob der Werklohnschuldner der Grundeigentümer oder eine andere Person ist (Art. 837 Abs. 1 Ziff. 3 ZGB).[64]

1727   Praktisch bedeutsam ist vor allem die vorläufige Eintragung eines Bauhandwerkerpfandrechts (Art. 961 ZGB), die binnen der gesetzlichen Eintragungsfrist zu erfolgen hat (Art. 839 Abs. 2 ZGB).

V.   Die Mängelhaftung des Unternehmers

1.   Übersicht

1728   1. In den **Art. 367–371 OR** regelt das Gesetz die Haftung des Werkunternehmers für Mängel des Werks. In einzelnen Punkten lehnt sich der Gesetzgeber an die Regeln über die Sachgewährleistung des Verkäufers an (z.B. Art. 371 Abs. 1 OR); in andern Punkten bestehen wichtige Unterschiede.

1729   2. Die Regelung ist wiederum (grundsätzlich) **dispositiv**: Die Parteien können sie zu Gunsten oder zu Ungunsten des Bestellers vertraglich abändern. Soweit der Unternehmer seine Haftung beschränkt oder ganz wegbedingt (Freizeichnung), gelten die Einschränkungen bei Art. 100 und Art. 101 Abs. 3 OR. Falls die Freizeichnung mittels Allgemeiner Geschäftsbedingungen erfolgt, sind die Regeln zur Kontrolle Allgemeiner Geschäftsbedingungen beizuziehen, namentlich Art. 8 UWG.

1730   3. Gemäss Art. 365 Abs. 1 OR haftet der Unternehmer beim Werklieferungsvertrag dem Besteller für die Güte des Stoffes und «hat Gewähr zu leisten wie ein Verkäufer». Richtig ausgelegt, betrifft diese Verweisung nur die **Rechtsgewährleistung für den Werkstoff**; für

---

[63]   GAUCH, Werkvertrag, Nr. 604.
[64]   Zum Bauhandwerkerpfandrecht vgl. SCHMID/HÜRLIMANN-KAUP, Sachenrecht, Nr. 1692 ff.

Mängel am Werk bei selber geliefertem Stoff haftet der Werkunternehmer nach den Gewährleistungsregeln des Werkvertragsrechts (Art. 367 ff. OR).[65]

2.   Die Voraussetzungen der Mängelhaftung des Unternehmers

Grundvoraussetzung für die Haftung ist die Mangelhaftigkeit des Werks. Dazu müssen weitere Voraussetzungen treten, die teils positiver, teils negativer Natur sind. Im Einzelnen: 1731

A.   Der Mangel des Werks

1. Das Gewährleistungsrecht des Werkvertrags knüpft – wie das Kaufvertragsrecht – an den **Mangelbegriff** an. Mangel ist eine *Abweichung vom Vertrag,* also die Nichtübereinstimmung des abgelieferten mit dem versprochenen Werk («subjektiver Mangelbegriff»).[66] Zwar spricht das Gesetz von «erheblichen Mängeln» oder «sonstigen Abweichungen» vom Vertrag (Art. 368 Abs. 1 OR). Beide Sachverhalte sind jedoch im Mangelbegriff enthalten, den die übrigen Bestimmungen der Mängelhaftung allein verwenden.[67] Wiederum lassen sich (wie beim Kaufvertrag; Nr. 324 ff.) unterscheiden:[68]   1732

   - das Fehlen zugesicherter Eigenschaften, also die Abwesenheit von Qualitäten des Werks, welche der Unternehmer versprochen hat; und   1733

   - das Fehlen von Eigenschaften, die der Besteller nach Treu und Glauben voraussetzen darf, obwohl eine Zusicherung fehlt.   1734

2. Damit die Mängelhaftung des Werkunternehmers aktuell wird, muss das **Werk abgeliefert** sein (vgl. Art. 367 Abs. 1 OR: «Nach Ablieferung des Werkes ...»). Indes bleibt der Besteller nicht schutzlos, wenn sich während der Ausführung des Werkes eine mangelhafte Erstellung bestimmt voraussehen lässt (Art. 366 Abs. 2 OR), doch werden diese Behelfe nicht der Mängelhaftung zugeschlagen.   1735

3. Das Gesetz behandelt **mehrere Arten von Mängeln:**   1736

   - Erhebliche (Art. 368 Abs. 1 OR) und «minder erhebliche» (Art. 368 Abs. 2 OR) Mängel;   1737

   - Mängel, «die bei der Abnahme und ordnungsgemässen Prüfung nicht erkennbar waren» (Art. 370 Abs. 1 OR);   1738

   - Mängel, die «vom Unternehmer absichtlich verschwiegen wurden» (Art. 370 Abs. 1 OR in fine);   1739

   - Mängel, die «erst später zu Tage» treten (Art. 370 Abs. 3 OR).   1740

4. Mängel des Werks – und nur sie – lösen die Gewährleistungspflicht des Werkunternehmers aus. Die Ablieferung eines mangelhaften Werks ist daher von anderen Sachverhalten **abzugrenzen,** welche nicht unter die Mängelhaftung fallen und damit Gegenstand der allgemeinen Haftungsbestimmungen (Art. 97 ff. OR) sind:[69]   1741

---

[65]   GAUCH, Werkvertrag, Nr. 1002 ff.; BGE 117 II 425 ff. (428 f.), E. 3; Urteil des BGer. vom 8. Mai 2007, Nr. 4C.130/2006, E. 3.1.

[66]   Ausführlich GAUCH, Werkvertrag, Nr. 1355 ff.

[67]   BGE 100 II 30 ff. (32), E. 2; GAUCH, Werkvertrag, Nr. 1441.

[68]   Vgl. GAUCH, Werkvertrag, Nr. 1361 ff.

[69]   Vgl. GAUCH, Werkvertrag, Nr. 1442 ff.

1742   – von der Schädigung des Bestellers durch den Unternehmer vor Ablieferung, etwa durch Schäden, die der Unternehmer dem Besteller anlässlich der Herstellung des Werks zufügt;

1743   – von der nachträglichen Verschlechterung des abgelieferten Werks;

1744   – von der verspäteten Ablieferung des Werks;

1745   – von der (vertragswidrigen) Nichtvollendung des Werks durch den Unternehmer;

1746   – von der Ablieferung eines gänzlich anderen Werks als des vereinbarten (aliud).

B.   Weitere Voraussetzungen

a.   *Fehlen von Wegbedingung der Gewährleistung, Genehmigung und Selbstverschulden des Bestellers*

1747   1. Die Regeln über die Mängelhaftung stellen nach dem Gesagten (grösstenteils) dispositives Recht dar. Die Mängelhaftung des Unternehmers wird daher nur dann aktuell, wenn seine **Gewährleistung nicht (wirksam) wegbedungen** worden ist. Eine gültige Freizeichnungsklausel schliesst demnach die Haftung des Unternehmers aus.

1748   2. Ebenfalls ausgeschlossen ist die Haftung des Werkunternehmers, wenn der Besteller das mangelhafte Werk (ausdrücklich oder stillschweigend) **genehmigt** hat (Art. 370 Abs. 1 OR). Eine Genehmigung liegt vor, wenn der Besteller gegenüber dem Unternehmer ausdrücklich oder stillschweigend erklärt, er betrachte das Werk als vertragskonform ausgeführt und verzichte auf (allfällige) Mängelrechte.[70]

1749   Vorbehalten bleiben immerhin jene Mängel, die bei der Abnahme und ordnungsgemässen Prüfung nicht erkennbar waren oder vom Unternehmer absichtlich verschwiegen wurden (Art. 370 Abs. 1 OR in fine).

1750   3. Eine Genehmigung der Mängel wird vom Gesetz namentlich dann fingiert, wenn der Besteller die gesetzlich vorgesehene Prüfung und Anzeige unterlässt, also die rechtzeitige **Mängelrüge versäumt** (Art. 370 Abs. 2 OR). Auf diese Frage, die praktisch sehr bedeutsam ist, wird separat eingegangen (Nr. 1752 ff.).

1751   4. Die Mängelhaftung des Werkunternehmers entfällt zudem auch dann, wenn ein **Selbstverschulden des Bestellers** vorliegt, insbesondere wenn der Besteller trotz ausdrücklicher Abmahnung an bestimmten (mangelkausalen) Ausführungsanweisungen festgehalten hat (Art. 369 OR; vgl. auch Art. 365 Abs. 3 OR).

b.   *Zur Mängelrüge insbesondere*

1752   In der Praxis wichtigste Voraussetzung ist die (rechtzeitige und auch sonst gehörige) Mängelrüge des Bestellers. Dazu ist Folgendes zu bemerken:

1753   1. Den Besteller trifft (wie den Käufer) die Obliegenheit, nach Ablieferung des Werks dessen Beschaffenheit, sobald es nach dem üblichen Geschäftsgang tunlich ist, zu prüfen und den Unternehmer von allfälligen Mängeln in Kenntnis zu setzen (**Mängelrüge**; Art. 367 Abs. 1 OR). Das Werkvertragsrecht folgt insoweit dem Kaufvertragsrecht (Art. 201 ff. OR).

---

[70]   Urteil des BGer. vom 8. Mai 2007, Nr. 4C.130/2006, E. 4.1.

Jede Partei ist überdies berechtigt, auf ihre Kosten eine Prüfung des Werks durch Sachverständige und die Beurkundung des Befundes zu verlangen (Art. 367 Abs. 2 OR; Art. 250 lit. b Ziff. 4 ZPO). 1754

2. Die Rüge muss **rechtzeitig** erfolgen. Bei der Beurteilung dieser Frage muss nach ständiger Praxis auf die konkreten Umstände des Einzelfalls, insbesondere auf die Natur des Werkes und die Art des Mangels abgestellt werden.[71] Das Bundesgericht betont diese Massgeblichkeit der Umstände; es hat immerhin für gewöhnliche Verhältnisse eine siebentägige Rügefrist (7 Kalendertage bzw. 5 Werktage) für angemessen gehalten, wenn ein Zuwarten mit der Rüge zu keiner Vergrösserung des Schadens führt.[72] 1755

Die Behauptungs- und Beweislast bezüglich der Rechtzeitigkeit der Mängelrüge ist in Lehre und Rechtsprechung umstritten.[73] 1756

Der Besteller muss die Mängel nicht nur rechtzeitig, sondern auch spätestens bis zum Ablauf der Verjährungsfrist (Art. 371 OR) rügen; letztere gilt als absolute Rügefrist in dem Sinne, dass Rechte aus Mängeln, die erst später gerügt werden, *verwirkt* sind.[74] 1757

3. Die Mängelrüge muss zu ihrer Wirksamkeit **spezifiziert** (substantiiert) erfolgen: Der Besteller hat anzugeben, warum (inwiefern) er das abgelieferte Werk nicht als vertragskonform anerkennt. 1758

4. Mängel am Werk können auch erst **nachträglich** auftauchen (sichtbar werden). Diesfalls muss die Anzeige sofort nach der Entdeckung erfolgen; andernfalls gilt das Werk auch hinsichtlich dieser Mängel als genehmigt (Art. 370 Abs. 3 OR). 1759

Versteckte Mängel eines Werks gelten in dem Zeitpunkt als entdeckt, in dem der Besteller die Gewissheit ihres Vorhandenseins erlangt. Mängel, die nach und nach zum Vorschein kommen, weil sie in ihrer Ausdehnung und Intensität wachsen, sind mit anderen Worten nicht bereits entdeckt, wenn erste Anzeichen auftreten, sondern erst, wenn der Besteller in der Lage ist, ihre Bedeutung und Tragweite festzustellen.[75] 1760

5. Falls der Unternehmer die Mängel **arglistig verheimlicht**, ist nach der auch hier vertretenen Auffassung Art. 203 OR sinngemäss anwendbar: Der fehlbare Unternehmer kann sich auf eine versäumte Mängelrüge nicht berufen. Das ist in der Lehre anerkannt,[76] wurde aber vom Bundesgericht bisher verneint.[77] 1761

6. Angesichts der **dispositiven Natur der Art. 367–371 OR** können die Parteien hinsichtlich der Mängelhaftung auch Regeln vereinbaren, die im Vergleich zur gesetzlichen Ordnung für den Besteller günstiger sind. Das trifft etwa für gewisse Regeln nach Art. 165 ff. SIA-Norm 118 zu.[78] 1762

---

[71] BGE 81 II 56 ff. (59 f.), E. 3b (für den Kaufvertrag).

[72] Zum Werkvertragsrecht: Urteil des BGer. vom 28. Juli 2000, Nr. 4C.159/1999, E. 1b/aa und 2; Urteil des BGer. vom 3. Mai 2004, Nr. 4C.82/2004, E. 2.3 = Pra 2004, Nr. 146, S. 827 f.; Urteil des BGer. vom 11. September 2007, Nr. 4A_51/2007, E. 4.5; Urteil des BGer. vom 31. Oktober 2007, Nr. 4A_336/2007, E. 4.4.

[73] Vgl. BGE 118 II 142 ff.; 107 II 172 ff.; GAUCH, Werkvertrag, Nr. 1561 ff. und 1581.

[74] BGE 130 III 362 ff. (365 ff.), E. 4.2 und 4.3 = Pra 2005, Nr. 7, S. 57 ff.; GAUCH, Werkvertrag, Nr. 2295.

[75] BGE 131 III 145 ff. (149 f.), E. 7.2 (für den Kaufvertrag) = Pra 2005, Nr. 50, S. 389 ff. = ZBGR 88/2007, S. 289 ff.

[76] Z.B. GAUCH, Werkvertrag, Nr. 1559 und 1578; PEDRAZZINI, SPR VII/1, S. 528.

[77] BGE 100 II 30 ff. (33 f.), E. 2.

[78] Vgl. etwa Urteil des BGer. vom 5. September 2002, Nr. 4C 258/2001, E. 2.2 und 3 (insoweit nicht in BGE 128 III 416 ff.).

1763 So sieht die SIA-Norm 118 zu Gunsten des Bauherrn namentlich eine zweijährige Rügefrist vor (Art. 172 SIA-Norm 118) und legt die Verjährung für alle Mängel einheitlich auf fünf Jahre fest (Art. 180 SIA-Norm 118).

3. Die Rechtsfolgen: Mängelrechte des Bestellers

A. Übersicht

1764 1. Dem Besteller steht ein **Bündel von Rechten (Mängelrechten)** zu, nämlich die Folgenden:

1765 – das Recht auf Wandelung (Art. 368 Abs. 1 OR);

1766 – das Recht auf Minderung (Art. 368 Abs. 2 OR);

1767 – das Recht auf Nachbesserung (Art. 368 Abs. 2 OR);

1768 – das Recht auf Schadenersatz (Ersatz des Mangelfolgeschadens; Art. 368 Abs. 1 und 2 OR, jeweils in fine).

1769 Während zwischen den ersten drei Mängelrechten Konkurrenz besteht, indem der Besteller sich für eines zu entscheiden hat, kann der Ersatz eines allfälligen Mangelfolgeschadens stets zusätzlich zu den anderen Mängelrechten verlangt gemacht werden.

1770 2. Wandelungs-, Minderungs- und Nachbesserungsrecht stehen dem Besteller auch ohne ein **Verschulden** seitens des Unternehmers zu. Für den Mangelfolgeschaden haftet der Unternehmer demgegenüber nur im Verschuldensfall oder im (häufigen) Fall, da der Unternehmer für eine Hilfsperson (z.B. einen Subunternehmer) einzustehen hat (Art. 101 OR).

1771 3. Die Mängelrechte des Bestellers unterliegen nicht der allgemeinen, sondern einer besonderen **Verjährung** (Art. 371 OR) – wie die Sachgewährleistungsansprüche des Käufers beim Kaufvertrag auch (Art. 210 OR).

B. Das Wandelungsrecht

1772 1. **Art. 368 Abs. 1 OR** gibt dem Besteller grundsätzlich das Recht, die Annahme des Werks zu verweigern, also den Werkvertrag zu wandeln (rückgängig zu machen). Immerhin ist Folgendes zu berücksichtigen:

1773 – Damit das Wandelungsrecht besteht, müssen erhebliche Mängel vorhanden sein; das Werk muss derart vom Vertrag abweichen, dass es für den Besteller unbrauchbar ist oder dass ihm die Annahme billigerweise nicht zugemutet werden kann (Art. 368 Abs. 1 OR).

1774 – Das Recht auf Wandelung entfällt zum Vornherein bei Werken, die auf dem Grund und Boden des Bestellers errichtet worden sind und ihrer Natur nach nur mit unverhältnismässigen Nachteilen entfernt werden können (Art. 368 Abs. 3 OR).

1775 2. Das Wandelungsrecht ist ein privates **Gestaltungsrecht**, kein Gestaltungsklagerecht: Es wird ausgeübt durch blosse (einseitige) Erklärung des Bestellers; eine gerichtliche Klage ist nicht erforderlich.

3. Ist das Wandelungsrecht wirksam ausgeübt worden, so muss der Vertrag **rückabgewickelt** 1776
werden. Es bestehen vertragliche (nicht bereicherungs- bzw. sachenrechtliche) Abwicklungspflichten, die Zug um Zug (Art. 82 OR) zu erfüllen sind (Nr. 394).[79]

C. Das Minderungsrecht

1. Der Besteller kann auch «einen dem Minderwerte des Werkes entsprechenden **Abzug am** 1777
Lohne machen» (Art. 368 Abs. 2 OR). Dieses Recht auf Minderung (Herabsetzung des
Werklohns) steht dem Besteller namentlich dann zu:

- wenn die Mängel «minder erheblich» sind, also eine Wandelung aus diesem Grund aus- 1778
geschlossen ist (Art. 368 Abs. 2 OR), oder

- wenn das Werk auf dem Grund und Boden des Bestellers errichtet wurde und sich nur 1779
mit unverhältnismässigen Nachteilen entfernen liesse, was wiederum eine Wandelung
ausschliesst (Art. 368 Abs. 3 OR).

2. Auch das Minderungsrecht ist ein privates **Gestaltungsrecht**, kein Gestaltungsklagerecht. 1780
Es wird durch einfache (einseitige) Willenserklärung ausgeübt. Ist es wirksam ausgeübt
worden, so berechnet sich die Werklohnminderung (wie bei der Sachgewährleistung beim
Kaufvertrag) nach der so genannten relativen Berechnungsmethode.[80] Eine Forderung
gegen den Unternehmer begründet die Ausübung des Minderungsrechts nur dann, wenn
der Besteller ihm bereits mehr bezahlt hat als die nunmehr geschuldete, geminderte Vergütung. In diesem Fall richtet sich die Forderung auf Rückzahlung des zu viel Bezahlten,
wobei der Besteller sie unter Umständen zur Verrechnung bringen kann (zum Beispiel mit
der Forderung des Unternehmers aus einer Bestellungsänderung).

D. Das Nachbesserungsrecht

1. Nach Art. 368 Abs. 2 OR hat der Besteller **Anspruch auf unentgeltliche Verbesserung** des 1781
Werks (Nachbesserung), sofern dies dem Unternehmer nicht übermässige Kosten verursacht. Das ist wie folgt zu verdeutlichen:

- Die Nachbesserung ist die unentgeltliche Verbesserung des Werks. Die ursprüngliche 1782
Verpflichtung zur (mängelfreien) Werkherstellung lebt damit wieder auf.

  Ausnahmsweise kann statt der Verbesserung die Neuherstellung des Werks verlangt werden.[81] 1783

- Ob «übermässige Kosten» zu Lasten des Unternehmers entstehen, entscheidet sich nach 1784
dem Verhältnis zwischen dem Nutzen der Nachbesserung für den Bauherrn und den
Kosten, die dem Unternehmer durch die Nachbesserung entstehen.[82]

- Das Nachbesserungsrecht steht dem Besteller unter diesen Voraussetzungen auch bei 1785
bloss «minder erheblichen» Mängeln zu sowie bei mangelhaften Werken, die auf dem
Grund und Boden des Bestellers errichtet sind und sich nur mit unverhältnismässigem
Aufwand entfernen lassen (Art. 368 Abs. 2 und 3 OR).

---

[79] GAUCH, Werkvertrag, Nr. 1050 ff. und 1057 ff.
[80] Dazu GAUCH, Werkvertrag, Nr. 1646 ff.; Urteil des BGer. vom 8. Oktober 2004, Nr. 4C.231/2004, E. 3.1.
[81] Urteil des BGer. vom 5. September 2002, Nr. 4C.258/2001, E. 4.1.4 (insoweit nicht in BGE 128 III 416 ff.).
[82] Vgl. GAUCH, Werkvertrag, Nr. 1749 ff.; Urteil des BGer. vom 5. September 2002, Nr. 4C.258/2001, E. 4.1.3
(insoweit nicht in BGE 128 III 416 ff.).

1786   – Auch die gesetzlichen Bestimmungen zum Nachbesserungsrecht sind dispositiv. Abwei-
         chende Parteivereinbarungen gehen somit vor, insbesondere die in der SIA-Norm 118
         enthaltenen Regeln, sofern die Parteien sie in ihren konkreten Werkvertrag übernom-
         men haben.[83]

1787   Namentlich hat nach Art. 169 SIA-Norm 118 der Bauherr bei Mängeln – abgesehen vom Schadener-
        satzrecht – zunächst einzig das Recht auf Nachbesserung (nicht auch auf Wandelung oder Minde-
        rung).

1788   2. Auch das Nachbesserungsrecht ist ein privates **Gestaltungsrecht**, kein Gestaltungsklage-
        recht. Wirksam ausgeübt, begründet es eine Nachbesserungsschuld des Unternehmers.
        Wird auch diese Nachbesserung nicht oder wiederum mangelhaft ausgeführt, so leben die
        Wahlrechte des Bestellers wieder auf.[84]

1789   Insbesondere kann der Besteller nach Ablauf einer angemessenen Frist eine Drittperson mit den Ver-
        besserungsarbeiten betrauen (Ersatzvornahme) und sich die Kosten vom Unternehmer zurückerstatten
        lassen. Dabei findet nach der bundesgerichtlichen Rechtsprechung Art. 366 Abs. 2 OR analog Anwen-
        dung; eine gerichtliche Ermächtigung zur Ersatzvornahme ist also nicht nötig.[85] Der Unternehmer kann
        verpflichtet werden, die mutmasslichen Kosten der Ersatzvornahme vorzuschiessen.[86]

E.   Das Recht auf Ersatz des Mangelfolgeschadens

1790   1. Nach Art. 368 Abs. 1 und 2 OR (jeweils in fine) hat der Besteller überdies das Recht, **bei
        Verschulden** des Unternehmers Schadenersatz zu verlangen. Folgendes ist zu beachten:

1791   – Das Recht auf Ersatz des Mangelfolgeschadens ist nicht wie die anderen Mängelrechte
         ein Gestaltungsrecht, sondern eine *Forderung*.

1792   – Diese Forderung richtet sich auf Schadenersatz, genauer auf den *Ersatz des so genannten
         Mangelfolgeschadens*. Damit ist jener Schaden gemeint, der ausserhalb des mangelhaf-
         ten Werks besteht, mithin andere Rechtsgüter des Bestellers betrifft.[87]

1793   Der (bisweilen so genannte) «Mangelschaden» selber, verstanden als der im Mangel selber begrün-
        dete Minderwert des Werks, wird durch die Wandelung, Minderung oder Nachbesserung auf den Un-
        ternehmer überwälzt. Er bildet daher nicht Gegenstand der Schadenersatzpflicht.

1794   – Das Recht des Bestellers auf Schadenersatz setzt ein *Verschulden* des Unternehmers
         voraus. Für eine Kausalhaftung des Unternehmers (wie in Art. 208 Abs. 2 OR für den
         Verkäufer) fehlt eine gesetzliche Grundlage. Es gelten somit die allgemeinen Regeln des
         vertraglichen Haftpflichtrechts: Das Verschulden des Unternehmers wird im Sinn von
         Art. 97 Abs. 1 OR vermutet; für die Hilfspersonenhaftung gilt Art. 101 OR.

1795   – Dieser Anspruch auf Ersatz des Mangelfolgeschadens tritt *kumulativ* zu den übrigen
         Mängelrechten des Bestellers hinzu. Der Ersatzanspruch soll gerade solche Positionen
         abgelten, die nicht durch Wandelung, Minderung oder Nachbesserung behoben worden
         sind.

---

[83]   Urteil des BGer. vom 5. September 2002, Nr. 4C.258/2001, E. 4.1 (insoweit nicht in BGE 128 III 416 ff.).
[84]   Urteil des BGer. vom 13. Februar 2006, Nr. 4C.347/2005, E. 4; GAUCH, Werkvertrag, Nr. 1796 f., 1801
       und 1843.
[85]   BGE 107 II 50 ff. (55 f.), E. 3; Urteil des BGer. vom 25. Juli 2006, Nr. 4C.77/2006, E. 3.
[86]   BGE 128 III 416 ff. (417 f.), E. 4.2.2.
[87]   Vgl. GAUCH, Werkvertrag, Nr. 1853 ff. Ihm folgend Urteil des BGer. vom 7. Oktober 2005, Nr. 4C.106/2005,
       E. 3.1; ohne Begründung bereits BGE 116 II 454 ff. (455 f.), E. 2a.

2. Auch der Anspruch auf Ersatz eines Mangelfolgeschadens untersteht den **allgemeinen**   1796
Voraussetzungen der Mängelhaftung des Unternehmers. Namentlich ist eine Mängelrüge
erforderlich (Art. 367 Abs. 1 und 370 Abs. 2 OR). Zudem richtet sich die Verjährung des
Anspruchs nach Art. 371 OR. Andere Ersatzansprüche gegen den Unternehmer, die ihren
Grund nicht in einem Werkmangel haben, unterliegen demgegenüber der allgemeinen Re-
gel bei Art. 127 OR.

F.   Die Verjährung der Mängelrechte

Art. 371 OR regelt die Verjährung der Ansprüche des Bestellers wegen Werkmängeln unter   1797
Verweis auf die entsprechenden Regeln des Kaufvertragsrechts. Vorab ist festzuhalten: Gegenstand dieser Verjährungsregel sind zum einen die Forderungen, die durch die Ausübung
der Mängelrechte (Gestaltungsrechte) entstehen, zum andern der Anspruch auf Ersatz des
Mangelfolgeschadens.[88] Bei Wandelung und Minderung geht es vor allem um den Anspruch
auf die (teilweise oder vollständige) Rückleistung des allenfalls schon bezahlten Werklohns.

Die Gestaltungsrechte selber verjähren nicht. Doch verwirken sie namentlich dann, wenn der Besteller das   1798
Werk genehmigt, indem er die Genehmigung erklärt oder die gesetzlich vorgesehene Prüfung und Anzeige
unterlässt. In letzterem Fall wird die Genehmigung des Werkes durch das Gesetz fingiert (Art. 370 Abs. 2
OR).

1. Grundsätzlich verjähren die Ansprüche des Bestellers wegen Mängeln des Werks «gleich   1799
den entsprechenden **Ansprüchen des Käufers**» (Art. 371 Abs. 1 OR). Das bedeutet:

   – Die Mängelrechte des Bestellers verjähren grundsätzlich mit Ablauf eines Jahres seit   1800
   Ablieferung an den Besteller (Art. 210 Abs. 1 OR analog).[89] Der Werkunternehmer kann
   jedoch eine Haftung auf längere Zeit vertraglich übernommen haben (Art. 210 Abs. 1
   OR in fine analog). Möglich ist aber auch eine vertragliche Verkürzung der gesetzlichen
   Verjährungsfrist.

   – Die Einreden des Bestellers wegen vorhandener Mängel bleiben bestehen, wenn inner-   1801
   halb eines Jahres nach Ablieferung des Werks die Mängelrüge an den Werkunternehmer
   gemacht worden ist (Art. 210 Abs. 2 OR analog).

2. Die Ansprüche des Bestellers eines **unbeweglichen Bauwerks** wegen Mängeln des Werks   1802
verjähren «gegen den Unternehmer sowie gegen den Architekten oder Ingenieur, die zum
Zwecke der Erstellung Dienste geleistet haben, mit Ablauf von fünf Jahren seit der Abnahme» (Art. 371 Abs. 2 OR).[90]

3. Diese kurzen Verjährungsfristen gelten hinsichtlich sämtlicher Mängelrechte des Bestel-   1803
lers, namentlich auch des Anspruchs auf Ersatz des Mangelfolgeschadens. Immerhin bleibt
es in gewissen Sonderfällen bei der **Zehnjahresfrist von Art. 127 OR**, nämlich wenn:

   – der Unternehmer eine solche Haftung vertraglich übernommen hat, oder   1804

   – der Unternehmer den Besteller absichtlich über die Mängel getäuscht hat (Art. 210   1805
   Abs. 3 OR analog).

---

[88]   Gauch, Werkvertrag, Nr. 2203 und 2208.
[89]   BGE 133 III 335 ff. (341), E. 2.4.4.
[90]   BGE 130 III 362 ff. (365 ff.), E. 4; Urteil des BGer. vom 23. Juli 2008, Nr. 4A_235/2008, E. 5.5; ausführlich Gauch, Werkvertrag, Nr. 2214 ff.

4. Einzelfragen zur Mängelhaftung

1806 1. Wiederum stellt sich die Frage des **Verhältnisses der Mängelhaftung des Unternehmers zu anderen Behelfen** des Bestellers:

1807 – Der allgemeine Erfüllungsanspruch und der Schadenersatzanspruch gestützt auf Art. 97 ff. OR scheiden beim Vorliegen eines Mangels aus; diese Regeln werden durch die Gewährleistungsregelung der Art. 367 ff. OR vollständig verdrängt.[91]

1808 Hingegen bleibt es bei der Anwendbarkeit der Art. 97 ff. OR, wenn die Vertragsverletzung des Unternehmers nicht in einem mangelhaften Werk besteht, sondern in der Verletzung anderer Rechtsgüter des Bestellers, oder wenn der Unternehmer das Werk gar nicht (oder ein anderes Werk als das geschuldete) abliefert.

1809 – Die Ansprüche aus unerlaubten Handlungen (Art. 41 ff. OR und Nebengesetzgebung) stehen dem Besteller bei gegebenen Voraussetzungen – insbesondere Widerrechtlichkeit – neben den Mängelrechten zu.[92] Insbesondere kann sich der Besteller unter Umständen noch immer auf die deliktsrechtlichen Bestimmungen berufen, wenn er die Mängelrüge versäumt hat.

1810 – Fragen kann man sich, ob der Besteller sich neben der Mängelhaftung auch auf Willensmängel und insbesondere auf Grundlagenirrtum berufen kann, soweit es um ein vertragswidrig abgeliefertes Werk geht. Die herrschende Lehre verneint diese Möglichkeit.[93]

1811 – Fraglich ist sodann, ob der Besteller unter Berufung auf die Einrede des nicht erfüllten Vertrags (Art. 82 OR) die Zahlung des Werklohnes (einstweilen) verweigern kann, wenn das Werk mangelhaft ist. Dies ist nur (aber immerhin) dann zu bejahen, wenn der Besteller Nachbesserung gewählt hat und die Einrede von Art. 82 OR ausdrücklich erhoben hat.[94]

1812 2. In der Lehre ist umstritten, ob der Besteller seine Mängelrechte **abtreten** kann. Zulässig ist diese Möglichkeit jedenfalls insoweit, als es um Forderungsrechte geht (die nach Art. 164 ff. OR zediert werden können). Abtretbar sind damit zumindest die Forderungen, die mit der Ausübung eines Gestaltungsrechts entstehen (z.B. die Forderung auf Rückleistung zu viel bezahlter Vergütung nach der Ausübung des Minderungsrechts), und ohne Weiteres der Anspruch auf Ersatz eines Mangelfolgeschadens. Als abtretbar gilt aber auch das Nachbesserungsrecht,[95] während die auf Minderung und auf Wandelung gerichteten Gestaltungsrechte auch nach der hier vertretenen Meinung der Abtretung nicht zugänglich sind.[96]

1813 Diese Meinung gründet auf der Einsicht, dass Minderung und Wandelung «so sehr in das Vertragsgefüge ein[greifen], dass sie unlösbar mit dem Werkvertrag verbunden sind»;[97] allein mit der Rechtsnatur dieser Gestaltungsrechte lässt sie sich zumal dann nicht begründen, wenn man (wie hier) die Abtretbarkeit des Nachbesserungsrechts bejaht.

---

[91] BGE 100 II 30 ff. (32 f.), E. 2; 117 II 550 ff. (553), E. 4b/cc; 133 III 335 ff. (341), E. 2.4.4; GAUCH, Werkvertrag, Nr. 2326 ff.

[92] Dazu GAUCH, Werkvertrag, Nr. 2341 ff.

[93] GAUCH, Werkvertrag, Nr. 2317 f.

[94] Ausführlich GAUCH, Werkvertrag, Nr. 2366 ff.

[95] Im Einzelnen vgl. GAUCH, Werkvertrag, Nr. 2450 ff.

[96] BGE 114 II 239 ff. (247), E. 5c/aa; GAUCH, Werkvertrag, Nr. 2439.

[97] GAUCH, Werkvertrag, Nr. 2349.

VI. Die Beendigung des Werkvertrags

Der Hauptgrund für die Beendigung des Werkvertrags ist die (beidseitige) vollständige **Erfüllung** der Pflichten der Parteien. Da es sich beim Werkvertrag um ein einfaches Schuldverhältnis (und nicht um einen Dauervertrag) handelt, gehen die Forderungen der Parteien mit ihrer Erfüllung unter (Art. 114 Abs. 1 OR). Abgesehen von diesem Hauptfall und von den Beendigungsmöglichkeiten, die sich im Fall der Mängelhaftung des Unternehmers ergeben können (Wandelung), regelt das Gesetz folgende **besonderen Beendigungsmöglichkeiten:**   1814

1. Die Beendigung durch **Rücktritt wegen Überschreitung eines ungefähren Kostenansatzes** (Art. 375 OR). Das Gesetz gewährt dem Besteller ein Rücktrittsrecht «sowohl während als nach der Ausführung des Werkes», sofern ein mit dem Unternehmer vereinbarter Ansatz ohne Zutun des Bestellers unverhältnismässig überschritten wird (Art. 375 Abs. 1 OR).   1815

Ein solcher Rücktritt setzt voraus, dass «der Unternehmer dem Besteller eine Kostenschätzung im Sinne eines Richtpreises gegeben hat und dieser Kostenvoranschlag bei Vertragsschluss als Geschäftsgrundlage diente»; ein ungefährer Kostenansatz im Sinn von Art. 375 Abs. 1 OR fehlt hingegen, wenn die Parteien lediglich vereinbart haben, der Preis werde nach Aufwand des Unternehmers berechnet.[98]   1816

Bei Bauten, die auf Grund und Boden des Bestellers errichtet werden, kann dieser nach Art. 375 Abs. 2 OR eine angemessene Herabsetzung des Werklohns verlangen, oder, wenn die Baute noch nicht vollendet ist, gegen billigen Ersatz der bereits ausgeführten Arbeiten dem Unternehmer die Fortführung entziehen und vom Vertrag zurücktreten.   1817

Soweit das Gesetz in diesen Fällen den Rücktritt auch bei bereits begonnener Werkvertragsleistung vorsieht, drückt es sich ungenau aus: In Wirklichkeit liegt hier kein Rücktritt (Vertragsauflösung ex tunc) vor, sondern eine Kündigung (Vertragsauflösung ex nunc).   1818

2. Die Beendigung durch **Untergang des Werks** vor der Übergabe (Art. 376 OR). Geht das Werk vor der Übergabe durch Zufall (also ohne Verschulden eines der Beteiligten) zugrunde, so kann der Unternehmer weder Lohn für seine Arbeit noch Vergütung seiner Auslagen verlangen, es sei denn, der Besteller befinde sich im Annahmeverzug (Art. 376 Abs. 1 OR). Der Unternehmer trägt mit anderen Worten die Vergütungsgefahr bis zur «Übergabe».[99] Der Verlust des untergegangenen Stoffs trifft in diesem Fall jene Partei, die ihn geliefert hat (Art. 376 Abs. 2 OR).   1819

Dagegen sieht Art. 187 Abs. 3 SIA-Norm 118 vor, dass beim Untergang des Werks infolge höherer Gewalt (Krieg, Aufruhr, Naturkatastrophe) der Unternehmer einen Anspruch darauf hat, dass ihm die vor dem Untergang erbrachten Leistungen nach Billigkeit ganz oder teilweise vergütet werden.[100]   1820

Vorbehalten bleibt nach Art. 376 Abs. 3 OR der Fall, in welchem das Werk wegen eines Mangels des vom Besteller gelieferten Stoffs oder des angewiesenen Baugrunds oder infolge der von ihm vorgeschriebenen Art der Ausführung untergeht. Sofern der Unternehmer den Besteller auf diese Gefahren rechtzeitig aufmerksam gemacht hat (Abmahnung), darf er die Vergütung der bereits geleisteten Arbeit und die im Werklohn nicht eingeschlossenen Auslagen sowie, falls den Besteller ein Verschulden oder eine Hilfspersonenhaftung (Art. 101 OR) trifft, Schadenersatz verlangen.[101]   1821

---

[98] BGE 132 III 24 ff. (29), E. 5.1.2.
[99] Gauch, Werkvertrag, Nr. 1184.
[100] Vgl. BGE 123 III 183 ff.; Gauch, Werkvertrag, Nr. 1218 f.
[101] Vgl. ausführlich Gauch, Werkvertrag, Nr. 1194 ff.

1822 **3. Die Beendigung durch Rücktritt des Bestellers gegen volle Schadloshaltung** (Art. 377 OR). Nach dieser (im Gegensatz zu Art. 404 OR; Nr. 1966) dispositiven und damit abdingbaren Norm gilt das Folgende: Ist das Werk noch unvollendet und hat der Besteller nicht aus besonderen Gründen (z.B. wegen einer Vertragsverletzung des Unternehmers) ein Rücktrittsrecht, so ist die Vertragsauflösung durch den Besteller dennoch möglich, jedoch nur «gegen Vergütung der bereits geleisteten Arbeit und gegen volle Schadloshaltung des Unternehmers». Volle Schadloshaltung bedeutet, dass dem Unternehmer der Ersatz des positiven Interesses (Erfüllungsinteresses) zusteht.[102] Die gesetzliche Regelung sieht damit einen «Einbruch in den Grundsatz der Vertragstreue» zu Gunsten des Bestellers vor, relativiert ihn aber durch dessen Pflicht zur vollen Schadloshaltung des Unternehmers.[103]

1823 Wiederum ist der Gesetzeswortlaut ungenau, indem er von Rücktritt spricht (was auf eine Vertragsauflösung ex tunc hindeutet): Der Besteller hat der Sache nach vielmehr ein Kündigungsrecht, das ex nunc wirkt.[104] Die Schadenersatzforderung des Unternehmers für die geleistete Arbeit wird sofort mit der Auflösung des Vertrags nach Art. 377 OR fällig.[105]

1824 **4. Die Beendigung wegen Unmöglichkeit der Erfüllung aus Verhältnissen des Bestellers** (Art. 378 OR). Wird die Vollendung des Werks durch einen beim Besteller eingetretenen Zufall unmöglich, so hat der Unternehmer Anspruch auf Vergütung der geleisteten Arbeit und der im Preis nicht inbegriffenen Auslagen (Art. 378 Abs. 1 OR). Bei verschuldeter Unmöglichkeit kann der Unternehmer überdies Schadenersatz verlangen (Art. 378 Abs. 2 OR).

1825 **5. Die Beendigung wegen Todes oder Unfähigkeit des Unternehmers** (Art. 379 OR). Stirbt der Unternehmer oder wird er ohne seine Schuld zur Vollendung des Werks unfähig, so erlischt der Werkvertrag, wenn er mit Rücksicht auf die persönlichen Eigenschaften des Unternehmers eingegangen worden ist (Art. 379 Abs. 1 OR). Der Besteller ist diesfalls verpflichtet, den bereits ausgeführten Teil des Werks, soweit für ihn brauchbar, anzunehmen und zu bezahlen (Art. 379 Abs. 2 OR).

---

[102] GAUCH, Werkvertrag, Nr. 546 ff.
[103] BGE 117 II 273 ff. (276 f.), E. 4b.
[104] BGE 117 II 273 ff. (276), E. 4a; 129 III 738 ff. (748), E. 7.3; BGE 130 III 362 ff. (366), E. 4.2 = Pra 2005, Nr. 7, S. 57 ff.; GAUCH, Werkvertrag, Nr. 523 und 528.
[105] BGE 129 III 738 ff. (748 f.), E. 7.3 (= Praxisänderung gegenüber BGE 117 II 273 ff. [278], E. 4c), unter Übernahme der Argumente von GAUCH, Werkvertrag, Nr. 557 ff.

§ 17   Der Verlagsvertrag

Sonderliteratur (Auswahl):   1826

HOCHREUTENER INGE, Urhebervertragsrecht im Verlagsbereich, in: Magda Streuli-Youssef (Hrsg.), Urhebervertragsrecht, Zürich 2005, S. 37 ff.

PEDRAZZINI MARIO M., Der Verlagsvertrag, in: Schweizerisches Privatrecht Band VII/1, Basel/ Stuttgart 1977, S. 552 ff.

TROLLER ALOIS, Kommentar zum Schweizerischen Zivilgesetzbuch, Band V: Das Obligationenrecht, Teilband V 3a, Erste Lieferung, Art. 380–393 OR, Der Verlagsvertrag, 3. Aufl., Zürich 1976.

I.   Allgemeines

1.   Die Rechtsquellen

1. Den Verlagsvertrag («le contrat d'édition») regelt das OR in den **Art. 380–393 OR**.   1827

2. Hinzu kommen weitere wichtige **urheberrechtliche Rechtsquellen**, zum Beispiel: 1828

   – das Bundesgesetz vom 9. Oktober 1992 über das Urheberrecht und verwandte Schutzrechte (Urheberrechtsgesetz, URG, SR 231.1);   1829

   – die zugehörige Verordnung vom 26. April 1993 (Urheberrechtsverordnung, URV, SR 231.11);   1830

   – das Welturheberrechtsabkommen in der Fassung vom 24. Juli 1971 (SR 0.231.01);   1831

   – die Berner Übereinkunft zum Schutz von Werken der Literatur und Kunst in der Fassung vom 24. Juli 1971 (SR 0.231.12/15);   1832

   – der WIPO-Urheberrechtsvertrag vom 20. Dezember 1996 (SR 0.231.151).   1833

2.   Die Qualifikationsmerkmale

1. Durch den Verlagsvertrag verpflichten sich der Urheber eines literarischen oder künstlerischen Werkes oder seine Rechtsnachfolger (Verlaggeber), das Werk einem Verleger zum Zweck der Herausgabe zu überlassen, während der Verleger verspricht, das Werk zu vervielfältigen und in Vertrieb zu setzen (Art. 380 OR). **Typwesentlich** sind also die folgenden Verpflichtungen: 1834

   – die Pflicht des Verlaggebers zur Überlassung[1] des Werks sowie zur Übertragung der urheberrechtlichen Befugnisse,[2] und   1835

   – die Pflicht des Verlegers zur Vervielfältigung und zum Vertrieb des Werks auf eigene Rechnung.   1836

---

[1]   Ohne abweichende Vereinbarung bleibt das Werk jedoch im Eigentum des Verlaggebers.
[2]   BGE 101 II 102 ff. (104), E. 1b.

1837   2. Eine **Entgeltspflicht des Verlegers** (Honoraranspruch des Verlaggebers) kann vereinbart sein, ist jedoch kein typwesentliches Merkmal (Art. 388 Abs. 1 OR).

1838   3. Unter Umständen liegt kein Verlagsvertrag, sondern ein **Kommissionsvertrag** vor. Dies ist dann der Fall, wenn das Verlagshaus sich verpflichtet, das Werk zwar in eigenem Namen, aber auf Rechnung des Urhebers zu vervielfältigen und zu vertreiben. Im Unterschied zum Verlagsvertrag liegt das wirtschaftliche Risiko beim Urheber. Entsprechend bleibt ein Übergang seiner Rechte auf das Verlagshaus aus; Art. 381 Abs. 1 OR ist nicht anwendbar.

3.   Die Vertragsentstehung

1839   1. Der Verlagsvertrag entsteht nach den **allgemeinen Regeln**; erforderlich ist also der Austausch übereinstimmender Willenserklärungen (Art. 1 OR). Eine Form wird gesetzlich nicht vorgeschrieben, ist jedoch in der Praxis üblich.

1840   2. Ein **Honoraranspruch** zu Gunsten des Verlaggebers gilt als vereinbart, wenn nach den Umständen die Überlassung des Werks nur gegen Honorar zu erwarten war (Art. 388 Abs. 1 OR). Doch ist auch der unentgeltliche Verlagsvertrag kein einseitiger Schuldvertrag, da der Verleger noch immer zu Vervielfältigung und Vertrieb des ihm vom Verlaggeber überlassenen Werkes verpflichtet ist.

4.   Das Werk als Vertragsobjekt

1841   1. Gegenstand des Verlagsvertrags bildet ein **literarisches oder künstlerisches Werk** (Art. 380 OR). Gemäss Art. 2 Abs. 1 URG sind Werke, unabhängig von ihrem Wert oder Zweck, geistige Schöpfungen der Literatur und Kunst, die individuellen Charakter haben. Als Gegenstand des Verlagsvertrags besonders geeignet sind literarische, wissenschaftliche und andere Sprachwerke (Art. 2 Abs. 2 lit. a URG).[3]

1842   Der urheberrechtliche Schutz hängt gemäss der Legaldefinition in Art. 2 Abs. 1 URG vom individuellen Charakter der geistigen Schöpfung ab und ist unabhängig von ihrem Wert und Zweck. Originalität im Sinne einer persönlichen Prägung durch den Urheber ist nicht vorausgesetzt.[4] In jüngerer Zeit hatte sich das Bundesgericht insbesondere mit der Frage nach der urheberrechtlichen Qualität von Fotografien zu befassen. In einem ersten Fall sprach das Bundesgericht einem Schnappschuss, der den verstorbenen Sänger Bob Marley während eines Konzertes zeigte, die urheberrechtliche Schutzwürdigkeit zu.[5] In einem zweiten Fall sprach es einer Fotografie den geforderten individuellen Charakter ab: Das Bild zeigt den ehemaligen Wachmann der UBS, Christoph Meili, wie er mit Akten, die er vor dem Schreddern rettete, vor der Kamera posiert.[6]

1843   2. Fehlt einem Werk das Qualitätsmerkmal der geistigen Schöpfung und der Individualität, handelt es sich um ein «gemeinfreies», also um ein urheberrechtlich **nicht geschütztes Werk**. Ist ein nicht geschütztes Werk Gegenstand eines Verlagsvertrags, sprechen Bundesgericht und Lehre von einem «unechten» oder «uneigentlichen» Verlagsvertrag, auf den die gesetzlichen Regeln des Verlagsvertrags sinngemäss anwendbar sind.[7]

---

[3]   Vgl. HOCHREUTENER, S. 69.
[4]   BGE 134 III 166 ff. (170), E. 2.1.
[5]   BGE 130 III 168 ff.
[6]   BGE 130 III 714 ff.
[7]   BGE 101 II 102 ff. (104), E. 4; HOCHREUTENER, S. 71; PEDRAZZINI, S. 564 f.; TROLLER, N 3 zu Vorbem. zu Art. 380–393 OR.

3. Gegenstand des Verlagsvertrags kann auch die Überlassung eines Werkes sein, das erst noch zu schaffen ist, also ein **künftiges Werk.** Unter Umständen kann es sich hier rechtfertigen, werkvertragliche Regeln analog anzuwenden.[8]   1844

5. Die «Rechtsnatur» des Verlagsvertrages

1. Der Verlagsvertrag kann zwar als **zweiseitig verpflichtend** aufgefasst werden, da jede Partei der andern eine Leistung schuldet. Hingegen lässt sich nicht zwischen «charakteristischer Leistung» und «Geldleistung» unterscheiden. Fraglich ist auch, ob das Zurverfügungstellen des Werks und dessen Vervielfältigung in einem Austauschverhältnis stehen.[9] Befürwortet wird jedoch die Anwendung von Art. 107 ff. OR für den Fall des Verzugs einer der Vertragsparteien.[10]   1845

2. Beim Verlagsvertrag handelt es sich um einen **dauervertragsähnlichen Vertrag.** Dies ergibt sich aus Art. 381 Abs. 1 OR, wonach zumindest die Leistungspflicht des Verlaggebers, die Urheberrechte so lange auf den Verleger zu übertragen, als es für die Ausführung des Vertrages erforderlich ist, ein Dauerelement beinhaltet.   1846

3. Mit Abschluss des Verlagsvertrags werden gemäss Art. 381 Abs. 1 OR die **Urheberrechte** auf den Verleger **übertragen** – wenn auch (vermutungsweise) nur in dem Umfang, in dem der Vertragszweck die Übertragung erfordert.[11] Somit liegt im Verlagsvertrag neben dem Verpflichtungsgeschäft auch ein Verfügungsgeschäft.[12]   1847

Das Urheberrecht – ein absolutes Recht – untersteht einem weitgehenden zivil- und strafrechtlichen Schutz durch das URG (Art. 61 ff. und 67 ff. URG). Deshalb stehen dem Verlaggeber bei Urheberrechtsverletzungen des Verlegers neben den vertraglichen Ansprüchen auch die Rechtsbehelfe nach URG zu.   1848

II. Die Pflichten der Parteien

1. Charakteristische Pflicht des **Verlaggebers** ist nach Art. 380 OR die Überlassung des Werks an den Verleger zum Zweck der Herausgabe. Dazu kommen mehrere ergänzende Pflichten, namentlich die Folgenden: 1849

– die Pflicht, dafür einzustehen, dass er (der Verlaggeber) zur Zeit des Vertragsabschlusses zu der Verlagsgabe berechtigt war, und wenn das Werk schutzfähig ist, dass er das Urheberrecht daran hatte (Art. 381 Abs. 2 OR);   1850

– Informationspflichten, wenn das Werk schon vor Vertragsabschluss ganz oder teilweise einem Dritten in Verlag gegeben oder sonst mit Wissen des Verlaggebers veröffentlicht war (Art. 381 Abs. 3 OR);   1851

– die Pflicht, nach Massgabe von Art. 382 OR anderweitige Verfügungen zu unterlassen;   1852

– allenfalls die Pflicht, Verbesserungen und Berichtigungen anzubringen (Art. 385 Abs. 1 OR).   1853

---

8   Anders GAUCH, Werkvertrag, Nr. 35.
9   Verneinend: BUCHER, OR BT, S. 216.
10 BUCHER, OR BT, S. 216.
11 BGE 101 II 102 ff. (106), E. 3.
12 BUCHER, OR BT, S. 218 f.

1854 2. Der **Verleger** hat die Hauptpflicht, das Werk zu vervielfältigen und in Vertrieb zu setzen (Art. 380 OR). Dies muss ohne Kürzungen, ohne Zusätze und ohne Abänderungen in angemessener Ausstattung geschehen, und der Verleger hat für die gehörige Bekanntmachung zu sorgen sowie die üblichen Mittel für den Absatz zu verwenden (Art. 384 Abs. 1 OR). Dazu kommen Nebenpflichten, etwa die Folgenden:

1855 – die Pflicht, nach Massgabe von Art. 383 Abs. 2 OR eine angemessene Zahl von Exemplaren drucken zu lassen;

1856 – die Pflicht, den Preis so festzusetzen, dass der Absatz nicht erschwert wird (Art. 384 Abs. 2 OR);

1857 – die Pflicht, dem Verlaggeber (Urheber) vor Ausgabe einer Neuauflage die Gelegenheit zu geben, Verbesserungen anzubringen (Art. 385 Abs. 2 OR);

1858 – die Pflicht zur Aushändigung der üblichen Zahl von Freiexemplaren, soweit nicht etwas anderes verabredet ist (Art. 389 Abs. 3 OR);

1859 – die Pflicht zur Leistung eines Honorars an den Verlaggeber, wenn dies vereinbart wurde oder wenn nach den Umständen die Überlassung des Werks nur gegen ein Honorar zur erwarten war (Art. 388 Abs. 1 OR).

1860   Eine Honorarzahlungspflicht ist regelmässig zu vermuten, wenn sich aus der Verbreitung des Werks ein Gewinn erzielen lässt.[13]

III. Die Beendigung

1861 1. **Ordentlich** endet der Verlagsvertrag mit der vollständigen Vertragsabwicklung.[14] Diese ist, mangels anderslautender Abrede, nach der Herausgabe einer einzigen Auflage erfolgt (Art. 383 Abs. 1 OR).

1862 2. Hinzu treten **ausserordentliche** Beendigungsgründe (Art. 390 ff. OR), nämlich:

1863 – der vom Verlaggeber nicht zu verantwortende Untergang des Werks vor dessen Ablieferung (jedoch nach dem Vertragsschluss) an den Verleger (Art. 119 OR);

1864 – nach Massgabe von Art. 390 OR der zufällige Untergang nach Ablieferung des Werks;

1865 – die unverschuldete Verhinderung der Vollendung des Werks durch den Urheber nach Art. 392 Abs. 1 OR (Tod, Unfähigkeit, Verhinderung ohne Verschulden);

1866 – der Konkurs des Verlegers (Art. 392 Abs. 3 OR).

1867 3. Soweit der Verlagsvertrag als Dauerschuldverhältnis begründet wurde, ist die vorzeitige Auflösung aus wichtigem Grund möglich.[15]

---

[13] BUCHER, OR BT, S. 220.
[14] Vgl. BUCHER, OR BT, S. 220.
[15] BUCHER, OR BT, S. 221.

IV. Einzelfragen

1. Das Recht, eine Übersetzung des Werks zu veranlassen, bleibt ausschliesslich dem Verlag-   1868
   geber vorbehalten, es sei denn, es liege eine andere Abrede mit dem Verleger vor (Art. 387
   OR).

2. Bearbeiten ein oder mehrere Verfasser ein Werk nach einem ihnen vom Verleger vorgeleg-   1869
   ten Plan, so haben sie nur auf das verabredete Honorar Anspruch, während das Urheberrecht am Werk dem Verleger zusteht (Art. 393 Abs. 1 und 2 OR).

§ 18 Der einfache Auftrag

1870 *Sonderliteratur (Auswahl):*

BERTSCHINGER URS, Zum neuen bankengesetzlichen Aussonderungsrecht (Art. 16 und 37b BankG) – Parallelen und Unterschiede zu Art. 401 OR, AJP 1995, S. 426 ff.

BOLLINGER HAMMERLE SUSANNE, Die vertragliche Haftung des Arztes für Schäden bei der Geburt, Diss. Luzern, Bern 2004.

CHRISTEN THOMAS, Vermögensverwaltungsauftrag an die Bank, BJM 1994, S. 113 ff.

DERENDINGER PETER, Die Nicht- und die nichtrichtige Erfüllung des einfachen Auftrages, Diss. Freiburg 1988 (AISUF Band 87).

DESSEMONTET FRANÇOIS, Les contrats de service, ZSR NF 106/1987 II, S. 93 ff.

FISCHER WILLY, Die Umschreibung der Dienstleistung und der verschiedenen Rechte und Pflichten im Rahmen eines Dienstleistungsvertrages, AJP 1997, S. 256 ff.

FELLMANN WALTER, Berner Kommentar, Kommentar zum schweizerischen Privatrecht, Band VI: Das Obligationenrecht, 2. Abteilung: Die einzelnen Vertragsverhältnisse, 4. Teilband: Der einfache Auftrag, Art. 394–406 OR, Bern 1992.

DERSELBE, Abgrenzung der Dienstleistungsverträge zum Arbeitsvertrag und zur Erbringung von Leistungen als Organ einer Gesellschaft, AJP 1997, S. 172 ff.

DERSELBE, Die Haftung des Anwalts, in: Fellmann Walter u.a. (Hrsg.), Schweizerisches Anwaltsrecht, Bern 1998, S. 185 ff.

DERSELBE, Haftung für falsche Kostenschätzung, in: Koller Alfred (Hrsg.), Recht der Architekten und Ingenieure, St. Galler Baurechtstagung 2002, Tagungsbeiträge, St. Gallen 2002, S. 211 ff.

DERSELBE, Kommentar zu Art. 12 BGFA, in: Fellmann Walter/Zindel Gaudenz G. (Hrsg.), Kommentar zum Anwaltsgesetz, Bundesgesetz über die Freizügigkeit der Anwältinnen und Anwälte (Anwaltsgesetz, BGFA), Zürich 2005.

FELLMANN WALTER/POLEDNA TOMAS (Hrsg.), Die Haftung des Arztes und des Spitals, Fragen und Entwicklungen im Recht der Arzt- und Spitalhaftung, Zürich 2003.

GAUCH PETER, Art. 404 OR – Sein Inhalt, seine Rechtfertigung und die Frage seines zwingenden Charakters (Urteilsanmerkung Zivilrecht, BGE 115 II 464 ff.), recht 1992, S. 9 ff. (zitiert: Gauch, Art. 404 OR).

DERSELBE, Der Werkvertrag, 4. Aufl., Zürich 1996 (zitiert: Gauch, Werkvertrag).

DERSELBE, Nochmals: Zur Haftung des Architekten für die Überschreitung seines Kostenvoranschlages, BR 1996, S. 57 ff.

DERSELBE, Vom Architekturvertrag, seiner Qualifikation und der SIA-Ordnung 102, in: Gauch Peter/Tercier Pierre (Hrsg.), Das Architektenrecht/Le droit de l'architecte, 3. Aufl., Freiburg 1995, Nr. 1 ff. (zitiert: Gauch, Vom Architekturvertrag).

GAUCH PETER/TERCIER PIERRE (Hrsg.), Das Architektenrecht/Le droit de l'architecte, 3. Aufl., Freiburg 1995.

Gmür Philipp, Die Vergütung des Beauftragten – Ein Beitrag zum Recht des einfachen Auftrages, Diss. Freiburg 1994 (AISUF Band 136).

Höchli Lorenz, Das Anwaltshonorar, Diss. Zürich 1991.

Hofstetter Josef, Der Auftrag und die Geschäftsführung ohne Auftrag, in: Schweizerisches Privatrecht Band VII/6, Basel 2000, S. 1 ff.

Honsell Heinrich (Hrsg.), Handbuch des Arztrechts, Zürich 1994.

Kull Michael, Die zivilrechtliche Haftung des Anwalts gegenüber dem Mandanten, der Gegenpartei und Dritten, Diss. Basel, Zürich 2000.

Leuenberger Christoph, Dienstleistungsverträge, ZSR NF 106/1987 II S. 1 ff.

Schenker Franz, Gedanken zum Anwaltshonorar, in: Fellmann Walter u.a. (Hrsg.), Schweizerisches Anwaltsrecht, Bern 1998, S. 143 ff.

Schneeberger Thomas, Der Einfluss des Entgelts auf die rechtliche Stellung des Beauftragten – im Bereich der Verschuldenshaftung, der Substitutenhaftung und der jederzeitigen Beendigung des Auftrages im schweizerischen Obligationenrecht verglichen mit dem Römischen Recht und dem BGB, Diss. Bern 1992.

Schumacher Rainer, Die Haftung des Architekten aus Vertrag, in: Gauch/Tercier (Hrsg.), Das Architektenrecht, Nr. 367 ff.

Stöckli Hubert, Sorgfaltsmangel und Vergütung, in: Tercier Pierre/Amstutz Marc/Koller Alfred/Schmid Jörg/Stöckli Hubert (Hrsg.), Gauchs Welt – Recht, Vertragsrecht und Baurecht, Festschrift für Peter Gauch zum 65. Geburtstag, Zürich 2004, S. 931 ff.

Testa Giovanni Andrea, Die zivil- und standesrechtlichen Pflichten des Rechtsanwaltes gegenüber dem Klienten – Unter besonderer Berücksichtigung der Rechtsprechung der Aufsichtskommission über die Rechtsanwälte des Kantons Zürich, Diss. Zürich 2001.

Werro Franz, Les conflits d'intérêts de l'avocat, in: Fellmann Walter u.a. (Hrsg.), Schweizerisches Anwaltsrecht, Bern 1998, S. 231 ff.

Derselbe, Le mandat et ses effets – Une étude sur le contrat d'activité indépendante selon le Code suisse des obligations, Analyse critique et comparative, Habil. Freiburg 1993 (AISUF Band 128).

I.   Allgemeines

1.   Die Rechtsquellen

1. Das OR regelt den einfachen Auftrag («le mandat proprement dit») in den **Art. 394–406 OR**. Diese Bestimmungen enthalten grösstenteils vertragsrechtliche Regeln, teilweise aber auch stellvertretungsrechtliche Vorschriften (Art. 396 Abs. 2 und 3 und Art. 403 Abs. 2 OR).   1871

2. Das Auftragsrecht hat in der Praxis eine ganz erhebliche Bedeutung. So etwa ist es massgebend für eine Vielzahl von Rechtsbeziehungen, welche die Inhaber der so genannten **wis-**   1872

senschaftlichen Berufsarten («**liberalen Berufe**»), etwa Ärzte[1] oder Rechtsanwälte[2], zu ihrer Kundschaft haben. Zudem fallen Rechtverhältnisse zwischen Kunden und Banken und Treuhändern[3] unter die Art. 394 ff. OR. Je nach Sachgebiet sind demnach – über das OR hinaus – zu berücksichtigen:

1873   – die Normen des öffentlichen Rechts, welche den betreffenden Beruf oder das betreffende Gewerbe regeln (z.B. das BGFA[4] und die Anwaltsgesetze der Kantone, das Banken-[5] und das Börsengesetz[6]);

1874   – die Vorschriften der standesrechtlichen Organisationen der betreffenden Berufe (Standesrecht und allenfalls vereinsrechtliche Bestimmungen der Standesorganisation). Die Auswirkungen standesrechtlicher Vorschriften auf den Vertrag werden noch zu prüfen sein.

1875   Anwendbar und von besonderem Interesse sind auch die wettbewerbsrechtlichen Normen, welche die liberalen Berufe beeinflussen, namentlich also das UWG und das KG.

1876   3. Soweit auftragsrechtliche Dienstleistungen durch öffentliche Ausschreibung vergeben werden (müssen), kommt auch das **öffentliche Vergaberecht** zur Anwendung (vgl. etwa Art. 5 Abs. 1 lit. b BöB: «Dienstleistungsauftrag»), was sinngemäss auch für andere Arbeitsleistungsverträge (namentlich Werkverträge) gilt; der vergaberechtliche Sprachgebrauch ist also untechnisch.

2.   Die Qualifikationsmerkmale

1877   1. Typisch für den einfachen Auftrag ist die **Erbringung von Arbeitsleistungen (Dienstleistungen) in unabhängiger Position** (also nicht als subordinierter Arbeitnehmer). Nach Art. 394 Abs. 1 OR verpflichtet sich der Beauftragte, «die ihm übertragenen Geschäfte oder Dienste vertragsgemäss zu besorgen».[7] Stets geht es um fremde Geschäfte, also um die Wahrung der Interessen des Auftraggebers.[8] Entgeltlichkeit ist – im Unterschied zum Werkvertrags-, aber auch zum Arbeitsvertragsrecht – kein Typenerfordernis des einfachen Auftrags; dieser kann *entgeltlich oder unentgeltlich* sein (Art. 394 Abs. 3 OR).

1878   2. Mit der beschriebenen Typendefinition – vertragsgemässe Besorgung der übertragenen Geschäfte oder Dienste – sagt Art. 394 Abs. 1 OR wenig Konkretes aus. Naturgemäss kann ein Auftrag die unterschiedlichsten Dienstleistungen zum Inhalt haben, was auch seine (schon erwähnte) grosse Verbreitung erklärt. Generell geht es um eine Arbeitsleistung im weitesten Sinn, wobei nicht ein bestimmtes Arbeitsresultat, sondern die **sorgfältige Arbeitsleistung als solche** geschuldet ist. In der auftragsrechtlichen Praxis lassen sich vorab unterscheiden:

---

[1]   Beispiele: BGE 132 III 359 ff. (362), E. 3.1; 133 III 121 ff. (123), E. 3.1 = Pra 2007, Nr. 105, S. 713 ff.
[2]   Beispiel: BGE 127 III 357 ff. (359), E. 1a.
[3]   Beispiel: BGE 128 III 22 ff. (24), E. 2a.
[4]   BG über die Freizügigkeit der Anwältinnen und Anwälte (Anwaltsgesetz, BGFA) vom 23. Juni 2000 (SR 935.61).
[5]   BG über die Banken und Sparkassen (BankG) vom 8. November 1934 (SR 952.0).
[6]   BG über die Börsen und den Effektenhandel (BEHG) vom 24. März 1995 (SR 954.1).
[7]   Französisch: «… le mandataire s'oblige … à gérer l'affaire dont il s'est chargé ou à rendre les services qu'il a promis».
[8]   BGE 122 III 361 ff. (364), E. 3b; Urteil des BGer. vom 16. April 2007, Nr. 4C.30/2007, E. 5.

– die *Tathandlungsaufträge*, bei denen der Beauftragte gewisse Tathandlungen vorzuneh-   1879
men hat (z.B. Bewachung eines Hauses, Heilbehandlung eines Patienten);

– die *Rechtshandlungsaufträge*, bei denen der Beauftragte Rechtshandlungen (im Namen   1880
des Auftraggebers oder im eigenen Namen) schuldet (z.B. Auftrag zum Kauf oder Verkauf von Wertpapieren an eine Bank, Prozessführungsauftrag an eine Rechtsanwältin).

3. Nach **Art. 394 Abs. 2 OR** unterstehen Verträge über Arbeitsleistung, die keiner besonde-   1881
ren Vertragsart des Obligationenrechts unterstellt sind, den Vorschriften über den Auftrag.
Die auftragsrechtlichen Normen erfüllen mit anderen Worten die Funktion eines «Sammel-
beckens», soweit beim konkreten Einzelvertrag nicht besondere Merkmale eines anderen
Vertragstyps vorliegen.

Art. 394 Abs. 2 OR fungiert indessen nur als Zuordnungsnorm für die im OR geregelten Verträge auf Ar-   1882
beitsleistung. Entsprechend dem allgemeinen Grundsatz der Inhaltsfreiheit (Typenfreiheit) können die
Parteien wirksam auch im Bereich der Arbeitsleistungen Verträge schliessen, die durch die besonderen
Vorschriften des OR nicht speziell geregelt werden (Innominatverträge).[9]

4. Der einfache Auftrag ist **abzugrenzen** von andern Vertragstypen und Rechtsverhältnissen: 1883

– Vom *Werkvertrag* (Art. 363 ff. OR) unterscheidet sich der einfache Auftrag dadurch,   1884
dass hier bloss ein sorgfältiges Tätigwerden, kein Werk (also nicht ein Arbeitserfolg)
geschuldet ist, wobei natürlich auch der Auftraggeber einen bestimmten Erfolg (z.B.
einen Prozesssieg oder die Heilung) anstrebt. Diese Rechtslage wird gelegentlich mit
dem Ausdruck «obligation de moyens» umschrieben,[10] die auf Seiten des Beauftragten
begründet wird; dies in Abgrenzung namentlich vom Werkvertrag, der nach dieser Aus-
drucksweise eine «obligation de résultat» begründet.

– Vom *Einzelarbeitsvertrag* (Art. 319 ff. OR) lässt sich der einfache Auftrag dadurch ab-   1885
grenzen, dass der Beauftragte selbständig tätig ist, also nicht im Dienst des Auftraggebers (mithin in einem Subordinationsverhältnis zu einer übergeordneten Person)
steht.[11]

Allerdings ist auch der Beauftragte grundsätzlich an Weisungen des Auftraggebers gebunden (Art. 397   1886
Abs. 1 OR).

– Von den *besonderen Auftragsarten* (namentlich Auftrag zur Ehe- oder Partnerschaftsver-   1887
mittlung [Art. 406a ff. OR], Kreditauftrag [Art. 408 ff. OR], Mäklervertrag [Art. 412 ff.
OR], Agenturvertrag [Art. 418a ff. OR], Kommission [Art. 425 ff. OR], Fracht-
[Art. 440 ff. OR] und Speditionsvertrag [Art. 439 OR]) ist der einfache Auftrag dadurch
zu unterscheiden, dass die dort jeweils verlangten besonderen Qualifikationsmerkmale
nicht vorliegen (z.B. die «Ehe- oder Partnerschaftsvermittlung» als Vertragsinhalt beim
Auftrag zur Ehe- oder zur Partnerschaftsvermittlung oder die «Entgeltlichkeit» als ein
notwendiges Element des Mäklervertrags).[12]

– Von der *einfachen Gesellschaft* (Art. 530 ff. OR) unterscheidet sich der einfache Auftrag   1888
dadurch, dass hier die Interessen der Parteien (Arbeitsleistung gegen Auslagenersatz
und allenfalls gegen Entgelt) gegenläufig sind; bei der einfachen Gesellschaft schliessen

---

9   Gauch/Schluep/Schmid, Nr. 252 und 626 ff.; Tercier/Favre/Conus, Nr. 4999.
10   BGE 127 III 357 ff. (359), E. 1b; Tercier/Favre/Conus, Nr. 4988.
11   Urteil des BGer. vom 9. März 2004, Nr. 4C.123/2003, E. 3.2.
12   Urteil des BGer. vom 28. Januar 2004, Nr. 4C.17/2003, E. 3.2.

sich zwei oder mehrere Personen zur Erreichung eines gemeinsamen Zwecks mit gemeinsamen Kräften oder Mitteln zusammen (Art. 530 Abs. 1 OR).[13]

1889   – Schwierigkeiten kann die Abgrenzung eines unentgeltlichen Auftrags von einer blossen *Gefälligkeit* bieten. Das Bundesgericht stützt sich auf das Kriterium des Rechtsbindungswillens:[14] Ist ein solcher Wille nach der übereinstimmenden Auffassung der Parteien oder nach Vertrauensprinzip zu bejahen, so liegt ein Vertrag auf Arbeitsleistung (Auftrag oder unentgeltlicher werkvertragsähnlicher Innominatkontrakt), andernfalls eine blosse Gefälligkeit vor. Die Haftung bei einem Handeln aus Gefälligkeit stützt das Bundesgericht auf die deliktsrechtlichen Bestimmungen (Art. 41 f. OR).[15] Umgekehrt haften sowohl der Auftraggeber als auch der durch eine Gefälligkeit Begünstigte dem Auftragnehmer/Geschäftsführer nach Massgabe des Art. 422 Abs. 1 OR.[16]

1890   – Von der *Geschäftsführung ohne Auftrag* (Art. 419 ff. OR) unterscheidet sich der Auftrag durch das Vorhandensein eines Vertrags (vertragliche Grundlage). Die echte und berechtigte Geschäftsführung ohne Auftrag zeitigt indessen auftragsähnliche Rechtsfolgen (vgl. Art. 422 OR).

1891   – Im Gegensatz zum Auftrag, der einen Vertrag darstellt und primär das Verhältnis zwischen Auftraggeber und Beauftragtem (Innenverhältnis) zum Gegenstand hat («Grundverhältnis», «Veranlassungsgeschäft»), beschlägt die *Vollmacht* das Aussenverhältnis, mithin die Frage, ob eine Person durch ihr Verhalten eine andere binden (berechtigen oder verpflichten) kann (Art. 32 ff. OR).[17]

1892   Zum Rechtshandlungsauftrag gehört immerhin (regelmässig) auch die Vollmacht zur Vornahme der entsprechenden Handlungen im Namen des Auftraggebers (vgl. Art. 396 Abs. 2 OR).

3.   Die Vertragsentstehung

1893   1. Der Auftrag entsteht – als Konsensualvertrag – nach den allgemeinen Regeln des Vertragsrechts, also durch den **Austausch übereinstimmender Willenserklärungen** im Sinn von Art. 1 Abs. 1 OR. Unabdingbar durch die Parteien zu bestimmen ist die *geschuldete Arbeitsleistung;* zumindest für deren Bestimmbarkeit haben sie zu sorgen. Dabei handelt es sich um einen objektiv wesentlichen Vertragspunkt.

1894   Sinnvollerweise treffen die Parteien auch eine Abrede über die Entgeltlichkeit und allenfalls über die Höhe der Vergütung. Für das Zustandekommen eines einfachen Auftrags erforderlich ist dies jedoch nicht: Gemäss Art. 394 Abs. 3 OR schuldet der Auftraggeber eine Vergütung (Honorar), wenn sie verabredet oder üblich ist.

1895   Die Vergütung (Honorar, «Lohn», «rémunération»; Art. 394 Abs. 3 OR) betrifft die Entgeltlichkeit des Auftrags (Gegenleistung des Auftraggebers). Diese Vergütung ist zu unterscheiden vom Anspruch des Beauftragten auf Auslagen- und Verwendungsersatz («obligation de rembourser les avances et frais»; Art. 402 Abs. 1 OR), der auch beim unentgeltlichen Auftrag besteht.

---

[13]   BGE 104 II 108 ff. (112 ff.), E. 2; Urteil des BGer. vom 16. April 2007, Nr. 4C.30/2007, E. 4.1.
[14]   BGE 116 II 695 ff. (696 f.), E. 2b; GAUCH/SCHLUEP/SCHMID, Nr. 353a f.
[15]   BGE 116 II 695 ff. (699), E. 4.
[16]   BGE 129 III 181 ff.
[17]   Vgl. auch GAUCH/SCHLUEP/SCHMID, Nr. 1351 f.

Das Honorar kann grundsätzlich vom Erfolg der Tätigkeit des Beauftragten abhängig   1896
gemacht werden. Bei Rechtsanwältinnen und Rechtsanwälten sind jedoch nach Art. 12
lit. e BGFA Erfolgshonorare (ebenso wie eine Beteiligung am Prozessgewinn) verboten.[18]

2. Ein Auftrag kann ausnahmsweise auch **durch Schweigen** auf einen entsprechenden An-   1897
trag entstehen (Art. 6 OR).[19] Dazu enthält **Art. 395 OR** eine Sonderbestimmung: Bezieht
sich der Antrag (des potentiellen Auftraggebers) auf die Besorgung solcher Geschäfte, die
der Adressat kraft obrigkeitlicher Bestellung oder gewerbsmässig betreibt oder zu deren
Besorgung er sich öffentlich empfohlen hat, so gilt ein nicht sofort abgelehnter Antrag als
angenommen.[20]

3. Auch im Auftragsrecht spielen **Allgemeine Geschäftsbedingungen** eine erhebliche Rolle.   1898
Dies gilt etwa hinsichtlich der SIA-Regelwerke für jene Bauverträge, die als Aufträge zu
qualifizieren sind (was für gewisse Architektenleistungen zutrifft; SIA-Ordnung 102). Allgemeine Geschäftsbedingungen kommen aber auch bei Banken oder Rechtsanwälten (Auf-
trags- und Vollmachtsformulare) häufig vor.

Zu betonen bleibt, dass solche privaten Regeln keine Rechtsquellen im objektiven Sinn darstellen, son-   1899
dern nur dann Geltung haben, wenn die Parteien sie in ihren konkreten Einzelvertrag übernommen haben. Es gelten die allgemeinen Normen der Vertragsauslegung sowie der Geltungs- und der Inhaltskontrolle bei Allgemeinen Geschäftsbedingungen.[21]

4. Der einfache Auftrag ist von Gesetzes wegen keiner besonderen **Form** unterstellt. Gewill-   1900
kürte Schriftform ist in zahlreichen Branchen üblich (z.B. Banken). Nach der Rechtsprechung des Bundesgerichts gilt die Formfreiheit auch für Aufträge im Zusammenhang mit
dem Abschluss von Verträgen, die ihrerseits formbedürftig sind (Beispiel: Auftrag zum Erwerb eines Grundstücks).[22]

5. Der **Umfang des Auftrags** bestimmt sich nach der vertraglichen Vereinbarung. Sagt der   1901
Vertrag darüber nichts aus, so bezeichnet Art. 396 Abs. 1 OR die Natur der zu besorgenden
Geschäfte als massgebend. Insbesondere ist im Auftrag auch die *Ermächtigung (Vollmacht)*
zu den Rechtshandlungen enthalten, die zu dessen Ausführung gehören (Art. 396 Abs. 2
OR).

Eine besondere Ermächtigung ist erforderlich für wichtige Rechtshandlungen: Anhebung eines Prozes-   1902
ses, Abschluss eines Vergleichs, Annahme eines Schiedsgerichts, Eingehung wechselrechtlicher Verbindlichkeiten, Veräusserung eines Grundstücks oder Vornahme einer Schenkung (Art. 396 Abs. 3 OR).

II. Die Pflichten des Beauftragten

1. Im Allgemeinen

Die Hauptpflicht des Beauftragten besteht in der vertragsgemässen Besorgung der ihm über-   1903
tragenen Geschäfte oder Dienste (Art. 394 Abs. 1 OR). Geschuldet ist also die **sorgfältige Ar-**

---

[18] Vgl. dazu Urteil des BGer. vom 24. Juli 2006, Nr. 2A_98/2006, E. 2; sowie BGE 135 III 259 ff., wonach
in einem Fall, in dem es an jeglicher Abrede fehlt, bei der Festlegung des Honorarbetrags dem durch den
Anwalt erzielten Ergebnis Rechnung getragen werden kann.
[19] GAUCH/SCHLUEP/SCHMID, Nr. 453 ff.
[20] Vgl. auch GAUCH/SCHLUEP/SCHMID, Nr. 457.
[21] Zum Ganzen vgl. auch GAUCH, Vom Architekturvertrag, Nr. 1 ff.
[22] BGE 112 II 330 ff. (332), E. 1a in fine; GAUCH/SCHLUEP/SCHMID, Nr. 1349 f.

beitsleistung als solche. Obwohl diese Tätigkeit regelmässig auf einen bestimmten Erfolg hin angelegt, also erfolgsbezogen ist (Arztbehandlung zur Gesundung des Patienten, Prozessführung im Hinblick auf ein für die Klientschaft günstiges Urteil), hängt die richtige Erfüllung des Auftrags nicht vom Eintritt des angestrebten Erfolges ab (Sorgfaltshaftung statt Erfolgshaftung).

1904   Diese Unterscheidung zwischen Erfolgsbezogenheit, die dem einfachen Auftrag eigen sein kann, und Erfolgshaftung, die ihm fremd ist, lässt sich anhand eines Beispiels aus der Rechtsprechung wie folgt umschreiben: «Die Besonderheit der ärztlichen Kunst liegt darin, dass der Arzt mit seinem Wissen und Können auf einen erwünschten Erfolg hinzuwirken hat, was jedoch nicht heisst, dass er diesen auch herbeiführen oder gar garantieren müsse.»[23]

1905   Richtige Erfüllung liegt aber immerhin nur vor, wenn in persönlicher, qualitativer und zeitlicher Hinsicht vertragskonform erfüllt wird. Im Einzelnen:

1906   1. Da es um eine Arbeitsleistung geht, hat der Beauftragte das Geschäft grundsätzlich **persönlich** zu besorgen (Art. 398 Abs. 3 OR). Der Beizug üblicher Hilfspersonen (Anwaltssekretärin, Arztgehilfin) gilt indes ohne Weiteres als zulässig (Nr. 1944) – es sei denn, dies sei (etwa aus Diskretionsgründen) vertraglich ausgeschlossen worden.

1907   Mit der «Übertragung an einen Dritten», von der Art. 398 Abs. 3 und Art. 399 OR sprechen, ist nicht der Beizug von Hilfspersonen, sondern die Übertragung der geschuldeten Arbeitsleistung auf eine andere Person zur selbständigen Erledigung gemeint (Nr. 1936).

1908   2. Die richtige Erfüllung in «qualitativer» Hinsicht lässt sich im Auftragsrecht nicht mühelos umschreiben, zumal bloss Sorgfalt und kein Erfolg geschuldet ist. Generell lässt sich sagen, dass das OR von der Pflicht des Beauftragten zur **getreuen und sorgfältigen Ausführung der übertragenen Arbeitsleistungen** ausgeht (Art. 398 Abs. 2 OR). Der Beauftragte hat also – nach Massgabe des konkreten Vertrags – eine mehr oder weniger weit gehende *Interessenwahrungspflicht*. Die Sorgfaltspflicht des Beauftragten lässt sich wie folgt konkretisieren:

1909   – Der Beauftragte hat grundsätzlich für die gleiche Sorgfalt einzustehen wie der Arbeitnehmer im Arbeitsverhältnis (Art. 398 Abs. 1 OR). Entgegen diesem Gesetzeswortlaut müssen jedoch für den Beauftragten, der selbständig (unabhängig) seine Arbeiten verrichtet, im Vergleich zum abhängigen Arbeitnehmer *erhöhte Sorgfaltspflichten* gelten.[24]

1910   Im konkreten Fall lassen sich die Sorgfaltspflichten allenfalls durch den Rückgriff auf öffentlich-rechtliche Gesetzesvorschriften oder auf eidgenössisches oder kantonales Standesrecht eines bestimmten Berufs konkretisieren. So sind etwa für Effektenhändler die börsengesetzlichen Informationspflichten nach Art. 11 BEHG,[25] für Banken die Richtlinien der Bankiervereinigung[26] zu beachten. Für Rechtsanwältinnen sieht Art. 12 des eidgenössischen Anwaltsgesetzes (BGFA) verschiedene Berufsregeln vor. Danach haben Anwältinnen und Anwälte ihren Beruf sorgfältig und gewissenhaft auszuüben (lit. a), und weiter etwa Interessenkonflikte zu meiden (lit. c), anvertraute Vermögenswerte getrennt vom eigenen Vermögen aufzubewahren (lit. h) sowie die Klientschaft bei Übernahme des Mandats über die Grundsätze ihrer Rechnungsstellung aufzuklären und sie periodisch oder auf Verlangen über die Höhe des geschuldeten Honorars zu informieren (lit. i).[27] Für Architekten sind die allgemeinen Pflich-

---

[23]   BGE 116 II 519 ff. (521), E. 3a.
[24]   BGE 127 III 357 ff. (359), E. 1c.
[25]   BGE 133 III 97 ff. (99 ff.), E. 5.
[26]   ZR 102/2003, Nr. 65, S. 293 ff. (297), E. 2.3c (Zürcher Handelsgericht).
[27]   Vgl. dazu auch die Richtlinien des SAV für die Berufs- und Standesregeln, abgedruckt u.a. bei Fellmann/ Zindel (Hrsg.), Kommentar zum Anwaltsgesetz, Anhang II, S. 349 ff.

ten und Sorgfaltspflichten in Art. 1.3 der SIA-Honorarordnung 102 (Ausgabe 2003) geregelt, wobei diese Ordnung als vorformulierter Vertragsinhalt (AGB) freilich nur dann zur Anwendung gelangt, wenn sie in den Einzelvertrag übernommen wurde.

Soweit der Beauftragte (als Rechtsanwalt, Treuhänder oder Steuerberater) *rechtliche Beratung* schuldet, ist er gehalten, die sich stellenden Rechtsfragen mit der auf Grund der Umstände gebotenen Sorgfalt anhand von Gesetzeslage, Rechtsprechung und gegebenenfalls Verwaltungspraxis sowie Lehre zu prüfen.[28] Der Arzt hat bei seiner Auftragserfüllung den Regeln der ärztlichen Kunst zu folgen, also jenen Grundsätzen, die von der medizinischen Wissenschaft erarbeitet worden und allgemein anerkannt sind und von den Ärzten allgemein befolgt werden.[29]   1911

– Den Beauftragen trifft sodann eine *Informationspflicht*. Diese Pflicht beschlägt alle Angaben, die für den Auftraggeber von Bedeutung sind, zum Beispiel die Auskunft über die Zweckmässigkeit, die Kosten, die Gefahren und die Erfolgschancen eines Auftrags.[30]   1912

– Der Beauftragte hat sich grundsätzlich an die *Weisungen* des Auftraggebers zu halten (Art. 397 OR).   1913

– Der Beauftragte ist zur «*Treue*» gegenüber dem Auftraggeber gehalten (Art. 398 Abs. 2 OR). Je nach Art des Auftrags spielen Diskretions- und Geheimhaltungspflichten eine erhebliche Rolle. Teilweise werden die Geheimhaltungspflichten durch aufsichts- und strafrechtliche Normen verstärkt (Arztgeheimnis, Anwaltsgeheimnis, Bankgeheimnis).   1914

Zum Berufsgeheimnis der Anwältinnen und Anwälte vgl. auch Art. 13 BFGA und Art. 321 StGB.   1915

– Den Beauftragten trifft die Pflicht, auf Verlangen jederzeit über seine Vertragserfüllung *Rechenschaft* abzulegen (Art. 400 Abs. 1 OR). Er hat alles, was ihm infolge der Auftragsausführung vom Auftraggeber oder von Dritten zugekommen ist, an den Auftraggeber *weiterzuleiten* (Art. 400 Abs. 1 OR in fine); dazu gehören auch indirekte Vorteile wie Rabatte, Provisionen und Schmiergelder.[31] Ist der Beauftragte mit der Ablieferung von Geld im Rückstand, so hat er die Summe zu *verzinsen* (Art. 400 Abs. 2 OR).   1916

3. Der Beauftragte muss seine Arbeitsleistungen auch **in zeitlicher Hinsicht** richtig (vertragskonform) erfüllen. Das OR enthält im Besonderen Teil dazu keine Vorschriften. Für den Fall des Schuldnerverzugs des Beauftragten gelten somit die Art. 102 ff. OR.   1917

4. Haben **mehrere Beauftragte** einen Auftrag gemeinschaftlich übernommen, so haften sie solidarisch und können den Auftraggeber, soweit sie nicht zur Übertragung der Besorgung an einen Dritten ermächtigt sind, nur durch gemeinsames Handeln verpflichten (Art. 403 Abs. 2 OR).   1918

2. Die Haftung des Beauftragten insbesondere

A. Die Schadenersatzpflicht nach Art. 97 ff. und 398 OR

Die nicht richtige Erfüllung des Auftrags durch den Beauftragten führt gemäss Art. 402 Abs. 1 OR (e contrario) zum Verlust des Auslagen- und Verwendungsersatzanspruchs (Nr. 1952).   1919

---

[28]   BGE 128 III 22 ff. (24 f.), E. 2c.
[29]   BGE 133 III 121 ff. (124), E. 3.1 = Pra 2007, Nr. 105, S. 713 ff.
[30]   BGE 124 III 155 ff. (162 f.), E. 3a; zur Aufklärungspflicht des Arztes vgl. BGE 133 III 121 ff. (129), E. 4.1.2 = Pra 2007, Nr. 105, S. 713 ff.
[31]   BGE 132 III 460 ff. (464), E. 4.1 (auch zu «Retrozessionen» und «Finder's Fees» in der Bankbranche); vgl. auch ZR 107/2008, Nr. 35, S. 129 ff. (130 ff.), E. 2e (Zürcher Handelsgericht).

Vorweg soll jedoch von der Haftung in Form einer **Schadenersatzpflicht** des Beauftragten die Rede sein: Der Beauftragte «haftet» («est responsable») dem Auftraggeber nämlich für die *getreue und sorgfältige Ausführung* des übertragenen Geschäfts (Art. 398 Abs. 2 OR). Falls das Mandat nicht korrekt erfüllt wird, hat der Beauftragte gegebenenfalls für die Folgen einzustehen:

1920 1. Massgebend für die Schadenersatzpflicht sind (mangels besonderer Vorschriften) die **Art. 97 ff. OR.** Das bedeutet:

1921 – Für den Fall des verschuldeten Unmöglichwerdens der Erfüllung und für Schäden aus nicht richtiger Erfüllung (aus positiver Vertragsverletzung) haftet der Beauftragte aus Art. 97 Abs. 1 OR;[32] für seine Hilfspersonen muss er nach Art. 101 OR einstehen.

1922 – Für Schäden, die durch pflichtwidrige Verspätung eintreten, haftet der Beauftragte nach Art. 103 OR.

1923 2. Praktisch besonders aktuell ist die Haftung des Beauftragten (etwa Arzt, Architekt, Rechtsanwältin) aus nicht richtiger Mandatserfüllung, also die **Haftung aus positiver Vertragsverletzung.** Im Blick auf die Verschuldensvermutung von Art. 97 Abs. 1 OR stellt sich hier namentlich die Frage, ob die (vom Geschädigten behauptete) Sorgfaltspflichtverletzung zur Vertragsverletzung oder zum Verschulden zu rechnen ist. Die Frage ist umstritten.[33]

1924 Nach der bundesgerichtlichen (freilich nicht ganz einheitlichen) Praxis ist die Sorgfaltspflichtverletzung als Vertragsverletzung vom geschädigten Auftraggeber zu beweisen.[34] Der Auftraggeber trägt überdies die Beweislast für den Schaden und für den natürlichen Kausalzusammenhang zwischen Vertragsverletzung und Schädigung.[35] Ist eine Vertragsverletzung (Sorgfaltspflichtverletzung) erstellt, wird das Verschulden des Beauftragten gesetzlich vermutet (Art. 97 Abs. 1 OR); dem Beauftragten obliegt folglich der Exkulpationsbeweis.

1925 Verfügen der Beauftragte und seine Hilfspersonen nicht über die für eine sorgfältige Mandatserfüllung nötigen Fachkenntnisse, so muss er – zur Vermeidung eines «Übernahmeverschuldens» – eine qualifizierte Person beiziehen oder den Auftrag ablehnen.[36]

1926 3. Das **Mass der Haftung** richtet sich nach den allgemeinen Vorschriften (Art. 99 Abs. 3 i.V.m. Art. 43 f. sowie Art. 398 Abs. 1 OR). Auch bei liberalen Berufen besteht die Haftung für jedes Verschulden (Art. 99 Abs. 1 OR), unter Einschluss leichter Fahrlässigkeit.[37] Wird der Beauftragte unentgeltlich tätig, so profitiert er gegebenenfalls vom Haftungsprivileg nach Art. 99 Abs. 2 OR.

1927 Illustrativ ist ein Entscheid des Bundesgerichts aus dem Jahr 2001[38] betreffend die Haftung des Rechtsanwalts: «Art. 398 Abs. 1 OR verweist für das Mass der Sorgfalt des Beauftragten auf dasjenige des Arbeitnehmers im Arbeitsverhältnis (Art. 321e Abs. 2 OR), wobei diese Verweisung dahingehend zu verstehen ist, dass der Beauftragte zwar nicht für die gleiche – weniger strikte – Sorgfalt wie der Arbeitnehmer,

---

32 BGE 128 III 22 ff. (24), E. 2b.
33 Vgl. etwa FELLMANN, Berner Komm., N 353 ff. und 444 ff. zu Art. 398 OR.
34 BGE 117 II 563 ff. (567), E. 2a, für die behauptete Sorgfaltspflichtverletzung eines Rechtsanwalts; BGE 133 III 121 ff. (124 f. und 127), E. 3.1 und 3.4 = Pra 2007, Nr. 105, S. 713 ff., für den behaupteten Verstoss des Arztes gegen die Regeln der ärztlichen Kunst (mit gewissen Relativierungen durch gerichtliche Vermutungen).
35 BGE 127 III 357 ff. (364 f.), E. 5a.
36 BGE 128 III 22 ff. (25), E. 2c in fine.
37 BGE 117 II 563 ff. (567), E. 2a für den Rechtsanwalt.
38 BGE 127 III 357 ff. (359 f.), E. 1c.

jedoch nach der gleichen Regel haftet. Der Sorgfaltsmassstab richtet sich daher nach den Fähigkeiten, Fachkenntnissen und Eigenschaften des Beauftragten, die der Auftraggeber gekannt hat oder hätte kennen müssen.»

4. Die Schadenersatzforderung des Auftraggebers **verjährt** grundsätzlich nach den allgemeinen Regeln, also mit Ablauf von zehn Jahren seit Fälligkeit der Ersatzforderung (Art. 127 und 130 Abs. 1 OR). Die kürzere fünfjährige Frist von Art. 128 Ziff. 3 OR betrifft nicht diese Schadenersatzforderung, sondern die Forderungen der dort aufgezählten Beauftragten (ärztliche Besorgung, Berufsarbeit von Anwälten, Rechtsagenten usw.).[39]

   1928

   Für gewisse Schadenersatzforderungen gegenüber Architekten und Ingenieuren gilt nach Massgabe von Art. 371 Abs. 2 OR allerdings eine Verjährungsfrist von 5 Jahren seit Abnahme des Bauwerks.[40]

   1929

5. Die gesetzlichen Haftungsregeln sind (unter Vorbehalt der Art. 100 f. OR sowie der Verjährungsfrist) **dispositiver Natur**. Den Parteien steht es mit anderen Worten frei, die Voraussetzungen und Modalitäten der Schadenersatzpflicht abweichend zu vereinbaren.

   1930

   Die *Haftung des Architekten* etwa wird in Art. 1 der SIA-Ordnung 102 (Ausgabe 2003) näher geregelt, wobei diese Ordnung nur dann gilt, wenn sie in den konkreten Vertrag übernommen wurde.

   1931

B. Die Honorarminderung

1. Wie bereits angesprochen, führt die nicht richtige Erfüllung des Auftrags durch den Beauftragten gemäss **Art. 402 Abs. 1 OR** (e contrario) zum Verlust des Auslagen- und Verwendungsersatzanspruchs. Daraus hat die (ältere) Rechtsprechung bisweilen den Schluss gezogen, dass der Beauftragte im Fall einer Schlechterfüllung auch keinen Anspruch auf Vergütung habe.[41]

   1932

2. Die **neuere Rechtsprechung** verneint einen Honoraranspruch indessen nur, wenn die Leistungen des Beauftragten für den Auftraggeber völlig nutzlos waren (also einer völligen Nichterfüllung gleich kommen) oder wenn die Vergütung selber für den Schaden aus mangelhafter Erfüllung konstitutiv ist; sind die – wenn auch schlecht erbrachten – Leistungen demgegenüber teilweise für den Auftraggeber brauchbar, findet eine *Minderung des Honorars* statt, das in Würdigung des Wertes der erbrachten Leistungen festgesetzt wird.[42]

   1933

   Zum Minderungsrecht, das ohne Rücksicht auf ein Verschulden des Beauftragten besteht, kann eine Schadenersatzforderung des Auftraggebers (aus schuldhafter Schlechterfüllung des Beauftragten) hinzutreten (Nr. 1919), die der Verrechnung mit der herabgesetzten Honorarforderung des Beauftragten unterliegt.[43]

   1934

---

[39] Vgl. auch BGE 132 III 61 ff. (Verjährung der Forderung einer Treuhandgesellschaft in zehn Jahren; Unanwendbarkeit von Art. 128 Ziff. 3 OR).

[40] Dazu SCHUMACHER in: Gauch/Tercier (Hrsg.), Das Architektenrecht, Nr. 644 ff.; ferner GAUCH, Werkvertrag, Nr. 2214 ff.

[41] Zum Beispiel BGE 117 II 563 ff. (567), E. 2a.

[42] BGE 124 III 423 ff. (427), E. 4a; LGVE 2002 I Nr. 29, S. 60 f. (Luzerner Aufsichtsbehörde über die Rechtsanwälte).

[43] BGE 124 III 423 ff. (426 f.), E. 3c mit Hinweisen.

3.   Sonderfragen

A.   Die Übertragung des Auftrags auf einen Dritten («Substitution») und die Hilfspersonenhaftung

1935   Das Gesetz spricht in **Art. 398 Abs. 3 und 399 OR** von der Übertragung der Besorgung auf einen Dritten (Randtitel zu Art. 399 OR; «en cas de substitution»). Das bedarf der Erläuterung:

1936   1. Mit dieser **Substitution** (französischer Text) ist die **Übertragung** der Auftragsarbeiten durch den Beauftragten auf einen Dritten **zur selbständigen Erledigung** gemeint. Nicht erfasst ist – entgegen dem nicht eindeutigen Wortlaut von Art. 398 Abs. 3 OR – der blosse Beizug von Hilfspersonen durch den Beauftragten (Nr. 1944 ff.).

1937   2. Dies führt zur **Frage**, ob die Übertragung auf einen Dritten zur selbständigen Erledigung überhaupt **zulässig** ist: Das muss wegen der persönlichen Natur der Arbeitsleistungspflicht des Beauftragten *grundsätzlich verneint* werden. *Ausnahmsweise* ist die *Substitution* jedoch *erlaubt*, nämlich dann, wenn der Beauftragte zur Übertragung auf den Dritten vertraglich ermächtigt oder durch die Umstände genötigt ist oder wenn eine solche Übertragung übungsgemäss als zulässig betrachtet wird (Art. 398 Abs. 3 OR).

1938   Die Frage, ob die Substitution zulässig (erlaubt) war, beeinflusst die **Haftung** des Beauftragten:

1939   – Ist die Substitution *unzulässigerweise* erfolgt, so liegt bereits darin eine (positive) Vertragsverletzung, sodass der Beauftragte für den aus dieser Verletzung adäquat kausal verursachten Schaden nach Art. 97 Abs. 1 OR, also nicht nach Art. 101 OR über die Hilfspersonenhaftung einzustehen hat. Art. 399 Abs. 1 OR bringt dies (missverständlich) so zum Ausdruck, dass der Beauftragte für die Handlungen des Dritten haftet, wie wenn es seine eigenen wären.

1940   – War der Beauftragte zur Substitution *befugt*, so haftet er nur für die gehörige Sorgfalt bei der Wahl oder Instruktion des Dritten (Art. 399 Abs. 2 OR), also nicht auch für die sorgfältige Überwachung dieses Dritten.

1941   3. In jedem Fall (also bei erlaubter und bei unerlaubter Substitution) kann der Auftraggeber nach **Art. 399 Abs. 3 OR** die Ansprüche, die dem Beauftragten gegen den Dritten zustehen, unmittelbar gegen diesen geltend machen. Kann also der Beauftragte gegen den Dritten (Substituten) nach Massgabe des zwischen ihnen geschlossenen Vertrags Leistungen fordern, so steht dieses Forderungsrecht von Gesetzes wegen auch dem Auftraggeber zu.

1942   Nach dem Wortlaut des Abs. 3 kann der Hauptauftraggeber freilich nur solche Ansprüche gegen den Dritten (Substituten) geltend machen, «die dem Beauftragten gegen den Dritten zustehen».[44] Die wörtliche Auslegung wäre gerade bei unrichtiger Auftragsausführung durch den Substituten für den Auftraggeber stossend, zumal der Schaden nicht beim Beauftragten, sondern beim Auftraggeber eintritt und dieser Letztere wegen des Haftungsprivilegs des Art. 399 Abs. 2 OR regelmässig keine Schadenersatzforderung gegen den Beauftragten hat.[45] Rechtsprechung und Lehre machen daher die Schadenersatzforderung des Hauptauftraggebers gegen den Substituten nicht davon abhängig, ob der Beauftragte selbst gegen den Substituten einen Ersatzanspruch hat.[46]

---

[44]   Französisch: «... le mandant peut faire valoir directement contre la personne que le mandataire s'est substituée les droits que ce dernier a contre elle».

[45]   BGE 121 III 310 ff. (315), E. 4a; vgl. auch FELLMANN, Berner Komm., N 600 zu Art. 398 OR.

[46]   BGE 121 III 310 ff. (315), E. 4a mit Hinweisen.

Dogmatisch lässt sich dies neben anderen Möglichkeiten dadurch begründen, dass der Vertrag zwischen Beauftragtem und Substitut als Vertrag zu Gunsten eines Dritten (Art. 112 OR) – nämlich des Hauptauftraggebers – qualifiziert wird.[47] Der Direktanspruch des Hauptauftraggebers gegen den Substituten ist vertraglicher Natur, verjährt also nach Art. 127 OR.[48]

1943

4. Von der (erlaubten) Substitution zu unterscheiden ist – wie bereits angedeutet – der erlaubte **Beizug von Hilfspersonen** (Art. 101 OR) für untergeordnete Aufgaben (Nr. 1906). In diesem Fall wird dem Beauftragen das Verhalten der Hilfsperson von vornherein angerechnet.[49] Die Unterscheidung zwischen Substitut und Hilfspersonen ist also für die Haftungsfrage von zentraler Bedeutung. Sie lässt sich anhand folgender Kriterien vornehmen:[50]

1944

– Die *wirtschaftliche, technische und rechtliche Selbständigkeit* der Drittperson weist (als Indiz) auf einen Substituten hin.

1945

– Das Bundesgericht beschränkt das Haftungsprivileg des Beauftragten bei der Substitution auf jene Fälle der Übertragung des Auftrags auf einen Dritten, die im ausschliesslichen oder *überwiegenden Interesse des Auftraggebers* liegen. Dient die Übertragung hingegen nur der Erweiterung des Geschäftskreises des Beauftragten, so wird der Dritte als (gewöhnliche) Hilfsperson qualifiziert, und der Beauftragte haftet für dessen Handlungen nach Massgabe von Art. 101 OR.[51]

1946

B.   Der Übergang der erworbenen Rechte

Art. 401 OR sieht einen gesetzlichen Übergang der erworbenen Rechte («transfert des droits acquis par le mandataire») vor: Forderungsrechte, die der Beauftragte für Rechnung des Auftraggebers im eigenen Namen gegen Dritte erworben hat, gehen von Gesetzes wegen auf den Auftraggeber über, sobald dieser seinerseits allen Verpflichtungen aus dem Auftragsverhältnis nachgekommen ist (Art. 401 Abs. 1 OR). Dazu ist Folgendes zu bemerken:

1947

1. Die Bestimmung beinhaltet zunächst eine **Legalzession** von Forderungsrechten (Art. 166 OR) zu Gunsten des Auftraggebers, der seine Vertragspflichten erfüllt hat. Sie bezweckt – unter dem Gesichtspunkt der Forderungen – die Annäherung der Rechtsstellung des indirekten Stellvertreters (Beauftragten) an jene des direkten Stellvertreters. Sie ist praktisch besonders deshalb wichtig, weil der Forderungsübergang zu Gunsten des Auftraggebers auch gegenüber der Konkursmasse gilt, wenn der Beauftragte in Konkurs gefallen ist (Art. 401 Abs. 2 OR).

1948

2. Unter den gleichen Voraussetzungen (also unter der Voraussetzung, dass der Auftraggeber seine Pflichten aus dem Auftragsverhältnis erfüllt hat) sieht Art. 401 Abs. 3 OR ein **Aussonderungsrecht** hinsichtlich beweglicher Sachen vor, die der Beauftragte im eigenen Na-

1949

[47]   GAUTSCHI, N 10a zu Art. 399 OR; BUCHER, OR AT, S. 232; TERCIER/FAVRE/CONUS, Nr. 5111; KRAUSKOPF PATRICK, Der Vertrag zugunsten Dritter, Diss. Freiburg 2000, Nr. 966 ff.; wohl auch BGE 110 II 183 ff. (186), E. 2b; vgl. ferner BGE 121 III 310 ff. (315), E. 4a mit weiteren Hinweisen. Andere Konstruktionen, die ebenfalls in BGE 121 III 310 ff. (315), E. 4a erwähnt werden, etwa bei FELLMANN, Berner Komm., N 605 ff. zu Art. 398 OR und N 100 zu Art. 399 OR (Drittschadensliquidation); HOFSTETTER, SPR VII/6 (2000), S. 98.
[48]   BGE 121 III 310 ff. (317), E. 5a.
[49]   GAUCH/SCHLUEP/REY, Nr. 2844 ff.
[50]   Vgl. auch GAUCH/SCHLUEP/REY, Nr. 2862 ff.
[51]   BGE 112 II 347 ff. (353 f.), E. 2.

men, aber für Rechnung des Auftraggebers zu Eigentum erworben hat; vorbehalten bleiben Retentionsrechte des Beauftragten.

1950 3. Auf **einkassierte Gelder** findet Art. 401 OR grundsätzlich keine Anwendung; sie vermischen sich in aller Regel mit dem Vermögen des Beauftragten, sodass eine Aussonderung nicht mehr möglich ist.[52]

1951 Einkassierte Gelder unterliegen der Regel von Art. 401 OR mit anderen Worten nur, wenn das Geld auf einem speziellen, auf den Auftraggeber lautenden Konto gutgeschrieben wurde, also vom Vermögen des Beauftragten getrennt geblieben ist.[53]

III. Die Pflichten des Auftraggebers

1952 1. Der Auftraggeber schuldet dem Beauftragten den Ersatz der **Auslagen und Verwendungen** (samt Zinsen), die dieser in richtiger Ausführung des Auftrags gemacht hat, sowie die Befreiung von den eingegangenen Verbindlichkeiten (Art. 402 Abs. 1 OR).[54]

1953 Diese Verpflichtung trifft den Auftraggeber auch beim unentgeltlichen Mandat (unter Vorbehalt einer anderen Parteiabrede). «Unentgeltlich» ist der unentgeltliche Auftrag also nur mit Bezug auf die Vergütung (Honorar), nicht auch mit Bezug auf Auslagen- und Verwendungsersatz.

1954 2. Ferner haftet der Auftraggeber dem Beauftragten für den diesem aus dem Auftrag erwachsenen **Schaden**, soweit er nicht zu beweisen vermag, dass der Schaden ohne sein Verschulden entstanden ist (Art. 402 Abs. 2 OR).

1955 Beim unentgeltlichen Auftrag wendet die Rechtsprechung die Kausalhaftung von Art. 422 OR analog an: Der Auftraggeber haftet – soweit es der Billigkeit entspricht – auch ohne Verschulden.[55] Im Weiteren kann generell, praktisch aber insbesondere beim entgeltlichen Auftrag, wo gemäss Gesetz eine Verschuldenshaftung besteht, die Abgrenzung zwischen Schaden und (verschuldensunabhängigem) Verwendungsersatz heikel sein: Zwar gilt die Faustregel, nach welcher «Verwendung ... ein freiwilliger, Schaden ein unfreiwilliger Vermögensverlust» ist.[56] Doch sind die Grenzen fliessend, gerade unter Wertungsgesichtspunkten. So nehmen Rechtsprechung und Lehre bisweilen eine Verwendung (und nicht Schaden) an, wenn der Beauftragte seine Rechtsgüter «bewussternassen einer Gefahr aussetzt»[57] und dieses Risiko für die richtige Auftragsausführung nötig ist; verwirklicht sich alsdann diese Gefahr, hat der Beauftragte den Verlust «freiwillig» getätigt und gegen den Auftraggeber einen Ersatzanspruch.[58]

1956 3. Beim *entgeltlichen* Auftrag (wenn also eine Vergütung verabredet oder üblich ist; Art. 394 Abs. 3 OR) hat der Beauftragte bei richtiger Mandatsausführung überdies einen **Honoraranspruch**. Dessen Höhe bestimmt sich primär aus Vertrag, subsidiär aus der Verkehrsübung.

---

[52] BGE 102 II 103 ff. (107 ff.), E. II./1-5; 102 II 297 ff. (303 f.), E. 3; weniger klar BGE 87 III 14 ff. (22 f.), E. 2b. Aus der Lehre etwa FELLMANN, Berner Komm., N 107 zu Art. 401 OR.

[53] BGE 99 II 393 ff. (398), E. 7. HOFSTETTER, SPR VII/6, S. 140 f., sowie FELLMANN, Berner Komm., N 108 und 110 zu Art. 401 OR, verlangen nicht, dass das Konto auf den Namen des Auftraggebers lautet.

[54] BGE 120 II 34 ff.

[55] BGE 61 II 95 ff. (98), E. 3; kritisch TERCIER/FAVRE/CONUS, Nr. 5245 f. mit Hinweisen. Vgl. zum Ganzen auch BGE 129 III 181 ff.

[56] BGE 59 II 245 ff. (253), E. 5; ähnlich VON TUHR/PETER, S. 130.

[57] BGE 59 II 245 ff. (253), E. 5.

[58] BGE 59 II 245 ff. (256 f.), E. 6; VON TUHR/PETER, S. 132; BECKER, Berner Komm., N 3 zu Art. 402 OR; OSER/SCHÖNENBERGER, N 5 zu Art. 402 OR; zurückhaltender FELLMANN, Berner Komm., N 23 f. zu Art. 402 OR.

Grundsätzlich verjährt dieser Honoraranspruch nach den allgemeinen Regeln (zehn Jahre ab Fälligkeit; Art. 127 und 130 Abs. 1 OR). Für die in Art. 128 Ziff. 3 OR genannten Beauftragten (Arzt, Anwalt, Rechtsagent) verjährt die Honorar- und Aufwendungsersatzforderung allerdings schon in fünf Jahren. Dies gilt nach dem Wortlaut von Art. 128 Ziff. 3 OR auch für die Notare, obwohl das Rechtsverhältnis zwischen Notar und Partei grundsätzlich nicht dem Obligationenrecht, sondern (als hoheitliches, amtliches oder amtsähnliches Verhältnis) dem öffentlichen Recht der Kantone unterstellt ist.   1957

4. Haben **mehrere Personen** gemeinsam als Auftraggeber einen Auftrag erteilt, so haften sie dem Beauftragten solidarisch (Art. 403 Abs. 1 OR).   1958

IV. Die Beendigung des Auftrags

1.   Im Allgemeinen

1. Für die Vertragsbeendigung sieht das Gesetz ausser der Erfüllung (Art. 114 Abs. 1 OR) folgende **Gründe** vor: 1959

    – die Beendigung durch Widerruf oder Kündigung (Art. 404 OR; Nr. 1965 ff.);   1960

    Das Gesetz spricht (im Randtitel zu Art. 404 OR) von «Widerruf» und von «Kündigung». Gemeinhin wird die Vertragsauflösung durch den Auftraggeber als Widerruf, jene durch den Beauftragten als Kündigung bezeichnet.[59] Rechtlich gesehen handelt es sich indes auch beim «Widerruf» um eine Kündigung, durch die der Auftrag mit Wirkung «ex nunc» beendet wird.   1961

    – die Beendigung durch Tod, eintretende Handlungsunfähigkeit oder Konkurs des Auftraggebers oder des Beauftragten, sofern nicht das Gegenteil vereinbart ist oder aus der Natur des Geschäfts gefolgert werden muss (Art. 405 Abs. 1 OR). In Sonderfällen sieht Art. 405 Abs. 2 OR allerdings eine Fortsetzungspflicht des Beauftragten (im Falle des Todes des Auftraggebers), seines Erben (im Falle des Todes des Beauftragten) oder seines Vertreters vor, falls das Erlöschen des Auftrags die Interessen des Auftraggebers gefährdet. Vorbehalten bleibt freilich auch in diesen Fällen Art. 404 OR.   1962

2. Der Beendigungsgrund wirkt indessen erst, wenn der Beauftragte von ihm **Kenntnis** hat. Aus den Geschäften, die der gutgläubige Beauftragte vor dieser Kenntnisnahme führt, wird der Auftraggeber oder dessen Erbe verpflichtet, wie wenn der Auftrag noch bestanden hätte (Art. 406 OR).   1963

3. Beim entgeltlichen Auftrag hat der Beauftragte grundsätzlich – Honorarminderung vorbehalten (Nr. 1932 ff.) – Anspruch auf die **Vergütung** jener Leistungen, die er bis zur Beendigung erbracht hat, auf Ersatz von Auslagen und Verwendungen und auf Übernahme eingegangener Verbindlichkeiten (Art. 402 Abs. 1 OR). Dies gilt auch bei der Beendigung des Auftrags nach Art. 404 OR.   1964

2.   Die Vertragsbeendigung nach Art. 404 OR insbesondere

1. Gemäss Art. 404 Abs. 1 OR kann der Auftrag von jedem Teil **jederzeit widerrufen oder gekündigt** werden. Diese Bestimmung findet nach der bundesgerichtlichen Praxis ihre Rechtfertigung darin, dass «der Beauftragte regelmässig eine ausgesprochene Vertrauensstellung einnimmt, es aber keinen Sinn hat, den Vertrag noch aufrechterhalten zu wollen,   1965

---

[59]   FELLMANN, Berner Komm., N 16 zu Art. 404 OR.

wenn das Vertrauensverhältnis zwischen den Parteien zerstört ist».[60] Dem ist Folgendes beizufügen:

1966 2. Das jederzeitige Widerrufs- oder Kündigungsrecht wird vom Bundesgericht als **zwingend** aufgefasst, es kann also vertraglich weder wegbedungen noch erschwert werden,[61] obwohl der Gesetzestext dies nicht erfordert[62] und ein Teil der Lehre – zumindest für bestimmte Fälle – für den dispositiven Charakter der Norm eintritt.[63]

1967 Die Ausübung des Vertragsauflösungsrechts darf nach der Praxis auch nicht durch Konventionalstrafabreden erschwert werden.[64] Zulässig ist jedoch die Vereinbarung einer Konventionalstrafe für den Fall einer Kündigung zur Unzeit im Sinn von Art. 404 Abs. 2 OR.[65]

1968 3. Erfolgt die **Beendigung zur Unzeit** («en temps inopportun»), wird der Auftrag zwar gleichwohl beendigt. Doch ist der beendigende Teil verpflichtet, dem anderen einen allfälligen Schaden zu ersetzen (Art. 404 Abs. 2 OR). Dies bedarf der Erläuterung:

1969 – *Unzeitig* ist die Beendigung im Sinne von Art. 404 Abs. 2 OR immer (und nur) dann, wenn dem «andern Teil ein Vertrauensschaden erwächst».[66] Die Ersatzpflicht, die eine unzeitige Vertragsbeendigung nach sich zieht, ist keine Sanktion, da auch die unzeitige Beendigung des Auftrags zu Recht erfolgt. Das erklärt weiter, weshalb der Ersatzanspruch kein Verschulden voraussetzt. Doch können besondere Umstände der Beendigung im Rahmen der Ersatzbemessung in Rechnung gestellt werden (Art. 43 f. OR).

1970 Zu berücksichtigen ist dort namentlich, ob sich der Auftraggeber durch ein Fehlverhalten des Beauftragten zur Vertragsbeendigung veranlasst sah. Ein solches Verhalten kann unter Umständen dazu führen, dass die Ersatzpflicht ermässigt oder gänzlich ausgeschlossen wird. Als weitere Folge kann ein Fehlverhalten des Beauftragten die Minderung des Honorars und eine Schadenersatzpflicht nach sich ziehen (Nr. 1933 f.).

1971 – Nach der Praxis ist der *Schadenersatzanspruch* wie folgt *begrenzt:* Art. 404 Abs. 2 OR vermittelt keinen Anspruch des Beauftragten auf Ersatz des Gewinns, der sich aus dem beendeten Auftrag hätte erzielen lassen, sondern nur auf Ausgleich des negativen Vertragsinteresses.[67] Dieses Interesse beinhaltet die Ausgaben, welche im Vertrauen auf den Fortbestand des Auftrages getätigt wurden, nicht aber das Interesse am Fortbestand des Auftrages an sich.

1972 – Für den Fall der unzeitigen Auflösung des Auftrags kann nach der Rechtsprechung (anders als im Fall von Art. 404 Abs. 1 OR) eine *Konventionalstrafe* gültig vereinbart werden. Dies wurde namentlich bejaht für Art. 8.1 der SIA-Ordnung 102 (Ausgabe 1969/1983), nach welcher Bestimmung der Bauherr dem Architekten bei Entzug des Auftrags ohne dessen Verschulden einen Honorarzuschlag von 15% auf den geleisteten Arbeiten (oder mehr, sofern der nachgewiesene Schaden diesen Prozentsatz übersteigt) zu zahlen hat-

---

[60] BGE 115 II 464 ff. (466), E. 2a; 104 II 108 ff. (115 f.), E. 4.
[61] Z.B. BGE 115 II 464 ff. (467 f.), E. 2a/dd; 109 II 462 ff. (467), E. 3e; 104 II 108 ff. (116), E. 4.
[62] Anders, aber mit unklarer Tragweite denn auch BGE 120 V 299 ff. (305 f.), E. 4b.
[63] So etwa GAUCH, Art. 404 OR, S. 15 ff.; FICK, N 27 ff. zu Art. 404 OR; eingehend zur Frage FELLMANN, Berner Komm., N 104 ff. zu Art. 404 OR.
[64] BGE 109 II 462 ff. (467), E. 4; 104 II 108 ff. (116), E. 4.
[65] BGE 109 II 462 ff. (468 ff.), E. 4.
[66] GAUCH, Art. 404 OR, S. 12; FICK, N 30 zu Art. 404 OR; anders z.B. BGE 104 II 317 ff. (320), E. 5b.
[67] BGE 110 II 380 ff. (386), E. 4a; 109 II 462 ff. (469 f.), E. 4d.

te.[68] Voraussetzung ist selbstverständlich, dass die Parteien die SIA-Ordnung 102 (oder einzelne Bestimmungen daraus) in ihren konkreten Vertrag übernommen haben.

Unzulässig war hingegen der nach Art. 8.2 in Verbindung mit Art. 5.5 der SIA-Ordnung 102 (Ausgabe 1969) geschuldete Honorarzuschlag von 20% für die (ohne vorgängige Vereinbarung vorgenommene) Übertragung des Projekts an einen anderen Architekten, den Bauherrn selber oder einen Dritten, da es sich hierbei um einen entgangenen Gewinn handelt.[69] Dieser Honorarzuschlag wurde demnach als Gegenwert für die entgangene wirtschaftliche Verwertung des urheberrechtlich geschützten Werkes verstanden; entgangener Gewinn wird über das negative Interesse aber nur dann ersetzt, wenn der Geschädigte beweisen kann, dass er einen anderen Auftrag unwiderruflich abgelehnt hat. – Zur SIA-Ordnung 102 (Ausgabe 2003) vgl. Art. 1.12.2, wonach der Zuschlag «10% des Honorars für den entzogenen Auftragsteil oder mehr [beträgt], wenn der nachgewiesene Schaden grösser ist». {1973}

V.   Anhang: Besondere Auftragsarten (Übersicht)

Im Anschluss an das Recht des einfachen Auftrags (Art. 394 ff. OR) regelt das Gesetz verschiedene besondere Auftragsarten, teilweise in Unterabschnitten des Auftragsrechts im weiteren Sinn, teilweise als eigene Titel. In zahlreichen dieser Bestimmungen wird das Recht des einfachen Auftrags als «ergänzend anwendbar» erklärt (Art. 406a Abs. 2, 407 Abs. 1, 412 Abs. 2, 418b [indirekt], 425 Abs. 2 sowie 440 Abs. 2 OR). In der folgenden Übersicht werden die typischen Tatbestandsmerkmale der besonderen Auftragsarten und ausgewählte Sonderregeln kurz skizziert. Für die Einzelheiten wird auf die Spezialliteratur verwiesen. {1974}

1. Der **Auftrag zur Ehe- oder zur Partnerschaftsvermittlung** (Art. 406a ff. OR) ist dadurch gekennzeichnet, dass der Beauftragte sich verpflichtet, dem Auftraggeber gegen eine Vergütung Personen für die Ehe oder für eine feste Partnerschaft zu vermitteln (Art. 406a Abs. 1 OR). Die Regeln dieses besonderen Auftragstyps sind demnach nur auf entgeltliche Verhältnisse anwendbar. Diese Sondernormen drängten sich – wegen aufgetretener Missbräuche – zum Schutz der Auftraggebenden auf und sind in diesem Licht auszulegen. {1975}

    Der Vertrag bedarf zu seiner Gültigkeit der *Schriftform* mit besonderem Mindestinhalt (Art. 406d OR); auch Rücktrittserklärung und Kündigung (Art. 404 Abs. 1 OR) müssen schriftlich sein (Art. 406f OR). Für das «Inkrafttreten» des Vertrags gelten besondere Regeln, und der Auftraggeber hat ein besonderes Rücktrittsrecht (Art. 406e–f OR). Ferner bestehen Sondervorschriften über die Vermittlung von oder an Personen aus dem Ausland (Art. 406b–c OR: Reisekosten, Bewilligungspflicht), über besondere Informationspflichten des Beauftragten (namentlich mit Bezug auf Gründe der erschwerten Vermittelbarkeit) sowie über den Datenschutz (Art. 406g OR). Unverhältnismässig hohe Vergütungen oder Kosten können vom Gericht auf Antrag des Auftraggebers auf einen angemessenen Betrag herabgesetzt werden (Art. 406h OR).[70] {1976}

2. Durch den **Kreditauftrag** (Art. 408 ff. OR) verpflichtet sich der Beauftragte, in eigenem Namen und auf eigene Rechnung, jedoch unter Verantwortlichkeit des Auftraggebers, einem Dritten Kredit zu eröffnen oder zu erneuern (Art. 408 Abs. 1 OR). {1977}

    Der Kreditauftrag muss vom Auftraggeber *schriftlich* erteilt werden (Art. 408 Abs. 2 OR). Als Rechtsfolge haftet der Auftraggeber wie ein Bürge (Art. 408 Abs. 1 OR). – Der **Kreditbrief** (Art. 407 OR) gehört zur {1978}

---

68   BGE 110 II 380 ff. (383), E. 3; 109 II 462 ff. (besonders 469 f.), E. 4d und e.
69   BGE 110 II 380 ff. (385 f.), E. 4.
70   Zur Frage der «Doppelmäkelei» bei der Partnerschaftsvermittlung vgl. GUHL/SCHNYDER, S. 573 (§ 50, N 34).

Hauptsache ins Recht der Anweisung. Der Angewiesene (d.h. regelmässig eine Bank, die bezahlen soll) ist nicht bloss ermächtigt, sondern zur Zahlung auftragsrechtlich verpflichtet (vgl. Art. 407 Abs. 3 OR).

1979   3. Durch den **Mäklervertrag** (Art. 412 ff. OR) «erhält der Mäkler den Auftrag», gegen Vergütung Gelegenheit zum Abschluss eines Vertrags nachzuweisen (Nachweismäkelei) oder den Abschluss eines Vertrags zu vermitteln (Vermittlungsmäkelei).

1980   4. Durch den **Agenturvertrag** (Art. 418a ff. OR) verpflichtet sich der Agent, dauernd für einen oder für mehrere Auftraggeber Geschäfte zu vermitteln oder in ihrem Namen und auf ihre Rechnung (direkte Stellvertretung) abzuschliessen, ohne zu den Auftraggebern in einem Arbeitsverhältnis zu stehen (Art. 418a Abs. 1 OR). Dafür hat der Agent einen Anspruch auf die vereinbarte oder übliche Vermittlungs- oder Abschlussprovision (Art. 418g Abs. 1 OR).

1981   5. Durch den **Kommissionsvertrag** (Einkaufs- oder Verkaufskommission; Art. 425 ff. OR) verpflichtet sich der Kommissionär, gegen eine Kommissionsgebühr (Provision) in eigenem Namen für Rechnung des Kommittenten (indirekte Stellvertretung) den Einkauf oder Verkauf von beweglichen Sachen oder Wertpapieren zu besorgen (Art. 425 Abs. 1 OR).

1982   Den Speditionsvertrag regelt das Gesetz ebenfalls im 15. Titel über die Kommission (Art. 439 OR). Bezüglich der auf den Transport der Güter anwendbaren Bestimmungen gilt jedoch das Frachtvertragsrecht (Art. 439 in fine OR).

1983   6. Durch den **Frachtvertrag** (Art. 440 ff. OR) verpflichtet sich der Frachtführer, gegen Vergütung (Frachtlohn) den Transport von Sachen auszuführen (Art. 440 Abs. 1 OR).

1984   Der Vertrag über die Beförderung von Personen ist, soweit sie dem Regal des Bundes untersteht, Gegenstand der Bestimmungen, die sich im Personenbeförderungsgesetz (PBG) finden (vgl. Art. 19 ff. und 42 ff. PBG).

4. Kapitel: Besondere Rechtsfiguren im Umfeld des einfachen Auftrags

§ 19 Übersicht

Die im vorliegenden Kapitel zusammengefassten Rechtsfiguren des Besonderen Teils sind *keine Verträge*. Sie weisen jedoch auftragsähnliche Merkmale auf oder stehen regelmässig «im Umfeld» eines einfachen Auftrags:

1985

1. Die **Geschäftsführung ohne Auftrag** (Art. 419 ff. OR; Nr. 1989 ff.) ist eine auf das römische Recht zurückgehende Rechtsfigur, bei der zwar ein einfacher Auftrag (oder eine andere vertragliche Veranlassung) der handelnden Person gerade fehlt, die jedoch unter gewissen Voraussetzungen — nämlich im Fall der gebotenen Fremdgeschäftsführung (Art. 422 OR) — bestimmte auftragsähnliche Wirkungen entstehen lässt.

1986

2. In den Art. 458 ff. OR regelt das OR **die handelsrechtlichen Vollmachten** (Nr. 2061 ff.). Sie stehen regelmässig im Zusammenhang mit einem Einzelarbeitsvertrag, Gesellschaftsvertrag oder einfachen Auftrag (vgl. etwa Art. 465 Abs. 1 OR).

1987

3. Auch **die Anweisung** (Art. 466 ff. OR; Nr. 2096 ff.) steht im Umfeld eines Auftrags: Sie ist eine Doppelermächtigung, die im bargeldlosen Zahlungsverkehr Bedeutung hat.

1988

§ 20 Die Geschäftsführung ohne Auftrag

1989 *Sonderliteratur (Auswahl):*

BÜRGI-WYSS ALEXANDER CHRISTOPH, Der unrechtmässig erworbene Vorteil im schweizerischen Privatrecht, Zugleich ein Beitrag zur Dogmatik der ungerechtfertigten Bereicherung und der Geschäftsführung ohne Auftrag, Diss. Zürich 2005.

CHAPPUIS CHRISTINE, La restitution des profits illégitimes – Le rôle privilégié de la gestion d'affaires sans mandat en droit privé suisse, Diss. Genf, Basel/Frankfurt a.M. 1991 (zitiert: CHAPPUIS, La restitution).

DIESELBE, Violation contractuelle et remise du gain, in: Gauch Peter/Pichonnaz Pascal/Werro Franz (Hrsg.), Festschrift Pierre Tercier, Zürich/Genf 2008, S. 153 ff. (zitiert: CHAPPUIS, Violation contractuelle).

GAUCH PETER, Grenzüberschreitungen im privaten Schadensrecht – Bemerkungen zum Begriff des Schadens, zur vertraglichen Haftung ohne Vertragsverletzung und zur Bereicherung aus Vertragsbruch, in: Forstmoser Peter u.a. (Hrsg.), Richterliche Rechtsfortbildung in Theorie und Praxis (…), Festschrift Hans Peter Walter, Bern 2005, S. 293 ff. (zitiert: GAUCH, Grenzüberschreitungen).

GAUTSCHI GEORG, Berner Kommentar, Kommentar zum Schweizerischen Privatrecht, Bd. VI: Das Obligationenrecht, 2. Abteilung: Die einzelnen Vertragsverhältnisse, 5. Teilbd.: Kreditbrief und Kreditauftrag, Maklervertrag, Agenturvertrag, Geschäftsführung ohne Auftrag (Artikel 407–424 OR), 2. Aufl., Bern 1964.

HAHN ANNE-CATHERINE, Vergütungsansprüche für Dienstleistungen bei fehlender vertraglicher Grundlage – Ein Streifzug durch vier europäische Rechtsordnungen, Diss. Freiburg, Bern/Baden-Baden 2004.

HEY FELIX CHRISTOPHER, Die Geschäftsführung ohne Auftrag, JuS 49/2009, S. 400 ff.

HILTI CHRISTIAN, Die «ungeschriebene Tatbestandsvoraussetzung» der Bösgläubigkeit – der Anfang vom Ende des Gewinnherausgabeanspruchs?, AJP 2006, S. 695 ff.

HOFSTETTER JOSEPH, Der Auftrag und die Geschäftsführung ohne Auftrag, in: Schweizerisches Privatrecht Band VII/6, Basel 2000, S. 233 ff.

INDERKUM MATTHIAS, Schadenersatz, Genugtuung und Gewinnherausgabe aus Persönlichkeitsverletzung (Art. 28a Abs. 2 ZGB), Diss. Freiburg, Zürich 2008.

JENNY RETO M., Die Eingriffskondiktion bei Immaterialgüterrechtsverletzungen, Unter Berücksichtigung der Ansprüche aus unerlaubter Handlung und unechter Geschäftsführung ohne Auftrag, Diss. Zürich 2005.

KÖTZ HEIN, Geschäftsführung ohne Auftrag aus rechtsökonomischer Sicht, jetzt in: Basedow Jürgen/Hopt Klaus/Zimmermann Reinhard (Hrsg.), Hein Kötz, Undogmatisches – Rechtsvergleichende und rechtsökonomische Studien aus dreissig Jahren, Tübingen 2005, S. 260 ff.

LISCHER URS, Die Geschäftsführung ohne Auftrag im schweizerischen Recht, Diss. Basel 1990.

NIETLISPACH MARKUS, Zur Gewinnherausgabe im schweizerischen Privatrecht – Zugleich ein Beitrag zur Lehre von der ungerechtfertigten Bereicherung, Diss. Zürich, Bern 1994.

Pohlmann Jörg, Geschäftsführung ohne Auftrag im historischen und modernen Kontext, in: Isenring Bernhard/Kessler Martin A. (Hrsg.), Schutz & Verantwortung, Liber amicorum für Heinrich Honsell, Zürich/St. Gallen 2007, S. 31 ff.

Roberto Vito, Schadenersatz, Gewinnabschöpfung und Bereicherungsanspruch bei Immaterialgüterrechtsverletzungen, sic! 2007, S. 23 ff.

Schmid Jörg, Die Geschäftsführung ohne Auftrag, Habil. Freiburg 1992 (zitiert: Schmid, Die Geschäftsführung ohne Auftrag).

Derselbe, Kommentar zum Schweizerischen Zivilgesetzbuch, V. Bd.: Obligationenrecht, Teilbd. V 3a: Die Geschäftsführung ohne Auftrag (Art. 419–424 OR), 3. Aufl., Zürich 1993 (zitiert: Schmid, Zürcher Komm.).

Derselbe, Fragen zur eigennützigen Geschäftsführung ohne Auftrag, ZBJV 131/1995, S. 261 ff.

Derselbe, Gewinnherausgabe bei unerlaubter Untermiete, BGE 126 III 69 ff., recht 2000, S. 205 ff. (zitiert: Schmid, Gewinnherausgabe bei unerlaubter Untermiete).

Spitz Philippe, Überlegungen zum entgangenen Gewinn und zur Gewinnherausgabe im Bereich des gewerblichen Rechtsschutzes, sic! 2007, S. 795 ff.

Von Bar Christian, Principles of European Law, Benevolent Intervention in Another's Affairs (PEL Ben. Int.), München 2006 (zitiert: PEL/von Bar, Ben. Int.).

Werro Franz, Une remise du gain sans gain?, Une illustration de l'arbitrage délicat entre liberté et dignité, in: Gauch Peter/Pichonnaz Pascal/Werro Franz (Hrsg.), Festschrift Pierre Tercier, Zürich/Genf 2008, S. 495 ff.

I.   Allgemeines

1. Die in den **Art. 419–424 OR** geregelte Geschäftsführung ohne Auftrag («la gestion d'affaires» oder «la gestion d'affaires sans mandat») steht historisch in der Tradition der römisch-rechtlichen Figur der «negotiorum gestio».[1] Die beteiligten Personen sind der Geschäftsführer («le gérant»; lateinisch «gestor») und der Geschäftsherr («le maître»; lateinisch «dominus»). Die «Geschäftsführung» besteht darin, dass der Geschäftsführer in Angelegenheiten des Geschäftsherrn handelt, also in dessen Rechtssphäre eingreift (Näheres in Nr. 2000 und 2032).   **1990**

Kennzeichen im Tatbestand ist der Umstand, dass ein *Auftrag* für das Tätigwerden des Geschäftsführers (im Rechtskreis des Geschäftsherrn) *fehlt,* allgemeiner gesagt: dass der Geschäftsführer sich auf keine vertragliche oder gesetzliche Grundlage stützen kann. Dennoch wird der auftraglose Geschäftsführer unter gewissen Voraussetzungen (Art. 422 OR) ähnlich behandelt wie ein Beauftragter. Ausserdem sind nach dem Gesetzeswortlaut die Vorschriften des Auftragsrechts dann anwendbar, wenn die Geschäftsbesorgung nachträglich vom Geschäftsherrn genehmigt wird (Art. 424 OR; Nr. 2020 und 2047). Ist die Geschäftsführung nicht im Interesse des Geschäftsherrn vorgenommen worden, stellt sich die Frage, ob der Geschäftsführer dennoch zur Ablieferung der Vorteile angehalten werden kann (Art. 423 OR).   **1991**

---

[1]   Dazu etwa Schmid, Die Geschäftsführung ohne Auftrag, Nr. 40 ff.; Zimmermann, The Law of Obligations, S. 433 ff.

1992 2. Bei geltungszeitlicher Auslegung der Art. 419 ff. OR regeln diese Bestimmungen allerdings **zwei sehr unterschiedliche Rechtsfiguren**, die sich aus der Gegenüberstellung von Art. 422 und 423 OR gewinnen lassen:[2]

1993 – Einerseits kann der Geschäftsführer *in altruistischer Absicht* (Randtitel zu Art. 422 OR: «im Interesse des Geschäftsherrn») tätig werden. Aus diesem *Fremdgeschäftsführungswillen* resultiert eine sogenannte echte Geschäftsführung ohne Auftrag («la gestion d'affaire parfaite»). Auf diese Art von Geschäftsführung sind die meisten der gesetzlichen Bestimmungen des 14. Titels des OR zugeschnitten (Nr. 1999 ff.).

1994 Die Hauptfrage geht bei dieser Ausgangslage dahin, ob und unter welchen Voraussetzungen das fremdnützige Handeln des Geschäftsführers zu einem vertragsähnlichen (auftragsähnlichen) Rechtsverhältnis führt («faktisches Vertragsverhältnis»). Wichtiger Wertungsgedanke des Gesetzes ist diesbezüglich die Förderung der Menschenhilfe: Die altruistische Tätigkeit wird unter gewissen Voraussetzungen als gerechtfertigt bezeichnet (Legitimierungsfunktion); der fremdnützige Eingreifer hat dann Anspruch auf Ersatz von Aufwendungen und Schäden (Schadloshaltungsfunktion).[3]

1995 – Andererseits kann der Geschäftsführer aber auch *in egoistischer Absicht* – also nur zur Verfolgung eigener Interessen – tätig werden und in den Rechtskreis des Geschäftsherrn eingreifen (Randtitel zu Art. 423 OR: «im Interesse des Geschäftsführers»). Liegt ein solcher *Eigengeschäftsführungswille* vor, so haben wir es mit einer unechten Geschäftsführung ohne Auftrag («la gestion d'affaire imparfaite») zu tun (Nr. 2032 ff.).

1996 Hier geht die gesetzliche Wertung dahin, unerwünschte Einmischungen abzuwehren und den egoistisch Handelnden unter gewissen Voraussetzungen zu pönalisieren.[4] Daher steht die Frage nach einer verschärften Haftung des Geschäftsführers (mit Gewinnherausgabepflicht) im Vordergrund des Interesses.

1997 In dogmatischer Hinsicht sind die Art. 419 ff. OR bemerkenswert, weil sie die im Allgemeinen Teil des OR geregelte *Trilogie der Anspruchsgrundlagen* – Vertrag, unerlaubte Handlung, ungerechtfertigte Bereicherung – aufbrechen und *erweitern*.[5]

1998 3. Die **nachfolgende Darstellung** folgt dieser Zweiteilung. Das so verstandene Geschäftsführungsrecht wirft neben anderen Fragen eine Fülle von *Abgrenzungsproblemen* zu anderen Rechtsinstituten auf, namentlich zur ungerechtfertigten Bereicherung, was ebenfalls zur Sprache kommt.

II. Die echte Geschäftsführung ohne Auftrag

1. Der Tatbestand

1999 Echte Geschäftsführung ohne Auftrag ist nach dem Gesagten die Führung fremder Geschäfte durch einen Geschäftsführer, der den **Willen** hat, **fremdnützig** (altruistisch) **tätig zu sein**.

---

[2] Zum System der Regelung vgl. BGer. vom 12. Januar 2000, in: Semjud 122/2000 I, S. 421 ff. (429 f.), E. 6aa = Pra 2002, Nr. 73, S. 420 ff.; Urteil des BGer. vom 21. Mai 2003, Nr. 4C.389/2002, E. 3.2; ausführlich SCHMID, Zürcher Komm., Vorbem. zu Art. 419–424 OR, N 13 ff.; TERCIER/FAVRE/CONUS, Nr. 5924 ff.

[3] Ausführlich SCHMID, Die Geschäftsführung ohne Auftrag, Nr. 18 ff.

[4] SCHMID, Die Geschäftsführung ohne Auftrag, Nr. 26 f.

[5] Vgl. dazu bereits GAUCH/SCHLUEP/SCHMID, Nr. 271 ff.

Das Gesetz spricht in Art. 419 OR davon, dass eine Person *für einen andern* ein Geschäft besorgt, ohne von ihm beauftragt zu sein.[6] Das bedarf der Erläuterung:

1. **Geschäftsbesorgung** (Geschäftsführung) ist in weiter Auslegung des Begriffs die Erledigung von Angelegenheiten oder die Erfüllung von Aufgaben irgendwelcher Art, Schwierigkeit und Tragweite. Die Tätigkeit kann in einer tatsächlichen Handlung oder aber in Rechtshandlungen bestehen.[7]   2000

   Beispiele: Suchaktion des Schweizerischen Alpen-Clubs nach einem (vermeintlich) verunglückten Feriengast;[8] unaufgeforderte Hilfe bei der Bekämpfung eines Brandes; Zahlung einer fremden Schuld.[9]   2001

2. Das geführte Geschäft muss – bei objektiver Betrachtungsweise (von aussen gesehen) – ein «fremdes» sein, der Geschäftsführer muss also in Angelegenheiten des Geschäftsherrn handeln, in dessen Rechts- oder Interessenkreis eingreifen.[10] Ein mitwirkendes Eigeninteresse untergeordneter Natur schadet freilich nicht.[11]   2002

3. In subjektiver Hinsicht ist bei der tätig werdenden Person ein sogenannter **Fremdgeschäftsführungswille** erforderlich, also das Bewusstsein und der Wille, ein fremdes Geschäft (und nicht ein eigenes) zu führen.[12]   2003

   Als Fallgruppen kommen – nunmehr aus der subjektiven Sicht des Geschäftsführers – namentlich die Hilfeleistung, die Erfüllung und Sicherung fremder Verbindlichkeiten sowie die sonstige prozessuale oder ausserprozessuale Wahrung fremder Interessen in Betracht.[13]   2004

4. Die Fremdgeschäftsführung muss schliesslich **auftraglos** erfolgen. Das Tätigwerden des Geschäftsführers darf sich mit anderen Worten nicht auf eine vertragliche (rechtsgeschäftliche), aber auch nicht auf eine gesetzliche oder behördlich angeordnete Pflicht stützen.[14]   2005

2.   Die Rechtsfolgen

1. Die **Hauptpflicht des Geschäftsführers** besteht darin, das unternommene Geschäft so zu führen, wie es dem Vorteil und der mutmasslichen Absicht des anderen entspricht (Art. 419 OR). Dazu gehört namentlich die Pflicht zur *Sorgfalt,* was auch in Art. 422 Abs. 2 OR zum Ausdruck kommt.[15] Da der Geschäftsführer für den Geschäftsherrn tätig ist, hat er auch das *Resultat seiner Tätigkeit abzuliefern* (Ablieferungspflicht).[16]   2006

   Neben dieser Hauptpflicht treffen den Geschäftsführer die folgenden **Nebenpflichten:**[17]   2007

---

6   Französisch: «Celui qui, sans mandat, gère l'affaire d'autrui …».
7   Schmid, Zürcher Komm., N 8 f. zu Art. 419 OR.
8   SJZ 46/1950, Nr. 76, S. 208 ff. (Gerichtspräsident I von Biel).
9   Kasuistik bei Schmid, Zürcher Komm., N 31 ff. zu Art. 419 OR.
10 BGE 68 II 29 ff. (36), E. 4.
11 Schmid, Zürcher Komm., N 14 ff. zu Art. 419 OR.
12 Schmid, Zürcher Komm., N 21 ff. zu Art. 419 OR.
13 Schmid, Zürcher Komm., N 31 ff. zu Art. 419 OR.
14 Schmid, Zürcher Komm., N 63 ff. zu Art. 419 OR; vgl. auch Urteil des BGer. vom 16. Februar 2009, Nr. 4D_137/2008, E. 2.2.
15 Schmid, Zürcher Komm., N 112 zu Art. 419 OR; Tercier/Favre/Conus, Nr. 5981; rechtsvergleichend etwa PEL/von Bar, Ben. Int., S. 211 ff. (zu Art. 2:101 PEL Ben. Int.).
16 Schmid, Zürcher Komm., N 117 ff. zu Art. 419 OR.
17 Vgl. Schmid, Zürcher Komm., N 123 ff. zu Art. 419 OR; Tercier/Favre/Conus, Nr. 5981 ff.

2008   – die Pflicht, Rechenschaft abzulegen und Auskunft über die Geschäftsführung zu erteilen;

2009   – die Pflicht, den Geschäftsherrn sobald wie möglich von der Übernahme der Geschäftsbesorgung zu benachrichtigen und ausserhalb von Dringlichkeitsfällen dessen Entscheid abzuwarten;

2010   – die Pflicht zur Treue und allenfalls zur Geheimhaltung wie ein Beauftragter.

2011   Die *Verletzung dieser Pflichten,* namentlich die Verletzung der Sorgfaltspflicht, kann zur Haftung des Geschäftsführers für Schäden führen (Art. 420 OR). Eine Einschränkung oder Milderung der Haftung tritt jedoch ein, wenn der Geschäftsführer handlungsunfähig war (Art. 421 OR) oder wenn er gehandelt hat, um einen dem Geschäftsherrn drohenden Schaden abzuwenden (Art. 420 Abs. 2 OR).

2012   2. Die **Pflichten des Geschäftsherrn** nach durchgeführter Geschäftsbesorgung hängen namentlich davon ab, ob die Übernahme der Geschäftsbesorgung durch sein Interesse im Sinn von Art. 422 OR *geboten* war oder nicht:

2013   **Gebotenheit** im Sinn von Art. 422 Abs. 1 OR setzt zwar nicht voraus, dass das Eingreifen des Geschäftsführers geradezu notwendig war, lässt aber auch blosse Nützlichkeit nicht genügen. Dem Gericht steht bei der Bewertung ein gewisser Ermessensspielraum offen, was den Einbezug von Billigkeitsgesichtspunkten (Art. 4 ZGB) ermöglicht. Die Übernahme der Geschäftsbesorgung muss nach den gesamten Umständen als *angebracht, angezeigt, richtig* erscheinen.[18]

2014   *Beispiele:* Geboten können nach Massgabe der konkreten Umstände etwa sein: a. die Suchaktion des Schweizerischen Alpenclubs nach einem vermeintlich verunglückten Feriengast in den Bergen;[19] b. das Aufbieten des spitalärztlichen Rettungsdienstes durch die Polizei für eine Person, die in eine tätliche Auseinandersetzung verwickelt war und über Armschmerzen klagt;[20] c. die Zahlung von Unterhaltsleistungen im üblichen Umfang zur Deckung des Lebensbedarfs einer hilfsbedürftigen Person.[21] – Nicht geboten ist etwa die Zahlung einer bestrittenen[22] oder verjährten Schuld.[23]

2015   Zu beachten bleibt im vorliegenden Zusammenhang, dass der Geschäftsherr einen fremden Eingriff grundsätzlich verbieten darf (Art. 420 Abs. 3 OR). Liegt ein für den auftraglosen Geschäftsführer erkennbares und wirksames (nicht sittenwidriges und nicht rechtswidriges) *Einmischungsverbot* vor, ist sein Eingreifen nicht geboten.[24] Vielmehr trifft den Geschäftsführer in diesem Fall eine verschärfte Haftung (Zufallshaftung; Art. 420 Abs. 3 OR).[25]

2016   3. Ist die Gebotenheit zu bejahen, so liegt eine sogenannte **berechtigte Fremdgeschäftsführung** («la gestion d'affaire parfaite régulière») vor, die nach Art. 422 OR (kraft Ge-

---

[18]   Schmid, Zürcher Komm., N 11 ff. zu Art. 422 OR; derselbe, Die Geschäftsführung ohne Auftrag, Nr. 375 ff.; ihm folgend LGVE 2008 II Nr. 12, S. 196 ff. (198), E. 2c (Luzerner Verwaltungsgericht).

[19]   SJZ 46/1950, Nr. 76, S. 208 ff. (209), E. 3 (Gerichtspräsident I von Biel); Schmid, Zürcher Komm., N 23 zu Art. 422 OR.

[20]   LGVE 2008 II Nr. 12, S. 196 ff. (198), E. 2c (Luzerner Verwaltungsgericht, aus öffentlich-rechtlicher Perspektive).

[21]   Schmid, Zürcher Komm., N 25 zu Art. 422 OR.

[22]   BGE 86 II 18 ff. (24), E. 4.

[23]   Schmid, Zürcher Komm., N 29 f. zu Art. 422 OR.

[24]   Schmid, Zürcher Komm., N 10 zu Art. 422 OR und N 64 zu Art. 420 OR.

[25]   Zum Einmischungsverbot, seinen Wirkungen und seinen Schranken vgl. Schmid, Zürcher Komm., N 35 ff. zu Art. 420 OR.

setzes) ein *besonderes vertragsähnliches Schuldverhältnis* entstehen lässt (faktisches Vertragsverhältnis).[26] In diesem Fall ist das Eingreifen des auftraglosen Geschäftsführers durch einen besonderen *gesetzlichen Rechtfertigungsgrund* gedeckt, mit anderen Worten weder ungerechtfertigt im Sinn des Bereicherungsrechts, noch widerrechtlich im Sinn des Deliktsrechts.[27] Den Geschäftsherrn trifft die Pflicht, dem Geschäftsführer alle Verwendungen, die notwendig oder nützlich und den Verhältnissen angemessen waren, samt Zinsen zu ersetzen und ihn im gleichen Mass von den übernommenen Verbindlichkeiten zu befreien sowie für Schäden nach Ermessen des Gerichts Ersatz zu leisten (Art. 422 Abs. 1 OR).[28]

Die entsprechenden Ansprüche des Geschäftsführers auf Verwendungsersatz, auf Befreiung von eingegangenen Verpflichtungen, auf Schadenersatz und auf Genugtuung sind nach heutiger Auffassung durch einen Honoraranspruch zu ergänzen, sofern eine Vergütung für die geleistete Tätigkeit üblich ist (namentlich bei berufsmässiger Tätigkeit).[29] 2017

Die Ansprüche des Geschäftsführers sind vom Gesetz analog zum Auftragsrecht *erfolgsunabhängig* ausgestaltet: Sie bestehen schon dann, wenn der Geschäftsführer mit der gehörigen Sorgfalt gehandelt hat, auch wenn der beabsichtigte Erfolg nicht eingetreten ist (Art. 422 Abs. 2 OR). Diese Forderungen verjähren grundsätzlich nach der zehnjährigen Frist von Art. 127 OR.[30] Im Weiteren ist Art. 401 OR analog auch bei der Geschäftsführung ohne Auftrag anwendbar.[31] 2018

4. War die Geschäftsführung, obwohl mit Fremdgeschäftsführungswillen unternommen, nicht im Interesse des Geschäftsherrn geboten (sind mit anderen Worten die Voraussetzungen von Art. 422 Abs. 1 OR nicht erfüllt), so liegt eine sogenannte **unberechtigte Fremdgeschäftsführung** vor («la gestion d'affaire parfaite irrégulière»). Sie fällt weder unter Art. 422 OR noch unter Art. 423 OR. Vielmehr erfolgt die Abwicklung nach den Delikts- und den bereicherungsrechtlichen Regeln.[32] 2019

5. **Genehmigt** der Geschäftsherr die echte (berechtigte oder unberechtigte) Geschäftsbesorgung nachträglich, finden nach Art. 424 OR die Vorschriften über den Auftrag Anwendung.[33] 2020

3. Abgrenzungen

1. Die **berechtigte (gebotene) Fremdgeschäftsführung** lässt nach Art. 422 OR kraft Gesetzes ein *besonderes vertragsähnliches Schuldverhältnis* (faktisches Vertragsverhältnis) entstehen, das namentlich Verwendungs-, Befreiungs- und Schadenersatzansprüche 2021

---

[26] BGE 126 III 382 ff. (386), E. 4b/ee; Schmid, Zürcher Komm., N 33 ff. zu Art. 422 OR; derselbe, Die Geschäftsführung ohne Auftrag, Nr. 400 ff.

[27] Schmid, Zürcher Komm., N 36 zu Art. 422 OR.

[28] Im Einzelnen Schmid, Zürcher Komm., N 41 ff. zu Art. 422 OR; rechtsvergleichend PEL/von Bar, Ben. Int., S. 257 ff. (zu Art. 3:101 PEL Ben. Int.).

[29] Schmid, Zürcher Komm., N 65 ff. zu Art. 422 OR; wohl auch Tercier/Favre/Conus, Nr. 6004 ff.; rechtsvergleichend Hahn, Vergütungsansprüche, Nr. 522 ff.; PEL/von Bar, Ben. Int., S. 268 ff. (zu Art. 3:102 Abs. 1 PEL Ben. Int.).

[30] BGE 55 II 262 ff. (265); Schmid, Zürcher Komm., N 83 ff. zu Art. 422 OR; Tercier/Favre/Conus, Nr. 6008.

[31] Schmid, Zürcher Komm., N 94 f. zu Art. 422 OR.

[32] Schmid, Zürcher Komm., N 149 ff. zu Art. 423 OR; Tercier/Favre/Conus, Nr. 6015 ff.

[33] Urteil des BGer. vom 31. März 2008, Nr. 4A_496/2007, E. 2.2. Zu den Rechtsfolgen relativierend Schmid, Zürcher Komm., N 14 ff. zu Art. 424 OR.

des Geschäftsführers begründet (Nr. 2016). Sie ist von anderen Rechtsfiguren wie folgt abzugrenzen:[34]

2022 — Liegt eine *vertragliche Grundlage* — namentlich ein einfacher Auftrag — vor, gelten die vertraglichen Regeln; die Normen der auftraglosen Geschäftsführung (insbesondere Art. 420 und 422 OR) finden keine Anwendung.[35] Die auftragsrechtlichen Regeln sind ausserdem dann anzuwenden, wenn der Geschäftsherr die auftraglose Geschäftsführung nachträglich billigt (Art. 424 OR; Nr. 2020).

2023 Handelt jemand gestützt auf einen Vertrag mit einer juristischen Person, so ist die vertragliche Grundlage für die rechtliche Behandlung massgebend, und es lässt sich nicht argumentieren, der Handelnde sei auftragloser Geschäftsführer für die hinter der juristischen Person stehenden Menschen.[36]

2024 In Sonderfällen — etwa dann, wenn sich der abgeschlossene Vertrag als ungültig erweist — ist eine Abwicklung nach den Art. 419 ff. OR jedoch möglich.[37]

2025 — Da die berechtigte (gebotene) Fremdgeschäftsführung einen Rechtfertigungsgrund für das Handeln des auftraglosen Geschäftsführers schafft (Legitimierungsfunktion; Nr. 1994), ist sein Eingreifen weder ungerechtfertigt im Sinn des Bereicherungsrechts noch widerrechtlich im Sinn des Deliktsrechts (Nr. 2016). Die *Art. 62 ff. und 41 ff. OR* bleiben daher aus dem Spiel.

2026 Immerhin gibt Art. 422 Abs. 3 OR dem Geschäftsführer für Verwendungen, die der Geschäftsherr ihm nicht zu ersetzen hat, ein «Recht der Wegnahme nach den Vorschriften über die ungerechtfertigte Bereicherung». Diese Vorschrift erfasst luxuriöse und zwar nützliche, aber unverhältnismässige Verwendungen (Art. 422 Abs. 1 OR e contrario) und verweist auf Art. 65 Abs. 2 OR.[38] Ausserdem verweist Art. 421 OR für den geschäftsunfähigen Geschäftsführer auf gewisse bereicherungs- und deliktsrechtliche Regeln.

2027 — Vom *Recht der Stellvertretung* unterscheiden sich die Art. 419 ff. OR insofern, als sie sich nur auf das Innenverhältnis (Geschäftsherr — Geschäftsführer) beziehen. Der vollmachtlose Geschäftsführer ohne Auftrag, der rechtsgeschäftlich im Namen des Geschäftsherrn handelt, vermag diesen mit anderen Worten nicht kraft Art. 422 OR dem Dritten gegenüber zu verpflichten.[39] Das Aussenverhältnis beurteilt sich vielmehr nach den Art. 32 ff. OR.[40]

2028 Mit der geschäftsführungsrechtlichen Genehmigung nach Art. 424 OR kann jedoch nach dem Willen des Geschäftsherrn eine stellvertretungsrechtliche Genehmigung des Handelns des vollmachtlosen Stellvertreters (Art. 38 Abs. 1 OR) einhergehen, was auszulegen und im Zweifelsfall zu vermuten ist.[41]

2029 — Abgrenzungsfragen bestehen sodann auch im Verhältnis zu gesetzlichen Ausgleichspflichten des *Sachenrechts*.[42] Beispielsweise stellt der *Fund* nach traditioneller Auffassung einen Sonderfall der Fremdgeschäftsführung dar. Die geschäftsführungsrechtli-

---

[34] Ausführlich Schmid, Die Geschäftsführung ohne Auftrag, Nr. 1140 ff.
[35] Ausführlich Schmid, Die Geschäftsführung ohne Auftrag, Nr. 1151 ff., mit Hinweisen.
[36] Urteil des BGer. vom 16. Februar 2009, Nr. 4D_137/2008, E. 2.2.
[37] Schmid, Die Geschäftsführung ohne Auftrag, Nr. 1168 ff.
[38] Schmid, Zürcher Komm., N 77 ff. zu Art. 422 OR.
[39] BGE 29 I 624 ff. (625 f.), E. 1; Schmid, Zürcher Komm., N 37 zu Art. 422 OR.
[40] Schmid, Die Geschäftsführung ohne Auftrag, Nr. 1359 ff.
[41] Schmid, Die Geschäftsführung ohne Auftrag, Nr. 1364.
[42] Schmid, Die Geschäftsführung ohne Auftrag, Nr. 1407 ff.

chen Normen finden Anwendung, soweit die in Art. 720 ff. ZGB geregelten Rechte und Pflichten des Finders konkretisierungsbedürftig sind.[43]

2. Die **unberechtigte Fremdgeschäftsführung** unterliegt zum Vornherein nicht dem Art. 422 OR, sondern den Regeln der unerlaubten Handlung und der ungerechtfertigten Bereicherung (Nr. 2019).   2030

Gegenüber der gewöhnlichen Deliktshaftung sieht Art. 420 Abs. 3 OR für den Fall der Missachtung eines (wirksamen) Einmischungsverbots eine verschärfte Haftung (Zufallshaftung) vor.   2031

III. Die unechte Geschäftsführung ohne Auftrag

1. Der Tatbestand

1. Unecht ist die Geschäftsführung ohne Auftrag nach dem Gesagten, wenn der Geschäftsführer nicht im fremden, sondern **im eigenen Interesse** (egoistisch) tätig ist (Eigengeschäftsführung). Ein überwiegendes Eigeninteresse des Geschäftsführers genügt.[44] Unter dem hier wenig aussagekräftigen Ausdruck «Geschäftsführung» wird alsdann der **Eingriff in eine fremde Rechtssphäre** verstanden.[45] Der Geschäftsführer greift mit anderen Worten zum eigenen Vorteil in den Rechtskreis des Geschäftsherrn ein, ohne dafür über eine (gesetzliche oder) vertragliche Grundlage zu verfügen.   2032

In Betracht kommt namentlich ein Eingriff in fremde dingliche Rechte, in fremde Persönlichkeitsrechte (vgl. Art. 28a Abs. 3 ZGB[46]), in fremde Immaterialgüterrechte (vgl. für das Urheberrecht Art. 62 Abs. 2 URG,[47] für das Markenrecht Art. 55 Abs. 2 MSchG, für das Designrecht Art. 35 Abs. 2 DesG[48])[49] und allenfalls auch in fremde obligatorische Rechte und ähnliche Rechtspositionen.[50]   2033

Ebenfalls liegt Eigengeschäftsführung vor, wenn jemand eine fremde Sache ohne die Zustimmung des Eigentümers vermietet,[51] insbesondere auch dann, wenn ein Mieter nach Beendigung des Mietverhältnisses das Mietobjekt nicht dem Vermieter zurückgibt, sondern eigenmächtig weitervermietet.[52] Vereinzelt sieht das Gesetz selber sodann Spezialnormen der unechten Geschäftsführung ohne Auftrag vor, indem es eine Gewinnabschöpfung anordnet (z.B. Art. 464 Abs. 2 und Art. 540 Abs. 2 OR; Nr. 2055).[53]   2034

---

[43] SCHMID, Zürcher Komm., N 148 zu Art. 419 OR; DERSELBE, Die Geschäftsführung ohne Auftrag, Nr. 1438 ff.

[44] Urteil des BGer. vom 25. Mai 2004, Nr. 4C.326/2003, E. 3.5.1.

[45] BGE 129 III 422 ff. (425), E. 4; 126 III 382 ff. (386), E. 4b/ee; Urteil des BGer. vom 17. Juli 2003, Nr. 4C.101/2003, E. 6.2 = sic! 2004, S. 90 ff.

[46] Beispiel: BGE 133 III 153 ff. (Vater einer berühmten Tennisspielerin).

[47] Beispiel: Urteil des BGer. vom 17. Juli 2003, Nr. 4C.101/2003, E. 6 = sic! 2004, S. 90 ff. Auf den zivilrechtlichen Rechtsschutz der Art. 61–66 URG verweist auch Art. 10 Abs. 1 Topographiengesetz (SR 231.2).

[48] BG vom 5. Oktober 2001 über den Schutz von Design (Designgesetz, SR 232.12).

[49] Für die Gewinnherausgabe bei Patentverletzungen vgl. BGE 134 III 306 ff.; Urteil des BGer. vom 12. April 2006, Nr. 4C.290/2005, E. 3 = sic 2006, S. 774 ff. (mit Bemerkungen von KOHLER in: sic! 2006, S. 815 ff.).

[50] SCHMID, Zürcher Komm., N 69 ff. zu Art. 423 OR; TERCIER/FAVRE/CONUS, Nr. 6035 ff.; GAUCH, Grenzüberschreitungen, S. 311 ff.; CHAPPUIS, Violation contractuelle, S. 160 ff.; aus der Rechtsprechung vgl. Urteil des BGer. vom 4. Dezember 2007, Nr. 4A_310/2007, E. 7.1 (Eigengeschäftsführung in casu verneint).

[51] BGE 129 III 422 ff. (425), E. 4.

[52] BGE 126 III 69 ff.; dazu SCHMID, Gewinnherausgabe bei unerlaubter Untermiete, S. 205 ff.

[53] SCHMID, Zürcher Komm., N 74 ff. zu Art. 423 OR; TERCIER/FAVRE/CONUS, Nr. 6037.

2035 2. Nach der **subjektiven Situation** auf Seiten des Eingreifers (Eigengeschäftsführers) sind weiter zwei Fälle zu unterscheiden:

2036 – Einerseits die *bösgläubige* Eigengeschäftsführung, bei welcher auf Seiten des Geschäftsführers (Eingreifers) ein Unrechtsbewusstsein vorhanden ist. Dieses kann sich entweder auf die Fremdheit des besorgten Geschäfts oder auf die Widerrechtlichkeit des Eingreifens (oder auf beides) beziehen.[54] Man spricht in diesen Fällen auch von bösgläubiger Geschäftsanmassung («un acte d'usurpation»).[55]

2037 – Andererseits die *gutgläubige* Eigengeschäftsführung, bei welcher dem Geschäftsführer (Eingreifer) das beschriebene Unrechtsbewusstsein gerade fehlt. Dieser Geschäftsführer handelt demnach beim Eingriff in den fremden Rechtskreis im guten Glauben.[56]

2. Die Rechtsfolgen

2038 Die soeben genannte Zweiteilung zwischen bösgläubiger und gutgläubiger Eigengeschäftsführung ist für die Bestimmung der Rechtsfolgen wesentlich. Zwar sprechen Randtitel und Wortlaut von Art. 423 Abs. 1 OR schlicht von Geschäftsführung im Interesse des Geschäftsführers, ohne nach dem Unrechtsbewusstsein des Eingreifers zu differenzieren. Der Gesetzeszweck der Vorteilsabschöpfung und die Sanktion der Gewinnherausgabe (Nr. 2039 ff.), die systematisch in das Deliktsrecht gehört, machen jedoch deutlich, dass diese Rechtsfolge – die weiter geht als die Schadenersatzpflicht von Art. 41 Abs. 1 OR – ein **Verschulden** voraussetzt (vgl. auch § 687 Abs. 2 BGB). Was das methodische Vorgehen betrifft, muss Art. 423 Abs. 1 OR demnach einschränkend ausgelegt (teleologisch reduziert) werden. Im Ergebnis ist dies von Rechtsprechung[57] und Lehre[58] überwiegend anerkannt. Im Einzelnen:

A. Bei bösgläubiger Eigengeschäftsführung

2039 1. Der bösgläubige Geschäftsführer ist Art. 423 OR unterstellt. Er hat gemäss Abs. 1 dem Geschäftsherrn alle «aus der Führung seiner Geschäfte entspringenden **Vorteile**» **herauszugeben** (Gewinnabschöpfungsanspruch des Geschäftsherrn).[59] Diese Herausgabepflicht

---

[54] SCHMID, Zürcher Komm., N 23 zu Art. 423 OR.

[55] BGE 126 III 69 ff. (72), E. 2a; ferner BGE 126 III 382 ff. (384), E. 4b/aa; TERCIER/FAVRE/CONUS, Nr. 6027.

[56] SCHMID, Zürcher Komm., N 163 zu Art. 423 OR.

[57] BGE 129 III 422 ff. (425), E. 4; 119 II 40 ff. (43 unten und 45), E. 2b und 2d in fine; BGer. vom 12. Januar 2000, in: Semjud 122/2000 I, S. 421 ff. (430), E. 6aa («dolosivement») = Pra 2002, Nr. 73, S. 420 ff.; Urteil des BGer. vom 4. Dezember 2007, Nr. 4A_310/2007, E. 7.1; Urteil des BGer. vom 12. April 2006, Nr. 4C.290/2005, E. 3.1 = sic! 2006, S. 774 ff.; Urteil des BGer. vom 17. Juli 2003, Nr. 4C.101/2003, E. 6.2 = sic! 2004, S. 90 ff.; Urteil des BGer. vom 21. Mai 2003, Nr. 4C.389/2002, E. 3.2. – In BGE 133 III 153 ff. (161 ff.), E. 3.3 (Vater einer berühmten Tennisspielerin) wird die Frage der Bösgläubigkeit vom Bundesgericht (II. Zivilabteilung) nicht thematisiert; das Medienunternehmen war in casu aber ohne Weiteres als bösgläubig anzusehen.

[58] HOFSTETTER, SPR VII/6, S. 271 ff.; LISCHER, S. 67, 73 und 97 f.; SCHMID, Zürcher Komm., N 164 ff. und 186 zu Art. 423 OR; TERCIER/FAVRE/CONUS, Nr. 6072 f.; WEBER, Basler Komm., N 8 und 11 zu Art. 423 OR; HUGUENIN, Nr. 896 und 906 f.; CHAPPUIS, La restitution, S. 28; HÉRITIER LACHAT, ComRom, N 2 und 8 f. zu Art. 423 OR; JENNY, S. 135 ff.; noch weitergehend BÜRGI-WYSS, S. 208 ff., der geradezu absichtliches Handeln verlangt. Anderer Meinung wohl HONSELL, OR BT, S. 334; HILTI, S. 695 ff.

[59] BGE 126 III 69 ff. (72 f.), E. 2a–c; SCHMID, Zürcher Komm., N 94 ff. zu Art. 423 OR.

des bösgläubigen Eigengeschäftsführers bezieht sich, wie aus Art. 423 Abs. 2 OR abzuleiten ist, auf den Nettogewinn.[60]

Der Gewinnherausgabeanspruch des Geschäftsherrn ist eigenständiger Natur und auf Art. 423 Abs. 1 OR abzustützen; er stellt keinen Schadenersatz und keine blosse Art der Schadensberechnung dar.[61] Eine unmittelbare Vermögensverschiebung zwischen dem Geschäftsherrn (dem Berechtigten) und dem Geschäftsführer (Eingreifer) ist nicht erforderlich.[62]   **2040**

Da beim Vorliegen einer bösgläubigen Eigengeschäftsführung regelmässig auch die Voraussetzungen der *ungerechtfertigten Bereicherung* (Eingriffskondiktion) gegeben sind, kann sich der Geschäftsherr wahlweise auch auf Art. 62 ff. OR berufen.[63] Ihm steht dann allerdings nicht der Nettogewinn des Geschäftsführers zu, sondern lediglich ein Anspruch auf Wertersatz im Sinn einer Gebrauchsentschädigung («angemessene Lizenzgebühr»).[64]   **2041**

2. Da der Geschäftsherr ohne eigenes Verschulden den Umfang des Gewinns des Geschäftsführers nicht kennt, trifft den Letzteren gestützt auf Art. 2 Abs. 1 ZGB auch die Pflicht, **Auskunft** über die geführten Geschäfte und den erzielten Gewinn zu erteilen.[65]   **2042**

3. Soweit im Eingriff des bösgläubigen Eigengeschäftsführers auch eine unerlaubte Handlung im Sinn von Art. 41 OR liegt (z.B. beim Eingriff in fremde Sachen-, Persönlichkeits- und Immaterialgüterrechte), steht dem Geschäftsherrn auch ein Anspruch auf **Schadenersatz** zu.[66] Liegt gleichzeitig eine Vertragsverletzung vor, beurteilt sich die Haftung nach Art. 97 ff. OR.[67] Das Verschuldenserfordernis liegt in diesen Fällen stets vor: Bösgläubigkeit ist als Verschulden anzusehen.   **2043**

Ebenso ist für den bösgläubigen Eigengeschäftsführer, den ja ein «Übernahmeverschulden» trifft, eine Zufallshaftung zu bejahen (so ausdrücklich § 687 Abs. 2 i.V.m. § 678 BGB).[68]   **2044**

4. Die Ansprüche des Geschäftsherrn aus Art. 423 und 41 OR **verjähren** nach Massgabe des Deliktsrechts.[69] Anwendbar sind daher die Fristen von Art. 60 OR, unter Vorbehalt besonderer strafrechtlicher Fristen im Sinn von Art. 60 Abs. 2 OR.[70]   **2045**

Nur soweit in der Eigengeschäftsführung auch eine Vertragsverletzung liegt, ist die zehnjährige Frist von Art. 127 OR anwendbar.[71]   **2046**

---

[60]   BGE 134 III 306 ff. (308), E. 4.1.1; im Einzelnen Schmid, Zürcher Komm., N 102 ff. zu Art. 423 OR. – Zum Verletzergewinn bei einer Persönlichkeitsverletzung durch Medien BGE 133 III 153 ff. (161 ff.), E. 3.3–3.7 (Vater einer berühmten Tennisspielerin).

[61]   Grundlegend BGE 97 II 169 ff. (176 ff.), E. 3a; ferner etwa BGE 98 II 325 ff. (332 f.), E. 5a; 132 III 379 ff. (383), E. 3.2.3.

[62]   BGE 129 III 422 ff. (425), E. 4, wo dies sowohl für die Geschäftsanmassung als auch für die Eingriffskondiktion festgehalten wird; zur Letzteren Gauch/Schluep/Schmid, Nr. 1566.

[63]   BGE 129 III 422 ff. (425), E. 4; Schmid, Zürcher Komm., N 182 zu Art. 423 OR; Tercier/Favre/Conus, Nr. 5931. Vgl. auch BGE 133 III 153 ff. (159), E. 2.4.

[64]   Schmid, Zürcher Komm., N 184 ff. zu Art. 423 OR; Gauch/Schluep/Schmid, Nr. 1517c.

[65]   Schmid, Zürcher Komm., N 123 ff. zu Art. 423 OR, mit dem Hinweis auf die Möglichkeit einer Stufenklage; dazu auch ZBJV 143/2007, S. 63 ff. (Aargauer Obergericht); ZR 108/2009, Nr. 26, S. 86 ff. (Zürcher Kassationsgericht).

[66]   Schmid, Zürcher Komm., N 143 f. zu Art. 423 OR.

[67]   Schmid, Zürcher Komm., N 143 in fine zu Art. 423 OR.

[68]   Schmid, Zürcher Komm., N 144 zu Art. 423 OR mit Hinweisen.

[69]   BGE 126 III 382 ff. (386 f.), E. 4b/ee.

[70]   Schmid, Zürcher Komm., N 134 zu Art. 423 OR; Tercier/Favre/Conus, Nr. 6049 f.

[71]   Schmid, Zürcher Komm., N 135 zu Art. 423 OR; Tercier/Favre/Conus, Nr. 6050 in fine.

2047 5. Trotz dem allgemein gefassten Wortlaut von Art. 424 OR ist bei der bösgläubigen Eigengeschäftsführung eine **Genehmigung** des Geschäftsherrn **nicht möglich**.[72]

B. Bei gutgläubiger Eigengeschäftsführung

2048 1. Die scharfe Gewinnabschöpfungssanktion von Art. 423 OR ist beim Fehlen eines Verschuldens des Eigengeschäftsführers nicht sachgerecht. Die Gewinnabschöpfung stellt nämlich eine Verschärfung des deliktsrechtlichen Schadenersatzsystems dar, sodass aus systematischen Gründen ein Verschulden (böser Glaube) zu fordern ist (Nr. 2038).

2049 Möglich bleibt demgegenüber die Abwicklung nach dem **Recht der ungerechtfertigten Bereicherung**.[73] Dem Geschäftsherrn steht namentlich dann eine Bereicherungsforderung zu, wenn die Voraussetzungen der Eingriffskondiktion erfüllt sind.[74]

2050 In diesem Fall hat der Geschäftsherr jedoch keinen Anspruch auf den Gewinn des Geschäftsführers, sondern nur auf einen Wertersatz im Sinn einer Gebrauchsentschädigung («angemessene Lizenzgebühr»).[75] Die Verjährung untersteht Art. 67 OR.

2051 2. Auch hier kann der Geschäftsherr die Geschäftsführung **nicht** im Sinn von Art. 424 OR **genehmigen**, weil der Geschäftsführer ohne Fremdgeschäftsführungswillen tätig geworden ist.[76]

3. Abgrenzungen

2052 1. Die **bösgläubige Eigengeschäftsführung** besteht darin, dass eine Person (bösgläubig) in eine fremde Rechtssphäre eingreift (Nr. 2036). Hinsichtlich der Rechtsfolgen ist diese Art der Eigengeschäftsführung durch die scharfe Sanktion der Pflicht zur Gewinnherausgabe (Art. 423 OR) gekennzeichnet (Nr. 2039); insofern kann sie als gesetzliche Verschärfung des deliktsrechtlichen Schadenersatzsystems verstanden werden. Als solche wirft sie einige Abgrenzungsfragen zu anderen Rechtsfiguren auf:

2053 — Ist ein *Vertrag* vorhanden, den ein Vertragspartner (durch Eingriff in die Rechtssphäre des Vertragspartners) schuldhaft *verletzt,* so schliesst dies eine Gewinnabschöpfung nach Art. 423 OR nicht aus. Letztere kommt zunächst in Betracht, wenn die den Vertrag verletzende Partei in absolut geschützte Rechtspositionen des Vertragspartners eingreift (Beispiel: der Mieter veräussert die Mietsache mit Gewinn).[77] Aber auch bei einer «reinen Vertragsverletzung» – also ohne gleichzeitigen Eingriff in absolute Rechte des Vertragspartners – ist eine Gewinnabschöpfung sachgerecht, wenn der Verletzer einen Gewinn in einem Lebensbereich erzielt, der durch die vertragliche Ordnung ausschliesslich dem verletzten Kontrahenten zugeordnet ist.[78]

---

[72] SCHMID, Zürcher Komm., N 146 zu Art. 423 OR und N 7 zu Art. 424 OR.

[73] BGE 129 III 422 ff. (425), E. 4; 119 II 40 ff. (43 unten und 45), E. 2b und 2d in fine; SCHMID, Zürcher Komm., N 164 ff. und 186 zu Art. 423 OR; TERCIER/FAVRE/CONUS, Nr. 6072 f.

[74] GAUCH/SCHLUEP/SCHMID, Nr. 1566.

[75] SCHMID, Zürcher Komm., N 179 ff. zu Art. 423 OR.

[76] SCHMID, Zürcher Komm., N 170 zu Art. 423 OR und N 78 zu Art. 424 OR.

[77] SCHMID, Zürcher Komm., N 69 ff. zu Art. 423 OR.

[78] SCHMID, Zürcher Komm., N 77 ff. zu Art. 423 OR.

Beispiele: Vertragswidrige Untervermietung einer Mietwohnung durch den Mieter, Verletzung eines Konkurrenzverbots ausserhalb des Arbeitsrechts, Doppelverkauf einer Sache (umstritten).[79] **2054**

In Einzelfällen sieht das Gesetz selber die Gewinnabschöpfung vor, etwa in Art. 464 OR (Übertretung des Konkurrenzverbots durch den Prokuristen oder Handlungsbevollmächtigten; Nr. 2095) und Art. 540 Abs. 2 OR (unbefugte Geschäftsführung bzw. Überschreitung der Geschäftsführungsbefugnis bei der einfachen Gesellschaft).[80] **2055**

— Im Eingriff des bösgläubigen Eigengeschäftsführers liegt eine *unerlaubte Handlung* im Sinn von Art. 41 OR, sofern Widerrechtlichkeit gegeben ist. Das trifft etwa zu beim Eingriff in fremde Sachen-, Persönlichkeits- und Immaterialgüterrechte (Nr. 2033). **2056**

Liegt in der Eigengeschäftsführung gleichzeitig eine Vertragsverletzung, steht dem Geschäftsherrn (auch) aus Art. 97 Abs. 1 OR Schadenersatz zu. **2057**

— In der Eigengeschäftsführung (auch der bösgläubigen) liegt gleichzeitig ein Fall der *Eingriffskondiktion.*[81] Der Geschäftsherr kann sich demnach auch auf Art. 62 ff. OR berufen und vom Eingreifer *die ungerechtfertigte Bereicherung* herausverlangen. Diese umfasst jedoch nicht den Gewinn des Geschäftsführers, sondern beschränkt sich auf den Wertersatz im Sinn einer Gebrauchsentschädigung («angemessene Lizenzgebühr»; Nr. 2041). **2058**

Für den Geschäftsherrn ist demnach der Anspruch aus Art. 423 OR regelmässig vorteilhafter; er setzt jedoch den Nachweis des bösen Glaubens des Eingreifers voraus (Nr. 2038). **2059**

2. Die **gutgläubige Eigengeschäftsführung** fällt nicht unter Art. 423 OR, sondern unter die bereicherungsrechtlichen Regeln (Nr. 2049). **2060**

---

[79] Schmid, Die Geschäftsführung ohne Auftrag, Nr. 1235 ff.; derselbe, Zürcher Komm., N 77 ff. zu Art. 423 OR.

[80] Vgl. dazu Schmid, Zürcher Komm., N 74 ff. zu Art. 423 OR.

[81] Zum Begriff Gauch/Schluep/Schmid, Nr. 1491 und 1498.

§ 21 Die handelsrechtlichen Vollmachten

2061 *Sonderliteratur:*

BUCHER EUGEN, Organschaft, Prokura, Stellvertretung, in: Boemle/Geiger/Pedrazzini/Schluep (Hrsg.), Lebendiges Aktienrecht, Festgabe Wolfhart Friedrich Bürgi, Zürich 1971, S. 39 ff. (zitiert: BUCHER, Festgabe Bürgi).

CHAPPUIS CHRISTINE, L'abus de pouvoir du fondé de procuration, SZW 66/1994, S. 232 ff. (zitiert: CHAPPUIS, SZW 66/1994).

GAUTSCHI GEORG, Berner Kommentar, Kommentar zum schweizerischen Zivilrecht, Band VI: Das Obligationenrecht, 2. Abteilung: Die einzelnen Vertragsverhältnisse, 6. Teilband: Besondere Auftrags- und Geschäftsführungsverhältnisse sowie Hinterlegung (Artikel 425–491), 2. Aufl., Bern 1962.

MEIER-HAYOZ ARTHUR/FORSTMOSER PETER, Schweizerisches Gesellschaftsrecht, 10. Aufl., Bern 2007.

WATTER ROLF, Die Verpflichtung der AG aus rechtsgeschäftlichem Handeln ihrer Stellvertreter, Prokuristen und Organe, speziell bei sogenanntem «Missbrauch der Vertretungsmacht», Diss. Zürich 1985.

I. Allgemeines

2062 1. In den Art. 458–465 regelt das OR die **Prokura und andere Handlungsvollmachten** («des fondés de procuration et autres mandataires commerciaux»). Es geht hierbei nicht um Vertragsverhältnisse, sondern um *einseitige Rechtsgeschäfte (Bevollmächtigungen).*

2063 Die Art. 458–465 OR stellen im Verhältnis zum allgemeinen Stellvertretungsrecht (Art. 32 ff. OR) «besondere Vorschriften» dar, die in Art. 40 OR ausdrücklich vorbehalten werden.

2064 2. Die hier zu behandelnden Handlungsvollmachten betreffen den **kaufmännischen Bereich**: Ein Kaufmann (Geschäftsherr, Unternehmer) bevollmächtigt einen Stellvertreter, der regelmässig zugleich in einem Arbeitsverhältnis zum Vollmachtgeber steht, für das Handeln im Rahmen seines Geschäfts. Das *Bedürfnis des Geschäftsverkehrs nach Rechtssicherheit und Transparenz* ist Grund für die besondere Ausgestaltung der handelsrechtlichen Vollmachten: Der Geschäftsverkehr wird erleichtert, wenn die Geschäftspartner sich auf klar umschriebene Vollmachtsinhalte verlassen können. Ein Grundsatz der hier behandelten Vollmachten besagt daher, dass der *Umfang der Vertretungsmacht sich grundsätzlich aus dem Gesetz ergibt* (Nr. 2080 ff.).

2065 Demgegenüber wird bei der nicht kaufmännischen (gewöhnlichen, bürgerlichen) Vollmacht der Umfang nach dem Inhalt des Ermächtigungsgeschäfts bestimmt (Art. 33 Abs. 2 OR).[1]

2066 3. Als Prokuristen und Handlungsbevollmächtigte kommen **ausschliesslich natürliche Personen** in Betracht; Kollektiv- und Kommanditgesellschaften sowie juristische Personen können nicht als zeichnungsberechtigte Vertreter bestellt werden (Art. 120 HRegV).

---

[1] Im Einzelnen GAUCH/SCHLUEP/SCHMID, Nr. 1355 ff.

4. Liegt **keine Vertretungsmacht** vor, so bestimmt sich die Wirkung der Vertretungshandlungen nach Art. 38 und 39 OR.[2]   2067

II. Die Arten

1. Auseinanderzuhalten sind folgende vom Gesetz umschriebene **Arten** handelsrechtlicher Vollmachten: 2068

   – die *Prokura* (Art. 458–461 OR). Sie liegt vor, wenn die Vollmacht des Kaufmanns dahin geht, für ihn «das Gewerbe zu betreiben und ‹per procura› die Firma zu zeichnen» (Art. 458 Abs. 1 OR).   2069

   In kleineren Unternehmen nimmt der Prokurist oft die Position eines (stellvertretenden) Geschäftsführers ein. In grösseren Unternehmungen gehört der Prokurist hingegen zur ersten Stufe der Hierarchie oberhalb der mit blossen Ausführungsaufgaben betreuten Angestellten,[3] so beispielsweise bei Banken.[4]   2070

   – eine *andere Handlungsvollmacht* (Art. 462 OR). Sie ist gegeben, wenn der Kaufmann jemanden – ohne Erteilung der Prokura – entweder zum Betrieb seines ganzen Gewerbes (Generalhandlungsvollmacht) oder zu bestimmten Geschäften in diesem Gewerbe (Spezialhandlungsvollmacht) als Vertreter bestellt (Art. 462 Abs. 1 OR).   2071

   Einen Beispielsfall für einen Generalhandlungsbevollmächtigten aus der bundesgerichtlichen Praxis bildet ein Generalbevollmächtigter in einer Immobilienbank.[5] Hauptanwendungsfall eines Handlungsbevollmächtigten, der vom Kaufmann zu *bestimmten* Geschäften in seinem Gewerbe bestellt wurde, ist derjenige eines Ladenverkäufers.[6]   2072

   – die besondere Vertretungsmacht des *Handelsreisenden* (Art. 348b OR) und des *Agenten* (Art. 418e OR).   2073

2. Nicht im OR (sondern im ZGB/Personenrecht) geregelt ist die Vertretungsmacht der **Organe einer juristischen Person** im Allgemeinen (Art. 55 ZGB). Hinzu treten besondere Organvorschriften des Handelsrechts, namentlich solche des Aktienrechts.   2074

III. Begründung und Beendigung

1. Eine kaufmännische Vollmacht wird – wie die bürgerliche Vollmacht – grundsätzlich durch **Rechtsgeschäft (Bevollmächtigungsgeschäft)** errichtet.[7] Bei den kaufmännischen Vollmachten geht dieses Rechtsgeschäft von einem Kaufmann aus, also vom Inhaber eines Handels-, Fabrikations- oder eines anderen nach kaufmännischer Art geführten Gewerbes (Art. 458 Abs. 1 OR); das Gesetz bezeichnet ihn bisweilen auch als Geschäftsherrn (Art. 459 Abs. 1, Art. 464 und 465 Abs. 2 OR). Er bestimmt namentlich, *ob* eine Prokura   2075

---

[2]   Bucher, OR BT, S. 322.
[3]   Gautschi, Berner Komm., N 3a f. zu Art. 458 OR; Meier-Hayoz/Forstmoser, § 9 N 60 f.
[4]   Vgl. BGE 111 II 471 ff. (475 f.), E. 6.
[5]   BGE 81 II 60 ff. (62 f.), E. 1a.
[6]   Gautschi, Berner Komm., N 10a zu Art. 462 OR.
[7]   Für die bürgerliche Stellvertretung vgl. ausführlich Gauch/Schluep/Schmid, Nr. 1342 ff.

oder eine andere Handlungsvollmacht erteilt wird. Der *Umfang* der Vollmacht wird allerdings gesetzlich bestimmt, wie noch zu zeigen sein wird (Nr. 2080).

2076   Das Gesetz enthält für die Bevollmächtigung keine Formvorschriften, weshalb die Vollmacht auch durch konkludentes Verhalten oder stillschweigend erteilt werden kann (Art. 458 Abs. 1 OR für die Prokura).

2077   Die Prokura ist nach Massgabe von Art. 458 Abs. 2 und 3 OR in das Handelsregister einzutragen. Der Inhaber eines Handels-, Fabrikations- oder anderen nach kaufmännischer Art geführten Gewerbes wird jedoch schon vor der Eintragung durch die Handlungen des Prokuristen verpflichtet (Art. 458 Abs. 2 OR). Der Eintrag hat demnach nur deklaratorischen Charakter;[8] sein Ausbleiben hebt die Vollmacht nicht auf. Im Gegensatz dazu wird dem Handelsregistereintrag konstitutive Wirkung beigemessen, wenn es um die Prokura bei nicht nach kaufmännischer Art geführten Gewerben geht (Art. 458 Abs. 3 OR; vgl. auch Art. 149 HRegV).

2078   2. Prokura und Handlungsvollmacht können jederzeit **widerrufen oder beschränkt** werden (Art. 465 Abs. 1 OR). Das Widerrufsrecht entspricht weitgehend der Regelung von Art. 34 Abs. 1 OR zum allgemeinen Stellvertretungsrecht.[9] Der Widerruf erfolgt durch einseitige, empfangsbedürftige Erklärung an den Bevollmächtigten und hat keinen Einfluss auf die Rechte, die sich aus einem unter den Beteiligten bestehenden Einzelarbeitsvertrag, Gesellschaftsvertrag, Auftrag oder dergleichen ergeben. Das Erlöschen der Prokura ist in jedem Fall in das Handelsregister einzutragen (Art. 461 Abs. 1 OR).

2079   Solange die Löschung im Handelsregister nicht erfolgt und bekannt gemacht worden ist, bleibt die Prokura gegenüber gutgläubigen Dritten in Kraft (Art. 461 Abs. 2 OR). Der Tod des Geschäftsherrn oder der Eintritt seiner Handlungsunfähigkeit haben das Erlöschen der Prokura oder Handlungsvollmachten nicht zur Folge (Art. 465 Abs. 2 OR).

IV. Die Wirkungen

1.   Stellvertretungswirkungen

2080   Die Wirkungen einer kaufmännischen Vollmacht ergeben sich (grundsätzlich) aus dem Gesetz: Der **Umfang der Vertretungsmacht** wird gesetzlich bestimmt, um Rechtssicherheit im Handel zu gewährleisten. Bei der kaufmännischen Stellvertretung ist – im Gegensatz zur bürgerlichen Stellvertretung – nicht der auf Vertretung gerichtete, bevollmächtigende Wille des Geschäftsherrn massgebend; vielmehr löst «allein der von diesem geschaffene *Rechtsschein* die Vertretungswirkungen» aus.[10] Für die einzelnen Arten der handelsrechtlichen Vollmachten lässt sich dazu Folgendes präzisieren:

2081   1. Der **Prokurist** «gilt gutgläubigen Dritten gegenüber als ermächtigt, den Geschäftsherrn durch Wechsel-Zeichnungen zu verpflichten und in dessen Namen alle Arten von Rechtshandlungen vorzunehmen, die der Zweck des Gewerbes oder Geschäftes des Geschäftsherrn mit sich bringen kann» (Art. 459 Abs. 1 OR). Zur Veräusserung und Belastung von Grundstücken ist der Prokurist allerdings nur ermächtigt, wenn ihm diese Befugnis ausdrücklich erteilt worden ist (Art. 459 Abs. 2 OR).[11] Beizufügen bleibt:

---

8   Tercier/Favre/Conus, Nr. 6109.
9   Vgl. Gauch/Schluep/Schmid, Nr. 1364 ff.
10   Bucher, Festgabe Bürgi, S. 46.
11   Vgl. im Einzelnen Roland Pfäffli, Die Verfügungsmacht des Prokuristen im Immobiliarsachenrecht, in: Jusletter vom 3. Juli 2006.

– Die Prokura kann vom Geschäftsherrn grundsätzlich beliebig beschränkt werden, namentlich in örtlicher Hinsicht (Beschränkung auf einen bestimmten Geschäftskreis) oder in sachlicher Hinsicht (Beschränkung auf bestimmte Rechtsgeschäfte). Der Prokurist hat sich im Auftreten nach aussen an diese Beschränkung zu halten.[12] Beschränkungen der Prokura sind grundsätzlich gegenüber jedem *bösgläubigen Dritten* wirksam (Art. 459 Abs. 1 und Art. 460 Abs. 3 OR e contrario). **2082**

Bösgläubig ist jede Person, welche die Beschränkung der Vollmacht kennt. Nicht auf ihren guten Glauben berufen kann sich sodann eine Person, welche die Beschränkung der Vollmacht bei pflichtgemässer Aufmerksamkeit kennen müsste (Art. 3 Abs. 2 ZGB).[13] **2083**

Gegenüber *gutgläubigen Dritten* sind jedoch nur zwei Einschränkungen möglich, die zu ihrer Wirksamkeit zudem im Handelsregister eingetragen sein müssen:[14] einerseits die Filialprokura (Beschränkung der Prokura auf den Geschäftskreis einer Zweigniederlassung) und andererseits die Kollektivprokura (Erteilung der Prokura an mehrere Personen zu gemeinsamer Unterschrift; Art. 460 Abs. 1 und 2 OR). **2084**

– Hält sich der Prokurist nicht an die Grenzen seiner Vertretungsbefugnis, so unterscheidet die bundesgerichtliche Rechtsprechung zwischen *blosser Überschreitung und eigentlichem Missbrauch:* Überschreitet der Prokurist seine Vertretungsbefugnisse, so wird der Dritte in seinem guten Glauben geschützt – es sei denn, er habe Kenntnis von allfälligen internen Beschränkungen der Prokura oder müsste ernste Zweifel bezüglich der wirklichen Vertretungsmacht haben; missbraucht hingegen der Prokurist seine Vertretungsmacht geradezu, handelt er mit anderen Worten im eigenen Interesse und deliktisch zum Schaden des Vertretenen, so genügen schon relativ schwache Zweifel des Dritten, um dessen guten Glauben zu zerstören.[15] **2085**

– Solange eine *Löschung der Prokura im Handelsregister* nicht erfolgt und bekannt gemacht worden ist, bleibt die Vollmacht gegenüber gutgläubigen Dritten in Kraft (Art. 461 Abs. 2 OR). **2086**

2. **Andere Handlungsvollmachten** erstrecken sich auf «alle Rechtshandlungen, die der Betrieb eines derartigen Gewerbes oder die Ausführung derartiger Geschäfte gewöhnlich mit sich bringt» (Art. 462 Abs. 1 OR). Doch ist der Handlungsbevollmächtigte (der nicht Prokurist ist) zum Eingehen von Wechselverbindlichkeiten, zur Aufnahme von Darlehen und zur Prozessführung nur ermächtigt, wenn ihm eine solche Befugnis ausdrücklich erteilt worden ist (Art. 462 Abs. 2 OR). **2087**

Auf Grund der gesetzlichen Schranken der Handlungsvollmacht ist (nach Massgabe der Umstände des Einzelfalls) ein Mitarbeiter eines Sportgeschäfts nicht befugt, im Namen des Arbeitgebers eine Ladeneinrichtung im Wert von 200 000 Franken zu kaufen.[16] **2088**

3. Die Vertretungsmacht des **Handelsreisenden** beschränkt sich grundsätzlich auf die Vermittlung von Geschäften (Art. 348b Abs. 1 OR; *Vermittlungsvollmacht).* Mit schriftlicher **2089**

---

[12] BGE 111 V 172 ff. (178), E. 5a.
[13] TUOR/SCHNYDER/SCHMID, § 7 N 16.
[14] BUCHER, OR BT, S. 324.
[15] BGE 119 II 23 ff. (27), E. 3 c/aa; 131 III 511 ff. (519 f.), E. 3.2.2; kritisch zur Unterscheidung zwischen blosser Überschreitung und eigentlichem Missbrauch der Vollmacht CHAPPUIS, SZW 66/1994, S. 232 ff.; DIESELBE, Abus du pouvoir de représentation: le fondé de procuration devenu organe, AJP 1997, S. 689 ff. (696).
[16] BGE 120 II 197 ff. (205), E. 3b.

Abschlussvollmacht kann der Handelsreisende aber ermächtigt werden, sämtliche Rechtshandlungen vorzunehmen, «welche die Ausführung dieser Geschäfte gewöhnlich mit sich bringt»; auch in diesem Fall ist ihm die Entgegennahme von Kundenzahlungen und die Bewilligung von Zahlungsfristen jedoch nur bei besonderer Ermächtigung gestattet (Art. 348b Abs. 2 OR).

2090 4. Der **Agent** ist vermutungsweise nur ermächtigt, Geschäfte zu vermitteln, Mängelrügen und andere Erklärungen, durch die der Kunde sein Recht aus mangelhafter Leistung des Auftraggebers geltend macht oder sich vorbehält, entgegenzunehmen und die dem Auftraggeber zustehenden Rechte auf Sicherstellung des Beweises geltend zu machen (Art. 418e Abs. 1 OR). Ohne besondere Ermächtigung darf er keine Zahlungen entgegennehmen, Zahlungsfristen gewähren oder sonstige Vertragsänderungen mit dem Kunden vereinbaren (Art. 418e Abs. 2 OR), ist mit anderen Worten grundsätzlich nicht zur direkten Stellvertretung des Auftraggebers ermächtigt.[17]

2091 Art. 418e Abs. 3 OR behält die Art. 34 und 44 Abs. 3 VVG vor. Nach Art. 34 VVG hat der Versicherer gegenüber dem Versicherungsnehmer für das Verhalten seines Vermittlers wie für eigenes einzustehen. (Versicherungs-)Vermittlerin ist gemäss Art. 40 VAG — unabhängig von ihrer Bezeichnung — jede Person, die im Interesse von Versicherungsunternehmen oder anderen Personen Versicherungsverträge abschliesst. Dadurch wird der Versicherungsagent zum direkten Stellvertreter des Versicherungsunternehmens.

2092 5. Die **Wissensvertretung** folgt auch beim kaufmännischen Vertreter den allgemeinen Regeln:[18] Das Wissen und Wissenmüssen des Vertreters wird grundsätzlich dem Kaufmann zugerechnet.[19]

2. Konkurrenzverbot

2093 1. **Prokuristen, Generalhandlungsbevollmächtigte und spezialhandlungsbevollmächtigte Arbeitnehmer des Geschäftsherrn** unterstehen nach Massgabe von Art. 464 OR einem Konkurrenzverbot: Sie dürfen ohne Einwilligung des Geschäftsherrn weder für eigene Rechnung noch für Rechnung eines Dritten Geschäfte machen, die zu den Geschäftszweigen des Geschäftsherrn gehören (Art. 464 Abs. 1 OR).

2094 Der Handelsreisende unterliegt als Arbeitnehmer dem Konkurrenzverbot von Art. 321a Abs. 3 OR. Ausserdem statuiert Art. 348 Abs. 1 OR in fine ein Nebenvertretungsverbot, welches es dem Handelsreisenden ganz allgemein untersagt, auf seinen Reisen eine Nebentätigkeit ohne schriftliche Bewilligung des Arbeitgebers auszuüben.[20] Der Agent darf zwar gemäss Art. 418c Abs. 2 OR mangels anders lautender schriftlicher Abrede auch für andere Auftraggeber tätig sein. Da er aber gemäss Art. 418c Abs. 1 OR zur Wahrung der Interessen seines Auftraggebers verpflichtet ist, hat er gleichwohl jede unmittelbar schädigende Konkurrenztätigkeit zu unterlassen.[21]

2095 2. Bei **Zuwiderhandlung** kann der Geschäftsherr Ersatz des verursachten Schadens fordern und die betreffenden Geschäfte auf eigene Rechnung übernehmen (Art. 464 Abs. 2 OR). Darin liegt ein Sonderfall der Gewinnherausgabe wegen unechter bösgläubiger Geschäftsführung ohne Auftrag (Art. 423 Abs. 1 OR; Nr. 2039).[22]

---

[17] Wettenschwiler, Basler Komm., N 1 zu Art. 418e OR.
[18] Allgemein Gauch/Schluep/Schmid, Nr. 1444 ff.
[19] Tercier/Favre/Conus, Nr. 6087.
[20] Rehbinder, Berner Komm., N 11 zu Art. 348 OR.
[21] Bühler, Zürcher Komm., N 5 zu Art. 418c OR.
[22] Schmid, Die Geschäftsführung ohne Auftrag, Habil. Freiburg 1992, Nr. 1237 ff.

§ 22 Die Anweisung

Sonderliteratur: 2096

BETTSCHART SÉBASTIEN, Virement en chaîne et assignation bancaire, Droit suisse des obligations et contexte international, Diss. Lausanne 2000.

GUGGENHEIM DANIEL, Les contrats de la pratique bancaire suisse, 4. Aufl., Chêne-Bourg/Genf 2000.

KOLLER THOMAS/KISSLING CHRISTA, Anweisung und Dokumentenakkreditiv im Zahlungsverkehr, in: Wiegand Wolfgang (Hrsg.), Rechtliche Probleme des Zahlungsverkehrs, Berner Bankrechtstag, Bd. 7, Bern 2000, S. 23 ff.

LARENZ/CANARIS, Schuldrecht II/2, S. 36 ff. (Anweisung) und 197 ff. (Bereicherungsausgleich im Mehrparteienverhältnis).

SCHNAUDER FRANZ, Die Rechtsnatur der Anweisung, DJZ 64/2009, S. 1092 ff.

VOSER NATHALIE, Bereicherungsansprüche in Dreiecksverhältnissen, erläutert am Beispiel der Anweisung, Basler Habil., Basel/Genf/München 2006.

I. Kennzeichen und Beteiligte

1. Die Anweisung (l'assignation) ist eine **besondere Leistungsmodalität** im Rahmen eines *Dreipersonenverhältnisses* (Dreiecksverhältnisses).[1] Praktische Bedeutung hat sie in erster Linie im bargeldlosen Zahlungsverkehr. 2097

   Beispiel: Käufer K schuldet dem Verkäufer V aus Kaufvertrag 1000 Franken. K (Anweisender) bezahlt nun diesen Betrag nicht selber (direkt) an V, sondern weist den Dritten D (Angewiesener) an, 1000 Franken an V (Anweisungsempfänger) zu zahlen. Die Kaufpreisschuld des K wird mit anderen Worten in einem Dreiecksverhältnis (von D an V) erfüllt. Den Gegenwert wird D von K zurückerhalten (oder hat ihn bereits im Voraus erhalten). Insgesamt machen demnach drei Leistungen «im Dreieck die Runde».[2] 2098

2. Dogmatisch liegt der Anweisung nach **Art. 466 OR** eine **Doppelermächtigung** zu Grunde, die vom Anweisenden ausgeht: 2099

   – Der *Angewiesene* (l'assigné) wird ermächtigt, auf Rechnung des Anweisenden (l'assignant) an den Anweisungsempfänger (l'assignataire) zu leisten, und 2100

   – der *Anweisungsempfänger* wird ermächtigt, die Leistung vom Angewiesenen für Rechnung des Anweisenden im eigenen Namen zu erheben (zu verlangen). 2101

   Mangels spezieller gesetzlicher Formvorschriften kann die Anweisung formfrei und deshalb auch mündlich oder konkludent erfolgen.[3] – Für die Anweisung bei Wertpapieren gilt die Sonderregel von Art. 471 OR. 2102

   Entgegen dem französischen Wortlaut von Art. 466 OR («L'assignation est un contrat par lequel ...») stellt die Anweisung nach hier vertretener Meinung und auch nach der Ansicht 2103

---

[1] BUCHER, OR BT, S. 265; TH. KOLLER, Basler Komm., N 1 zu Art. 466 OR.
[2] Illustrativ BUCHER, OR BT, S. 265.
[3] BGE 92 II 335 ff. (339), E. 4.

des Bundesgerichts[4] eine vom Anweisenden ausgehende doppelte Ermächtigung dar, *nicht aber einen Vertrag*.[5] Sie beruht mithin auf einer einseitigen Willenserklärung des Anweisenden (nicht auf Vertrag) und lässt – für sich allein – keine (Vertrags-)Pflichten entstehen.

2104   3. Als doppelte Ermächtigung weist die Anweisung folgende **Besonderheiten** auf:

2105   – Beteiligt sind *drei Personen:* der Anweisende, der Angewiesene und der Anweisungsempfänger.

2106   Regelmässig ist die Anweisung in zwei vorbestehende Vertragsverhältnisse eingebettet: Der Anweisende steht einerseits mit dem Anweisungsempfänger und andererseits mit dem Angewiesenen in einer vertraglichen Beziehung. Doch ist die Anweisung von diesen Grundverhältnissen unabhängig («abstrakt»).[6]

2107   – Mittels Anweisung beeinflusst der *Anweisende* durch einen einzigen Vorgang seine Rechtsbeziehung sowohl zum Anweisungsempfänger als auch zum Angewiesenen: Die Leistung des Angewiesenen an den Anweisungsempfänger tilgt seine Schuld (Schuld des Anweisenden) gegenüber dem Anweisungsempfänger und begründet eine entsprechende Schuld gegenüber dem Angewiesenen, oder sie führt zur Tilgung einer vorbestehenden Schuld des Angewiesenen gegenüber dem Anweisenden (sogenannte «Anweisung auf Schuld»).[7]

2108   Die vom Angewiesenen erbrachten Leistungen sollen *auf Rechnung des Anweisenden* erfolgen (Art. 466 OR). Wirtschaftlicher Hintergrund der Anweisung ist demnach – neben der besonderen Leistungsmodalität – die Verpflichtung des Anweisenden, dem Angewiesenen die Aufwendungen zu ersetzen, die dieser als Folge der Anweisung (gegenüber dem Anweisungsempfänger) getätigt hat.[8] Durch die Leistung des Angewiesenen an den Anweisungsempfänger erlischt mit anderen Worten entweder eine Schuld des Angewiesenen gegenüber dem Anweisenden, oder der Angewiesene erwirbt eine neue Forderung gegen diesen.[9]

2109   – Die Leistung erfolgt nach dem Gesagten nicht unmittelbar zwischen zwei Vertragspartnern, sondern in einem *Dreiecksverhältnis* (vom Angewiesenen an den Anweisungsempfänger; Nr. 2097). Dadurch entsteht zwischen Angewiesenem und Anweisungsempfänger ein neues, drittes Rechtsverhältnis, das nicht vertraglicher Natur ist.[10]

2110   4. Die **Rechtsverhältnisse zwischen den drei Beteiligten** – die sich aus der Anweisung *und* aus dem allenfalls vorbestehenden Grundverhältnis ergeben – werden wie folgt bezeichnet:

2111   – Verhältnis Anweisender–Angewiesener: Deckungsverhältnis («rapport de couverture»; Nr. 2115 ff.);

2112   – Verhältnis Anweisender–Anweisungsempfänger: Valutaverhältnis («rapport de valeur»; Nr. 2127 ff.);

---

4   BGE 122 III 237 ff. (239), E. 1b; 132 III 609 ff. (616 f.), E. 5.2.
5   Vgl. zur Kontroverse in der Lehre Tercier/Favre/Conus, Nr. 6176 mit Hinweisen.
6   BGE 124 III 253 ff. (256), E. 3 b; 127 III 553 ff. (557), E. 2 e/bb; 130 III 462 ff. (469 f.), E. 6.1; Bucher, OR BT, S. 269; Tercier/Favre/Conus, Nr. 6239.
7   Tercier/Favre/Conus, Nr. 6166 und 6190 f.; Th. Koller, Basler Komm., N 1 zu Art. 466 OR.
8   Bucher, OR BT, S. 267; Tercier/Favre/Conus, Nr. 6204.
9   Tercier/Favre/Conus, Nr. 6204.
10   Tercier/Favre/Conus, Nr. 6174.

– Verhältnis Angewiesener – Anweisungsempfänger: Leistungsverhältnis (auch Vollzugs-, Anweisungs- oder Einlösungsverhältnis genannt;[11] «rapport d'assignation»; Nr. 2134 ff.). 2113

5. Daraus ergibt sich folgendes **Schema:** 2114

```
                    ⬭ Angewiesener ⬭


   Deckungs-                              Leistungs-
   verhältnis                             verhältnis


⬭ Anweisender ⬭   Valutaverhältnis   ⬭ Anweisungs-
                                        empfänger ⬭
```

II. Die einzelnen Rechtsverhältnisse

1. Rechtsverhältnis Anweisender – Angewiesener

Das Rechtsverhältnis zwischen dem Anweisenden und dem Angewiesenen wird einerseits durch das (vorbestehende) **Deckungsverhältnis** sowie andererseits durch **Art. 468 Abs. 2 und 3 OR sowie Art. 470 Abs. 2 OR** normiert. Im Vordergrund stehen die Fragen, ob der Angewiesene zur Zahlung verpflichtet ist und ob der Anweisende seine Anweisung widerrufen kann. Folgendes muss beachtet werden: 2115

1. Für sich allein löst die Anweisung — als blosse Ermächtigung — nur ein Recht, aber keine Pflicht des Angewiesenen zur Leistung (an den Anweisungsempfänger) aus.[12] Der Angewiesene ist also dem Anweisenden gegenüber grundsätzlich nicht verpflichtet, an den Anweisungsempfänger zu leisten. Eine solche **Pflicht des Angewiesenen** gegenüber dem Anweisenden (zur Leistung an den Anweisungsempfänger) besteht jedoch dann: 2116

– wenn sie sich aus dem *Deckungsverhältnis* ergibt;[13] oder 2117

– wenn der Angewiesene gegenüber dem Anweisenden die Annahme der Anweisung erklärt. In diesem Fall kommt zwischen diesen beiden Parteien ein *Anweisungsvertrag* zustande;[14] oder 2118

– wenn der Angewiesene Schuldner des Anweisenden ist, also im Fall der *«Anweisung auf Schuld»*:[15] Hier ist der Angewiesene nach Art. 468 Abs. 2 OR leistungspflichtig, wenn sich seine Lage dadurch, dass er an den Dritten zahlt, in keiner Weise verschlimmert 2119

---

[11] BGE 122 III 237 ff. (239), E. 1b.
[12] BGE 132 III 609 ff. (617), E. 5.2.
[13] BGE 124 III 253 ff. (257), E. 3c.
[14] BGE 135 III 562 ff. (565), E. 3.4; 127 III 553 ff. (557), E. 2e/bb.
[15] OSER/SCHÖNENBERGER, Zürcher Komm., N 4 zu Art. 466 OR und N 9 zu Art. 468 OR; TH. KOLLER, Basler Komm., N 10 zu Art. 468 OR.

(«lorsque ce paiement n'est pas plus onéreux pour lui»). Um eine solche «Anweisung auf Schuld» geht es namentlich bei der Bankanweisung, sofern der Kunde ein Guthaben gegenüber der Bank hat. Doch ist auch in diesem Fall der Angewiesene nicht verpflichtet, «[v]or der Zahlung die Annahme zu erklären» — es sei denn, dies sei im Rahmen des Deckungsverhältnisses vereinbart worden (Art. 468 Abs. 3 OR).

2120   In all diesen Fällen steht jedoch das Recht darauf, dass der Angewiesene an den Anweisungsempfänger leistet, ausschliesslich dem *Anweisenden* zu; der Anweisungsempfänger selbst kann daraus keine Forderungsrechte ableiten.[16]

2121   Von der Pflicht des Angewiesenen *gegenüber dem Anweisenden* (zur Leistung an den Anweisungsempfänger) ist die Leistungspflicht des Angewiesenen *gegenüber dem Anweisungsempfänger* zufolge vorbehaltloser Annahme (Art. 468 Abs. 1 OR) zu unterscheiden; sie betrifft nicht das Deckungs-, sondern das Leistungsverhältnis (Nr. 2134 ff.). Der Angewiesene ist grundsätzlich nicht verpflichtet, die Annahme der Anweisung gegenüber dem Anweisungsempfänger zu erklären – es sei denn, dies sei im Rahmen des Deckungsverhältnisses vereinbart worden (Art. 468 Abs. 3 OR).

2122   2. Mit der Frage des **Widerrufs** der Anweisung befasst sich Art. 470 OR. Auseinanderzuhalten sind ein Grundfall und eine Sonderregel:

2123   – *Grundsätzlich* kann der Anweisende die Anweisung gegenüber dem Angewiesenen widerrufen, solange der Angewiesene dem Empfänger noch nicht die Annahme erklärt hat (Art. 470 Abs. 2 OR). Das Widerrufsrecht ist zwingend, ein erklärter Verzicht unwirksam.[17] Es steht dem Anweisenden gegenüber dem Angewiesenen selbst dann zu, wenn ihm der Widerruf der Anweisung gegenüber dem Anweisungsempfänger nach Art. 470 Abs. 1 OR verwehrt wäre (Nr. 2133).[18]

2124   Wird über den Anweisenden der Konkurs eröffnet, so gilt die noch nicht angenommene Anweisung als widerrufen (Art. 470 Abs. 3 OR).

2125   – Für die Anweisung *im bargeldlosen Zahlungsverkehr* gilt jedoch eine *Sonderregel:* Bestimmen die Regeln des Zahlungssystems nichts anderes, so ist hier die Anweisung unwiderruflich, sobald der Überweisungsbetrag dem Konto des Anweisenden belastet worden ist (Art. 470 Abs. 2bis OR).[19]

2126   Als Belastung gilt nach der bundesrätlichen Botschaft «jede Buchung auf der Passivseite des Kontos des Anweisenden, sofern dieser Buchung nach den Regeln des Buchungssystems oder dem Deckungsverhältnis eine gewisse Endgültigkeit zukommt oder sich in Form einer Willenserklärung der Angewiesenen manifestiert».[20]

---

[16]   Oser/Schönenberger, Zürcher Komm., N 9 zu Art. 468 OR; Th. Koller, Basler Komm., N 11 zu Art. 468 OR; Tercier/Favre/Conus, Nr. 6202; vgl. auch BGE 124 III 253 ff. (258), E. 3d.

[17]   BGE 122 III 237 ff. (244), E. 3c in fine; 127 III 553 ff. (557), E. 2 e/aa; Botschaft zum BEG, BBl 2006, S. 9389.

[18]   BGE 121 III 109 ff. (112), E. 3a; 135 III 562 ff. (564), E. 3.3.

[19]   Eingefügt durch Bucheffektengesetz vom 3. Oktober 2008 (SR 957.1), diese Bestimmung ist seit 1. Oktober 2009 in Kraft (AS 2009, S. 3590 und 3592). Vgl. auch die Botschaft zum BEG, BBl 2006, S. 9388 ff., wo Art. 470 Abs. 2 OR im heutigen bargeldlosen Zahlungsverkehr als «Anachronismus» bezeichnet wird (S. 9389).

[20]   Botschaft zum BEG, BBl 2006, S. 9389.

2. Rechtsverhältnis Anweisender – Anweisungsempfänger

Zwischen dem Anweisenden und dem Anweisungsempfänger besteht jenes Rechtsver-   2127
hältnis, das die durch die Anweisung bewirkte Wertverschiebung letztlich rechtfertigt
(Valutaverhältnis).[21] Häufig ist der Anweisende Schuldner des Anweisungsempfängers (zum
Beispiel Kaufpreisschuldner), sodass durch die Anweisung eine Schuld getilgt werden soll.
Art. 467 OR stellt – soweit sich aus dem Valutaverhältnis nichts anderes ergibt – vor allem
Regeln über die Tilgungswirkung der Anweisung sowie über Annahme- und Benachrichti-
gungspflichten des Empfängers auf; **Art. 470 Abs. 1 OR** äussert sich überdies zum Widerruf
der Anweisung. Im Einzelnen:

1. Mit der **Tilgungswirkung** befasst sich Art. 467 Abs. 1 OR: Soll mit der Anweisung eine   2128
   Schuld des Anweisenden gegenüber dem Anweisungsempfänger erfüllt werden, erfolgt die
   Tilgung erst dann, wenn der Angewiesene dem Empfänger Zahlung geleistet hat. Die Anweisung ist ein *blosser Erfüllungsversuch*[22] und wirkt daher als Leistung erfüllungshalber,
   nicht als Leistung an Erfüllungs statt.[23]

   Der Anweisungsempfänger (Gläubiger des Anweisenden) kann die Anweisung (bzw. die darin liegende   2129
   Ermächtigung) ablehnen, er muss jedoch in diesem Fall den Anweisenden (seinen Schuldner) unverzüglich benachrichtigen (Art. 467 Abs. 3 OR).

   Anders verhält es sich jedoch, wenn der Anweisende (Schuldner) aus dem Grundver-   2130
   hältnis nicht verpflichtet ist, persönlich zu leisten – was für die Erfüllung von Geldschulden regelmässig zutrifft. In diesem praktisch wichtigen Fall gerät der Anweisungsempfänger in Gläubigerverzug, wenn er die vom Angewiesenen gehörig angebotene Leistung nicht
   annimmt.[24]

2. Hat der Anweisungsempfänger (Gläubiger des Anweisenden) gegenüber dem Anweisen-   2131
   den die *Annahme erklärt,* behält er ihm gegenüber seine Forderung, zumal die Anweisung
   lediglich eine Leistung erfüllungshalber darstellt (Nr. 2128). Doch sieht das Gesetz eine
   Stundungswirkung zu Gunsten des Anweisenden vor: Der Anweisungsempfänger kann
   die Forderung gegen den Anweisenden erst dann wieder geltend machen, «wenn er die
   Zahlung vom Angewiesenen gefordert und nach Ablauf der in der Anweisung bestimmten
   Zeit nicht erhalten hat» (Art. 467 Abs. 2 OR).[25]

3. Verweigert der Angewiesene die vom Empfänger geforderte Zahlung (oder erklärt er zum   2132
   Voraus seine Zahlungsverweigerung), trifft den Anweisungsempfänger die Pflicht, den Anweisenden sofort zu **benachrichtigen** (Art. 469 OR). Andernfalls wird er dem Anweisenden schadenersatzpflichtig.

4. Gegenüber dem Anweisungsempfänger kann der Anweisende seine Erklärung (Ermächti-   2133
   gung) **widerrufen,** wenn er sie nicht zur Tilgung seiner Schuld oder sonst zum Vorteil des
   Empfängers erteilt hat (Art. 470 Abs. 1 OR).

---

[21] Bucher, OR BT, S. 269.
[22] BGE 105 II 104 ff. (106), E. 2; 132 III 609 ff. (617), E. 5.2.
[23] Oser/Schönenberger, Zürcher Komm., N 2 zu Art. 467 OR; Bucher, OR BT, S. 269; Th. Koller, Basler
Komm., N 3 zu Art. 467 OR. Zur Leistung erfüllungshalber und Leistung an Erfüllungs statt vgl. allgemein
Gauch/Schluep/Emmenegger, Nr. 2277 ff.
[24] Th. Koller, Basler Komm., N 7 zu Art. 467 OR; Tercier/Favre/Conus, Nr. 6223.
[25] BGE 118 II 142 ff. (146), E. 1c.

3. Rechtsverhältnis Angewiesener – Anweisungsempfänger

2134 Das Verhältnis zwischen dem Angewiesenen und dem Anweisungsempfänger wird als **Leistungsverhältnis** (oder Vollzugs-, Anweisungs- oder Einlösungsverhältnis) bezeichnet. Ein Vertragsverhältnis besteht hier grundsätzlich nicht, und vor der allfälligen Annahme nach Art. 468 Abs. 1 OR existiert zwischen diesen Parteien auch kein Rechtsverhältnis.[26] Immerhin bewirkt die Anweisung (als Doppelermächtigung) folgende Rechtslage:

2135 1. Die Anweisung hat zur Folge, dass die Leistung im genannten Verhältnis auf einem **Rechtsgrund** (einer Causa) beruht und damit nicht bereicherungsrechtlich zurückgefordert werden kann.[27]

2136 2. Dem Anweisungsempfänger steht gegen den Angewiesenen – mangels eines Vertragsverhältnisses – **grundsätzlich kein Forderungsrecht** zu.[28] Eine Ausnahme besteht nur dann, wenn ihm der Angewiesene vorbehaltlos die Annahme der Anweisung erklärt hat (Art. 468 Abs. 1 OR).

2137 Die Annahme bedarf einer entsprechenden Willenserklärung gegenüber dem Anweisungsempfänger und kann auch konkludent erfolgen. Voraussetzung ist jedoch, dass der Anweisungsempfänger auf Grund des Erklärungsverhaltens des Angewiesenen in guten Treuen davon ausgehen durfte, dieser habe sich ihm gegenüber zur Zahlung verpflichten wollen.[29] Der Angewiesene ist grundsätzlich nicht verpflichtet, die Annahme der Anweisung zu erklären – es sei denn, dies sei im Rahmen des Deckungsverhältnisses mit dem Anweisenden vereinbart worden (Art. 468 Abs. 3 OR).

2138 3. Die **mit der Annahme neu entstandene Schuld** ist gegenüber dem Valuta- und dem Deckungsverhältnis unabhängig und in diesem Sinn **abstrakt**.[30] Der Angewiesene kann dem Anweisungsempfänger keine Einreden und Einwendungen entgegenhalten, welche sich aus den genannten Verhältnissen ergeben, sondern nur solche, die sich aus ihrem persönlichen Verhältnis oder aus dem Inhalt der Anweisung selbst ergeben (Art. 468 Abs. 1 OR). Unter Letzteren versteht man Einwendungen, die mit der Annahme ausdrücklich erklärt werden, wie Vorbehalte, Bedingungen, Befristungen etc.[31]

2139 Verweigert der Angewiesene die vom Anweisungsempfänger geforderte Zahlung oder erklärt er zum Vornherein, an ihn nicht zahlen zu wollen, so ist der Empfänger nach dem Gesagten verpflichtet, den Anweisenden sofort zu benachrichtigen (Art. 469 OR; Nr. 2132).

III. Die Rechtslage bei Mängeln

2140 Ist die Anweisung oder das Deckungs- bzw. Valutaverhältnis mangelhaft, stellt sich die Frage, ob bzw. von wem bereits erfolgte Leistungen nach **Bereicherungsrecht** zurückgefordert wer-

---

[26] BGE 135 III 562 ff. (565), E. 3.4.
[27] BGE 92 II 335 ff. (340), E. 6; Bucher, OR BT, S. 269.
[28] Zum Beispiel BGE 122 III 237 ff. (243), E. 3b.
[29] BGE 122 III 237 ff. (242), E. 3b; 127 III 553 ff. (557 f.), E. 2 e/bb; 135 III 562 ff. (565), E. 3.4.
[30] Grundlegend BGE 121 III 109 ff. (112), E. 3a. An Stelle vieler in jüngerer Zeit BGE 127 III 553 ff. (557), E. 2 e/bb; 130 III 462 ff. (469 f.), E. 6.1; 135 III 562 ff. (565), E. 3.4; Bucher, OR BT, S. 269; Tercier/Favre/Conus, Nr. 6239.
[31] Gautschi, Berner Komm., N 4a zu Art. 468 OR.

den können. Der Rückabwicklungsweg hängt wesentlich davon ab, ob sich der Mangel auf die Kausalverhältnisse (Deckungs- und Valutaverhältnis) oder auf die Anweisung selber bezieht:[32]

1. Leidet das **Deckungs- oder Valutaverhältnis** — bei gültiger Anweisung — an einem Mangel, entsteht ein bereicherungsrechtlicher Rückforderungsanspruch zwischen den Parteien dieses mangelhaften Verhältnisses, also zwischen den am Deckungs- oder am Valutaverhältnis Beteiligten.[33] Dagegen hat der Angewiesene keinen direkten Bereicherungsanspruch gegen den Anweisungsempfänger.[34]   2141

> Illustrativ und grundlegend BGE 116 II 689 ff. (691), E. 3b/aa: «Die Rückabwicklung ist unter den jeweils an einem der Leistungsverhältnisse [gemeint: Deckungs- oder Valutaverhältnis] Beteiligten vorzunehmen und der Anweisende muss sich einen sogenannten Durchgangsverkehr anrechnen lassen, wie wenn die Leistung zunächst seinem Vermögen zugeflossen wäre (…). Andernfalls würde der Angewiesene Einwendungen des Leistungsempfängers aus dessen Rechtsbeziehungen zum Anweisenden oder aus Art. 64 OR ausgesetzt, mithin Risiken aus Rechtsverhältnissen, auf deren Gestaltung er keinen Einfluss hatte.»[35]   2142

Gleiches gilt für den Fall des *Doppelmangels*, d.h. wenn sowohl ein Fehler im Deckungs- als auch im Valutaverhältnis vorliegt. Auch hier hat der Angewiesene keinen Bereicherungsanspruch gegen den Leistungsempfänger.[36] Vielmehr müssen die Ansprüche mit einer sogenannten Doppelkondiktion — einer Bereicherungsforderung des Anweisenden gegen den Anweisungsempfänger und einer Bereicherungsforderung des Angewiesenen gegen den Anweisenden — jeweils entlang den beiden Grundverhältnissen rückabgewickelt werden.[37]   2143

> Zum Gesagten bestehen freilich Ausnahmen. So ermöglicht es die Vertragsfreiheit den Parteien, eine sogenannte kausale («titulierte») Anweisung zu schaffen, bei der die Leistungspflicht des Angewiesenen von der Gültigkeit des Valuta- oder Deckungsverhältnisses abhängt.[38] Bei Mängeln im Valuta- bzw. Deckungsverhältnis kann der Angewiesene in diesem Fall die Zahlung verweigern bzw. bereits geleistete Zahlungen gestützt auf Art. 62 Abs. 1 OR direkt vom Anweisungsempfänger zurückfordern.[39]   2144

2. Ist die **Anweisung selber fehlerhaft,** kann der vermeintlich Angewiesene das Geleistete grundsätzlich nach Art. 62 Abs. 1 OR beim Empfänger zurückfordern.[40] Ist die Angewiesene eine Bank, bei welcher der Anweisungsempfänger selber ein Konto mit entsprechendem Guthaben hat, so gibt ihr die Rechtsprechung die Befugnis, die Kontobeziehung durch blosse Umbuchung (Stornierung) wieder richtigzustellen.[41]   2145

> Ausnahmsweise kann es der Schutz des Vertrauens des Anweisungsempfängers, welcher gutgläubig auf den Anschein einer gültigen Anweisung vertraute, gebieten, dass eine Rückabwicklung über das Verhältnis zwischen Anweisendem und Angewiesenem erfolgen muss.[42]   2146

---

[32] Zum Folgenden illustrativ Th. Koller, Basler Komm., N 8 ff. zu Art. 467 OR.

[33] BGE 116 II 689 ff. (691), E. 3b/aa.

[34] BGE 116 II 689 ff. (691), E. 3b/aa; 117 II 404 ff. (407), E. 3a; Th. Koller, Basler Komm., N 9 zu Art. 467 OR; Voser, S. 301 f.; Larenz/Canaris, Schuldrecht II/2, S. 224 f.

[35] Vgl. auch BGE 117 II 404 ff. (407 f.), E. 3a–b; 121 III 109 ff. (113), E. 4a.

[36] BGE 116 II 689 ff. (691), E. 3b/aa; 117 II 404 ff. (407), E. 3a.

[37] Voser, S. 329; Larenz/Canaris, Schuldrecht II/2, S. 225.

[38] BGE 117 II 404 ff. (408), E. 3b (in casu verneint); 121 III 109 ff. (114 oben), E. 4a.

[39] Voser, S. 303 ff. und 317 ff.

[40] BGE 132 III 609 ff. (619 f.), E. 5.3.5.

[41] BGE 132 III 609 ff. (620), E. 5.3.6.

[42] Vgl. im Einzelnen BGE 121 III 109 ff. (113 ff.), E. 4; Th. Koller, Basler Komm., N 10 ff. zu Art. 467 OR; derselbe, Der Widerruf einer Anweisung und seine Folgen …, ZBJV 131/1995, S. 797 ff.; Voser, S. 369 ff.; aus deutscher Sicht Larenz/Canaris, Schuldrecht II/2, S. 225 ff.

5. Kapitel: Hinterlegungs- und Sicherungsverträge

§ 23 Übersicht

1. Unter dem Sammeltitel der Hinterlegungs- und Sicherungsverträge werden hier zwei Vertragstypen behandelt, denen ein *Sicherungselement* eigen ist: 2147

   - Beim **Hinterlegungsvertrag** (Art. 472 ff. OR) geht es um die sichere Aufbewahrung von Sachen (Art. 472 Abs. 1 OR; Nr. 2152 ff.).   2148

     Auch der Hinterlegungsvertrag enthält Elemente der Arbeitsleistung und könnte daher zu den Arbeitsverträgen im weiteren Sinn gezählt werden. Da das *Element der sicheren Aufbewahrung* (und nicht eine darüber hinaus gehende Arbeitsleistung) im Vordergrund steht, wird der Hinterlegungsvertrag indessen hier – wie üblich – in einer eigenen Kategorie aufgeführt und nicht als Vertrag auf Arbeitsleistung behandelt.   2149

   - Beim **Bürgschaftsvertrag** (Art. 492 ff. OR) geht es um die Sicherung der Forderung des Gläubigers gegen den Hauptschuldner durch den Bürgen (Art. 492 Abs. 1 OR; Nr. 2267 ff.).   2150

2. Zu den Sicherungsverträgen gehört im weiteren Sinn auch der **Versicherungsvertrag** (Nr. 2450 und 2498), der aber spezialgesetzlich geregelt wird (VVG) und hier ausser Betracht bleibt.   2151

§ 24 Der Hinterlegungsvertrag

2152 *Sonderliteratur (Auswahl):*

BAERLOCHER RENÉ JACQUES, Der Hinterlegungsvertrag, in: Schweizerisches Privatrecht, Band VII/1, Basel und Stuttgart 1977, S. 647 ff.

BÄRTSCHI HARALD, Die rechtliche Umsetzung des Bucheffektengesetzes, AJP 2009, S. 1071 ff.

BETTOJA LUCA, Der Gastaufnahmevertrag, Diss. Zürich 2000.

GAUTSCHI GEORG, Berner Kommentar, Kommentar zum schweizerischen Privatrecht Band VI, Das Obligationenrecht, 2. Abteilung: Die einzelnen Vertragsverhältnisse, 6. Teilband: Besondere Auftrags- und Geschäftsführungsverhältnisse sowie Hinterlegung (Artikel 425–491 OR), 2. Aufl., Bern 1962.

GIRSBERGER DANIEL/HESS MARTIN, Das Haager Wertpapierübereinkommen, AJP 2006, S. 992 ff.

GRAHAM-SIEGENTHALER BARBARA, Übertragung und Verwahrung von Wertpapieren im nationalen und internationalen Recht, recht 2005, S. 185 ff.

HÄUBLEIN MARTIN, Der Pferdeeinstallungsvertrag zwischen Miet- und Verwahrungsrecht – Rechtliche Grundlagen und formularvertragliche Ausgestaltung eines typischen Typenkombinationsvertrags, NJW 62/2009, S. 2982 ff.

HOLOCH GERHARD, Grundfälle zur Gastwirtshaftung, JuS 1984, S. 357 ff.

OSER HUGO/SCHÖNENBERGER WILHELM, Kommentar zum Schweizerischen Zivilgesetzbuch, V. Band: Das Obligationenrecht, 3. Teil: Art. 419–529 OR, 2. Aufl., Zürich 1945.

I. Allgemeines

1. Die Rechtsquellen

2153 1. Den Hinterlegungsvertrag («le dépôt») regelt das OR in den **Art. 472 ff.** Wie zu zeigen sein wird, werden hier *verschiedene Arten* der Hinterlegung zusammengefasst (Nr. 2161 ff.).

2154 2. Zu diesen Regeln treten **weitere Bestimmungen** hinzu:

2155 – Aus dem Allgemeinen Teil ist das Verrechnungsverbot von Art. 125 Ziff. 1 OR zu beachten.

2156 – Bezüglich der Aufbewahrung der übergebenen Güter durch den Lagerhalter (das heisst durch einen kommerziellen Aufbewahrer) verweist Art. 483 Abs. 1 OR auf das Recht der Kommission.

2157 – Für die Hinterlegung von Wertpapieren lässt seit dem 1. Januar 2010 Art. 973a Abs. 1 OR die Sammelverwahrung grundsätzlich zu (Nr. 2202 f.).

2158 – Für Aufbewahrungspflichten in besonderen Gewerben oder Berufen (zum Beispiel Bank, Rechtsanwalt, Treuhänder, Hotelgewerbe) können die einschlägigen Normen der betreffenden Gewerbe- oder Berufsgattung eine Rolle spielen (Banken- und Börsengesetzgebung, Anwaltgesetzgebung, kantonale Gesetzgebung zum Hotelgewerbe).

Besondere Regeln gelten sodann: <u>a.</u> nach dem Kollektivanlagengesetz (KAG)[1] für Personen, die kollektive   2159
Kapitalanlagen verwalten oder aufbewahren; <u>b.</u> nach dem Bucheffektengesetz (BEG)[2] für die Verwahrung von Bucheffekten. – Kollisionsrechtlich sind für intermediärverwahrte Wertpapiere die Art. 108a ff.
IPRG sowie das entsprechende Haager Übereinkommen vom 5. Juli 2006[3] zu beachten.

3. Nimmt der *Staat in hoheitlicher Funktion* privates Gut zur Aufbewahrung entgegen, richtet   2160
sich das Rechtsverhältnis nach **öffentlichem Recht**.[4]

2. Die Qualifikationsmerkmale

Bei der Qualifikation des Hinterlegungsvertrags ist zu berücksichtigen, dass neben der all-   2161
gemeinen Hinterlegung auch Sonderarten im Gesetz geregelt werden. Immer aber steht die
(sichere) Aufbewahrung im Interesse des Hinterlegers im Zentrum. Im Einzelnen:

1. Durch den **(allgemeinen, gewöhnlichen) Hinterlegungsvertrag** verpflichtet sich der   2162
Aufbewahrer (Depositar, «le dépositaire») gegenüber dem *Hinterleger* (Deponent, «le dépo-
sant»), eine bewegliche Sache, die dieser ihm anvertraut, zu übernehmen und sie an einem
sicheren Ort aufzubewahren (Art. 472 Abs. 1 OR). *Typische Merkmale* sind demnach die
Folgenden:

– das Anvertrauen (Hinterlegen) einer beweglichen Sache,   2163

– die Verpflichtung des Aufbewahrers, diese Sache zu übernehmen und an einem siche-   2164
ren Ort aufzubewahren, sowie

– die Verpflichtung des Aufbewahrers zur Rückgabe der hinterlegten Sache.[5]   2165

Grundsätzlich bleibt der Hinterleger Eigentümer der übergebenen Sache. Bei vertretba-   2166
ren Sachen kann jedoch die Abrede der Parteien dahin gehen, dass der Aufbewahrer nicht
die gleichen Stücke, sondern nur die gleiche Anzahl von Sachen der gleichen Gattung zurückzuerstatten hat (Art. 481 OR); in diesem Fall geht das Eigentum an den übergebenen
vertretbaren Sachen (Geld, Wertpapiere, andere vertretbare Sachen) auf den Aufbewahrer
über (Depositum irregulare; Nr. 2227 ff.).

Die Rechtsprechung qualifiziert bisweilen auch den «Pferde-Pensionsvertrag», bei dem die Überlassung   2167
einer Innenboxe und die tiergerechte Fütterung gegen Entgelt versprochen wird, als Hinterlegungsvertrag.[6] Von einzelnen Autoren wird demgegenüber von einem gemischten Verhältnis (mit Elementen aus
Hinterlegung, Auftrag und gegebenenfalls auch Miete) ausgegangen.[7]

2. Die Aufbewahrung kann **gegen Vergütung oder ohne eine solche** erfolgen (Art. 472   2168
Abs. 2 OR). Entgeltlichkeit stellt für die (gewöhnliche) Hinterlegung demnach kein kenn-
zeichnendes Merkmal dar.

---

[1] BG über die kollektiven Kapitalanlagen (Kollektivanlagengesetz) vom 23. Juni 2006, SR 951.31.
[2] BG über Bucheffekten (Bucheffektengesetz) vom 3. Oktober 2008, SR 957.1.
[3] Bundesbeschluss über die Genehmigung und die Umsetzung des Übereinkommens über die auf bestimmte Rechte an intermediärverwahrten Wertpapieren anzuwendende Rechtsordnung vom 3. Oktober 2008
(AS 2009, S. 6579 ff.); Haager Übereinkommen über die auf bestimmte Rechte an Intermediär-verwahr-
ten Wertpapieren anzuwendende Rechtsordnung vom 5. Juli 2006 (BBl 2006, S. 9441 ff., Ratifizierung
noch ausstehend, künftig SR 0.957.1).
[4] BGE 55 II 107 ff. (112 f.), E. 3; Baerlocher, SPR VII/1, S. 659; Tercier/Favre/Couchepin, Nr. 6585.
[5] BGE 126 III 192 ff. (196), E. 2c.
[6] ZR 96/1997, Nr. 61, S. 156 ff. (157), E. 3 (Zürcher Obergericht).
[7] Guhl/Schnyder, § 55 N 2.

2169   Das Lagergeschäft als kaufmännische (gewerbliche) Verwahrung ist demgegenüber stets entgeltlich: Gemäss Art. 485 Abs. 1 OR hat der Lagerhalter «Anspruch auf das verabredete oder übliche Lagergeld».

2170   3. Abgesehen von der Hinterlegung vertretbarer Sachen (Art. 481 OR) regelt das Gesetz im Titel über den Hinterlegungsvertrag noch weitere **besondere Arten** der Hinterlegung:

2171   –   Beim **Lagergeschäft** (Art. 482–486 OR; «le contrat d'entrepôt») ist der Aufbewahrer ein «Lagerhalter» («l'entrepositaire»), also eine Person, die sich öffentlich zur Aufbewahrung von Waren anerbietet, mit anderen Worten gewerblich fremdes Gut aufbewahrt. Diese Variante der Hinterlegung ist nichts anderes als die kaufmännische (gewerbliche) Verwahrung fremder Ware (handelsrechtliche Hinterlegung/gewerbsmässige Aufbewahrung; Nr. 2238 ff.).

2172   –   Bei der **Sammelverwahrung** (Art. 484 und 973a OR) werden vertretbare Güter verschiedener Hinterleger («Einlagerer») beim Aufbewahrer vermengt. Die Hinterleger haben daran Miteigentum (Nr. 2200 ff.).

2173   –   Für die **Gastwirte** (Art. 487–489 OR; «les aubergistes ou hôteliers»), die fremde Personen zur Beherbergung aufnehmen, stellt das Gesetz – aus traditionellen Gründen (römische Vorbilder) und nach wie vor aktuellen Schutzüberlegungen – besondere Haftungsregeln auf (Nr. 2251 ff.).

2174   Ähnliche Sonderregeln gelten nach dem römisch-rechtlichen Vorbild auch für **Stallwirte** («ceux qui tiennent des écuries publiques») bezüglich der Haftung für die Verletzung, Beschädigung, Vernichtung oder Entwendung der bei ihnen eingestellten oder von ihnen oder ihren Leuten auf andere Weise übernommenen Tiere und Wagen und der dazugehörigen Sachen (Art. 490 OR; Nr. 2251 ff.). Für Gast- und Stallwirte sieht Art. 491 OR überdies ein besonderes Retentionsrecht vor.

2175   –   Bei der gewöhnlichen Hinterlegung regelt Art. 480 OR schliesslich noch den Fall der **Sequestration**: Mehrere Personen hinterlegen eine Sache, deren Rechtsverhältnisse streitig oder unklar sind, zur Sicherung ihrer Ansprüche bei einem Dritten (dem Sequester; «le séquestre»). Diesen treffen dann besondere «treuhänderische» Aufgaben (Nr. 2265 f.).

2176   –   Bei der **Sicherungshinterlegung** (Hinterlegung sicherungshalber) wird eine Sache zur Sicherung einer Schuld bei einem Dritten hinterlegt; die Abmachung der drei Parteien geht dahin, dass der Aufbewahrer die hinterlegte Sache im Fall der Nichterfüllung der gesicherten Forderung dem Gläubiger (Begünstigten) herauszugeben oder im Hinblick auf eine Zwangsverwertung zur Verfügung zu halten hat.[8]

2177   4. Der Hinterlegungsvertrag – als Grundtypus und in seinen Sonderarten – ist von anderen Vertragstypen **abzugrenzen**:

2178   –   Bei der *Miete* (Art. 258 ff. OR) verspricht der Vermieter, dem Mieter eine Sache – allenfalls einen Raum – zum Gebrauch zur Verfügung zu stellen (Gebrauchsüberlassung), während bei der Hinterlegung die sichere Aufbewahrung der übergebenen Objekte durch den Aufbewahrer im Vordergrund steht (Aufbewahrung und Rückgabe).

2179   Stellt also eine Bank oder ein Hotel dem Kunden einen bestimmten Raum zur Verfügung, den er ausschliesslich nutzen und in welchem er selber seine Sachen einstellen kann (Safe, Schliessfach, abgeschlossene Garage), so ist Miete anzunehmen.[9] Hat demgegenüber der Kunde keinen Zugang zum

---

8   SCHMID/HÜRLIMANN-KAUP, Nr. 2031 ff.

9   BGE 76 II 154 ff. (156 f.), E. 1; 95 II 541 ff. (543 f.), E. 2; 102 Ib 314 ff. (318), E. 3b; OSER/SCHÖNENBERGER, Zürcher Komm., N 16 zu Art. 472 OR; HIGI, Zürcher Komm., Vorbem. zu Art. 253–274g OR,

Ort, an welchem seine Sachen aufbewahrt werden, handelt es sich um eine Hinterlegung (mit entsprechender Aufbewahrungs- und Rückgabepflicht des Aufbewahrers).

– Bei der *Gebrauchsleihe* (Art. 305 ff. OR) wird eine (bewegliche oder unbewegliche) Sache zum unentgeltlichen Gebrauch überlassen, den der Entlehner «geniessen» soll; die Überlassung erfolgt somit im Interesse des Entlehners. Demgegenüber geht es beim Hinterlegungsvertrag (Art. 472 Abs. 1 OR) um die sichere Aufbewahrung der übergebenen (beweglichen) Sache durch den Aufbewahrer; die «Überlassung» der Sache erfolgt hier im Interesse des Hinterlegers; der Aufbewahrer darf die hinterlegte Sache denn grundsätzlich auch nicht gebrauchen (Art. 474 Abs. 1 OR).

    2180

– Das *Darlehen* (Art. 312 ff. OR) hat ebenfalls einen Gebrauchsüberlassungszweck: Der Borger soll die überlassene Geldsumme benutzen können, während es bei der Hinterlegung um die sichere Aufbewahrung geht und dem Aufbewahrer der Sachgebrauch grundsätzlich verwehrt ist (Art. 474 Abs. 1 OR). Als Konsequenz dieses unterschiedlichen Zwecks hat im Fall des entgeltlichen Vertrags beim Darlehen der Borger (Kreditnehmer), beim Hinterlegungsvertrag jedoch der Hinterleger eine Vergütung zu leisten.[10]

    2181

Die genannte unterschiedliche Interessenlage gilt auch für die Abgrenzung des Darlehens vom Hinterlegungsvertrag über vertretbare Sachen (Depositum irregulare; Nr. 2227 ff.). Die beiden Rechtsinstitute stimmen jedoch insofern überein, als das Eigentum an den übergebenen (vertretbaren) Sachen auf den «Nehmer» (Borger beim Darlehen, Aufbewahrer beim Hinterlegungsvertrag) übergeht. Das deutsche Recht (§ 700 Abs. 1 BGB) ordnet ausdrücklich an, dass auf das Depositum irregulare die Vorschriften über den Darlehensvertrag anwendbar sind.

    2182

3. Die Vertragsentstehung

1. Erforderlich für den Abschluss des Hinterlegungsvertrags ist gemäss den allgemeinen Regeln der **Austausch übereinstimmender Willenserklärungen** im Sinn von Art. 1 OR.[11] Der Vertrag kann durch ausdrückliche Willenserklärungen oder durch konkludentes Handeln abgeschlossen werden.[12] Zu den objektiv wesentlichen Punkten gehören die Bezeichnung der zu übergebenden Sache und die Aufbewahrungspflicht. Eine Vergütung ist nach dem Gesagten nicht begriffswesentlich (Art. 472 Abs. 2 OR).

    2183

Mit der Unterordnung unter die Art. 1 ff. OR ist gleichzeitig gesagt, dass der Hinterlegungsvertrag gemäss Obligationenrecht nicht wie im römischen Recht einen Realvertrag (der erst mit der Übergabe der Sache an den Aufbewahrer zustande kommt),[13] sondern einen Konsensualvertrag darstellt.[14]

    2184

2. Der Vertrag untersteht von Gesetzes wegen **keiner besonderen Form**. In der Praxis ist eine gewillkürte Schriftform häufig, ebenso wie die Verwendung allgemeiner Geschäftsbedingungen des Aufbewahrers.

    2185

N 206 ff.; TERCIER/FAVRE/COUCHEPIN, Nr. 6603 ff.; TH. KOLLER, Basler Komm., N 7 ff. zu Art. 472 OR.

[10] Zur Einordnung des Sparkassengeschäfts vgl. Nr. 1304 und Nr. 2234.

[11] BGE 117 II 404 ff. (406), E. 2.

[12] BGE 126 III 192 ff. (196), E. 2c.

[13] ZIMMERMANN, The Law of Obligations, S. 205.

[14] OSER/SCHÖNENBERGER, Zürcher Komm., N 26 zu Art. 472 OR; BECKER, Berner Komm., N 2 zu Art. 472 OR. Vgl. demgegenüber für das französische Recht Art. 1915 CCfr.: «Le dépot, en général, est un acte par lequel on reçoit la chose d'autrui, à la charge de la garder et de la restituer en nature.»

II. Die Pflichten des Aufbewahrers

1. Im Allgemeinen

2186 1. Der Aufbewahrer hat die Sache zu übernehmen und sie an einem sicheren Ort aufzubewahren (Art. 472 Abs. 1 OR). Er ist mit anderen Worten zur **sorgfältigen Verwahrung**
verpflichtet.[15] Dazu enthält das Gesetz mehrere Einzelregeln:

2187 – Der Aufbewahrer darf die hinterlegte Sache grundsätzlich nicht gebrauchen, es sei
denn, er habe dazu die Einwilligung des Hinterlegers (Art. 474 Abs. 1 OR).

2188 – Der Aufbewahrer darf die Sache grundsätzlich nicht mit andern Gütern der gleichen Art
vermischen (Art. 484 Abs. 1 OR für das Lagergeschäft; generelle Regel).

2189 – Der Aufbewahrer muss dem Hinterleger die Besichtigung des hinterlegten Gutes und die
Entnahme von Proben sowie jederzeit die notwendigen Erhaltungsmassregeln gestatten
(Art. 483 Abs. 3 OR für das Lagergeschäft; generelle Regel).

2190 – Der Aufbewahrer muss seinerseits schadensabwendende Massnahmen treffen und bei
Gefahr allenfalls auch den Hinterleger sofort benachrichtigen (vgl. Art. 479 Abs. 1 und
2 OR für einen Sonderfall).

2191 Ob den Aufbewahrer (ohne besondere vertragliche Abrede) eine Pflicht zur Versicherung des übertragenen Gutes trifft, ist umstritten.[16]

2192 2. Die Pflicht zur sorgfältigen Aufbewahrung ist eine **Dauerschuld**: Mit ihr hat der Aufbewahrer so lange fortzufahren, bis das Vertragsverhältnis beendet ist.

2193 Unter gewissen Voraussetzungen hat er immerhin das Recht zur vorzeitigen Rückgabe (Art. 476 und 486
OR).

2194 3. Am Ende der Vertragsdauer trifft den Aufbewahrer eine **Rückgabepflicht** (Art. 475 ff. OR).
Für die Vertragsauflösung ist zu berücksichtigen, dass der Hinterleger den Hinterlegungsvertrag jederzeit durch einseitige Willenserklärung beendigen – also kündigen – und die
Sache zurückfordern kann (Art. 475 Abs. 1 OR; Nr. 2220). Weiter muss Folgendes beachtet
werden:

2195 – Da der Hinterleger grundsätzlich Eigentümer der übergebenen Sache bleibt, kann er
diese jederzeit gestützt auf (sein Kündigungsrecht und) seinen *dinglichen Herausgabeanspruch* (Vindikation) herausverlangen (Art. 641 Abs. 2 ZGB und Art. 475 Abs. 1 OR).[17]
Dieser dingliche Herausgabeanspruch ist unverjährbar, und er lässt sich auch im Fall des
Konkurses des Aufbewahrers mit der Aussonderungsklage durchsetzen.

2196 Da der Hinterleger die Sache grundsätzlich jederzeit herausverlangen, der Aufbewahrer sie jedoch
unter Vorbehalt von Art. 476 Abs. 1 OR nicht vorzeitig zurückgeben kann, lässt sich sagen, die Rückgabeobligation könne fällig sein, ohne erfüllbar zu sein.[18] Immerhin besteht die (unbedingte) Herausgabepflicht des Aufbewahrers nur unter Vorbehalt seines Retentionsrechts (Nr. 2217).

---

[15] BGE 126 III 192 ff. (196), E. 2c.
[16] Vgl. Bucher, OR BT, S. 277; Tercier/Favre/Couchepin, Nr. 6642.
[17] Zur Vindikation vgl. Schmid/Hürlimann-Kaup, Nr. 660 f.
[18] Gauch/Schluep/Emmenegger, Nr. 2202, vierter Spiegelstrich.

– Die hinterlegte Sache ist, falls keine anderweitige Vereinbarung getroffen wurde, dort   2197
zurückzugeben, wo sie aufbewahrt werden sollte (Art. 477 OR). Es handelt sich somit
um eine *Holschuld*.[19]

– Haben die Parteien vereinbart, dass der Aufbewahrer vertretbare Sachen nur gattungs-   2198
mässig zurückzuerstatten hat (Depositum irregulare), so wird dieser mit der Übergabe
und Vermischung der Güter Eigentümer (Art. 481 OR; Nr. 2228). In diesem Fall trifft
den Aufbewahrer bei Beendigung des Vertrags die rein *obligatorische Verpflichtung*, Sachen der gleichen Menge und Güte (Qualität) zurückzugeben. Im Fall des Konkurses hat
der Hinterleger deshalb keinen Aussonderungsanspruch.[20]

Der obligatorische Rückforderungsanspruch untersteht der 10-jährigen Verjährungsfrist (Art. 127   2199
OR). Die Frist beginnt nach der bundesgerichtlichen Praxis (jedenfalls dann, wenn feststeht, dass die
hinterlegten Vermögenswerte noch nicht rückerstattet worden sind[21]) erst mit der Beendigung des
Hinterlegungsvertrags infolge gegenseitiger Übereinkunft, Ablaufs der vereinbarten Dauer, Widerrufs oder Kündigung zu laufen.[22]

– Bei der Hinterlegung vertretbarer Güter kommt für die Aufbewahrung deren Vermen-   2200
gung (Vermischung) – also eine *Sammelverwahrung* – in Betracht. Ausserhalb des
Wertpapierrechts darf der Aufbewahrer jedoch die Güter nur dann vermengen, wenn
der Hinterleger ihm dies ausdrücklich gestattet hat (Art. 484 Abs. 1 OR). Ist die hinterlegte Sache durch den Aufbewahrer mit Sachen anderer Hinterleger vermischt worden,
so entsteht von Gesetzes wegen Miteigentum der Hinterleger an den hinterlegten Sachen (Art. 727 Abs. 1 ZGB): Jeder beteiligte Hinterleger ist daran nach Massgabe der
von ihm hinterlegten Sachen als Miteigentümer beteiligt.[23] Infolge der Vermischung
ist eine Aussonderung der spezifischen Einzelstücke nicht möglich.[24] Jeder Hinterleger
(Einlagerer) kann vielmehr eine seinem Beitrag entsprechende Menge herausverlangen
(Art. 484 Abs. 2 OR); der Aufbewahrer (Lagerhalter) darf die verlangte Ausscheidung
selber vornehmen – ohne Mitwirkung der anderen Einlagerer (Art. 484 Abs. 3 OR).

Diese Bestimmungen haben den Vorrang gegenüber den allgemeinen Regeln des Miteigentums von   2201
Art. 646 ff. ZGB. Man spricht auch von «labilem» oder «modifiziertem» Miteigentum.[25]

Für die Praxis relevant ist insbesondere die *Sammelverwahrung von Wertpapieren*.   2202
Seit dem 1. Januar 2010 erklärt Art. 973a Abs. 1 OR[26] den Aufbewahrer für befugt, vertretbare Wertpapiere mehrerer Hinterleger ungetrennt zu verwahren, falls der Hinterleger nicht ausdrücklich die gesonderte Verwahrung seiner Wertpapiere verlangt hat.
Das Gesetz nimmt damit Rücksicht auf die bisherige Bankpraxis und geht davon aus, der

---

[19] BGE 100 II 153 ff. (158), E. c für das Depositum irregulare.

[20] BGE 127 III 273 ff. (275), E. 3b.

[21] BGE 91 II 442 ff. (453 f.), E. 5d.

[22] BGE 91 II 442 ff. (449 ff.), E. 5 (Änderung der Rechtsprechung), bestätigt in BGE 133 III 37 ff. (41 f.),
E. 3.2 = Pra 2007, Nr. 91, S. 619 ff.; zustimmend Baerlocher, SPR VII/1, S. 704; Tercier/Favre/Cou-
chepin, Nr. 6655. Kritisch unter Hinweis auf Art. 130 Abs. 2 OR Th. Koller, Basler Komm., N 9 ff. zu
Art. 475 OR; A. Koller, OR AT, § 28 N 20.

[23] Ausführlich Baerlocher, SPR VII/1, S. 689 ff.

[24] BGE 112 II 406 ff. (415 f.), E. 4b.

[25] Baerlocher, SPR VII/1, S. 690 ff.; Bucher, OR BT, S. 278; Schmid/Hürlimann-Kaup, Nr. 1130; BGE
112 II 406 ff. (414 ff.), E. 4; vgl. auch die Botschaft zum Bucheffektengesetz, BBl 2006, S. 9392.

[26] AS 2009, S. 3592 f.; vgl. auch die Botschaft zum Bucheffektengesetz, BBl 2006, S. 9391 f.

Hinterleger solcher Wertpapiere habe in der Regel kein Interesse an der Rückgabe eines spezifischen Titels.[27]

2203   Bei dieser Sammelverwahrung erwirbt der Hinterleger mit der Einlieferung beim Aufbewahrer Miteigentum nach Bruchteilen an den zum Sammelbestand gehörenden Wertpapieren gleicher Gattung (Art. 973a Abs. 2 OR). Der Hinterleger hat einen jederzeitigen, von der Mitwirkung oder Zustimmung der anderen Hinterleger unabhängigen Anspruch auf Herausgabe von Wertpapieren aus dem Sammelbestand im Umfang seines Bruchteils (Art. 973a Abs. 3 OR). Auf Wertpapiere, die in solcher Weise zur Sammelverwahrung hinterlegt worden sind, nimmt auch das Bucheffektengesetz (BEG) in mehreren Bestimmungen Bezug (zum Beispiel Art. 5 lit. e und Art. 6 Abs. 1 lit. a BEG).

2204   – Eine Rückgabepflicht an den Hinterleger entfällt, wenn besondere Umstände vorliegen (Ausstellung von Warenpapieren nach Art. 486 Abs. 2 OR, Begründung eines unentziehbaren Herausgabeanspruchs eines Dritten auf dem Weg des echten Vertrags zu Gunsten Dritter).[28]

2205   Hingegen kann die Rückgabepflicht vom Aufbewahrer nicht gegen den Willen des Hinterlegers verrechnungsweise getilgt werden (Art. 125 Ziff. 1 OR). Der Zweck des Hinterlegungsvertrags, wonach die Sache dem Hinterleger nach Vertragsbeendigung effektiv wieder zukommen soll, steht der Verrechnung entgegen, und zwar auch im Fall der Hinterlegung von Geld beim Depositum irregulare.[29]

2.   Die Haftung des Aufbewahrers insbesondere

2206   1. Für Schäden an der aufbewahrten Sache oder für den Verlust (Unmöglichkeit der Rückgabe) haftet der Aufbewahrer nach den allgemeinen Regeln von **Art. 97 ff. OR**. Er trägt namentlich gemäss Art. 97 Abs. 1 OR die Beweislast dafür, dass ihn am Verlust der Sache kein Verschulden trifft.[30] Nach Art. 101 Abs. 1 OR hat er auch für das Verhalten seiner Hilfspersonen einzustehen.[31]

2207   Bei einer unentgeltlichen Hinterlegung ist allerdings das Mass der Haftung nach Art. 99 Abs. 2 OR milder zu beurteilen (für das deutsche Recht vgl. die ausdrückliche Haftungserleichterung bei unentgeltlicher Hinterlegung in § 690 BGB).

2208   2. Als **Vertragsverletzung** gilt namentlich auch der *Gebrauch der hinterlegten Sache* ohne Einwilligung des Hinterlegers (Art. 474 Abs. 1 OR). Diesfalls sieht das Gesetz – neben einer Verpflichtung zu einer besonderen Vergütung – sogar eine *Zufallshaftung des Aufbewahrers* vor, sofern dieser nicht nachweist, dass der Zufall die Sache auch sonst getroffen hätte (Art. 474 Abs. 2 OR).

2209   Bei Schädigung durch unerlaubten Gebrauch der hinterlegten Sache kommt auch eine Haftung aus unerlaubter Handlung in Betracht.[32]

2210   3. Haben mehrere Aufbewahrer eine Sache gemeinschaftlich zur Aufbewahrung übernommen, so haften sie **solidarisch** (Art. 478 OR).

---

[27]   Botschaft zum Bucheffektengesetz, BBl 2006, S. 9392.

[28]   BUCHER, OR BT, S. 278 f.

[29]   AEPLI, Zürcher Komm., N 34 ff. zu Art. 125 OR; zum Depositum irregulare vgl. BGE 45 III 236 ff. (249), E. 3; 100 II 153 ff. (155), E. a.

[30]   BGE 126 III 192 ff. (196), E. 2c: Bejahung der Haftung des Aufbewahrers bei Diebstahl von Schmuckstücken, die ihm anvertraut waren.

[31]   BGE 76 II 154 ff. (161), E. 3 in fine.

[32]   TERCIER/FAVRE/COUCHEPIN, Nr. 6650 in fine.

III. Die Pflichten des Hinterlegers

1. Den Hinterleger trifft zunächst – beim entgeltlichen und beim unentgeltlichen Hinterlegungsvertrag – die Pflicht, dem Aufbewahrer die mit der Erfüllung des Vertrags *notwendig* verbundenen **Auslagen** zu **erstatten** (Art. 473 Abs. 1 OR). 2211

Der Auslagenersatz für Aufwendungen, die lediglich *nützlich* (jedoch nicht notwendig) waren, kann nicht aus dem Hinterlegungsvertrag abgeleitet werden. Ein Anspruch besteht in diesem Fall nur ausnahmsweise, wenn die Voraussetzungen einer echten und berechtigten Geschäftsführung ohne Auftrag nach Art. 422 Abs. 1 OR gegeben sind.[33] 2212

2. Eine **Vergütung** – verstanden als Entgelt (Gegenleistung) für die Aufbewahrung – schuldet der Hinterleger dem Aufbewahrer nur dann, wenn es ausdrücklich vereinbart worden ist oder wenn es nach den Umständen zu erwarten war (Art. 472 Abs. 2 OR). 2213

Kaufmännischer (gewerbsmässiger) Aufbewahrer ist der Lagerhalter; er hat nach Art. 485 Abs. 1 OR Anspruch auf das verabredete oder übliche Lagergeld (Nr. 2238). 2214

3. Für **Schäden**, die dem Aufbewahrer durch die Hinterlegung verursacht worden sind, haftet der Hinterleger dann, wenn er nicht beweist, dass der Schaden ohne jedes Verschulden von seiner Seite entstanden ist (Art. 473 Abs. 2 OR). 2215

Ein Verschulden kann darin liegen, dass der Hinterleger dem Aufbewahrer besondere Gefahren verschwiegen hat, die mit der aufzubewahrenden Sache verbunden sind.[34] 2216

4. Nach den allgemeinen Regeln steht dem Aufbewahrer ein **Retentionsrecht** zur Sicherung seiner Forderungen zu (Art. 895 ff. ZGB).[35] Für das Lagergeschäft wird dies in Art. 485 Abs. 3 OR explizit festgehalten. 2217

Zum besonderen Retentionsrecht der Gast- und Stallwirte vgl. Art. 491 OR (Nr. 2264). 2218

IV. Die Vertragsbeendigung

Da die Schuld des Aufbewahrers eine **Dauerschuld** darstellt, stellt sich die Frage, wann und wie das Dauerschuldverhältnis einseitig (durch Kündigung) beendet werden kann: 2219

1. Der **Hinterleger** kann den Vertrag jederzeit beenden und die Rückgabe der hinterlegten Sache verlangen, selbst wenn für die Aufbewahrung eine bestimmte Dauer vereinbart wurde (Art. 475 Abs. 1 OR; vgl. auch § 695 BGB). Fordert er die Sache zurück (Kündigung), endet der Vertrag.[36] 2220

Bei einem vorzeitigen Begehren um Rückgabe wird der Hinterleger allerdings schadenersatzpflichtig: Der Aufbewahrer hat in diesem Fall Anspruch auf den Aufwand, den er mit Rücksicht auf die vereinbarte Zeit gemacht hat (Art. 475 Abs. 2 OR). 2221

2. Für das Recht des **Aufbewahrers** zur Vertragsauflösung ist Folgendes zu beachten: 2222

---

[33] Zurückhaltend SCHMID, Zürcher Komm., N 82 ff. zu Art. 419 OR; grosszügiger BUCHER, OR BT, S. 277, und TERCIER/FAVRE/COUCHEPIN, Nr. 6664.

[34] BAERLOCHER, SPR VII/1, S. 709; TERCIER/FAVRE/COUCHEPIN, Nr. 6665.

[35] Vgl. SCHMID/HÜRLIMANN-KAUP, Nr. 1921 ff.

[36] BGE 91 II 442 ff. (451), E. 5b; ZR 96/1997, Nr. 61, S. 156 ff. (157), E. 4 (Zürcher Obergericht); TH. KOLLER, Basler Komm., N 1 zu Art. 475 OR.

2223 – Wurde von den Parteien keine Zeitdauer für die Aufbewahrung bestimmt, so kann der Aufbewahrer die Sache jederzeit zurückgeben (Art. 476 Abs. 2 OR; ebenso § 696 Satz 1 BGB).

2224 – Wurde eine bestimmte Zeitdauer vereinbart, so kann der *gewöhnliche Aufbewahrer* die Sache nur (aber immerhin) dann zurückgeben, wenn unvorhergesehene Umstände ihn ausserstand setzen, die Sache länger mit Sicherheit oder ohne eigenen Nachteil aufzubewahren (Art. 476 Abs. 1 OR; § 696 Satz 2 BGB verlangt für die vorzeitige Rückgabe einen wichtigen Grund).

2225 Mit den unvorhergesehenen Umständen nimmt das Gesetz Bezug auf die Clausula rebus sic stantibus.[37]

2226 – Der *Lagerhalter* ist als gewerbsmässiger Aufbewahrer an die Aufbewahrung während der vertragsmässigen Dauer auch dann gebunden, wenn infolge unvorhergesehener Umstände ein gewöhnlicher Aufbewahrer vor Ablauf der bestimmten Zeit zur Rückgabe berechtigt wäre (Art. 486 Abs. 1 OR). Dem Lagerhalter steht also kein Recht auf vorzeitige Auflösung des Vertrags gegen den Willen des Einlagerers zu.[38]

V. Einzelfragen

1. Die Hinterlegung vertretbarer Sachen (Depositum irregulare)

2227 1. Bei der Hinterlegung vertretbarer Sachen kann vereinbart werden, dass nicht die gleichen Stücke, sondern die **gleiche Menge der gleichen Gattung zurückgegeben** werden muss (Art. 481 OR; Depositum irregulare; «unregelmässiger Verwahrungsvertrag» [§ 700 BGB]).[39] Wie sich aus Art. 481 Abs. 3 OR ergibt, ist eine derartige Abrede nicht nur mit Bezug auf Geld möglich, sondern auch für andere vertretbare Sachen.

2228 «Irregulär» ist die Hinterlegung in solchen Fällen deshalb, weil sie die Ausnahme zur regulären Hinterlegung (Depositum regulare) bildet, bei welcher das Eigentum an den hinterlegten Sachen beim Hinterleger verbleibt.

2229 Ein Recht des Aufbewahrers, eine andere als die übertragene Sache zurückzugeben, wird grundsätzlich nicht vermutet, sondern muss speziell vereinbart sein (Art. 481 Abs. 1 und 3 OR). Eine stillschweigende Vermutung des Depositum irregulare gilt immerhin dann, wenn eine Geldsumme unversiegelt und unverschlossen zur Aufbewahrung übergeben wurde (Art. 481 Abs. 2 OR).

2230 2. Als Besonderheit dieser Art von Hinterlegung geht das **Eigentum** an der hinterlegten Sache **auf den Aufbewahrer** über – ebenso wie ihn «Nutzen und Gefahr» treffen (Art. 481 Abs. 1 in fine OR). Daraus sind folgende Schlüsse zu ziehen:

2231 – Der Aufbewahrer trägt – als Eigentümer – ohnehin die Gefahr für die Sachen. Der Hinterleger hat daher keinen Anspruch auf die sichere Verwahrung und die besonderen Obhutsmassnahmen durch den Aufbewahrer.[40]

---

[37] TERCIER/FAVRE/COUCHEPIN, Nr. 6676; zur Clausula rebus sic stantibus allgemein vgl. GAUCH/SCHLUEP/SCHMID, Nr. 1279a ff.

[38] GAUTSCHI, Berner Komm., N 3d zu Art. 486 OR.

[39] Vgl. etwa BGE 131 III 377 ff. (380 ff.), E. 4, wo ein Auftrag mit einer irregulären Hinterlegung verbunden war.

[40] TERCIER/FAVRE/COUCHEPIN, Nr. 6699.

– Der Aufbewahrer darf die Sache nutzen und auch darüber verfügen (Art. 481 Abs. 3   2232
OR). Dennoch muss er die Sache auf jederzeit mögliche Rückforderung hin zurückgeben können. Ein Retentionsrecht entfällt, und Art. 125 Ziff. 1 OR schliesst auch eine
einseitige Verrechnungserklärung aus; dem Aufbewahrer steht jedoch – falls der Hinterleger die Rückgabe verlangt, aber seine Pflichten aus dem Hinterlegungsvertrag nicht
erfüllt – die Einrede des nichterfüllten Vertrags zu (Art. 82 OR).[41]

Einen konkursrechtlichen Aussonderungsanspruch hat der Hinterleger nicht.[42]   2233

3. Ein irregulärer Hinterlegungsvertrag wird von einem Teil der Rechtsprechung und Lehre   2234
für das **Sparkassengeschäft** angenommen.[43] Massgebend dafür, ob Sparkasseneinlagen
den Charakter eines Darlehens oder einer irregulären Hinterlegung haben, ist in erster Linie der von beiden Parteien angenommene oder vorausgesetzte Zweck des Geschäfts.[44]

Zu betonen bleibt jedoch, dass es den Parteien (und namentlich dem Bankkunden) in   2235
aller Regel nicht nur um die sichere Aufbewahrung des überlassenen Geldes, sondern um
die Vermögensanlage und damit um die Erzielung eines Zinses geht.[45] Daher lässt sich auch
die Auffassung vertreten, das Sparkassengeschäft stelle einen Darlehensvertrag oder ein
zwischen Darlehen und Hinterlegung gemischtes Geschäft dar.

Wird ein Rechtsgeschäft nach Art. 481 OR angenommen, so kann der Aufbewahrer gemäss Art. 125   2236
Ziff. 1 OR die Verpflichtung zur Rückgabe des Geldes gegen den Willen des Hinterlegers nicht durch Verrechnung tilgen (Nr. 2205).[46]

4. Die irreguläre Hinterlegung bleibt abzugrenzen von der **Sammelverwahrung** (Art. 484   2237
OR): Bei dieser Letzteren handelt es sich um eine *reguläre* Hinterlegung vertretbarer Sachen; die Hinterleger sind Miteigentümer an den hinterlegten Sachen (Nr. 2200).

2.   Das Lagergeschäft

1. Der Lagerhalter («l'entrepositaire») ist der **kaufmännische Aufbewahrer**. Da er professio-   2238
nell handelt, ist die *Entgeltlichkeit* Begriffsmerkmal des Lagergeschäfts:[47] Gemäss Art. 485
Abs. 1 OR hat der Lagerhalter Anspruch auf das verabredete oder übliche Lagergeld (sowie
auf Erstattung der Auslagen usw.).

Für seine Forderungen hat der Lagerhalter ein Retentionsrecht, solange er im Besitz des Gutes ist oder mit   2239
Warenpapieren darüber verfügen kann (Art. 485 Abs. 3 OR).

2. Gegenüber dem gewöhnlichen Aufbewahrer gelten verschiedene **Sonderregeln**:   2240

– Der Lagerhalter darf – freilich nur mit ausdrücklicher Einwilligung der Hinterleger –   2241
vertretbare Güter mit anderen der gleichen Art und Güte vermengen (Art. 484 Abs. 1
OR; Sammelverwahrung).[48]

---

[41]   Tercier/Favre/Couchepin, Nr. 6700.
[42]   BGE 127 III 273 ff. (275), E. 3b.
[43]   BGE 100 II 153 ff. (155 ff.): «in der Regel»; FZR 1994, S. 340 ff. (341), E. 3 (Freiburger Kantonsgericht);
       weitere Hinweise bei Th. Koller, Basler Komm., N 11 ff. zu Art. 481 OR; ferner Guhl/Schnyder, § 55
       N 14.
[44]   BGE 100 II 153 ff. (155), E. b.
[45]   Vgl. auch Th. Koller, Basler Komm., N 12 zu Art. 481 OR.
[46]   BGE 100 II 153 ff. (155), E. a.
[47]   So auch BGE 126 III 192 ff. (195), E. 2a; Tercier/Favre/Couchepin, Nr. 6708 und 6720.
[48]   Diese Regel gilt – obwohl im Gesetz beim Lagergeschäft geregelt – auch für die gewöhnliche Hinterle-

2242 – Die Haftung des Lagerhalters richtet sich gemäss der Verweisung von Art. 483 Abs. 1 OR nach den Regeln über die Kommission.

2243 Der Kommissionär ist grundsätzlich den Regeln des Auftragsrechts unterstellt (Art. 425 Abs. 2 OR). Er hat das Kommissionsgut nur dann zu versichern, wenn er vom Kommittenten einen Auftrag dazu erhalten hat (Art. 426 Abs. 2 OR). Die Pflichten im Umgang mit dem Kommissionsgut ergeben sich aus Art. 427 OR, mit Einschluss der Pflicht zum Notverkauf (Art. 427 Abs. 3 OR).

2244 – Die Rückgabemöglichkeit des Lagerhalters vor der vereinbarten Zeitdauer ist beschränkt (Art. 486 Abs. 1 OR).

2245 – Für die Waren können mit Bewilligung der zuständigen Behörde Warenpapiere ausgegeben werden, die auf die Herausgabe der gelagerten Güter lauten (Art. 482 und 486 Abs. 2 OR).

3. Die Rechtsstellung der Gast- und Stallwirte

2246 1. Professionelle Aufbewahrer, die vor allem aus historischen Gründen speziellen gesetzlichen Regeln – besonders hinsichtlich der Haftung – unterworfen werden, sind die **Gast- und Stallwirte** («le dépôt d'hôtellerie»):

2247 – **Gastwirt** («aubergiste ou hôtelier») ist, wer Fremde zur Beherbergung aufnimmt, mit ihnen also einen Gastaufnahmevertrag (Beherbergungsvertrag) abschliesst.

2248 Der Gastaufnahmevertrag ist gesetzlich nicht besonders geregelt (Innominatkontrakt). Er enthält Elemente des Mietvertrags, des Kaufs, des Auftrags und des Hinterlegungsvertrags.[49]

2249 – **Stallwirte** («ceux qui tiennent des écuries publiques») sind – nach historischem Verständnis – Personen, die Tiere und Wagen und die dazu gehörigen Sachen aufbewahren.

2250 Im antiken Rom galten Gast- und Stallwirte (zusammen mit den Schiffern) als Personen von zweifelhaftem Ruf: Die Herberge diente nicht selten auch als Bordell, und die Wirte standen im Generalverdacht, mit Dieben gemeinsame Sache zu machen.[50]

2251 2. Den Kern der gesetzlichen Sondernormen bildet eine **verschärfte Haftung** der Gast- und Stallwirte für die Sachen, die vom Gast eingebracht werden (Art. 487 und 490 OR).

2252 Auf Grund der Entstehungsgeschichte wird die Haftung der Gast- und Stallwirte in der Schweiz[51] und in Deutschland[52] als *gesetzliche Haftung* qualifiziert, die an einen Beherbergungsvertrag anknüpft (und bei wirksamem Vertrag zur vertraglichen Haftung hinzutritt), aber auch dann Anwendung findet, wenn der Vertrag nicht gültig zustande gekommen ist.[53] Das Gesetz erlegt den Gast- und Stallwirten demnach

---

gung (zum Beispiel TH. KOLLER, Basler Komm., N 1 zu Art. 484 OR).

[49] BGE 120 II 252 ff. (253), E. 2a; Urteil des BGer. vom 11. Februar 2009, Nr. 4A_461/2008, E. 4; ausführlich BETTOJA, S. 90 ff.

[50] ZIMMERMANN, The Law of Obligations, S. 516 mit weiteren Hinweisen zum «Receptum nautarum cauponum stabulariorum» (S. 514 ff.); MEDICUS, Schuldrecht BT, Nr. 459; OSER/SCHÖNENBERGER, Zürcher Komm., N 1 zu Art. 487 OR.

[51] OSER/SCHÖNENBERGER, Zürcher Komm., N 3 f. zu Art. 487 OR; TERCIER/FAVRE/COUCHEPIN, Nr. 6730 f.; TH. KOLLER, Basler Komm., N 2 in fine zu Art. 487 OR; a.M. BETTOJA, S. 118 ff. (stillschweigend vereinbarte *vertragliche* Schutzpflicht).

[52] BGHZ 63, S. 333 ff. (336), E. IV./1; MEDICUS, Schuldrecht BT, Nr. 459; FIKENTSCHER/HEINEMANN, Nr. 1302; ESSER/WEYERS II/1, S. 340; HOLOCH, S. 359; STAUDINGER/WERNER (2006), Vorbem. zu §§ 701 ff. BGB, N 5.

[53] Für die Notwendigkeit eines Beherbergungs- oder Gastaufnahmevertrags demgegenüber TH. KOLLER,

eine besondere Garantenpflicht auf (freilich nur in begrenztem Umfang). Die Haftung folgt vertraglichen Grundsätzen (Verjährung nach Art. 127 OR).[54]

Wertungsmässiger Hintergrund ist aus heutiger Sicht die *besondere Schutzbedürftigkeit der Reisenden,* welche auf die Dienste des Gastwirts (als eines besonderen Aufbewahrers) angewiesen sind[55] und im Fall von Verlusten der eingebrachten Sachen regelmässig in einen Beweisnotstand geraten würden[56]. In Stichworten gilt Folgendes: **2253**

– Kausalhaftung für den Betrag bis 1000 Franken (Art. 487 und 490 OR);   **2254**

Für den darüber hinausgehenden Schaden haftet der Gast- und Stallwirt nur bei Verschulden. Nach der Rechtsprechung liegt die Beweislast in diesem Fall beim Gast.[57] Diese Auffassung verdient jedoch keine Zustimmung: Massgebend ist die Verschuldensvermutung von Art. 97 Abs. 1 OR, zumal die Sondervorschriften über die Gast- und Stallwirte die Rechtsstellung des Gastes nicht schmälern, sondern stärken wollen.[58]   **2255**

– Sonderregeln für die Haftung für Kostbarkeiten (Art. 488 OR);   **2256**

– Erlöschen (Verwirkung) der Ansprüche des Gastes, wenn der Schaden nicht sofort nach Entdeckung dem Gastwirt angezeigt wird (Art. 489 Abs. 1 OR);   **2257**

– zwingende Natur dieser Haftung gemäss Art. 489 Abs. 2 OR, der anordnet, dass der Gastwirt sie nicht «durch Anschlag» einschränken oder wegbedingen und auch nicht von anderen als den gesetzlich genannten Bedingungen abhängig machen kann. Nach der hier vertretenen Auffassung ist auf Grund dieser Bestimmung eine Freizeichnung durch den Wirt unzulässig, die Haftung zu Gunsten des Gastes also zwingend (für das deutsche Recht vgl. die besondere Regelung in § 702a BGB).[59]   **2258**

3. Wegen der **Änderung der Realien** bietet die Bestimmung des *Anwendungsbereichs dieser besonderen Haftungsnormen* besondere Probleme. Folgendes lässt sich festhalten: **2259**

– Die Bestimmungen von Art. 487 ff. OR und namentlich die dortige Haftungsordnung setzen grundsätzlich (Nr. 2251 ff.) den Abschluss eines Gastaufnahmevertrags (Beherbergungsvertrags) voraus. Auf einen Wirt (Restaurateur), der keine Beherbergungen vornimmt, sondern lediglich Gäste in seinem Restaurant bewirtet, sind diese Vorschriften nach einhelliger Auffassung nicht anwendbar.[60]   **2260**

Ob also der Restaurateur für den Diebstahl von Mänteln, Jacken und anderen Kleidungsstücken seiner Restaurantgäste haftet, bestimmt sich nicht nach den Art. 487 ff. OR, sondern nach der Frage, ob den Restaurateur eine Aufbewahrungspflicht hinsichtlich dieser Kleider trifft, die sich aus einem selbständig abgeschlossenen Hinterlegungsvertrag oder aus einer entsprechenden Klausel des Gastaufnahme-   **2261**

Basler Komm., N 2 zu Art. 487 OR (der dortige Hinweis auf BGE 46 II 116 ff. [118], E. 2, ist jedoch nicht schlüssig).

54   BGE 120 II 252 ff. (258), E. 3b/aa («responsabilité contractuelle»); Oser/Schönenberger, Zürcher Komm., N 4 und 18 zu Art. 487 OR.

55   Tercier/Favre/Couchepin, Nr. 6729; Holoch, S. 358 f.; Fikentscher/Heinemann, Nr. 1302.

56   Oser/Schönenberger, Zürcher Komm., N 1 in fine zu Art. 487 OR; Staudinger/Werner (2006), Vorbem. zu §§ 701 ff. BGB, N 4.

57   BGE 120 II 252 ff. (253), E. 2a; 76 II 154 ff. (160 oben), E. 2.

58   Zutreffend Bucher, OR BT, S. 282; Th. Koller, Basler Komm., N 12 zu Art. 487 OR; Bettoja, S. 252.

59   Th. Koller, Basler Komm., N 2 in fine zu Art. 487 OR und N 5 zu Art. 489 OR; Tercier/Favre/Couchepin, Nr. 6746; Weber, Berner Komm., N 47 zu Art. 100 OR; a.M. Oser/Schönenberger, Zürcher Komm., N 19 zu Art. 487 OR und N 2 zu Art. 489 OR; Bettoja, S. 257.

60   BGE 108 II 449 ff. (451 f.), E. 2.

vertrags ergeben kann.[61] – Liegt demgegenüber ein Gastaufnahmevertrag (Beherbergungsvertrag) vor, so ist der Haftungsausschluss durch entsprechende Anschläge («Keine Haftung für Garderobe») nach dem Gesagten ausgeschlossen (Art. 489 Abs. 2 OR; Nr. 2258).

2262 – Das Motorfahrzeug, das der Gast, der in einem Hotel logiert, in dessen Sammelgarage einstellt, fällt unter die Haftung des Gastwirts (Art. 487 OR), aber nicht (mehr) unter die Haftung des Stallwirts.[62] In einem Urteil des Jahres 1969[63] erklärte das Bundesgericht konsequenterweise die Bestimmung von Art. 490 OR im Zeitalter der Motorfahrzeuge für obsolet.[64]

2263 – Die Haftung des Gastwirts gilt auch für Fahrzeuge, die auf bewachten Parkplätzen abgestellt werden; sie entfällt jedoch beim Diebstahl eines auf der Strasse vor dem Hotel oder auf einem offenen Parkplatz abgestellten Fahrzeugs.[65]

2264 4. Im Weiteren billigt das Gesetz den Gast- und Stallwirten an den eingebrachten Sachen ein **Retentionsrecht** für Forderungen aus Beherbergung und Unterkunft zu (Art. 491 Abs. 1 OR). Die Bestimmungen über das Retentionsrecht des Vermieters sind analog anwendbar (Art. 491 Abs. 2 OR).

4. Die Sequestration

2265 1. **Sequester** («le séquestre») ist gemäss Art. 480 OR eine Person (Aufbewahrer), bei der eine Mehrheit von Personen (Mehrheit von Hinterlegern) eine Sache hinterlegt, weil *unklar* oder *streitig* ist, *wem diese Sache zusteht.*

2266 2. Der Sequester darf die hinterlegte Sache nur mit Zustimmung aller Beteiligten oder auf Geheiss des Gerichts **herausgeben** (Art. 480 in fine OR).

---

[61] BGE 108 II 449 ff. (452 f.), E. 3a; 109 II 234 ff.

[62] BGE 76 II 154 ff. (162), E. 4: Motorfahrzeuge sind den durch Zugtiere beförderten Wagen nicht gleichzustellen (Änderung der Rechtsprechung); ebenso BGE 120 II 252 ff. (254 f.), E. 2b, wo zudem klargestellt wird, dass Motorfahrzeuge, die in der Hotelgarage abgestellt werden, nicht als Kostbarkeiten im Sinn von Art. 488 Abs. 1 und 2 OR gelten; dazu kritisch Bettoja, S. 252 ff.

[63] BGE 95 II 541 ff. (543 f.), E. 2.

[64] Bestätigt in BGE 120 II 252 ff. (254), E. 2b.

[65] BGE 120 II 252 ff. (255), E. 2c, mit dem Hinweis, dass im Fall einer privaten Parkgebühr Miete vorliegt.

§ 25   Die Bürgschaft

Sonderliteratur (Auswahl):

2267

BECK EMIL, Das neue Bürgschaftsrecht, Kommentar, Zürich 1942.

BUCHER EUGEN, Grundprobleme des Kontokorrentrechts – Überlegungen aus Anlass zweier neuer Entscheidungen des Bundesgerichts, recht 1994, S. 168 ff.

BÜSSER ANDRES, Einreden und Einwendungen der Bank als Garantin gegenüber dem Zahlungsanspruch des Begünstigten – Eine systematische Darstellung unter besonderer Berücksichtigung des Zwecks der Bankgarantie, Diss. Freiburg 1997 (AISUF Band 165).

EMMENEGGER SUSAN, Garantie, Schuldbeitritt und Bürgschaft – vom bundesgerichtlichen Umgang mit gesetzgeberischen Inkohärenzen, ZBJV 143/2007, S. 561 ff.

GIOVANOLI SILVIO/SCHAETZLE MARC, Berner Kommentar, Kommentar zum schweizerischen Privatrecht, Band VI: Das Obligationenrecht, 2. Abteilung: Die einzelnen Vertragsverhältnisse, 7. Teilband: Die Bürgschaft, Spiel und Wette, Art. 492–515 OR, Der Leibrentenvertrag und die Verpfründung, Art. 516–529 OR, 2. Aufl., Bern 1978.

HANDSCHIN LUKAS, Zur Abgrenzung von Garantievertrag und Bürgschaft; Akzessorietät der Verpflichtung als massgebendes Kriterium, in: SZW 1994, S. 226 ff.

KLEINER BEAT, Bankgarantie – Die Garantie unter besonderer Berücksichtigung des Bankgarantiegeschäftes, 4. Aufl., Zürich 1990.

OSER HUGO/SCHÖNENBERGER WILHELM, Kommentar zum Schweizerischen Zivilgesetzbuch, V. Band: Das Obligationenrecht, 3. Teil: Art. 419–529 OR, 2. Aufl., Zürich 1945.

SCHMID JÖRG, Die öffentliche Beurkundung von Schuldverträgen – Ausgewählte bundesrechtliche Probleme, Diss. Freiburg 1988 (AISUF Band 83), Nr. 488 ff., S. 139 ff.

DERSELBE, Quelques questions de forme, in: Journée juridique à l'intention des notaires (Fribourg, le 27 octobre 1995), Unterlage 3.

SCYBOZ GEORGES, Garantievertrag und Bürgschaft, in: Schweizerisches Privatrecht, Band VII/1, Basel und Stuttgart 1979, S. 315 ff.

SPAINI MAURO, Die Bankgarantie und ihre Erscheinungsformen bei Bauarbeiten, Diss. Freiburg, Dietikon 2000.

TERCIER PIERRE, Le cautionnement – La présentation générale, in: Journée juridique à l'intention des notaires (Fribourg, le 27 octobre 1995), Unterlage 2.

DERSELBE, Le cautionnement, Quelques questions de fond, in: Journée juridique à l'intention des notaires (Fribourg, le 27 octobre 1995), Unterlage 4.

WIEGAND WOLFGANG, Die Bürgschaft im Bankgeschäft, in: Wiegand Wolfgang (Hrsg.), Personalsicherheiten – Bürgschaft, Bankgarantie, Patronatserklärung und verwandte Sicherungsgeschäfte im nationalen und internationalen Umfeld, Bern 1997 (Berner Bankrechtstag, Band 4), S. 175 ff.

ZOBL DIETER, Die Bankgarantie im schweizerischen Recht, in: Wiegand Wolfgang (Hrsg.), Personalsicherheiten – Bürgschaft, Bankgarantie, Patronatserklärung und verwandte Sicherungsgeschäfte im nationalen und internationalen Umfeld, Bern 1997 (Berner Bankrechtstag, Band 4), S. 23 ff.

I. Allgemeines

1. Die Rechtsquellen

2268 1. **Sedes materiae** des Bürgschaftsvertrages («le cautionnement») sind die **Art. 492–512 OR**. Diese Bestimmungen erliess der Gesetzgeber unter dem Eindruck einer «schweren Bürgschaftskrise». Zu den Merkmalen dieser Krise gehörte, dass

2269 in häufigen Fällen «ein einzelner sich weit über seine Leistungsfähigkeit hinaus mit Bürgschaften belastet hat, die auch in normalen Zeiten auf die Dauer nicht tragbar gewesen wären, belaufen sich doch die Bürgschaftsverpflichtungen oft auf das Mehrfache des gesamten Vermögens Oft [kam] es zu sogenannten Kettenbürgschaften, sodass mitunter ein grosser Teil der Einwohner eines Dorfes oder Bezirks durch Bürgschaftsverpflichtungen, Gegenverpflichtungen, Rück- und Weiterverpflichtungen zu einer Schicksalsgemeinschaft verbunden sind. Der Sturz eines einzigen grösseren Schuldners wirkt sich dann häufig für eine ganze Gegend katastrophal aus, indem er nicht nur seine unmittelbaren Bürgen und ihre Rück- und Nachbürgen mitreisst, sondern auch die Bürgen dieser Bürgen, ihre Gläubiger usw.».[1] Diese Stelle, die der bundesrätlichen Botschaft aus dem Jahre 1939 entnommen ist, belegt die Stossrichtung der gesetzlichen Bestimmungen, die sehr ausgeprägt auf den Schutz des Bürgen bedacht sind (vgl. Art. 492 Abs. 4 OR).

2270 2. Bürgschaftsrechtliche Einzelfragen sind auch in **weiteren Gesetzesbestimmungen** geregelt, zum Beispiel:[2]

2271 – im Allgemeinen Teil des OR in den Art. 85 Abs. 2, 114 Abs. 1, 116 Abs. 2, 117 Abs. 3, 121, 135 Ziff. 1, 136 Abs. 2 und 3, 141 Abs. 3 sowie 178 Abs. 2 OR;

2272 Bei der «Wechselbürgschaft» (Art. 1020 ff. OR) handelt es sich um eine selbständige Wechselverpflichtung, nicht um eine bloss akzessorische Verpflichtung, weshalb das ordentliche Bürgschaftsrecht auf sie nicht anwendbar ist.[3]

2273 – im Zivilgesetzbuch in den Art. 395 Abs. 1 Ziff. 9, 408, 582 Abs. 1, 591 und 637 Abs. 2 ZGB;

2274 – in Normen des SchKG, der ZPO, des BGBB (Art. 76 Abs. 1 lit. b) sowie des BG über die Finanzhilfen an gewerbeorientierte Bürgschaftsorganisationen vom 6. Oktober 2006 (SR 951.25).

2275 3. Die Normen des 20. OR-Titels über die Bürgschaft sind grossmehrheitlich zu Gunsten des Bürgen **zwingend**: Soweit sich nämlich aus dem Gesetz nicht etwas anderes ergibt, kann gemäss Art. 492 Abs. 4 OR der Bürge auf die «in diesem Titel» eingeräumten Rechte nicht zum Voraus verzichten (teilzwingende Normen).

2. Die Qualifikation

2276 1. Durch den Bürgschaftsvertrag **verpflichtet sich der Bürge gegenüber dem Gläubiger des Hauptschuldners, für die Erfüllung der Schuld** (dieses Hauptschuldners) **einzustehen** (Art. 492 Abs. 1 OR). Folgende Merkmale sind demnach typisch:

---

[1] BBl 1939 II, S. 845 f.

[2] Vgl. etwa TERCIER/FAVRE/EIGENMANN, Nr. 6771.

[3] BGE 79 II 79 ff. (80), E. 1.

– Die Vertragsbeziehung «Bürgschaft» besteht zwischen dem Bürgen und dem Gläubiger; 2277
  der Schuldner (Hauptschuldner des Gläubigers) ist nicht Vertragspartei.

– Der Bürge verpflichtet sich, für die Erfüllung der Schuld des Hauptschuldners einzu- 2278
  stehen. Er verspricht also, dem Gläubiger unter der Bedingung, dass die Leistung des
  Hauptschuldners ausbleibt, seinerseits eine Leistung zu erbringen.

  Dadurch erhält der Gläubiger – zusätzlich zu seiner Forderung gegenüber dem Hauptschuldner – eine 2279
  Forderung gegen den Bürgen (Personalsicherheit).

– Ein besonderes Entgelt (etwa von Seiten des Schuldners, für dessen Hauptschuld der 2280
  Bürge einstehen soll) ist kein Element des Bürgschaftsvertrags.

2. Die Bürgschaft ist **abzugrenzen** von ähnlichen Rechtsfiguren mit Sicherungszweck (Perso- 2281
nalsicherheiten). Zu denken ist vor allem an den *bürgschaftsähnlichen Garantievertrag* sowie an die *kumulative Schuldübernahme*.[4] Die Abgrenzung ist heikel, praktisch aber wichtig: Die Bürgschaft untersteht strengen Formvorschriften, während Garantievertrag und
kumulative Schuldübernahme formfrei abgeschlossen werden können. Das Bürgschaftsrecht enthält sodann zahlreiche weitere zwingende Bestimmungen zu Gunsten des Bürgen
(vgl. Art. 492 Abs. 4 OR), wogegen das Gesetz beim Garantievertrag – der üblicherweise
unter Art. 111 OR subsumiert wird – und der kumulativen Schuldübernahme der sichernden Person keinen solchen Schutz gewährt. Im Einzelnen lässt sich zur Abgrenzung Folgendes festhalten:

– Entscheidendes Kriterium für die Abgrenzung einer Bürgschaft vom **bürgschaftsähn-** 2282
  lichen Garantievertrag ist nach Lehre und Rechtsprechung die sogennante *Akzessori-*
  etät der Bürgschaft (Nr. 2306 ff.).[5] Dabei handelt es sich um eine Kurzbezeichnung, die
  auf den Umstand zielt, dass (bei der Bürgschaft) die Sicherheit eine rechtswirksame
  Hauptschuld voraussetzt (Art. 492 Abs. 2 OR) und deren Schicksal teilt: Die akzessorische Verpflichtung ist von der Hauptschuld abhängig (z.B. Art. 509 Abs. 1 OR) und folgt
  dieser als Nebenrecht; der Bürge als akzessorisch Verpflichteter darf dem Gläubiger
  alle Einreden und Einwendungen entgegenhalten, die dem Hauptschuldner zustehen.[6]
  Demgegenüber verspricht beim Garantievertrag der Garant dem Garantienehmer eine
  Leistung, die unabhängig ist von der Verbindlichkeit eines Dritten.[7]

  Ob im Einzelfall eine Bürgschaft oder ein Garantievertrag vorliegt, ist im Blick auf 2283
  das oben genannte Akzessorietätskriterium durch Auslegung des konkreten Sicherungs-
  vertrags zu ermitteln.[8] Führt die Auslegung nach Wortlaut, Sinn und Zweck, nach dem
  Sachzusammenhang und der inhaltlichen Ausgestaltung der einzelnen Erklärungen
  nicht zu einem eindeutigen Ergebnis, so greifen nach Lehre und Rechtsprechung ver-

---

[4] GAUCH/SCHLUEP/EMMENEGGER, Nr. 3646 f. und 3938 ff.; ausführlich EMMENEGGER, ZBJV 143/2007,
     S. 561 ff.

[5] BGE 113 II 434 ff. (437), E. 2b; 125 III 305 ff. (308), E. 2b; Urteil des BGer. vom 9. April 2002,
     Nr. 4C.274/2001, E. 3 (mit Aufzählung der Indizien, welche für den Abschluss eines Garantievertrags
     sprechen); Urteil des BGer. vom 20. März 2003, Nr. 4C.376/2002, E. 3.3.1; BGE 131 III 511 ff. (525 f.),
     E. 4.3 (für das internationale Verhältnis); zum Ganzen aus der Lehre etwa ZOBL, Die Bankgarantie,
     S. 31 ff.; EMMENEGGER, ZBJV 143/2007, S. 561 ff. – Allerdings kann auch eine selbständige Garantie nie
     völlig vom Grundvertrag losgelöst betrachtet werden (vgl. etwa BGE 122 III 321 ff. [322 f.], E. 4a, wo
     festgehalten wird, dass der Gläubiger die Bezahlung der Garantie nicht verlangen darf, um die Nichter-
     füllung eines anderen als des Grundvertrags zu decken; BÜSSER, Nr. 1193 ff.).

[6] Zur Akzessorietät Nr. 2306 ff.

[7] BGE vom 22. September 1999, in: Semjud 122/2000 I, S. 305 ff.; BÜSSER, Nr. 574 ff.

[8] BGE 113 II 434 ff. (437), E. 2c; 125 III 305 ff. (308 f.), E. 2b.

schiedene Vermutungen Platz: Einerseits gilt die Vermutung, dass zur Verwirklichung des vom Bürgschaftsrecht angestrebten Schutzes des Verpflichteten im Zweifelsfall eher auf Bürgschaft zu schliessen ist.[9] Deshalb sind auch «Garantieerklärungen» von Privatpersonen jedenfalls bei Geschäftsunerfahrenheit eher dem Bürgschaftsrecht zuzuordnen.[10] Demgegenüber sind Garantieerklärungen geschäftsgewandter Banken und Sicherungsgeschäfte über Auslandverträge vermutungsweise als Garantien (und nicht als Bürgschaften) zu qualifizieren.[11] Bei alledem besteht jeweils bis zur letztinstanzlichen Klärung des konkreten Einzelfalls eine erhebliche Rechtsunsicherheit; ihr Ursprung liegt darin, dass der Gesetzgeber diese beiden sehr ähnlich gelagerten Sicherungsgeschäfte ausserordentlich unterschiedlich geregelt hat.

2284   Illustrativ dazu ein Urteil des Bundesgerichts aus dem Jahr 2003:[12] «Es ist als Inkohärenz der Rechtsordnung zu werten, dass das gleiche wirtschaftliche Ziel der Verstärkung der Gläubigerposition mit zwei (bzw. mehreren) rechtlichen Gestaltungsmöglichkeiten erreicht werden kann, indessen nur die Bürgschaft zum Schutz der sich verpflichtenden Partei an besondere Formvorschriften geknüpft ist. Daraus ergibt sich ein Spannungsverhältnis zwischen der aus der Vertragsfreiheit fliessenden Wahlfreiheit zwischen zwei Rechtsinstituten und dem Erfordernis, einer Umgehung der nur für das eine Rechtsinstitut vorgesehenen Formvorschriften entgegenzutreten.»

2285   – Bei der **kumulativen Schuldübernahme** («Schuldbeitritt», «Schuldmitübernahme»), die im Gesetz nicht vorgesehen, in Art. 143 OR aber als rechtliche Gestaltungsmöglichkeit vorausgesetzt wird,[13] begründet der Schuldübernehmer eine eigene, zur Verpflichtung eines (anderen) Schuldners hinzutretende, selbständige Verpflichtung; er «tritt» also als Schuldner «hinzu», indem er eine Drittschuld persönlich und selbständig mitübernimmt.[14] Bei einer solchen Schuldübernahme hat der sich Verpflichtende (anders als der Bürge bei der Bürgschaft) regelmässig ein erkennbares eigenes Interesse am Geschäft, das zwischen dem Hauptschuldner und dem Gläubiger geschlossen wurde. Demgegenüber handelt es sich bei der Bürgschaft typischerweise um ein uneigennütziges Geschäft, das zur Sicherstellung einer Verpflichtung von Familienangehörigen oder engen Freunden eingegangen wird.[15] Doch ist zu beachten, dass Bürgschaftsverträge auch im Geschäftsverkehr abgeschlossen werden (z.B. nach Art. 181 SIA-Norm 118), wo das Kriterium des Eigeninteresses des sichernden Dritten kaum durchschlägt.

2286   3. Als **Personalsicherheit** ist die Bürgschaft sodann abzugrenzen von den Realsicherheiten (Pfandbestellung, Sicherungsübereignung usw.), die dem Gläubiger ein dingliches Recht verschaffen.[16]

2287   4. Das Gesetz regelt mehrere **Bürgschaftsarten**. Praktisch wichtig sind vor allem die einfache Bürgschaft und die Solidarbürgschaft:

---

9   BGE 113 II 434 ff. (438), E. 2c; 129 III 702 ff. (709 f.), E. 2.5.
10   BGE 125 III 305 ff. (308 f.), E. 2b; 129 III 702 ff. (709 f.), E. 2.5.
11   BGE 113 II 434 ff. (437 f.), E. 2c; 131 III 511 ff. (525), E. 4.3; Emmenegger, ZBJV 143/2007, S. 569 f.
12   BGE 129 III 702 ff. (705 f.), E. 2.3.
13   Urteil des BGer. vom 10./17. Dezember 2002, Nr. 4C.154/2002, E. 3.1.
14   BGE 129 III 702 ff. (704), E. 2.1; 113 II 434 ff. (435 f.), E. 2.
15   BGE 129 III 702 ff. (710), E. 2.6; Urteil des BGer. vom 21. November 2007, Nr. 4A_316/2007, E. 5.4; Urteil des BGer. vom 19. Dezember 2007, Nr. 4A_420/2007, E. 2.2.3.
16   Zu den Pfandrechten (Grund- und Fahrnispfandrechten) als Sicherungs- und Verwertungsrechte vgl. etwa Schmid/Hürlimann-Kaup, Sachenrecht, Nr. 1462 ff.

– Bei der *einfachen Bürgschaft* kann der Gläubiger den Bürgen erst dann zur Zahlung anhalten, wenn nach Eingehung der Bürgschaft der Hauptschuldner in Konkurs geraten oder bis zu einem definitiven Verlustschein betrieben worden ist (Art. 495 Abs. 1 OR).   2288

– Bei der *Solidarbürgschaft* kann der Bürge (Solidarbürge) vor dem Hauptschuldner und (schon) vor der Verwertung der Grundpfänder belangt werden, sofern der Hauptschuldner mit seiner Leistung im Rückstand und erfolglos gemahnt worden oder seine Zahlungsunfähigkeit offenkundig ist (Art. 496 Abs. 1 OR).   2289

Die Solidarbürgschaft ist also «günstiger» für den Gläubiger und belastender für den Bürgen als die einfache Bürgschaft.   2290

Als *weitere Bürgschaftsarten* seien stichwortartig die Folgenden erwähnt: 2291

– Bei der *Mitbürgschaft* verbürgen sich mehrere Personen gemeinsam für die gleiche (teilbare) Hauptschuld (Art. 497 Abs. 1 OR).   2292

– Bei der *Nachbürgschaft* verpflichtet sich der Nachbürge gegenüber dem Gläubiger für die Erfüllung der vom Vorbürgen übernommenen Verbindlichkeit (Art. 498 Abs. 1 OR).   2293

– Bei der *Rückbürgschaft* verpflichtet sich der Rückbürge, dem zahlenden Bürgen für den Rückgriff einzustehen, der diesem gegen den Hauptschuldner zusteht (Art. 498 Abs. 2 OR).   2294

3. Die Vertragsentstehung

Der Bürgschaftsvertrag entsteht als **Konsensualvertrag** grundsätzlich nach der allgemeinen Regel von Art. 1 OR, also durch den Austausch übereinstimmender Willenserklärungen. Da der Bürgschaftsvertrag für den Gläubiger rein begünstigend ist (einseitig verpflichtender Vertrag), kann von ihm stillschweigend eine Offerte zum Abschluss eines Bürgschaftsvertrags in Anwendung von Art. 6 OR angenommen werden.[17] Zu beachten sind Besonderheiten hinsichtlich der Form sowie der Handlungsfähigkeit: 2295

A. Form

1. Der Bürgschaftsvertrag unterliegt von Gesetzes wegen besonderen Formvorschriften, die den Schutz des Bürgen bezwecken. Allgemeines Formerfordernis ist die **schriftliche Erklärung** des Bürgen und die Angabe des zahlenmässig bestimmten **Höchstbetrags der Haftung** in der Bürgschaftsurkunde selbst (Art. 493 Abs. 1 OR).   2296

2. Die Bürgschaftserklärung einer *natürlichen Person* (also nur die Verbürgungserklärung und nicht der gesamte Vertrag) bedarf, sofern die Haftungssumme 2000 Franken übersteigt, «ausserdem der **öffentlichen Beurkundung**, die den am Ort ihrer Vornahme geltenden Vorschriften entspricht» (Art. 493 Abs. 2 Satz 1 OR).[18] Die gleiche Form, die in Art. 493 Abs. 3–4 OR näher ausgeführt und durch Ausnahmen durchbrochen wird, gilt auch für: 2297

– die nachträgliche (vertragliche) Abänderung der Bürgschaft (Art. 493 Abs. 5 OR, mit Ausnahmen);   2298

---

[17] BGE 123 III 35 ff. (41), E. 2c/aa; MEIER, Commentaire romand, N 7 zu Art. 492 OR.

[18] Zum Ganzen vgl. SCHMID, Die öffentliche Beurkundung, Nr. 488 ff.

2299 – die Erteilung einer besonderen Vollmacht zur Eingehung einer Bürgschaft (Art. 493 Abs. 6 OR);

2300 – das Versprechen, dem Vertragsgegner oder einem Dritten Bürgschaft zu leisten (Art. 493 Abs. 6 OR).

2301 3. Das Erfordernis der öffentlichen Beurkundung hat **Schutzfunktion zu Gunsten des Bürgen:** Die Form soll den Bürgen auf die Tragweite seiner Verpflichtung aufmerksam machen und ihn vor übereilten Bürgschaftsversprechen abhalten.[19] Beurkundungsbedürftig sind alle objektiv und subjektiv wesentlichen Angaben der Bürgenerklärung, nicht jedoch jene Vertragspunkte, welche den Bürgschaftsvertrag bloss in einem Nebenpunkt ergänzen oder die Stellung des Bürgen ausschliesslich in dessen Interesse erleichtern.[20] Die öffentliche Urkunde muss sodann nach Art. 493 Abs. 1 und 2 OR die Angabe des zahlenmässig bestimmten Höchstbetrags der Bürgenhaftung und dessen eigenhändige Unterzeichnung enthalten.[21]

2302 Zahlreiche Formfragen ergeben sich dann, wenn die Bürgschaft zu Gunsten einer Bank (oder eines andern professionellen Kreditgebers) errichtet wird und die Bürgschaftsurkunde auf Allgemeine Geschäftsbedingungen der Bank (die ihrerseits nicht öffentlich beurkundet wurden) verweist.[22]

B. Handlungsfähigkeit

2303 1. Zur Eingehung einer Bürgschaft bedarf der Bürge grundsätzlich der **Handlungsfähigkeit** nach den allgemeinen Regeln (Art. 12 ff. ZGB). Für verbeiständete Personen gilt das Mitwirkungserfordernis gemäss Art. 395 Abs. 1 Ziff. 9 ZGB. Zu Lasten einer bevormundeten Person dürfen keine Bürgschaften eingegangen werden (Art. 408 ZGB).

2304 2. Ist eine Person **verheiratet**, so bedarf die Bürgschaft zu ihrer Gültigkeit der im einzelnen Fall vorgängig oder spätestens gleichzeitig abgegebenen schriftlichen Zustimmung des Ehegatten (Art. 494 Abs. 1 OR).

2305 Keine Zustimmung ist erforderlich, wenn die Ehe durch gerichtliches Urteil getrennt ist (Art. 494 Abs. 1 OR).[23] Für nachträgliche Abänderungen einer Bürgschaft ist die Zustimmung des Ehegatten in gewissen Fällen erforderlich, in anderen nicht (Art. 494 Abs. 3 OR). Die Regelung gilt für eingetragene Partnerschaften sinngemäss (Art. 494 Abs. 4 OR).

4. Die Akzessorietät der Bürgschaft

2306 1. Der Grundsatz der Akzessorietät besagt zur Hauptsache, dass jede Bürgschaft eine zu Recht bestehende Hauptschuld voraussetzt (Art. 492 Abs. 2 Satz 1 OR). Diese «**Abhängigkeit**» der Bürgschaft **von einer gültigen Hauptschuld** lässt sich wie folgt verdeutlichen:

---

[19] BGE 119 Ia 441 ff. (442), E. 2c; SCHMID, Die öffentliche Beurkundung, Nr. 490 mit Hinweisen.

[20] BGE 119 Ia 441 ff. (442 f.), E. 2c; SCHMID, Die öffentliche Beurkundung, Nr. 493 ff.; vgl. auch das Urteil des BGer. vom 17. Januar 2006, Nr. 4C.314/2005, E. 2, wonach eine falsche Datumsangabe und Ortsbezeichnung in der Bürgschaftsurkunde keine Formungültigkeit nach sich zieht.

[21] SCHMID, Die öffentliche Beurkundung, Nr. 499 ff.

[22] Vgl. etwa BGE 125 III 131 ff.

[23] Die Bestimmung von Art. 494 Abs. 2 OR, die eine Zustimmung des Ehegatten für entbehrlich erklärt, wenn der Bürge im Handelsregister in bestimmten Funktionen eingetragen ist, wurde durch die Änderung vom 17. Juni 2005 aufgehoben (BG vom 17. Juni 2005 [Bürgschaften, Zustimmung des Ehegatten], in Kraft seit 1. Dezember 2005 [AS 2005, S. 5097 f.]).

– Der Bürge sichert eine fremde Schuld, nämlich die Schuld des Hauptschuldners gegenüber dem Gläubiger (Hauptschuld). Fehlt es an einer gültigen Hauptschuld, so ist die Bürgschaft grundsätzlich unwirksam (Art. 492 Abs. 2 Satz 1 OR).[24]   2307

Die Haftung des Bürgen bezieht sich mit anderen Worten auf eine bestimmte oder bestimmbare Schuld des Hauptschuldners und ist darauf beschränkt.[25] Der Bürge muss nur für die Hauptschuld und nicht ganz allgemein für die Solvenz des Hauptschuldners einstehen.[26] Die Anforderungen der Akzessorietät sind gewahrt, wenn «ein eindeutig identifizierbares Rechtsverhältnis zwischen Gläubiger und Hauptschuldner genannt wird»,[27] was in der Regel voraussetzt, dass der Gläubiger identifiziert werden kann und der Grund der Forderung bekannt ist.[28]   2308

– Der Bürge kann erst belangt werden, wenn die Hauptschuld fällig ist (Art. 501 Abs. 1 OR).   2309

– Der Bürge darf (und muss) dem Gläubiger alle Einreden und Einwendungen entgegenhalten, welche dem Hauptschuldner zustehen (Art. 502 Abs. 1–3 OR).[29]   2310

– Die Bürgschaftsforderung des Gläubigers kann nicht separat, sondern nur als («akzessorisches») Nebenrecht der Hauptforderung abgetreten werden (Art. 170 Abs. 1 OR).   2311

– Erlischt die Hauptschuld, wird der Bürge frei (Art. 509 Abs. 1 OR).   2312

2. Das Akzessorietätsprinzip erfährt im Gesetz verschiedene **Präzisierungen**:   2313

– Eine Bürgschaft kann auch zur Sicherung einer künftigen oder bedingten Hauptschuld eingegangen werden (Art. 492 Abs. 2 Satz 2 OR). Die Frage nach dem Vorliegen einer gültigen Hauptschuld bestimmt sich dann nicht nach dem Zeitpunkt des Abschlusses des Bürgschaftsvertrags, sondern nach dem Zeitpunkt der Geltendmachung der Bürgenhaftung.[30]   2314

Wird «ein eindeutig identifizierbares Rechtsverhältnis zwischen Gläubiger und Hauptschuldner genannt», so kann nach der neueren Rechtsprechung (innerhalb dieses Rahmens) eine beliebige Zahl zukünftiger Forderungen gesichert werden.[31]   2315

– Durchbrochen wird das Akzessorietätsprinzip, wenn sich der Bürge wissentlich für eine Schuld verbürgt, die wegen Irrtums oder Vertragsunfähigkeit des Hauptschuldners unwirksam ist oder die bereits verjährt ist (Art. 492 Abs. 3 OR). Hier sind dem Sicherungsverpflichteten die entsprechenden Einreden nach Art. 502 Abs. 1 Satz 2 OR ausdrücklich abgeschnitten.   2316

Von der Sache her liegt in diesen Fällen keine Bürgschaft, sondern ein selbständiges Garantieversprechen (Art. 111 OR) vor.[32]   2317

---

[24]   BGE 120 II 35 ff. (37), E. 3a.
[25]   BGE 128 III 434 ff. (437 f.), E. 3.3.
[26]   BUCHER, OR BT, S. 288.
[27]   BGE 128 III 434 ff. (439), E. 3.4.
[28]   BGE 120 II 35 ff. (38), E. 3a. Diese Aussage ist nach der hier vertretenen Auffassung durch BGE 128 III 434 ff. (439), E. 3.4, grundsätzlich nicht überholt; der letztgenannte Entscheid enthält jedoch Präzisierungen für den Fall der Verbürgung künftiger Schulden.
[29]   BGE 113 II 434 ff. (437), E. 2b.
[30]   BUCHER, OR BT, S. 288.
[31]   BGE 128 III 434 ff. (439), E. 3.4, in Anlehnung an WIEGAND, Die Bürgschaft im Bankgeschäft, S. 203, und in teilweiser Abkehr von BGE 120 II 35 ff.
[32]   BGE 113 II 434 ff. (437), E. 2b; BUCHER, OR BT, S. 288.

II. Die Pflichten des Bürgen

1. Im Allgemeinen

2318 Die Hauptpflicht des Bürgen besteht darin, nach Massgabe des Bürgschaftsvertrags gegenüber dem Gläubiger des Hauptschuldners für die Erfüllung der Schuld einzustehen. Die Bürgenpflicht stellt also eine **bedingte Leistungsverpflichtung** (Zahlungsverpflichtung) dar: Leistet der Hauptschuldner nicht oder nicht richtig an seinen Gläubiger, so hat der Bürge dafür einzustehen.

2319 Diese Pflicht ist im Folgenden näher zu untersuchen hinsichtlich des Umfangs der Bürgenhaftung (Nr. 2320 ff.) und der Voraussetzungen seiner Belangbarkeit (Nr. 2331 ff.). Die Folgen bei Zahlung betreffen das Verhältnis des Bürgen zum Hauptschuldner und werden separat behandelt (Nr. 2354).

2. Der Umfang der Bürgenhaftung

2320 1. Der Bürge haftet nur bis zu dem in der Bürgschaftsurkunde angegebenen **Höchstbetrag** (Art. 499 Abs. 1 in Verbindung mit Art. 493 Abs. 1 OR).

2321 Diese Begrenzung schützt den Bürgen und gilt namentlich auch dann, wenn die Schuld, deren Sicherung die Bürgschaft dient, höher ist.

2322 2. Bis zu diesem Höchstbetrag haftet der Bürge – unter Vorbehalt einer anderen Abrede – für folgende **Positionen**:

2323 – für die Hauptschuld mit Einschluss der gesetzlichen Folgen des Verschuldens oder Verzuges des Hauptschuldners (Art. 499 Abs. 2 Ziff. 1 OR);

2324 Indessen besteht die Bürgenhaftung von Gesetzes wegen (unter Vorbehalt einer ausdrücklich abweichenden Vereinbarung) nicht für den aus dem Dahinfallen des Vertrags entstehenden Schaden und ebenso wenig für eine Konventionalstrafe (Art. 499 Abs. 2 Ziff. 1 OR).[33] Die gesetzliche Regelung ist für den aus dem Dahinfallen des Vertrags entstehenden Schaden schwer verständlich, da der Bürge nach dieser Konzeption wohl für das positive Interesse (Schadenersatz wegen Nichterfüllung gemäss Art. 97 Abs. 1 oder Art. 107 Abs. 2 OR), nicht aber für den Ersatz des negativen Interesses (bei Rücktritt vom Vertrag nach Art. 109 Abs. 2 OR) einstehen muss.[34] – Ebenso wenig deckt die Bürgschaft eine Schadenersatzpflicht des Hauptschuldners für Verschulden vor oder bei Vertragsabschluss (culpa in contrahendo).[35]

2325 – für die Kosten der Betreibung und des Prozesses, soweit dem Bürgen rechtzeitig Gelegenheit gegeben wurde, sie durch Befriedigung des Gläubigers zu vermeiden, sowie gegebenenfalls für die Kosten für die Herausgabe von Pfändern und die Übertragung von Pfandrechten (Art. 499 Abs. 2 Ziff. 2 OR);

2326 – für gewisse Zinsen (Art. 499 Abs. 2 Ziff. 3 OR).

2327 3. Unter Vorbehalt anderer Abmachung haftet der Bürge nur für die **nach** der Unterzeichnung der Bürgschaft eingegangenen Verpflichtungen des Hauptschuldners (Art. 499 Abs. 3 OR).

---

[33] Zur Konventionalstrafe vgl. Urteil des BGer. vom 25. Oktober 2005, Nr. 4C.241/2005, E. 3.2.

[34] Kritisch BUCHER, OR BT, S. 298.

[35] OSER/SCHÖNENBERGER, Zürcher Komm., N 26 zu Art. 499 OR.

Die Bestimmung stellt gemäss bundesgerichtlicher Praxis eine widerlegbare Vermutung auf.[36] Das Ziel der Bürgschaft besteht (vermutungsweise) darin, dem Hauptschuldner zu neuem Kredit zu verhelfen, und nicht darin, für eine bereits bestehende Schuld einzustehen.

2328

4. Im Weiteren sieht das Gesetz eine besondere **Haftungsreduktion** in Art. 500 Abs. 1 OR vor: Bei Bürgschaften natürlicher Personen verringert sich der Haftungsbetrag (vorbehältlich einer anderen Vereinbarung) jedes Jahr um 3%, bei grundpfändlich gesicherten Forderungen um 1% des ursprünglichen Haftungsbetrags.

2329

Überdies ordnet das Gesetz (Art. 500 Abs. 1 Satz 2 OR) an, dass sich bei Bürgschaften natürlicher Personen der Haftungsbetrag mindestens im gleichen Verhältnis wie die Hauptschuld verringert.[37]

2330

3. Die Voraussetzungen der Belangbarkeit des Bürgen

1. Voraussetzung der Belangbarkeit des Bürgen ist zunächst ein **gültiger** (insbesondere formwirksamer) **Bürgschaftsvertrag**. Daran fehlt es, wenn die allgemeinen Gültigkeitsvoraussetzungen (Konsens, Handlungsfähigkeit, Fehlen von Inhaltsmängeln, Fehlen von Form- und Willensmängeln) nicht erfüllt sind.

2331

Weiter bedarf es nach dem Gesagten (Nr. 2306 ff.) einer **gültigen Hauptschuld** (Akzessorietät der Bürgschaft, Art. 492 Abs. 2 OR, mit den Ausnahmen von Abs. 3).

2332

2. Die **Hauptschuld**, also die Forderung des Gläubigers gegenüber dem Hauptschuldner, muss **fällig** sein; ein für die Hauptschuld vereinbarter Fälligkeitstermin bleibt nach Art. 501 Abs. 1 OR selbst dann massgebend, wenn die Fälligkeit durch Konkurs des Hauptschuldners vorgerückt wird (Art. 208 SchKG). Hängt die Fälligkeit der Hauptschuld von einer Kündigung durch den Gläubiger oder den Hauptschuldner ab, so beginnt die Frist für den Bürgen erst mit dem Tag zu laufen, an dem ihm diese Kündigung mitgeteilt wird (Art. 501 Abs. 3 OR).

2333

Das Gesetz gewährt dem Bürgen weitere Verteidigungsmöglichkeiten aus gerichtlich bewilligtem Zahlungsaufschub bei Sicherheitsleistung (Art. 501 Abs. 2 OR), bei ausländischer Devisengesetzgebung (Art. 501 Abs. 4 OR) sowie bei Gläubigerverzug (Art. 504 OR).

2334

3. Im Weiteren hängt die Antwort auf die Frage, wann der Bürge auf Zahlung belangt werden kann, von der **Art der Bürgschaft** ab. Bei einer *Solidarbürgschaft* (Art. 496 OR) kann der Gläubiger schneller auf ihn greifen als bei einer *einfachen Bürgschaft* (Art. 495 OR).

2335

Bestehen neben der Bürgschaft auch Pfandrechte zur Sicherung der Hauptforderung, so stellt das Gesetz Regeln über die Reihenfolge der Durchsetzung der verschiedenen Sicherheiten auf (Art. 495 Abs. 2 und Art. 496 Abs. 2 OR).

2336

4. Schliesslich ist der Bürge berechtigt, dem Gläubiger jene **Einreden und Einwendungen** entgegenzusetzen, die dem Hauptschuldner und seinen Erben zustehen und sich nicht auf die Zahlungsunfähigkeit des Schuldners stützen (Art. 502 Abs. 1 Satz 1 OR).[38] Diese Einreden stehen dem Bürgen auch dann zu, wenn der Hauptschuldner auf ihre Geltendmachung verzichtet (Art. 502 Abs. 2 OR).

2337

---

[36] BGE 128 III 434 ff. (439). E. 3.4.
[37] Kritisch BUCHER, OR BT, S. 299.
[38] Zu den möglichen Einreden und Einwendungen vgl. etwa PESTALOZZI, Basler Komm., N 2 ff. zu Art. 502 OR.

2338   Unterlässt der Bürge die Geltendmachung entsprechender Einreden und Einwendungen, so verliert er unter gewissen Voraussetzungen seinen Rückgriffsanspruch gegen den Hauptschuldner (Art. 502 Abs. 3 OR). Insofern kann man – entgegen dem Wortlaut von Art. 502 Abs. 1 OR («verpflichtet», «l'obligation») – nicht von einer echten Pflicht des Bürgen sprechen, sondern bloss von einer Obliegenheit.

III. Die Pflichten und Obliegenheiten des Gläubigers

2339   1. Den Gläubiger trifft grundsätzlich die Obliegenheit, **nicht zum Nachteil des Bürgen Sicherheiten oder Vorzugsrechte zu vermindern** (Art. 503 Abs. 1 Satz 1 OR). Sie wird vom Gesetz als *Sorgfaltspflicht* bezeichnet (Randtitel)[39] und bei Amts- und Dienstbürgschaften noch verschärft (Art. 503 Abs. 2 OR).

2340   Im Widerhandlungsfall verringert sich die Haftung des Bürgen um einen dieser Verminderung entsprechenden Betrag, soweit nicht nachgewiesen wird, dass der Schaden weniger hoch ist (Art. 503 Abs. 1 Satz 1 OR).

2341   2. Leistet der Bürge dem Gläubiger, so hat dieser die zur Geltendmachung der Rechte dienlichen **Urkunden herauszugeben** und die nötigen Aufschlüsse zu erteilen sowie allfällige Pfänder nach Massgabe von Art. 503 Abs. 3 OR herauszugeben.

2342   Bei Weigerung oder böswilligem oder grobfahrlässigem Verstoss des Gläubigers wird der Bürge sogar frei; er kann das Geleistete zurückfordern und für den ihm darüber hinaus erwachsenen Schaden Ersatz verlangen (Art. 503 Abs. 4 OR).

2343   3. Nach Art. 504 Abs. 1 OR ist der Gläubiger bei Fälligkeit der Hauptschuld auf Verlangen des Bürgen gehalten, von ihm **Zahlung anzunehmen** (Art. 504 Abs. 1 Satz 1 OR).

2344   Verweigert der Gläubiger die Zahlungsannahme in ungerechtfertigter Weise, so wird der Bürge frei (Art. 504 Abs. 2 OR).

2345   4. **Mitteilungspflichten** treffen den Gläubiger bei Verzug und Konkurs des Schuldners (Art. 505 OR).

2346   Verstösst der Gläubiger gegen diese Pflichten, so verliert er seine Ansprüche gegen den Bürgen, soweit diesem aus der Unterlassung des Gläubigers ein Schaden entstanden ist (Art. 505 Abs. 3 OR).

IV. Die Beendigung der Bürgschaft

2347   Das Gesetz sieht für den Dauervertrag «Bürgschaft» mehrere **Beendigungsgründe** vor:

2348   1. Zunächst erlischt die Bürgschaft durch jedes **Erlöschen der Hauptschuld** (Grundsatz der Akzessorietät; Art. 509 Abs. 1 OR).

2349   2. Die Bürgschaft kann sodann auch durch **Zeitablauf** erlöschen. Namentlich fällt jede Bürgschaft natürlicher Personen mit Ablauf von zwanzig Jahren nach ihrer Eingehung dahin (Art. 509 Abs. 3 OR mit Ausnahmen).

2350   Ist die Bürgschaft auf eine bestimmte Zeit eingegangen, so erlischt die Verpflichtung des Bürgen, wenn der Gläubiger nicht binnen vier Wochen nach Ablauf der Frist seine Forderung (das heisst: die verbürgte

---

[39] Vgl. zum Ganzen Oser/Schönenberger, Zürcher Komm., N 3 ff. zu Art. 503 OR.

Hauptforderung[40]) rechtlich geltend macht (Obliegenheit) und den Rechtsweg ohne erhebliche Unterbrechung verfolgt (Art. 510 Abs. 3 OR). Diese zeitliche Strenge rechtfertigt sich gemäss bundesgerichtlicher Praxis aus dem Interesse des Bürgen an einer Klärung von Grundsatz und Umfang seiner Haftung, aus der Tendenz zur Erleichterung seiner Befreiung von einer in aller Regel einseitig eingegangenen Verpflichtung und aus der Schwierigkeit der Schadensbestimmung bei unterlassener oder verzögerter Geltendmachung der Hauptforderung.[41]

3. Bei **unbefristeten Bürgschaften** stehen dem Bürgen die Beendigungsmöglichkeiten nach Art. 511 OR zu. 2351

4. In *Ausnahmefällen* ist die Bürgschaftsbeendigung durch **Rücktrittserklärung des Bürgen** möglich: Das trifft bei der Verbürgung für eine künftige Forderung zu, solange diese noch nicht entstanden ist. Der Bürge kann gemäss Art. 510 Abs. 1 OR jederzeit durch eine schriftliche Erklärung an den Gläubiger widerrufen – also den Rücktritt erklären –, sofern die Vermögensverhältnisse des Hauptschuldners sich seit der Unterzeichnung der Bürgschaft wesentlich verschlechtert haben oder wenn sich erst nachträglich herausstellt, dass seine Vermögenslage wesentlich schlechter ist, als der Bürge in guten Treuen angenommen hatte (Art. 510 Abs. 1 Satz 1 OR). Allerdings wird der Bürge dem Gläubiger ersatzpflichtig für den Schaden, der diesem daraus erwächst, dass er sich in guten Treuen auf die Bürgschaft verlassen hatte (Art. 510 Abs. 2 OR). 2352

Bei einer Amts- oder Dienstbürgschaft ist der Rücktritt allerdings nicht mehr möglich, wenn das Amts- oder Dienstverhältnis zustande gekommen ist (Art. 510 Abs. 1 Satz 2 OR). 2353

V. Das Verhältnis des Bürgen zum Hauptschuldner

Das Gesetz macht den Bürgschaftsvertrag nicht davon abhängig, dass zwischen dem Bürgen und dem Hauptschuldner vorgängig ein Vertragsverhältnis abgeschlossen worden ist. Namentlich ist auch eine Bürgschaft aus Gefälligkeit des Bürgen gegenüber dem Hauptschuldner möglich. Dennoch sieht das Gesetz gewisse Rechtsfolgen vor, welche das Verhältnis zwischen Bürge und Hauptschuldner gestalten: 2354

1. **Leistet der Bürge** an den Gläubiger, so entsteht von Gesetzes wegen zwischen Bürge und Hauptschuldner ein *besonderes Schuldverhältnis:* Gemäss **Art. 507 OR** gehen auf den Bürgen in demselben Masse, als er den Gläubiger befriedigt hat, dessen Rechte über. Durch *gesetzlichen Forderungsübergang (Subrogation)* erhält der Bürge ein Rückgriffsrecht gegen den Hauptschuldner, das er sofort nach Eintritt der Fälligkeit geltend machen kann (Art. 507 Abs. 1 OR). 2355

Neben der Forderung gehen auch gewisse Sicherheiten auf den zahlenden Bürgen über (Art. 507 Abs. 2 OR).[42] 2356

2. Aus den in **Art. 506 OR** aufgeführten Gründen kann der Bürge vom Hauptschuldner Sicherstellung und – wenn die Hauptschuld fällig ist – Befreiung von der Bürgschaft verlangen. Diese (beschränkte) Sicherungsmöglichkeit greift dann, wenn: 2357

---

40 BGE 125 III 322 ff. (325), E. 3a.
41 BGE 125 III 322 ff. (325 f.), E. 3b.
42 Ausführlich Bucher, OR BT, S. 306 f.

2358   – der Hauptschuldner den mit dem Bürgen getroffenen Abreden zuwiderhandelt, namentlich die auf einen bestimmten Zeitpunkt versprochene Entlastung des Bürgen nicht bewirkt (Ziff. 1);

2359   – der Hauptschuldner in Verzug kommt oder durch Verlegung seines Wohnsitzes in einen anderen Staat seine rechtliche Verfolgung erheblich erschwert (Ziff. 2);

2360   – der Verschlimmerung der Vermögensverhältnisse des Hauptschuldners, durch Entwertung von Sicherheiten oder durch Verschulden des Hauptschuldners die Gefahr für den Bürgen erheblich grösser geworden ist, als sie bei der Eingehung der Bürgschaft war (Ziff. 3).

6. Kapitel: Weitere Nominatverträge (Übersicht)

Im Folgenden erwähnt, aber nicht näher behandelt werden weitere Nominatverträge des OR, nämlich die Folgenden:

§ 26 Unterhalts-, Spiel- und Wettverträge

Unter diesem Titel lassen sich Vertragsarten zusammenfassen, bei denen die **Elemente des Zufalls** eine wesentliche Rolle spielen («aleatorische Verträge»): 2361

1. Eine dominierende Rolle spielt der Zufall namentlich bei **Spiel und Wette** (Art. 513 ff. OR). Grundsätzlich entstehen aus Spiel und Wette lediglich unvollkommene Obligationen,[1] keine klagbaren Forderungen (Art. 513 Abs. 1 OR), womit namentlich auch die Verrechnung ausscheidet. Während man hier zum Teil von «Ehrenschulden» spricht, ist bei dieser Rechtslage klar, dass die Erhebung der Spieleinrede nicht gegen Treu und Glauben verstösst.[2] Bezahlt der Verlierer aber freiwillig, erblickt das Gesetz darin ein korrektes Verhalten und steht – unter Vorbehalt des Art. 514 Abs. 2 OR – der Rückforderung des gezahlten Spielverlustes entgegen.[3] Verdrängt wird Art. 513 Abs. 1 OR in jenen Fällen, in denen Forderungen aus bewilligten «Lotterie- oder Ausspielgeschäften» (Art. 515 Abs. 1 OR) und aus «Glücksspielen» in bewilligten Spielbanken (Art. 515a OR) entstehen. Solche Forderungen sind klag- und verrechenbar; die Spieleinrede steht nicht offen. 2362

2. Vom Zufall beeinflusst sind aber auch der **Leibrentenvertrag** (Art. 516 ff. OR) sowie die **Verpfründung** (Art. 521 ff. OR), da hier Renten- oder Unterhalts- und Pflegeleistungen versprochen werden, deren Dauer durch die (ungewisse) Lebenszeit des Begünstigten bestimmt wird. Das Äquivalenzverhältnis zwischen Leistung und Gegenleistung wird also wesentlich durch den Zufall geprägt. 2363

   Auch der Versicherungsvertrag (Nr. 2450) kann unter dem Gesichtspunkt des Zufallscharakters in diese Kategorie eingeordnet werden. 2364

---

[1] GAUCH/SCHLUEP/SCHMID, Nr. 82.
[2] BGE 61 II 114 ff. (120).
[3] BGE 126 IV 165 ff. (174), E. 3c.

7. Kapitel: Der Gesellschaftsvertrag

§ 27 Die einfache Gesellschaft

Sonderliteratur (Auswahl):   2365

DESSEMONTET RAPHAËL, Le consortium de construction et sa fin prématurée en droit suisse, Diss. Freiburg, Lausanne 2006.

EGLI ANTON, Probleme von und mit Baukonsortien, in: Seminar für Schweizerisches Baurecht (Hrsg.), Schweizerische Baurechtstagung Freiburg 1989, Wahlveranstaltungen, S. 28 ff.

FELLMANN WALTER, Grundfragen im Recht der einfachen Gesellschaft, ZBJV 133/1997, S. 285 ff.

FELLMANN WALTER/MÜLLER KARIN, Berner Kommentar, Kommentar zum schweizerischen Privatrecht, Band VI: Das Obligationenrecht, 2. Abteilung: Die einzelnen Vertragsverhältnisse, 8. Teilband: Artikel 530–544 OR, Bern 2006.

FURRER MARTIN, Der gemeinsame Zweck als Grundbegriff und Abgrenzungskriterium im Recht der einfachen Gesellschaft, Diss. Zürich 1996.

GUMMERT HANS/RIEGGER BODO/WEIPERT LUTZ (Hrsg.), Münchener Handbuch des Gesellschaftsrechts, Band 1, BGB-Gesellschaft, Offene Handelsgesellschaft, PartG, EWIV, 2. Aufl., München 2004.

HANDSCHIN LUKAS/VONZUN RETO, Kommentar zum schweizerischen Zivilrecht, Obligationenrecht, Teilband V/4a, Die einfache Gesellschaft, 4. Aufl., Zürich 2009.

HARTMANN STEPHAN, Zur *actio pro socio* im Recht der Personengesellschaften, ZSR NF 124/2005 I, S. 397 ff.

KELLER MARCEL, Die ungewollte einfache Gesellschaft, Diss. Basel 2002, Berlin 2003.

LENZ MARTIN, Die Form von Eigentumsübertragungen an Immobilienvermögen bei Personengesellschaften, Diss. Basel, Bern 2001.

MEIER-HAYOZ ARTHUR/FORSTMOSER PETER, Schweizerisches Gesellschaftsrecht – mit neuem Recht der GmbH, der Revision und der kollektiven Kapitalanlagen, 10. Aufl., Bern 2007.

MÜLLER KARIN, Die Übertragung der Mitgliedschaft bei der einfachen Gesellschaft – Ein Diskussionsbeitrag zum Recht der Gesamthandschaft, Diss. Luzern, Zürich/Basel/Genf 2003 (LBR Band 2).

DIESELBE, Das Recht der Arbeitsgemeinschaft im Wandel, in: BR 2004, S. 4 ff.

PESTALOZZI CHRISTOPH/WETTENSCHWILER SUZANNE, Kommentierung der Art. 530–551 OR, in: Honsell Heinrich/Vogt Nedim Peter/Watter Rolf (Hrsg.), Basler Kommentar zum Schweizerischen Privatrecht, Obligationenrecht II, Art. 530–1186 OR, 3. Aufl., Basel/Genf/München 2008.

PFÄFFLI ROLAND, Einfache Gesellschaft – Bekanntes und Neues, ZBGR 88/2007, S. 410 ff.

REICHMUTH PFAMMATTER ALICE, Vertretung und Haftung in der einfachen Gesellschaft, Diss. St. Gallen 2002.

SCHERRER ERWIN, Freuden und Leiden von Konsortien, in: Institut für Baurecht (Hrsg.), Schweizerische Baurechtstagung 2007, Freiburg 2007, S. 87 ff.

SCHMIDT KARSTEN, Gesellschaftsrecht, 4. Aufl., Köln/Berlin/Bonn/München 2002.

Siegwart Alfred, Kommentar zum Schweizerischen Zivilgesetzbuch, V. Bd.: Das Obligationenrecht, 4. Teil: Die Personengesellschaften, Art. 530–619, Zürich 1938.

Sommer Ueli, Die stille Gesellschaft, Diss. Zürich 2000.

Taormina Andrea, Innenansprüche in der einfachen Gesellschaft und deren Durchsetzung, Diss. Freiburg 2003 (AISUF Band 220).

Von Steiger Werner, Gesellschaftsrecht, in: Schweizerisches Privatrecht, Band VIII/1, Basel und Stuttgart 1976, S. 319 ff.

Vonzun Reto, Rechtsnatur und Haftung der Personengesellschaften, Diss. Basel, Basel/Genf/München 2000.

Wolf Stephan, Subjektswechsel bei einfachen Gesellschaften, ZBGR 81/2000, S. 1 ff.

I. Allgemeines

1. Die Rechtsquellen

2366 1. Die einfache Gesellschaft («la société simple») wird im OR als letzter Titel des Besonderen Teils (also noch vor dem Handelsrecht) in den **Art. 530–551 OR** geregelt.

2367 2. Diese Bestimmungen sind sinngemäss auch auf andere Personengemeinschaften anwendbar, sofern diese eine vergleichbare Struktur haben. Dies gilt etwa – freilich mit Einschränkungen – für die Gütergemeinschaft und für die Erbengemeinschaft.[1]

2. Die Qualifikationsmerkmale

2368 1. Eine (einfache) Gesellschaft ist die vertragsmässige Verbindung von zwei oder mehreren Personen bzw. Gesellschaften zur Erreichung eines gemeinsamen Zwecks mit gemeinsamen Kräften oder Mitteln. Nach dieser ganz allgemein gehaltenen Legaldefinition, die sich in **Art. 530 Abs. 1 OR** findet, weist eine Gesellschaft im Sinne des Privatrechts die folgenden Merkmale auf:

2369 – *vertragliche Grundlage* (Nr. 2385);

2370 – abgeschlossen zwischen *zwei oder mehreren Personen;*[2] Mitglieder einer einfachen Gesellschaft können natürliche und juristische Personen sein;

2371 – *mit dem Ziel der Erreichung eines gemeinsamen Zwecks mit gemeinsamen Kräften und Mitteln.* Hierbei kann eine einfache Gesellschaft jeden rechtlich erlaubten wirtschaftlichen und nicht wirtschaftlichen (wissenschaftlichen, kulturellen, wohltätigen, religiösen etc.) Zweck anstreben.[3]

---

[1] Tercier/Favre/Bl. Carron, Nr. 7429.
[2] Vgl. aber Art. 625 (AG) und 772 OR (GmbH).
[3] Fellmann, S. 285 und 294 ff.

Umstritten ist die Frage, ob eine einfache Gesellschaft ein nach kaufmännischer Art geführtes Ge-   2372
werbe betreiben darf.[4] Laut Bundesgericht ist beispielsweise eine Anwaltsgemeinschaft, die ein kauf-
männisches Gewerbe führt, zur Eintragung in das Handelsregister verpflichtet, auch wenn sie sich als
einfache Gesellschaft bezeichnet. Sie muss diesen Eintrag aber als Kollektivgesellschaft vornehmen.[5]
In der Praxis werden trotzdem regelmässig auch einfache Gesellschaften mit kaufmännischem Gewerbe geduldet, was vor allem dann der Fall ist, wenn keine andere Gesellschaftsform zur Verfügung
steht (so etwa kann eine Kollektivgesellschaft nur von natürlichen Personen gebildet werden, Art. 552
Abs. 1 OR). Bei allem ist nicht zu verkennen, dass die gesetzliche Innenordnung der einfachen Gesellschaft (Art. 531 ff. OR) für Verhältnisse von einer gewissen Komplexität unzweckmässig ist.

2. Die Gesellschaft ist eine einfache Gesellschaft im Sinn des 23. OR-Titels, sofern nicht die Vor-   2373
aussetzungen einer andern durch das Gesetz geordneten Gesellschaft zutreffen (Art. 530
Abs. 2 OR). Damit erweist sich die einfache Gesellschaft als **Grund- und Subsidiärform**
im Gesellschaftsrecht, die immer dann zur Anwendung kommt, wenn die Voraussetzungen
für eine andere Gesellschaftsform nicht erfüllt sind.[6] Aus diesem Grund wurde die einfache
Gesellschaft möglichst neutral und für einen breiten Anwendungsbereich ausgestaltet. Das
Recht der einfachen Gesellschaft ist aber auch von Bedeutung für die anderen Rechtsgemeinschaften: Bei diesen wird nämlich häufig ausdrücklich auf das Recht der einfachen
Gesellschaft verwiesen (z.B. Art. 557 Abs. 2 OR), oder das Recht der einfachen Gesellschaft
wird als Hilfsmittel zur Auslegung von Normen anderer Gesellschaften herbeigezogen.

3. Die einfache Gesellschaft ist eine **Personengesellschaft**. Es geht also nicht um eine Ka-   2374
pitalbeteiligung, sondern es kommt in erster Linie auf die einzelnen Mitglieder und ihre
individuellen Interessen und Fähigkeiten an.[7]

Diese personenbezogene Ausgestaltung wirkt sich in mehrfacher Hinsicht auf die Rechte und Pflichten   2375
der Gesellschafter aus: So stehen namentlich jedem Mitglied die gleichen Rechte zu, die Mitgliedschaft
ist unübertragbar und unvererblich (Nr. 2422 f.), und die einfache Gesellschaft wird – mangels anderer
Abrede – bereits mit dem Ausscheiden eines Gesellschafters aufgelöst (Nr. 2437).

4. Die hier allein interessierende *einfache Gesellschaft* ist ein **reines Vertragsverhältnis**, stellt   2376
also keine juristische Person dar und wird auch nicht als solche behandelt.

Die einfache Gesellschaft hat demnach keine eigene Rechtspersönlichkeit: Sie ist nicht rechts- und hand-   2377
lungsfähig und auch nicht partei-, prozess- und betreibungsfähig.[8] Sie kann zudem weder eine eigene
Firma noch einen Sitz haben. Das Vermögen «der einfachen Gesellschaft» ist in Wirklichkeit das Vermögen der einzelnen (vertraglich zusammengeschlossenen) Gesellschafter. Demgegenüber verfügt die
(deutsche) Gesellschaft bürgerlichen Rechts (§ 705 ff. BGB) nach der deutschen höchstrichterlichen
Rechtsprechung über Rechtsfähigkeit,[9] soweit sie durch Teilnahme am Rechtsverkehr eigene Rechte und
Pflichten begründet.[10]

---

[4]   Verneinend MEIER-HAYOZ/FORSTMOSER, § 4, N 50 und § 12, N 27; eher ablehnend auch BGE 124 III
      363 ff.
[5]   BGE 124 III 363 ff. (365), E. 2b; ähnlich TERCIER/FAVRE/BL. CARRON, Nr. 7469.
[6]   MEIER-HAYOZ/FORSTMOSER, § 12, N 4 und 34 f.; HANDSCHIN/VONZUN, Zürcher Komm., N 4 ff. zu Art. 530
      OR.
[7]   MEIER-HAYOZ/FORSTMOSER, § 12, N 10 ff.
[8]   FELLMANN, S. 288.
[9]   BGHZ 146, S. 341 ff. = NJW 2001, S. 1056 ff.; SCHÜCKING, Münchener Handbuch des Gesellschaftsrechts,
      § 1, N 48; GUMMERT, Münchener Handbuch des Gesellschaftsrechts, § 17, N 2 ff.; SCHMIDT, S. 203 ff. und
      1712 ff.; MÜLLER, Nr. 93 ff.
[10] BGHZ 254, S. 88 ff. (94).

2378 5. Die Kennzeichen einer einfachen Gesellschaft werden auch bei der so genannten **stillen Gesellschaft** erfüllt. Diese Letztere ist eine gesellschaftliche Verbindung, bei der sich eine Person (die stille Gesellschafterin) finanziell oder personell an der geschäftlichen Tätigkeit einer anderen Person (der Hauptgesellschafterin) beteiligt, *ohne gegen aussen als Gesellschafterin aufzutreten*.[11] Sie ist somit eine reine Innengesellschaft, bei der nur der Hauptgesellschafter die Gesellschaftstätigkeit nach aussen wahrnimmt. Entsprechend ist für Gesellschaftsschulden nur der Hauptgesellschafter, nicht auch der stille Gesellschafter haftbar.

2379 Immerhin kann der Gesellschaftsgläubiger auch auf die Einlage des stillen Gesellschafters greifen, da diese in das Vermögen des Hauptgesellschafters übergegangen ist.[12]

2380 6. Die einfache Gesellschaft ist **abzugrenzen:**

2381 – Von *anderen Gesellschaftsformen,* die spezifische Merkmale aufweisen, welche bei der einfachen Gesellschaft nicht vorausgesetzt sind. Etwa steht eine Kollektivgesellschaft nur natürlichen Personen offen (Art. 552 Abs. 1 OR), weshalb eine Gesellschaft, an der auch oder nur juristische Personen beteiligt sind, von vornherein keine Kollektivgesellschaft sein kann.

2382 – Von anderen Rechtsgemeinschaften wie der *Gemeinschaft der Miteigentümer* (Art. 646 ff. ZGB) *oder der Stockwerkeigentümergemeinschaft* (Art. 712a ff. ZGB). Dies lässt sich über den Zweck verdeutlichen, der nach herrschender Lehre und Praxis bei der einfachen Gesellschaft über das blosse Erhalten und Verwalten einer in gemeinschaftlichem Eigentum stehenden Sache hinausgeht.[13]

2383 – Von den *Austauschverträgen* unterscheidet sich die einfache Gesellschaft dadurch, dass bei ihr ein gemeinsamer Zweck mit gemeinsamen Kräften oder Mitteln angestrebt wird. Die Parteien befinden sich also nicht in einem Interessengegensatz; die Leistungen werden nicht gegenseitig ausgetauscht, sondern auf einen gemeinsamen Zweck hin vereinigt.

2384 – Vom *Darlehensvertrag* (Art. 312 ff. OR) insbesondere, der ein Austauschvertrag ist. Allerdings kann eine Abgrenzung schwierig werden, wenn ein partiarisches Darlehen (mit Gewinnbeteiligung des Kreditgebers) vereinbart ist (Nr. 1308 f. und 2460). Entscheidend ist, ob es beim Interessengegensatz bleibt oder ob ein Wille zur gemeinsamen Zweckverfolgung («animus societatis») im Vordergrund steht.[14] Das gilt auch hinsichtlich der Abgrenzung von anderen partiarischen Rechtsgeschäften.

3. Die Entstehung der Gesellschaft

2385 1. Der Gesellschaftsvertrag entsteht nach den allgemeinen Regeln durch **Austausch übereinstimmender Willenserklärungen** (Art. 1 OR). Die Willenserklärungen müssen mindestens die Absicht beinhalten, die Erreichung eines bestimmten Zwecks mit gemeinsamen Mitteln fördern zu wollen.

---

[11] Tercier/Favre/Bl. Carron, Nr. 7500; Meier-Hayoz/Forstmoser, § 15, N 2.
[12] Meier-Hayoz/Forstmoser, § 15, N 24.
[13] Meier-Hayoz/Forstmoser, § 12, N 21.
[14] Beispiel: LGVE 2005 I, Nr. 18, S. 47 ff. = ZBJV 143/2007, S. 56 ff. (Luzerner Obergericht), wo eine einfache (stille) Gesellschaft angenommen wurde.

Eine besondere **Form** ist von Gesetzes wegen nicht erforderlich;[15] ein Gesellschaftsvertrag kann auch stillschweigend abgeschlossen werden.[16]   2386

Verhalten sich mehrere Personen in einer Weise, dass ein Dritter in guten Treuen auf einen Gesellschaftswillen schliessen darf, so ist im Verhältnis zu diesem Dritten nach dem Prinzip des Vertrauensschutzes eine einfache Gesellschaft (oder Kollektivgesellschaft; zur Wirkung des Handelsregistereintrags siehe Art. 552 Abs. 2 und 553 OR) zu bejahen, auch wenn die handelnden Personen subjektiv keinen entsprechenden Willen hatten und ihnen diese Rechtsfolge nicht bewusst war.[17]   2387

2. In der **Praxis** kommt häufig die *gewillkürte Schriftform* vor. Das trifft namentlich zu auf die «Arbeitsgemeinschaften» (ARGE) im Bauwesen, die Auftrags- oder Werkvertragsarbeiten als einfache Gesellschaften erbringen (Nr. 1687 f.).[18]   2388

3. Weil die einfache Gesellschaft eine **Subsidiärform** darstellt, entsteht sie auch immer dann, wenn die Parteien zwar die Gründung einer anderen Gesellschaftsform beabsichtigt haben, dieses Ziel aber aus irgendeinem Grund (noch) nicht erreicht haben. So ist das Recht der einfachen Gesellschaft namentlich auf das Gründungsstadium vor der Entstehung einer Körperschaft anwendbar – unter dem Vorbehalt besonderer Normen.   2389

Für den Verein legt Art. 62 ZGB dies ausdrücklich fest, doch gilt der Grundsatz auch für andere Körperschaften, etwa für die Aktiengesellschaft (zu vor der Eintragung der AG eingegangenen Verpflichtungen siehe Art. 645 OR).[19]   2390

4. Die einfache Gesellschaft kann **nicht** im **Handelsregister** eingetragen werden.[20] Besteht sie ausschliesslich aus natürlichen Personen, betreibt aber kein nach kaufmännischer Art geführtes Gewerbe, ist ein Eintrag zwar möglich, doch wird darob aus der einfachen Gesellschaft eine Kollektivgesellschaft (Art. 553 OR).[21]   2391

II. Das Verhältnis der Gesellschafter untereinander

1. Die Rechte und Pflichten der Gesellschafter

1. Den einzelnen Gesellschafter treffen verschiedene **Pflichten**, namentlich die folgenden: 2392

– die Pflicht, *einen Beitrag zu leisten*, sei es in Geld, Sachen, Forderungen oder Arbeit (Art. 531 Abs. 1 OR). Mangels anderer Vereinbarung haben die Gesellschafter gleiche Beiträge zu leisten, und zwar in der Art und dem Umfang, wie der vereinbarte Zweck es erfordert (Art. 531 Abs. 2 OR);   2393

---

[15] Tercier/Favre/Bl. Carron, Nr. 7529.

[16] BGE 124 III 363 ff. (365), E. 2a; 108 II 204 ff. (208), E. 4.

[17] BGE 124 III 363 ff. (365), E. II/2a betreffend eine Anwaltssozietät, deren Partner geltend machten, der von ihnen gemeinschaftlich verfolgte Zweck erschöpfe sich in der gemeinsamen Bestreitung der Infrastrukturkosten.

[18] Vgl. zu den ARGE im Allgemeinen: Gauch, Werkvertrag, Nr. 243 ff.; Tercier/Favre/Bl. Carron, Nr. 7489 f.; vgl. auch SIA-Norm 118, Art. 28.

[19] BGE 102 II 420 ff. (423), E. 2a.

[20] Tercier/Favre/Bl. Carron, Nr. 7469.

[21] Tercier/Favre/Bl. Carron, Nr. 7469; Meier-Hayoz/Forstmoser, § 12, N 80; vgl. BGE 124 III 363 ff. (365), E. 2b.

2394   Die Beiträge können auf verschiedene Art und Weise erbracht werden. So kann eine Sache z.B. zu
            Eigentum (Gesamteigentum) eingebracht oder zum Gebrauch überlassen werden.[22]

2395   – die Pflicht, einen *Gewinn*, der seiner Natur nach der Gesellschaft zukommt, mit den an-
            dern Gesellschaftern *zu teilen* (Art. 532 OR);

2396   Haben die Gesellschafter keine Vereinbarung getroffen, wird der Gewinn nach Köpfen – unabhän-
            gig von den konkreten Beitragsleistungen – gleichmässig verteilt (Art. 533 Abs. 1 OR). In der Regel
            vereinbaren aber die Parteien die Anteile am Gewinn vertraglich, insbesondere wenn die geleisteten
            Beiträge verschieden gross sind. Wurde nur eine Abmachung betreffend die Verluste getroffen, dann
            gilt diese auch für die Gewinne (Art. 533 Abs. 2 OR).

2397   – die Pflicht, ein *Konkurrenzverbot* einzuhalten, also keine Geschäfte zum eigenen Vorteil
            zu betreiben, durch die der Zweck der Gesellschaft vereitelt oder beeinträchtigt würde
            (Art. 536 OR);

2398   – die Pflicht, sich gegenüber den anderen Gesellschaftern loyal zu verhalten.[23] Diese *Treue-
            pflicht* ist zwar im Gesetz nicht ausdrücklich geregelt, ergibt sich aber aus verschiedenen
            Bestimmungen, etwa aus dem Konkurrenzverbot (Art. 532 OR) und aus dem Informati-
            onsrecht, das den Gesellschaftern allgemein zusteht (Art. 541 OR);

2399   – die Pflicht, den *Verlust mitzutragen* (Art. 533 OR), und zwar mangels anderer Vereinba-
            rung zu gleichen Teilen – ohne Rücksicht auf die Art und Grösse des Beitrags;

2400   Für die Verteilung des Verlusts gelten die Ausführungen zum Gewinn (Nr. 2396).

2401   – die *Haftung für Schädigungen der übrigen Gesellschafter* (Art. 538 Abs. 2 OR; zur Ge-
            schäftsführung Nr. 2410 ff.).

2402   2. Ansprüche, die der einfachen Gesellschaft gegenüber ihren Mitgliedern zustehen (*«Sozial-
            ansprüche»*), sind von ihr mit der **Gesellschafts- oder Gesamthandsklage** geltend zu ma-
            chen.[24] Soweit die Gesellschaft derartige Ansprüche nicht durchsetzt, stellt sich die Frage,
            ob der einzelne Gesellschafter (im eigenen Namen) klageweise verlangen kann, dass seine
            Mitgesellschafter ihre Verpflichtungen gegenüber der Gesellschaft erfüllen. Dies ist grund-
            sätzlich zu bejahen. Die Klage, die der Durchsetzung solcher Verpflichtungen dient, wird
            als **«actio pro socio»** bezeichnet.[25]

2403   3. Jeder Gesellschafter hat eine Reihe von **Rechten**, namentlich die folgenden:

2404   – das Recht auf *Anteil am Gewinn* (Art. 533 Abs. 1 OR; zur Verteilung des Gewinns
            Nr. 2396);

2405   – das Recht auf *Teilhabe an der Geschäftsführung*, soweit sie nicht durch Vertrag oder Be-
            schluss einem oder mehreren Gesellschaftern oder Dritten ausschliesslich übertragen
            ist (Art. 535 Abs. 1 OR; Nr. 2413);

2406   – das Recht auf *Auslagenersatz* (Art. 537 Abs. 1 OR);[26]

2407   Hingegen steht dem Gesellschafter für seine persönlichen Bemühungen kein Anspruch auf eine be-
            sondere Vergütung zu (Art. 537 Abs. 3 OR).

---

[22]   HANDSCHIN/VONZUN, Zürcher Komm., N 48 ff. zu Art. 531 OR.
[23]   MEIER-HAYOZ/FORSTMOSER, § 12, N 61.
[24]   VON STEIGER, S. 377 f.; TAORMINA, Nr. 50 und 295 ff.
[25]   VON STEIGER, S. 378 ff.; HARTMANN, S. 397 ff.; restriktiver TAORMINA, Nr. 342 ff.
[26]   BGE 116 II 316 ff.

– das Recht (der Gesellschafter, die von der Geschäftsführung ausgeschlossen sind), 2408
sich *persönlich über den Gang der Gesellschaftsangelegenheiten zu unterrichten*, namentlich Einsicht in die Geschäftsbücher und übrigen Papiere der Gesellschaft zu erhalten (Art. 541 OR). Dieses Informationsrecht ist zwingend, kann also vertraglich nicht wegbedungen werden (Art. 541 Abs. 2 OR);

– *weitere Rechte*, wie etwa das Recht auf Abfindung bei der Ausschliessung, das Recht auf 2409
Mitwirkung bei Gesellschaftsbeschlüssen, das Recht auf Annahme und Verwertung der Beitragsleistung.[27]

2. Die Geschäftsführung

1. **Gesellschaftsbeschlüsse** sind dann nötig, wenn über eine Änderung des Gesellschafts- 2410
vertrages entschieden wird (z.B. Änderung der Regeln über die interne Organisation oder über Gewinn- und Verlustbeteiligung).

Solche Beschlüsse erfordern – mangels anderer Abrede – die Zustimmung aller Gesell- 2411
schafter (Art. 534 Abs. 1 OR), also Einstimmigkeit. Genügt nach dem Gesellschaftsvertrag die Stimmenmehrheit, so ist sie nach der Personenzahl – und nicht nach Höhe der Beiträge – zu berechnen (Art. 534 Abs. 2 OR). Es gilt also grundsätzlich das *Kopfstimmprinzip*: Jeder Gesellschafter hat das gleiche Stimmrecht. Von dieser Regelung kann mittels Vereinbarung abgewichen werden.

2. Jedoch müssen nicht alle Entscheidungen in der einfachen Gesellschaft mittels Gesell- 2412
schaftsbeschluss (im technischen Sinn) gefällt werden: Beschlüsse, die den Gesellschaftsvertrag nicht ändern, sondern vollziehen, kommen vielmehr nach den Regeln über die **Geschäftsführung im engen Sinn** zustande.[28] Hierbei kann jeder Gesellschafter allein Entscheide treffen, oder die Geschäftsführung wird vertraglich einem Gesellschafter oder einem Dritten überlassen. Im Einzelnen:

– Fehlt eine spezielle Vereinbarung, ist jeder Gesellschafter für sich allein und ohne Mit- 2413
wirkung der anderen zur Geschäftsführung berechtigt *(Einzelgeschäftsführungsbefugnis;* Art. 535 Abs. 1 und 2 OR). Solange die Geschäftsführungshandlung eines Gesellschafters nicht vollendet ist, hat aber jeder andere zur Geschäftsführung befugte Gesellschafter ein Widerspruchsrecht (ein Vetorecht) gegenüber dieser Handlung (Art. 535 Abs. 2 OR).[29] Zudem muss beachtet werden, dass für wichtige Beschlüsse – etwa zur Bestellung eines Generalbevollmächtigten – die Zustimmung aller Gesellschafter verlangt wird (Art. 535 Abs. 3 OR).

– Den Mitgliedern der einfachen Gesellschaft steht es frei, die Geschäftsführung einem 2414
oder mehreren Gesellschaftern oder einem oder mehreren Dritten zu *übertragen* (Art. 535 Abs. 1 OR).[30]

3. Das **Mass der Sorgfalt**, die vom geschäftsführenden Gesellschafter – sei es im Rahmen der 2415
Einzelgeschäftsführungsbefugnis oder im Rahmen der übertragenen Geschäftsführung – geschuldet wird, bemisst sich nach Art. 538 OR: Er hat die Sorgfalt anzuwenden, die er für seine eigenen Angelegenheiten zu beachten pflegt (Abs. 1). Im Gegensatz zum Vertrags-

---

[27] TAORMINA, Nr. 133 ff.
[28] HANDSCHIN/VONZUN, Zürcher Komm., N 141 zu Art. 534-535 OR.
[29] TERCIER/FAVRE/BL. CARRON, Nr. 7613.
[30] TERCIER/FAVRE/BL. CARRON, Nr. 7615 ff.

recht, wo eine nach objektiven Kriterien bemessene Sorgfaltspflicht gilt, werden bei der einfachen Gesellschaft auch subjektive Komponenten (haftungsmildernd) mitberücksichtigt (z.B. Unerfahrenheit oder Zeitmangel).[31] Wird der geschäftsführende Gesellschafter jedoch für seine Tätigkeit vergütet, gilt ein strengerer, objektiver Massstab: Er haftet nach den Regeln über den einfachen Auftrag (Art. 538 Abs. 3 i.V.m. Art. 398 OR).

2416 4. Die Geschäftsführungsbefugnis eines Gesellschafters darf durch die anderen Gesellschafter nur bei Vorliegen wichtiger Gründe **beschränkt oder entzogen** werden (Art. 539 OR). Dies gilt sowohl für die Einzelgeschäftsführungsbefugnis als auch für die Geschäftsführungsbefugnis, die sich auf den Gesellschaftsvertrag stützt.

2417 Die einem Dritten erteilte Geschäftsführungsbefugnis kann (nach den Regeln des Auftrags) auch ohne Vorliegen eines wichtigen Grundes durch Gesellschaftsbeschluss beschränkt oder entzogen werden (durch entsprechende Weisungen bzw. durch eine Vertragsauflösung nach Art. 404 OR).

2418 5. Klarzustellen bleibt, dass Geschäftsführung hier als **interne Arbeit zur Erreichung des Gesellschaftszwecks** verstanden wird, nicht als Vertretung gegen aussen.[32] Allerdings wird aufgrund des Umstands, dass einem Gesellschafter die Geschäftsführung überlassen wurde, die Ermächtigung zur Vertretung gegenüber Dritten vermutet (Art. 543 Abs. 3 OR).

3. Der Beitritt und das Ausscheiden von Gesellschaftern

2419 1. Zur **Aufnahme eines neuen Gesellschafters** oder zur Übertragung der Mitgliedschaft an einen neuen Gesellschafter ist – sofern keine vom Gesetz abweichende Erleichterung vereinbart wurde – die Zustimmung aller bisherigen Gesellschafter nötig.[33] Ein Einzelner kann grundsätzlich ohne die Einwilligung der übrigen Gesellschafter keinen Dritten aufnehmen (Art. 542 Abs. 1 OR). Dieser Grundsatz entspricht der personenbezogenen Ausgestaltung der einfachen Gesellschaft.

2420 2. Ebenso kann ein Gesellschafter zwar einseitig einen **Dritten an seinem Anteil beteiligen** oder seinen Anteil an diesen abtreten; doch wird dieser Dritte dadurch nicht zum Gesellschafter der Übrigen, und er erhält insbesondere kein Recht auf Einsichtnahme in die Gesellschaftsangelegenheiten (Art. 542 Abs. 2 OR).

2421 3. Der **Ausschluss eines Gesellschafters** aus der einfachen Gesellschaft ist – mangels besonderer Vereinbarung – nicht möglich, auch nicht aus wichtigen Gründen.[34] Es bleibt nur die Möglichkeit, die Gesellschaft aufzulösen.[35]

2422 4. **Scheidet ein Gesellschafter** der einfachen Gesellschaft **aus** (z.B. bei Tod), wird diese grundsätzlich aufgelöst (vgl. Art. 545 Abs. 1 Ziff. 2 OR).[36] Die Weiterführung der Gesellschaft kann jedoch vertraglich vorgesehen werden. So kann beispielsweise vereinbart werden, dass die verbleibenden Gesellschafter die Gesellschaft weiterführen, oder dass für den Ausscheidenden ein Nachfolger (z.B. Erbe) aufgenommen werden kann (vgl. Art. 545 Abs. 1 Ziff. 2 OR).

---

[31] FELLMANN, S. 313 f.
[32] HANDSCHIN/VONZUN, Zürcher Komm., N 142 ff. zu Art. 534–535 OR.
[33] MÜLLER, Nr. 172 ff.
[34] BGE 94 II 119 ff.
[35] TERCIER/FAVRE/BL. CARRON, Nr. 7563.
[36] BGE 119 II 119 ff. (122), E. 3a; zum Ganzen vgl. auch WOLF, Subjektswechsel bei einfachen Gesellschaften, S. 1 ff. (insbesondere S. 14 ff.).

Im Zusammenhang mit dem Tod eines Gesellschafters ist eine Präzisierung anzubringen, die durch das Bundesgericht entwickelt wurde:[37] Ein Erbe kann die Mitgliedschaft in der Weise erben, dass er Mitglied der Abwicklungsgesellschaft wird, die auf die nach Art. 545 Abs. 1 Ziff. 2 OR (Tod des Gesellschafters) aufgelöste Gesellschaft folgt. Weil es in der Abwicklungsgesellschaft nur noch um die Liquidation geht, sind hier keine höchstpersönlichen Elemente zu berücksichtigen.

2423

III. Das Verhältnis der Gesellschafter gegenüber Dritten

Im Aussenverhältnis gelten die Grundsätze des allgemeinen Stellvertretungsrechts. Das OR regelt einerseits die Voraussetzungen der Vertretung und andererseits deren Wirkung. Im Einzelnen:

2424

1. Da die einfache Gesellschaft keine juristische Person ist, kann sie auch nicht über Organe im technischen Sinn (Art. 55 ZGB) verfügen.[38] Sie kann aus diesem Grund nach aussen (gegenüber Dritten) die übrigen Gesellschafter nur dann binden, wenn die Voraussetzungen der **Stellvertretung** erfüllt sind (Art. 543 Abs. 2 i.V.m. Art. 32 ff. OR). Das bedeutet im Einzelnen:

2425

– Nach Art. 32 Abs. 1 OR muss der Vertreter einerseits zur Stellvertretung ermächtigt sein, andererseits die Verträge in fremdem Namen (im Namen der Gesellschaft) abschliessen.[39] Als Vertreter kann ein Gesellschafter oder eine Drittperson walten (vgl. Art. 535 Abs. 3 OR: «Generalbevollmächtigte»). Die erforderliche Ermächtigung (Vollmacht) wird durch Gesellschaftsvertrag, Gesellschaftsbeschluss oder durch konkludentes Verhalten aller Gesellschafter erteilt.[40]

2426

– Das blosse Tätigwerden für Rechnung der Gesellschaft (aber im eigenen Namen) berechtigt und verpflichtet allein den Handelnden (Art. 543 Abs. 1 OR; vgl. auch Art. 32 Abs. 3 OR). Eine allfällige Übertragung von Rechten und Pflichten an die einfache Gesellschaft muss nach den Regeln der Zession (Art. 164 ff. OR) bzw. der Schuldübernahme (Art. 175 ff. OR) erfolgen.

2427

– Die Ermächtigung des einzelnen Gesellschafters, die übrigen Gesellschafter Dritten gegenüber zu vertreten, wird gemäss Art. 543 Abs. 3 OR vermutet, sobald ihm die Geschäftsführung überlassen ist.[41]

2428

Diese Vermutung gilt sowohl für den Fall, dass einem Gesellschafter die Geschäftsführung ausdrücklich (durch Vertrag oder Beschluss) überlassen wurde, wie auch für den Fall, dass der Gesellschafter im Rahmen der gesetzlichen Einzelgeschäftsführungsbefugnis gemäss Art. 535 Abs. 1 OR handelt.[42]

2429

---

[37]   BGE 119 II 119 ff. (124 f.), E. 3c.
[38]   TERCIER/FAVRE/BL. CARRON, Nr. 7649.
[39]   BGE 118 II 313 ff. (318), E. 3a.
[40]   PESTALOZZI/WETTENSCHWILER, Basler Komm., N 8 zu Art. 543 OR.
[41]   BGE 118 II 313 ff. (318), E. 3b.
[42]   BGE 124 III 355 ff. (358 f.), E. 4a; LGVE 1996 I Nr. 6, S. 13 ff. = SJZ 94/1998, S. 91 f. (Luzerner Obergericht); SIEGWART, Zürcher Kommentar, N 4 f. zu Art. 535 OR und N 9 zu Art. 543 OR; VON STEIGER, SPR VIII/1, S. 432 f.; TERCIER/FAVRE/BL. CARRON, Nr. 7660 und 7663; GUHL/DRUEY, Das Schweizerische Obligationenrecht mit Einschluss des Handels- und Wertpapierrechts, S. 684 f. (§ 62, N 40 und 43); FELLMANN/MÜLLER, Berner Kommentar, N 49 und 196 ff. zu Art. 543 OR.

2430 2. Sind die Voraussetzungen für die Vertretung erfüllt, so treten folgende **Wirkungen** ein:

2431 – *Sachen, dingliche Rechte oder Forderungen,* die an die Gesellschaft übertragen oder für sie erworben worden sind, gehören den Gesellschaftern gemeinschaftlich nach Massgabe des Gesellschaftsvertrages (Art. 544 Abs. 1 OR). Unter den Gesellschaftern besteht demnach (regelmässig) Gesamteigentum an den erworbenen Sachen (Art. 652 ff. ZGB). Die einfache Gesellschaft erweist sich von Gesetzes wegen als Gesamthandschaft.[43]

2432 Beispiel: Gesamteigentum besteht an einer Liegenschaft, welche Eheleute als einfache Gesellschaft gemeinschaftlich erworben haben.[44]

2433 – Für *Verpflichtungen,* welche die Gesellschafter gemeinschaftlich oder durch Stellvertretung einem Dritten gegenüber eingegangen sind, gilt demgegenüber Solidarschuldnerschaft der Gesellschafter (Art. 544 Abs. 3 OR). Die Gesellschafter haften demnach persönlich, unbeschränkt (mit ihrem ganzen Vermögen) und solidarisch für Gesellschaftsschulden. Eine gegenteilige Abrede mit dem Gläubiger (namentlich auch Teilschuldnerschaft) ist jedoch möglich.

2434 Ist eine Anwaltsgemeinschaft als einfache Gesellschaft (und nicht als Kollektivgesellschaft) anzusehen, so haften die Gesellschafter für Pflichtverletzungen eines Kanzleimitglieds immerhin nur dann kollektiv (und solidarisch), wenn das anspruchsbegründende Auftragsverhältnis den einfachen Gesellschaftern als Gesamtmandat und nicht einem bestimmten Gesellschafter als Einzelmandat erteilt worden ist.[45]

2435 Für *deliktisches Verhalten* eines Vertreters müssen die Gesellschafter (soweit sie nicht ihrerseits an den unerlaubten Handlungen beteiligt waren, Art. 50 OR) nie einstehen, denn eine «Stellvertretung für unerlaubte Handlungen» gibt es nicht.[46]

IV. Die Beendigung

2436 Wie bei jedem Dauerschuldverhältnis stellt sich auch bei der einfachen Gesellschaft die Frage der Beendigung. Dazu enthält das Gesetz folgende Normen:

2437 1. In Art. 545 OR sind die **Auflösungsgründe** im Allgemeinen umschrieben. Neben der Zweckerreichung (Abs. 1 Ziff. 1), dem Ausscheiden eines Gesellschafters (Abs. 1 Ziff. 2; vgl. auch Nr. 2422) und der gegenseitigen Übereinkunft (Abs. 1 Ziff. 4) werden beispielsweise auch der Zeitablauf (Abs. 1 Ziff. 5) oder ein Gerichtsurteil im Fall der Auflösung aus einem wichtigen Grund (Abs. 1 Ziff. 7)[47] genannt.

2438 2. Bei der Gesellschaft auf unbestimmte Dauer oder auf Lebenszeit kann jeder Gesellschafter den Vertrag mit einer Frist von sechs Monaten auf einen beliebigen Tag hin **kündigen** (Art. 546 Abs. 1 OR). Die Kündigung darf indessen nicht zu Unzeit geschehen (Abs. 2).

2439 3. Wenn ein Auflösungsgrund von Art. 545 OR eintritt, führt dies nicht direkt zur Beendigung der einfachen Gesellschaft, sondern nur zur **Beendigung der bisherigen Zweckverfolgung**. Ab diesem Zeitpunkt besteht die Gesellschaft als «Abwicklungsgesellschaft» fort – mit dem nunmehr neuen und ausschliesslichen Zweck, die Gesellschaft vollständig auf-

---

[43] Dazu etwa TAORMINA, Nr. 60 ff.; MÜLLER, Nr. 37 ff.

[44] BGE 127 III 46 ff. (52), E. 3b.

[45] BGE 124 III 363 ff. (367), E. II/2d.

[46] MEIER-HAYOZ/FORSTMOSER, § 12, N 71.

[47] Zur Auflösung des Baukonsortiums aus wichtigem Grund vgl. DESSEMONTET, Nr. 477 ff.

zulösen.[48] Das bedeutet in der Regel, dass das gemeinsame Vermögen liquidiert wird. Erst wenn diese Liquidation abgeschlossen ist und sämtliche Gesellschafter von der Auflösung Kenntnis genommen haben (Art. 547 Abs. 1 OR), geht die Existenz der einfachen Gesellschaft zu Ende.

Das Gesetz sieht hier also ein vertragliches Abwicklungsverhältnis vor, wie es auch in anderen Fällen zum Tragen kommt (z.B. beim Rücktritt nach Art. 109 oder bei der Wandelung eines Kauf- oder Werkvertrages, Nr. 394 und 1776), ohne dass sich aber das Gesetz dort entsprechend äussern würde.   2440

4. Die **Wirkungen der Auflösung** und die **Abwicklung der Liquidation** werden in Art. 547–551 OR geregelt. Zwei Regeln seien herausgegriffen: 2441

– Verbleibt ein Überschuss, so ist er als Gewinn unter den Gesellschaftern zu verteilen (Art. 549 Abs. 1 OR). Entsprechend ist ein Fehlbetrag als Verlust von den Gesellschaftern zu tragen (Art. 549 Abs. 2 OR).   2442

– Auch nach Auflösung der Gesellschaft ändert sich an den Verbindlichkeiten der Gesellschafter gegenüber Dritten nichts (Art. 551 OR). Die solidarische Haftung für die Schulden bleibt demnach auch weiterhin bestehen, wird aber unter Umständen durch den Eintritt der Verjährung abgeschwächt.   2443

---

[48]   BGE 119 II 119 ff. (122), E. 3a; 105 II 204 ff. (206 f.), E. 2; Tercier/Favre/Bl. Carron, Nr. 7692 ff.

8. Kapitel: Innominatverträge

§ 28 Allgemeines

Sonderliteratur (Auswahl):

AMSTUTZ MARC, Die Verfassung von Vertragsverbindungen, in: Amstutz Marc (Hrsg.), Die vernetzte Wirtschaft – Netzwerke als Rechtsproblem, Zürich 2004, S. 45 ff.

AMSTUTZ MARC/SCHLUEP WALTER R., Einleitung vor Art. 184 ff. OR, in: Honsell Heinrich/ Vogt Nedim Peter/Geiser Thomas (Hrsg.), Basler Kommentar zum Schweizerischen Privatrecht, 4. Aufl., Basel/Genf/München 2007.

FENNERS HENK/KÜFFER ERROL, Gerichtliche Rechtsanwendung bei Innominatverträgen, in: ius.full 2002, S. 5 ff.

FORSTMOSER PETER/TERCIER PIERRE/ZÄCH ROGER (Hrsg.), Innominatverträge – Festgabe zum 60. Geburtstag von Walter R. Schluep, Zürich 1988.

KRAMER ERNST A., Berner Kommentar, Kommentar zum schweizerischen Privatrecht, Band VI: Das Obligationenrecht, 1. Abteilung: Allgemeine Bestimmungen, 2. Teilband, Unterteilband 1a: Inhalt des Vertrages, Kommentar zu Art. 19–22 OR, Bern 1991.

DERSELBE (Hrsg.), Neue Vertragsformen der Wirtschaft: Leasing, Factoring, Franchising, 2. Aufl., Bern/Stuttgart/Wien 1992.

LARENZ KARL/CANARIS CLAUS-WILHELM, Lehrbuch des Schuldrechts, 2. Band: Besonderer Teil, 2. Halbband, 13. Aufl., München 1994.

MARTINEK MICHAEL, Moderne Vertragstypen,
- Band I: Leasing und Factoring, München 1991;
- Band II: Franchising, Know-How-Verträge, Management- und Konsultingverträge, München 1992;
- Band III: Computerverträge, Kreditkartenverträge sowie sonstige moderne Vertragstypen, München 1993.

NETZLE STEPHAN, Kommentierung Sponsoringvertrag, in: Amstutz Marc et al. (Hrsg.), Handkommentar zum Schweizer Privatrecht, Zürich 2007.

PIAGET EMMANUEL, Les règles du mandat face aux contrats innommés, Analyse conceptuelle et typologique du contrat de mandat, AJP 2005, S. 986 ff.

SCHLUEP WALTER R., Innominatverträge, in: Schweizerisches Privatrecht, Band VII/2, Basel/ Stuttgart 1979, S. 761 ff.

THÉVENOZ LUC, Introduction à la partie spéciale du Code des obligations – Des contrats innommés, in: Thévenoz Luc/Werro Franz (Hrsg.), Commentaire romand, Code des obligations I, Art. 1–529 CO, Genf/Basel/München 2003, S. 975 ff.

ZENHÄUSERN URS, Kommentierung Lizenzvertrag und Know-how-Vertrag, in: Amstutz Marc et al. (Hrsg.), Handkommentar zum Schweizer Privatrecht, Zürich 2007.

I.   Der Ausgangspunkt

2445   1. Ausgangspunkt für das Folgende ist der **Grundsatz der Vertragsfreiheit,** der das schweizerische Vertragsrecht beherrscht und zu dessen Ausprägungen auch die *Typenfreiheit* gehört. Diesem Grundsatz zufolge steht es den Parteien namentlich[1] frei, den «Inhalt des Vertrages innerhalb der Schranken des Gesetzes beliebig» festzustellen (Art. 19 Abs. 1 OR). Vertragsparteien sind also nicht gezwungen, sich an die gesetzlichen Typen zu halten.[2] Das geht so weit, dass das von den Parteien Vereinbarte allem anderen vorgeht, solange es sich in den Schranken des Gesetzes bewegt.

2446   Deutlich zum Ausdruck kommt dieser Gedanke in Art. 1134 des französischen Code civil: «Les conventions légalement formées tiennent lieu de loi à ceux qui les ont faites.» Zumindest für das schweizerische Recht ist dem hinzuzufügen: Die Gewähr der Vertragsfreiheit schlägt sich letztlich darin nieder, dass sich das privatautonom Vereinbarte mit den Mitteln der staatlichen Zwangsvollstreckung durchsetzen lässt. Ohne diese Rückfallebene wäre die Vertragsfreiheit kaum mehr als ein leeres Wort.

2447   2. Dies ergibt ein ausserordentlich elastisches, bewegliches System, das den Parteien fast **beliebige Gestaltungsmöglichkeiten** eröffnet. Doch ist sofort zu betonen, dass dies nicht nur für den Bereich der Innominatverträge, sondern selbst innerhalb der gesetzlich geregelten Vertragstypen gilt (Nr. 2453). Hier wie dort können die Parteien von der Vertragsfreiheit Gebrauch machen, und hier wie dort setzt die Rechtsordnung der Vertragsfreiheit Grenzen.

II.   Begriff und Einteilung

1.   Begriff des Innominatvertrages

2448   1. Innominatverträge lassen sich **begrifflich** umschreiben als nicht besonders gesetzlich geregelte Verträge, also als *Verträge (meist Schuldverträge), die weder im OR noch in einem anderen Gesetz besonders geregelt sind* (Nr. 71).[3] Verdeutlichend ist das Folgende anzumerken:

2449   – Nach dem Gesagten ist für die Einordnung eines Vertrages als Innominatvertrag wesentlich, dass für den betreffenden Vertrag keine «besondere» («spezifische») gesetzliche Regelung – also keine Normierung in einer gewissen Ausführlichkeit – vorliegt. So wird beispielsweise der Dienstbarkeitsvertrag zu den Innominatverträgen gezählt (trotz vereinzelter gesetzlicher Regeln, wie etwa Art. 732 ZGB), ebenso der Leasingvertrag (trotz vereinzelter Normen im KKG). Ein Innominatvertrag kann demnach selbst dann vorliegen, wenn das *Gesetz ihn zwar benennt,* darüber hinaus aber keine (ausführlichere) Regelung enthält. So verhält es sich etwa für den Erbteilungsvertrag (Art. 634 ZGB), die Lizenzverträge (z.B. in Art. 62 Abs. 3 URG, Art. 18 MSchG, Art. 15 DesG, Art. 34 Abs. 1 PatG und Art. 21 des Sortenschutzgesetzes; Nr. 2482), die Schiedsvereinbarung (Art. 357 ff. ZPO; Nr. 2514) und den gerichtlichen Vergleich (Art. 109, 201 und 241 ZPO; Nr. 2515).

---

[1]   Die Inhaltsfreiheit ist ein zentrales, aber nicht das einzige Element der Vertragsfreiheit.

[2]   GAUCH/SCHLUEP/SCHMID, Nr. 626 f.; KRAMER, Berner Komm., N 49 ff. zu Art. 19–20 OR; AMSTUTZ/SCHLUEP, Basler Komm., N 1 f. zu Einl. vor Art. 184 ff. OR.

[3]   GAUCH/SCHLUEP/SCHMID, Nr. 252.

– Besondere Betrachtung verdienen die *privaten Versicherungsverträge*. Sie werden zwar   2450
gemeinhin den Nominatverträgen zugeordnet. Für diese Zuordnung spricht sicherlich
der Umstand, dass die privaten Versicherungsverträge in einem umfangreichen Spezialgesetz, dem VVG, geregelt werden. Die Zuordnung zu den Innominatverträgen, wie
sie hier vorgenommen wird (Nr. 2498), ist also jedenfalls unüblich. Allerdings wird,
wer das VVG liest, feststellen, dass einzelne Versicherungszweige dort überhaupt nicht
oder nur rudimentär (z.B. Art. 59 VVG für die Betriebshaftpflichtversicherung) geregelt
werden. Das VVG beschränkt sich vielmehr darauf, als allgemeiner Teil des Versiche-
rungsvertragsrechts zu fungieren. Während also das VVG in weiten Teilen lediglich die
Grundzüge regelt, bleibt es den Parteien – de facto meist den Versicherungsunternehmen – überlassen zu bestimmen, welche Regeln in den einzelnen Versicherungszweigen
gelten sollen. Die Verträge in den einzelnen Zweigen sind gesetzlich also kaum besonders geregelt und weisen damit die Merkmale eines Innominatvertrages auf. Nachzutragen bleibt, dass sich im öffentlich-rechtlichen Aufsichtsrecht vereinzelt Bestimmungen finden, welche die rechtsgeschäftlichen Gestaltungsmöglichkeiten der Parteien in
bestimmten Versicherungszweigen beschränken; ein Beispiel ist Art. 167 AVO, der auf
Rechtsschutzversicherungsverträge anwendbar ist und von der «Wahl eines Rechtsver-
treters oder einer Rechtsvertreterin» handelt. Solche Normen sind indes die Ausnahme;
das Gros der Bestimmungen ist rein aufsichtsrechtlicher Natur und nicht darauf angelegt, auf konkrete Versicherungsverträge durchzuschlagen.

2. Die **Unterscheidung** zwischen Nominat- und Innominatverträgen ist **nicht trennscharf.**   2451
Dazu seien zwei Überlegungen angestellt:

– Eine erste Überlegung knüpft beim Begriff des Nominatvertrages an. Nominatverträge   2452
sind – in Umkehr des Begriffs des Innominatvertrages (Nr. 2448) – zwar jene Verträge,
die gesetzlich in einer gewissen Ausführlichkeit besonders geregelt sind. Doch ist sofort
zu konstatieren, dass die *Regelungsdichte* vom einen Nominatvertrag zum nächsten ganz
erheblich variieren kann (vgl. z.B. Einzelarbeitsvertrag und Werkvertrag). Zudem steht
für sämtliche Nominatverträge fest, dass die auf sie (besonders) zugeschnittenen Regelungen keine abschliessende Ordnung schaffen, weshalb die Rechtsanwendung immer dann, wenn sich keine besondere Regel findet, auf andere Mittel abzustellen hat.
Damit erweist sich die Vorstellung, Streitfragen aus einem Nominatvertrag liessen sich
stets mit dem vorhandenen gesetzlichen Instrumentarium lösen, als unzutreffend, was
Nominat- und Innominatverträge einander annähert.

– Eine zweite Überlegung betrifft die schon angesprochenen *Gestaltungsmöglichkeiten*,   2453
die Ausfluss der Vertragsfreiheit sind und auch bei Nominatverträgen bestehen. Vorausgesetzt ist lediglich, dass die ihnen zugehörigen Bestimmungen dispositiver Natur
sind – was freilich oft der Fall ist. Dass weitgehende Gestaltungsmöglichkeiten bestehen, belegt das folgende Beispiel: Zwei Vertragsparteien begründen einen Vertrag, der
gesetzlich geregelt ist, indem sich die eine Partei zur Herstellung eines Werkes und sich
die andere Partei zur Leistung einer Vergütung verpflichtet. Damit entspricht ihre Vereinbarung dem gesetzlichen Begriff des Werkvertrages (Art. 363 OR). Dieser Vereinbarung können sie aber selbst Abreden beigeben, die von jenen Regeln abweichen, die
man gewöhnlich als werkvertragsspezifisch bezeichnen würde. Denkbar ist beispielsweise die privatautonome Abänderung der gesetzlich geregelten Mängelhaftung (etwa
Abreden, nach denen der Unternehmer überhaupt nur bei Verschulden oder lediglich
für Mangelfolgeschaden hafte). Selbst solch tiefgreifende Abweichungen von der gesetzlichen Ordnung schliessen nicht aus, dass der konkrete Vertrag dem Typus zuzuord-

nen ist, dem er seinem «Kern» – der sich anhand seiner Hauptleistungspflichten ermittelt (Nr. 2472) – nach zugehört. Diese Zuordnung ist nicht bloss von klassifikatorischer Bedeutung. Sie kommt vielmehr ganz praktisch zum Tragen, indem sich stets die Frage stellt, nach welchen Regeln allfällige Vertragslücken zu füllen sind. Hier ist zu beachten: Je tiefgreifender die privatautonom gesetzten Abweichungen sind, desto eher kann es sein, dass sich die gesetzliche Auffangordnung als unpassend erweist und zur Lückenfüllung direkt auf andere Anhaltspunkte – den hypothetischen (mutmasslichen) Parteiwillen – abgestellt werden muss.

2454   All dies legt eine **Relativierung der Unterscheidung** zwischen Nominat- und Innominatverträgen nahe. Wenn sie hier trotzdem übernommen wird, dann auch deshalb, weil sie sich längst eingebürgert und sie ihren rechtsdogmatischen Stellenwert hat. Zu betonen ist aber, dass Fragen der Rechtsanwendung – vorab der Vertragsentstehung, der Vertragsauslegung und der Ergänzung von Verträgen – hier wie dort in methodisch gleicher Weise anzugehen sind.

2. Einteilung der Innominatverträge

2455   1. Innominatverträge werden herkömmlicherweise in **zwei Gruppen** eingeteilt,[4] wobei diese Einteilung lediglich klassifikatorischen Charakter und für sich allein keine Konsequenzen für die Rechtsanwendung hat:

2456   – *Gemischte Verträge* (auch typengemischte Verträge oder Mischverträge genannt) sind solche Innominatverträge, die Tatbestandselemente verschiedener gesetzlicher Vertragstypen zu einem Ganzen vereinigen – ohne dass diese Mischung ihrerseits (als solche) gesetzlich speziell geregelt ist. Im Weiteren begründet die Mischung eine neue Vertragseinheit, was den gemischten Vertrag vom zusammengesetzten Vertrag (Nr. 2463) unterscheidet.

2457   • Ein gemischter Vertrag ist (nach heutigem Stand der Rechtsprechung) etwa der *Gesamtvertrag des Planers,* in dem sich ein Architekt bzw. ein Ingenieur zur Projektierung eines Bauwerks (werkvertragliches Element) und zur Leitung der Bauarbeiten (auftragsrechtliches Element) verpflichtet (Nr. 2503). Ein weiteres Beispiel ist der *Hauswartsvertrag,* wenn er so ausgestaltet ist, dass die Arbeitsleistung gegen die Überlassung der Hauswartswohnung geschuldet ist. Diese Mischung ist gesetzlich nicht besonders geregelt.

2458   • Der *Werklieferungsvertrag* kombiniert zwar Elemente aus dem Kauf- und aus dem Werkvertrag. Dieser Vertragstyp ist aber im Werkvertragsrecht geregelt (Art. 365 Abs. 1 OR)[5] und darum kein Innominatvertrag (Nr. 1666). Analoges gilt für den Tausch (Art. 237 OR) und für die Mischung von Gesellschaftsvertrag (einfache Gesellschaft) mit Kauf oder Miete (Art. 531 Abs. 3 OR).

2459   • Eine praktisch wichtige Untergruppe bilden hier die *Verträge mit «vermischter Entgeltlichkeit»:* Elemente eines Austauschvertrags werden mit Elementen eines einseitigen Vertrags – namentlich einer Schenkung – vermischt («negotium mixtum cum donatione»). Hauptanwendungsfall ist die *gemischte Schenkung* (Mischung von

---

4   Vgl. zum Folgenden etwa Kramer, Berner Komm., N 56 ff. zu Art. 19–20 OR.
5   Gauch, Werkvertrag, Nr. 82 und 121 ff.

Kaufvertrag und Schenkung), bei welcher eine Sache bewusst zu einem Preis verkauft wird, der weit unter ihrem «wahren» Wert liegt (Nr. 855 ff.).

- Auch die *partiarischen Verträge* (partiarisches Darlehen, partiarische Miete) können als gemischte Verträge verstanden werden, zumal zur Wert- oder Gebrauchsüberlassung ein gesellschaftsrechtliches Element hinzutritt: die Beteiligung des Darleihers oder Vermieters an Gewinn und Verlust der Gegenpartei.[6] Entscheidend für die Bejahung des gesellschaftsrechtlichen Elements ist, ob die Parteien mit ihrem Vertrag einen gemeinsamen Zweck verfolgen wollten (Nr. 2384).   2460

– *Verträge eigener Art* (Verträge sui iuris, sui generis) sind – als Gegenbegriff – die übrigen Verträge, die gesetzlich nicht besonders geregelt sind. Sie enthalten mindestens ein Element, das sich keinem gesetzlichen Vertragstyp zuordnen lässt.   2461

Beispiele: Dienstbarkeitsvertrag (vgl. Art. 732 ZGB), aussergerichtlicher Vergleich (Nr. 2515).   2462

2. Von den beiden Arten zu unterscheiden sind die **zusammengesetzten Verträge** (Vertragskoppelungen, gekoppelte Verträge, Vertragsverbindungen):[7] Hierbei handelt sich um Verträge, die an sich auch je selbständig bestehen könnten, die aber nach dem Parteiwillen so verbunden (verkoppelt) sind, dass sie voneinander abhängen wie Leistungs- und Gegenleistungspflicht beim synallagmatischen Einzelvertrag. Ein solches Vertragswerk wird als so genannte «Innominatfigur» teilweise auch von der Theorie zu den Innominatverträgen erfasst.   2463

Beispiele: Einzelarbeitsvertrag eines Hauswartes und (separater) Mietvertrag über eine Dienstwohnung, der den Bestand des Einzelarbeitsvertrages voraussetzt;[8] Kredit der Brauerei an einen Wirt (Darlehen) mit gleichzeitiger langfristiger Verpflichtung des Wirts zum exklusiven Getränkebezug bei der Brauerei (Sukzessivlieferungskauf). Wesentlich ist jeweils, dass «die Wirksamkeit oder Durchführbarkeit des einen Vertrags Geschäftsgrundlage (condicio sine qua non) für das (unveränderte) Weiterbestehen des anderen» bildet,[9] dass also nach dem Willen der Parteien die beiden Verträge miteinander stehen und fallen sollen: Wird im ersten Beispiel der Hauswartsvertrag gekündigt, so soll auch die Miete nicht weitergeführt werden.[10]   2464

3. Innominatverträge lassen sich nach dem Gesagten unter keinen gesetzlichen Vertragstyp (wie Kauf, Schenkung, Miete usw.) einordnen. Wohl aber können sie einem im Rechtsverkehr (Wirtschaftsleben) eingelebten Vertragstyp entsprechen. Dann werden sie als **verkehrstypische Innominatverträge** bezeichnet (Nr. 2479 ff.).   2465

Beispiele: Leasingvertrag, Factoring, Alleinvertriebsvertrag, Franchisingvertrag, Kreditkartengeschäft, aussergerichtlicher Vergleich, Lizenzvertrag, Tankstellenvertrag, Automatenaufstellungsvertrag, Chartervertrag, Fernkursvertrag, Unterrichtsvertrag, Gastaufnahmevertrag, Spitalaufnahmevertrag.[11]   2466

Doch bleibt auch angesichts verkehrstypischer Verträge das Folgende zu bedenken: 2467

– Für die Rechtsanwendung ist stets *vom konkreten Einzelvertrag auszugehen*. Was die Parteien (gültig) vereinbart haben, geht dem «Üblichen» oder «Verkehrstypischen» vor.   2468

---

6 LARENZ/CANARIS, S. 56 ff.
7 Vgl. dazu BGE 97 II 390 ff. (395), E. 3; KRAMER, Berner Komm., N 64 zu Art. 19–20 OR.
8 BGE 131 III 566 ff. (569), E. 3.1 = Pra 2006, Nr. 54, S. 401 ff.
9 KRAMER, Berner Komm., N 64 zu Art. 19–20 OR.
10 HIGI, Zürcher Komm., N 209 ff. zu Vorbem. zu Art. 266–266o OR.
11 Weitere Beispiele bei AMSTUTZ/SCHLUEP, Basler Komm., N 81 ff. zu Einl. vor Art. 184 ff. OR; TERCIER/FAVRE, Nr. 7761 ff.

2469   – Verträge sind regelmässig auslegungsbedürftig. Unter anderem dient die *Verkehrsübung* – zum Beispiel ein Handelsbrauch – als Mittel der Auslegung.[12]

2470   4. Im Gegensatz dazu stehen die **atypischen Innominatverträge**, die aus speziellen («einmaligen») Umständen hervorgehen und einen ganz singulären Charakter haben.

III. Probleme der Rechtsanwendung

2471   Die rechtliche Beurteilung von Innominatverträgen richtet sich primär nach dem konkret vereinbarten Inhalt, der durch Auslegung ermittelt werden muss; diesem Parteiwillen stehen die «Schranken des Gesetzes» (Art. 19 Abs. 1 OR) gegenüber. Dies gilt für Nominat- und Innominatverträge gleichermassen. Enthält ein konkreter Vertrag zu einer Rechtsfrage keine Regelung, ist er lückenhaft und bedarf der Ergänzung durch das Gericht. Diese Ergänzung ist bei Innominatverträgen nicht anders vorzunehmen als bei Nominatverträgen.[13] Namentlich lässt sich das Problem der Rechtsanwendung bei Innominatverträgen mit den diversen Theorien, die von Lehre und Praxis entwickelt wurden,[14] zwar veranschaulichen, aber nicht abschliessend lösen. Konkret ergeben sich **drei hauptsächliche Fragestellungen**:

2472   1. Die **Vertragsqualifikation** soll ergeben, ob man es mit einem bestimmten Nominat- oder aber einem Innominatvertrag zu tun hat. Bedeutsam ist dies vor allem mit Blick auf die Regeln, die für die Vertragsergänzung heranzuziehen sind, also für die Frage nach dem anwendbaren Recht. Die Qualifikation verläuft stets in den gleichen Bahnen: Sie knüpft an beim Ergebnis der Auslegung, durch die ermittelt wird, was die Parteien (tatsächlich oder normativ) vereinbart haben, und fragt nach der Übereinstimmung der Hauptleistungspflichten mit den Begriffsmerkmalen eines gesetzlich geregelten Vertrags. Dieser hier in stark verkürzter Form dargestellte Ablauf kann ergeben, dass der Vertrag zumindest nicht unmittelbar unter einen der Nominatverträge passt. Alsdann hat man einen Innominatvertrag vor sich.

2473   Bei alledem mahnt KRAMER[15] zutreffend, der Rechtsanwender sollte «nicht allzu voreilig das Vorliegen eines Innominatvertrags bejahen, sondern zuerst ernsthaft versuchen, den zu qualifizierenden Vertrag einem (oft ohnehin sehr weit und flexibel gefassten) gesetzlichen Leittyp zu unterstellen». Auf diese Weise lassen sich Rechtssicherheit schaffen und (mit den herkömmlichen Methoden der Vertragsergänzung, der teleologischen Reduktion und der Analogie) sachwidrige Ergebnisse im Einzelfall vermeiden. Diesem Postulat, das aus dem Primat des Gesetzes folgt, ist sicherlich beizutreten. Gleichzeitig muss man bedenken, dass die Rechtsanwendung auch bei Nominatverträgen nicht schlicht darin besteht, vorhandene Gesetzesregeln unbesehen über den konkreten Vertrag zu stülpen. Der Vorgang ist komplexer, indem eine dispositive Norm selbst dann, wenn der (lückenhafte) Vertrag die Merkmale eines Nominatvertrages aufweist, nur unter dem Vorbehalt anzuwenden ist, dass sie zum Vertrag passt.

2474   2. Was weiter das **zwingende Gesetzesrecht** anbelangt, ist zu fragen, ob sich dieses auch auf Innominatverträge erstrecke. Ist die zwingende Norm in der Ersten Abteilung des OR und ist sie allgemeiner Natur (z.B. Art. 127 i.V.m. Art. 129 OR), so ergeben sich keine besonderen Schwierigkeiten – sie ist unterschiedslos sowohl auf Nominat- als auch auf Innominat-

---

[12]   JÄGGI/GAUCH, Zürcher Komm., N 520 ff. zu Art. 18 OR.
[13]   BGE 107 II 144 (149), E. 3; JÄGGI/GAUCH, Zürcher Komm., N 547 ff. zu Art. 18 OR; GAUCH/SCHLUEP/ SCHMID, Nr. 1248; AMSTUTZ/SCHLUEP, Basler Komm., N 42 ff. zu Einl. vor Art. 184 ff. OR.
[14]   Vgl. dazu die Übersicht bei AMSTUTZ/SCHLUEP, Basler Komm., N 13 ff. zu Einl. vor Art. 184 ff. OR.
[15]   KRAMER, Berner Komm., N 83 zu Art. 19–20 OR.

verträge anwendbar.[16] Heikel aber ist die Anwendung zwingender Bestimmungen des Besonderen Teils (unter Einschluss gesetzlicher Formvorschriften), die ihrer systematischen Stellung nach jeweils nur auf einzelne Nominatverträge oder Gruppen von Nominatverträgen[17] zugeschnitten sind.

Nach der hier vertretenen Auffassung ist für jeden konkreten Vertrag zu prüfen, ob die *Schutzbedürftigkeitslage und weitere Wertungsgedanken,* die der Gesetzgeber zum Anlass zwingender Bestimmungen im Nominatvertragsrecht genommen hat, auch im zu beurteilenden Fall zum Tragen kommen sollen. Damit untrennbar verbunden ist stets die Frage, ob die zwingende Bestimmung über den Nominatvertrag, dem sie zugehört, hinaus (zwingend) Geltung entfalte. Methodisch gesehen hat man es alsdann mit Gesetzes-, nicht mit Vertragsauslegung zu tun, wobei die beiden Vorgänge hier (wie angetönt) indes zusammengehören: Hat man durch Gesetzesauslegung den Geltungsbereich der zwingenden Norm bestimmt, ist zu entscheiden, ob der konkrete Vertrag in diesen Geltungsbereich falle – was seine Auslegung bedingt! Ist hinsichtlich einer zwingenden Bestimmung das eine wie das andere zu bejahen, ist sie auch auf den Innominatvertrag anzuwenden. Dass dadurch die Inhaltsfreiheit beschränkt wird, ist eine Folge zwingenden Rechts ganz generell und auch bei Nominatverträgen in Kauf zu nehmen. Alsdann gilt auch bei Innominatverträgen, was schon für die Nominatverträge festzustellen war: Gegenüber dem auf den konkreten Vertrag anwendbaren zwingenden Gesetzesrecht haben eine abweichende Vertragsgestaltung oder eine abweichende Verkehrsübung grundsätzlich keinen Bestand. Hier kommt vielmehr den Wertungsentscheiden des Gesetzgebers Vorrang zu. Insoweit sind die Möglichkeiten, durch entsprechende Vertragsgestaltung das zwingende Recht auszuschalten, beschränkt, was man auch deshalb zu bedenken hat, als Innominatverträge «sich besonders gut zu eignen scheinen, Verbotenes auf unverdächtigen fremden Pfaden anzustreben».[18]

2475

Für die Anwendung zwingenden Rechts kommen insbesondere die Vorschriften über die öffentliche Beurkundung bei der Veräusserung von Grundeigentum (Art. 657 Abs. 1 ZGB und Art. 216 OR), für wichtige sozialpolitische Bestimmungen des Miet-, Pacht-, Einzelarbeitsvertrags- und Agenturvertragsrechts sowie für Einzelbestimmungen wie zum Beispiel Art. 404 OR in Frage. Durch verfassungsrechtliche Vorgaben beeinflusst wird die besondere Schutzbehandlung der Konsumentinnen und Konsumenten (Art. 97 BV), welche im Nominatvertragsrecht etwa bei der Miete (zum Beispiel Art. 256 und 266k OR), im Konsumkreditgesetz (früher auch im Abzahlungskauf; Art. 226a ff. aOR) sowie im Pauschalreisegesetz eine Konkretisierung erfahren hat.

2476

3. Erweist sich der Innominatvertrag als lückenhaft, kommt es zur **Vertragsergänzung.** Das *dispositive Vertragsrecht* ist unmittelbar anwendbar, soweit es sich im Allgemeinen Teil des Obligationenrechts findet. Demgegenüber können die Regeln des Besonderen Teils zwar nicht direkt, aber doch sinngemäss Anwendung finden. Über Analogieschlüsse, die ihre gesetzliche Grundlage in Art. 1 Abs. 1 ZGB haben, erweist sich das dispositive Recht selbst bei Innominatverträgen als wichtiges Ergänzungsmittel.

2477

Wo dieser Weg nicht gangbar ist, weil es an passendem (analog anwendbarem) Gesetzesrecht und zudem an Gewohnheitsrecht fehlt, hat das Gericht die Lücke im Lichte des *hypothetischen Parteiwillens* zu füllen. Das Gericht hat also zu fragen, was die konkreten Parteien als vernünftige und redliche Vertragspartner gewollt hätten, wenn sie die offen gebliebene Frage selber geregelt und so die Vertragslücke vermieden hätten.[19]

2478

---

[16] Zum Beispiel BGE 115 II 255 ff. (258), E. 2b; KRAMER, Berner Komm., N 68 zu Art. 19–20 OR mit Hinweisen.

[17] Gruppen von Nominatverträgen lassen sich vor allem im Arbeits- und im Auftragsrecht ausmachen.

[18] SCHLUEP, S. 780.

[19] Im Einzelnen vgl. BGE 107 II 144 (149), E. 3; JÄGGI/GAUCH, Zürcher Komm., N 498 zu Art. 18 OR; GAUCH/

IV. Ausgewählte Verkehrstypen

2479   1. Es ist nicht möglich, Innominatverträge in abschliessender Form aufzulisten – das ist offensichtlich, wenn man sich auf den Gehalt der Vertragsfreiheit und den Begriff des Innominatvertrages besinnt. Doch haben sich **im Rechtsverkehr bestimmte Verträge herausgebildet,** die zwar gesetzlich nicht besonders geregelt sind, sich aber doch so weit verfestigt haben, dass man sie ohne Weiteres als Verkehrstypen ansprechen kann. Würde ein Gesetzgeber sich anschicken, die heute gelebte Vertragswirklichkeit zu kodifizieren, müsste er wohl auch diese Verträge berücksichtigen – und den einen oder anderen der heutigen Nominatverträge nicht länger besonders normieren.

2480   2. Zu den Verkehrstypen lassen sich generelle Aussagen machen, während sich singulär gestaltete Verträge naturgemäss jeglicher Generalisierung entziehen. Im Folgenden seien ausgewählte Verkehrstypen in ihren Grundzügen näher charakterisiert, wobei sofort angemerkt sei, dass Vollständigkeit weder angestrebt noch überhaupt möglich ist. Gesondert und ausführlicher dargestellt sei der Leasingvertrag, und zwar als Beispiel für einen weit verbreiteten Verkehrstypus, der seinerseits mannigfaltige Ausprägungen hat (Nr. 2517 ff.). Im Übrigen stellt die nachfolgende Darstellung ausgewählter Verkehrstypen vor allem, wenn auch nicht ausschliesslich, auf die **Rechtsprechung des Bundesgerichts.**[20]

2481   – *Verträge über Vertrieb und Werbung*

2482   • Der **Lizenzvertrag** beinhaltet die Pflicht des Lizenzgebers, dem Lizenznehmer die Nutzung eines gesetzlich (z.B. Patent, Marke, Design, Urheberrecht) oder faktisch (z.B. Know-how, Fabrikations-, Geschäftsgeheimnis) geschützten Immaterialguts zu gestatten, ohne dass der Lizenzgeber über den Lizenzgegenstand verfügt. Regelmässig hat ihm der Lizenznehmer dafür eine Vergütung (Lizenzgebühr) zu bezahlen.[21]

2483   • Der **Alleinvertriebsvertrag** besteht aus zwei Austauschverhältnissen: Das eine Leistungspaar besteht in der Pflicht des Lieferanten, dem Abnehmer bestimmte Waren zu verkaufen, und in der Pflicht des Abnehmers, dafür den Kaufpreis zu bezahlen.[22] Das andere Leistungspaar besteht in der Pflicht des Lieferanten, seine Produkte in einem bestimmten Gebiet nicht selber zu verkaufen oder durch Dritte verkaufen zu lassen (Ausschliesslichkeitsklausel bzw. Alleinvertriebsrecht), und in der Pflicht des Abnehmers, den Absatz dieser Produkte zu fördern (Absatzförderungspflicht).[23]

2484   • Der **Franchisevertrag** bezweckt den Vertrieb von Waren oder Dienstleistungen über Unternehmer (Franchisenehmer), die zwar selbständig sind, sich aber der vom Franchisegeber vorgegebenen Vertriebskonzeption unterziehen. Die Selbständigkeit des Franchisenehmers äussert sich darin, dass der Franchisenehmer die Waren oder Dienstleistungen auf eigene Rechnung vertreibt und mithin das wirtschaftliche Risiko trägt. Er befolgt dabei das «einheitliche Absatz- und Werbekonzept, das ihm der Franchisegeber zur Verfügung stellt, erhält dessen Beistand, Rat und Schulung und verwendet dessen Namen, Marken, Ausstattungen oder sonstige

---

    Schluep/Schmid, Nr. 1257 ff.; Kramer, Berner Komm., N 70 zu Art. 19–20 OR.

[20] Für einen direkten Zugang zur bundesgerichtlichen Rechtsprechung im Bereich der Innominatverträge siehe Gauch/Aepli/Stöckli, Präjudizienbuch OR, 7. Aufl., Zürich 2009, S. 485 ff.

[21] Zenhäusern, Handkomm., N 1 f. zu Vorb. 184 ff. OR/Lizenz- und Know-how-Vertrag.

[22] Vgl. BGE 78 II 74 ff. (81), E. 4.

[23] BGE 107 II 222 ff. (223), E. I./2.b; Bucher, OR BT, S. 240.

Schutzrechte».[24] Der Franchisegeber ist berechtigt, dem Franchisenehmer Weisungen zu erteilen und dessen Geschäftstätigkeit zu kontrollieren.[25] Der Franchisenehmer schuldet dem Franchisegeber eine Vergütung (Franchisegebühr).

- Beim **Automatenaufstellungsvertrag** sind zwei Fälle zu unterscheiden: Beschränkt   2485
  sich die Pflicht des Platzinhabers darauf, dem Automateninhaber gegen Entgelt
  einen Standplatz zu überlassen, liegt ein gewöhnlicher Mietvertrag vor. Ein Innominatvertrag ist dann gegeben, wenn der Platzinhaber überdies den ordnungsgemässen Betrieb des Automaten sicherzustellen hat.[26] Der Vertrag kann weitere Pflichten zu Lasten des Platzinhabers begründen, so z.B. die Pflicht, die über den Automaten verkauften Waren beim Automateninhaber zu beziehen.

  Beim Aufstellen von Glückspielautomaten zum Zwecke deren Betriebs ist unter anderem das   2486
  Spielbankengesetz (SBG) vom 18. Dezember 1998 (SR 935.51) zu beachten.

- Der **Sponsoringvertrag** verpflichtet den Sponsor, den Gesponserten, der beispiels-   2487
  weise einer sportlichen oder kulturellen Tätigkeit nachgeht, mit Geld-, Sach- oder
  Dienstleistungen zu unterstützen. Im Gegenzug erhält der Sponsor das Recht, sich
  im Rahmen seiner Werbung mit dem Gesponserten und seiner Tätigkeit in Verbindung zu bringen.[27]

– *Verträge im Finanz- und Vorsorgebereich*   2488

- Das **einfache Kreditkartengeschäft** ist ein Zweiparteienverhältnis zwischen Kar-   2489
  tenherausgeber und Karteninhaber. Nach diesem Vertrag (dem Kreditkartenvertrag)
  ist der Kartenherausgeber verpflichtet, dem Karteninhaber gegen eine Gebühr eine
  Kreditkarte zu überlassen, mit welcher der Karteninhaber beim Kartenherausgeber
  (z.B. durch Abschluss eines Kaufvertrags) Leistungen beziehen kann, die ihm später
  in Rechnung gestellt werden.[28]

- Beim **Kreditkartengeschäft als Mehrparteienverhältnis** sind mindestens drei Ver-   2490
  tragsverhältnisse auseinanderzuhalten: der *Kreditkartenvertrag*, durch den sich der
  Kartenherausgeber verpflichtet, dem Karteninhaber gegen eine Gebühr eine Kreditkarte zu überlassen, mit welcher der Karteninhaber bei so genannten Vertragsunternehmen (z.B. Warenhäusern, Restaurants oder Reisebüros) bargeldlos Leistungen
  beziehen kann; der *Kreditkartenannahmevertrag*, durch den sich das Vertragsunternehmen gegenüber dem Kartenherausgeber verpflichtet, allfällige Leistungen an den
  Karteninhaber zu erbringen, ohne von diesem Zahlung zu verlangen, um sich sodann
  gegen Abtretung der entsprechenden Forderung vom Kartenherausgeber bezahlen
  zu lassen; der *Vertrag über den Leistungsbezug* (z.B. Kaufvertrag), der zwischen dem
  Karteninhaber und dem Vertragsunternehmen abgeschlossen wird und zu dessen
  Abreden es gehört, dass den Karteninhaber gegenüber dem Vertragsunternehmen
  keine Zahlungspflicht trifft. Regelmässig steht zwischen dem Vertragsunternehmen
  und dem Kartenherausgeber eine vierte Partei (zum Teil «acquirer» genannt), die in
  diesem Verhältnis die Abrechnung besorgt.[29]

---

[24] BGE 118 II 157 ff. (159 f.), E. 2a.
[25] BGE 118 II 157 ff. (159 f.), E. 2a.
[26] BGE 110 II 474 ff. (475), E. 3a.
[27] NETZLE, Handkomm., N 1 zu Vorb. 184 ff. OR/Sponsoringvertrag.
[28] HUGUENIN, Nr. 1673 ff.
[29] AMSTUTZ/SCHLUEP, Basler Komm., N 246 zu Einl. vor Art. 184 ff. OR.

2491   Eröffnet der Kreditkartenvertrag dem Kreditkarteninhaber die Möglichkeit, den Saldo einer Kreditkarte in Raten zu begleichen, untersteht der Vertrag unter Umständen dem KKG (vgl. Art. 1 Abs. 2 lit. b KKG).

2492   • Der **Krediteröffnungsvertrag** ist ein Rahmenvertrag, der in der Bankpraxis weit verbreitet ist. Der Rahmenvertrag setzt einerseits Regeln für die Einzelverträge, mit denen er umgesetzt wird; zum andern enthält er Regeln, die unabhängig von den Einzelverträgen gelten (z.B. zur Leistung von Sicherheiten und zur Vertragsbeendigung). Je nach Ausgestaltung des Rahmenvertrages verpflichtet sich der Kreditgeber dazu, dem Kreditnehmer für die Laufzeit des Vertrages ständig bis zu einer bestimmten Höhe (Kreditlimite oder Kreditlinie genannt) Kredit zu gewähren. In Frage kommen dabei in erster Linie Darlehen (Art. 312 ff. OR), aber auch etwa die Pflicht, gegenüber einem Dritten für die Erfüllung einer Schuld des Kreditnehmers zu bürgen (Art. 492 Abs. 1 OR). Im Gegenzug schuldet der Kreditnehmer bei Beanspruchung des Kredits dem Kreditgeber einen Zins.[30]

2493   • Beim **Factoringgeschäft** zediert der Kunde Forderungen aus seiner Geschäftstätigkeit an den Factor, der im Gegenzug die zedierten Forderungen (meist mit einem Abschlag) bevorschusst. Mit dieser Finanzierungsfunktion können weitere Leistungen des Factors verbunden werden (z.B. die Übernahme des Delcredere-Risikos oder die Bewirtschaftung der Forderungen durch Rechungsstellung und Mahnwesen).[31]

2494   • Der **Checkvertrag** ist ein Vertrag zwischen einem Bankkunden und der bezogenen Bank. Darin verpflichtet sich die bezogene Bank, vom Bankkunden ausgestellte Checks gemäss den einschlägigen checkrechtlichen Bestimmungen zu honorieren.[32]

2495   Zu beachten ist unter anderem Art. 1102 OR, wonach auf Checks, die in der Schweiz zahlbar sind, «als Bezogener nur ein Bankier bezeichnet werden» kann.

2496   • Im Bereich der **beruflichen Vorsorge** unterliegen die Rechtsbeziehungen zwischen der Vorsorgeeinrichtung und dem ihr angeschlossenen Versicherten zur Hauptsache dem BVG sowie den von der Einrichtung erlassenen Statuten und Reglementen.[33] Doch wird etwa im «Bereich der freiwilligen, der vor- und der … überobligatorischen beruflichen Vorsorge (Säule 2b) … das Rechtsverhältnis zwischen der Vorsorgeeinrichtung und dem Vorsorgenehmer durch einen privatrechtlichen Vorsorgevertrag begründet …. Dieser Vorsorgevertrag ist funktional verwandt mit dem Lebensversicherungsvertrag im Sinne des VVG».[34]

2497   – *Versicherungsverträge*

2498   Der **private Versicherungsvertrag** ist die vertragliche Vereinbarung, mit welcher der Versicherer dem Versicherungsnehmer gegen Bezahlung einer Prämie eine Geld-, Sach- oder Dienstleistung verspricht für den Fall, dass eine Person, eine Sache oder ein Ver-

---

[30]   SCHÄRER/MAURENBRECHER, Basler Komm., N 27 f. zu Art. 312 OR; eingehend STÖCKLI HUBERT, Der Kreditvertrag, in: Emmenegger Susan (Hrsg.), Kreditrecht, Schweizerische Bankrechtstagung (SBT) 2010, Basel 2010, S. 1 ff.

[31]   BUCHER, OR BT, S. 43 f.; TERCIER/FAVRE, Nr. 8060 f.; Urteil des BGer. vom 11. Januar 2001, Nr. 4C.60/2000, E. 6b.

[32]   Urteil des BGer. vom 21. Dezember 2000, Nr. 4C.292/2000, E. 3a.

[33]   BGE 129 III 305 ff. (308), E. 2.3; STOESSEL, Basler Komm., N 24 zu Allgemeine Einleitung VVG.

[34]   BGE 129 III 305 ff. (307), E. 2.2.

mögen von einem künftigen und ungewissen Ereignis beeinträchtigt wird.[35] Er wird hier den Innominatverträgen zugerechnet (Nr. 2450). Dazu drei Beispiele:

- Die *Haftpflichtversicherung* versichert das Vermögen des Versicherten gegen dessen Belastung durch Haftpflichtansprüche Dritter.[36]   2499

- Die *Hausratversicherung* versichert den Hausrat, also «alle dem privaten Gebrauch dienenden beweglichen Sachen, die Eigentum der versicherten Personen sind», gegen schädigende Ereignisse wie Brand oder Diebstahl.[37]   2500

- Die *Reiseversicherung* versichert Personen, Sachen und das Vermögen gegen schädigende Ereignisse im Zusammenhang mit Reisen (wie Annullationskosten, Rettungsaktionen oder Verlust des Reisegepäcks während des Transports).   2501

— *Verträge im Baubereich*   2502

- Der **Gesamtvertrag** der Architekten oder Ingenieure umfasst zum einen die Projektierung eines Bauwerks und zum anderen die Aufgaben der Bauleitung. Nach bundesgerichtlicher Rechtsprechung handelt es sich dabei um einen gemischten Vertrag, der Elemente des Auftrags und solche des Werkvertrags auf sich vereint, aber dennoch einheitlich nach Massgabe des zwingenden Art. 404 OR beendet werden kann.[38]   2503

  Die Qualifikation des Gesamtvertrages als gemischter Vertrag ist umstritten; in der Lehre wird zum Teil für eine rein auftragsrechtliche Qualifikation plädiert.[39] Unumstritten ist, dass der Vertrag mit einem Unternehmer, der sich zu Projektierung und Ausführung des Bauwerkes verpflichtet (Totalunternehmervertrag; Nr. 1686), als Werkvertrag zu qualifizieren ist.   2504

- Der **Deponievertrag** begründet das Recht des Deponenten, auf einem Grundstück ein bestimmtes Material (z.B. Kies) abzuladen. Dafür schuldet er dem Grundstückeigentümer regelmässig ein Entgelt.[40] Wird überdies zu Lasten des Deponenten die Pflicht vereinbart, die Grundstücksoberfläche in einer bestimmten Weise zu gestalten, weist der Deponievertrag insoweit werkvertragliche Elemente auf.   2505

— *Weitere Dienstleistungsverträge*   2506

- Der **Mobilfunkvertrag** verpflichtet das Mobilfunkunternehmen, dem Kunden gegen Entgelt den Zugang zu seinem Mobilfunknetz zu gewähren und ihm den Zugang zu den Netzen der «Roamingpartner» zu verschaffen.   2507

- Der **Unterrichtsvertrag** verpflichtet den Anbieter, dem Unterrichteten vor Ort bestimmte Kenntnisse und Fähigkeiten zu vermitteln und überdies geeignetes Unterrichtsmaterial zu überlassen.[41] Meist schuldet der Unterrichtete dafür eine Vergütung.   2508

---

[35] BGE 124 III 382 ff. (397), E. 4g.
[36] BGE 100 II 403 ff. (409), E. 4a.
[37] Zum Begriff des Hausrats vgl. BRUNNER, Basler Komm., N 4 zu Art. 66 VVG.
[38] BGE 109 II 462 ff. (465 f.), E. 3c und d; GAUCH, Werkvertrag, N 57.
[39] GAUCH, Vom Architekturvertrag, seiner Qualifikation und der SIA 102, in: Gauch/Tercier (Hrsg.), Das Architektenrecht/Le droit de l'architecte, 3. Aufl., Freiburg 1995, S. 15.
[40] Vgl. BGE 107 II 411 ff.
[41] AMSTUTZ/SCHLUEP, Basler Komm., N 398 zu Einl. vor Art. 184 ff. OR.

2509   • Der **Fernkursvertrag** unterscheidet sich nur darin vom Unterrichtsvertrag, als der Anbieter und der Unterrichtete räumlich getrennt sind.[42]

2510   • Der **Gastaufnahmevertrag** beinhaltet die Pflicht des Gastwirtes, dem Gast gegen Entgelt Speisen und Getränke anzubieten und ihn diese an Ort und Stelle konsumieren zu lassen.[43] Er gilt als gemischter Vertrag, der Elemente des Kaufs, der Miete, des Auftrags und der Hinterlegung umfasst.[44]

2511   • Der **Spitalaufnahmevertrag** kommt in zwei Ausgestaltungen vor: Im *totalen* Spitalaufnahmevertrag verpflichtet sich das Spital gegen Entgelt zur Leistung von Beherbergung, Verpflegung, Pflege und ärztlicher Behandlung des Patienten. Beim *gespaltenen* Spitalaufnahmevertrag beschränkt sich die Leistungspflicht des Spitals auf Beherbergung, Verpflegung und Pflege, während für die ärztliche Behandlung mit dem verantwortlichen Arzt ein separater Vertrag abgeschlossen wird.[45]

2512   Ergibt sich aufgrund des kantonalen Rechts, dass die öffentliche Hand Trägerin des Spitals ist und die Beziehungen zwischen Spital und Patient öffentlich-rechtlicher Natur sind, so besteht kein Raum für einen privatrechtlichen Vertrag. Anwendbar sind diesfalls die einschlägigen öffentlich-rechtlichen Vorschriften, insbesondere jene des Staatshaftungsrechts.[46]

2513   – *Verträge im Bereich der Streiterledigung*

2514   • Die **Schiedsvereinbarung** ist ein Vertrag des Prozessrechts.[47] Unter Ausschluss der staatlichen Gerichtsbarkeit wird für Streitigkeiten aus einem bestimmten Rechtsverhältnis die Zuständigkeit eines Privatgerichts begründet. Für die Schiedsgerichtsbarkeit und damit auch für die Beurteilung von Schiedsvereinbarungen einschlägig sind im internationalen Verhältnis die Art. 176 ff. IPRG und in Binnenverhältnissen die Art. 357 ff. ZPO.

2515   • Ein **aussergerichtlicher Vergleich** ist die durch gegenseitige Zugeständnisse zustande gekommene vertragliche Beseitigung eines Streits oder einer Ungewissheit über ein bestehendes Rechtsverhältnis.[48] Der Vergleich kann sich etwa auf streitige Tatsachen, ihre rechtliche Qualifikation, den Bestand, den Inhalt oder die Tragweite eines Rechtsverhältnisses beziehen.[49] Anders als der gerichtliche Vergleich, der die Wirkung eines rechtskräftigen Entscheides hat (Art. 241 Abs. 2 ZPO), entfaltet ein aussergerichtlicher Vergleich lediglich materielle, keine prozessualen Wirkungen. Seine Anfechtbarkeit infolge Grundlagenirrtums ist eingeschränkt: er kann nicht angefochten werden, wenn der Irrtum einen Streitpunkt betrifft, der durch den Vergleich bereinigt werden sollte (so genanntes caput controversum).[50]

2516   3. Hier sei noch einmal betont: Die Liste ist in keiner Art und Weise vollständig. Man führe sich nur die mannigfaltigen Vertragsverhältnisse in Erinnerung, die man selber im Alltag eingeht!

---

[42]   Amstutz/Schluep, Basler Komm., N 402 zu Einl. vor Art. 184 ff. OR.
[43]   BGE 108 II 449 ff. (450), E. 3a.
[44]   BGE 120 II 252 ff. (253), E. 2a.
[45]   Amstutz/Schluep, Basler Komm., N 343 zu Einl. vor Art. 184 ff. OR.
[46]   BGE 102 II 45 ff. (50), E. 2d; Amstutz/Schluep, Basler Komm., N 360 zu Einl. vor Art. 184 ff. OR.
[47]   BGE 85 II 149 ff. (150 f.).
[48]   BGE 105 II 273 ff. (277), E. 3a.
[49]   Urteil des BGer. vom 24. Juni 2005, Nr. 4C.23/2005, E. 3.1.
[50]   BGE 130 III 49 ff. (52).

§ 29   Der Leasingvertrag

Sonderliteratur (Auswahl):   2517

Amstutz Marc/Schluep Walter R., Einleitung vor Art. 184 ff. OR, in: Honsell Heinrich/ Vogt Nedim Peter/Geiser Thomas (Hrsg.), Basler Kommentar zum Schweizerischen Privatrecht, Obligationenrecht I, Art. 1–529 OR 4. Aufl., Basel/Genf/München 2007.

Favre-Bulle Xavier, Loi fédérale sur le crédit à la consommation (LCC), in: Thévenoz Luc/ Werro Franz (Hrsg.), Commentaire romand, Code des obligations I, Art. 1–529 CO, Genf/ Basel/München 2003, S. 1541 ff.

Girsberger Daniel, Grenzüberschreitendes Finanzierungsleasing, Internationales Vertrags-, Sachen- und Insolvenzrecht – Eine rechtsvergleichende Untersuchung, Habil. Zürich 1997.

Hess Markus, Immobilien-Leasing und Formzwang, ZBGR 72/1991, S. 1 ff.

Honsell Heinrich, Das Aussonderungsrecht des Leasinggebers im Konkurs des Leasingnehmers beim Investitionsgüterleasing, SJZ 95/1999, S. 21 ff.

Kikinis Michael, Benutzungsrechte an Sachen – Unter besonderer Berücksichtigung der Gesetzesumgehung, Diss. Zürich 1996.

Kramer Ernst A. (Hrsg.), Neue Vertragsformen der Wirtschaft: Leasing, Factoring, Franchising, 2. Aufl., Bern/Stuttgart/Wien 1992.

Krummenacher Peter, Konsumentenleasing, Diss. Luzern, Zürich 2007 (LBR Band 21).

Larenz Karl/Canaris Claus-Wilhelm, Lehrbuch des Schuldrechts, 2. Band: Besonderer Teil, 2. Halbband, 13. Aufl., München 1994.

Lupi Thomann Melania, Die Anwendung des Konsumkreditgesetzes auf Miet-, Miet-Kauf- und Leasingverträge, Diss. Zürich 2003.

Martinek Michael, Moderne Vertragstypen, Band I: Leasing und Factoring, München 1991, S. 33 ff.

Schatz Peter, Das Leasing von Automobilen, AJP 2006, S. 1042 ff.

Schluep Walter R., Innominatverträge, in: Schweizerisches Privatrecht Band VII/2, Basel und Stuttgart 1979, S. 816 ff.

Schöbi Felix, Strafe muss (auch im Privatrecht) sein! Zur Sanktionierung eines gesetzeswidrigen Leasingvertrags, in: Barfuss et al. (Hrsg.), Gedanken zur Gerechtigkeit, Festschrift für Hans Giger zum 80. Geburtstag, S. 449 ff.

Stauder Bernd, Das Finanzierungs-Investitionsgüterleasing von Mobilien durch eine Leasinggesellschaft: Offene Fragen, in: Kramer Ernst A. (Hrsg.), Neue Vertragsformen der Wirtschaft: Leasing, Factoring, Franchising, 2. Aufl., Bern/Stuttgart/Wien 1992, S. 71 ff. (zitiert: Stauder, Das Finanzierungs-Investitionsgüterleasing).

Derselbe, Leasingverträge nach revidiertem KKG, in: Brunner Alexander/Rehbinder Manfred/Stauder Bernd (Hrsg.), Jahrbuch des Schweizerischen Konsumentenschutzrechts (JKR) 2002, Bern 2003, S. 79 ff. (zitiert: Stauder, Leasingverträge nach revidiertem KKG).

Stöckli Hubert, Verträge und AGB beim Autokauf, in: Stöckli/Werro (Hrsg.), Strassenverkehrsrechts-Tagung 2006, Bern 2006, S. 1 ff.

Wulkan Christoph R., Der Immobilien-Leasingvertrag nach schweizerischem Privatrecht – Rechtstatsächliche, Schuld- und Sachenrechtliche Analyse, Diss. Zürich 1988.

I. Grundlagen

1. Typische Merkmale

2518 1. Der Leasingvertrag ist ein **verkehrstypischer Innominatvertrag,** der die folgenden charakteristischen Merkmale aufweist:[1]

2519 – Die eine Partei (Leasinggeberin, Leasing-Gesellschaft) überlässt der anderen Partei (Leasingnehmerin) auf eine fest bestimmte Zeit hin gegen Entgelt ein wirtschaftliches Gut (Leasingobjekt) zum Gebrauch und zur Nutzung.

2520 Da der Vertrag die Pflicht zur Gebrauchsüberlassung (und zur Zahlung der Leasingraten) *auf Zeit* beinhaltet, liegt ein Dauervertrag vor. Die feste (also nicht ordentlich kündbare) Vertragsdauer wird nach der «voraussichtlichen wirtschaftlichen Lebensdauer» des Leasingobjekts berechnet.[2]

2521 – Das Eigentum am Leasingobjekt verbleibt bei der Leasing-Gesellschaft.

2522 Der Leasinggegenstand ist also am Ende der Vertragsdauer zurückzugeben; allenfalls wird der Leasingnehmerin auf diesen Zeitpunkt hin vertraglich ein Kaufrecht oder ein Recht auf Vertragsverlängerung eingeräumt.[3] Fällt die Leasingnehmerin in Konkurs, steht dem Leasinggeber kraft seiner Eigentümerstellung (grundsätzlich) ein Aussonderungsrecht zu.[4]

2523 – Das Entgelt (Leasingzins) ist von der Leasingnehmerin in Teilzahlungen (Leasingraten) zu entrichten.

2524 – In der Regel wird das volle Erhaltungsrisiko auf die Leasingnehmerin übertragen.[5] Zu ihren typischen Pflichten gehören (neben der Zahlungspflicht) daher die Instandhaltung und die Versicherung des Leasingobjekts.

2525 2. Die **Abgrenzung zur Miete** (Art. 253 ff. OR) **und Pacht** (Art. 275 ff. OR) ist im Einzelfall heikel.[6] Gemeinhin wird gesagt, dass die Leasingnehmerin – im Gegensatz zum Mieter oder Pächter – ein vollumfängliches Gebrauchs- und Nutzungsrecht am Leasinggegenstand hat, das der Stellung eines Eigentümers ähnlich ist. Damit verbunden ist typischerweise, dass die Leasingnehmerin das volle Erhaltungsrisiko trägt. Die Gegenleistung der Leasingnehmerin besteht im Leasingzins, der in Teilleistungen zu entrichten und so berechnet ist, dass er den Verkehrswert der Leasingsache zum Vertragsende je nach Absprache entweder ganz oder teilweise amortisiert.[7] Aufgrund dieser Elemente qualifizieren das Bundesgericht und die wohl überwiegende Meinung den Leasingvertrag als Gebrauchsüberlassungsvertrag sui generis oder als gemischten Vertrag mit mietrechtlichen Elementen.[8]

---

[1]   Vgl. auch BGE 118 II 150 ff. (153 f.), E. 4b; 119 II 236 ff. (238), E. 4.

[2]   BGE 118 II 150 ff. (153), E. 4b.

[3]   BGE 118 II 150 ff. (153), E. 4b.

[4]   BGE 118 II 150 ff. (156 f.), E. 6; allgemeiner Tercier/Favre, Nr. 7779; Honsell, OR BT, S. 431.

[5]   Larenz/Canaris, S. 101.

[6]   Vgl. auch Higi, Zürcher Komm., N 180 ff. zu Vorbem. vor Art. 275–304 OR.

[7]   Urteil des BGer. vom 18. Dezember 2008, Nr. 4A_404/2008, E. 4.1.1.

[8]   Urteil des BGer. vom 18. Dezember 2008, Nr. 4A_404/2008, E. 4.1.2.

Unbestritten ist diese Auffassung nicht. Zunächst ist zu beachten, dass es *den* Leasingvertrag (im Sinne   2526
eines festgefügten Vertragstypus) gar nicht gibt. Zudem ist zu bedenken, dass es im Kern stets um die
Gebrauchsüberlassung an der Leasingsache gegen ein Entgelt (Leasingzins) geht. Dies legt es gegebenenfalls nahe, einen konkreten Leasingvertrag rundweg als Mietvertrag zu qualifizieren. Die Bedeutung der
Streitfrage ist jedoch beschränkt. Denn selbst wenn der Leasingvertrag nicht als Miet-, sondern als Innominatvertrag zu qualifizieren ist, kann es sich rechtfertigen, mittels Analogieschluss die (zwingenden)
Normen des Mietrechts heranzuziehen, wo sich die Schutzbedürftigkeit des Leasingnehmers in nichts
von der eines Mieters unterscheidet.[9]

3. Wirtschaftlich hat das Leasing vor allem eine **Finanzierungsfunktion**.[10] Denn die Leasing-   2527
   nehmerin verschafft sich den Gebrauch des gewollten Gutes, ohne dieses sofort vollständig
   bezahlen zu müssen. Dass dies den Vertrieb von Gütern begünstigt, liegt auf der Hand.

2. Erscheinungsformen

Der Leasingvertrag kommt in verschiedenen Formen vor. Auseinanderzuhalten sind mehrere   2528
Einteilungskriterien.

1. Was die **Zahl der beteiligten Parteien** betrifft, ist wie folgt zu unterscheiden: 2529

   – Das *Zweiparteiengeschäft* (Herstellerleasing, direktes Leasing): Die Leasinggeberin ist   2530
     hier gleichzeitig auch Herstellerin oder Verkäuferin des Leasingobjekts und wendet sich
     direkt an die Leasingnehmerin.

   – Beim mittelbaren Leasing (Finanzierungsleasing, indirektes Leasing; «crédit-bail» oder   2531
     «leasing financier») besteht hingegen eine *Dreiparteienbeziehung*: Der Leasingvertrag
     wird zwischen der Leasingnehmerin und einer unabhängigen Leasinggeberin (oft
     eine Leasing-Gesellschaft) abgeschlossen, die das Leasingobjekt bei einer Drittperson
     (Händler, Hersteller, Lieferant) erworben hat. Vielfach wählt die Leasingnehmerin das
     Leasinggut beim Händler selber aus.[11]

     Im Rahmen eines Finanzierungsleasings tritt in diesem Dreiparteienverhältnis regelmässig die Lea-   2532
     sing-Gesellschaft als Käuferin und Erwerberin des Leasingobjekts auf; sie überlässt das Objekt dann
     der Leasingnehmerin zum Gebrauch. Da die Leasing-Gesellschaft häufig eine Bank ist, wird regelmäs-
     sig vereinbart, dass der Lieferant das Leasingobjekt direkt der Leasingnehmerin (als Stellvertreterin
     der Leasing-Gesellschaft, die das Eigentum erwirbt) aushändigt. Es kommt aber auch vor, dass die
     Leasingnehmerin ein Gut beim Händler kauft (und im eigenen Namen in ihren Besitz nimmt), es dann
     an die Leasinggeberin weiterveräussert und gleichzeitig über einen Leasingvertrag den Gebrauch ein-
     geräumt erhält («Sale-and-lease-back-Verfahren»).

2. Was das **Leasingobjekt** angeht, lässt sich folgende Unterscheidung vornehmen: 2533

   – Beim *Mobilienleasing* ist das Leasingobjekt eine bewegliche Sache (z.B. ein Fahrzeug).   2534

   – Beim *Immobilienleasing* ist das Leasingobjekt eine unbewegliche Sache (z.B. eine Lager-   2535
     halle).

3. Was den **Verwendungszweck** des Leasingobjekts betrifft, ist folgende wichtige Einteilung   2536
   zu treffen:

---

[9] Urteil des BGer. vom 18. Dezember 2008, Nr. 4A_404/2008, E. 4.1 (zu Art. 266k OR).
[10] Tercier/Favre, Nr. 7772.
[11] Vgl. auch BGE 118 II 150 ff. (153 f.), E. 4b; 119 II 236 ff. (238), E. 4.

2537   – Beim *Konsumgüterleasing* dient das Leasingobjekt dem Konsum, also dem privaten (nicht beruflichen und nicht gewerblichen) Gebrauch oder Verbrauch (z.B. das Autoleasing, wenn das Auto überwiegend privat genutzt wird).

2538   Alsdann fällt der entsprechende Leasingvertrag unter Umständen unter das KKG (Nr. 2552).

2539   – Beim *Investitionsgüterleasing* ist das Leasingobjekt ein Investitionsgut, also ein Gut, das beruflich oder gewerblich (nicht privat) verwendet wird.[12]

3.   Rechtsanwendungsfragen

2540   1. Nach den beschriebenen typischen Elementen weist der Leasingvertrag also **enge Beziehungen zu folgenden Nominatverträgen** auf:

2541   – zum Teilzahlungsvertrag (insbesondere Kauf auf Abzahlung);

2542   – zur Miete oder Pacht;

2543   – zum Darlehensvertrag, insbesondere zum Konsumkreditvertrag.

2544   Weiter spielen sachenrechtliche Überlegungen eine Rolle, zumal das «rechtliche» Eigentum (als «nuda proprietas») bei der Leasinggeberin liegt, während das «wirtschaftliche» Eigentum (Nutzungsbefugnis und Erhaltungsaufwand) der Leasingnehmerin zukommt. Das bedeutet grundsätzlich, dass die Leasing-Gesellschaft dinglich sichergestellt ist, zumal sie im Konkurs der Leasingnehmerin die Sache als ihr Eigentum herausverlangen kann. Da das Leasingverhältnis Dritten gegenüber jedoch regelmässig nicht offen gelegt wird, stellt sich aus sachenrechtlicher Perspektive die Frage, ob mit dem Leasing der numerus clausus der beschränkten dinglichen Rechte umgangen wird.[13]

2545   2. Herrschende Lehre und Rechtsprechung betrachten den *Finanzierungsleasingvertrag* nicht als Veräusserungsvertrag, sondern als **Gebrauchsüberlassungsvertrag sui generis**.[14]

2546   Im KKG hat der Gesetzgeber für die Rechtsanwendung beim Leasingvertrag immerhin auch kaufvertragsrechtliche Gesichtspunkte einbezogen. So betrifft etwa der Einwendungsdurchgriff von Art. 21 KKG (der in Art. 8 Abs. 1 KKG auf Leasingverträge explizit für anwendbar erklärt wird; Nr. 2584) Konsumkreditverträge, die «im Hinblick auf den Erwerb von Waren» (oder Dienstleistungen) abgeschlossen werden. – Zu sachenrechtlichen Problemen Nr. 2581 ff.

2547   3. Mit dieser «Qualifikation» (die sich überdies auf den Finanzierungsleasingvertrag beschränkt) sind indessen die offenen Fragen noch keineswegs gelöst. Die beschriebene sachliche Nähe zu gewissen Nominatverträgen – insbesondere zu solchen Vertragstypen, die zwingende Schutzvorschriften zu Gunsten der schwächeren Vertragspartei vorsehen – akzentuiert vielmehr die Probleme der Rechtsanwendung. Abgesehen von den Fällen der Gesetzesumgehung stellt sich insbesondere die Frage, ob **zwingendes Nominatvertragsrecht** auf den Leasingvertrag Anwendung findet. Diese Frage muss für den konkreten Einzelfall beantwortet werden. Hierbei sind vor allem die Bestimmungen über den Grundstückkauf, die Miete und Pacht sowie das KKG zu beachten:

---

[12]   Illustrativ BGE 118 II 150 ff. (152 f.), E. 4a: «Unter *Investitionsgütern* versteht man regelmässig solche Güter, welche im und für den Geschäftsgebrauch eines Unternehmens eingesetzt werden und die ausschliesslich gewerblichen Zwecken dienen (...).»

[13]   Dazu SCHMID/HÜRLIMANN-KAUP, Sachenrecht, Nr. 1998 ff. mit Hinweisen.

[14]   TERCIER/FAVRE, Nr. 7792; BGE 118 II 151 ff. (156 f.), E. 6; 119 II 236 ff. (238 f.), E. 4; Urteil des BGer. vom 18. Dezember 2008, Nr. 4A_404/2008, E. 4.1.2.

– Art. 657 Abs. 1 ZGB schreibt für Verträge auf Übertragung von Grundeigentum die **öffentliche Beurkundung** vor (was Art. 216 Abs. 1 OR für den Grundstückkauf wiederholt). Die Bestimmung gilt nach der hier vertretenen Auffassung auch für Innominatverträge, sofern die typische Schutzbedürftigkeitslage («Grundstück gegen Geld») im konkreten Einzelvertrag verwirklicht wird.[15] Das kann je nach Ausgestaltung auch auf einen Immobilienleasingvertrag zutreffen.[16]   2548

Das Bundesgericht hat in einem Entscheid aus dem Jahr 2006[17] diese Schutzbedürftigkeitslage allerdings nicht geprüft. Es hat vielmehr festgehalten, der Immobilienleasingvertrag richte sich nicht auf Eigentumsübertragung, sodass die Art. 216 Abs. 1 OR und Art. 657 Abs. 1 ZGB über die öffentliche Beurkundung aus dem Spiel blieben; dies gelte auch dann, wenn die Leasingnehmerin nach Ablauf der ordentlichen Leasingdauer zwischen dem Abschluss eines Anschlussvertrags, der Übernahme des Grundstücks gestützt auf ein Kaufrecht oder der Rückgabe des Grundstücks gegen Ausgleich der Differenz zwischen Nettoerlös und Restwert wählen kann.   2549

– Möglich und im konkreten Fall durch Auslegung zu prüfen ist, ob die Parteien durch den «Leasingvertrag» die **zwingenden Bestimmungen über Miete und Pacht** umgehen.[18] Trifft dies zu, so sind diese Bestimmungen (allenfalls im Wege der Analogie) anwendbar.   2550

Illustrativ dazu HIGI: «Auch der bunteste Paradiesvogel ist und bleibt ein Vogel; was ‹Vogel› ist, sagen bei Verträgen, deren Zweck in der Gebrauchsüberlassung liegt, hinwieder die Legaldefinitionen von Art. 253 und Art. 275.»[19]   2551

– Das **Konsumkreditgesetz** findet Anwendung auf Leasingverträge, die folgende Merkmale aufweisen (Art. 1 Abs. 2 lit. a und Art. 8 Abs. 1 KKG):[20]   2552

• Leasingobjekt ist eine bewegliche *(Mobilienleasing),* dem privaten Gebrauch dienende Sache *(Konsumgüterleasing).*   2553

• Die Leasinggeberin erfüllt die *Eigenschaften einer Kreditgeberin* (Art. 2 KKG) und die Leasingnehmerin diejenigen einer *Kreditnehmerin* (nur natürliche Personen; Art. 3 KKG).   2554

• Der Leasingvertrag sieht vor, dass die *vereinbarten Leasingraten erhöht werden,* wenn der Leasingvertrag vorzeitig aufgelöst wird.   2555

• Es ist *kein Ausschlussgrund* gemäss Art. 7 KKG gegeben.   2556

Der (eingeschränkte) Geltungsbereich für Leasingverträge wird in Art. 8 Abs. 1 KKG im Einzelnen (wenn auch unvollständig) umschrieben. Zu den besonderen Schutzvorschriften des KKG zu Gunsten des Konsumenten Nr. 1373 ff.   2557

4. Von der Schweiz nicht ratifiziert und daher keine Rechtsquelle im formellen Sinn – aber allenfalls dennoch Inspirationsquelle bei der Rechtsanwendung im internationalen Ver-   2558

---

[15] SCHMID, Die öffentliche Beurkundung, Nr. 98a und 303 ff.

[16] Ablehnend HESS, Immobilien-Leasing und Formzwang, S. 8 ff.

[17] BGE 132 III 549 ff. (552 ff.), E. 2, unter Hinweis auf HESS, Immobilien-Leasing und Formzwang, S. 18.

[18] Vgl. auch HIGI, Zürcher Komm., N 187 ff. zu Vorbem. zu Art. 275–304 OR; KIKINIS, S. 116 f.

[19] HIGI, Zürcher Komm., N 191 zu Vorbem. zu Art. 275–304 OR.

[20] Urteil des BGer. vom 13. Juni 2006, Nr. 4C.58/2006, E. 2.1; LUPI THOMANN, S. 119 ff.; vgl. auch FAVRE-BULLE, Art. 1 LCC, N 32 ff.; STAUDER, Leasingverträge nach revidiertem KKG, S. 79 ff. – Zur Anwendung abzahlungsrechtlicher Schutzvorschriften unter dem alten Abzahlungsvertragsrecht (Art. 226a ff. alt OR) vgl. etwa TERCIER/FAVRE, Nr. 7794.

kehr – ist das **Unidroit-Übereinkommen über das internationale Finanzierungsleasing vom 28. Mai 1988.**[21]

2559   Das Übereinkommen sieht den Vorrang der dinglichen Rechte der Leasinggeberin vor, lässt jedoch zu, dass das anwendbare Recht hierfür die Einhaltung von Publizitätsvorschriften verlangt (Art. 7 Abs. 1 und 2).[22]

II. Die Vertragsentstehung

2560   Für die Entstehung des Leasingvertrags gilt grundsätzlich das **Konsensprinzip.** In der Praxis spielen *Allgemeine Geschäftsbedingungen* der Leasinggesellschaften eine wichtige Rolle. Für die **Form** des Vertrags ist zu unterscheiden, ob das Leasingobjekt ein Investitionsgut oder ein Konsumgut darstellt:

2561   1. Beim **Investitionsgüterleasing** gilt von Gesetzes wegen keine besondere Formvorschrift; das Konsumkreditgesetz, das gewisse Formvorschriften enthält, ist bei Investitionsgütern nicht anwendbar (Nr. 2553). In der Praxis ist jedoch gewillkürte Schriftform üblich.

2562   Soweit es um das Leasing von Immobilien geht, stellt sich freilich die Frage nach der Anwendbarkeit und dem Umfang der Formvorschrift von Art. 216 Abs. 1 OR (und Art. 657 Abs. 1 ZGB). Wird am Leasinggrundstück ein Kaufrecht begründet, ist die Formvorschrift von Art. 216 Abs. 2 OR zu beachten. Für den Immobilienleasingvertrag insgesamt lehnt das Bundesgericht den Zwang zur öffentlichen Beurkundung jedoch ab (Nr. 554 und 2549).[23]

2563   Beim **Finanzierungsleasing** wird in den AGB die Wirksamkeit des Leasingvertrags häufig von der Gültigkeit des Liefervertrags (Kauf oder Werkvertrag) abhängig gemacht.

2564   2. Beim **Konsumgüterleasing** ist zu prüfen, ob und inwieweit das Konsumkreditgesetz Anwendung findet. Für Leasingverträge, die unter das Konsumkreditgesetz fallen (Nr. 2552 ff.), gilt namentlich die Formvorschrift von Art. 11 KKG.[24]

2565   Der Leasingvertrag muss in diesem Fall schriftlich abgeschlossen werden (Art. 11 Abs. 1 KG) und bestimmte Mindestangaben enthalten (Art. 11 Abs. 2 KKG); ferner ist der Leasingnehmerin ein Exemplar der Vertragsurkunde auszuhändigen (Art. 11 Abs. 1 KKG). Zum Widerrufsrecht vgl. Art. 16 KKG, zur Kreditfähigkeitsprüfung Art. 22 ff. KKG[25].

---

[21]   Englischer Originaltext und deutsche Übersetzung in: KRAMER ERNST A. (Hrsg.), Neue Vertragsformen der Wirtschaft: Leasing, Factoring, Franchising, 2. Aufl., Bern/Stuttgart/Wien 1992, S. 218 ff. und 228 ff.

[22]   STAUDER, Das Finanzierungs-Investitionsgüterleasing, S. 99 f.; GIRSBERGER, Nr. 484 ff.; CARSTEN THOMAS EBENROTH, Leasing im grenzüberschreitenden Verkehr, in: Kramer Ernst A. (Hrsg.), Neue Vertragsformen der Wirtschaft: Leasing, Factoring, Franchising, 2. Aufl., Bern/Stuttgart/Wien 1992, S. 117 ff. (205 f.).

[23]   BGE 132 III 549 ff. (552 ff.), E. 2.

[24]   Urteil des BGer. vom 13. Juni 2006, Nr. 4C.58/2006, E. 2.

[25]   Vgl. dazu SCHMID JÖRG, Überschuldungsprävention nach revidiertem KKG – Gesichtspunkt ex ante von Finanzierungen, in: Brunner Alexander/Rehbinder Manfred/Stauder Bernd (Hrsg.), Jahrbuch des Schweizerischen Konsumentenschutzrechts (JKR) 2002, Bern 2003, S. 51 ff.; STAUDER, Leasingverträge nach revidiertem KKG, S. 103 ff.; Urteil des BGer. vom 11. März 2009, Nr. 4A_6/2009, E. 2.

III. Die Pflichten der Parteien

Die Pflichten der Parteien ergeben sich primär aus dem Leasingvertrag selber. Typischerweise geht es im **Dreiparteiengeschäft** (Finanzierungsleasing; genauer: Geschäft mit Drittbeteiligung) um folgende Pflichten:[26]

2566

1. Die **Hauptpflicht der Leasinggeberin** besteht darin, der Leasingnehmerin die Sache für eine bestimmte Zeit zum Gebrauch und zur Nutzung zu überlassen (Nr. 2519).[27]

2567

Typisch für das Finanzierungsleasing ist, dass die Leasinggeberin in der Praxis die Sachmängelhaftung für die Qualität des Leasingobjekts gegenüber der Leasingnehmerin vertraglich ausschliesst (was unter dem Gesichtspunkt von Art. 256 OR kritisch zu prüfen ist, soweit sich die entsprechende Klausel in Allgemeinen Geschäftsbedingungen findet).[28] An Stelle der Mängelhaftung erklärt sich die Leasinggeberin bereit, allfällige Mängelrechte, die ihr gegenüber dem Lieferanten des Leasingobjekts aus Kaufvertrag oder Werkvertrag zustehen, von Fall zu Fall an die Leasingnehmerin zur selbständigen Geltendmachung abzutreten (was die umstrittene Frage nach der Abtretbarkeit solcher Mängelrechte aufwirft).[29]

2568

2. Die **Hauptpflicht der Leasingnehmerin** besteht darin, während der festen Dauer des Vertrags die Leasingraten zu bezahlen (Nr. 2519).[30] Dazu kann auch die Pflicht gehören, bei vorzeitiger Vertragsauflösung eine Abschlusszahlung («erhöhte Raten») zu leisten.[31] Darüber hinaus schuldet die Leasingnehmerin Sorgfalt im Umgang mit dem Leasingobjekt; sie muss die Sache unterhalten (ohne jedoch Erhaltungsgewähr leisten zu müssen), allfällige Mängel gegenüber dem Lieferanten (im Namen der Leasinggeberin) rügen, die notwendigen Reparaturen ausführen lassen und das Leasingobjekt versichern.

2569

Die Versicherungspflicht ist im Kontext mit Vertragsklauseln zu sehen, welche die Gefahrtragung für den zufälligen Untergang des Leasingobjekts auf die Leasingnehmerin abwälzen. Beim Autoleasing wird zu Lasten der Leasingnehmerin regelmässig die Pflicht vereinbart, eine Vollkaskoversicherung für das Fahrzeug abzuschliessen. Gleichzeitig ist im Formularvertrag die Abtretung allfälliger Versicherungsansprüche an die Leasinggeberin vorgesehen. Ansprüche gegen weitere Personen (zum Beispiel gegen Haftpflichtige) werden ebenfalls an die Leasinggeberin abgetreten.

2570

3. Die von der Praxis verwendeten Leasing-Formularverträge sehen häufig besondere **Rechtsfolgen bei Vertragsverletzungen** der Leasingnehmerin vor. Festgelegt werden namentlich deren Pflichten zur Leistung von Verzugszinsen und von Schadenersatz sowie das Recht der Leasinggeberin, den Vertrag ausserordentlich aufzulösen und das Leasingobjekt (z.B. ein Fahrzeug) sofort herauszuverlangen.

2571

Bei Leasingverträgen, auf welche das Konsumkreditgesetz anwendbar ist, bleiben freilich dessen zwingende Bestimmungen zu beachten, hinsichtlich der Pflichten der Parteien namentlich die Art. 17 ff. KKG. So darf etwa der Verzugszins den für den Leasingvertrag vereinbarten Zinssatz nicht übersteigen (Art. 18 Abs. 3 KKG). Die zwingende Einredenregelung von Art. 19 KKG sowie der sogenannte «Einwendungsdurchgriff» von Art. 21 KKG sind auch auf Leasingverträge anwendbar (Art. 8 Abs. 1 KKG; zum Letzteren Nr. 2584).

2572

---

[26] Ausführlich Tercier/Favre, Nr. 7821 ff.; Amstutz/Schluep, Basler Komm., N 96 ff. zu Einl. vor Art. 184 ff. OR.

[27] Tercier/Favre, Nr. 7824; Larenz/Canaris, S. 111.

[28] Die Anwendbarkeit von Art. 256 OR ablehnend Amstutz/Schluep, Basler Komm., N 103 zu Einl. vor Art. 184 ff. OR.

[29] Vgl. dazu für das Werkvertragsrecht Nr. 1812 f.

[30] Tercier/Favre, Nr. 7838.

[31] Vgl. ausser der Umschreibung von Art. 1 Abs. 2 lit. a KKG besonders Larenz/Canaris, S. 109.

IV. Die Beendigung des Vertrags

2573   1. Der Leasingvertrag ist ein Dauervertrag. Er wird mit Ablauf der vereinbarten Vertragsdauer **ordentlich beendet**. Vorher ist er nicht (ordentlich) kündbar.

2574   Bei ordentlicher Vertragsbeendigung hat die Leasingnehmerin die im Vertrag festgelegten Rechte und Pflichten (zur Beendigung von Dauerverträgen Nr. 95 ff.). Regelmässig ist das Leasingobjekt der Leasinggeberin zurückzugeben. Nach Massgabe des Vertrags kann der Leasingnehmerin aber auch ein Kaufsrecht oder ein Optionsrecht auf Weiterführung des Vertrags zustehen.[32]

2575   2. Die Nichterfüllung durch eine der Parteien kann zur **ausserordentlichen Beendigung** des Leasingvertrags nach Art. 107 ff. OR führen. Zudem ist – wie bei jedem Dauerschuldverhältnis – jederzeit eine Kündigung aus wichtigen Gründen möglich.

2576   Beim Mobiliarleasing zum privaten Gebrauch kann sich die Leasingnehmerin gegenüber einer professionellen Leasinggeberin nach der hier vertretenen Auffassung grundsätzlich auch auf das zwingende Kündigungsrecht nach Art. 266k OR stützen.[33] Ist jedoch zugleich das KKG anwendbar, so hat Art. 17 Abs. 3 KKG den Vorrang (dazu sogleich im Text).

2577   3. Bei Leasingverträgen, die unter das **Konsumkreditgesetz** fallen (Art. 1 Abs. 2 lit. b und Art. 7 f. KKG), sind die folgenden Kündigungsmöglichkeiten zu beachten:[34]

2578   – Die *Leasingnehmerin* kann nach Art. 17 Abs. 3 KKG – vor Ablauf der festgelegten Vertragsdauer und ohne Angabe von Gründen – mit einer Frist von mindestens 30 Tagen (Kündigungsfrist) auf das Ende einer dreimonatigen Leasingdauer (Kündigungstermin) kündigen. In diesem Fall ist jedoch eine im Leasingvertrag zu vereinbarende Entschädigung zu bezahlen (Art. 17 Abs. 3 i.V.m. Art. 11 Abs. 2 lit. g KKG).

2579   Diese «Entschädigungsregelung» wurde von den eidgenössischen Räten nicht im Kontext des Mietrechts diskutiert und ist wertungsmässig schwer mit Art. 266k Satz 2 OR zu vereinbaren. Weil jedoch Art. 1 Abs. 2 lit. a KKG den Anwendungsbereich des Konsumkreditgesetzes auf Leasingverträge gerade mit dem Mittel der nachträglichen Entgeltserhöhung umschreibt, muss Art. 17 Abs. 3 KKG als leasingrechtliche Spezialnorm angesehen werden, welche gegenüber Art. 266k OR den Vorrang hat.[35]

2580   – Der *Leasinggeber* kann nach Art. 18 Abs. 2 KKG – ebenfalls vor Ablauf der festgelegten Vertragsdauer – vom Vertrag zurücktreten, wenn Teilzahlungen ausstehend sind, die mindestens drei monatlich geschuldete Leasingraten ausmachen.[36]

V. Einzelfragen

2581   1. Im Einzelfall ist zu prüfen, inwieweit die von den Parteien gewählten Gestaltungen mit weiteren zwingenden Gesetzesnormen vereinbar sind, insbesondere mit den **sachenrechtlichen Vorschriften**. Namentlich stellen sich folgende Fragen:[37]

---

[32] Beispiel: BGE 132 III 549 (552), E. 1 in fine.

[33] Vgl. auch Higi, Zürcher Komm., N 187 ff. zu Vorbem. zu Art. 253–274g OR (der die Notwendigkeit betont, den konkreten Leasingvertrag auszulegen); Urteil des BGer. vom 18. Dezember 2008, Nr. 4A_404/2008, E. 4 (zum alten KKG); a.M. Schatz, S. 1047 ff.

[34] Favre-Bulle, Art. 17 LCC, N 12 ff., und Art. 18 LCC, N 6.

[35] Favre-Bulle, Art. 1 LCC, N 38 ff., und Art. 17 LCC, N 15 f.

[36] Kritisch Stauder, Leasingverträge nach revidiertem KKG, S. 119; Favre-Bulle, Art. 18 LCC, N 6 ff.

[37] Schmid/Hürlimann-Kaup, Sachenrecht, Nr. 1998 ff.

– Beim Finanzierungsleasing hat der Leasinggeber regelmässig kein «materielles» Interesse am Eigentum und am Besitz des Leasingobjekts. Einziges «Eigentümerinteresse» ist die wirtschaftliche Sicherung für den Fall des Konkurses der Leasingnehmerin. Es stellt sich daher die Frage, ob und inwieweit die *Regeln über den Eigentumsvorbehalt* (Art. 715 f. ZGB) auf Leasingverträge Anwendung finden.[38]

2582

– Beim «Sale-and-lease-back» stellt sich die Frage, ob ein *Verstoss gegen Art. 717 und Art. 884 ZGB* vorliegt.[39]

2583

2. In der Praxis wählt die Leasingnehmerin nach dem Gesagten regelmässig das Leasingobjekt beim Händler selber aus; der Leasinggeber wird erst nachträglich eingeschaltet. Wenn anschliessend die Lieferung unterbleibt oder diese nicht dem Liefervertrag entspricht, kann die Leasingnehmerin im Anwendungsbereich des KKG die Rechte, die ihr gegenüber dem Lieferanten zustehen, auch gegenüber dem Leasinggeber geltend machen (**Einwendungsdurchgriff**; vgl. Art. 21 Abs. 1 lit. c i.V.m. Art. 8 Abs. 1 KKG).[40] Abgesehen davon, dass es nicht ohne Weiteres klar ist, wie sich Art. 21 KKG auf das Dreiparteien-Leasing anwenden lässt, dürfte diese Vorschrift häufig gar nicht zum Tragen kommen, da sie unter anderem voraussetzt, dass zwischen der Kreditgeberin und dem Lieferanten eine Abmachung besteht, wonach Kredite an Kunden dieses Lieferanten ausschliesslich von der Kreditgeberin gewährt werden (Art. 21 Abs. 1 lit. a KKG; Nr. 1372).

2584

---

[38]   Vgl. auch Tercier/Favre, Nr. 7840.
[39]   Vgl. dazu auch BGE 119 II 236 ff. (241), E. 5 in fine; Schmid/Hürlimann-Kaup, Sachenrecht, Nr. 2001 mit Hinweisen.
[40]   Vgl. im Einzelnen Favre-Bulle, Art. 21 LCC, N 1 ff.; Larenz/Canaris, S. 116 ff.

Gesetzesregister

Dieses Gesetzesregister wurde von Rechtsanwalt Christof Bergamin, MLaw (Freiburg), erstellt. Das Register verweist zunächst auf das Obligationenrecht und das ZGB; danach folgen die Erlasse nach Massgabe ihrer Einordnung in der Systematischen Sammlung des Bundesrechts (SR). Die Zahlen verweisen auf die Randnummern; fettgedruckte Zahlen enthalten die Hauptfundstellen.

Landesrecht

OR (Bundesgesetz betreffend die Ergänzung des Schweizerischen Zivilgesetzbuches [Fünfter Teil: Obligationenrecht] vom 30. März 1911/18. Dezember 1936, SR 220)

Artikel	Nummer	Artikel	Nummer	Artikel	Nummer
1 ff.	2184	41 Abs. 1	441, 619, 2038		1921, 1923 f.,
1	723, 814, 1221,	42 Abs. 2	248		1939, 2057,
	1275, 1311,	43 f.	1926, 1969		2206, 2255,
	1352, 1419,	44	1450		2324
	1839, 2183,	50	2435	99 Abs. 1	1446, 1926
	2295, 2385	60	439, 2045	99 Abs. 2	21, 152, 154,
1 Abs. 1	214, 550, 823,	60 Abs. 2	2045		839, 1278, 1674,
	897, 1689, 1893	61 Abs. 1	622		1926, 2207
6	823, 1897, 2295	62 ff.	4, 608, 1185,	99 Abs. 3	248, 1926
11 Abs. 2	605, 1589		2025, 2041,	100 f.	1930
18	1306		2058	100	23, 285, 376 f.,
18 Abs. 1	584, 721, 1336	62 Abs. 1	2144, 2145		1729
19 f.	76	63 Abs. 1	608	100 Abs. 1	376
19	10, 31, 114, 426	64	2142	101	339, 969, 986,
19 Abs. 1	78, 1698, 2445,	65 Abs. 2	2026		1187, 1679,
	2471	67	1441, 2050		1770, 1794,
19 Abs. 2	25, 921	68	1703		1821, 1921,
20	172, 851	71 Abs. 1	222		1939, 1944 ff.
21	23	71 Abs. 2	222	101 Abs. 1	1051, 1055,
22 Abs. 1	503	72	460		2206
22 Abs. 2	23, 504	73 Abs. 1	1299, 1319	101 Abs. 3	1729
23 ff.	300, 977	73 Abs. 2	1350	102 ff.	139, 235, 346,
24 Abs. 1 Ziff. 4	423, 435	74	229, 253		996, 1469, 1706,
28 ff.	977	74 Abs. 2 Ziff. 1	253, 982		1724, 1917
31	436	74 Abs. 2 Ziff. 2	229	102	235, 259, 1320
32 ff.	1891, 2027,	75 ff.	223	102 Abs. 2	257, 938
	2063, 2425	75	254	103–106	259
33 Abs. 2	2065	82	58, 234, 396,	103	236, 1057, 1064,
34 Abs. 1	2078		977, 1470, 1776,		1922
38	2067		1811, 2232	103 Abs. 2	239
38 Abs. 1	2028	83	1315, 1471	104	257
39	2067	85 Abs. 2	2271	107 ff.	262, 1320, 1707,
40	2063	91 ff.	139		1845, 2575
40a ff.	23	97 ff.	20, 282, 308,	107–109	236, 240, 415,
40a	168		346 f., 434,		853, 942
40b	171		1278, 1514,	107 f.	241
40d Abs. 1	1357		1631, 1741,	107	998
40e Abs. 3	175		1807 f., 1920,	107 Abs. 1	260
40f	1360		2043, 2206	107 Abs. 2	239, 242, 261,
40f Abs. 1	97	97	139, 416, 986		1006, 1320,
41 ff.	4, 440, 1809,	97 Abs. 1	58, 215, 339,		1705, 1724,
	2025		345, 408, 417,		2324
41 f.	1889		434, 529, 536,	108	1707
41	440, 2043, 2056		969, 1446, 1794,	109	1724, 2440

ZGB (Schweizerisches Zivilgesetzbuch vom 10. Dezember 1907, SR 210)

BV (Bundesverfassung der Schweizerischen Eidgenossenschaft vom 18. April 1999, SR 101)

GlG (Bundesgesetz über die Gleichstellung von Frau und Mann vom 24. März 1995, Gleichstellungsgesetz, SR 151.1)

BöB (Bundesgesetz über das öffentliche Beschaffungswesen vom 16. Dezember 1994, SR 172.056.1)

BPG (Bundespersonalgesetz vom 24. März 2000, SR 172.220.1)

Artikel	Nummer
1	1406
6 Abs. 2	1406

BGG (Bundesgesetz über das Bundesgericht vom 17. Juni 2005, Bundesgerichtsgesetz, SR 173.110)

Artikel	Nummer
65 Abs. 4 lit. c	1583
74 Abs. 1 lit. a	1155, 1583
74 Abs. 2 lit. a	1155
113 ff.	1155

PartG (Bundesgesetz über die eingetragene Partnerschaft gleichgeschlechtlicher Paare vom 18. Juni 2004, Partnerschaftsgesetz, SR 211.231)

Artikel	Nummer
14	1032
32 Abs. 1	923
32 Abs. 2	923

BGBB (Bundesgesetz über das bäuerliche Bodenrecht vom 4. Oktober 1991, SR 211.412.11)

Artikel	Nummer	Artikel	Nummer	Artikel	Nummer
2–5	492	42 ff.	507	63 lit. a	679
10a	678	47 f.	507	63 lit. b	679
24	507	49	507	70	679
25 ff.	507	58 ff.	492	72	679
40 ff.	492	61 Abs. 1	679	76 Abs. 1 lit. b	2274
40 Abs. 1	678	61 Abs. 2	679		

EigVV (Verordnung betreffend die Eintragung der Eigentumsvorbehalte vom 19. Dezember 1910, SR 211.413.1)

Artikel	Nummer
12	473

GBV (Verordnung des Bundesrates betreffend das Grundbuch vom 22. Februar 1910, SR 211.432.1)

Artikel	Nummer	Artikel	Nummer	Artikel	Nummer
7 ff.	500	33c Abs. 3	676	71 Abs. 1	512
12 Abs. 1	630	33c Abs. 4	676		
33c Abs. 1	668	70 ff.	530		

PrHG **(Bundesgesetz über die Produktehaftpflicht vom 18. Juni 1993, Produktehaftpflichtgesetz, SR 221.112.944)**

Artikel	Nummer
1 Abs. 2	321

VMWG **(Verordnung über die Miete und Pacht von Wohn- und Geschäftsräumen vom 9. Mai 1990, SR 221.213.11)**

Artikel	Nummer	Artikel	Nummer	Artikel	Nummer
1 f.	1083	12a Abs. 1	875	19 Abs. 3	918
3	1086	18	1099		
4 ff.	981	19	918		

Bundesgesetz über Rahmenmietverträge und deren Allgemeinverbindlicherklärung vom 23. Juni 1995 (SR 221.213.15)

Artikel	Nummer
3	921

LPG **(Bundesgesetz über die landwirtschaftliche Pacht vom 4. Oktober 1985, SR 221.213.2)**

Artikel	Nummer	Artikel	Nummer	Artikel	Nummer
7–9	1253	21	1245	30–35	1254
10–13	1256	21a ff.	1232	35a–46	1255
14	1257	21a–25	1258	47–53	1259
15	1257	29	1223	54–57	1260

KKG **(Bundesgesetz über den Konsumkredit vom 23. März 2001, SR 221.214.1)**

Artikel	Nummer	Artikel	Nummer	Artikel	Nummer
1 ff.	197, 212, 217, 907, 1340	9 Abs. 1	1354 f.	17 Abs. 2	1366
		9 Abs. 2 lit. h	1356	17 Abs. 3	174, 1367, 2576, 2578 f.
1	888	10	468, 689		
1 Abs. 1	1334	10 lit. d	471	18	1368
1 Abs. 2	1339	11	2564	18 Abs. 2	2580
1 Abs. 2 lit. a	2552, 2579	11 Abs. 1	1354, 2565	18 Abs. 3	2572
1 Abs. 2 lit. b	2491, 2577	11 Abs. 2	2565	19	1369, 2572
2	1337, 2554	11 Abs. 2 lit. f	1356	20	1370
3	168, 169, 1338, 2554	11 Abs. 2 lit. g	2578	21	**1371 f.**, 2546, 2572, 2584
		12 Abs. 1	1354		
4	1380	12 Abs. 4	1361	21 Abs. 1 lit. a	2584
7 f.	2577	13	1358	21 Abs. 1 lit. c	2584
7	888, 1345, 2556	14	1350, 1365	21 Abs. 1 lit. d	1372
7 Abs. 1 lit. b	1346	15	172, **1362 f.**	22 ff.	2565
8	1345, 1348	15 Abs. 2	1360	22	1374
8 Abs. 1	2546, 2552, 2557, 2572, 2584	15 Abs. 3	1360	23 f.	1379
		16	**1360 f.**, 2565	25 ff.	1377, 1378
		16 Abs. 3	97	28 ff.	1374, 1377
9 ff.	907	17 ff.	2572	28	1376
9–13	1356	17–21	1364 ff.	28 Abs. 2	1375
9	171, 471	17	1366	28 Abs. 4	1375

Artikel	Nummer	Artikel	Nummer	Artikel	Nummer
29	1375, 1376	32 Abs. 2	1377	37	1343
30	1376	35	1380	38	1349
32 Abs. 1	1376	36	1344, 1353	39 f.	1380

VKKG   (Verordnung zum Konsumkreditgesetz vom 6. November 2002, SR 221.214.11)

Artikel	Nummer
1	1350, 1365
2 f.	1379
4	1380

AVEG   (Bundesgesetz über die Allgemeinverbindlicherklärung von Gesamtarbeitsverträgen vom 28. September 1956, SR 221.215.311)

Artikel	Nummer	Artikel	Nummer	Artikel	Nummer
1 ff.	1637 ff.	2 Ziff. 1	1639	2 Ziff. 4	1641
1 Abs. 1	1634, 1638	2 Ziff. 2	1640	4	1643
1 Abs. 2	1635	2 Ziff. 3	1642	5	1643
1 Abs. 3	1635	2 Ziff. 3bis	1642	7 ff.	1643

VVG   (Bundesgesetz über den Versicherungsvertrag vom 2. April 1908, Versicherungsvertragsgesetz, SR 221.229.1)

Artikel	Nummer
3	171
34	2091
44 Abs. 3	2091
59	2450

FusG   (Bundesgesetz über Fusion, Spaltung, Umwandlung und Vermögensübertragung vom 3. Oktober 2003, Fusionsgesetz, SR 221.301)

Artikel	Nummer	Artikel	Nummer	Artikel	Nummer
14 Abs. 3 lit. i	1575	49 Abs. 1	1575	70 Abs. 2	567
27 Abs. 1	1575	49 Abs. 2	1575	76 Abs. 1	1575
27 Abs. 2	1575	49 Abs. 3	1575		
27 Abs. 3	1575	68 Abs. 2	1575		

HRegV   (Handelsregisterverordnung vom 17. Oktober 2007, SR 221.411)

Artikel	Nummer
120	2066
149	2077

URG   (Bundesgesetz über das Urheberrecht und verwandte Schutzrechte vom 9. Oktober 1992, Urheberrechtsgesetz, SR 231.1)

Artikel	Nummer	Artikel	Nummer	Artikel	Nummer
2 Abs. 1	1841 f.	61 ff.	1848	62 Abs. 3	2449
2 Abs. 2 lit. a	1841	62 Abs. 2	2033	67 ff.	1848

MSchG **(Bundesgesetz über den Schutz von Marken und Herkunftsangaben vom 28. August 1992, Markenschutzgesetz, SR 232.11)**

Artikel	Nummer
18	2449
55 Abs. 2	2033

DesG **(Bundesgesetz über den Schutz von Design vom 5. Oktober 2001, Designgesetz, SR 232.12)**

Artikel	Nummer
1	1561
15	2449
35 Abs. 2	2033

PatG **(Bundesgesetz über die Erfindungspatente vom 25. Juni 1954, Patentgesetz, SR 232.14)**

Artikel	Nummer
34 Abs. 1	2449

Bundesgesetz über den Schutz von Pflanzenzüchtungen vom 20. März 1975 (Sortenschutzgesetz, SR 232.16)

Artikel	Nummer
21	2449

UWG **(Bundesgesetz gegen den unlauteren Wettbewerb vom 19. Dezember 1986, SR 241)**

Artikel	Nummer
3 lit. l	1353
3k–3n	1344, 1353
8	203, 378, 1729

ZPO **(Schweizerische Zivilprozessordnung vom 19. Dezember 2008, Zivilprozessordnung, SR 272 [AS 2010, S. 1739 ff.])**

Artikel	Nummer	Artikel	Nummer	Artikel	Nummer
3	1146 f.	197	1147, 1171	210 Abs. 2	1166
32	164 ff., 175, 1150, 1351	198	1148	211	1166
		198 lit. a	1175	211 Abs. 1	1165
33	878, 1149	199	1159	211 Abs. 2	1167, 1169
34	1578	200 Abs. 1	1147, 1157	211 Abs. 3	1168
35	175, 1578	201	2449	211 Abs. 4	1166
35 Abs. 1 lit. b	878, 1149	201 Abs. 1	1156, 1161, 1579	212	1156, 1163
93 Abs. 2	1580	201 Abs. 2	1156	212 Abs. 1	1164
109	2449	202 ff.	1157	219 ff.	1061, 1173
113 Abs. 1	1158	207	1158	221 Abs. 2 lit. b	1159
113 Abs. 2 lit. c	1158	207 Abs. 2	1176	236 Abs. 3	1058, 1063
113 Abs. 2 lit. d	1582	208	1160 f.	238	1166
114	1158, 1176	209 Abs. 1	1167, 1169	241	2449
114 lit. c	1582	209 Abs. 4	1167, 1169	241 Abs. 2	2515
115	1158	210 Abs. 1 lit. b	1156, 1165, 1168	243 ff.	1061
179	560	210 Abs. 1 lit. c	1165	243–247	1171

Artikel	Nummer	Artikel	Nummer	Artikel	Nummer
243 Abs. 1	175, 1171, 1580	247 Abs. 2 lit. a	1172	337 Abs. 1	1058, 1063
243 Abs. 2	175	247 Abs. 2 lit. b	1172	343	1062
243 Abs. 2 lit. c	1171 f., 1173	248 ff.	1175	343 Abs. 1 lit. d	1058, 1062
244 Abs. 2	1172	248 lit. b	1061	357 ff.	2449, 2514
246 Abs. 1	1172	250 lit. b Ziff. 3	1705	361 Abs. 4	1151, 1156,
247	1172	250 lit. b Ziff. 4	1754		1163 f.
247 Abs. 1	175, 1172	257	1061, 1175		
247 Abs. 2	175, 1581	308 ff.	1178		

GestG (Bundesgesetz über den Gerichtsstand in Zivilsachen vom 24. März 2000, Gerichtsstandsgesetz, AS 2000, S. 2355 ff.)

Artikel	Nummer
23	1145

SchKG (Bundesgesetz über Schuldbetreibung und Konkurs vom 11. April 1889, SR 281.1)

Artikel	Nummer
83 Abs. 2	1148
208	2333
212	264, 466

IPRG (Bundesgesetz über das Internationale Privatrecht vom 18. Dezember 1987, SR 291)

Artikel	Nummer	Artikel	Nummer	Artikel	Nummer
1 Abs. 2	709	118 Abs. 1	708	121 Abs. 3	1584
108a ff.	2159	118 Abs. 2	708	148 Abs. 1	777
112 ff.	707	119	561	176 ff.	2514
115	1584	120	708		

StGB (Schweizerisches Strafgesetzbuch vom 21. Dezember 1937, SR 311.0)

Artikel	Nummer	Artikel	Nummer	Artikel	Nummer
181	1059	321	1915	335	1059
186	1059	325bis	1093		
253	585	326bis	1093		

KGTG (Bundesgesetz über den internationalen Kulturgütertransfer vom 20. Juni 2003, Kulturgütertransfergesetz, SR 444.1)

Artikel	Nummer
2 Abs. 1	202, 280, 303, 305
16 Abs. 1	305
16 Abs. 2	305 f.
16 Abs. 3	305

Staatsverträge

LugÜ (Übereinkommen über die gerichtliche Zuständigkeit und die Anerkennung und Vollstreckung von Entscheidungen in Zivil- und Handelssachen vom 30. Oktober 2007, Lugano-Übereinkommen, SR 0.275.11)

Artikel	Nummer
18 ff.	1584

UNESCO-Konvention (Übereinkommen über die Massnahmen zum Verbot und zur Verhütung der rechtswidrigen Einfuhr, Ausfuhr und Übereignung von Kulturgut vom 14. November 1970, SR 0.444.1)

Artikel	Nummer
1	202

SIA-Regelwerk

SIA-Ordnung 102, Ordnung für Leistungen und Honorare der Architektinnen und Architekten (Ausgabe 2003)

Artikel	Nummer
1	1931
1.3	1910
1.12.2	1973

SIA-Ordnung 102, Ordnung für Leistungen und Honorare der Architekten (Ausgabe 1969/1983)

Artikel	Nummer
8.1	1972

SIA-Ordnung 102, Ordnung für Leistungen und Honorare der Architekten (Ausgabe 1969)

Artikel	Nummer
5.5	1973
8.2	1973

SIA-Norm 118, Allgemeine Bedingungen für Bauarbeiten (Ausgabe 1977/1991)

Artikel	Nummer	Artikel	Nummer	Artikel	Nummer
84 Abs. 1	1699	144 ff.	1720	180	1763
85 Abs. 3	1699	165 ff.	1762	181	2285
86–89	1699	169	1787	187 Abs. 3	1820
90	1699	172	1763		

Sachregister

Dieses Sachregister wurde von Lucie Mazenauer, MLaw (Freiburg), erstellt. Die Zahlen verweisen auf die Randnummern.